내 삶의 지팡이

근 사 록
(近思錄)

朱　熹　著
呂祖謙

鄭英昊 解譯

자유문고

'근사록(近思錄)'이란 어떤 책인가?

'근사록'은 주희(朱熹)와 여조겸(呂祖謙)이 함께 엮은 저서로 당시에는 '송(宋)나라의 논어'라고도 하였다.
'논어(論語)'의 자장(子張)편에 "널리 배우고 뜻을 두텁게 하며 간절히 질문하고 가깝게 생각하면 인(仁)이 그 가운데에 있다."라고 하는 곳에서 '근사록(近思錄)'의 뜻을 취한 것이다.
주희(朱熹 : 朱子)는 이곳의 주석에서 박학(博學) · 독지(篤志) · 절문(切問) · 근사(近思)의 뜻은 학 · 문 · 사 · 변(學問思辨)의 요약으로 이 네 가지를 힘쓰면 마음이 외부로 나가지 않고 안으로 존양시킬 수 있어 인(仁)은 그 가운데 있다고 하였다.
또 '본서(本書)' 본문에서도 그 뜻을 찾을 수 있는데 3권 격물궁리(格物窮理)에 "어떻게 하는 것을 근사(近思)라고 합니까?" "가까운 것을 가지고 미루어 생각하는 것이다." 하였다. 또 5권에는 "사람의 배움의 방법은 실로 절실한 것을 묻고 가깝게 생각하는 것이다."라고 하였다.
주희의 서문에는 "동래(東萊)의 여백공(呂伯恭 = 祖謙)이 동양(東陽)고을에서 와 내가 있는 한천정사(寒泉精舍)를 지나다가 열흘 동안 머물렀다. 그때 서로 더불어 주자(周子) · 정자(程子) · 장자(張子)의 저서를 읽고 그들의 학문이 광대하고 굉박하여 끝이 없는 것을 찬탄하고 처음 배우는 자들이 입문한 것을 모를까 두려워하여 도(道)의 대체에 관계되는 것과 일상 생활에 절실한 것을 취하여 이 책을 편찬하였다."고 하였다.
그 내용은 염락관협(濂洛關陝 : 濂은 周濂溪의 거처, 洛은 程明

道·伊川의 거처, 關陜은 張橫渠의 거처)이라 칭한, 송나라 시대의 성리학(性理學)의 근간을 이룬 북송(北宋)의 주돈이(周敦頤), 정호(程顥)·정이(程頤), 장재(張載)의 어록(語錄), 문집(文集)이나 저서에서 정수의 내용을 뽑아 편찬하였다. 이것은 송나라 성리학의 정수를 집대성한 저서였기 때문이다.

주희는 주자(周子), 장자, 명도, 이천의 학문은 6경을 이해하는 길이 되고 '근사록'은 이 네 분의 학설을 집약시킨 것으로 이 네 분의 학문을 이해하는 길이 된다고 하였다.

이 네 분의 말 가운데에서 특별히 '논어' '맹자' '대학' '중용'과 '주역' 등 서로 상관되는 부분의 분야를 발췌하여 그것들을 부연설명한 것이다. 그러므로 4서 3경(四書三經)을 공부하고 정리하기 위하여는 필히 '근사록'을 읽어야 하며, 또한 선비라면 마땅히 '근사록'에 습관이 되어야 한다고 했다.

이것으로 보더라도 주희의 공적은 유·불·선(儒佛仙)의 경지를 초월하여 네 분(四子)을 매개로 한 신유학(新儒學)의 창시(創始)에 있다고 볼 수 있겠다.

'근사록'은 또 주희의 해석에 의거한 이해가 중요한 것이며 주자학의 입문서로서 주·장(周·張)의 것은 주·장의 것으로 이정(二程)의 것은 이정의 것으로 그 원저자(原著者)들이 무엇을 생각하고 무엇을 말하려고 하였던가, 그렇게 한 까닭은 무엇인가를 구명하는데 노력하였다.

이것은 문헌적인 해석으로 인식된 것의 인식을 위해서, 원저자가 주관적인 사고를 했던 의미의 판단이나 또 해석의 대상이 된 작품의 밑바닥에 깔려 있는 원저자의 사상의 이해를 위한 조언에 불과할 뿐이요 새로운 해석이나 새로운 이해는 있을 수 없다.

주희의 서문에는 '근사록'은 총 622조항으로 편성하고 이것을 14권으로 분류, 6개 강목으로 나누었다고 했다.

1권 도체(道體)는 구단(求端)이 되는 제1강목이며, 2권 위학(爲學)·3권 치지(致知)·4권 존양(存養)은 용력(用力)이 되는 제2강목이요, 5권 극기(克己)·6권 가도(家道)·7권 출처(出處)

는 처기(處己)의 제3강목이요, 8권 치체(治體)·9권 치법(治法)·10권 정사(政事)·11권 교학(敎學)·12권 경계(警戒)는 치인(治人)이 되는 제4강목으로 하고 13권 이단지학(異端之學)은 변이단(辨異端)이 되는 제5강목으로 하고 14권 성현기상(聖賢氣象)은 관성현(觀聖賢)의 제6강목이 되는 것이라고 하였다.

이것을 주희의 사후(死後) 50년이 지난 후 섭채(葉采)는 그의 '근사록집해'에서 두 자나 석 자로 모든 편제를 간략하게 고쳐 붙였다.

간단하게 개제한 명칭은 1권 도체(道體)·2권 위학(爲學)·3권 치지(致知)·4권 존양(存養)·5권 극기(克己)·6권 가도(家道)·7권 출처(出處)·8권 치체(治體)·9권 치법(治法)·10권 정사(政事)·11권 교학(敎學)·12권 경계(警戒)·13권 변이단(辨異端)·14권 관성현(觀聖賢) 등으로 주희의 편명과 비교하면 1권과 4권만 같고 원본과 비교하여 모두 다르다는 것을 알 수 있다.

우리가 '근사록'의 저서를 살펴보면 봉건제도의 찬양이나 정전제(井田制)의 복안, 남존여비의 사상 등 현대의 사회에 걸맞지 않는 내용이 있는 것을 엿볼 수 있다. 이것은 그 시대로 소급하여 본다면 이해가 간다. 이러한 점 이외에는 처음부터 끝까지 '근사록'을 독파하여 본다면 '근사록'의 의도하는 바가 무엇인지 알 수 있을 것이며, 거기에 담겨 있는 방대한 천리(天理)들은 마치 우물에서 나와 밖의 세상을 구경하는 것처럼 방대하여 새로운 세계를 여행하는 것과 같을 것이다. 또 읽는 이의 마음이 광대하여지고 그 마음을 또다시 거울의 밝음처럼 새롭게 열어주리라 확신한다.

끝으로 이 번역서는 원 뜻에 가까운 현대어로 ① 우주의 도, 자연의 도(道體) ② 학문을 연마하는 요체(爲學大要) ③ 사물의 이치를 연구하는 방법(格物窮理) ④ 마음을 보존하는 길(存養) ⑤ 허물을 고치고 예절로 가는 길(改過遷善克己復禮) ⑥ 가정을 가지런히 하는 도리(齊家之道) ⑦ 진퇴와 사양하고 받는 도리(出處進退辭受之義) ⑧ 나라의 평화와 세계 평화의 길(治國

平天下之道) ⑨ 법과 제도의 시행(制度) ⑩ 일을 처결하는 방법(君子處事之法) ⑪ 교육의 여러 종류(敎學類) ⑫ 몸을 닦고 남을 다스리는 요령(改過及人心疵病) ⑬ 이단사설의 학문(異端之學) ⑭ 성인과 현인의 기상(聖賢氣象) 등으로 제목을 바꾸어 보았다.

 독자들의 혼돈이 없기를 바랄 뿐이다.
 제목의 괄호안의 한자는 고전과의 대독에서 참고가 되도록 배려하였다.

차 례

근사록(近思錄)이란 어떤 책인가 / 3

제1권 우주의 도(道), 자연의 도 / 19
1. 이것이 자연의 섭리다 …20
2. 천하의 달도(達道)란 무엇인가? …23
3. 하늘은 곧 도(道)다 …24
4. 성인은 음양(陰陽)을 논하지 아니한다 …26
5. 도를 아는 자는 말없이 살필 뿐이다 …28
6. 사람의 본성은 착하다 …29
7. 사물의 이치와 처리에 맞는 의(義) …31
8. 천하의 바른 도리는 인이다 …31
9. 물욕과 자아에 빠지지 않는 이치 …32
10. 삶을 성(性)이라 한다 …34
11. 중(中)은 천하의 가장 큰 근본 …36
12. 공정한 것은 하나이다 …37
13. 태극(太極)은 삼라만상을 갖추고 있다 …40
14. 하늘과 땅에는 감응이 있다 …41
15. 인(仁)이란 무엇인가? …42
16. 성(性)은 곧 이(理)이다 …43
17. 모든 기는 음양강유(陰陽剛柔)의 시초다 …45

18. 성(性)은 대인만이 지킬 줄 안다 …47
19. 하나인 까닭에 신이다 …48

제2권 학문을 연마하는 요체 / 49

1. 이윤(伊尹)과 안연(顏淵)은 위대한 현인이다 …50
2. 성인(聖人)은 배워서 이루는 것이다 …51
3. 정(情)은 가리는 것 때문에 도(道)에 이를 수 없다 …54
4. 군자는 명성이 없는 것을 걱정하지 않는다 …57
5. 배움의 시작과 끝 …59
6. 하늘의 이치로 움직이면 무망(無妄)하다 …60
7. 스스로 덕을 닦는 길은 …62
8. 성인의 도는 평탄한 큰 길과 같다 …63
9. 넓고 넓은 도를 어디에서부터 힘쓸 것인가? …65
10. 학문은 안자(顏子)를 본받아야 한다 …66
11. 선을 밝히기를 성심으로 하라 …66
12. 공자와 안자가 즐거워했던 것 …67
13. 많은 고생을 겪어야 모든 것을 얻느나 …68
14. 노둔함으로써 도를 얻은 증삼(曾三) …69
15. 사심이 있으면 왕자의 일이 아니다 …69
16. 증점과 칠조개는 도의 큰 뜻을 알았다 …70
17. 하늘의 덕은 경(敬)과 의(義)로부터 …71
18. 모든 것은 배워야 한다 …71
19. 담(膽)은 크고 마음은 작게 하라 …72
20. 야만의 나라에서도 살 수 있는 길 …73
21. 군자는 백성을 기르고 덕을 구한다 …74
22. 위를 꿰뚫고 아래를 꿰뚫는 도(道) …75
23. 열심히 배우면 성현이 될 수 있다 …75
24. 공(公)은 인(仁)의 이치이다 …76
25. 알면 반드시 그것을 구하게 된다 …78

26. 도(道)에 이르는 것은 유가(儒家)뿐이다 …79
27. 인(仁)에 살고 의(義)로 행동해야 한다 …81
28. 옳음과 그름을 아는 의(義) …83
29. 고난을 겪은 뒤에 얻는 인(仁) …84
30. 성인이 되는데 뜻을 둔 사람은 …85
31. 학문에 뜻을 두려면 …86
32. 무심과 무사심(無私心)이란 …87
33. 군자의 앎을 이루는 방법 …89
34. 마음을 다하면 하늘을 안다 …90
35. 덕을 해치는 네 가지 요소 …91
36. 천지의 자리가 정해지면 역(易)이 행해진다 …92
37. 현인(賢人)은 보통 사람보다 뛰어났다 …93
38. 자신을 수양하려면 …97
39. 천지를 위하여 뜻을 세운다 …99
40. 예를 배우면 나쁜 풍속을 제거할 수 있다 …100
41. 아랫사람에게 묻기를 부끄러워하지 말라 …101
42. 배운다는 뜻은 항상 가져야 한다 …102
43. 명예나 공적을 먼저 생각하면 도에 이를 수 없다 …103
44. 과오를 시정해야 발전한다 …105

제3권 사물의 이치를 연구하는 방법 / 107

1. 공자·맹자의 제자라도 다 현인은 아니다 …108
2. 사물의 이치를 궁구하는 법. …111
3. 가까이 생각하는 것은 …115
4. 열심히 배우면 괴물이나 귀신도 물리칠 수 있다 …116
5. 마음은 순수하게 가져야 한다 …118
6. 옛 경전을 읽는 방법 …118
7. 독서를 하는 방법 …119
8. 주역을 배우는 방법 …122

9. 시경을 읽으면 자기 판단을 할 수 있다 …124
10. 경전의 내용해석은 핵심이 같다 …125
11. 초학자의 입문서와 논어·맹자의 중요성 …126
12. 시경을 읽고 주의하여야 할 사항 …129
13. 서경과 중용은 어떤 책인가 …131
14. 주역의 요체와 그의 의미 …132
15. 현자는 의심을 품으면 묻게 된다 …138
16. 춘추를 읽는 방법과 그의 내용 …139
17. 역사를 읽는 방법은 …144
18. 성인의 글과 주례의 관제(官制) …146
19. 시는 쉽게 짓고 쉽게 생각해야 한다 …147
20. 책을 읽고 그 내용을 외어야 한다 …148
21. 6경(六經)을 읽고 중용과 춘추도 읽어야 한다 …149

제4권 마음을 보존하는 길 / 151

1. 마음을 하나로 만들어야 한다 …152
2. 마음을 보존하는 방법 …153
3. 말은 삼가하고 음식은 절제해야 한다 …154
4. 자신을 얻지 못하면 그 몸을 보지 못한다 …155
5. 잃어버린 마음을 찾는다면 …156
6. 정력(精力)을 길러야 한다 …158
7. 자신의 마음을 완전히 지배해야 한다 …158
8. 학자는 양심을 지켜야 한다 …159
9. 사무사(思無邪)와 무불경(毋不敬) …160
10. 양심은 굳게 잡아 잘 보존해야 한다 …161
11. 이단을 멀리해야 한다 …162
12. 인간은 주체성이 확립되어야 한다 …163
13. 존양(存養)이 완고해야 한다 …165
14. 마음의 집착을 경계하다 …165

15. 알아야 할 것은 다 알아야 한다 …166
16. 모든 것은 사물의 법칙에 따라야 한다 …166
17. 존양(存養)은 신독이 가장 좋은 수양법 …168
18. 공경하는 마음을 가지면 하늘도 안다 …170
19. 작위적(作爲的)으로 곧게 하려면 안 된다 …171
20. 세월은 낮과 밤을 가리지 않고 간다 …172
21. 주체성이 있어야 천하의 만물을 확립시킨다 …172
22. 사사로운 생각을 막아야 한다 …173
23. 마음을 어디에 두어야 합니까? …175
24. 공경을 하는 것은 천하무적의 길이다 …176
25. 배우는 자는 공경하는 마음을 가져야 한다 …178
26. 희노애락이 발동하기 전과 후 …179
27. 꿈과 이해득실 …183
28. 중(中)을 함양하면 언어가 이치에 맞는다 …185
29. 앎을 이루는 것은 욕심을 적게 하는 것 …186
30. 사 백 네 가지의 병은 마음에서 …187
31. 배우기 전에 알아야 할 중요한 것 …188
32. 실없는 농담은 일을 해친다 …189
33. 동과 정의 시기를 잘 알아야 한다 …190

제5권 허물을 고치고 예절로 가는 길 / 193

1. 과욕에서 무욕(無慾)의 상태로 가야 한다 …194
2. 자신을 이기고 예로 가는 길 …195
3. 학문의 길은 선을 다하는 것 …197
4. 진괘(晉卦)·손괘(損卦)·쾌괘(5卦)·절괘(節卦)의 뜻 …199
5. 그것이 인(仁)인지 모르겠다 …202
6. 객기(客氣)가 없으면 대현(大賢)이다 …202
7. 호연지기가 없는 사람 …203
8. 군자와 소인이 함께 있으면 …204

9. 남의 선을 따르는 것은 극히 어렵다 …205
10. 구덕(九德)이 가장 좋다 …205
11. 취미는 쉽게 버릴 수 없다 …206
12. 도심으로의 귀일이란 어렵다 …207
13. 자로(子路)는 백세의 스승이다 …207
14. 불천노(不遷怒) 불이과(不貳過)는 성인만이 가능 …208
15. 예의가 아니면 보지 말라 …210
16. 1년 동안 무슨 공부를 하였는가? …211
17. 기호(嗜好)에 따라 마음을 잃지 말아야 한다 …212
18. 선은 반드시 의(義)를 다해야 한다 …213
19. 선비는 벗과 음악과 독서에 뜻을 두었다 …214
20. 배우는 자는 욕심을 적게 가져야 한다 …215
21. 소학을 가르치지 않은 병폐 …217

제6권 가정을 가지런히 하는 도리 / 219
1. 부모를 섬기는데 모든 힘을 기울여야 한다 …220
2. 주역의 가인괘(家人卦)의 뜻 …222
3. 며느리를 고르는 데 예를 다해야 한다 …223
4. 진성지명(盡性至命)은 도의 근본이다 …224
5. 자식에 대한 애정은 공평하라 …225
6. 여자는 일부종사(一夫從事)해야 한다 …227
7. 문상(問喪) 가서 음주는 예가 아니다 …228
8. 자기 자식을 사랑하면 남의 자식도 사랑해야 …229
9. 부모의 행실을 다음과 같이 기록하다 …230
10. 부모를 모시는 방법과 형제의 애정 …233
11. 시경의 주남과 소남을 배워야 한다 …235

제7권 진퇴와 사양하고 바른 도리 / 237
1. 벼슬에 나아가는 것은 신중해야 한다 …238

2. 주역(周易)에서 말하는 벼슬에 나아가는 길 …239
3. 역경에 처하여도 정도를 걷는 대인(大人) …240
4. 벼슬하지 않고 도를 지키는 세 가지 방법 …242
5. 군자가 난세를 구하는 법 …243
6. 관직에 나아가고 물러나는 것은 시기를 알아야 한다 …244
7. 군자가 곤궁에 처하였을 때의 도리 …246
8. 역(易)의 정괘(井卦)·혁괘(革卦) 등의 본 뜻 …247
9. 간괘(艮卦) 상전(象傳)과 중부괘(中孚卦)의 해석 …249
10. 현자는 오직 의만을 알 따름이다 …250
11. 과거를 보는 것은 학문의 도가 아니다 …251
12. 아침에 도를 들으면 저녁에 죽어도 좋다 …253
13. 이해를 초월한 자는 성인이다 …255
14. 학문으로 욕심을 이겨내야 한다 …257
15. 급여를 청구하지 않은 사연 …258
16. 부귀공명의 마음작용이 있어서는 안 된다 …260
17. 벼슬하고 녹을 받는 것은 천명에 있다 …261
18. 공신의 자제로 관직에 나아가는 것은 명예롭다 …263
19. 빈천한 생활은 의리를 아는 자만이 가능하다 …264

제8권 나라의 평화와 세계 평화의 길 / 267

1. 천하를 다스리는 근본이 있다 …268
2. 왕도(王道)와 패도(覇道)의 길을 알아야 한다 …270
3. 이 세상에서 먼저해야 할 세 가지 일 …271
4. 세계와 친근하여지는 방법 …272
5. 난세를 바로 다스리는 방법 …275
6. 포악한 사람을 제어하려면 …278
7. 올바른 정치를 시행하려면 …279
8. 천리(天理)를 따르고 인심에 호응해야 한다 …281
9. 국가를 경영하는 요체 …283

10. 다스리는 것은 법보다 도로써 해야 한다 …284
11. 정치의 목적은 두 가지의 개혁에 있다 …286
12. 군주는 인의로써 천하를 다스려야 한다 …288
13. 법을 지키는 것은 다스림의 근본이다 …290
14. 군주의 왕도는 부모가 자식을 대하는 것과 같다 …291

제9권 법과 제도의 시행 / 293

1. 다스림은 예악으로 백성을 교화해야 한다 …294
2. 다스림은 인재를 얻고 풍속을 바르게 해야 한다 …295
3. 통치자의 덕성을 바르게 해야 한다 …299
4. 교육은 지나친 고시제도는 옳지 않다 …301
5. 민풍을 잘 다스려야 선정(善政)이 된다 …304
6. 종묘는 천하를 다스리는 중요한 길이다 …305
7. 군주는 천시(天時)를 잘 따라야 한다 …306
8. 천하의 인심을 얻기 위하여 종법(宗法)을 세워야 한다 …307
9. 관혼상제의 4례(四禮)를 중하게 여겨야 한다 …309
10. 국가는 종법(宗法)이 없으면 안된다 …311
11. 명도도 많은 재주를 가진 학자였다 …313
12. 모든 형률(刑律)은 완전하지 못하다 …314
13. 유비무환의 자세로 국방에 힘써야 한다 …314
14. 선왕의 예법을 시험해 본 횡거 선생 …315
15. 천하의 다스림은 농지의 균분에 있다 …317

제10권 일을 처결하는 방법 / 321

1. 이천 선생이 군주에게 상소한 요점 …322
2. 모든 일은 본말과 완급이 있다 …323
3. 여군수(呂郡守)에게 보낸 편지 …324
4. 장수의 도는 위엄과 온화함에 있다 …325

5. 제사는 신분에 따라 지내야 한다 …326
6. 제후가 천자(天子)를 받드는 도(道) …327
7. 모든 일은 공(公)과 사(私)를 가려야 한다 …328
8. 충언(忠言)은 반드시 밝은 곳에서부터 해야 한다 …329
9. 소인과 여자는 너무 가까이 하면 교만해진다 …330
10. 소인이라도 관대하게 해야 한다 …332
11. 신하는 정성으로써 군주를 모셔야 한다 …333
12. 아랫사람이 유능하면 득을 볼 수 있다 …335
13. 모든 개혁(改革)은 신중하게 해야 한다 …336
14. 여행할 때 사소한 일이 재앙을 부른다 …336
15. 기쁨이 지나치면 도리어 기쁨이 없어진다 …337
16. 군자의 구형(求刑)은 관대해야 한다 …338
17. 자신의 행동이 올바르면 소인을 막을 수 있다 …339
18. 주공(周公)은 지극히 공평하고 사욕이 없었다 …339
19. 피차간의 학설의 차이는 바로잡아야 한다 …340
20. 장천기(張天祺)의 덕(德) …341
21. 할 말은 하고 일은 이치를 구명해야 한다 …342
22. 충고(忠告)는 성의를 다해야 한다 …343
23. 정성을 다해야 큰 일을 할 수 있다 …344
24. 상하가 일체가 되어야 고을이 잘 다스려진다 …345
25. 의를 위하여 죽는 것은 어려운 일이다 …346
26. 부하는 성의로써 움직여야 한다 …347
27. 사람의 도량에는 크고 작은 것이 있다 …348
28. 억지로 하는 공평은 사심이다 …350
29. 한지국(韓持國)이 이천의 말을 옳다고 하다 …352
30. 모든 일은 이해(利害)를 너무 따지지 말아야 한다 …353
31. 지방관은 백성의 산업에 치중해야 한다 …355
32. 백성을 대할 때는 환자를 위로하듯 해야 한다 …355
33. 단점을 말하지 말고 장점을 취하라 …356
34. 세상 일은 중론(衆論)을 따라야 한다 …356

35. 윗사람이 아랫사람을 부리는 방법 …357
36. 도량이 좁으면 어떠한 일도 할 수 없다 …358
37. 여윈 돼지가 뛰어다닌다 …359
38. 어린아이 교육의 네 가지 유익한 점 …360

제11권 교육의 여러 종류 / 361

1. 천하의 도(道)에 이르는 길 …362
2. 어린아이를 교육하는 방법 …363
3. 군자는 그의 삶을 본다 …364
4. 재주있고 경박한 자를 근심하다 …365
5. 아이들의 교육은 노래나 춤을 곁들여야 한다 …367
6. 경서(經書)의 강의는 스스로 깨닫게 해야 한다 …369
7. 옛날의 교육과 현재의 교육의 차이 …370
8. 상대가 알고 싶어할 때 교육이 필요하다 …372
9. 일시에 너무 많이 가르치는 것은 좋지 않다 …373
10. 어린이의 교육은 공경이 제일 중요하다 …375

제12권 몸을 닦고 남을 다스리는 요령 / 377

1. 남의 충고(忠告)를 달게 받아야 한다 …378
2. 덕과 선을 중히 여기면 생활이 윤택해진다 …378
3. 모든 경계는 왕성할 때 해야 한다 …380
4. 의심을 많이 하면 고독해진다 …381
5. 큰 일은 군자만이 할 수 있다 …382
6. 지나친 이익추구를 경계해야 한다 …383
7. 남녀·부부간의 도리를 잘 지켜야 한다 …385
8. 없는 것을 있는 척하는 것은 마음을 해치는 것이다 …386
9. 교만은 해를 끼칠 뿐이다 …387
10. 의식주보다는 마음의 수양이 중요하다 …388

11. 기교한 일에 지나치게 정신을 쓰지 말아야 한다 …389
12. 소인배도 처음부터 악한 것은 아니다 …390
13. 도를 모르는 사람은 취객과 같다 …391
14. 하루 세 번 자신을 점검한다 …391
15. 학자가 예의가 없으면 천민과 같다 …392

제13권 이단사설의 학문 / 395
1. 여러 종교의 피해가 많은 것을 지적한다 …396
2. 양주(楊朱)·묵적(墨翟)의 이단을 멀리해야 한다 …397
3. 유학(儒學)은 본연의 도를 지키는 것 …398
4. 만물일체(萬物一體)의 부지에서 오는 불교의 폐단 …402
5. 유학(儒學)의 도(道)와 도가(道家)의 도(道)의 상이점 …403
6. 불교의 나쁜 점을 알아야 한다 …404
7. 불로장생(不老長生)한다는 도교의 나쁜 점 …405
8. 유가와 불교는 근본이 다르다 …406
9. 불교의 망령된 교리를 비판하다 …407
10. 유학(儒學)으로 불교를 비판하다 …408

제14권 성인과 현인의 기상 / 413
1. 나면서부터 아는 것과 배워서 아는 것 …414
2. 공안맹(孔顔孟)의 기품과 증자의 전도(傳道) …415
3. 경서는 자사와 맹자로 인하여 전하여졌다 …416
4. 동중서를 찬양하고 양웅을 공격했다 …417
5. 명도 선생이 제갈공명을 논평했다 …419
6. 문중자는 숨은 군자이다 …420
7. 명도 선생은 한유(韓愈)를 논평하였다 …420
8. 염계 선생의 인품을 논평하다 …422
9. 명도 선생의 성품과 업적을 말하다 …422

10. 창 앞의 풀은 나의 기분과 같다 …428
11. 횡거 선생은 슬픔을 함께 하였다 …428
12. 사현도가 명도 선생의 인품을 평하다 …429
13. 후사성이 명도와 이천 선생의 인품을 평하였다 …429
14. 유안례와 여여숙이 명도 선생의 기품을 평하다 …430
15. 여여숙이 횡거 선생의 인품을 평하였다 …432
16. 명도·이천을 횡거 선생이 평하였다 …435

※ 주장이정주여(周張二程朱呂)의 略歷 / 437

※ 원문자구색인(原文字句索引) / 447

제1권 우주의 도(道), 자연의 도
(第一卷 道體篇 凡五十一條)

사랑하는 것을 인(仁)이라 하고,
마땅히 해야 할 옳은 일을 의(義)라 하고,
사람의 도리를 다하는 것을 예(禮)라 하고,
두루 통하여 아는 것을 지(智)라 하고,
옳은 것을 지키는 것을 신(信)이라 한다.
천성(天性)을 그대로 지녀서
편안한 상태에 있는 것을
성(聖)이라 이르고
잃어가는 성(性)을 되찾아
그것을 잡아 지키는 것을
현(賢)이라 이르며,
발하는 것이 적어 눈으로 볼 수는 없으나
두루 채워도 다함이 없는 것을
귀신(神)이라 이른다.

제1권 우주의 도(道), 자연의 도
(第一卷 道體篇 凡五十一條)

1. 이것이 자연의 섭리다

염계(濂溪) 선생은 만유(萬有)의 생성(生成)과 구조(構造)를 말하였다.

"무극(無極)은 곧 태극(太極)이다. 태극이 움직여 양(陽)을 생성시킨다. 움직임이 지극한 곳에 이르면 고요해지고, 그 고요함에서 음(陰)이 생긴다. 고요함이 지극한 곳에 이르면 다시 움직인다. 이와 같이 한 번 움직이고 한 번 고요한 것이 서로 그 뿌리가 되어 음과 양으로 나뉘어 양의(兩儀)라고 하는 음양(陰陽)이 이루어지는 것이니, 이 양이 변하고 음이 합하여 수(水)·화(火)·목(木)·금(金)·토(土)의 오행(五行)이 생긴다. 이 오행에서 다섯 가지 기운이 고루 퍼져 춘(春)·하(夏)·추(秋)·동(冬)의 사시(四時)가 운행된다. 오행은 곧 하나의 음양이고 음양은 곧 하나의 태극이며, 태극은 본래 다함이 없는 것이다.

오행은 그 생김에 있어서 각각 하나의 성(性)을 갖는다. 이 다함이 없는 무극(無極)의 진(眞)과 음양 오행의 정(精)이 묘하게 합하여지고 서로 엉기어 건도(乾道 : 하늘의 도)는 남자를 이루고 곤도(坤道 : 땅의 도)는 여자를 이룬다.

이 두 기운이 접촉하고 감응(感應)하여 만물을 생겨나게 하는 것이며, 이로 인하여 만물이 생기고 또 생겨 그 변화는 다함이 없는 것이다.

만유에서 오직 사람만이 빼어남과 최고의 신령스러움을 얻어,

형체를 갖추어 생겨나고 정신을 발하여 알고, 인(仁)·의(義)·예(禮)·지(智)·신(信)의 다섯 가지 성(五性)을 느껴 움직이는 데에서 착한 것과 악한 것이 나누어지고 모든 일이 생겨난다.

성인(聖人)은 이것을 정함에 있어 행동은 중용(中庸)에 맞게 하고, 처신함에 있어서는 올바르게, 마음 씀은 어질게, 분별은 옳게 하고, 고요함을 근본으로 하여 인간으로서 행할 마땅한 도리를 세운 것이다.

그러므로 성인과 천지(天地)는 그 덕(德)을 합하고 해와 달은 그 밝음을 합하여, 네 계절과 그 차례를 함께 하고 귀신과 그 길흉(吉凶)을 함께 한다. 군자(君子)는 그것을 닦아서 길(吉)하고, 소인(小人)은 그것을 어겨서 흉(凶)해진다.

그러므로 말하기를 하늘의 도(道)를 세워 음과 양이라 하고, 땅의 도를 세워 유(柔)와 강(剛)이라 하고, 사람의 도를 세워 인(仁)과 의(義)라 한 것이다.

또한 근원을 미루어 그 끝을 헤아림으로써 죽고 사는 이치를 알게 된다. 대단하구나. 그 변화하고 생성하는 이치와 원리가 이와 같으니."

또한 인욕(人欲)을 막아 덕(德)을 쌓아나가는 도를 말하였다. "진실로 아무런 하는 일이 없어도 움직이려는 그 순간에 선(善)과 악(惡)이 나누어진다. 다섯 가지의 덕(德)이 있으니, 사랑하는 것을 인(仁)이라 하고, 마땅히 해야 할 옳은 일을 의(義)라 하고, 사람의 도리를 다하는 것을 예(禮)라 하고, 두루 통하여 아는 것을 지(智)라 하고, 옳은 것을 지키는 것을 신(信)이라 한다.

천성(天性)을 그대로 지녀서 편안한 상태에 있는 것을 성(聖)이라 이르고, 잃어가는 성(性)을 되찾아 그것을 잡아 지키는 것을 현(賢)이라 이르며, 발하는 것이 적어 눈으로 볼 수는 없으나 두루 채워도 다함이 없는 것을 귀신(神)이라 이른다."

濂溪[1]先生曰 無極而太極[2] 太極動而生陽 動極而靜 靜而生陰 靜極復動 一動一靜 互爲其根 分陰分陽 兩儀[3]立焉 陽變陰合 而生水

火木金土 五氣順布 四時⁴⁾行焉 五行一陰陽也 陰陽一太極也 太極本無極也 五行之生也 各一其性 無極之眞 二五之精⁵⁾ 妙合而凝 乾道⁶⁾成男 坤道⁷⁾成女 二氣交感 化生萬物 萬物生生 而變化無窮焉 惟人也 得其秀而最靈 形旣生矣 神發知矣 五性⁸⁾感動而善惡分 萬事出矣 聖人定之以中正仁義⁹⁾ 而主靜立人極¹⁰⁾焉 故聖人與天地合其德 日月合其明 四時合其序 鬼神合其吉凶 君子修之吉 小人悖之凶 故曰 立天之道 曰陰與陽 立地之道 曰柔與剛 立人之道 曰仁與義 又曰 原始反終 故知死生之說 大哉 易也 斯其至矣

誠無爲¹¹⁾ 幾¹²⁾善惡 德¹³⁾愛曰仁 宜曰義 理曰禮 通曰智 守曰信 性焉安焉之謂聖¹⁴⁾ 復焉執焉之謂賢¹⁵⁾ 發微不可見 充周不可窮之謂神

1) 濂溪(염계) : 중국 북송(北宋) 때의 유학자(儒學者)인 주돈이(周敦頤)의 호 자(字)는 무숙(茂叔). (p. 441참조) 송학(宋學 : 性理學)의 시조로 일컬어짐.

2) 無極而太極(무극이태극) : 무극이 곧 태극이다. 우주의 본체를 말함. 무성(無聲)·무취(無臭)·무형(無形)·무정(無情)한 것으로서, 만상(萬象)에 두루 갖추어지는 도리·근저(根底)가 되는 것을 말함.

3) 兩儀(양의) : 음(陰)과 양(陽). 음양(陰陽).

4) 四時(사시) : 춘(春)·하(夏)·추(秋)·동(冬)의 네 계절.

5) 二五之精(이오지정) : 이(二)는 음과 양, 오(五)는 오행(五行). 음양과 오행의 정순(精純)한 기운.

6) 乾道(건도) : 하늘의 도리.

7) 坤道(곤도) : 땅의 도리.

8) 五性(오성) : 인(仁)·의(義)·예(禮)·지(智)·신(信)을 일컬음. 오상(五常). 오위(五韋)라고도 함.

9) 中正仁義(중정인의) : 중(中)은 중용(中庸). 정(正)은 올바름. 인(仁)은 어짊. 의(義)는 분별을 옳게 함. 성인은 태극의 도 곧 동정(動靜)의 덕(德)을 온전히 하여, 도를 행하는 것은 중용에 맞게, 처신(處身)은 바르게, 마음을 씀은 어질게, 분별은 옳게 함.

10) 人極(인극) : 인간으로서 행할 마땅한 도리. 인도(人道).

11) 誠無爲(성무위) : 진실로 하는 것이 없음. 진실무망(眞實無妄)의 이치, 곧

하늘로부터 받은 성(性). '무위(無爲)'는 천성(天性) 그대로서 조금도 영위(營爲)함이 없는 상태.
12) 幾(기) : 움직임도 움직이지 아니함도 없는 본래 그대로의 상태.
13) 德(덕) : 도(道)와 같음.
14) 聖(성) : 덕이 크고 완전하여 온 누리에 두루 감화를 줄 수 있는 사람.
15) 賢(현) : 재(才)와 덕(德)이 뛰어난 사람.

2. 천하의 달도(達道)란 무엇인가?

이천(伊川) 선생은 인간의 성정(性情)이란 도(道)를 떠나서 있을 수 없음을 밝혔다.

"희(喜)·노(怒)·애(哀)·락(樂)이 아직 나타나지 않은 상태로써 정(情)이 싹트지 않은 현상을 가리켜 중(中)이라고 한다. 중이라는 것은 고요하게 움직이지 않는 것을 말한다. 그러므로 천하의 큰 근본이라 한다.

정이 발하여 절도에 맞아 바르고 어긋남이 없는 것을 화(和)라고 한다. 화라는 것은 느끼어 두루 통하는 것을 말한다. 그러므로 천하의 달도(達道)라고 말한다."

또 마음의 본체(體)와 효용(用)에 대하여 말하였다.

"마음은 하나이지만, 경우에 따라 본체를 가리켜 말하기도 하고, 효용을 가리켜 말하기도 한다. 그러므로 오직 보는 바가 어떠한가를 잘 관찰해야 할 따름이니라."

伊川[1]先生曰 喜怒哀樂[2]之未發謂之中 中也者 言寂然不動者也 故曰 天下之大本 發而皆中節謂之和 和也者 言感而遂通者也 故曰 天下之達道[3]

心一也 有指體[4]而言者 有指用[5]而言者 惟觀其所見何如耳

1) 伊川(이천) : 중국 북송(北宋) 때의 유학자(儒學者)인 정이(程頤)의 호. 자는 정숙(正叔). 이(理)와 기(氣)의 철학을 제창했으며, 유학의 도덕에 철학적 기초를 부여했음. 그의 형인 명도(明道) 정호(程顥)와 함께 정자(程子)

라 일컬어짐. (p. 446참조)
2) 喜怒哀樂(희노애락) : 기뻐하고, 성내고, 슬퍼하고, 즐거워하는 인간의 감정.
3) 達道(달도) : 도에 통달함. 정(情)이 천리(天理)에 두루 통하여 어긋나지 않음을 말함.
4) 體(체) : 고요하고 움직이지 않는 도(道)의 본체로서, 사람에 있어서는 아직 발하지 않은 상태의 성(性)이다.
5) 用(용) : 느낌으로써 드디어 통하는 도의 용. 사람에 있어서는 이미 발하여 절도에 맞는 화(和)의 상태이며 '달도(達道)'를 뜻함.

3. 하늘은 곧 도(道)다

이천 선생은 건(乾)의 도(道)를 체(體)에서 보는 현상과 용(用)에서 보는 현상으로 분류하여 말하였다.

"건(乾)은 곧 하늘(天)이다. 하늘은 건의 형체를 말함이요, 건은 하늘의 성정(性情)을 말한다. 건은 하늘의 주위를 맴돌고 있다. 그 돌면서 쉬지 않는 것을 건이라 이른다.

대저 하늘을 한 마디로 말하면 도라고 할 수 있다. 하늘은 또한 무엇에도 이긋남이 없다. 이것을 분류해서 말하면 형체로는 하늘(天)이라 이르고, 주재(主宰)하는 면으로서는 제(帝)라 하며, 공용(功用)하는 면으로는 귀신(鬼)이라 이르며, 묘용(妙用)하는 면에서는 신(神)이라 이르며, 성정(性情)의 면으로 보면 건(乾)이라 이른다."

또 사덕(四德)의 원(元)은 오상(五常)의 인(仁)과 같이 전체를 포괄한다고 말하였다.

"원(元)·형(亨)·이(利)·정(貞)의 네 가지 덕(四德) 가운데에서 원이라는 것은 인(仁)·의(義)·예(禮)·지(智)·신(信)의 다섯 가지 떳떳함(五常) 가운데 인과 같다.

치우치게 말하면 인은 오상의 한 가지이다. 그러나 그것을 한 마디로 요약한다면 그것이 나머지 네 가지 의·예·지·신을 다 포괄하듯이, 원은 나머지 형과 이와 정을 다 포괄한다."

다음으로 중용(中庸)의 천명지위성(天命之謂性)을 말하였다.
"하늘이 사물(物)에게 주는 것을 명(命)이라 하고, 사물이 그것을 받으면 성(性)이 되는 것이다."
또한 귀신(鬼神)에 대하여 다음과 같이 말하였다.
"귀신이라는 것은 조화(造化)의 자취이다."

乾[1]天也 天者乾之形體 乾者天之性情 乾健[2]也 健而無息之謂乾 夫天專言[3]之則道也 天且弗違是也 分而言之[4] 則以形體謂之天 以主宰謂之帝 以功用謂之鬼神[5] 以妙用謂之神 以性情謂之乾

四德[6]之元 猶五常[7]之仁 偏言則一事 專言則包四者

天所賦[8]爲命[9] 物[10]所受爲性[11]

鬼神者 造化[12]之迹也

1) 乾(건) : 역경(易經)의 건괘(乾卦 : ☰)이다. 건의 상(象)은 하늘이다.
2) 健(건) : 하늘의 주위. 하루의 낮과 밤. 1년 360일을 주류(周流)하며 운행하는 것을 말한다.
3) 天專言(천전언) : 하늘은 한 마디로 말하면 하나의 뜻을 가지는 것이다. 이는 도(道)의 체(體)를 말하는 것이다.
4) 分而言之(분이언지) : 나누어서 그것을 말한다. 보고 생각하는 것을 부분적으로 용(用)에다 두고 말하는 것이다.
5) 鬼神(귀신) : 천리(天理)의 현묘(玄妙)한 이치를 말하는 것으로 헤아릴 수 없는 도(道)의 묘용(妙用)을 말한다. 기(氣)의 굴신왕래(屈伸往來)로 천지만물이 생장수장(生長收藏)하는 이치를 말하는 것으로 종교적·미신적인 귀신을 말하는 것이 아님.
6) 四德(사덕) : 하늘에는 네 가지 덕이 있는데 그것은 원(元)과 형(亨)과 이(利)와 정(貞)임.
7) 五常(오상) : 부자유친(父子有親)·군신유의(君臣有義)·부부유별(夫婦有別)·장유유서(長幼有序)·붕우유신(朋友有信)의 인륜의 다섯 가지 떳떳한 것으로 인(仁)·의(義)·예(禮)·지(智)·신(信)을 일컬음.
8) 賦(부) : 주다. 부여(賦與)하다.
9) 命(명) : 천명지위성(天命之謂性)의 명(命). 곧 하늘의 명령.

10) 物(물) : 인간을 포함한 일체의 사물.
11) 性(성) : 천명지위성(天命之謂性)의 성(性). 곧 하늘이 명하여 준 것.
12) 造化(조화) : 대자연 속의 만물을 생성하고 멸망시키고 하는 이치.

4. 성인은 음양(陰陽)을 논하지 아니한다
　이천 선생은 주역의 박패(剝卦)로 양효(陽爻)를 설명하고, 거기에 따라 군자(君子)의 도리를 말하였다.
　"박(剝)의 패(卦)는 모든 양효(陽爻)가 다 소멸되어 이미 없어지고 오직 홀로 상효(上爻)인 상구(上九)의 한 효만 아직 남아 있어 마치 큰 과일 하나만이 먹히지 않고 앞으로 다시 태어날 도리를 다하고 있는 것과 같다.
　상구의 효가 또 변하면 패 전체가 음(陰)이 된다. 그러나 양이 완전히 없어지는 이치는 없으므로 위에서 변하면 아래에서 생겨나 잠시라도 멈추는 것을 허락하지 않는다. 성인(聖人)은 이러한 이치를 밝게 깨달아 양(陽)과 군자(君子)의 도는 없어질 수 없다는 것을 나타내었다.
　어떤 사람은 말하기를 '양이 다 없어지면 순수한 곤(純坤)이 되는데 어찌 다시 양이 생기겠는가' 라 하고 또 말하기를 '패를 각각의 달에 배정한다면 곤(坤)은 시월(十月)에 해당한다.' 라고 한다.
　기(氣)의 없어지는 것을 가지고 말한다면, 양이 다 없어져 곤이 된다. 그러나 양이 다시 생겨나 복괘(復卦)가 되는 것이니 양은 일찍이 다 없어진 것이 아니다. 위에서 없어지면 아래에서 다시 생겨난다. 그러므로 시월을 일러 양월이라 하는 것은 양이 없다고 의심할까 두려워해서 하는 말이다. 음도 또한 그러하나 성인은 말하지 않았을 뿐이다."
　또한 일양내복(一陽來復)의 이치를 말하였다.
　"하나의 양(陽)이 아래에서 다시 생겨나니 이것이 천지의 모든 만물을 생기게 하는 마음이다.

선유(先儒)들은 다 정(靜)으로써 천지의 마음을 보았으므로 대개 동(動)의 실마리가 곧 천지의 마음인 것을 알지 못했던 것이다. 도를 알지 못하고서 누가 능히 그것을 알 수 있겠는가."

剝[1]之爲卦 諸陽消剝已盡 獨有上九[2]一爻[3]尙存 如碩大之果 不見食將有復生之理 上九亦變則純陰矣 然陽無可盡之理 變於上則生於下 無間可容息也 聖人發明此理 以見陽與君子之道不可亡也 或曰 剝盡則爲純坤[4] 豈復有陽乎 曰 以卦配月則坤當十月 以氣消息言則陽剝爲坤 陽來爲復[5] 陽未嘗盡也 剝盡於上則復生於下矣 故十月謂之陽月 恐疑其無陽也 陰亦然 聖人不言耳

一陽復於下 乃天地生物之心也 先儒[6]皆以靜[7]爲見天地之心 蓋不知動之端[8] 乃天地之心也 非知道者孰能識之

1) 剝(박) : 주역(周易)의 박괘(剝卦 : ☲☷).
2) 上九(상구) : 박괘의 맨 위의 효(爻). 효가 모두 양(—)일 때 아래에서부터 初九·九二·九三·九四·九五·上九라 한다.
3) 爻(효) : 괘에 있어서 음(--)과 양(—)의 하나 하나를 말한다. 한 괘에는 여섯 개의 효가 있다. 양효(陽爻)일 때 상구(上九)가 맨 위의 효이듯이 모두 음효(陰爻)일 때는 初六·六二·六三·六四·六五·上六이라고 하여 상육(上六)이 맨 위의 효이다.

(乾卦)	(坤卦)
— → 陽爻	-- → 陰爻
— → 上九爻	-- → 上六爻
— → 九五爻	-- → 六五爻
— → 九四爻	-- → 六四爻
— → 九三爻	-- → 六三爻
— → 九二爻	-- → 六二爻
— → 初九爻	-- → 初六爻

4) 純坤(순곤) : 박괘의 상구(上九)가 변하여 순음(純陰)인 곤괘(坤卦)가 됨으로써 여섯 개의 효가 다 음이 되는 것. 곧 (☲☷ → ☷☷)으로 됨.

5) 陽來爲復(양래위복) : 박괘(☶☷)의 양(陽)인 상구(上九)가 없어지면 초효(初爻)가 다시 양으로 변하여 복괘(復卦 : ☳☷)가 된다.
6) 先儒(선유) : 선대의 유학자(儒學者). 옛 선비.
7) 靜(정) : 적연히 아직 발하지 않은 상태에서 이미 발(已發)한 용(用)으로 되는 순간, 곧 처음 태어남이 가늘고 적어 고요함과 같은 것을 이르는 말.
8) 動之端(동지단) : 움직임의 처음.

5. 도를 아는 자는 말없이 살필 뿐이다

이천 선생은 인(仁)이 선(善)의 근본이라는 것을 말하였다.
"인이라는 것은 천하의 공도(公道)이다. 그러므로 모든 선의 근본이 되는 것이다."
또 만물은 감응(感應)의 이치에 따른다는 것을 말하였다.
"느낌이 있으면 반드시 거기에 대응(對應)하는 것이 있다. 무릇 움직임이 있으면 그것은 다 느낌이 된다. 느끼면 반드시 대응하는 것이 있고, 대응하는 것은 다시 느낌이 되며, 느끼는 것에는 다시 대응하는 것이 있어 끊이지 않는다. 이러한 느끼어 통하는 이치를, 도를 아는 자는 말없이 그것을 살필 뿐이다."
또 주역 항괘(恒卦)에 대하여 설명하였다.
"천하의 이치는 끝나면서 다시 시작되고, 다시 시작되면서 항상 계속되어 끝나지 않는 것이다. 이렇게 끝남이 없는 항(恒)은 하나로 고정된 상태를 말하는 것이 아니다. 하나로 고정되어 있으면 항(恒)이 될 수 없다.
오직 때에 따라 계속 변하고 바뀌는 것이 곧 떳떳한 도다. 하늘과 땅이 항상 오래하는 도와 천하 만물이 항상 오래하는 이치는 도를 아는 사람이 아니면 누가 능히 그것을 알 수 있겠는가."

仁¹⁾者 天下之公²⁾ 善之本³⁾也
有感必有應 凡有動皆爲感 感則必有應 所應復爲感 所感復有應 所以不已也 感通之理 知道者默而觀之可也

天下之理終而復始[4] 所以恒[5]而不窮 恒非一定之謂也 一定則不
能恒矣 惟隨時變易乃恒道也 天地常久之道 天下常久[6]之理 非知道
者 孰能識之

1) 仁(인) : 인은 사단(四端)을 포괄하는 것으로, 의(義)·예(禮)·지(智) 까지
   를 아울러 말하는 것이다.
2) 天下之公(천하지공) : 추호(秋毫)의 사심도 없음을 말함.
3) 善之本(선지본) : 모든 선의 근본.
4) 終而復始(종이부시) : 끝나면서 다시 시작됨. 곧 느끼는 것과 응대하는 것이
   서로 오고 가는 것으로 음양(陰陽)의 이치를 뜻함.
5) 恒(항) : 수시로 바뀌어 나아감이 무궁한 이치.
6) 常久(상구) : 잠시도 쉼이 없이 계속하는 도의 상태.

6. 사람의 본성은 착하다

이천 선생은 주역의 혁괘(革卦)를 성품을 논하는 것으로 풀이
하였다.

"사람의 성품은 본디 착한 것인데, 그 착한 것으로 바뀌어질 수
없는 것이 있다고 하는 것은 어째서인가. 말하기를 그 성품의 본
질은 다 착하지만 그 기질적(氣質的)인 성품을 말한다면 선(善)
으로 고칠 수 없는 아주 어리석은 하우(下愚 : 멍청이)라는 것이
있다.

이른바 하우라는 것에는 두 가지가 있으니, 스스로 포기하는 것
과 스스로 저버리는 것이 그것이다.

사람이 진실로 선으로써 스스로를 다스리면 고치지 못할 것이
없다. 비록 어둡고 어리석음이 지극하더라도 다 점차 수양하면 감
화(感化)되어 선으로 나아가게 된다. 오직 스스로 포기하는 자만
이 그것을 거역하면서 믿지 않으며, 스스로 저버리는 자만이 그
것을 단념하여 하려고 하지 않는다. 그런 자들은 비록 성인과 함
께 산다고 해도 선으로 화하여 들어갈 수 없는 것이다. 이것이 공
자께서 이르는 바 가장 어리석은 멍청이다.

그러나 천하에 스스로 포기하고 스스로 저버리는 자가 반드시
다 어둡고 어리석은 것은 아니다. 때로는 강하고 악하면서 재주
와 힘이 뛰어난 자도 있으니 은(殷)나라의 주왕(紂王)과 같은 자
가 그러하다.
 성인은 그 스스로 선에 나가기를 단념한 자를 일러 어리석은 멍
청이라 하였다. 그 근본을 생각하면 진실로 어리석다. 이미 어리
석은 멍청이라고 하였는데, 그 어리석은 자가 착한 체하고 겉으
로 꾸밀 수 있는 것은 어째서일까.
 말하기를 마음은 비록 착한 곳으로 가는 길을 끊었더라도 그 위
엄을 두려워하여 죄를 적게 짓는 것은 남과 같다. 오직 그 남과 같
게 한다는 것은 그 성품의 허물이 아니라는, 곧 착하다는 것을 알
수 있다."

 人性本善 有不可革者[1]何也 曰語其性則皆善也 語其才[2]則有下
愚之不移 所謂下愚有二焉 自暴[3]也 自棄[4]也 人苟以善自治則無不
可移者雖昏愚之至 皆可漸磨[5]而進 惟自暴者拒之以不信 自棄者絶
之以不爲 雖聖人與居 不能化而入也 仲尼[6]之所謂下愚也 然天下自
棄自暴者 非必皆昏愚也 往往强戾而才力有過人者 商辛[7]是也 聖人
以其自絶於善 謂之下愚 然考其歸則誠愚也 既曰下愚 其能革面[8]何
也 曰心雖絶於善道 其畏威而寡罪[9]則與人同也 惟其有與人同 所以
知其非性之罪也

1) 不可革者(불가혁자) : 바꿀 수 없는 것. 곧 선(善)으로 고칠 수 없다는 말.
2) 語其才(어기재) : 사람의 성품에는 본연(本然)의 성과 기질(氣質)의 성(性)
  이 있는데, 기질의 성을 말함.
3) 自暴(자포) : 선을 믿지 않고 스스로 그 덕을 해치는 것.
4) 自棄(자기) : 선을 알면서도 게을리하여 지키지 않는 것.
5) 漸磨(점마) : 점차로 감화(感化)됨. 점마(漸摩)로도 씀.
6) 仲尼(중니) : 공자의 자(字).
7) 商辛(상신) : 은(殷)나라의 주왕(紂王). 상(商)은 은나라의 땅이름. 신(辛)
  은 주왕의 이름.

8) 其能革面(기능혁면) : 겉으로만 고칠 수 있음. 마음속은 불선(不善)하면서 겉으로만 선을 꾸밈.
9) 其畏威而寡罪(기외위이과죄) : 위엄이 두려워서 죄를 적게 함. 곧 법에 따른 형벌이 두려워 죄를 짓지 않으려고 함.

7. 사물의 이치와 처리에 맞는 의(義)
이천 선생은 의(義)에 대하여 말하였다.
"사물에 있는 것을 이치(理)라 하고, 그 사물을 이치에 알맞게 처리하는 것을 의(義)라 한다."
또 동정(動靜)과 음양(陰陽)은 도(道)의 작용이라는 것을 말하였다.
"움직이는 것과 고요한 것은 끝이 없으며, 음(陰)과 양(陽)은 시작이 없는 것이다. 도를 알지 못한다면 누가 능히 그것을 알 수 있으리오"

在物爲理¹⁾ 處物爲義
動靜無端 陰陽無始 非知道者 孰能識之
1) 理(이) : 이치. 사물의 각각의 이치.

8. 천하의 바른 도리는 인이다
이천(伊川) 선생은 인(仁)이 천하의 바른 도리라는 것을 말하였다.
"인(仁)이라는 것은 천하의 바른 도리인 것이다. 이 바른 도리를 잃으면 질서가 없어지고 조화가 이루어지지 않는다."

명도(明道) 선생은 천지의 이치가 곧 인간의 이치라는 것을 말하였다.
"천지(天地)는 만물을 낳아 각각은 나름대로 족(足)하지 않은 이치가 없는 것이다. 또 천하(天下) 사람들에게는 임금과 신하, 아버지와 아들, 형과 아우, 남편과 아내 사이에 마땅히 지켜야 할 도리(道理)가 있는 것이다. 그 도리를 얼마간이라도 다하지 못한 점이 있는가를 언제나 생각하여야 한다."

仁者 天下之正理 失正理則無序而不和
明道[1]先生曰 天地生物 各無不足之理 常思天下君臣父子兄弟夫婦 有多少不盡分處
1) 明道(명도) : 중국 북송(北宋) 때의 유학자인 정호(程顥)의 호. 자는 백순(佰淳). 염계(濂溪) 주돈이(周敦頤)의 문하인이며 그의 아우인 이천(伊川) 정이(程頤)와 함께 이정자(二程子)로 불린다. (p. 444참조)

9. 물욕과 자아에 빠지지 않는 이치
명도 선생은 성(性)의 이치를 알면 물욕과 자아에 얽매이지 않는다고 말하였다.
"충실한 것과 믿음은 덕으로 나아가는 길이다. 군자는 마땅히 근엄하고 경외(敬畏)하는 마음으로 하늘을 받드는 것과 같이 해야 한다.
소리도 없고 냄새도 없는 천도는 하늘을 덮고 있다. 그 체(體)를 역(易)이라 이르고, 그 이치를 도(道)라 이르며, 그 쓰임을 신(神)이라 이른다. 그것을 사람에게 명하면 곧 성(性)이라 이르고, 그 성을 그대로 좇으면 곧 도라 이르며, 도를 닦아 밝히는 것을 가르침이라 이른다.
맹자(孟子)는 그 가운데에서 호연지기(浩然之氣)를 발휘해 내었으니 지극하다고 할 만하다. 그러므로 신(神)이 그 위에 있는 것같기도 하고, 그 좌우에 있는 것같기도 하다고 말하는 것은 크고 작은 모든 일에 도가 있다는 뜻으로, 성(誠)을 가리울 수 없음이 이와 같고 천도가 위와 아래를 꿰뚫음이 이와 같음을 말하는 것이다.

사물의 이치인 형이상(形而上)은 도가 되고, 형이하(形而下)는 기(器)가 된다고 하는 것은 그 뜻을 확실하게 드러낸 말이다. 이것은 또한 도요, 도가 또한 기가 되는 것을 말한다. 오직 도를 잘 알게 되면 지금과 다음, 나와 남의 구별에도 얽매이지 않는 것이다."

이어서 인(仁)의 방법론을 설명하였다.

"의학의 서에 손과 발이 마비되는 병을 말하여 불인(不仁)이라고 한다. 이 말은 병명을 가장 잘 나타낸 것이라고 하겠다. 인(仁)이라고 하는 것은 천지의 만물을 자기와 한 몸으로 삼는다. 그러므로 자기 아닌 것이 없다. 자기라는 것을 느껴 인정하면 어떤 것에도 이르지 못할 바가 있겠는가. 만약 자기와 만물을 떼어 놓고 보면 관계가 없어진다. 손과 발이 불인하면 기(氣)가 이미 관통되지 않아 사지가 모두 자기에게 속하여 있지 않는 것과 같다. 그러므로 널리 베풀어 백성을 구제하는 것은 곧 성인의 공용(功用)인 것이다.

인은 지극히 말하기 어려운 것이다. 공자께서는

'자기가 나서고자 하면 남을 먼저 내세워 주고, 자기가 영달(榮達)하고자 하면 남을 먼저 영달하게 해준다. 가까운 자기를 남의 처지에 비길 수 있다면 그것을 인의 올바른 방향이라고 할 수 있다. 이와 같이 인을 보고자 한다면 인의 본체를 얻을 수 있을 것이다.' 하시었다."

忠信所以進德 終日乾乾 君子當終日對越在天也 蓋上天之載無聲無臭 其體則謂之易 其理則謂之道 其用則謂之神 其命於人則謂之性 率性則謂之道 修道則謂之敎 孟子去其中 又發揮出浩然之氣[1] 可謂盡矣 故說神如在其上 如在其左右 大小大事 而只曰誠之不可揜 如此夫 徹上徹下不過如此 形而上[2]爲道 形而下[3]爲器 須著如此說 器亦道 道亦器 但得道在 不繫今與後己與人

醫書言手足痿痺爲不仁 此言最善名狀 仁者以天地萬物爲一體 莫非己也 認得爲己何所不至 若不有諸己 自不與己相干 如手足不

仁 氣已不貫 皆不屬己 故博施濟衆乃聖之功用 仁至難言 故止曰己
欲立而立人 己欲達而達人 能近取譬⁴⁾ 可謂仁之方也已 欲令如是觀
仁 可以得仁之體

1) 浩然之氣(호연지기) : 하늘과 땅 사이에 넘치게 가득찬 넓고도 큰 원기. 도
   의(道義)에 뿌리를 내리고 아주 공명정대하여 조금도 부끄러울 바가 없는 도
   덕적 용기. 곧 사람의 당당한 모습.
2) 形而上(형이상) : 시간·공간의 감성(感性) 형식을 취하는 경험적 형상으로
   서 존재하는 일이 없이, 그 자신이 초자연적이다. 다만 이성적 사유(思惟)나
   또는 독특한 직관(直觀)에 의하여 포착되는 궁극적인 것. 형식을 떠난 것. 모
   양을 초월한 것. 정신적인 것.
3) 形而下(형이하) : 자연 일반, 감성적(感性的) 현상, 곧 시간·공간 가운데 모
   양을 취하여 나타나 있는 것. 모양을 갖춘 것. 물질적인 것. 형상이 있는 것을
   말한다.
4) 能近取譬(능근취비) : 자기 몸을 통하여 남에게 미루어 나가는 것.

10. 삶을 성(性)이라 한다

밍노 선생은 성(性)에 대하여 논(論)하였다.

"삶을 성(性)이라 이른다. 성은 곧 기(氣)요, 기는 곧 성이다. 이것을 삶이라 이른다. 사람의 기질적인 성품에는 선과 악이 있다. 그러나 사람의 본성에는 본래부터 이 선과 악이 있어 상대적으로 생겨나는 것은 아니다. 어려서부터 선이 있고, 어려서부터 악이 있는데, 이것은 기품이 있어서 그러한 것이다. 선은 본래부터의 성이지만 악 또한 성이라 하지 않을 수 없다.

대개 삶을 성이라 이르는데, 사람이 태어나서 그대로 고요한 상태에 있으면 성이라 할 수 있으나, 그 이상의 상태에서는 성이라는 말이 용납되지 않는다. 성이라고 말할 때에는 그것은 이미 성이 아니다. 무릇 사람이 성을 말한다는 것은 다만 그것(성)을 이어나가는 것을 선이라고 말할 수 있는 것으로 맹자가 성선(性善)을 말한 것도 이것이다.

대저 성으로 이어나가는 것을 선이라고 하는 것은 물이 흘러 아래로 내려가는 것과 같다는 말이다. 모든 물은 아래로 흘러 바다에 이르며, 마침내 머물러 고이는 곳이 없다. 그것이 어찌 사람의 힘으로 될 수 있는 일이겠는가.

물이 흘러 멀리 가기 전에 흐려지는 것이 있고, 매우 먼 곳까지 가서야 마침내 흐려지는 것이 있다. 흐려짐이 많은 것이 있고, 흐려짐이 적은 것이 있다. 맑고 흐림이 비록 같지는 않으나 흐린 물이 아니라고 할 수는 없는 것이다.

이와 같이 사람도 그 마음을 맑게 다스려 나가는 힘을 기르지 않을 수 없는 것이다. 그러므로 힘 쓰는 것이 빠르고 용감하면 빨리 맑아지고, 힘쓰는 것이 느리고 게으르면 더디게 맑아진다.

그 맑음은 물의 본래의 성품이다. 맑음을 바꾸어 흐리게 해서는 안되며, 또한 흐린 것을 취해 한 모퉁이에 놓아두어서도 안된다. 물이 본래 맑은 것처럼 성도 본래 착한 것이다. 곧 선과 악이 성 가운데에 있어 이 두 가지가 상대적으로 각각 나오는 것은 아니다. 이러한 이치가 천명(天命)이다. 순응하여 따르는 것이 도(道)요, 그것을 좇아 닦음으로써 각각 그 천분을 얻는 것이 가르침이다. 천명으로부터 가르침에 이르기까지 내가 더하고 덜하고가 없는 것이다. 이것이 순(舜)임금이 천하를 가지고서도 자기의 것으로 하지 않은 까닭이다."

또 인간은 본연의 성(性)에 귀일해야 한다고 말하였다.

"천지가 만물을 생(生)하는 기상(氣象)을 본다."

또 만물을 생성하고 천리를 운행하는 원(元)은 사람에게 있어 인(仁)과 같은 것으로 모든 이치를 다 포함하는 원리라고 말하였다.

"만물이 생성(生成)하는 뜻을 잘 살펴야 한다. 이 원(元)이라는 것은 선의 가장 빼어난 것이니, 이것이 이른바 인(仁)이라는 것이다."

生之謂性 性卽氣 氣卽性 生之謂也 人生氣稟 理有善惡 然不是性中元有此兩物[1]相對而生也 有自幼而善 有自幼而惡 是氣稟有然也

善固性也 然惡亦不可不謂之性也 蓋生之謂性 人生而靜[2]以上不容
說 才說性時 便已不是性也 凡人說性 只是說繼之者善[3]也 孟子言
性善是也 夫所謂繼之者善也者 猶水流而就下也 皆水也 有流而至
海 終無所汙 此何煩人力之爲也 有流而未遠 固已漸濁 有出而甚遠
方有所濁 有濁之多者 有濁之少者 淸濁雖不同 然不可以濁者不爲
水也 如此則人不可以不加澄治之功 故用力敏勇則疾淸 用力緩怠
則遲淸 及其淸也則却只是元初水也 不是將淸來換却濁 亦不是取
出濁來置在一隅也 水之淸則性善之謂也 故不是善與惡 在性中爲
兩物相對 各自出來 此理天命也 順而循之則道也 循此而修之 各得
其分則敎也 自天命以至於敎我無加損焉[4] 此舜有天下而不與焉者也
　觀天地生物氣象
　萬物之生意最可觀 此元者善之長也[5] 斯所謂仁也

1) 兩物(양물) : 선과 악의 두 가지.
2) 人生而靜(인생이정) : 사람이 처음 태어나 아무런 욕심도 없는 그대로의 상
   태. 이것을 성(性)이라 할 수 있는데, 사람은 태어난 뒤에는 벌써 기질이 게
   재되는 것이므로 엄밀히 따져 성이라고 할 수 없는 것이다.
3) 繼之者善(계지자선) : 이어나가 이루는 것을 선이라 함.
4) 無加損焉(무가손언) : 천명(天命)을 그대로 좇고 인욕(人慾)에 의한 인위
   적인 역감(力減)이 있어서는 안된다는 말.
5) 元者善之長也(원자선지장야) : 원(元)·형(亨)·이(利)·정(貞)의 원에는
   형과 이와 정이 모두 포함되어 있는 것이므로 선 가운데에서 가장 빼어난 것
   이라는 뜻.

11. 중(中)은 천하의 가장 큰 근본
　명도 선생은 측은지심(惻隱之心)에 대해
　"사람의 배, 곧 온 몸에 가득차 있는 것은 인(仁)이라는 측은해
하는 마음이다."라고 하였다.
　또 천지 만물의 이치는 끝없이 대(對)를 이루는 것이라고 말하
였다.

"천지 만물의 이치는 홀로가 아니고 반드시 대(對)가 있다. 모든 것은 다 저절로 그러한 것이요, 안배(安排)해 놓은 것이 아니다. 매일 한밤중에 그것을 생각하면 알지 못하는 사이에 즐거워져 손과 발이 움직여 춤을 춘다."

또한 중(中)을 잃지 말라고도 하였다.

"중(中)이라는 것은 천하의 가장 큰 근본이다. 하늘과 땅 사이에 정정하고 당당하여 위아래로 통하여 막힘이 없는 바른 이치이다. 그러나 그것이 발(發)하여지면 곧 그렇지 않으니 오직 공경하면서 그것을 잃지 않도록 최선을 다해야 할 것이다."

滿腔子[1] 是惻隱之心[2]

天地萬物之理 無獨必有對[3] 皆自然而然 非有安排也 每中夜以思 不知手之舞之足之蹈之也

中[4]者天下之大本 天地之間 亭亭當當 直上直下之正理 出則不是[5] 惟敬而無失[6]最盡

1) 腔子(강자) : 배. 뱃속. 온 몸을 가리킴.
2) 惻隱之心(측은지심) : 맹자가 말한 사단(四端) 가운데 측은지심은 인지단야(仁之端也)를 말함이다.
3) 對(대) : 하늘과 땅, 남자와 여자, 음(陰)과 양(陽), 동(動)과 정(靜), 청(淸)과 탁(濁), 강(强)과 약(弱)이 있듯이 모든 것이 반드시 상대(對)가 있다는 말.
4) 中(중) : '중용(中庸)'에서 말하는 '희노애락지미발위지중(喜怒哀樂之未發謂之中)'이라고 한, 아직 발동하지 아니한 상태의 중(中)을 말함.
5) 出則不是(출즉불시) : '출'은 희노애락이 싹튼 상태. 곧 이미 발한 상태를 말한다. 발(發)한 상태면 그것은 벌써 중이 아니라는 뜻.
6) 敬而無失(경이무실) : 공경하며 잃지 않다. 무실은 중을 잃지 않는다는 말.

12. 공정한 것은 하나이다

이천 선생은 공(公)과 사(私)를 구분하여 다음과 같이 말하였다.

"공(公)은 하나요, 사(私)는 만 가지로 다르다. 사람의 마음이 사람들의 얼굴과 같이 서로 다르다면, 이것은 곧 사심(私心)이다."

또 모든 일의 처음과 끝(本末)에 대하여 말하였다.

"무릇 모든 사물의 근본에는 시작(本)과 그 끝(末)이 있는 것이다. 그런데 그 시작과 끝을 명확하게 두 가지로 나눌 수는 없다. 물뿌리고 쓸고 응(應)하고 대(對)하는 모든 예절이 다 그러하다. 거기에는 반드시 그러한 까닭이 있다."

또 중(中)에 대하여 말하였다.

"양자(楊子)는 한 개의 털을 뽑아 천하를 이롭게 한다고 해도 이를 하지 않았으며, 묵자(墨子)는 온 몸이 닳아 없어지더라도 천하를 위하는 일이라면 하였다. 이것은 다 그 중(中)을 얻지 못한 것이다.

자막(子莫)이 중(中)을 취한 것같이 양자와 묵자의 중간만을 취하고자 하는 것은 중을 어떻게 취해야 하는지 알지 못하는 것이다.

중을 취할 줄 알면, 모든 사물에는 자연히 중이 있게 마련이다. 그러므로 사람의 안배(安排)가 필요하지 않다. 억지로 안배하려는 것이 드러나면 그것은 중이 아니다."

또한

"시중(時中)이란 어떤 것입니까?"라는 물음에 이천 선생은

"중(中)이라는 글자는 가장 알기 어려운 것이다. 모름지기 그것은 말없이 알고 마음으로 통하는 것이다.

또한 예를 들어 말한다면, 하나의 방이라면 가운데가 중(中)이 되나, 하나의 집이라면 방의 가운데가 중이 아니라 대청이 중이되며, 한 나라로 말한다면 대청이 중이 아니라 그 나라의 중심이 되는 곳이 중이 된다. 이와 같은 것으로 미루어 보면 알 수 있는 것이다.

세 번씩이나 자기 집 문전을 지나면서도 집에 들어가지 않는 것은 우(禹)임금 시대에서의 중이 되는 것이다. 만약 그때 우임금

이 누항(陋巷)에 살았다면 그것은 중이 아니요, 누항에 살면서 지낸 것은 안자(顏子) 시대에서의 중이 되는 것이다. 만약 안자가 그때 세 번씩이나 자기 집 문 앞을 지나면서 들어가지 않았다면 그것은 중이 아니다."라고 대답하였다.

또 성(誠)에 대하여 말하였다.

"털끝만큼의 거짓도 없는 자연 그대로를 성(誠)이라 이르고, 속이지 않는 것은 그 다음이다."

伊川先生曰 公[1]則一 私[2]則萬殊 人心不同如面 只是私心
  凡物有本末 不可分本末爲兩段事 灑掃應對是其然 必有所以然[3]
  楊子[4]拔一毛不爲 墨子[5]又摩頂放踵爲之 此皆是不得中[6] 至如子莫執中[7] 欲執此二者之中 不知怎麽[8]執得 識得則事事物物上 皆天然有箇中在那上 不待人安排也 安排著則不中矣
  問時中[9]如何曰 中字最難識 須是默識心通 且試言一廳則中央爲中 一家則廳中非中 而堂爲中 言一國則堂非中而國之中爲中 推此類可見矣 如三過其門不入[10] 在禹[11]稷之世爲中 若居陋巷則非中也 居陋巷 在顏子[12]之時爲中 若三過其門不入則非中也
  无妄[13]之謂誠 不欺其次矣

1) 公(공) : 천하의 공리(公理)로서 그 이치는 하나가 됨.
2) 私(사) : 사람의 기질에 따른 성품으로서 사람마다 다른 사사로운 마음.
3) 所以然(소이연) : 까닭이 그러함. 곧 마땅히 그렇게 되어지는 것.
4) 楊子(양자) : 중국 춘추전국 시대의 철학자. 이름은 주(朱). 위아설(爲我說)을 주창하였음.
5) 墨子(묵자) : 중국 춘추전국 시대의 철학자. 이름은 적(翟). 겸애설(兼愛說)을 주장하였음.
6) 中(중) : 어느 한 쪽으로 치우치지 않고 지나치지도 덜하지도 않는 것. 그곳에 알맞은 진리.
7) 子莫執中(자막집중) : 중국 전국 시대의 사람인 자막(子莫)이 융통성 없이 이쪽도 아니고 저쪽도 아닌 무조건 한 중간만을 지킨 데서 연유된 것으로, 융통성 없음을 가리키는 말.

8) 怎麽(즘마) : 무엇. 어떻게.
9) 時中(시중) : 때에 따라 그때 그때 알맞은 법도나 법칙이 있다는 것. '중(中)'은 알맞음.
10) 三過其門不入(삼과기문불입) : 세 번 그 문앞을 지나면서 들어가지 않음. 우(禹)임금이 치수(治水) 사업이라는 공무에 바빠 9년이나 밖에 나가 있으면서 그동안 자기 집 문앞을 세 번이나 지나게 되었으나 국가의 공무에 바빠서 집에 들어가 가족을 만날 겨를이 없었다는 말.
11) 禹(우) : 중국 하왕조(夏王朝)의 시조 치수 사업에 실패한 곤(鯀)의 아들로 요순(堯舜) 시대에 대규모 치수 사업에 성공한 공로로 순(舜)임금의 선양(禪讓)을 받아 하왕조를 세웠다고 전함.
12) 顔子(안자) : 중국 춘추 시대 공자의 제자. 이름은 회(回). 공자가 가장 아끼던 제자였으나 일찍 죽었다.
13) 无妄(무망) : 실리자연(實理自然) 그대로 털끝만큼의 거짓도 없는 것.

13. 태극(太極)은 삼라만상을 갖추고 있다

이천 선생은 태극(太極)에 대하여 말하였다.

"태극은 깊숙하고 조용하여 아무런 징조가 없으나 삼라만상(森羅萬象)이 이미 그 속에 다 갖추어져 있다. 미응(未應 : 응하지 아니한 상태)이 먼저가 아니며 이응(已應 : 이미 응한 상태)이 뒤가 아니다.

백 척이나 되는 큰 나무도 밑뿌리에서부터 가지 끝 잎사귀까지 다 하나로 꿰뚫어져 있다. 앞에서 말한 것과 같이 형태도 없고 징조도 없는 것을 사람이 억지로 끌어들여 안배(安排)하여 사물의 이치에 들어맞게 한다고는 말할 수 없다. 이미 그것이 사물의 이치인 이상 다만 하나의 사물의 이치만이 있을 뿐이다."

또한 만물의 이치를 말하였다.

"가까이 내 몸에서 이치를 취하면 백 가지 이치가 다 그 속에 갖추어져 있으며, 구부리고 펴고 가고 오는 이치를 다만 코로 숨쉬는 사이에 볼 수 있다. 구부리고 펴고 가고 오는 이치는 반드시 이미 구부린 기운이 다시 펴는 기운으로 되는 것은 아니다.

　낳고 또 낳는 이치는 자연히 쉼이 없다. 복괘(復卦)에서 말한 것같이 7개월만에 다시 온다는 그 사이는 원래 끊어지고 이어짐이 없는 것이다. 양(陽)이 이미 다시 생(生)하고 물(物)이 극에 이르면 반드시 제자리로 돌아온다. 그 이치는 모름지기 이와 같으니 생(生)이 있으면 곧 사(死)가 있고, 시작이 있으면 곧 끝이 있는 것이다."

　沖漠無眹¹⁾ 萬象森然已具 未應²⁾不是先 已應³⁾不是後 如百尺之木 自根本至枝葉皆是一貫 不可道上面一段事 無形無兆⁴⁾ 却待人旋安排引入來敎入塗轍⁵⁾ 旣是塗轍却只是一箇塗轍
　近取諸身 百理皆具 屈伸往來⁶⁾之義 只於鼻息之間見之 屈伸往來只是理 不必將旣屈之氣 復爲方伸之氣 生生之理自然不息 如復卦言七日來復⁷⁾ 其間元不斷續 陽已復生 物極必返 其理須如此有生便有死 有始便有終

1) 沖漠無眹(충막무진) : 무형(無形)·무정(無情)·무성(無聲)·무취(無臭)의 태극으로, 아무런 조짐(兆眹)도 없는 것.
2) 未應(미응) : 적연부동(寂然不動)의 상태로 발동하지 아니한 상태의 중(中).
3) 已應(이응) : 감이수통(感而遂通)한 것으로 이미 발동한 상태를 말함.
4) 無形無兆(무형무조) : 태극(太極)을 이르는 말.
5) 塗轍(도철) : 도는 길. 철(轍)은 수레 자국. 곧 사리, 또는 도리를 말함.
6) 屈伸往來(굴신왕래) : 구부리고 펴고 가고 오고 함. 곧 음과 양이 조화유행(造化流行)하는 이치.
7) 復卦言七日來復(복괘언칠일래복) : 복괘(復卦 : ䷀ ䷀)는 5월(姤 : ䷀ ䷀)부터 11월의 복괘가 되기까지 7개월이 걸림. 칠일(七日)은 7개월을 말함.

14. 하늘과 땅에는 감응이 있다

　명도 선생이 감응(感應)의 이치를 말하였다.

"하늘과 땅 사이에는 다만 하나의 느낌(感)과 응대(應)함이 있을 뿐이다. 그밖에 다시 무엇이 있으리오"

明道先生曰 天地之間只有一箇感與應¹⁾而已 更有甚事
1) 感與應(감여응) : 느끼고 응하는 음양(陰陽)의 이치.

15. 인(仁)이란 무엇인가?
어떤 사람이 인에 대하여 물었다. 이천 선생은 대답하기를
"그것은 묻는 사람들 스스로의 생각하는 바에 달려 있다. 장차 성현(聖賢)이 인(仁)에 대하여 말한 것을 미루어 종합하고 그것을 관찰하여 체득(體得)해 내야 한다.
맹자(孟子)는 말하기를 측은히 여기는 마음이 인이라 하였는데 후세 사람들은 사랑을 가지고 인이라 한다. 사랑은 그 자체가 정(情)이요, 인은 그 자체가 성(性)인데 어찌 오로지 사랑만으로써 인이라 할 수 있겠는가.
맹자는 말하기를 측은히 여기는 마음이 인의 실마리라고 하였다. 이미 인의 실마리라 말하고는 그것을 인이라고 하는 것은 옳지 않다. 퇴지(退之)는 '널리 사랑하는 것을 인이라고 하는 것은 그르다.'고 말하였다. 인이라는 것은 본래 널리 사랑하는 것이니, 널리 사랑하는 것을 가지고 인이라고 하는 것은 옳지 않다."라고 하였다.
또 누가 인과 마음이 어떻게 다른가를 물으니, 이천 선생이 대답하기를
"마음을 곡식에 비유한다면 곡식의 씨앗과 같다. 사람이 지니고 태어난 성품(性)이 곧 인(仁)이요, 성품이 통하여 양기(陽氣)가 발한 것이 곧 정(情)이다."라고 하였다.
또 인(仁)의 해석이 어려움을 말하였다.
"의(義)는 사물의 마땅한 이치를 말한 것이요, 예(禮)는 친하고 멀고 위와 아래의 분별을 말한 것이며, 지(智)는 사물의 모든

이치를 앎을 말한 것이다. 그러면 인(仁)은 어떻게 풀이해야 마땅할 것인가. 사람들은 말하기를 깨닫는다는 각(覺)으로 풀이하고 인(人)으로 풀이하기도 하지만 다 잘못된 것이다.
　마땅히 공자와 맹자가 인을 말한 것을 종합하여 그 대개를 연구해야 한다. 2, 3년이 걸려 그 뜻을 알아내도 늦은 것이 아니다."

　問仁 伊川先生曰 此在諸公自思之 將聖賢所言仁處 類聚觀之 體認出來 孟子曰 惻隱之心 仁也 後人遂以愛爲仁 愛自是情 仁自是性 豈可專以愛爲仁 孟子言惻隱之心 仁之端也 旣曰仁之端 則不可便謂之仁 退之[1]言博愛之謂仁非也 仁者固博愛 然便以博愛爲仁則不可
　問仁與心何異曰 心譬如穀種[2] 生之性便是仁 陽氣發處乃情耳
　義訓宜[3] 禮訓別[4] 智訓知 仁當何訓 說者謂訓覺訓人皆非也 當合孔孟言仁處 大槪硏窮之 二三歲得之未晚也

1) 退之(퇴지) : 중국 당(唐)나라 때의 문인. 성은 한(韓), 이름은 유(愈). 퇴지(退之)는 그의 자(字). 당송 팔대가(唐宋八大家)의 한 사람이다.
2) 穀種(곡종) : 곡식의 씨앗.
3) 宜(의) : 천리당연(天理當然)한 사물지의(事物之宜)의 의(宜)로서 마땅한 이치를 말함.
4) 別(별) : 친하고 멀고 위와 아래(親疎上下)의 분별을 말한다.

16. 성(性)은 곧 이(理)이다

　이천 선생이 성(性)에 대하여 말하였다.
　"성(性)은 곧 이(理)다. 천하의 이치가 나오는 근본을 살피면 그 자체가 선(善) 아닌 것이 없다. 희(喜)·노(怒)·애(哀)·락(樂)이 발해지지 않은 상태에서 무엇이 선하지 않겠는가? 발하여 다 그 절도에 맞으면 또한 선하지 않은 것이 없다. 발하여 절도에 맞지 않은 연후에 불선(不善)이 되는 것이다. 무릇 선과 악(惡)을 말함에는 다 선을 먼저 하고 악을 뒤에 하며, 길(吉)과 흉

(凶)을 말하는 데에는 다 길한 것을 먼저 하고 흉한 것을 뒤에 하며, 옳은 것과 그른 것을 말하는 데는 다 옳은 것을 먼저 하고 그른 것을 뒤에 한다."

어떤 사람이 "마음에 선(善)과 악(惡)이 있습니까?"라고 물으니, 이천 선생이 대답하기를

"하늘에 있어서는 명(命)이 되고, 의(義)에 있어서는 이(理)가 되고, 사람에게 있어서는 성(性)이 되며, 몸에 있어서 주인이 되는 것은 마음인데, 그 모든 것의 실상은 하나이다.

마음은 본래 선한 것인데, 생각에서 발하여지면 선도 있고 불선(不善)도 있게 되는 것이다. 만약 이미 발하여졌다면 곧 정(情)이라 할 수 있지만 마음이라고는 할 수 없다.

견주어 말하면 물과 같은 것이다. 다만 물이라고 말하지만 물의 흐름이 갈래를 이루게 되는 상태에 이르러서는 혹은 동쪽으로 흘러가고 혹은 서쪽으로 흘러간다. 이것은 말하기를 흐름이라 한다."라고 하였다.

또 본성(本性)은 원래 선(善)한 것이라고 말하였다.

"성(性)은 하늘에서 나오고 재질(才質)은 기(氣)에서 나온다. 기가 맑으면 곧 재질이 맑고 기가 흐리면 곧 재질도 흐리다. 재질에는 선이 있고 불선이 있지만 성에는 불선이 없다."

또한 신(信)에 대하여 말하였다.

"성(性)은 자연히 인(仁)·의(義)·예(禮)·지(智)의 네 가지 덕을 완전히 갖추고 있다. 신(信)은 단지 이 네 가지 덕 안에 들어 있으므로 사단(四端)에서는 신을 말하지 않는다."

또 마음에 대하여 말하였다.

"마음은 만물을 낳는 도이다. 이 마음이 있으면 여기에 형태가 갖추어진 삶이 있다. 측은히 여기는 마음 이것은 사람이 살아가는 인생의 도리이다."

性卽理也 天下之理 原其所自未有不善 喜怒哀樂未發 何嘗不善 發而中節 則無往而不善 凡言善惡[1]皆先善而後惡 言吉凶[1]皆先吉

而後凶 言是非[1]皆先是而後非

問心有善惡否曰 在天爲命 在義爲理 在人爲性 主於身爲心 其實一也 心本善 發於思慮則有善有不善 若旣發則可謂之情 不可謂之心 譬如水 只可謂之水 至如流而爲派 或行於東 或行於西却謂之流也

性出於天 才[2]出於氣 氣淸則才淸 氣濁則才濁 才則有善有不善 性則無不善

性[3]者自然完具 信只是有此者也 故四端不言信

心生道也 有是心斯具是形以生 惻隱之心 人之生道也

1) 善惡·吉凶·是非(선악·길흉·시비) : 선과 길과 시(是)를 먼저 말하는 것은 그것들이 좋은 것이기 때문이요, 악과 흉과 비를 뒤에 말하는 것은 그것들이 다 좋지 않은 것이기 때문이다.
2) 才(재) : 기질(氣質)에 있어서의 성(性)을 말한다.
3) 性(성) : 사람의 본성(本性)에는 인의예지(仁義禮智)의 사단(四端)이 다 갖추어져 있다.

17. 모든 기는 음양강유(陰陽剛柔)의 시초다

횡거(橫渠) 선생이 태허(太虛)에 대하여 말하였다.

"기(氣)는 성대하고 그 상태가 크게 비어 있어 오르고 내리며 날고 퍼지는 것이 일찍이 잠시도 머물거나 쉰 적이 없다. 이 기는 텅 비어 있으면서도 꽉 차고 움직이며 고요한 것의 기틀이며, 음(陰)과 양(陽), 강함과 부드러움의 시초다.

떠서 올라가는 것은 양(陽)의 맑음이요, 가라앉아 내려가는 것은 음(陰)의 흐림이다. 그것이 서로 느끼어 만나고 모여들어 맺어져서 바람과 비가 되고 서리와 눈이 된다. 만 가지로 변하는 모양과 산천(山川)의 웅장하고 맺혀있는 기상과 거칠고 조잡하고 불살라지는 형상으로 나타나는 것의 이 모두가 기의 작용이 아닌 것이 없다."

또 만물의 생성변화(生成變化)를 말하였다.

"기(氣)가 어지러이 흩어져 섞여 있다가 합하여 엉기어서 이루어지면 사람과 만물이 만 가지로 다르게 생겨난다. 그 음(陰)과 양(陽)의 두 기운이 서로 순환하여 그치지 않음으로써 천지의 대의(大義)를 세운다."

또 만물은 천도(天道)를 체(體)로 한다고도 하였다.

"하늘은 모든 만물의 본체(體)가 되어 양향을 주지 않는 것이 없으니, 인(仁)이 모든 일의 본체로 어디에도 있지 않음이 없는 것과 같다.

예의(禮儀) 3백 가지와 위의(威儀) 3천 가지 중 어느 것 하나라도 인을 본체로 하지 않은 것이 없다. '넓고 넓은 하늘은 밝고 밝아 더불어 나가 다니고 계시며 넓고 넓은 하늘은 훤하시어 그대와 더불어 노닐고 있네.' 라는 말이 있으니 한 가지라도 천도를 본체로 하지 않은 것이 없다."

또 음양(陰陽)의 영묘한 작용을 말하였다.

"귀신이라는 것은 두 기운, 곧 음과 양의 자연적인 영묘한 작용을 말하는 것이다."

또 귀(鬼)와 신(神)에 대하여 설명하였다.

"만물이 처음 생겨나면 기운(氣)이 날로 이르러 번성하게 자란다. 물체의 생(生)이 이미 가득차면 기운은 날로 처음으로 되돌아가 흩어져 없어진다. 기운이 이르러 왕성한 것을 신(神)이라 하는데 그것은 펼신(伸)자의 뜻이다. 기운이 되돌아가 흩어지는 것을 귀(鬼)라 한다. 그것은 돌아갈 귀(歸)자의 뜻이라는 것이다."

橫渠[1]先生曰 氣坱然太虛[2] 升降飛揚 未嘗止息 此虛實動靜之機 陰陽剛柔之始 浮而上者 陽之淸 降而下者 陰之濁 氣感遇聚結 爲風雨 爲霜雪 萬品之流形 山川之融結 糟粕煨燼[3]無非敎也

游氣[4]紛擾 合而成質者 生人物之萬殊 其陰陽兩端循環不已者 立天地之大義

天體物不遺 猶仁體事而無不在也 禮儀三百威儀三千[5] 無一物而非仁也 昊天曰明[6] 及爾出王 昊天曰旦 及爾游衍 無一物之不體也

鬼神者 二氣之良能[7]也

物之初生 氣日至而滋息 物生旣盈 氣日反而游散 至之謂神 以其伸也 反之謂鬼 以其歸也

1) 橫渠(횡거) : 중국 송(宋)나라 때의 철학자인 장재(張載)의 호. 우주의 본체를 태허(太虛)라고 하였음. '서명(西銘)' '동명(東銘)' '역설(易說)' 등의 저술(著述)이 있다. (p.443참조)
2) 太虛(태허) : 기(氣)의 본체. 태허(太虛)가 응집(凝集)되어 만물이 되고, 만물은 분해되어 태허가 됨. 장재(張載)가 주장하는 학설이다.
3) 糟粕煨燼(조박외진) : 기(氣)가 구체적인 형상으로 되는 것.
4) 游氣(유기) : 음양(陰陽)의 기(氣).
5) 禮儀三百威儀三千(예의삼백위의삼천) : '예기(禮記)'에서 말하는 예(禮)와 개인에서부터 시작되는 사회질서를 유지하기 위한 전체적인 법률 규정을 포함한 모든 것.
6) 昊天曰明(호천왈명) : 이하 '시경(詩經)' 대아편(大雅篇)에 있는 시구(詩句).
7) 良能(양능) : 음양(陰陽)이 자연적으로 그렇게 되는 작용(作用).

18. 성(性)은 대인만이 지킬 줄 안다

횡거 선생은 성(性)에 대하여 말하였다.

"성(性)이라는 것은 모든 만물의 한 가지 근원이니 나만이 얻어 사사로이 지니고 있는 것이 아니다. 오직 대인(大人)만이 그 도리를 능히 다하여 지킬 수 있는 것이다. 그런 까닭으로 대인은 서면 반드시 남과 함께 서고, 알면 반드시 두루 알며, 사랑하면 반드시 고루 다같이 사랑하며, 이루는 것은 혼자서 이루지 않는다. 저 스스로가 가리고 막아서 나의 근본 이치에 따라야 할 것을 알지 못하는 자는, 또한 그의 말단의 일에 처하여서는 어떠할 것인가."

性者萬物之一源 非有我之得私也 惟大人¹⁾爲能盡其道 是故立必俱立 知必周知 愛必兼愛 成不獨成 彼自蔽塞而不知順吾性者 則亦末如之何矣

1) 大人(대인) : 덕(德)이 높은 사람. 덕망(德望)이 있는 사람.

19. 하나인 까닭에 신이다

횡거 선생은 만상(萬象)의 조화(造化)를 설명하였다.

"하나인 까닭에 신(神)이다. 이것을 사람의 몸에 견주어 말하면, 사체(四體)는 다같은 하나의 물(物)이므로 어디를 찔러도 느끼지 않음이 없다. 마음이 거기에 이른 뒤에 비로소 느끼도록 기다리지 않는다.

이것이 이른바 느끼면 드디어 통한다는 것이다. 가지 않고도 이르며 달리지 않고도 빠른 것이다."

또한 마음에 대하여 말하였다.

"마음은 성(性)과 정(情)을 통괄하는 것이다."

또 성(性)은 다 선(善)한 것이며 다만 기질에 따라 차별이 생긴다고 설명하였다.

"무릇 물(物)이라는 것은 성(性)을 가지고 있지 않은 것이 없다. 다만 통하고 가리워지고 열리고 막힘에 따라 사람(人)과 물(物)의 구별이 생긴다. 또 가려짐에는 두껍고 엷음이 있으므로 지혜로움과 어리석음의 구별이 있게 된다.

막힘이란 굳게 닫혀 있어 열 수 없음을 말한다. 두껍게 가리워진 것은 열기가 매우 어렵고, 엷게 가리워진 것은 열기가 쉽다. 어떻게든 열 수만 있다면 천도(天道)에 도달하게 되어 성인과 더불어 하나가 될 수 있다."

一故神 譬之人身 四體[1]皆一物 故觸之而無不覺 不待心使至此而後覺也 此所謂感而遂通 不行而至 不疾而速也

心統性情者也

凡物莫不有是性 由通蔽開塞 所以有人物之別 由蔽有厚薄 故有知愚之別 塞者牢不可開 厚者可以開 而開之也難 薄者開之也易 開則達於天道 與聖人一

1) 四體(사체) : 온 몸. 몸뚱이. 사지(四肢).

제2권 학문을 연마하는 요체
(第二卷 爲學大要篇 凡百十一條)

성인은 말씀을 꼭 필요할 때에만
마지 못해 내는 것이다.
대개 한 번 말이 있으면
천하의 이치(理)가 밝아지고,
말이 없으면 천하의 이치가 혼란에 싸여 있다.
저 쟁기, 보습, 질그릇 만드는 사람과
대장장이들이 그의 도구들을
하나라도 만들어내지 않는다면
사람이 살아가는 도(道)에 있어서 항상 부족함이 있다.
이러할진대 성현이 말씀을 말고자 하나
그럴 수 있겠는가
그러므로 그 말씀은 천하의 이치를 모두 포함하고 있으면서
또한 심히 간략하다.

제2권 학문을 연마하는 요체
(第二卷 爲學大要篇 凡百十一條)

1. 이윤(伊尹)과 안연(顏淵)은 위대한 현인이다

염계 선생은 배움에 힘쓰는 정도에 따라 성인·현인이 될 수 있다고 말하였다.

"성인은 하늘과 같이 되기를 간절히 바라고, 현인(賢人)은 성인 되기를 간절히 바라고, 선비는 현인같이 되기를 간절히 바란다.

이윤(伊尹)과 안연(顏淵)은 위대한 현인이다.

이윤은 자신이 받드는 군주(君主)가 요(堯)임금이나 순(舜)임금같이 되지 못하는 것을 부끄럽게 여겼고, 백성 가운데 어느 한 사람이라도 편히 쉴 마땅한 자리를 얻지 못하면 마치 자신이 시장(市場)에서 매를 맞는 것같이 생각했다.

안연은 자신의 노여움을 다른 사람에게 화풀이하여 옮기지 않았으며, 한 번 저지른 잘못을 두 번 다시 저지르지 않았고, 3달 동안 인(仁)에 어긋나는 일을 하지 않았다.

이윤이 품었던 뜻한 바를 뜻으로 하고 안연이 배웠던 바를 배워서, 그들보다 뛰어나면 성인이 되고, 그들에게 미치면 현인이 되며, 미치지 못하더라도 또한 훌륭한 평판을 잃지 않을 것이다."

또 도(道)의 수행에 대하여 말하였다.

"성인의 도(道)를 귀로 들어 그것이 마음에 남아 깊이 쌓이면 덕행(德行)이 된다. 그 덕행을 실천하면 세상을 위한 업적이 된다. 저 글이나 말로만 성인의 도를 부르짖는 사람은 고루(固陋)

할 뿐이다."

　濂溪先生曰 聖希天 賢希聖 士希賢 伊尹[1]顔淵[2]大賢也 伊尹恥其君不爲堯舜 一夫不得其所 若撻于市[3] 顔淵不遷怒 不貳過 三月不違仁[4] 志伊尹之所志 學顔子之所學 過則聖 及則賢 不及則亦不失於令名[5]
　聖人之道 入乎耳存乎心 蘊[6]之爲德行 行之爲事業 彼以文辭而已者陋矣

1) 伊尹(이윤) : 고대 중국 은(殷)나라의 명재상(名宰相). 이름은 지(摯). 윤(尹)은 그의 자(字). 탕왕(湯王)을 도와 폭군인 하(夏)나라의 걸왕(桀王)을 멸망시키고 선정을 베풀었다.
2) 顔淵(안연) : 중국 춘추 시대 노(魯)나라 사람으로, 공자의 수제자. 이름은 회(回). 연(淵)은 그의 자. 십철(十哲)의 한 사람이다.
3) 撻于市(달우시) : 저자에서 매를 맞음. '맹자(孟子)' 공손추(公孫丑)에 나오는 말로, 중국 고대 사회에서는 여러 사람 앞에서 부끄러움을 당하는 것을 큰 형벌로 알았다.
4) 三月不違仁(삼월불위인) : 석 달 동안 인(仁)에 어긋나지 않았다. 삼월(三月)은 오랫 동안이라는 뜻.
5) 令名(영명) : 훌륭한 평판. 좋은 명성.
6) 蘊(온) : 쌓음. '적(積)'과 같은 뜻.

2. 성인(聖人)은 배워서 이루는 것이다
　어떤 사람이 묻기를
　"성인의 문하(門下)에 그 제자가 3천이나 되었는데 홀로 안자(顔子)만을 칭찬하여 배우기를 좋아한다고 하였습니다. 대저 시(詩)·서(書)·6예(六藝)를 3천 제자도 익혀서 통달하지 않은 자가 없었습니다. 그런데도 안자만이 유독 배우기를 좋아한다고 한 것은 어떤 배움입니까?"
　하니, 이천 선생이 말하였다.

"배움이란 성인의 도(道)에 이르는 것이다."
이에 다시 물었다.
"성인은 배워서 될 수 있는 것입니까."
"그렇다."
"그 배움의 방법은 어떤 것입니까."
"천지가 음과 양, 두 기운의 정(精)을 축적하여 만물을 생겨나게 하는데 오행(五行)의 최고 정수(精髓)를 얻은 것이 사람이 된다.
 사람의 근본은 참되고 고요(靜)하다. 그것이 아직 발(發)하지 않았을 때는 오성(五性)을 갖추고 있으며, 말하여 인(仁)·의(義)·예(禮)·지(智)·신(信)이라 한다. 형체가 이미 생겨나고 외물(外物)이 그 형체에 접촉하여 그 본성(中)을 움직이고, 그 본성이 움직여 칠정(七情)이 나오니, 말하여 희(喜)·노(怒)·애(哀)·락(樂)·애(愛)·오(惡)·욕(欲)이다.
 정(情)이 이미 성하여져 더욱 방탕하게 되면 그 본성은 어그러진다. 이런 까닭으로 깨달은 자는 그 정을 잘 관리하여 사리(中)에 맞게 함으로써 그 마음을 바르게 하고 그 성(性)을 기른다. 어리석은 자는 정을 제어(制御)할 줄을 몰라 그 정을 방종하게 함으로써 사악(邪惡)함에 이르고 그 본성은 속박되어 말라붙어 없어진다. 그러나 배움의 도는 반드시 먼저 그 성을 마음에 밝혀 가는 바를 알고, 그러한 뒤에 힘써 행하여 구함으로써 성인의 도에 이르도록 해야 한다. 이른바 스스로의 밝은 것에서부터 성(誠)에 이른다는 것이다.
 성(誠)의 참된 방법은 도를 믿는 것을 두터이 하는 데에 있다. 도 믿는 것이 두터우면 그것을 행하는 것이 과감하고, 행하는 것이 과감하면 그것을 지키는 것이 굳게 된다.
 인(仁)·의(義)·충(忠)·신(信)이 마음에서 떠나지 않아 한 순간이라도 반드시 이에 따라야 하며, 곤경에 처하여서도 반드시 이에 따라야 한다. 나아가 처신하고 말을 함에 있어서도 반드시 여기에 따라야 한다. 이것을 오래 유지하고 잃지 않으면 삶이 편안하고, 모든 활동과 몸가짐이 예(禮)에 맞으면 사특하고 간사한 마음이 스스로 일어나지 않는다. 그러므로 안자가 행한 것을 말한 다면, 예가 아니면 보지 않고, 예가 아니면 듣지 않고, 예가 아니면 말하지 않고, 예가 아니면 움직이지 않은 것이다.

공자가 안자를 일컬어 말하기를 '한 가지 선(善)을 얻으면 받들어 가슴에 간직하여 잃지 않는다.'라고 하였다. 또 말하기를 '자신의 노여움을 남에게 화풀이하여 옮기지 않고, 한 번 저지른 잘못은 두 번 다시 저지르지 않는다.'라고 하였다. 선하지 않음이 있으면 일찍이 그것을 알았고, 알고서는 두 번 다시 행하지 않았으니, 이것이 학문을 좋아하는(好學) 것의 돈독함이요, 배움으로 가는 길인 것이다.

성인은 생각하지 않으면서 얻고 힘쓰지 않아도 예에 맞는다. 안자는 반드시 생각한 뒤에 얻고, 반드시 힘쓴 뒤에 예에 맞았다. 성인과의 거리가 얼마 안되었으나 그가 성인의 경지에 도달하지 못한 것은, 지키기만 하였을 뿐 완전히 성인으로 변화하지는 못하였기 때문이다. 그 배움을 좋아하는 마음으로 몇 해를 더 계속했더라면 얼마 안 가서 성인의 경지에 이르렀을 것이다.

후세 사람들은 이것을 통달하지는 못하고, 성인은 본래 날 때부터 알고, 배우지 않고도 성인에 이를 수 있다고 생각함으로써 배움의 길을 마침내 잃고 만다. 배움의 도를 자기에게서 구하지 않고 밖에서 구하며, 널리 견문(見聞)하여 이를 억지로 잘 기억하는 일과 교묘하고 아름다운 글로써 재주를 삼고, 말을 화려하게 꾸미면서 도에 이르는 사람은 드물다. 오늘날 학자들의 배움은 안자가 좋아했던 학문하는 길과는 많이 다르다."

或問 聖人之門 其徒三千 獨稱顏子爲好學 夫詩書六藝三千子非不習而通也 然則顏子所獨好者何學也 伊川先生曰 學以至聖人之道也 聖人可學而至歟 曰然 學之道如何曰 天地儲精 得五行之秀者爲人 其本也眞而靜 其未發也五性具焉 曰 仁義禮智信 形旣生矣 外物觸其形而動其中矣 其中動而七情出焉 曰 喜怒哀樂愛惡欲 情旣熾而益蕩 其性鑿矣 是故覺者約其情使合於中 正其心養其性 愚者

則不知制之 縱其情而至於邪僻 梏其性而亡之 然學之道 必先明諸心知所往 然後力行以求至 所謂自明而誠也[1] 誠之之道 在乎信道篤 信道篤則行之果 行之果則守之固 仁義忠信不離乎心 造次必於是[2] 顚沛必於是[3] 出處語默必於是 久而弗失則居之安 動容周旋中禮 而邪僻之心無自生矣 故顏子所事則曰 非禮勿視[4] 非禮勿聽 非禮勿言 非禮勿動 仲尼稱之 則曰 得一善則拳拳服膺而弗失之矣 又曰 不遷怒 不貳過 有不善未嘗不知 知之未嘗復行也 此其好之篤學之之道也 然聖人則不思而得[5] 不勉而中 顏子則必思而後得 必勉而後中 其與聖人相去一息 所未至者守之也 非化之也 以其好學之心假之以年則不日而化矣 後人不達 以謂聖本生知 非學可至 而爲學之道遂失 不求諸己而求諸外 以博聞强記巧文麗辭爲工 榮華其言鮮有至於道者 則今之學與顏子所好異矣

1) 自明而誠也(자명이성야) : 밝은 데에서부터 진실한 곳에 이름. '중용(中庸)' 21장에 있는 말. 가르침을 받아 밝아지는 것.
2) 造次必於是(조차필어시) : 한 순간이라도 반드시 이렇게 해야 함. '논어(論語)' 이인편(里仁篇)에 있는 말. '조차(造次)'는 창졸간, 한 순간, 허둥지둥 할 때.
3) 顚沛必於是(전패필어시) : 지리멸렬하여 곤경에 처했을 때에도 반드시 이렇게 해야 함. '논어(論語)' 이인편(里仁篇)에 있는 말.
4) 非禮勿視(비례물시) : 예의가 아니면 보지 않음. '논어(論語)' 안연편(顏淵篇)에 있는 말.
5) 不思而得(불사이득) : 생각하지 않고 얻음. '중용(中庸)'에 있는 말.

3. 정(情)은 가리는 것 때문에 도(道)에 이를 수 없다

횡거 선생이 명도 선생에게 물었다.

"본성(本性)을 정하려고 해도 움직이지 않게 할 수가 없고 오히려 외물(外物)에 이끌리니 어찌 된 일이오"

명도 선생은 다음과 같이 설명하였다.

"이른바 정(定)이라고 하는 것은 움직임(動)도 또한 정이요,

고요함(靜)도 또한 정이다. 보냄과 맞이함이 없고, 안과 밖도 없다.
 진실로 외물(外物)로써 밖을 삼아 자기를 이끄는 것에 따른다면 이것은 자기의 성(性)을 안과 밖이 있게 만드는 것이다.
 또한 성으로 하여금 밖의 사물을 따르게 한다면 성이 밖에 있을 때 어떤 것이 안에 있겠는가.
 이것은 밖의 유혹을 끊으려는 뜻이 있으면서도 성의 안과 밖이 없다는 것을 알지 못하는 것이다. 이미 안과 밖을 두 개의 근본으로 삼는다면 어찌 정(定)을 말할 수 있겠는가.
 무릇 천지는 변하지 않는 그 마음으로 만물에 두루 미치나 무심(無心)하고, 성인은 항상 변하지 않는 정(情)으로 모든 일에 순응하지만 무정(無情)하다. 그러므로 군자의 배움은 확연히 크고 공정하여 사물이 오면 순응하지 않음이 없다.
 '주역(周易)'에 말하기를 '정(貞)하면 길(吉)하여 뉘우침이 없으며, 바쁘게 오가면 벗이 너의 생각을 따른다.' 라고 하였다.
 진실로 열심히 밖의 유혹을 제거하려 해도 동쪽에서 없어지면 서쪽에서 생기게 될 것이다. 오직 날마다 밖의 유혹을 없앰이 만족스럽지 않으며 그 실마리의 다함이 없음을 돌아보고는 가히 얻지 못하고 밖의 유혹을 버리지 않는다.
 사람의 정(情)에는 각각 가리는 것이 있으므로 도(道)에 이를 수가 없다. 대개 모든 우환은 사사로운 마음에 있으며 지혜를 쓰기 때문이다. 사사로움에 치우치면 유위(有爲)로써 사물에 응하게 되어 행할 수가 없고, 지혜를 쓰면 옳고 그름과 바르고 사악한 것을 밝게 깨닫게 됨으로써 자연스럽게 처리할 수가 없다.
 지금 외물의 영향을 싫어하는 마음으로써 외물의 영향이 없는 경지를 구하려는 것은 거울을 뒤집어 보면서 비치는 것을 찾는 것과 같다. '주역'에 말하기를 '배후(背後)에 멈추니 그 몸을 얻지 못하고, 그 뜰에서 걸어도 그 사람을 보지 못한다.' 라고 하였고 맹자도 또한 말하기를 '지혜를 미워하는 것은 망령되이 천착하기 때문이다.' 라고 하였다.
 밖을 그르다고 하고 안을 옳다고 하는 것은 안과 밖을 둘 다 잊어버리는 것만 같지 못하다. 둘 다 잊어버리면 맑아지고 일이 없게 될 것이다. 일이 없게 되면 정(定)해지고, 정해지면 밝아지고, 밝아지면 어찌 사물에 응하는 것이 여러 가지(累)가 되겠는가?
성인의 기뻐함은 사물로서 마땅히 기뻐해야 할 것을 기뻐하고, 성인의 성냄은 사물로서 마땅히 성내야 할 것을 성낸다. 성인이 기뻐하고 성내는 것은 마음에 매이지 않고 사물에 매인다. 이러한즉 성인이 어찌 사물에 응하지 아니하겠는가? 어찌 밖의 것에 따름으로써 얻는 것은 그르다 하고 안에서 구하는 것만을 옳다고 하겠는가? 이제 사사로운 마음과 지혜를 사용하여 생기는 기쁨과 성냄을 가지고 성인의 기쁨과 성내는 것에 견주어 보는 것은 얼마나 그릇된 일인가.
대저 사람의 정(情)에서 쉽게 일어나고 제어(制御)하기 어려운 것은 오직 성냄으로 다른 정보다 더욱 심하다. 다만 성날 때 급히 성냄을 잊어버리고 그 이치의 옳고 그름을 본다면 밖의 유혹이 족히 미워할 것이 아님을 알게 될 것이며, 도(道)의 과반(過半)을 알게 될 것이다."

横渠先生問於明道先生曰 定性¹⁾未能不動 猶累於外物何如 明道先生曰 所謂定者動亦定 靜亦定 無將迎 無內外²⁾ 苟以外物爲外 牽己而從之 是以己性爲有內外也 且以性爲隨物於外 則當其在外時 何者爲在內 是有意於絶外誘 而不知性之無內外也 旣以內外爲二本 則又烏可遽語定哉 夫天地之常 以其心普萬物而無心 聖人之常 以其情順萬事而無情 故君子之學莫若擴然而大公 物來而順應 易曰 貞吉悔亡³⁾ 憧憧往來 朋從爾思 苟規規於外誘之除 將見滅於東而生於西也 非惟日之不足 顧其端無窮 不可得而除也 人之情各有所蔽 故不能適道 大率患在於自私而用智 自私則不能以有爲爲應迹 用智則不能以明覺爲自然 今以惡外物之心 而求照無物之地 是反鑑而索照也 易曰 艮其背⁴⁾ 不獲其身 行其庭不見其人 孟子亦曰 所惡於智者爲其鑿也 與其非外而是內 不若內外之兩忘也 兩忘則澄然無事矣 無事則定 定則明 明則尙 何應物之爲累哉 聖人之喜以

物之當喜 聖人之怒以物之當怒 是聖人之喜怒不繫於心 而繫於物
也 是則聖人豈不應於物哉 烏得以從外者爲非 而更求在內者爲是
也 今以自私用智之喜怒 而視聖人喜怒之正爲何如哉 夫人之情 易
發而難制者 惟怒爲甚 第能於怒時 遽忘其怒而觀理之是非 亦可見
外誘之不足惡 而於道亦思過半矣[5]

1) 定性(정성) : 성(性)을 가라앉힘. 정심(定心). 마음을 가라앉혀서 본래의 성(性)의 선(善)을 잃지 않는 것.
2) 無內外(무내외) : 안과 밖이 없음. 만물의 이치가 모두 나의 성(性)에 갖추어져 있어서 사물이 있으면 거기에 순응하므로 내외물(內外物)이 별도로 존재할 수 없다는 것.
3) 貞吉悔亡(정길회무) : 정(貞)하면 길(吉)하여 뉘우침이 없음. 함괘(咸卦)의 효사(爻辭). 선(善)을 향하면 선우(善友)가 오고, 악(惡)을 향하면 악우(惡友)가 온다는 것.
4) 艮其背(간기배) : 배후(背後). 간괘(艮卦)의 단사(彖辭). 사심(私心)이 없이 크게 공정하다는 것.
5) 思過半矣(사과반의) : 도(道)의 과반을 안다. '주역(周易)' 계사편(繫辭篇)에 있는 말이다.

4. 군자는 명성이 없는 것을 걱정하지 않는다

이천 선생이 주장문(朱長文)의 편지에 답하여 말하였다.

"성현의 말씀은 꼭 필요할 때에만 마지못해 내는 것이다. 대개 한 번 말이 있으면 천하의 이치(理)가 밝아지고, 말이 없으면 천하의 이치가 혼란에 싸여있다. 저 쟁기(耒), 보습, 질그릇 만드는 사람과 대장장이들이 그의 도구들을 하나라도 만들어내지 않는다면 사람이 살아가는 도(道)에 있어서 항상 부족함이 있다. 이러할진대 성현이 말씀을 비록 말고자 하나 그럴 수 있겠는가. 그러므로 그 말씀은 천하의 이치(理)를 모두 포함하고 있으면서 또한 심히 간략하다.

후세 사람들이 처음 책을 잡고 읽으면 먼저 문장을 최우선으로 삼아 평생동안 문장을 공부하는 것이 성인보다 많이 한다. 그러나 그것은 사람이 살아가는 데 있어 있어도 더함이 없고 없어도 모자람이 없으니 곧 쓸데없는 군더더기 말이다. 군더더기일 뿐 아니라, 그 요체를 얻지 못하면 진리에서 떠나 바름을 잃게 된다. 이것은 도리어 도에 있어서는 반드시 해가 되는 것이다.

보내 온 글에 이른바 '그 선(善)을 잊지 않는 것을 후세 사람으로 하여금 보도록 하고자 한다.' 하였으니, 이것은 곧 세상의 평범한 사람들의 사사로운 마음이다. 공자가 죽은 뒤에 이름이 일컬어지지 않을 것을 걱정한 것은 죽은 뒤에 일컬어질 만한 선(善)이 없는 것을 걱정한 것이요, 명성(名聲)이 없는 것을 걱정하여 이른 말이 아니다. 명성이라는 것은 보통 사람들이 얻으려고 힘쓰는 것이요, 군자에게 있어서는 급급하게 여기는 것이 아니다."

伊川先生答朱長文[1]書曰 聖賢之言不得已也 蓋有是言則是理明 無是言則天下之理有闕焉 如彼耒耜陶冶[2]之器 一不制則生人之道有不足矣 聖賢之言 雖欲已得乎 然其包涵盡天下之理亦甚約也 後之人始執卷則以文章爲先 平生所爲動多於聖人 然有之無所補 無之靡所闕 乃無用之贅言[3]也 不止贅而已 旣不得其要則離眞失正 反害於道必矣 來書所謂欲使後人見其不忘乎善 此乃世人之私心也 夫子[4]疾沒世而名不稱焉[5]者 疾沒身無善可稱云爾非謂疾無名也 名者可以属中人 君子所存非所汲汲

1) 朱長文(주장문): 중국 북송(北宋) 때의 학자. 자(字)는 백원(伯源), 호는 낙포(樂圃). 문집 3백 권이 있음.
2) 陶冶(도야): 도(陶)는 질그릇을 굽는 사람. 야(冶)는 금속을 주(鑄)하는 대장장이.
3) 贅言(췌언): 불필요한 군더더기 말.
4) 夫子(부자): 덕행이 높아 모든 사람의 스승이 될 만한 사람에 대한 경칭. 여기서는 공자를 이르는 말.
5) 疾沒世而名不稱焉(질몰세이명불칭언): 죽은 뒤에 이름이 일컬어지지 않을 것을 걱정함. '논어(論語)' 위령공편(衛靈公篇)에 있는 말.

5. 배움의 시작과 끝

이천 선생이 학문의 시작과 끝(始終)을 말하였다.

"안으로 충실과 믿음을 쌓는 것이 덕(德)으로 나아가는 것이며, 말을 가려서 하고 뜻을 돈독하게 하는 것이 덕업(德業)에 사는 것이다. 앎에 도달할 것을 알아 그곳에 이르는 것이 알아서 깨닫는 치지(致知)에 이르는 것이요, 도달할 것을 알아 구한 뒤에 그곳에 이르게 되면 앎이 먼저 거기에 있다. 이것이 사물의 기미(幾微)를 살필 수 있는 것이다. 이른바 조리(條理)를 알기 시작한 것은 지(知)의 일이다. 끝내야 할 끝을 알고는 힘써 행한다. 끝낼 것을 알면 힘써 나아가서 그것을 끝내고 그것을 지키는 것은 뒤에 있다. 그러므로 의(義)를 존속시킬 수가 있다. 이른바 조리를 끝맺음은 성인들의 일이다. 이것이 배움의 시작과 끝이다."

또 경(敬)과 의(義)로 수양을 쌓으면 대덕(大德)에 이를 수 있다고 말하였다.

"군자는 경(敬)을 주로 하여 그 마음을 바르게 하며, 의(義)를 지키어 그 말과 행동을 방정(方正)하게 한다. 공경함이 있으면 마음이 바르게 되고, 의(義)가 나타나면 행동이 바르게 된다. 의는 행동으로 나타나지만 밖에 있는 것이 아니다. 공경과 의가 이미 서 있으면 그 덕(德)은 성대해진다. 크게 되기를 기대하지 않아도 크게 된다. 덕은 외롭지 않다. 덕을 씀에 두루 미치지 않는 바가 없고, 베풂에 이롭지 않은 바가 없으니, 누가 의심할 것인가."

內積忠信 所以進德也[1] 擇言篤志 所以居業也 知至至之致知也 求知所至而後至之 知之在先 故可與幾 所謂始條理者知之事也[2] 知終終之力行也 旣知所終則力進而終之 守之在後 故可與存義 所謂終條理者聖之事也 此學之始終也

君子主敬[3]而直其內[4] 守義以方其外[5] 敬立而內直 義形而外方 義

形於外 非在外也 敬義旣立 其德盛矣 不期大而大矣 德不孤[6]也 無
所用而不周 無所施而不利 孰爲疑乎
1) 內積忠信所以進德也(내적충신소이진덕야) : 안으로 충신을 쌓으면 덕으로
   나아간다. '주역(周易)' 문언전(文言傳)에 있는 말.
2) 始條理者知之事也(시조리자지지사야) : 조리(條理)를 알기 시작한 것은 지
   (知)의 일이다. '맹자(孟子)' 만장편(萬章篇)에 있는 말.
3) 主敬(주경) : 공경함을 주로 함. 곧 마음을 오로지 함.
4) 其內(기내) : 그 마음.
5) 其外(기외) : 그 행동.
6) 德不孤(덕불고) : 덕은 외롭지 않음. '주역(周易)' 문언전(文言傳)에 있는 말.

6. 하늘의 이치로 움직이면 무망(無妄)하다

이천 선생은 사심(邪心)과 사욕(私慾)을 버리라고 말하였다.
"하늘의 이치로써 움직이면 혼란스러움이 없고, 사람의 욕심으
로써 움직이면 혼란스럽게 된다. 무망(無妄)의 뜻은 크다.

비록 사특한 마음이 없더라도 진실로 바른 이치에 맞지 않으면
혼란스럽게 된다. 이것이 곧 사심(邪心)이다. 이미 혼란이 없으
면 마땅히 가서는 안되니, 가게 되면 혼란스럽게 된다. 그러므로
무망괘의 단(彖)에 말하기를 '바르지 않으면 재앙이 있으니, 가
게 되면 불리하다.'고 하였다."

또 성현(聖賢)의 언행(言行)을 살펴서 배워야 한다고 말하였다.
"사람이 덕을 쌓게 되는 것은 배움으로 말미암아 커지는 것으
로, 먼저 살다 간 옛 성현들의 말과 행동을 많이 듣는 것에 있다.
옛 성현들의 자취를 연구하여 그 쓰임을 보고, 말씀을 살펴 그 마
음을 구하며, 알게 된 것을 얻음으로써 덕을 쌓고 그 덕을 이루는
것이다."

또 군자는 사심(私心)이 없어야 한다고 하였다.
"함괘(咸卦)의 상(象)에 말하기를 '군자는 허심(虛心)으로써
다른 사람을 받아들인다.'고 하였고, 또 '역전(易傳)'에는 '마음

에 사심(私心)이 없으면 교감(交感)하여 통하지 않음이 없다.'
라고 하였다.
 자신의 도량(度量)으로써 다른 것을 포용하는데 있어 그 도량에 맞는 것만을 가려서 받아들이는 교감은, 어떤 것이라도 반드시 통하여 교감하는 성인의 도가 아니다.
 함괘(咸卦 : ䷞)의 구사(九四)에 '정(貞)은 길(吉)하여 뉘우침이 없다. 바쁘게 왔다갔다 하면 벗도 너의 생각에 따른다.' 하였고, '역전(易傳)'에는 '느끼는 것은 사람의 움직임에서 생기는 것이다.' 라고 하였다. 그러므로 함괘(咸卦)는 다 사람의 몸으로 괘상(卦象)을 취한 것으로 구사(九四)는 심위(心位)에 해당하나 마음을 감동시킨다고 말하지 않는 것은 느끼는 것이 곧 마음이기 때문이다.
 느끼는 것의 도는 통하지 않는 것이 없으니, 만약 사심(私心)이 있다면 감통(感通)에 해가 되어 뉘우침이 있게 된다. 성인이 천하의 마음을 감동시키는 것은 추위와 더위, 비와 햇빛같이 통하지 않음이 없고, 응하지 않음이 없으니 이것은 정(貞)하기 때문일 따름이다. 정(貞)이라는 것은 마음을 비워 사심이 없는 상태를 이르는 것이다.
 만약 분주하게 오가며 그 사심을 사용하여 물(物)을 감동시킨다면, 생각이 미치는 자는 능히 감동할 것이요, 움직여 미치지 못하는 자는 감동하지 못할 것이다. 사심에 얽매여 있는데 한 모퉁이 한 가지 일을 하는데도 어찌 곽연(廓然)히 통하지 않음이 없다고 할 수 있겠는가."

動以天爲无妄[1] 動以人欲則妄矣 无妄之義大矣哉 雖無邪心 苟不合正理則妄也 乃邪心也 旣已无妄 不宜有往[2] 往則妄也 故无妄之象[3]曰 其匪正有眚 不利有攸往
 人之蘊蓄由學而大 在多聞前古聖賢之言與行 考跡以觀其用 察言以求其心 識而得之 以蓄成其德
 咸之象[4]曰 君子以虛受人 傳曰 中無私主則無感不通 以量而容之[5]

擇合而受之 非聖人有感必通之道也 其九四曰 貞吉悔亡 憧憧往來 朋
從爾思 傳曰 感者人之動也 故咸皆就人身取象 四當心位[6]而不言咸
其心 感乃心也 感之道無所不通 有所私係則害於感通 所謂悔也 聖
人感天下之心 如寒暑雨暘 無不通無不應者 亦貞而已矣 貞者虛中
無我之謂也 若往來憧憧然 用其私心以感物 則思之所及者有能感
而動 所不及者不能感也 以有係之私心 既主於一隅一事 豈能廓然
無所不通乎

1) 无妄(무망): 괘(卦)의 이름. ䷘의 괘. '무(无)'는 '무(無)'와 같음.
2) 旣已无妄不宜有往(기이무망불의유왕): 이미 무망이면 마땅히 가서는 안됨.
   곧 본체(本體)를 이미 함양(涵養)하였으면 그것을 지키고 정양(靜養)해야
   한다는 말.
3) 彖(단): 괘(卦)의 풀이.
4) 咸之象(함지상): 함괘(咸卦: ䷞)의 풀이인 상. 함(咸)은 감(感)과 같음.
5) 以量而容之(이량이용지): 도량으로써 그것을 받아들임. 곧 자기 마음의 도
   량의 크고 작음에 맞추어 용납한다는 뜻.
6) 四當心位(사당심위): 함괘의 6효(六爻)를 사람의 신체 각 부분에 비유한다
   면 구사효(九四爻)는 심위(心位)에 해당함.

    (輔) 上六 : ⚋   (股) 九三 : ⚊
    (脢) 九五 : ⚊   (腓) 六二 : ⚋
    (心) 九四 : ⚊   (拇) 初六 : ⚋

7. 스스로 덕을 닦는 길은…
 이천 선생은 군자가 간난(艱難)에 처했을 때 어떻게 처신하여
야 하는지 그 도리를 말하였다.
 "군자가 험난한 일을 당하면 반드시 스스로 자기 몸을 반성하
여 어떤 잘못이 있었는가를 살펴야 한다. 착하지 않은 것이 있으
면 곧 그것을 고쳐야 하고 마음에 한 점 부끄러움이 없더라도 더
욱더 힘써야 한다. 이것이 곧 스스로 덕을 닦는 것이다."
 또 명지(明知)와 행동의 관계를 말하였다.

"정확히 알지 못하면 행동을 할 수 없고, 행동함이 없으면 정확히 아는 것이라도 쓸 데가 없다."

君子之遇艱阻 必思自省於身 有失而致之乎 有所未善則改之 無歉於心則加勉 乃自修其德也
非明¹⁾則動²⁾無所之 非動則明無所用

1) 明(명) : 명지(明知). 정확히 알다.
2) 動(동) : 행동(行動).

8. 성인의 도는 평탄한 큰 길과 같다

이천 선생은 습자(習字)에 관하여 말하였다.
"습(習)이라는 것은 거듭 익히는 것이다. 때때로 반복하여 열심히 익히면 마음속까지 통하게 되어 기뻐진다.
선(善)을 다른 사람에게까지 미치게 함으로써 믿고 따르는 자가 많으면 즐겁다. 비록 다른 사람에게까지 선이 미치도록 하는 것을 즐길 뿐이요 자신의 옳은 것이 나타나지 않더라도 번민하지 않는 것도 또한 이른바 군자일 따름이다."

또 다음과 같이 말하였다.
"옛날의 배우는 자는 자기를 위해 공부하였으며 자기에게 얻는 것이 있기를 바랐다. 지금의 배우는 자는 남을 위해 공부하며 남에게 자신의 아는 것이 보여지기를 바란다."

또 이천 선생은 면학(勉學)에 대하여 방도보(方道輔)에게 말하기를
"성인의 도(道)는 평탄함이 큰 길과 같으나 배우는 자들은 그 문하생으로 들어가지 못함을 근심할 뿐이다. 그 문하생에 들면 멀고 먼 것도 이르지 못할 것이 없다. 그 문하에 들기를 구하는 데 경서(經書)로부터 말미암지 않을 것인가?
오늘날 경서를 공부하는 자 또한 많다. 그러나 구슬이 담긴 구슬상자를 사는데 상자만 사고 구슬은 돌려주는 것같은 폐단이 있

으니, 사람마다 다 그러하다.
 경서는 도(道)를 담은 것이다. 경서에 담긴 그 말을 외우고 그 훈고(訓詁)를 깨우쳐 알면서도 도에 이르지 못하면 이것은 쓸모없는 찌꺼기에 불과하다.
 그대에게 바라건대 경서로부터 도를 구하기에 힘쓰고 또 힘쓰라. 다른 날에 도가 선 것을 보면 기뻐서 자신도 모르게 손과 발이 춤을 출 것이며, 힘쓰지 않으면 스스로 멈출 수 없게 될 것이다."라고 하였다.

 習重習也 時復思繹[1]浹洽[2]於中則說[3]也 以善及人而信從者衆 故可樂也 雖樂於及人 不見是而無悶乃所謂君子
 古之學者爲己 欲得之於己也 今之學者爲人 欲見知於人也
 伊川先生謂方道輔[4]曰 聖人之道坦如大路 學者病不得其門耳 得其門 無遠之不到也 求入其門不由於經乎 今之治經者亦衆矣 然而買櫝還珠[5]之蔽 人人皆是 經所以載道也 誦其言辭 解其訓詁 而不及道 乃無用之槽粕[6]耳 覬足下由經以求道 勉之又勉 異日見卓爾有立於前 然後不知手之舞 足之蹈 不加勉而不能自止矣

1) 思繹(사역) : 생각하여 찾아냄.
2) 浹洽(협흡) : 의리(義理)가 속까지 스며드는 것을 말한다. 흡협(洽浹)이라고도 한다.
3) 說(열) : 기쁘다. 열(悅)과 같음.
4) 方道輔(방도보) : 이천 선생의 가까운 친구.
5) 買櫝還珠(매독환주) : 상자는 사고 구슬은 돌려주다. 초(楚)나라 사람이 정(鄭)나라에 구슬을 팔 때 목란상(木蘭箱)을 만들어 장식하고 그 속에 구슬을 넣어 팔았다. 그랬더니 정나라 사람은 구슬상자가 아름답게 보여 그 아름다운 구슬상자만 사고 상자 속에 들어 있는 구슬은 다시 돌려주었다는 이야기로, 알맹이는 버리고 껍질만 취한다는 뜻. '한비자(韓非子)' 외저설(外儲說)에 있는 말.
6) 槽粕(조박) : 재강. 술찌끼. 학문에 있어서 옛 사람이 다 밝혀낸 찌꺼기에 비유하는 말.

9. 넓고 넓은 도를 어디에서부터 힘쓸 것인가?
　명도 선생은 언사(言辭)를 닦고 성(誠)을 세우는 것이 진실한 수업(修業)이라고 말하였다.
　"수사입기성(修辭立其誠)의 언사(言辭)를 닦고 그 성실함(誠)을 세우라는 말을 잘 깨달아 체득(體得)해야 한다. 언사를 능히 닦고 살피는 데에는 마땅히 성실이 필요한 것이다. 만약 다만 언사만을 닦고 꾸미는 데에 마음을 쓴다면 이것은 속이는 것이 된다.
　그 언사를 닦아 바르게 하는 것이 자신의 성실한 뜻을 세우기 위한 것이라면, 이것은 공경(敬)으로써 마음을 바르게 하고, 의(義)로써 행동을 바르게 하는 참된 일을 스스로 체험하는 것이다.
　도는 넓고 넓으니 어디에서부터 힘쓸 것인가. 오직 성실함을 세워야만 비로소 가히 거(居)할 곳이 있게 된다. 거할 곳이 있게 되면 가히 덕업(德業)을 닦을 수 있다. 하루 종일 쉬지 않고 힘쓰는 것은 큰 일에 비하면 다소 작은 일이다. 오히려 안으로 충실과 믿음을 쌓음으로써 덕(德)으로 나아가도록 하는 것이 진실로 힘써야 하는 중요한 일이다. 언사를 닦고 성실함을 세우는 것이야말로 진실로 덕업을 닦는 것이다."

　이천 선생은 도(道)에 뜻을 두는 것은 성의(誠意)에 있다고 말하였다.
　"도(道)에 뜻을 두어 지극히 절실하게 도를 구하는 것이 본래 뜻을 성실하게 하는 것이다. 만약 너무 급하게 서둘러 이치에 맞지 않으면 도리어 성실하지 않은 것이 된다. 대개 실리(實理) 가운데에는 스스로 느리고 급한 것이 있으니 너무 급한 것은 용납되지 않는다. 이것은 천지의 화육(化育)을 보면 알 수 있다."

　明道先生曰 修辭立其誠[1] 不可不子細理會 言能修省言辭 便是要

立誠 若只是修飾言辭爲心 只是爲僞也 若修其言辭正爲立己之誠
意 乃是體當自家敬以直內 義以方外之實事 道之浩浩何處下手[2] 惟
立誠纔有可居之處 有可居之處 則可以修業也 終日乾乾 大小大事[3]
却只是忠信所以進德 爲實下手處 修辭立其誠 爲實修業處

　　伊川先生曰 志道懇切 固是誠意 若迫切[4]不中理 則反爲不誠 蓋
實理中自有緩急 不容如是之迫 觀天地之化乃可知

1) 修辭立其誠(수사입기성) : 언사를 닦고 성(誠)을 세움. '주역(周易)' 문언
   전(文言傳)에 있는 말.
2) 下手(하수) : 힘쓰는 일.
3) 大小大事(대소대사) : 다소(多少). 얼마간.
4) 迫切(박절) : 급하게 서둘러 확실하지 않은 것.

10. 학문은 안자(顏子)를 본받아야 한다

이천 선생은 배우는 자는 안자(顏子)를 본받아야 한다고 말하
였다.

"맹자의 재주는 매우 뛰어나 그것을 배우려해도 의지하여 말미
암을 곳이 없다. 배우는 자는 마땅히 안자(顏子)를 본받아 배워
야만 성인의 학문에 가깝고 힘쓸 곳이 있다."

또 말하기를

"배우는 자가 학문의 요점을 배움에 있어서 그르침이 없음을
얻으려면 모름지기 안자를 배워야 한다."라고 하였다.

　　孟子才[1]高 學之無可依據 學者當學顏子 入聖人爲近 有用力
處 又曰 學者要學得不錯 須是學顏子

1) 才(재) : 타고난 재주. 성품. 천품(天資).

11. 선을 밝히기를 성심으로 하라

명도 선생은 밖의 일은 생략하고 오직 성심으로 나아가라고 말

하였다.

"밖의 일은 생략하고 다만 선(善)을 밝히고 오직 성심(誠心)으로 나아가라. 그 문장이 비록 맞지 않더라도 도에서 멀리 벗어나지 않을 것이다. 지키는 것이 간략하지 않으면 넘쳐서 공(功)이 없어진다."

또 인(仁)은 의리(義理)로써 길러야 한다고 말하였다.

"배우는 자가 인(仁)의 본체를 알아서 실제로 자기에게 갖추어져 있어 인이 나타나게 하려면, 다만 의리로 배양(培養)하여야 한다. 경전(經典)에 담긴 뜻을 구하는 일은 모두 의리를 배양하는 뜻이다."

明道先生曰 且省外事 但明乎善 惟進誠心 其文章雖不中不遠矣 所守不約 泛濫無功
學者識得仁體 實有諸己 只要義理栽培 如求經義 皆栽培之意

12. 공자와 안자가 즐거워했던 것

명도 선생은 옛 스승에게서 배운 것을 말하였다.

"예전에 주무숙(周茂叔) 선생에게 학문을 배울 때, 선생은 매양 안자(顏子)와 공자가 즐거워했던 것과 그들이 즐거워한 것이 어떤 일인가를 찾게 하였다."

또 착안(着眼)과 목표의 실행은 점진적으로 해야 한다고 말하였다.

"착안(着眼)한 것과 기약한 것은 멀지 않거나 또한 크지 않으면 안된다. 그러나 그것을 실행함에 있어서는 모름지기 힘을 헤아려 점진적으로 나아가야 한다. 뜻이 너무 커서 마음은 수고롭고 힘은 모자라고 책임은 무겁게 되어 마침내 일을 실패할까 두렵다."

또 벗의 장점을 배우라고 말하였다.

"벗끼리 모여 배우고 익힘에 있어 서로의 장단점을 살펴 벗이 지니고 있는 좋은 점을 배우는 것보다 더 좋은 것은 없다."

 昔受學於周茂叔[1] 每令尋顔子仲尼樂處 所樂何事
 所見[2]所期[3] 不可不遠且大 然行之亦須量力有漸 志大心勞 力小任重 恐終敗事
 朋友講習 更莫如相觀而善工夫多

1) 周茂叔(주무숙) : 무숙(茂叔)은 주돈이(周敦頤)의 자.
2) 所見(소견) : 착안(着眼)하는 것.
3) 所期(소기) : 기약하는 것. 곧 목표를 정하는 것.

 13. 많은 고생을 겪어야 모든 것을 얻는다
 명도 선생은 마음을 크게 가져야 한다고 말하였다.
 "모름지기 그 마음을 사심(私心)이 없이 크게 하여 넓게 열어야 한다. 비유하자면 9층의 대(臺)를 쌓을 때 그 기초를 크고 튼튼하게 해야하는 것과 같다."
 또 고생을 많이 해 보아야 얻는 것이 있다고 말하였다.
 "순(舜)임금이 밭 가운데에서 기용된 것으로부터 백리해(百里奚)가 시장바닥에서 등용된 것에 이르기까지 이 모두가 많은 어려움을 겪고 이루어졌다. 모든 것이 익숙하려면 모름지기 이러한 역경을 거쳐야 한다."

 須是大其心使開闊 譬如爲九層之臺 須大做脚始得
 明道先生曰 自舜[1]發於畎畝之中 至百里奚[2]擧於市 若要熟也須從這裏過

1) 舜(순) : 순임금. 중국 고대 성군(聖君). 역시 성군인 요임금으로부터 천자자리를 선양받아 우임금에게 선양함.
2) 百里奚(백리해) : 우(虞)나라의 신하였으나 우나라가 진(晋)나라에게 멸망할 것을 미리 짐작하고 진(秦)나라로 가 목공(穆公)을 도와 패자(覇者)가 되게 한 현신(賢臣).

14. 노둔함으로써 도를 얻은 증삼(曾參)

명도 선생은 배움에는 노둔(魯鈍)한 편이 좋다고 말하였다.
"증삼(曾參)은 필경 노둔함으로써 도를 얻었다."
또 다음과 같이 말하였다.
"외우고 기록하며 널리 안다는 것은 장난감을 가지고 노는 것과 같아 학문의 기본적인 사고를 상실하는 것이 된다."
또 예(禮)와 악(樂)에 대하여 말하였다.
"예(禮)와 악(樂)은 다만 나아가고 물러나는 사이에서만 곧 성정(性情)의 바름을 얻는다."

參[1]也竟以魯得之
明道先生 以記誦博識 爲玩物喪志
禮樂只在進反之間 便得性情之正

1) 參(삼) : 증삼(曾參). 중국 춘추 시대 학자로서 공자의 제자. 자는 자여(子輿). 효도(孝道)로 알려졌음. 높이어 증자(曾子)라고 함.

15. 사심이 있으면 왕자의 일이 아니다

명도 선생은 사심(私心)이 있는 것은 왕자(王者)의 일이 아니라고 말하였다.
"부자(父子)나 군신(君臣)의 관계는 천하의 정리(定理)로서 천지간에 이 관계를 피할 곳이 없다. 천분(天分)을 얻은 사람은, 사사로운 마음을 가지고 한 가지의 불의(不義)를 행하고 한 사람의 무고한 사람을 죽이는 일은 하지 않는다. 이것은 털끝만큼이라도 사심이 있으면 왕자(王者)의 일이 아니기 때문이다."
또 성(性)과 기(氣)는 불가분(不可分)의 관계라고 말하였다.
"성(性)을 논하고 기(氣)를 논하지 않으면 다 갖추어지지 않은 것이며 기를 논하고 성을 논하지 않으면 다 밝게 밝혀지지 않은 것이 된다. 성과 기를 둘로 나누는 것은 옳은 것이 아니다."
또 학문이나 정치는 근본을 알아야 한다고 말하였다.
"학문을 논하는데 있어서는 이치를 밝혀야 하고, 다스림을 논할 때에는 모름지기 다스림의 본체(本體)를 알아야 한다."

父子君臣天下之定理 無所逃於天地之間 安得天分[1] 不有私心 則
行一不義 殺一不辜 有所不爲 有分毫私 便不是王者事
論性不論氣不備 論氣不論性不明 二之則不是
論學便要明理 論治便須識體[2]

1) 天分(천분) : 하늘이 준 천리(天理). 분수.
2) 體(체) : 다스림의 본체(本體). 정치의 근본 이념.

16. 증점과 칠조개는 도의 큰 뜻을 알았다

명도 선생은 증점(曾點)과 칠조개(漆雕開)에 대하여 말하였다.
"증점과 칠조개는 이미 도의 큰 뜻을 알았다. 그러므로 성인이 더불어 함께 하였나."
또 자기 마음의 덕을 스스로 닦은 연후에 배움의 길로 나아가야 한다고 말하였다.
"근본을 모름지기 먼저 심어 가꾼 연후에야 가히 나아갈 방향을 세울 수가 있다. 나아갈 방향이 이미 바르면 나아갈 곳에 이름의 얕고 깊음은 힘쓰느냐 힘쓰지 않느냐에 달려 있다."

曾點[1] 漆雕開[2] 已見大意 故聖人與之
根本須是先培壅[3] 然後可立趣向也 趣向旣正 所造淺深則有勉與不勉也

1) 曾點(증점) : 증자의 아버지로 자(字)는 석(晳).
2) 漆雕開(칠조개) : 공자의 제자.
3) 培壅(배옹) : 심어 가꾸고 감싸서 보호함.

17. 하늘의 덕은 경(敬)과 의(義)로부터

명도 선생은 경(敬)과 의(義)를 수양할 것을 말하였다.

"공경(敬)과 의리(義)를 안과 밖에서 끼고 유지(維持)하며 곧게 위로 올라가 하늘의 덕(天德)으로 이를 수 있는 것은 이 경과 의로부터 시작(始作)된다."

또 게으른 마음을 경계하여 말하였다.

"사람은 게으른 마음이 한 번 생기면 곧 스스로 버리고 스스로 포기하게 된다."

敬義夾持直上 達天德自此
懈意一生 便是自棄自暴

18. 모든 것은 배워야 한다

명도 선생은 배워야 한다고 말하였다.

"배우지 않으면 곧 늙고 쇠약해진다."

또 배움에는 용기가 필요하다고 말하였다.

"사람의 배움이 나아가지 못하는 것은 다만 용기가 없기 때문이다."

또 배우는 자는 지기(志氣)가 있어야 한다고 말하였다.

"배우는 자가 감정(氣)에 치우치는 바 되고 습관에 의해 빼앗기는 일이 있다면 그것은 그의 마음을 탓해야 한다."

또 도의가 깊으면 부귀영화를 가볍게 여긴다고도 하였다.

"내면에 들어 있는 도의(道義)가 무거우면 외물(外物)의 가벼움을 이길 수 있고, 도의를 깊이 얻으면 외물의 유혹이 작게 보인다."

不學便老而衰

人之學不進 只是不勇
學者爲氣所勝習所奪 只可責志
內重¹⁾則可以勝外之輕 得深²⁾則可以見誘之小

1) 內重(내중) : 마음속에 있는 도의의 무거움. 곧 도의가 많은 것.
2) 得深(득심) : 도의를 깊이 얻음.

19. 담(膽)은 크고 마음은 작게 하라

명도 선생은 동중서(董仲舒)와 손사막(孫思邈)의 말을 본받으라고 말하였다.
"동중서가 말하기를 '의(義)를 바르게 하고 사사로운 이익(利)을 도모하지 말며, 사람의 바른 도리를 밝히고 그 공을 헤아리지 말라.'고 하였다.
손사막은 '담(膽)은 크게 가져 결단력을 높이고 마음은 세심하게 가져 치밀히 관찰하며, 지혜는 원만하게 하여 막힘이 없게 하고 행동은 곧고 바르게 하라' 하였다. 이들의 말은 가히 법으로 삼아 본받을 만하다."
또 자득(自得)에 대하여 말하였다.
"대저 배움에 있어서 말없이 스스로 터득하는 것이 곧 자득(自得)이다. 이것 저것 가리지 않고 억지로 알려고 하는 것은 모두 자득이 아니다."

董仲舒¹⁾謂正其義不謀其利 明其道不計其功 孫思邈²⁾曰 膽欲大而心欲小 智欲圓而行欲方 可以爲法矣
大抵學不言而自得者 乃自得也 有安排布置者 皆非自得也

1) 董重舒(동중서) : 중국 전한(前漢) 때의 학자. 호는 계암자(桂巖子). 하늘과 사람의 밀접한 관계를 강조하였음.
2) 孫思邈(손사막) : 중국 수(隋)·당(唐) 때의 사람. 노장(老莊)의 도에 밝았으며 음양(陰陽)과 의술(醫術)에 통달하였음. 경제(景帝), 무제(武帝)때 벼슬함.

20. 야만의 나라에서도 살 수 있는 길

명도 선생은 천도(天道)를 따르는 것이 진(眞)이라고 말하였다.
"보고 듣고 생각하고 움직이며 일하는 것은 모두 천리(天理)다. 사람은 다만 그 가운데에서 참됨과 망령됨을 알아야 한다."

또 언충신행독경(言忠信行篤敬)이 중요함을 말하였다.
"배움이란 스스로 힘써 도(道)에 가깝도록 자기를 이끌어 가야 할 따름이다. 그러므로 자신에게 절실한 문제를 묻고 가까운 것부터 생각해 나가면 인(仁)은 그 가운데에 있다.

말이 충실되고 믿을 수 있으며, 행동이 독실하고 조심스러우면 비록 야만의 나라에서도 통할 것이다. 말이 충실하지 못하고 믿을 수 없으며, 행동이 독실하지 않고 정성스럽지 않으면 비록 자기의 고을이나 마을이라고 하더라도 행하여질 수 있겠는가.

서 있으면 증삼(言忠信行篤敬)이 앞에 와 있는 것처럼 보고, 수레에 있으면 그것이 멍에에 있는 것처럼 생각하게 된다. 대저 그러한 뒤에 행하는 것이 배움이다. 기질이 착한 자는 덕을 밝히기를 다하며 사욕(私慾)의 찌꺼기를 함께 변화시켜 천지와 더불어 한 몸이 된다. 그 다음 가는 자는 오직 태도를 단정하게 가지고 마음을 바르게 길러야 한다. 그러나 도에 이르는 것은 같다."

視聽思慮動作皆天也 人但於其中要識得眞與妄爾

明道先生曰 學只要鞭辟近裏[1]著己而已 故切問[2]而近思[3] 則仁在其中矣 言忠信行篤敬 雖蠻貊之邦[4]行矣 言不忠信 行不篤敬 雖州里行乎哉 立則見其參於前也[5] 在輿則見其倚於衡也 夫然後行 只此是學質美者明得盡查滓[6]便渾化 却與天地同體 其次惟莊敬持養及其至則一也

1) 鞭辟近裏(편벽근리) : 자기의 행동을 내면(內面)으로부터 반성한다는 뜻.
2) 切問(절문) : 자신에게 절실한 문제를 물음.
3) 近思(근사) : 자기 신변 가까이의 일을 생각함.

4) 蠻貊之邦(만맥지방) : 오랑캐의 나라. 곧 미개한 야만의 나라.
5) 立則見其參於前也(입즉견기삼어전야) : 서 있으면 증삼이 앞에 있는 것같이 생각하라는 말.
6) 査滓(사재) : 찌꺼기. 기질의 탁한 부분. 사욕(私慾)의 뜻.

21. 군자는 백성을 기르고 덕을 구한다

명도 선생은 덕을 닦는 방법의 일단을 다음과 같이 말하였다.
"충실한 것과 믿음은 덕으로 나아가게 하는 것이다. 언사를 가다듬어 그 성실함을 세우면 덕업(德業)에 거처하게 되니 이것이 건(乾 : 하늘)의 도(道)다. 공경으로써 안의 마음을 바르게 하고 의(義)로써 밖의 행동을 방정하게 하는 것은 곤(坤 : 땅)의 도이다."
또 학습의 방법과 효용(效用)을 말하였다.
"무릇 사람이 처음 배울 때는 모름지기 힘쓸 곳을 알아야 하고, 이미 배우고 있을 때는 모름지기 도에 이르는 곳에 힘써야 한다."
어떤 사람이 과수원과 채소밭을 가꾸는 데 그 지혜와 정성을 다하여 많은 노력을 하였다. 명도 선생이 말하기를
" '주역(周易)' 고괘(蠱卦)의 상(象)에 '군자는 백성을 구하고 덕(德)을 기른다.' 고 하였다. 군자의 일은 오직 이 두 가지만이 있을 뿐이요, 그 밖의 나머지 다른 일은 없다. 이 두 가지 일은 자신을 위하고 남을 위하는 도이다."라고 하였다.

忠信所以進德 修辭立其誠 所以居業者 乾道也 敬以直內 義以方外者 坤道也
凡人才學便須知著力處 旣學便須知得力處
有人治園[1] 圃[2] 役知力甚勞 先生曰 蠱之象 君子以振民[3] 育德 君子之事惟有此二者 餘無他焉 二者爲己爲人之道也

1) 園(원) : 과수원.
2) 圃(포) : 채소밭.
3) 振民(진민) : 백성을 거두다. 백성을 구하다.

22. 위를 꿰뚫고 아래를 꿰뚫는 도(道)

명도 선생은 도(道)에 이르는 길을 말하였다.

"널리 배우고 뜻을 돈독하게 하며, 간절하게 질문하고 가까운 것부터 생각해 나가는 것에 어찌 인(仁)이 그 가운데에 있다고 말하는가. 배우는 자는 잘 생각해서 왜 그러한가를 알아야 한다. 이것이 곧 위로도 통하고 아래로도 통하는 도인 것이다."

또한 뜻을 넓고 굳세게 가져야 한다고 말했다.

"뜻은 넓지만 의지가 굳세지 않으면 스스로 서기가 어렵고, 의지는 굳세지만 뜻이 넓지 않으면 도에 들 수가 없다."

博學而篤志[1] 切問而近思 何以言仁在其中矣 學者要思得之 了此便是徹上徹下[2]之道

宏而不毅則難立 毅而不宏則無以居之

1) 博學而篤志(박학이독지) : 배움을 넓히고 뜻을 돈독하게 함. '논어' 자장편(子張篇)에 있는 말.
2) 徹上徹下(철상철하) : 위로도 아래로도 통하는 도. 철상은 위로 올라가 인(仁)을 체득(體得)하는 것. 철하는 학문사변(學問思辨)을 말함.

23. 열심히 배우면 성현이 될 수 있다

이천 선생은 배우는 데는 착실함이 중요하다고 말하였다.

"옛날의 배우는 이는 여유가 있고 조급함이 없어 스스로 싫어하고 좋아하는 것을 알아, 먼저하고 나중에 하는 차례가 있었다. 그런데 오늘날 배우는 이는 오히려 말만 많고 고상한 말만을 늘어놓을 뿐이다. 나는 항상 두원개(杜元凱)의 말을 좋아하는데, 그는 '강과 바다가 모든 것을 적시고 못이 모든 것을 기름지게 하는 것과 같이 환하게 진리를 깨달을 것이요 기쁘게 이치에 따를 것이다. 그러한 뒤에야 얻을 수 있게 된다.' 라고 하였다. 오늘날 배우는 이는 때때로 자유(子游)나 자하(子夏)를 하찮게 여겨 배울 바가 못 된다고 한다. 그러나 자유나 자하는 한 마디 말, 한 가지 일에도 다 실체가 있었다. 후세에 배우는 이들은 고원한 것만 좋아하여, 마음은 천리 밖에서 놀고 몸은 여기에 있는 것과 같다."
또 계속 공부하고 노력하면 성현에 이를 수 있다고 말하였다.
"수양을 쌓아 목숨을 연장하는 것이나, 국운(國運)의 번영을 하늘에 빌어 천명을 길게 하는 것이나, 보통 사람이 성현(聖賢)이 되는데 이르는 것들은 다 공부를 쌓아 이르게 되는 것으로 이것이 이루어지면 그것에 따르는 응효(應效 : 보답)가 있기 마련이다."

　　伊川先生曰 古之學者 優柔厭飫[1] 有先後次序 今之學者却只做一場話說 務高而已 常愛杜元凱[2]語 若江海之浸[3] 膏澤之潤 渙然氷釋 怡然理順 然後爲得也 今之學者 往往以游夏[4]爲小不足學 然游夏一言一事 却總是實 後之學者好高 如人游心於千里之外 然自身却只在此
　　修養之所以引年 國祚之所以祈天永命 常人之至於聖賢 皆工夫到這裏[5]則自有此應

1) 優柔厭飫(우유염유) : 너그럽고 착실히 하며 싫어하고 좋아하는 것을 가린다는 것으로 학문하는 방법을 스스로 착안하여 깨달았다는 뜻.
2) 杜元凱(두원개) : 중국 진(晋)나라 때의 무장(武將)이며 학자. 이름은 예(預). 원개(元凱)는 자. '춘추좌씨전(春秋左氏傳)'을 주(註)하였음.
3) 江海之浸(강해지침) : 강과 바다가 적심. '춘추좌씨전(春秋左氏傳)' 두원개의 서문에 나오는 구절.
4) 游夏(유하) : 공자의 제자인 자유(子游)와 자하(子夏).
5) 這裏(자리) : 이 안쪽. 곧 여기.

24. 공(公)은 인(仁)의 이치이다
이천 선생은 충(忠)과 서(恕)는 모든 일을 가장 공평하게 하는 방법이 된다고 말하였다.
 "자신의 마음을 다하는 것과, 자신의 마음을 미루어 남의 마음을 이해하는 것은 모든 것을 가장 공평하게 하는 것이 된다.
 또 덕으로 나아가면 자신의 마음을 다하는 마음과, 자신의 마음을 미루어 남의 마음을 이해하는 것이 스스로 이루어질 것이요, 이렇게 되면 모든 것은 공평하게 된다."
 또 공평(公平)과 인(仁)의 관계를 말하였다.
 "인(仁)의 도는 요컨대 모름지기 하나의 공(公)자로 다 말할 수 있다. 공(公)이라는 것은 다만 인(仁)의 기본 이치(理)이지만, 공을 곧 인이라고 불러서는 안된다. 공을 사람이 몸에 체득하여야만 인이 되는 것이다. 다만 공정한 것은 사물과 나를 다 아울러 조명하는 것이다.
 그러므로 인은 능히 자신의 마음을 미루어 남을 이해할 수 있고 남을 사랑할 수 있는 것이다. 자신의 마음을 미루어 남을 이해할 수 있는 것은 인을 베푸는 것이요, 사랑(愛)이라는 것은 인을 써서 이루어지는 것이다."
 또 배우는 자는 굳세고 과감해야 한다고 말하였다.
 "오늘날 배우는 자는 산기슭을 오르는 것과 같다. 바야흐로 지세가 평탄한 곳에서 활보하지 못할 사람은 없다. 그러나 험준한 곳에 이르러서는 문득 멈추게 된다.
 배우는 자는 모름지기 굳게 결심하고 과감하게 전진하여야 한다."

忠恕[1]所以公平 造德則自忠恕 其致則公平
 仁之道 要之只消[2]道一公字 公[3]只是仁之理 不可將公便喚[4]做仁 公而以人體之故爲仁 只爲公則物我兼照 故仁所以能恕 所以能愛 恕則仁之施 愛則仁之用也
 今之爲學者 如登山麓 方其迤邐[5]莫不闊步 及到崚處便止 須是要剛決果敢以進
1) 忠恕(충서) : 자기의 마음을 다하는 것이 충(忠), 자기의 마음을 미루어 남

을 이해하는 것이 서(恕)이다.
2) 只消(지소) : 다만. 모름지기. 소(消)는 수(須)와 같음.
3) 公(공) : 크게 공정하여 한 쪽으로 기울어짐이 없는 것.
4) 喚(환) : 부르다. 호(呼)와 같음.
5) 迤邐(이리) : 평탄한 내리받이 길.

25. 알면 반드시 그것을 구하게 된다
이천 선생은 치지(致知)의 중요함을 말하였다.
 "사람은 힘써 행하여야 한다고 말하지만 이것은 다만 비천한 말이다. 사람이 이미 일체 사물의 당위(當爲)를 확실하게 알았다면 반드시 의지를 쓸 필요가 없다. 의지를 쓴다면 이것은 한낱 사심(私心)에 불과하니 이러한 약간의 의지가 능히 얼마나 갈 수 있을 것인가."
 또 배우는 자가 취해야 할 도리를 말하였다.
 "알면 반드시 그것을 좋아하고, 좋아하면 반드시 그것을 구하게 되고, 구하면 반드시 그것을 얻는다. 옛 사람들은 이러한 배움을 몸을 마칠 때까지의 일로 삼있다. 그러므로 능히 어떠한 환난이나 구차한 생활에 처하더라도 앞서와 같이 계속할 수 있다면 어찌 도리를 알지 못함이 있으랴?"

　人謂要力行 亦只是淺近語 人旣能知見 一切事皆所當爲 不必待著意[1] 纔著意便是有箇私心[2] 這一點意氣[3] 能得幾時了
　知之必好之 好之必求之 求之必得之 古人此箇學是終身事 果能顚沛[4]造次[5]必於是 豈有不得道理
1) 著意(착의) : 어떤 일에 뜻을 두다. 의지(意志).
2) 有箇私心(유개사심) : 한낱 사심에 불과하다.
3) 這一點意氣(자일점의기) : 약간의 의지.
4) 顚沛(전패) : 넘어지고 엎어지다. 곧 위급한 때.
5) 造次(조차) : 허둥지둥한 때. 구차(苟且)한 때. 급한 때.

26. 도(道)에 이르는 것은 유가(儒家)뿐이다

　이천 선생은 유학(儒學)만이 도에 이르는 학문이라고 말하였다.
"옛날에는 배우는 것이 하나였는데 오늘날 배우는 것은 셋으로, 거기에 이단(異端)은 포함시키지 않는다. 첫째는 글을 짓고 기록하는 학문이요, 둘째는 훈고(訓詁)의 학문이요, 셋째는 유가(儒家)의 학문이다. 도(道)를 좇고자 하면 유가의 학문을 버리고서는 할 수가 없다."
　누가 묻기를
"글을 짓는 것은 도를 해치는 것입니까, 아닙니까?"
하니, 이천 선생이 대답하였다.
"도를 해치느니라. 무릇 글을 지을 때는 그 뜻을 오로지하여 집중하지 않으면 제대로 글이 되지 않는다. 만약 뜻을 집중하면 뜻이 한 곳에 국한된다. 이러하니 어찌 천지와 더불어 그 마음을 크게 할 수 있으랴.
　'서경(書經)'에 '쓸데없는 것에 마음이 팔리면 뜻을 잃는다.'고 하였다. 글 역시 쓸데없는 것에 마음이 팔리는 것이다. 여여숙(呂與叔)의 시(詩)에 이르기를, '학문은 두원개(杜元凱)와 같이 성벽을 이루었고, 문장은 사마상여(司馬相如)를 닮아 아마도 배우(俳優)와 같고, 홀로 공문(孔門 : 공자의 문하)에 서서 아무 할 일이 없으나 다만 안씨(顔氏 : 안회(顔回))의 심재(心齋 : 陋巷의 樂)을 얻었다.' 하였으니, 이 시는 매우 좋다.
　옛날에 배우는 이는 오직 성정(性情 : 本性)을 기르는 데 힘썼고 그 밖의 것은 배우지 않았다. 그런데 오늘날 글을 짓는 사람들은 오로지 문장 구절에만 정성을 쏟아 사람의 귀와 눈만을 즐겁게 한다. 이미 사람을 기쁘게 하는 데에만 힘을 쓰니 배우가 아니고 무엇이겠는가."
　다시 묻기를
"옛날에도 문장 짓는 법을 배웠습니까?"

하니, 이천 선생이 대답하였다.

"사람들은 6경(六經)을 보고 모름지기 성인도 또한 글을 지었다고 한다. 그러나 이것은 성인의 가슴속에 쌓인 것을 성인이 밖으로 나타내면 이것이 스스로 문장이 된다는 것을 알지 못하고 하는 말일 따름이다. 이른바 덕이 있는 사람은 반드시 말이 있다고 하는 것이다."

이에 또 묻기를

"자유(子游)와 자하(子夏)를 문학이라 일컬은 것은 무엇 때문입니까?"

하니, 이에 대답하였다.

"자유와 자하가 언제 붓을 잡고 사장(詞章 : 글짓기)하는 것을 배웠는가. 또한 천문(天文)을 보아 때의 변함을 살피고 인문(人文)을 보아 천하를 감화시킨 것이 어찌 사장(글짓기)의 글일 수가 있겠는가."

古之學者一 今之學者三 異端[1]不與焉 一曰文章之學 二曰訓詁之學[2] 三曰儒者之學 欲趣道舍儒者之學不可
問作文害道否曰 害也 凡爲文不專意則不工 若專意則志局於此 又安能與天地同其大也 書[3]曰玩物喪志[4] 爲文亦玩物也 呂與叔[5]有詩云 學如元凱[6]方成癖 文似相如[7]始類俳[8] 獨立孔門[9]無一事 只輸顔氏[10]得心齋[11] 古之學者惟務養情性 其他則不學 今爲文者專務章句 悅人耳目 旣務悅人 非俳優而何 曰古者學爲文否 曰 人見六經[12] 便以謂聖人亦作文 不知聖人亦攄發胸中所蘊自成文耳 所謂有德者必有言[13]也 曰 游夏稱文學何也 曰 游夏亦何嘗秉筆學爲詞章也 且如觀乎天文[14] 以察時變 觀乎人文[15] 以化成天下 此豈詞章之文也

1) 異端(이단) : 유가(儒家)의 처지에서 불교(佛敎)와 도교(道敎) 등을 이르는 말. 곧 석가(釋迦)와 노장(老莊)의 설(說)을 이르는 말. 유가(儒家)는 정도(正道)로 자처하고 기타의 모든 종교는 이단으로 인정하였다.
2) 訓詁之學(훈고지학) : 유학 경전(經典)의 뜻을 해석하는 학문.
3) 書(서) : 서경(書經). 중국 고대 요순(堯舜) 때로부터 주(周)나라 때까지의

정치에 관한 문서를 공자가 수집하여 편찬한 책. 상서(尙書)라고도 함.
4) 玩物喪志(완물상지) : 물건에 마음이 팔리면 뜻을 잃음. 완물은 장난감. '서경(書經)' 위려오편(僞旅獒篇)에 있는 말.
5) 呂與叔(여여숙) : 중국 북송(北宋) 때의 학자. 이름은 대림(大臨). 여숙(與叔)은 자. 정호(程顥), 정이(程頤)에게서 배웠음.
6) 元凱(원개) : 중국 진(晉)나라 때의 무장(武將)이며 학자인 두예(杜預)의 자. (p.78참조)
7) 相如(상여) : 중국 전한(前漢) 때의 문인(文人)인 사마상여(司馬相如)를 이르는 말. 자는 장경(長卿).
8) 俳(배) : 배우(俳優). 경박한 것을 말함. 희(戱)와 같은 뜻.
9) 孔門(공문) : 공자의 문하(門下).
10) 顔氏(안씨) : 공자의 수제자인 안자(顔子)를 이르는 말.
11) 心齋(심재) : 마음속의 자락(自樂)을 말하는 것으로 마음을 비워 어떤 것도 마음을 빼앗을 수 없음을 말함.
12) 六經(육경) : 유가(儒家)의 경전인 역경(易經)·시경(詩經)·서경(書經)·주례(周禮)·예기(禮記)·춘추(春秋)를 아울러서 이르는 말.
13) 有德者必有言(유덕자필유언) : 덕이 있는 사람은 반드시 말이 있다. '논어(論語)' 헌문편(憲問篇)에 있는 말.
14) 天文(천문) : 해와 달과 별의 배열과 사시(四時)의 변화.
15) 人文(인문) : 인륜(人倫)의 질서.

27. 인(仁)에 살고 의(義)로 행동해야 한다

이천 선생은 함양(涵養)과 치지(致知)의 관계를 말하였다.

"자신의 마음을 함양하는 데는 모름지기 공경으로써 해야 하고, 학문의 길로 나아가는 데는 사물의 이치를 앎에 있다."

또 작은 일을 이루었다고 만족(滿足)하여 안주(安住)하여서는 안된다고 말하였다.

"무릇 장차 제1등을 남에게 양보하고 제2등을 하겠다고 말하지 말라. 이와 같이 말하는 것은 곧 자신의 재주를 스스로 버리는 것이다. 비록 인(仁)에 살고 의(義)로 말미암아 행동하지 않는 것과는 그 차등이 같지 않으나 스스로 덕을 적게 한다는 점에서는 한 가지로 같다.

　배움을 말할 때는 모름지기 도(道)에로 나아가는 것에 뜻을 두고 사람을 말할 때는 모름지기 성인이 되는 것에 뜻을 둔다."

　또 누가 묻기를

　"반드시 일을 하는데 있어서는 당연히 공경(敬)으로써 하지 않으면 안됩니까?"

하니, 대답하였다.

　"공경(敬)은 자신을 함양(涵養)하는 것의 한 가지 일이니, 반드시 일을 하려면 모름지기 항상 의(義)를 따라 행해야 한다. 단지 공경만을 할 줄 알고 의를 따르는 것을 알지 못한다면, 아무 일도 할 수 없는 것이다."

　그는 또 묻기를

　"의(義)는 이치에 맞는 것을 말하는 것이 아닙니까?"

하니, 또 다시 대답하였다.

　"이치에 맞는 것은 사물에 따라 있는 것이고, 의는 자신의 마음에 있는 것이나."

　涵養[1]須用敬 進學則在致知[2]

　莫說道將第一等讓與別人 且做第二等 才如此說 便是自棄[3] 雖與不能 居仁由義者 差等不同 其自小一也 言學便以道爲志 言人便以聖爲志

　問 必有事焉 當用敬[4]否日 敬是涵養一事 必有事焉 須用集義[5] 只知用敬 不知集義 却是都無事也 又問 義莫是中理否 曰 中理在事 義在心

1) 涵養(함양) : 내심(內心)을 수련(修練)하여 이성(理性)을 회복시켜, 남과 다투는 물욕 같은 것을 없애는 일.
2) 致知(치지) : 사물의 이치를 연구하여 깨닫는 것. 곧 '대학(大學)'의 격물치지(格物致知)를 말함.

3) 自棄(자기) : 스스로 버림. 나의 몸을 인(仁)에 거(居)하며, 의(義)로 말미암으려 하지 않는 것. '맹자(孟子)' 이루장(離婁章)에 있는 말.
4) 敬(경) : 정주학(程朱學)에 있어서 정신 수양의 중요한 방법. 곧 경계 자중(警戒自重)하는 데 으뜸 가는 일.
5) 集義(집의) : 항상 이(利)를 버리고 의(義) 속에 사는 공부를 하는 것.

28. 옳음과 그름을 아는 의(義)

누가 묻기를
"경(敬)과 의(義)는 어떻게 구별합니까."
하니, 이천 선생은 경과 의가 다 중요하다고 대답하였다.
"경(敬)은 다만 자기를 지키는 도이고, 의(義)는 곧 옳음과 그름을 아는 것이다. 이치에 맞게 바른 도리를 좇아 행하면 의(義)가 된다. 만약 다만 하나의 경만을 지키고 의에 따르는 것을 모른다면 아무 일도 못할 것이다.
가령 부모에게 효도(孝道)를 하고자 하는데 다만 하나의 효(孝)라는 글자만 지키고 있다면 효도함을 이룰 수 없다. 모름지기 효도하는 도리를 알고, 모시고 봉양하는 것은 마땅히 어떻게 해야 하는가, 또는 더울 때와 추울 때는 마땅히 어떻게 모셔야 하는가를 알고난 연후에 능히 효도하는 방법을 다할 수 있는 것이다."
또 명리(名利)를 목적으로 하는 행위를 경계하여 말하였다.
"배우는 자는 모름지기 내실이 있도록 힘쓰고 명성(名聲)에만 가까이 하기를 바라지 말아야 옳다. 명성을 가까이 하려는 뜻이 있으면 곧 그것은 거짓된 것이다. 큰 근본을 이미 잃었으니 다시 무엇을 배우겠는가. 명성을 바라는 것과 이익을 바라는 것의 맑고 흐림이 비록 한 가지가 아니라 하더라도 그 이익을 찾아 헤매는 마음은 같은 것이다."

問敬義何別 曰 敬只是持己之道 義便如有是有非 順理而行 是爲

義也 若只守一箇敬 不知集義 却是都無事也 且如¹⁾欲爲孝 不成只守著²⁾一箇孝字 須是知所以爲孝之道 所以侍奉當如何 溫凊³⁾當如何 然後能盡孝道也

　學者須是務實 不要近名方是 有意近名 則爲僞也 大本已失 更學何事 爲名⁴⁾與爲利 淸濁雖不同然其利心⁵⁾則一也

1) 且如(차여) : 가령. 가설(假說)의 뜻.
2) 守著(수저) : 지켜서 빛나게 함.
3) 溫凊(온정) : 동온하정(冬溫夏凊)의 약어(略語)로 추운 겨울에는 따뜻하게, 더운 여름에는 서늘하게 섬기는 것. 곧 부모를 잘 섬기어 효도하는 것.
4) 名(명) : 명성(名聲). 곧 사회적인 명예. 세상의 평판.
5) 利心(이심) : 이익을 찾아 헤매는 마음.

29. 고난을 겪은 뒤에 얻는 인(仁)
　이천 선생은 인(仁)과 사의(私意)를 말하였다.
　"안회(顔回)는 그 마음이 석 달 동안 인(仁)에 어긋나지 않았다. 이것은 털끝만큼도 사사로운 뜻이 없는 것이다. 조금이라도 사사로운 뜻이 있으면 그것은 곧 인이 아니다."
　또 옛 사람과 지금 사람들의 인(仁)에 대한 자세를 비교하여 말하였다.
　"인(仁)이라는 것은 먼저 고난을 겪은 뒤에 얻게 되는 것이다. 무엇을 위하여 목적을 두고 하는 일은 모두 먼저 얻으려고 하는 마음을 가지고 있는 것이다. 옛 사람은 오직 인만을 행할 줄을 알았을 뿐인데, 지금 사람들은 모두 먼저 얻으려고만 한다."

　回也其心三月¹⁾不違仁 只是無纖毫²⁾私意 有少私意便是不仁
　仁者先難後獲 有爲而作 皆先獲也 古人³⁾惟知爲仁而已 今人皆先獲也

1) 三月(삼월) : 석 달 동안. 곧 오랜 동안이라는 말.
2) 纖毫(섬호) : 아주 가느다란 터럭. 곧 아주 작고 미세한 사물의 비유.

3) 古人(고인) : 한(漢)나라 이전의 고전적(古典的)인 유학자를 가리키는 말.

30. 성인이 되는데 뜻을 둔 사람은…

이천 선생은 배우는 자는 성인이 되려는 뜻이 있어야 한다고 말하였다.

"성인이 되기를 구하는 뜻이 있은 뒤에라야 함께 공부할 수 있고, 배워서 생각을 잘한 뒤에라야 함께 도에 나갈 수 있으며, 생각하여 얻는 바가 있으면 곧 함께 설 수가 있다. 함께 서서 화하여 하나가 되면 곧 함께 장단을 저울질 해볼 수가 있다."

또 고금(古今) 학자들의 공부하는 태도를 말하였다.

"옛날의 배우는 이들은 자기를 위하여 공부하였으며, 그 끝에 가서는 자신의 명예도 이루는 데에 이르렀다. 그러나 오늘날 배우는 이들은 자신의 명예를 위해서만 공부를 하니, 그 끝에 가서는 자신을 망치는 데에까지 이르게 되었다."

또 군자의 자강불식(自强不息)하기를 권하여 말하였다.

"군자의 배움은 날로 새로워져야 한다. 날로 새로워진다는 것은 날로 진보하는 것이다. 날로 새로워지지 않는 자는 반드시 날로 퇴보한다. 진보하지도 않고 퇴보하지도 않는다는 것은 있지 않다. 오직 성인의 도만은 진보도 퇴보도 없는 것이다. 그것은 도가 극(極)에 이르렀기 때문이다."

有求爲聖人之志 然後可與共¹⁾學 學而善思 然後可與適道 思而有所得 則可與立 立而化之²⁾ 則可與權³⁾

古之學者爲己 其終至於成物⁴⁾ 今之學者爲物 其終至於喪己

君子之學必日新 日新者日進也 不日新者必日退 未有不進而不退者 惟聖人之道 無所進退 以其所造者極也

1) 可與共(가여공) : 함께 할 수 있음. 가이공(可以共)과 같음.
2) 立而化之(입이화지) : 도리(道理)와 함께 녹아들어 하나가 되는 것.
3) 權(권) : 저울의 추(錘). 곧 사물의 경중(輕重)을 다는 저울.

4) 物(물) : 외물(外物). 곧 명예와 물욕.

31. 학문에 뜻을 두려면…

명도 선생은 말하였다.

"성품이 고요한 자는 가히 학문을 이룰 수가 있다."

또 말하였다.

"뜻이 넓되 굳세지 않으면 규구(規矩 : 둥글고 모난 것)가 없고, 굳세되 넓지 않으면 좁아서 고루(固陋)하게 된다."

또 성선(性善)과 충신(忠信)을 근본으로 삼으라고 말하였다.

"성품의 선(善)함을 알고, 충실과 믿음을 근본으로 삼으면 이것은 먼저 큰 것을 세우는 것이다."

이천 선생은 말하였다.

"사람이 안정되고 중후(重厚)하면 그 배움이 견고하여진다."

또 올바른 배움에 대하여 말하였다.

"넓게 배우고, 자세히 묻고, 조심스럽게 생각하고, 밝게 분별하고, 독실하게 행동해야 한다. 이 다섯 가지 중에 한 가지라도 하지 않으면 올바른 학문이 아니다."

장사숙(張思叔)이 질문하는 것은 이론만이 높을 뿐이었다. 이천 선생은 그 질문에 바로 대답하지 않았다. 한참 있다가 말하기를

"너무 높은 것보다는 반드시 아래에서부터 시작해야 한다."

라고 배움에는 순서가 있음을 말하였다.

명도 선생이 학문에 대하여 말하였다.

"사람들은 배우는 데 있어서 먼저 목표를 세우는 것을 꺼린다. 만약 그 목표의 순서에 따라 그치지 않고 계속 나아간다면 이는 스스로 도에 이를 것이다."

윤언명(尹彦明)은 이천 선생을 만나본 후 반 년이 지나서야

'대학(大學)'과 '서명(西銘)'을 읽었다.

明道先生曰 性靜[1]者可以爲學
宏而不毅則無規矩[2] 毅而不宏則隘陋
知性善以忠信爲本 此先立其大者
伊川先生曰 人安重則學堅固
博學之 審問之 愼思之 明辨之 篤行之 五者廢其一 非學也
張思叔[3]請問 其論或太高 伊川不答 良久曰 累高必自下
明道先生曰 人之爲學忌先立標準 若循循不已 自有所至矣
尹彦明[4]見伊川後 半年方得大學[5]西銘[6]看

1) 性靜(성정): 천성(天性)의 침정(沈靜).
2) 規矩(규구): 법도(法度). 규(規)는 원을 만드는 도구, 구(矩)는 각을 만드는 격음쇠.
3) 張思叔(장사숙): 이름은 역(繹). 사숙(思叔)은 자. 하남(河南) 사람으로 이천(伊川)에게서 배웠다.
4) 尹彦明(윤언명): 이름은 돈(焞). 언명(彦明)은 자. 호는 화정(和靖). 20세에 처음으로 이천 선생에게 사사(師事)하였다.
5) 大學(대학): 유학(儒學)의 경서(經書)로 4서(四書) 중의 하나. 본래는 '예기'의 한 편.
6) 西銘(서명): 장재(張載)가 지은 책으로 인과 의(仁義)의 큰 뜻을 규명한 책.

32. 무심과 무사심(無私心)이란…

어떤 사람이 "나는 마음이 없다"라고 말하였다. 이 말을 듣고 이천 선생이 말하였다.
 "'마음이 없다'라고 말하는 것은 옳지 않다. 마땅히 '사사로운 마음이 없다(無私心)'라고 해야 한다."
 어느날 사현도(謝顯道)가 이천 선생을 만나니 선생이 묻기를 "요즘 공부가 어떠하냐."
하니, 사현도가 대답하였다.

"천하의 어떠한 것을 생각하지 않아도 도를 얻을 수 있습니다. 그러니 무엇을 생각하겠습니까."
이천 선생이 다시 말하기를
"그런 이치를 깨달을 수 있는 것이 옳기는 옳다. 그러나 사현도는 인의(仁義)를 통달하지도 못하고 일찍 그런 공부를 하는구나."
하였다.
이 말을 들은 사현도가 이천 선생을 평하여
"이천 선생은 사람을 가르쳐 만들 줄 안다."
고 말하고, 또 말하기를
"공부를 더 하라고 하신다."라고 하였다.

명도 선생이 중도(中道)를 강조한 것을 사현도(謝顯道)가 말하였다.
"전에 백순(伯淳 : 명도 선생)이 가르칠 때 나는 다만 그의 말에만 집착하여 좇았을 뿐이다. 백순이 말하기를 '사현도와 더불어 이야기하면 술취한 사람을 부축하는 것 같다. 한 쪽을 부축해 일으켜 세우면 다른 한 쪽으로 넘어진다. 나는 다만 사람들이 한 쪽으로만 치우쳐 집착하는 것을 두려워 한다'고 하였다."

有人說無心 伊川曰 無心便不是 只當云無私心
謝顯道[1]見伊川 伊川曰 近日事如何 對曰 天下何思何慮[2] 伊川曰 是則是有此理[3] 賢却發得太早在 伊川直是會鍛鍊得人 說了又道恰好著工夫也
謝顯道云 昔伯淳[4]教誨 只管著他言語 伯淳曰 與賢說話 却似扶醉漢 救得一邊 倒了一邊 只怕人執著[5]一邊

1) 謝顯道(사현도) : 중국 송(宋)나라 때 사람. 이름은 양좌(良佐). 현도(顯道)는 자. 정호(程顥)·정이(程頤)에게서 배웠다.
2) 天下何思何慮(천하하사하려) : 마음이 허정(虛靜)하면 적무부동(寂無不動)하게 되어 무엇을 생각하지 않고도 얻을 수 있다.

3) 有此理(유차리) : 천하의 모든 일은 변화가 다양(多樣)하지만 그 변화에 대응하는 데는 정리(定理)가 있어 생각하지 않고도 알 수 있는 이치가 있다.
4) 伯淳(백순) : 정호(程顥)의 자(字). 곧 명도 선생을 말함.
5) 執著(집착) : 마음에 새겨두고 있음.

33. 군자의 앎을 이루는 방법

횡거 선생이 지(知)와 행(行)의 관계를 말하였다.

"의(義)에 깊이 정진하여 그 신의 경지에 이르는 것은 미리 모든 사리를 내 마음속에 정한 후에 내 마음의 밖에서 이로움을 구하는 것이다. 이로운 것을 사용하여 몸을 편안하게 하고 나의 외부도 이롭게 하는 것은 나의 속마음으로 하여금 의로 이르게 하는 것이다.

신의 경지에 이르는 것을 궁구하고 그 조화의 기틀을 알면 덕을 기르는 것이 스스로 이루어질 것이다. 모든 것은 생각으로만 되는 것이 아니요 억지로 이루어지는 것도 아니다. 그러므로 덕을 숭상할 뿐이요 그 밖의 다른 방법으로 군자가 사물의 이치를 앎에 이르는 방법은 없다.

또 수양에 의하여 본래의 선성(善性)으로 돌아갈 수 있다고 말하였다.

"형태가 이루어진 후에 기질(氣質)의 성(性)이 있게 된다. 본래의 선(善)으로 돌아가면 천지의 성이 있다. 그러므로 기질의 성을 군자는 성이라 하지 않는다."

또 궁리진성(窮理盡性)의 중요성을 말하였다.

"덕(德)이 기(氣)를 이기지 못하면 성명(性命 : 본성)은 기에 지배되고, 덕이 기를 이기면 성명(본성)은 본연의 덕을 온전하게 지닌다. 천하의 이치를 궁구하고 성(性 : 本性)을 끝까지 다 알면 성은 천덕(天德 : 하늘의 덕)이요 명(命)은 천리(天理 : 하늘의 이치)가 된다. 기에서 변할 수 없는 것은 오직 죽음과 삶, 장수와 단명이다."

또 본래의 선(善)으로 돌아가는 방법은 배움에 있다고 말하였다.
"무릇 하늘이 아닌 것이 없다. 맑고 밝은 양(陽)의 기운이 우세하면 덕성(德性)이 작용하고, 어둡고 탁한 음(陰)의 기운이 우세하면 물욕(物欲)이 행하여진다. 악(惡)을 제거하고 선(善)을 온전하게 하는 것은 반드시 배움에서 말미암은 것이다."

　　橫渠先生曰 精義入神[1] 事豫吾內 求利吾外也 利用安身 素利吾外 致養吾內也 窮神知化 乃養盛自至 非思勉之能强 故崇德而外 君子未或致知也
　　形而後 有氣質之性[2] 善反之 則天地之性 存焉 故氣質之性 君子有弗性者焉
　　德不勝氣 性命[3]於氣 德勝其氣 性命於德 窮理盡性[4] 則性天德 命天理 氣之不可變者 獨死生修夭[5]而已
　　莫非天也 陽明勝則德性用 陰濁勝則物欲行 領惡而全好者 其必由學乎

1) 精義入神(정의입신) : 의리를 정밀하게 연구하여 신묘(神妙)한 경지에 이름.
2) 形而後有氣質之性(형이후유기질지성) : 기(氣)가 모여 형태가 이루어진 뒤에 기질의 성이 있게 된다. 성(性)은 본래 선(善)한 것인데 후천적인 기질의 맑음과 탁함, 아름다움과 추악함에 따라 영향을 받는 기질의 성이 생긴다.
3) 性命(성명) : 성(性)과 명(命)은 따로 볼 것이 아니라 혼연(渾然)된 하나의 뜻을 가지고 있다.
4) 窮理盡性(궁리진성) : 천하의 이(理)를 궁구하고 인물의 성(性)을 끝까지 앎. '주역(周易)' 설괘전(說卦傳)에 있는 말.
5) 修夭(수요) : 장수(長壽)와 단명(短命). 수(修)는 수(壽)와 같음.

34. 마음을 다하면 하늘을 안다
　　횡거 선생은 진심지성(盡心之性)을 강조하여 말하였다.
"그 마음을 크게 하면 능히 천하의 물(物)을 체득(體得)하여 알 수 있다. 물을 체득하여 알지 못하면 마음은 외물의 유혹을 받아 물욕(物慾)이 있게 된다. 세상 사람의 마음은 보고 들은 협소한 것에 멈추지만, 성인은 성(性)을 다하기 때문에 보고 들은 것으로 그 마음을 구속하지 않는다. 또한 천하를 바라볼 때 내가 아닌 사물이 하나도 없다고 본다. 맹자가 말하기를 '마음을 다하면 성을 알고 천(天)을 안다.' 고 하였으니 성인의 이러한 것을 말한 것이다. 하늘은 커서 밖(私心)이 없다. 그러므로 밖의 마음이 있으면 족히 천심(天心)에 합(合)할 수가 없다."

大其心則能體[1]天下之物 物有未體則心爲有外 世人之心 止於見聞之狹 聖人盡性 不以見聞梏其心[2] 其視天下無一物非我 孟子謂盡心則知性知天 以此天大無外 故有外之心 不足以合天心

1) 體(체) : 체득(體得). 곧 사물을 내 마음속에 포용한다는 뜻.
2) 梏其心(곡기심) : 그 마음을 구속함. 곡(梏)은 수갑의 뜻.

35. 덕을 해치는 네 가지 요소

횡거 선생은 덕(德)을 해치는 네 가지를 말하였다.
"공자께서는 네 가지 하지 않은 것이 있었다. 그 네 가지를 하지 않았으므로 배움을 시작하는 데서부터 덕(德)을 이루는데 이르렀다. 이것은 양 끝의 가르침을 다한 것이었다. 의(意)에는 생각함이 있고, 필(必)에는 기다림이 있고 고(固)에는 화(化)하지 않고, 아(我)에는 방(方)이 있다. 이 네 가지 중에 하나라도 하는 것이 있으면 천지와 더불어 서로 같을 수가 없다."
또 군자상달(君子上達), 소인하달(小人下達)을 부연하였다.
"상달(上達)은 하늘의 이치(天理)로 돌아가는 것이요, 하달(下達)은 사람의 욕심을 따르는 것이다."

仲尼絶四[1] 自始學至成德 竭兩端[2]之敎也 意有思也 必有待也 固不化也 我有方[3]也 四者有一焉 則與天地 爲不相似矣

上達⁴⁾反天理 下達⁵⁾徇人欲者與
1) 仲尼絶四(중니절사) : 공자가 네 가지를 끊었다. '논어(論語)' 자한편(子罕篇)에 있는 말로, 무의(毋意), 무필(毋必), 무고(毋固), 무아(毋我). 의는 억측심(臆測心), 필은 필연심(必然心), 고는 고집심(固執心), 아는 이기심(利己心)으로, 공자에게는 이 네 가지 마음이 없었다는 것.
2) 竭兩端(갈양단) : 배움의 시작과 덕의 이룸의 양 끝을 다하다.
3) 我有方(아유방) : 나를 생각할 때 방(方)이 있다는 뜻으로, 물(物)과 아(我)를 따로 보는 것.
4) 上達(상달) : 군자의 도(道)로 높은 경지에 이름을 말함.
5) 下達(하달) : 소인(小人)의 도로 날마다 나쁜 곳으로 흐름을 말한다.

36. 천지의 자리가 정해지면 역(易)이 행해진다

횡거 선생은 지행합일(知行合一)을 말하였다.

"하늘을 숭상하는 것을 아는 것은 형이상(形而上)이요, 낮과 밤을 모두 아는 것은, 그 아는 것이 높은 것이다. 아는 것이 높은 곳에 미친다 해도 예로써 천성(天性)을 삼지 않으면 자기에게 있지 않은 것이나. 그러므로 지(知)와 예(禮)가 천성을 이루어야만 도의(道義)가 나오는 것으로 이것은 천지의 자리가 정해져 주역(易)이 행하여지는 것과 같다."

또 곤덕지변야(困德之辨也)의 주역 해석을 말하였다.

"주역에 곤(困)이 사람의 덕을 발전시키는 것은 덕이 변명(辨明)되고 선(善)의 느낌이 빠르기 때문이다.

맹자가 말하기를 '사람중에 덕행(德行)과 지혜와 도술과 재지(才智)가 있는 자가 항상 재난 중에 있다.'고 한 것은 이 때문이다."

또 위학(爲學)의 방법을 말하였다.

"말에는 가르침이 있고, 움직임에는 법도가 있으며, 낮에는 하는 일이 있고, 밤에는 얻음이 있으며, 쉬는 중에 자람이 있고 순간에도 존재함이 있다."

知崇天也 形而上¹⁾也 通晝夜²⁾而知 其知崇矣 知及之 而不以禮性
之³⁾ 非己有也 故知禮成性 而道義出 如天地位 而易行
 困之進人也 爲德辨 爲感速 孟子謂人有德慧術智者 常存乎疢疾⁴⁾
以此
 言有敎 動有法 晝有爲 宵有得 息有養 瞬有存
1) 形而上(형이상) : 모양을 초월한 것. 정신적인 것.
2) 通晝夜(통주야) : 밤낮을 통해 인간이나 자연을 지배하는 이법(理法)을 가리킨다.
3) 性之(성지) : 천지의 성(性)으로 돌아가는 일.
4) 疢疾(진질) : 병. 재난(災難).

37. 현인(賢人)은 보통 사람보다 뛰어났다
 횡거 선생이 천지(天地)의 성(性)을 받아 천지의 덕(德)과 잘 합일(合一)시킬 것을 위한 정완(訂頑 : 좌우명)을 지어 말하였다.
 "건(乾)은 하늘로 아버지라 일컫고, 곤(坤)은 땅으로 어머니라 일컫는다. 나의 이 작은 몸은 기 가운데에서 혼연(混然)히 살고 있다. 원래 기(氣)는 천지간에 가득차 우리의 형체를 이루고, 천지에 가득찬 기를 이끄는 것은 우리의 천성(天性)이 된다.
 사람들은 모두 한 배속에서 태어난 형제와 같고, 만물은 모두 더불어 함께 하는 친구다.
 천자(天子 : 大君)는 우리 부모(하늘과 땅)의 종자(宗子)요, 그 대신(大臣)은 종자의 집안을 다스리는 집사다.
 나이 많은 어른을 존중할 때에는 자기 어른을 모시듯이 존중하고, 외롭고 약한 이를 돌볼 때에는 자기 아이를 돌보듯이 사랑한다. 성인은 천지의 덕(德)과 합하였고, 현자(賢者)는 보통 사람보다 뛰어난 사람이다. 무릇 천하의 꼽추, 수족 없는 병신, 형제 없는 사람, 자손 없는 이, 홀아비, 과부 등 외로운 이들은 모두 나의 형제들로서 환난(患難)을 겪으면서도 하소연할 데 없는 불쌍

한 사람들이다.
 하늘의 위엄을 두려워하여 천명을 잘 보존하는 자는 자기의 자손을 편안히 보호하는 사람이다. 즐거워하고 또 근심하지 않는 사람은 효도에 순(純)한 사람이다.
 하늘의 명령을 어기는 것을 패덕(悖德)이라 말하고, 어진 이를 해치는 것을 적(賊)이라 말하며, 악(惡)에 빠지는 것을 재주스럽지 못한 것이라 하며 하늘로부터 받은 모습 그대로 올바르게 행동하는 사람을 효성이 지극한 어진 사람이라고 한다.
 성인의 도덕으로 변화할 줄을 알면 부조(父祖)의 이름을 빛낼 것이며, 하늘의 신비로운 이치를 깨달으면 부모의 의도하는 뜻을 잘 계승하여 발전시킬 수 있는 것이다.
 사람이 보지 않는 데에서도 부끄러운 행동을 하지 않는 사람은 부모를 욕되지 않게 하는 효자이며, 또한 그 본심을 지켜 본성을 기르는 사람은 게으르지 않고, 효도를 다할 것이다.
 술은 사람의 본성을 어지럽히기(술을 좋아하는 사람은 부모 봉양을 돌아보지 않아 불효한다.) 때문에 우(禹)임금은 술을 끊어, 마시지 않았으므로 본성을 보양(保養)하여 효자가 되었다. 그러므로 영재(英才)를 교육하는 사람이 하늘에 대하여 영고숙(潁考叔)과 같이 오로지 효도하도록 한다면 같은 무리를 감화시켜 모두 하늘의 효자가 될 것이다.
 별 수고를 하지 않고도 감화시킨 것은 순(舜)임금의 효도의 공(功)이다. 천지간에 도망갈 곳이 없다고 하며 아버지의 삶아죽임을 기다린 신생(申生)과 같이 천명에 공손히 따라야 한다.
 태어날 때 부모에게서 받은 몸을 죽을 때까지 온전히 하여 부모에게 돌아간 것은 증삼(曾參)이요, 부모의 말을 따르는데 용감하였고 영(令)에 순응한 사람은 백기(伯奇)였다.
 부(富)하고 귀하며, 복이 있고 윤택한 것은 하늘이 내 삶에 주는 후덕함이며, 가난하고 천하며 근심스럽고 걱정스러운 것은 나를 단련하여 옥(玉)을 만드는 것과 같은 것이다.
 살아 있는 한 나는 만사에 따르고, 죽으면 나는 편안히 쉬겠다."

제2권 학문을 연마하는 요체 95

　또 횡거 선생은 폄우(砭愚 : 좌우명)을 지어 말하였다.
　"장난어린 말은 생각에서 나온 것이요, 장난스러운 행동은 꾀에서 만들어진 것이다. 소리로 나오고 사지(四肢)인 손발의 동작으로 나타나는 것을 자기의 마음에서 나온 것이 아니라고 말하는 것은 어리석은 말이다. 사람들이 자신을 의심하지 않기를 바라는 것도 또한 어리석은 일이다.
　지나친 말은 진실된 마음에서 나온 것이 아니고 지나친 행동은 정성스러운 마음에서 나온 것이 아니다. 다만 소리에서 실수를 했고, 사체(四體 : 四肢)에서 잘못되어 나온 짓이었으므로 자기로서는 당연하다고 말한다면 그것은 스스로를 속이는 것이다. 또 남에게 자기를 따르게 하고자 한다면 그것은 남을 속이는 것이다.
　어떤 사람들은 마음에서 우러나오는 자기의 거짓됨을 과실로 돌려버리고, 생각에서 우러나오는 실수는 스스로를 속여 자신의 진실로 삼는다. 이것은 자신을 경계할 줄 모르는 사람들이다.
　그 자신에게서 나오는 것은 실수로 돌리고, 자신에게서 나오지 않는 것으로는 오만을 키우고 그른 것을 조장한다. 그 누가 더 심한 것을 알 수 있겠는가."

橫渠先生作訂頑[1]曰 乾稱父 坤稱母[2] 予玆藐焉[3] 乃混然中處 故[4] 天地之塞吾其體 天地之帥吾其性 民吾同胞 物[5]吾與也 大君者[6]吾父母宗子[7] 其大臣 宗子之家相[8]也 尊高年 所以長其長 慈孤弱 所以幼其幼 聖其合德 賢其秀也 凡天下疲癃殘疾 惸獨鰥寡[9] 皆吾兄弟之顚連而無告者也 于時保之 子之翼[10]也 樂且不憂 純乎孝者也 違[11]曰悖德 害仁曰賊 濟惡者不才 其踐形 惟肖者也 知化[12]則善述其事 窮神[13]則善繼其志 不愧屋漏[14]爲無忝 存心養性爲匪懈 惡旨酒 崇伯子[15]之顧養 育英才 潁封人之錫類[16] 不施勞而底豫 舜其功也[17] 無所逃而待烹 申生[18]其恭也 體其受而歸全者 參[19]乎 勇於從而順令者 伯奇[20]也 富貴福澤 將厚吾之生也 貧賤憂戚 庸玉女於成也 存吾順事 沒吾寧也 又作砭愚[21]曰 戲言出於思也 戲動作於謀也 發於聲 見乎四支 謂非己心 不明也 欲人無己疑 不能也 過言非心也 過動

非誠也 失於聲繆迷其四體 謂己當然自誣也 欲他人己從 誣人也 或
者謂出於心者 歸咎爲己戲 失於思者 自誣爲己誠 不知戒其出汝者
歸咎其不出汝者 長傲且遂非不知孰甚焉

1) 訂頑(정완) : 좌우명(座右銘). 우계명(右戒銘). '서명(西銘)'이라고 함.
2) 乾稱父坤稱母(건칭부곤칭모) : 건은 아버지라 일컫고, 곤은 어머니라 일컫
   는다. '주역' 설괘전(說卦傳)에 있는 말.
3) 藐焉(묘언) : 작은 모양.
4) 故(고) : 원래. 여기서는 '그러므로'의 뜻이 아님.
5) 物(물) : 만물(萬物). 조수(鳥獸)나 초목금석수토(草木金石水土) 등 유정
   (有情) 무정(無情)의 모든 것을 다 이르는 말.
6) 大君者(대군자) : 천자(天子).
7) 宗子(종자) : 종가(宗家)의 맏아들.
8) 家相(가상) : 한 집안의 모든 일을 맡아 다스리는 집사(執事)와 같음.
9) 疲癃殘疾 惸獨鰥寡(피륭잔질경독환과) : 피륭은 꼽추, 잔질은 손발이 잘린
   병신. 경은 형제 없는 사람, 독은 자손이 없는 사람, 환은 홀아비, 과는 과부.
10) 翼(익) : 공경하다.
11) 違(위) : 부모의 명을 어김.
12) 化(화) : 하늘의 변화로 선노(大道)를 말함.
13) 神(신) : 천덕(天德).
14) 屋漏(옥루) : 방안의 서북쪽 컴컴한 곳을 말하는 것으로 혼자 있는 곳.
15) 崇伯子(숭백자) : 숭(崇)나라 백작(伯爵)의 아들이라는 말로 우(禹)임금
    을 말한다. 우임금의 아버지 곤(鯀)은 숭나라의 백작이었음.
16) 錫類(석류) : 효행을 진실로 다하면 그의 동료들도 따른다는 말. '시경'에
    서 나온 말.
17) 舜其功也(순기공야) : 순(舜)임금의 공(功). 순임금은 완악한 아버지를 정
    성을 다해 모셔 끝내는 기쁘게 해 주었다고 한다.
18) 待烹申生(대팽신생) : 삶아죽임을 기다린 신생. 신생은 진(晉)나라 헌공
    (獻公)의 아들로 애첩의 참언을 믿고 자신을 죽이려는 아버지를 피해 국외
    로 나가라는 주위의 권고를 듣고 부자(父子)의 의(義)는 천지간에 피할 수
    없는 것이라고 말하고는 죽임을 당하였다.

19) 參(삼) : 공자의 제자인 증자(曾子)의 이름.
20) 伯奇(백기) : 주(周)나라 대부(大夫) 윤길보(尹吉甫)의 아들. 아버지가 후처의 참언을 믿고 추방하였는데 거역하지 않음.
21) 砭愚(폄우) : 좌우명(座右銘). 정완(訂頑)을 '서명(西銘)'이라 하는 데 대하여 '동명(東銘)'이라 한다.

38. 자신을 수양하려면…

횡거 선생은 자중(自重)과 개과(改過)의 중요함을 말하였다.
"자기를 수양하려 하면 반드시 먼저 중후(重厚)하게 스스로를 지녀야 한다. 중후하여 배울 줄을 알면 덕이 발전하여 고루하지 않으며, 충실되고 믿음이 있으면 덕(德)으로 나아가게 된다.
오직 벗을 숭상하고 어진 사람을 사귀는 일이 급하며, 자기보다 나은 사람과 친하고자 하며, 자신의 잘못을 알고 그 잘못한 것을 고치는 것에 인색하지 않아야 한다."
또한 범손지(范巽之)에게 말하였다.
"우리들이 옛 사람에게 미치지 못하는 것의 그 병의 근원이 어디에 있다고 생각하는가."
손지(巽之)가 답을 청해 물으니 선생이 답하여 말하였다.
"이것은 깨달음을 얻는 것이 어려워서가 아니다. 이 말을 하는 것은 대개 배우는 사람이 뜻을 지녀서 잃지 않도록 하고자 하는 것이다.
마음은 배우는 것을 꿰뚫어 익혀 스스로 얻기를 바라고 하루에 한 건씩 스스로 반성하고 사려(思慮)를 쌓음으로써 큰 잠에서 깨어날 수 있을 뿐이다."
또 배움은 민첩하게 구하여야 한다고 말하였다.
"아직 마음을 세우지 않았다면 어찌 많이 생각하여 의심하지 않을 것이며, 이미 뜻을 세울 줄 알았다면 어찌 의리를 강구(講究)해 밝혀 그 몸을 닦는 데 정진하지 않겠는가.
의리를 강구하여 밝히는 생각은 학술(學術)의 안에 있지 않은 것이 없으니 비록 부지런히 하는 것을 어찌 싫어하겠는가.
 배우는 사람이 선(善)을 밝히기를 서두르는 것은 내 마음의 세움을 구하여 의심하지 않는 경지에 서도록 하려는 것이니, 그런 연후에 강하(江河)의 둑을 터서 물이 흘러내리듯이 우리가 배우는 데에 도움이 되는 것이다. 뜻은 겸손하며 힘써서 기회를 민첩하게 구하면, 수업진도를 따라올 수 있을 것이다. 그러므로 비록 공자의 재주가 뛰어났지만 민첩하게 구함으로써 얻어진 것이다. 이제 뛰어나지 않은 자질을 가지고서도 천천히 하며, 스스로 한가하게 들으려고 하는 것은 들으려고 하는 것이 아니다."
 또 선(善)을 밝히는 것이 배움의 근본이라고 말하였다.
 "선(善)을 밝히는 것이 배움의 근본이 되며, 그것을 굳게 지키면 곧 덕(德)이 선다. 그것을 확충시키면 크게 되고 쉽게 보면 작아진다. 그것을 넓히는 것은 사람만이 할 수 있다."

 將修己 必先厚重[1]以自持 厚重知學 德乃進而不固矣 忠信進德 惟尙反而急賢 欲勝己者親 無如改過之不吝
 橫渠先生謂范巽之[2]曰 吾輩不及古人 病源何在 巽之請問 先生曰 此非難悟 設此誥者 蓋欲學者存意之不忘 庶游心[3]浸熟 有一日 脫然如大寐之得醒耳
 未知立心[4] 惡思多之致疑 既知所立 惡講治[5]之不精 講治之思 莫非術內 雖勤而何厭 所以急於可欲者 求立吾心於不疑之地 然後若決江河以利吾往 遜此志務時敏 厭修乃來 故雖仲尼之才之美 然且敏以求之[6] 今持不逮之資 而欲徐徐以聽其自適 非所聞也
 明善爲本 固執之乃立 擴充之則大[7] 易視之則小 在人能宏之而已

1) 厚重(후중) : 중후(重厚). 태도를 신중하게 가지는 것.
2) 范巽之(범손지) : 횡거 선생의 문인(門人). 이름은 육(育), 손지(巽之)는 자.
3) 游心(유심) : 마음을 그곳에 노닐게 함.
4) 立心(입심) : 마음을 정립(定立)함. 존심(存心)과 같음.
5) 講治(강치) : 의리(義理)를 강구(講究)하여 밝혀서 몸을 수양하는 일.
6) 敏以求之(민이구지) : 민첩하게 그것을 구함. '논어(論語)' 술이편(述而篇)

에 있는 말.
7) 大(대) : 충실해서 덕을 빛내는 것.

39. 천지를 위하여 뜻을 세운다

횡거 선생은 날마다 반성하여야 발전한다고 말하였다.

"이제 먼저 하늘에서 받은 덕성(德性)을 높이 받들며 묻고 배우는 데 힘쓰는 마음가짐으로 날로 묻고 배우는 것을 스스로 구하는데 있어 어긋남이 없었는가? 또, 덕성의 함양을 게을리하지 않았는지 살펴야 한다.

이 뜻은 또한 공자가 말한 넓게 배우고 예로써 지키는(博文約禮) 것과 아래로 배우고 위로 통달(下學上達)하는 것인 것이다.

덕성을 높이 받들고 학문을 하는 곳으로 말미암는다는 뜻을 언제나 명심하고 경계하며 1년 동안 힘쓰면 반드시 도를 얻는 데 유익할 것이며, 아직 자신이 모르던 것을 배우고 불선(不善)을 고쳐 적게 하는 것은 덕성 가운데 제일의 유익함이다.

글을 읽어 의리(義理)를 구하고 책을 편찬하여 모름지기 정리하여 쓸데없는 것을 쓰지 않으면 또한 앞선 철인들의 언행을 많이 아는 것이다. 이렇게 하면 배우는 데 매우 유익하다. 짧은 시간이라도 헛되이 보내지 않고, 날마다 이와 같이 마음을 게을리하지 않으면 3년만 되어도 반드시 진보할 것이다."

또 성인의 뜻을 이어받는 책임의 무거움을 말하였다.

"천지를 위하여 뜻(心)을 세우고, 백성을 위하여 도(道)를 세우고, 옛 성인을 위하고 끊어진 학문을 이어받는 것은 만세(萬世)를 위하여 태평한 시대를 여는 것이다."

今且只將尊德性而道問學爲心 日自求於問學者有所背否 於德性有所懈否 此義亦是博文約禮[1] 下學上達 以此警策一年 安得不長 每日須求多少爲益 知所亡改得少不善 此德性上之益 讀書求義理 編書須理會有所歸著[2] 勿徒寫過 又多識前言往行 此問學上益也 勿

使有俄頃³⁾間度 逐日似此三年庶幾有進
　爲天地立心 爲生民立道 爲去聖⁴⁾繼絶學⁵⁾ 爲萬世開太平
1) 博文約禮(박문약례) : 글을 넓게 배우고 예로써 지켜야 함. '논어(論語)' 옹야편(雍也篇)에 있는 말.
2) 歸著(귀착) : 정돈하는 것. 정리하는 것.
3) 俄頃(아경) : 순간적인 짧은 시간.
4) 去聖(거성) : 세상을 떠난 옛날 성인.
5) 絶學(절학) : 후계자가 없어 이어지지 못한 학문.

40. 예를 배우면 나쁜 풍속을 제거할 수 있다

횡거 선생은 예(禮)를 배워 행하면 잘못된 관습을 제거할 수 있다고 말하였다.

"내(載 : 횡거 선생)가 배우는 사람으로 하여금 먼저 예(禮)를 배우게 하는 것은, 예를 배우면 세상의 세습(世習)에 얽매이는 것을 제거할 수 있기 때문이다. 비유컨대 덩굴에 얽힌 나무(物)는 그 얽힘에서 풀리면 자연히 위로 뻗어 올라갈 것이다. 진실로 얽매인 세습을 제거한다면 자연히 세상의 속된 기운에서 벗어날 것이다.

또한 예를 배우면 지킬 수 있어 안정을 얻을 수 있을 것이다."

또 넓은 마음으로 도(道)를 구해야 한다고 말하였다.

"모름지기 마음을 활달하게 하고, 너그럽고 쾌활하고 공평하게 하여 구하여야 이에 가히 도(道)를 볼 수가 있다. 하물며 덕성(德性)의 스스로 넓고 큼에랴.

주역에 이르기를 '신(神)을 궁구하고 조화(造化)를 아는 것은 덕(德)의 성(盛)함이다.' 라고 하였다. 어찌 얕은 마음으로 얻을 수 있겠는가."

　　　載所以使學者先學禮者 只爲學禮則便除去了世俗一副當¹⁾習熟
纒　繞譬之延蔓²⁾之物 解纒繞卽上去 苟能除去了一副當世習 便自然

脫灑³⁾也 又學禮則可以守得定
　須放心⁴⁾寬快公平以求之 乃可見道 況德性自廣大 易曰 窮神知化⁵⁾
德之盛也 豈淺心可得
1) 副當(부당) : 전부 갖춤.
2) 延蔓(연만) : 덩굴져서 뻗어 나감.
3) 脫灑(탈쇄) : 속세의 기운(俗氣)에서 벗어나 구속됨이 없는 것.
4) 放心(방심) : 마음을 활달(豁達)하게 하는 것.
5) 窮神知化(궁신지화) : 신(神)을 궁구하여 변화를 알다. '주역(周易)'에 있는 말로, 욕(欲)을 억제할 수 있는 것이 선(善), 선을 자기의 것으로 하는 것이 신(信), 신을 충실하게 하는 것이 미(美), 미를 빛내려는 것이 대(大), 크게 해서 화(化)하게 하는 것이 성(聖), 성이 되어 그것을 알 수 있는 것이 신(神)임.

41. 아랫사람에게 묻기를 부끄러워하지 말라

　횡거 선생은 늙어서도 아랫사람에게 배워야 한다고 말하였다.
　"사람들은 대개 나이가 많아 늙으면 아랫사람에게 묻기를 꺼려한다. 그러므로 몸을 마칠 때까지 알지 못한다.
　그것은 도의를 먼저 깨달았다고 자처하기 위해서는 알지 못하는 것이 있다고 말할 수 없으므로 아랫사람에게 묻기를 꺼리는 것이다. 묻기를 꺼리는 것을 따라 드디어 백 가지 폐단이 생기고 이것은 정녕 남과 자기를 속이면서도 몸을 마칠 때까지 알지 못하는 것을 택한 것이다."
　또 견문(見聞)보다 이법(理法)이 중요함을 말하였다.
　"들은 것이 많은 것으로만은 천하의 모든 것을 다 알기에 부족하다. 진실로 많은 것을 들었다면 천하의 모든 것이 변화되는 것을 기대할 수 있다. 모든 일은 이미 알고 있던 것으로 대비하는 것이다. 만약 예측할 수 없으면 모든 것은 궁하게 될 뿐이다."
　또 학문의 주요 목적에 대하여 말하였다.
　"배움이 크게 유익하다는 것은 스스로 기질의 변화를 구하는 데에 있다. 그렇지 않으면 배움은 다 남에게 폐가 되어 마침내 밝게 발해질 바가 없으며 성인의 깊은 뜻을 볼 수가 없다."
또 다음과 같이 말하였다.
"사물의 이치는 세밀하게 살펴야 하고, 마음은 넓게 가져야 한다."
또 진실한 공부에 대하여 말하였다.
"의문을 품지 않는 것은 진실하게 공부한 것이 아니다. 진실한 공부를 하면 모름지기 의문이 생기게 마련이고, 반드시 통하지 못하는 것이 있으니 그것이 의혹이다."

人多以老成[1]則不肯下問[2] 故終身不知 又爲人以道義先覺處之 不可復謂有所不知 故亦不肯下問 從不肯問 遂生百端 欺妄人我寧終身不知

多聞不足以盡天下之故 苟以多聞而待天下之變 則道足以酬其所嘗知 若劫之不測 則遂窮矣

爲學大益 在自求變化氣質[3] 不爾皆爲人之弊 卒無所發明 不得見聖人之奧

文[4]要密察 心要洪放[5]

不知疑者 只是不曾實作[6] 旣實作則須有疑 有不行處是疑也

1) 老成(노성) : 나이가 많아 늙음. 또는 경험이 풍부하여 세상 일에 숙달함.
2) 下問(하문) : 자기보다 신분이나 능력이나 연령이 아래인 사람에게 묻는 것.
3) 氣質(기질) : 굳세거나 부드럽거나 느리거나 빠르며 맑기도 하고 흐리기도 한 성품.
4) 文(문) : 하나의 수식에 불과한 말. 예(禮)를 행할 때 외면에 나타나는 형식적인 정제(整齊)를 말함.
5) 洪放(홍방) : 너그럽고 넓음.
6) 實作(실작) : 진실한 공부. 진심으로 수양을 위해 공부하는 것.

42. 배운다는 뜻은 항상 가져야 한다
횡거 선생은 도량이 커야함을 말하였다.

"마음이 크면 모든 것이 다 통하고, 마음이 작으면 모든 것이 다 병이 된다."

또 배운다는 뜻을 잊지 말아야 한다고 말하였다.

"사람이 비록 일이 많아 배움을 힘쓰지 못한다 하더라도 마음은 역시 배운다는 뜻을 마땅히 잃어서는 안된다. 마음에서 진실로 잊지 않는다면 비록 인간 세상의 어떠한 일에 접하더라도 곧 그 배움의 실행으로써의 도(道)가 아닌 것이 없다. 마음에서 만약 그것을 잊는다면 몸을 마칠 때까지 배운다고 해도 다만 그것은 속된 일이 될 것이다."

또 다음과 같이 말하였다.

"마음의 안과 밖을 합하고 만물과 나를 평등하게 하는 것, 그것이 도(道)의 큰 실마리를 보게 되는 것이다."

心大則百物皆通 心小則百物皆病

人雖有功 不及於學[1] 心亦不宜忘 心苟不忘 則雖接人事 卽是實行 莫非道[2]也 心若忘之 則終身由之 只是俗事

合內外[3]平物我 此見道之大端

1) 功不及於學(공불급어학) : 힘을 실제로 학문을 연구하여 밝히는 데 쓰지 못한다는 말.
2) 道(도) : 이치. 이(理)와 같음.
3) 合內外(합내외) : 외는 이목(耳目)을 통해 받아들이는 보고 듣는 감각. 내는 견문을 마음을 통해 지각(知覺)하는 것으로 문견지(聞見知)를 말함.

43. 명예나 공적을 먼저 생각하면 도에 이를 수 없다

횡거 선생은 공적을 먼저 생각하는 배움은 안된다고 말하였다.

"배움에 있어 먼저 공업(功業)에 뜻을 두면 배움에 해가 된다. 이미 뜻이 있으면 반드시 억지로 사리에 맞지 않는 말을 하고 옳지 않은 일을 만들어내 옳지 못한 일의 실마리를 일으킨다.

덕을 이루지 못하고 먼저 공업의 일을 하는 것은 우수한 목수를 대신해 나무를 깎는 것과 같으니 어찌 손이 다치지 않기를 바라겠는가."

또 공적과 명성(名聲)에 급급하면 도(道)에 이를 수 없다고 말하였다.

"내 일찍이 걱정한 것은, 공자·맹자가 죽은 뒤 모든 선비들이 떠들기만 하고 도의 요체로 돌아가 그 근원을 궁구할 줄은 모르고, 오로지 분외의 일을 하는 데 용감하며, 뛰어나지 않은 자질로 후세에 알려지기를 바라는데 급급해 하는 것이다.

현명한 사람이 한 번 보면 폐간(肺肝)을 보는 것같이 그들의 천박한 마음이 드러나니, 그들은 자기의 역량을 모르는 것을 드러내는 것이다. 장차 그 폐단을 조심하여 나의 성심을 기르려 하나 근심스러운 것은 시일과 힘이 부족하여 그것을 알 수 없는 것이다."

旣學而先有以功業爲意者 於學便相害 旣有意 必穿鑿創意[1] 作起事端也 德未成而先以功業爲事 是代大匠斲[2] 希不傷手也

竊嘗病孔孟旣沒 諸儒囂然[3] 不知反約窮源[4] 勇於苟作[5] 持不逮之資而急知後世 明者一覽 如見肺肝然 多見其不知量也 方且創艾[6] 其弊 默養吾誠 顧所患日力不足而未果他爲也

1) 穿鑿創意(천착창의) : 억지로 이치에 닿지 않는 말을 하고 옳지 않은 뜻을 만들어냄.
2) 是代大匠斲(시대대장착) : 우수한 목수를 대신해 나무를 깎음. '노자(老子)'에 있는 말.
3) 囂然(효연) : 각기 다른 설(說)을 가지고 주장하며 다투는 일.
4) 反約窮源(반약궁원) : 도(道)의 요체(要諦)를 잃지 않고 도의 근원을 구명하는 일.
5) 勇於苟作(용어구작) : 분수 외의 일에 용감하다. 분수에 맞지 않는 일을 하는 것을 말함.
6) 創艾(창예) : 징계의 뜻으로 조심하는 일.

44. 과오를 시정해야 발전한다

횡거 선생은 임기응변(臨機應變)은 학문의 도가 아니라고 말하였다.

"배움에 완전히 이르지 못하고 변화(變化)를 말하기 좋아하는 자는 반드시 마침내 근심이 있게 됨을 알게 될 것이다. 대개 변화는 가볍게 의논할 수 없는 것이다. 만약에 높은 경지에 이르지 않고 급하게 변화를 이야기하면 자신이 수양하는 학술이 바르지 않음을 알게 될 것이다."

또 과오를 시정(是正)받아야 발전한다고 말하였다.

"무릇 사실을 감추어 바닥을 보이지 않는 것은 다만 그것은 발전을 구하지 않는 것일 뿐이다. 사람이 그 도의(道義)를 얻어 도달한 바를 말하려 하지 않고 그 밑을 보이지 않는 것은, 안자(顏子)가 공자의 말에 기뻐하지 않음이 없었던 것과는 다른 것이다."

또 남의 일에 간섭하지 말고 자기 수양에 힘쓰라고 말하였다.

"귀와 눈을 밖으로 돌려 밖의 일에 종사하면 실로 이것은 스스로 타락하는 것이다. 자기를 다스려 수양하려 하지 않고 다만 남의 잘잘못(長短)을 말하는 자는 자기를 반성할 수 없다."

또 뜻은 크게, 기(氣)는 중후(重厚)하게 가져야 한다고 말하였다.

"배우는 자는 마땅히 뜻이 작고 기(氣)가 가벼워서는 안된다. 뜻이 작으면 만족하기 쉽고, 만족하기 쉬우면 진보가 없다. 기(氣)가 가벼우면 알지 못하는 것을 안다고 하고, 배우지 않은 것을 배운 것으로 여긴다."

學未至而好語變[1]者 必知終有患 蓋變不可輕議 若驟然語變 則知操術[2]已不正

凡事蔽蓋不見底 只是不求益[3] 有人不肯言其道義所得所至 不得

見底 又非於吾言無所不說[4]

 耳目役於外攬外事[5]者 其實是自惰 不肯自治 只言短長 不能反躬者也

 學者大不宜志小氣輕 志小則易足 易足則無由進 氣輕則以未知爲已知 未學爲已學

1) 變(변) : 때와 경우에 따라 처리하는 임기응변(臨機應變)을 말함.
2) 操術(조술) : 변(變)을 말하는 사람의 사학(邪學).
3) 益(익) : 진보(進步). 향상(向上). 발전(發展).
4) 於吾言無所不說(어오언무소불열) : 나의 말에 기뻐하지 않는 바가 없음. 곧 안자(顔子)가 공자의 말을 듣고 기뻐하지 않음이 없었다는 '논어(論語)' 선진편(先進篇)에 있는 말. 설(說)은 열(悅)과 같음.
5) 外事(외사) : 자기 수양과 관계가 없는 일.

제3권 사물의 이치를 연구하는 방법
(第三卷 格物窮理篇 凡七十八條)

사람이 생각하는 것을
예(睿)라고 한다.
예는 성(聖)을 만든다.
생각을 이룬다는 것은
우물을 파는 것과 같아서
처음에는 흐린 물이 나오지만
점차로 맑은 물이 솟아나온다.
이와 같이 사려(思慮)도
처음에는 다 혼탁하지만
오래되면 스스로 명쾌(明快)해진다

제3권 사물의 이치를 연구하는 방법
(第三卷 格物窮理篇 凡七十八條)

1. 공자·맹자의 제자라도 다 현인은 아니다

이천 선생이 주장문(朱長文)에게 보낸 답서(答書)에서 말하였다.

"마음이 도에 통한 연후에야 능히 옳고 그른 것을 분별할 수 있는 것이니, 저울을 가져야만 가볍고 무거운 것을 분명히 견줄 수 있는 것과 같다. 맹자가 이른바 '말을 안다'라고 한 것은 이것을 말한 것이다.

마음이 도에 통하지 않고서 옛 사람들의 옳고 그름을 견주는 것은 마치 저울을 가지지 않고 가볍고 무거운 것을 재려는 것과 같은 것이다.

억지로 그 눈의 힘을 다하고 그 마음의 지혜를 수고롭게 하면 비록 때로는 맞게 할 수 있다 하더라도 역시 옛 사람들의 억측(臆測)을 자주 맞히는 것이므로 군자는 귀하게 여기지 않는다."

또한 이천 선생이 문인(門人)들에게 대답하여 말하였다.

"공자와 맹자의 제자들이 어찌 다 현인(賢人)이며 철인(哲人)이었겠느냐. 진실로 평범한 무리들이 많았으니, 평범한 무리들이 성현을 살피니 알지 못하는 자가 많았다. 오직 감히 자기 자신을 믿지 않고 그 스승을 믿었으니, 이렇게 구하여 나중에는 도를 얻은 것이다.

지금 제군들은 나(頤 : 이천 선생)의 말이 합당하지 않다고 해서 버리고 다시는 생각하지 않는구나. 이것은 마침내 공자·맹자의 문인들과 다르게 되는 까닭이다.
 생각해 보지도 않고 버리는 것은 옳지 않다. 다시 한 번 그것을 생각해야 할 것이니 이것이 곧 앎에 이르는 방법이다."
 또 이천 선생이 횡거 선생에게 답하였다.
 "논술(論述)에는 대략 고심(苦心)하고 힘을 다한 흔적이 있으나 너그럽고 온화한 기(氣)가 없다. 예지(睿智)를 밝게 비추어 한 것이 아니고 생각하고 찾아서 이에 이른 것이다. 그러므로 뜻에는 자주 편견이 있고 말에는 막히는 데가 많으며, 약간 들쭉날쭉하는 곳이 때로는 있다. 다시 원하건대 사려(思慮)하는 것을 완전히 길러 의리(義理)에 몰입(沒入)한다면 어느날 저절로 이치에 통달하게 될 것이다."
 또 성현(聖賢)과 범인(凡人)의 학문하는 차이를 말하였다.
 "배워서 얻은 것이 있는가 얻지 못하였는가를 알고자 한다면, 마음속으로 느끼는 기운을 시험해 보아야 한다. 생각해 보아 얻은 것이 있고 심중에 기쁘고 비가 흠뻑 내린 것같이 흡족하면 진실로 얻은 것이다. 생각해보아 얻은 것이 있는데 심기가 수고롭고 지쳐있으면 진실로 얻지 못한 것으로 억지로 미루어 헤아렸을 뿐이다.
 일찍이 사람이 있어 말하기를 '도(道)를 배우는데 너무 생각에 빠져 마음이 비었다.'라고 했는데, 사람의 혈기(血氣)에는 본래 허(虛)와 실(實)이 있어 질병이 오는 것은 성현(聖賢)도 면하지 못하는 것이다. 그러나 예로부터 성현이 배움으로 인하여 마음에 병이 들었다는 말은 아직 들어보지 못하였다."
 또 배움에는 그 근본 이치를 궁구해야 한다고 말하였다.
 "오늘날 잡된 귀신을 믿고 괴상한 말들을 믿는 자는 다만 먼저 참된 이치를 밝히지 못하였기 때문이다. 만약 사물에 있는 그 하나하나의 이치를 다 규명한다면 언제 끝이 나겠는가. 모름지기 배움의 이치를 잘 규명하여 알아야 할 것이다."
 또한 "학문은 사려(思慮 : 총명(聰明)을 계발시킨다.)에 근원을 둔다."라고 말하였다.

또 성인의 학문은 오랜 사색에서 스스로 깨달은 것이라고 말하였다.

"이른바 해와 달에 이른다는 것과 오래도록 쉬지 않는다는 것을 보면 그 규모가 비록 대략 서로 비슷하다 할지라도 그 의미와 기상은 크게 다르다.

모름지기 마음을 차분히 가라앉히고 안으로 살피어 공부하며 사색하여 찾기를 꾸준히 하면 모든 것은 스스로 얻어지는 것이니, 배우는 자는 성인을 배우지 않으려면 그만두고 그것을 배우고자 하면 모름지기 성인의 기상을 완전히 완미(玩味)해야 한다. 다만 명성만을 얻는 이치를 이해하는 것은 옳지 않다. 그것은 다만 문자(文字)만을 강론하는 것과 같을 뿐이다."

伊川先生答朱長文書曰 心通乎道 然後能辨是非 如持權衡以較輕重 孟子所謂知言[1]是也 心不通於道而較古人之是非 猶不持權衡而酌輕重 竭其目力 勞其心智 雖使時中 亦古人所謂億則屢中[2] 君子不貴也

伊川先生答門人曰 孔孟之門豈皆賢哲 固多衆人[3] 以衆人觀聖賢 弗識者多矣 惟其不敢信己而信其師 是故求而後得 今諸君於頤言纔不合則置不復思 所以終異也[4] 不可便放下 更且思之 致知之方也

伊川先生答橫渠先生曰 所論大槪 有苦心極力之象 而無寬裕溫厚之氣 非明睿所照 而考索[5]至此 故意屢偏而言多窒 小出入時有之 更願完養思慮 涵泳[6]義理 他日自當條暢

欲知得與不得 於心氣上驗之 思慮有得 中心悅豫 沛然[7]有裕者 實得也 思慮有得 心氣勞耗者 實未得也 強揣度耳 嘗有人言 比因學道 思慮心虛 曰 人之血氣固有虛實 疾病之來 聖賢所不免 然未聞自古聖賢 因學而致心疾者

今日雜信鬼怪異說[8]者 只是不先燭理 若於事上一一理會 則有甚[9] 盡期須只於學上理會

學原於思

所謂日月至焉 與久而不息者所見 規模雖略相似 其意味氣象迥別

제3권 사물의 이치를 연구하는 방법 111

須潛心默識¹⁰⁾ 玩索久之 庶幾自得 學者不學聖人則已 欲學之須熟
玩味聖人之氣象 不可只於名上理會 如此只是講論文字

1) 知言(지언) : 말을 안다. 그 이치를 구명하여 안다는 것. '맹자(孟子)' 공손
   추장(公孫丑章)에 있는 말.
2) 億則屢中(억측루중) : 억측이 자주 맞는다. '논어(論語)' 선진편(先進篇)
   에 있는 말.
3) 衆人(중인) : 평범한 무리. 세상에서 일반적으로 볼 수 있는 평범한 사람들.
4) 所以終異也(소이종이야) : 마침내는 다르게 되는 바다. 공자·맹자의 문인들
   과는 다르게 도를 얻지 못하는 까닭.
5) 考索(고색) : 생각하고 찾음. 천착고구(穿鑿考究).
6) 涵泳(함영) : 헤엄치는 것을 말하는 것인데 몰입(沒入)됨을 뜻한다.
7) 沛然(패연) : 비가 흡족하게 내리는 모양. 감동하는 모양.
8) 鬼怪異說(귀괴이설) : 불교(佛敎)나 도교(道敎)같은 모든 이단(異端)의 신
   앙적인 설(說).
9) 甚(심) : 어찌. 하(何)와 같은 뜻.
10) 默識(묵식) : 안으로 살피어 공부함.

2. 사물의 이치를 궁구하는 법

누가 묻기를 충실되고 믿음직함은 덕(德)으로 나아가는 일로
써 진실로 힘써 나갈 수 있으나 지(知)에 이르기는 매우 어렵다
고 하니, 이천 선생이 말하였다.

"배우는 자는 진실로 마땅히 힘써야 한다. 그러나 모름지기 완
전히 알고 나서 올바르게 행함을 얻을 것이다. 만약 알지 못하고
다만 요(堯)임금을 얼핏 보아 그의 행한 일을 배울 수는 있다. 그
러나 요임금과 같이 뛰어난 총명과 예지(睿智)가 없다면 어떻게
그의 행동과 용모와 일을 함에 있어 예(禮)에 맞는 것과 같이 할
수 있겠는가.

그대가 말한 바와 같이 믿음을 돈독하게 하여 그것을 굳게 지
키는 것이지 본래부터 가지고 있는 것은 아니다. 아직 지(知)에

이르지 못하고 뜻을 정성스럽게 하고자 하는 것은 순서가 틀린 것이다. 그러니 힘써 행하여도 어찌 능히 오래 갈 수 있겠는가.

 오직 이(理)를 밝히어 비춘다면 자연히 이에 따르는 것이 즐거워진다. 성(性)은 본래 선(善)하여 이를 따라 행하게 되니 이를 좇는 일은 본래 또한 어렵지 않은 일이다. 다만 사람이 알지 못하고 억지로 안배(安排)하려 하기 때문에 어렵다고 말하는 것이다.

 지(知)에는 많고 적음의 차등이 있고, 깊고 얕음의 차이가 있다. 배우는 자는 모름지기 진(眞)을 아는 데 도달해야 할 것이니, 비로소 옳은 것의 앎을 얻을 것이다. 이것이야말로 태연히 행하여 나아가게 되는 것이다.

 내 나이 20에 경전의 뜻을 해석한 것이 오늘과 다름이 없다. 그러나 생각해 보면 오늘 깨달은 의미와 어렸을 때 얻은 의미는 스스로 다름이 있다."

 또 격물치지(格物致知)에 대하여 다음과 같이 말하였다.

 "무릇 한 가지 물건에는 한 가지 이치가 있는 것이니 모름지기 그 이치를 궁구해 내야 한다. 이치를 궁구하는 데는 또한 여러 실마리가 있다.

 혹은 글을 읽어 의리(義理)를 밝혀 내기도 하고, 혹은 고금(古今)의 인물을 논하여 그 옳고 그름을 분별해 내기도 하고, 혹은 사물을 직접 대면하여 그 마땅함을 처리하기도 한다. 이와 같은 것들은 다 이치를 궁구하는 방법이다."

 이 말에 대하여 어떤 사람이 묻기를

 "격물(格物)이란 하나하나의 물(物)의 이치를 궁구하는 것입니까, 아니면 한 가지 사물의 이치를 궁구하여 알아서 만 가지 일을 다 미루어 안다는 것입니까?"

하니, 이천 선생이 대답하였다.

 "어떻게 전체를 관통함을 얻을 수 있겠는가. 한 가지 사물의 이치를 궁구하여 모든 이치에 통달할 수 있다는 말은 비록 안자(顔子)라 하더라도 역시 감히 그렇게는 말하지 않았다.

 모름지기 오늘 한 가지 일을 궁구하고, 내일 또 한 가지 일을 궁구하여 거듭 쌓아서 이미 많아진 연후에 스스로 모든 일을 관통하게 되는 것이다."
또 이치의 관통을 말하였다.
"생각하는 것을 예(睿)라고 하는데, 사려(思慮)를 오래 한 뒤에 예(睿)는 저절로 생겨난다. 만약 한 가지 일을 생각하여 이치를 얻지 못하면 또 다른 한 가지 일로 바꾸어 그것을 생각하라. 오로지 한 가지 일만을 지키는 것은 옳지 않다. 대개 사람의 지식은 이러한 곳에 가려져 비록 힘써 생각하더라도 또한 통하지 못한다."
누가 묻기를
"배움에 뜻이 있으나 지식이 가려져 어둡고 고루(固陋)하여 역량(力量)이 이르지 못하면 어찌해야 합니까?"
하니, 이천 선생이 대답하였다.
"오직 치지(致知)만이 있을 뿐이다. 만약 지식이 밝아진다면 역량은 저절로 전진할 것이다."
또 누가 묻기를
"물(物)을 보고 자기를 살핀다는 것은, 물을 보는 것으로 말미암아 돌아와 그것을 자기 몸으로부터 구한다는 것이 아닙니까?"
하니, 이천 선생이 대답하기를
"반드시 그와 같은 말은 아니다. 물(物)과 나는 각각 하나의 다른 이치이니 저 물(物)을 밝히면 곧 내가 밝아진다. 그것은 안과 밖의 도(道)가 합해 있다는 것이다."
라고 만물의 이치는 곧 내 몸과 마음에 있다는 것을 말하였다.
또 묻기를
"지(知)에 이르는 것을 먼저 사단(四端)에서 구하면 어떻겠습니까?"
하니, 이천 선생이 대답하였다.
"정(情)과 성(性)에서 그것을 구하는 것은 진실로 몸에 가장 절실한 것이다. 그러나 풀 한 포기, 나무 한 그루에도 다 이치가 있으니 모름지기 그것을 살펴야 한다."

問忠信進德之事¹⁾ 固可勉强 然致知²⁾甚難 伊川先生曰 學者固當
勉强 然須是知了方行得 若不知 只是戲却堯 學他行事 無堯許多聰
明睿知 怎³⁾生得如他動容周旋⁴⁾中禮 如子所言 是篤信而固守之 非
固有⁵⁾之也 未致知便欲誠意 是躐等也 勉强行者 安能持久 除非燭
理明 自然樂循理 性本善 循理而行 是順理事 本亦不難 但爲人不
知 旋安排著 便道難也 知有多少般數 煞有深淺 學者須是眞知 纔
知得是 便泰然行將去也 某⁶⁾年二十時 解釋經義 與今無異 然思今
日 覺得意味與少時自別

凡一物上有一理 須是窮致其理 窮理亦多端⁷⁾ 或讀書講明義理 或
論古今人物別其是非 或應接事物而處其當 皆窮理也 或問 格物須
物物格之 還只格一物而萬理皆知 曰怎得便會貫通⁸⁾ 若只格一物⁹⁾
便通衆理 雖顏子亦不敢如此道 須是今日格一件 明日又格一件 積
習旣多 然後脫然自有貫通處

思曰睿¹⁰⁾ 思慮久後睿自然生 若於一事上思未得 且別換一事思之
不可專守著這一事 蓋人之知識於這裏¹¹⁾蔽著 雖强思亦不通也

問人有志於學 然知識蔽固¹²⁾ 力量不至則如之何 曰 只是致知 若
智識明則力量自進

問觀物察己¹³⁾ 還因見物反求諸身否 曰 不必如此說 物我一理 纔
明彼卽曉此 此合內外之道也 又問致知先求之四端¹⁴⁾何如 曰 求之
情性¹⁵⁾ 固是切於身 然一草一木皆有理 須是察

1) 忠信進德之事(충신진덕지사) : 충실과 믿음은 덕으로 나아가는 일. '주역
(周易)' 건괘 문언전(乾卦文言傳)에 있는 말.
2) 致知(치지) : 앎에 이르다. '대학(大學)'에 있는 말.
3) 怎(즘) : 어찌. 하(何)와 같은 뜻.
4) 周旋(주선) : 일이 잘 되도록 마련함.
5) 固有(고유) : 우리 마음속에 있는 것. 조용히 자득(自得)함.
6) 某(모) : 이천 선생 자신을 말함.
7) 多端(다단) : 여러 갈래. 곧 여러 가지 방법이 있다는 뜻.
8) 貫通(관통) : 모든 사물의 이치를 꿰뚫어 통함. 깨달음. 자득(自得)의 뜻으

로 쓰였음.
9) 格一物(격일물) : 한 가지 사물의 이치를 궁구하여 앎. 격(格)은 지(至)와 같은 뜻.
10) 睿(예) : 미묘한 이치에 통하는 밝은 사려(思慮).
11) 這裏(자리) : 여기에. 이 안에.
12) 知識蔽固(지식폐고) : 지식이 가려져 밝게 나올 수 없는 것.
13) 觀物察己(관물찰기) : 물(物)의 이치를 보아 자기를 관찰함. 기(己)는 본(本), 물(物)은 말(末)이다. 말(末)을 보아 본(本)인 내 몸에 돌려 이치를 찾는 것을 치지(致知)라고 본 것임.
14) 四端(사단) : 측은지심(惻隱之心) 인지단(仁之端), 수오지심(羞惡之心) 의지단(義之端), 사양지심(辭讓之心) 예지단(禮之端), 시비지심(是非之心) 지지단(智之端)으로 맹자에 나오는 말. 곧 인간이 가지고 있는 성정에서 우러나오는 감정의 표현.
15) 情性(정성) : 사단(四端)을 이르는 말.

3. 가까이 생각하는 것은…

이천 선생은 사려(思慮)는 오래할수록 명쾌해지는 것이라고 말하였다.

"생각하는 것을 예(睿)라고 한다. 예는 성(聖)을 만든다. 치사(致事)라는 것은 우물을 파는 것과 같아서 처음에는 흐린 물이 나오지만 오랜 뒤에는 점차로 맑은 물이 솟아 나온다. 이와 같이 사려(思慮)도 처음에는 다 혼탁하지만 오래되면 스스로 명쾌해진다."

또 누가 묻기를

"어떻게 하는 것이 가까이 생각하는 것(近思)입니까?"

하니, 이천 선생이 대답하였다.

"가까운 것으로부터 미루어 생각하는 것이다."

또 배우는 자의 자세를 말하였다.

"배우는 자는 먼저 의문을 풀어나가는 것이 중요하다."

思曰睿¹⁾ 睿作聖 致思²⁾如掘井 初有渾水 久後稍引動得淸者出來 人思慮 始皆溷濁 久自明快
問 何如是近思 曰 以類而推³⁾
學者先要會疑

1) 睿(예) : 사려(思慮)가 지극하여 모든 이치가 통하게 되는 경지.
2) 致思(치사) : 생각을 지극한 데까지 미루어 나가는 일.
3) 以類而推(이류이추) : 가까운 것들로부터 조리있게 생각하여 먼 데까지 넓혀 나가는 일.

4. 열심히 배우면 괴물이나 귀신도 물리칠 수 있다

횡거 선생은 범손지(范巽之)의 물음에 답하여 말하였다.

"방문하여 물은 바 있는 물괴신간(物怪神姦)은 설명하기 어렵지 않으나 설명을 한다 하더라도 반드시 믿지 않을 것이다. 맹자가 말한 바 '성(性)을 알면 천(天)을 안다'는 것은, 배워서 하늘을 알기에 이른다는 것이다. 그렇게 되면 만물이 어떻게 해서 되었는지 그 근본부터 자연히 이해가 될 것이다. 마땅히 만물이 생성하는 근원을 알면 괴물(怪物)이 존재하는지 존재하지 않는지를 마음속으로 깨달을 수 있는 것이지 설명을 기다린 뒤에야 알 수 있는 것이 아니다. 또한 옛 성인들이 말한 것을 잊지 않고 잘 지키며 이단(異端)의 설(說)을 겁내지 않고 배움에만 힘써 나간다면 괴물이 무엇이라는 것을 판별하게 된다. 이단을 반드시 공격하지 않아도 1년이 지나지 않아 정도(正道)인 유학(儒學)이 이길 것이다.

만약 모든 사물의 이치를 궁구함이 없고 알 수 없는 것도 있을 것이라고 자위하고 그냥 덧붙여 둔다면 이단의 설로 인하여 배움에 의문이 생기고, 자연히 생긴 물건의 괴이한 것과 귀신의 간사한 것으로 해서 지혜는 혼미하게 된다. 또 이단사설(異端邪說)과 자주 접하므로 그것이 빽빽하게 가슴속에 차게 된다.

그런 연후엔 유학의 바른 길을 지킬 수 없게 되어 괴망(怪妄)한 가운데로 빠져드는 것은 필연(必然)의 일이다."
또 성(性)과 천도(天道)에 대하여 말하였다.
"자공(子貢)이 말하기를 '선생님(孔子)께서 성(性)과 하늘과 도(道)에 대하여 특별히 말씀하신 것은 얻어 들을 수 없었고 다만 선생님께서 일상생활에 늘 하셨던 말씀을 참고했을 뿐이다.' 하였다. 성문(聖門 : 孔子의 문하)의 학자들도 인(仁)으로써 자기의 임무를 삼았을 뿐이다. 이것은 구차하게 얻어서 아는 데 있지 않고 평소에 듣는 것으로 확실한 깨달음을 얻은 데 있다. 그러므로 이런 말이 있게 된 것이다."

橫渠先生答范巽之曰 所訪物怪神姦[1] 此非難語 顧語未必信耳 孟子所論 知性知天 學至於知天 則物所從出 當源源自見 知所從出 則物之當有當無 莫不心喩 亦不待語而後知 諸公[2]所論 但守之不失不爲異端[3]所劫 進進不已 則物怪不須辨 異端不必攻 不逾朞年[4] 吾道勝矣 若欲委之無窮 付之以不可知 則學爲疑撓 智爲物昏 交來無間 卒無以自存 而溺於怪妄必矣
子貢謂夫子[5]之言性與天道[6] 不可得而聞 旣言夫子之言 則是居常語之矣 聖門[7]學者 以仁爲己任 不以苟知爲得 必以了悟[8]爲聞 因有是說

1) 物怪神姦(물괴신간) : 자연물의 괴이(怪異)와 귀신의 간사(姦邪)함.
2) 諸公(제공) : 공자나 맹자와 같은 성인을 말함.
3) 異端(이단) : 여기서는 불교와 도교(道敎)를 말함.
4) 朞年(기년) : 1주년(一週年). 1년. 기(朞)는 기(期)와 같음.
5) 夫子(부자) : 선생님. 학식과 덕행(德行)이 높아 모든 사람의 스승이 될 만한 사람에 대한 경칭. 여기서는 공자(孔子)를 가리킴.
6) 夫子之言性與天道(부자지언성여천도) : 선생님께서 성과 천도에 대하여 말씀하시다. '논어(論語)' 공야장편(公冶長篇)에 있는 말.
7) 聖門(성문) : 성인의 문하. 곧 공자의 문하(門下).
8) 了悟(요오) : 확실하게 알아 깨달으려 하는 마음.

5. 마음은 순수하게 가져야 한다

횡거 선생은 의리(義理)의 학문을 연구하는 방법에 대해 말하였다.

"의리의 학문은 모름지기 깊이 잠겨 방정(方正)하게 하는 데에서 이루어진다. 얕고 쉽고 가볍고 들뜬 상태에서는 이룰 수가 없다."

또 마음이 순수해야 성인의 경지에 이른다고 말하였다.

"배우는 데 있어 사리를 추구할 수 없는 것은 다만 마음이 순수하지 못하기 때문이다. 안자(顏子) 같은 이도 성인의 경지에 이르지 못하였던 것은 오히려 그 마음이 순수하지 못했기 때문이다."

또 마음의 형통(亨通)을 얻으려면 많은 시련(試鍊)을 겪어야 한다고 말하였다.

"학문을 널리 배운 자는 험난하고 어려운 역경을 겪은 뒤에야 마음에 형통함을 얻는다. 대개 사람은 험난하고 모진 고초를 체험한 연후라야 그 마음이 형통해지는 것이다."

義理之學 亦須深沈方有造 非淺易輕浮之可得也
學不能推究事理 只是心麤[1] 至如顏子 未至於聖人處 猶是心麤
博學於文者 只要得習坎[2]心亨 蓋人經歷險阻艱難 然後其心亨通

1) 麤(추) : 성기다. 추하다. 조(粗)와 같은 뜻.
2) 坎(감) : 험난하고 어려운 고비. 험저간난(險阻艱難).

6. 옛 경전을 읽는 방법

횡거 선생은 자신의 발전을 위해 토론하고 강론해야 한다고 말하였다.

"의리(義理)에 의문이 있으면 옛 생각을 씻어버리고 새로운 뜻을 가져야 한다. 마음속에 깨달은 바가 있으면 곧 적어두어야 한다. 생각하지 않으면 마음이 막히게 된다. 또한 모름지기 친구의 도움을 얻어 하루 동안 벗과 토론하면 하루 동안 의사의 차별이 생기니, 모름지기 날로 이와 같이 하여 강론이 오래되면 스스로 깨닫고 진보한다."
 또 경서(經書)를 읽는 방법을 다음과 같이 말하였다.
 "무릇 사물의 이치를 생각하다가 이해할 수 없는 곳에 이르면 처음부터 다시 깊이 생각하고 분별을 밝혀야 한다. 이것이 참다운 배움이 되는 것이다. 고자(告子)와 같은 이는 말할 수 없는 곳에 이르러서는 드디어 그만두고 다시 구하지 않았다."

 義理有疑 則濯去舊見 以來新意 心中有所開 卽便箚記[1] 不思則還塞之矣 更須得朋友之助 一日間朋友論著 則一日間意思差別 須日日如此 講論久則自覺進也
 人致思到說不得處 始復審思明辨 乃爲善學也 若告子[2]則到說不得處 便已 更不復求

1) 箚記(차기) : 기록한다는 뜻.
2) 告子(고자) : 중국 전국 시대 사람으로 고(告)는 성이요, 이름은 불해(不害). 사람의 성품은 본래 착하지도 악하지도 않다는 설을 주장한 사람.

7. 독서를 하는 방법
 이천 선생이 독서의 방법을 말하였다.
 "무릇 문자(文字)를 보는 데는 먼저 모름지기 그 글의 뜻을 깨닫고, 그러한 뒤에 그 글에 담긴 내용을 구할 수가 있다. 아직 글의 뜻을 깨닫지 못하고는 글 속에 담긴 내용을 알지 못한다."
 또 '6경(六經)'을 읽는 방법을 다음과 같이 말하였다.
 "배우는 자는 스스로 배워 얻어야 한다. 6경(六經)은 넓고도 큰 뜻을 지닌 책으로 잠깐 동안에 그 뜻을 다 깨닫기가 어렵다. 먼저 배우는 방법을 찾은 다음에 각자가 하나의 체계를 세운 다음 안정된 마음으로 돌아가야 한다. 그런 후에 6경의 내용을 찾으면 얻을 수 있다."

또 배우는 데에는 먼저 그 이치를 알아야 한다고 말하였다.

"무릇 문자를 해독하는 데는 다만 그 마음을 편안히 가지고 스스로 이치를 찾아야 한다. 이치는 곧 사람의 이치로 퍽 분명하여 한 가닥의 평탄한 길과 같다.

'시경(詩經)'에 이르기를 '주(周)나라의 길은 숫돌과 같고, 그 곧음은 화살과 같다.'고 했는데, 이를 두고 이른 말이다.

어떤 사람은 말하기를 '성인의 말은 얕고 가깝게 보기가 두렵다.'고 하였다. 또 말하기를, '성인의 말은 스스로 비근한 곳도 있고, 스스로 심원한 곳도 있다.'고 하였다. 비근한 말 같은 것으로 어떻게 힘써 천착(穿鑿)하여 심원한 뜻을 배워 얻을 수 있겠는가.

양자(揚子)가 말하기를 '성인의 말은 멀기가 하늘과 같고, 현인(賢人)의 말은 가깝기가 땅과 같다.'라고 하였다. 나 이(頤)는 이것을 고쳐 '성인의 말은 그 멀기가 하늘과 같고, 그 가깝기가 땅과 같다.'라고 말하고자 한다."

또 글을 배우는 데에는 전체의 내용을 바르게 알아야 한다고 말하였다.

"배우는 자는 문자의 뜻에 거리낌이 없으면 전체의 뜻이 어긋나서 멀어지고, 문자의 뜻만을 이해하려고 하면 또한 전체의 뜻이 막히어서 통할 수 없다. 이것은 자탁유자(子濯孺子)가 장군으로 있을 때의 일과 같다.

맹자는 다만 스승에게 '배반하지 않았다.'는 그 뜻만을 취한 것인데 사람들은 이것을 가지고 임금을 섬기는 일을 어찌 이렇게 할 수 있느냐고들 한다. 또한 만장(萬章)이 물었던 순(舜)임금이 창고를 고치기 위해 지붕에 올라간 일이나 우물을 팠었던 일에 대해 맹자는 다만 그에게 큰 뜻만을 대답했을 뿐인데 사람들은 모름지기 우물 속에 파묻혔는데 어떻게 나올 수 있었는가를 알려고 하며, 지붕 위에서 사다리도 없이 어떻게 내려올 수 있었는가를 알려고 한다. 이와 같은 배움은 헛되이 심력(心力)을 허비하는 것이다."

또 전체 문의(文義)에 잘못이 없어야 한다고 말하였다.
"무릇 책을 읽는 데 서로 비슷한 것으로 그 글의 내용에 빠지지 않아야 한다. 그렇지 않으면 글자마다의 대강대강의 뜻을 보고 그 글의 아래 위의 뜻을 통해 보아야 한다. 그러므로 충실한 것을 아름답다고 하는 것과 시(詩)에서 아름답다고 하는 것과는 서로 같지 않다."

伊川先生曰 凡看文字 先須曉其文義 然後可求其意 未有文義不曉而見意者也
學者要自得 六經[1]浩渺[2] 乍來難盡曉 且見得路徑後 各自立得一箇門庭[3] 歸而求之可矣
凡解文字 但易其心自見理 理只是人理 甚分明 如一條平坦底[4]道路 詩曰 周道如砥 其直如矢 此之謂也 或曰 聖人之言 恐不可以淺近看他 曰 聖人之言 自有近處 自有深遠處 如近處 怎生强要鑿敎深遠得 揚子[5]曰 聖人之言遠如天 賢人之言近如地 頤與改之曰 聖人之言 其遠如天 其近如地
學者不泥文義者 又全背却遠去 理會文義者 又滯泥不通 如子濯孺子[6]爲將之事[7] 孟子只取其不背師之意 人須就上面理會事君之道如何也 又如萬章[8]問舜完廩浚井事[9] 孟子只答他大意 人須要理會浚井如何出得來 完廩又怎生下得來 若此之學 徒費心力
凡觀書 不可以相類泥其義 不爾 則字字相梗[10] 當觀其文勢上下之意 如充實之謂美[11] 與詩之美不同

1) 六經(육경) : 유학(儒學)의 경전인 주역(周易)·서경(書經)·시경(詩經)·춘추(春秋)·예기(禮記)·악기(樂記).
2) 浩渺(호묘) : 깊고 넓음.
3) 門庭(문정) : 대강의 규모.
4) 底(저) : 적(的)과 같음.
5) 揚子(양자) : 성은 양(揚). 이름은 웅(雄). 한(漢)나라 때 사람으로, 한나라를 빼앗은 왕망(王莽)을 도왔으므로 주희(朱熹)의 지탄을 받았음.
6) 子濯孺子(자탁유자) : 중국 전국 시대 정(鄭)나라의 장군.

7) 子濯孺子爲將之事(자탁유자위장지사) : 자탁유자가 장군으로 있을 때의 일. '맹자' 이루장(離婁章)에 있는 이야기. 정나라 장수인 자탁유자(子濯孺子)가 위(衛)나라를 치다가 쫓기었다. 쫓기면서 추격해 오는 장수가 누구냐고 물으니 유공지사(庾公之斯)라고 하였다. 이에 자탁유자는 마음을 놓았다. 까닭은 유공지사는 궁술(弓術)을 윤공지타(尹公之他)에게 배웠고, 윤공지타는 자탁유자에게 배웠으므로 자탁유자는 유공지사의 스승의 스승이었다. 유공지사는 과연 자탁유자를 공격하지 않았다는 고사를 이르는 말.
8) 萬章(만장) : 맹자의 제자.
9) 舜完廩浚井事(순완름준정사) : 순임금이 창고를 고치고 우물을 팠던 일. '맹자' 만장장(萬章章)에 있는 말.
10) 梗(경) : 대강. 경개(梗槪).
11) 如充實之謂美(여충실지위미) : 충실(充實)의 미(美)는 덕(德)의 미요, 시(詩)의 미는 용모의 미를 이르는 말.

8. 주역을 배우는 방법
누가 묻기를
"영중(瑩中)은 일찍이 문중자(文中子)를 즐겨 읽었는데, 어떤 사람이 문중자에게 주역 배우는 것을 물었습니다. 이에 대하여 훈중자가 답하기를 '온종일 힘써 게으르지 않도록 해야 한다.' 라고 했습니다. 이 말은 주역의 뜻에 가장 알맞은 것입니다. 문왕(文王)이 성인이 된 까닭도 또한 이렇게 해 마지 않았기 때문이 아니겠습니까."
하니, 이천 선생이 대답하였다.
"무릇 경(經)의 뜻을 설명하는 데는 다만 한 구절 한 구절을 따라 추구해 가면 경의 뜻을 다 알 수 있을 것이다. 대저 종일건건(終日乾乾)이라는 한 구절은 주역의 대의를 다 말한 것은 아니고, 이 한 구절에 의거하면 다만 건괘구삼(乾卦九三)의 효사(爻辭)로 보는 것이 옳다.
건건(乾乾)이란 끊이지 않음을 말하는 것으로 끊이지 않음이 또한 이 도(道)이며 점차로 추구해 나가면 자연히 뜻을 다 알 수 있다. 다만 여기서 말하는 종일건건(終日乾乾)의 이치는 이와 같은 것은 아니다."

또 무궁전변(無窮轉變)하는 도(道)의 이치를 스스로 얻어야 한다고 말하기를

"공자께서 시냇가에서 '가는 것이 이와 같구나.' 하시었으니, 도의 체(體)가 그와 같음을 말씀하신 것이다. 이 가운데에서 모름지기 도의 이치를 스스로 깨달아야 한다."
라고 하니, 장역(張繹)이 말하였다.

"이 말씀은 곧 도의 체가 무궁함을 말한 것이다."
또 이천 선생이 말하였다.

"진실로 무궁이라고 말할 수 있으나 어찌 하나의 무궁으로 해서 도의 본체(本體)를 알았다고 말하겠는가."

問瑩中[1] 嘗愛文中子[2] 或問學易 子曰 終日乾乾可也 此語最盡 文王[3]所以聖 亦只是箇不已 先生曰 凡說經義 如只管節節推上去 可知是盡 夫終日乾乾[4] 未盡得易 據此一句 只做得九三[5] 使 若謂乾乾是不已 不已又是道 漸漸推去 自然是盡 只是理不如此

子在川上曰 逝者如斯夫[6] 言道之體如此 這裏須是自見得 張繹[7]曰 此便是無窮 先生曰 固是道無窮 然怎生一箇無窮 便道了得他[8]

1) 瑩中(영중) : 송(宋)나라 때 사람으로 성은 진(陳), 이름은 관(瓘), 영중(瑩中)은 그의 자. 송나라 신종(神宗) 때 진사(進士)를 지냈음.
2) 文中子(문중자) : 수(隋)나라 말기의 왕통(王通)을 일컫는 말. 또는 그의 저서(著書)의 명칭.
3) 文王(문왕) : 이름은 창(昌)이며 주(周)나라를 일으킨 무왕(武王)의 아버지.
4) 乾乾(건건) : 앞으로 나아가면서 게으름이 없는 것.
5) 九三(구삼) : 주역(周易)의 건괘구삼(乾卦九三)을 뜻함.
6) 逝者如斯夫(서자여사부) : 천지 만물의 변함이 저 흐르는 냇물과 같다는 뜻. '논어(論語)' 자한편(子罕篇)에 있는 말.

7) 張繹(장역) : 이천 선생의 문인(門人). 자는 사숙(思叔).
8) 便道了得他(편도료득타) : 곧 그것을 얻었다고 말하겠는가. 타(他)는 그것. 곧 도의 본체를 가리킴.

9. 시경을 읽으면 자기 판단을 할 수 있다
 이천 선생은 '논어'의 자로편(子路篇)과 양화편(陽貨篇)을 인용하여 '시경' 읽기를 권하였다.
 "오늘날의 사람들은 독서의 방법을 모른다. 비록 '시경(詩經)' 3백 편을 다 외운다 하더라도 그것으로써 행정을 집행하는 데까지 통달하지 못하고, 사신으로서 외교를 하는데 있어서도 사방의 국가에 대하여 자기 판단으로 대응을 못하니, 비록 많이 안다해도 또한 무슨 소용이 있겠는가.
 모름지기 시경을 읽지 않았을 때 행정에 통달하지 못하며 사신으로서 자기 판단으로 대응하지 못한다. 이미 시경을 읽은 다음에 행정에 있어서 통달하며 사신으로서 사방 국가에 자기 판단으로 대응할 수 있다면 비로소 시경을 진실로 읽은 것이다.
 사람으로서 시경의 주남편(周南篇)과 소남편(召南篇)을 읽지 않으면 그것은 바로 벽을 대면하고 서 있는 것과 같다. 모름지기 시경을 읽지 않았을 때는 벽을 앞에 보고 서 있는 것과 같고, 시경을 읽고 난 뒤에는 벽을 앞에 보지 않게 되니, 이것이 바로 시경을 읽은 효험이라 하겠다. 대저 글을 읽는 방법은 바로 이것이다.
 논어(論語)를 읽는 것으로 비유해본다. 예전에 읽기 전에도 한 사람이요 다 읽은 다음에 뒤에 오는 것도 똑같은 한 사람으로 아무런 기질의 변화가 없다면 이것은 논어를 읽지 않은 것과 같다."

 今人不會讀書 如誦詩三百[1] 授之以政不達 使於四方不能專對[2] 雖多亦奚以爲 須是未讀詩時 不達於政 不能專對 旣讀詩後 便達於政 能專對四方 始是讀詩 人而不爲周南召南 其猶正牆面 須是未讀詩時如面牆 到讀了後便不面牆 方是有驗 大抵讀書只此便是法 如

讀論語 舊時未讀 是這箇³⁾人 及讀了 後來又只是這箇人 便是不曾讀也

1) 詩三百(시삼백) : '시경(詩經)'에 수록되어 있는 시(詩) 305편을 이르는 말. 고대 중국 사회에서는 시경을 문학의 서(書)인 동시에 도덕의 서로 생각하였다. 시경은 서경(書經)·역경(易經)과 함께 3경(三經)의 하나.
2) 專對(전대) : 자기 판단에 의해 대응함.
3) 這箇(저개) : 이 한 개. 저일개(這一箇)에서 일(一)이 생략된 것.

10. 경전의 내용해석은 핵심이 같다

이천 선생은 치지법(致知法)을 성현의 치세(治世)에 비유하였다.

"무릇 문자를 본다는 것은 7년, 한 세대, 백 년의 일과 같다. 모두 마땅히 어떻게 이루어지는 것인가를 생각해야 유익함이 있다."
또 경전의 해석은 달라도 내용의 핵심은 같다고 말하였다.
"무릇 경전(經典)을 풀이하는 데 있어 같지 않더라도 해로운 것이 없다. 왜냐하면 긴요한 곳은 같지 않을 수 없기 때문이다."
돈(焞)이 처음에 와서 학문하는 방법을 물으니, 이천 선생은 답하기를

"공이 학문하는 방법을 알고자 한다면 모름지기 글을 읽어야 한다. 글은 반드시 많이 읽어야 하는 것은 아니고 그 글 속에 집약된 뜻을 알아야 한다. 많이 읽되 집약된 뜻을 알지 못한다면 책을 늘어놓고 파는 서사(書肆)에 지나지 않을 뿐이다.
내(頤 : 이천 선생의 이름)가 소년 시절에 글을 읽을 때 많이 읽기를 탐하였더니 이제 와서는 많이 잊어버리고 말았다. 모름지기 성인의 말을 완미(玩味)하여 마음에 넣어 기억한 뒤에 힘써 그것을 행하면 스스로 얻는 바가 있다."라고 하였다.

凡看文字 如七年一世百年之事¹⁾ 皆當思其如何作爲 乃有益
凡解經²⁾不同無害 但緊要處不可不同爾

126 근사록(近思錄)

    焞[3]初到 問爲學之方 先生曰 公要知爲學 須是讀書 書不必多看 要知其約 多看而不知其約 書肆[4]耳頤緣少時讀書貪多 如今多忘了 須是將聖人言語玩味 入心記著 然後力去行之 自有所得

1) 七年一世百年之事(칠년일세백년지사) : '논어(論語)'에 있는 말로, 선인 (善人)은 백성을 교화하는 데 7년이 걸리고, 왕은 인(仁)을 펴는 데 일세(一世)가 걸리며, 선인이 나라를 다스리며 교화하는 데는 백년이 걸린다는 뜻.
2) 經(경) : 유학(儒學)의 경전(經典)인 논어(論語)·맹자(孟子)·중용(中庸)·대학(大學)의 사서(四書)와 시경(詩經)·서경(書經)·역경(易經)·예기(禮記)·춘추(春秋)의 오경(五經) 등을 통틀어 이르는 말.
3) 焞(돈) : 이천 선생의 문인. 성은 윤(尹), 자는 언명(彦名).
4) 書肆(서사) : 서점. 책방.

11. 초학자의 입문서와 논어·맹자의 중요성

  이천 선생은 초학자(初學者)의 입문서(入門書)에 대해 말하였다.
  "처음으로 배우는 자의 덕으로 들어가는 입문서(入門書)로는 대학(大學)만한 것이 없고, 그밖에는 논어(論語)와 맹자(孟子)만한 것이 없다."
  또 먼저 논어(論語)와 맹자(孟子)를 읽어야 한다고 말하였다.
  "배우는 자는 먼저 모름지기 논어와 맹자를 읽어야 한다. 논어와 맹자를 궁구하여 그 이치를 다 얻는다면 스스로 핵심되는 곳을 알게 된다. 또 이것으로써 다른 경전을 보면 매우 힘을 덜 것이다. 논어·맹자는 자, 저울과 비슷하니 이것으로써 사물을 달고 재보면 저절로 길며 짧고 가벼우며 무거운 것을 알 수 있다."
  또 '논어(論語)'를 읽는 방법을 말하였다.
  "논어를 읽는 사람은, 공자께 여러 제자들이 물은 것을 곧 자기가 묻는 것으로 삼고, 성인이 그 물음에 대답한 것을 곧 오늘날 자기가 들은 것으로 삼으면 저절로 얻음이 있을 것이다. 만약에 논어·맹자 속에서 깊이 그 뜻을 구하고 내용을 알 수 있으면 장차 매우 훌륭한 기질을 함양하여 이룰 것이다."
 '논어'・'맹자'의 중요성을 더욱 강조하였다.
 "무릇 논어와 맹자를 읽음에는 모름지기 숙독하여 내용을 완미(玩味)하고, 장차 성인의 말이 자기에게 이르리라고 간절하게 여길 것이요, 한바탕 지나가는 이야기 정도로 여겨서는 안된다. 사람들은 다만 이 두 글을 읽어 얻는 것이 자기에게 이를 것으로 간절하게 여긴다면 몸을 마치도록 유익함이 많을 것이다."
 또 독서의 효용(效用)에 대하여 말하였다.
 "논어를 다 읽은 다음에 전혀 아무 일도 없는 사람이 있고, 다 읽은 뒤 그중에서 한 두 구절을 얻고 기뻐하는 사람이 있다. 다 읽은 다음에 좋은 것을 아는 사람이 있고, 다 읽은 다음에 알지 못하는 사이에 손과 발을 움직여 춤추는 사람이 있다."
 또 '논어'・'맹자'가 6경(六經)의 근본임을 말하였다.
 "배우는 자는 마땅히 논어와 맹자를 근본으로 삼아야 한다. 논어와 맹자를 이미 완전히 이해하면 6경(六經)은 힘들이지 않고도 밝게 알 수 있는 것이다.
 글을 읽는 자는 마땅히 성인이 경전(經典)을 지은 까닭, 성인이 마음쓰는 까닭과, 성인이 성인으로 이르는 까닭, 내가 이르지 못하는 까닭과, 내가 아직 얻지 못하는 까닭 등을 살펴보아야 한다. 한 구절 한 구절에서 그것을 구하고, 낮에는 읽어서 외고 완미(玩味)하며, 밤에는 그것을 깊이 생각한다. 그리하여 그 마음을 편안히 가지고 그 기질을 바꾸며 그 의심나는 것을 없애면 성인의 뜻한 것을 알게 될 것이다."
 또 '논어'・'맹자'에서 도(道)를 구하여야 한다고 말하였다.
 "논어와 맹자를 읽고도 도를 모른다면 비록 많이 읽었다 하더라도 또한 무슨 소용이 있겠는가."
 또 말하였다.
 "논어와 맹자를 충분히 숙독하면 그 뜻을 스스로 충분히 이해할 것이다. 배우는 자는 모름지기 완미하여야 한다. 만약 말의 주석이나 하는 것으로는 모든 뜻을 아는 데 부족하다. 내가 처음으로 이 두 책의 문자를 주석하였는데 생각해 보니 두 책의 본지(本旨)는 포괄할 수 없었다. 다만 약간이나마 선유(先儒)들이 전에 해놓은 주해 중에서 잘못된 곳이 있으면 그것을 바로잡으려고 했을 뿐이다."

또한 누가 묻기를

"장차 논어·맹자의 긴요한 곳만을 가려 읽으면 어떻겠습니까?"

하니, 이천 선생이 대답하였다.

"진실로 좋은 말이다. 그러나 만약 얻는 것이 있어도 마침내 속까지 젖어들지는 못한다. 대개 우리의 도(道)는 불교에서와 같이 한 번 보아 깨닫고는 공적(空寂)을 따라가는 것과는 같지 않다." 라고 하였다.

初學入德之門無如大學 其他莫如語孟[1]
學者先須讀論孟 窮得語孟 自有要約處 以此觀他經 甚省力 語孟如丈尺權衡[2]相似 以此去量度事物 自然見得長短輕重
讀論語者 但將諸弟子問處 便作己問 將聖人答處 便作今日耳聞 自然有得 若能於論孟中深求玩味 將來涵養成甚生氣質
凡看語孟 且須熟玩味 將聖人之言語切己[3]不可只作一場話說 人只看得此二書[4]切己 終身儘多也
論語有讀了後全無事者 有讀了後其中得一兩句喜者 有讀了後知好之者 有讀了後不知手之舞之足之蹈之者
學者當以論語孟子爲本 論語孟子既治 則六經可不明而治矣 讀書者當觀聖人所以作經之意 與聖人所以用心 與聖人所以至聖人 而吾之所以未至者 所以未得者 句句而求之 晝誦而味之 中夜而思之 平其心 易其氣 闕其疑 則聖人之意見矣
讀論語孟子而不知道 所謂雖多亦奚以爲[5]
論語孟子只剩讀著 便自意足 學者須是玩味 若以語言解著 意便不足 某始作二書文字[6] 既而思之又似剩 只有些先儒錯會處 却待與整理過

問且將語孟緊要處看 如何 伊川曰 固是好 然若有得 終不浹洽 蓋
吾道非如釋氏⁷⁾ 一見了便從空寂⁸⁾去

1) 語孟(어맹) : 4서 가운데 '논어(論語)'와 '맹자(孟子)'를 말한다.
2) 丈尺權衡(장척권형) : 길이를 재는 자와 무게를 다는 저울.
3) 切己(절기) : 자기에게 이르기를 간절하게 바란다.
4) 二書(이서) : '논어(論語)'와 '맹자(孟子)'의 두 서(書).
5) 雖多亦奚以爲(수다역해이위) : '논어(論語)' 자로편(子路篇)에 있는 말로
   비록 많아도 소용이 없다는 말.
6) 某始作此二書文字(모시작차이서문자) : 이천 선생 자신이 논어·맹자의 두
   서를 주석했던 사실을 말함.
7) 釋氏(석씨) : 석가(釋迦). 곧 불교(佛敎)를 이르는 말.
8) 空寂(공적) : 만물은 모두 실체(實體)가 없고 상주(常住)가 없다는 불교의
   용어. 공공적적(空空寂寂).

12. 시경을 읽고 주의하여야 할 사항

이천 선생은 시(詩)와 도덕을 말하였다.
"시에 흥취를 나타내는 것은 사람의 성정(性情)을 담아 읊조리고 영탄했기 때문이다. 그러므로 마음이 감동되어 도덕 가운데서 즐겨 춤추게 된다. 공자가 시에 감탄하여 '나도 점(點=曾點 : 증자의 父)과 같이 하고 싶다'고 말한 기상이 있었다."

사현도(謝顯道)가 이르기를
"명도(明道) 선생은 즐겨 시(詩)를 말하였다. 그는 시의 장구(章句) 하나하나를 설명하고 군소리를 하지 않았다. 다만 우유(優游)하게 감상하고 읊조리기를 높고 또 낮게 해서 사람으로 하여금 느낌을 얻게 하였다.
'저 해와 달을 바라보면
끊임없는 나의 생각이네.
길은 멀고 먼데

그 임은 언제 오시려나!
나의 생각 간절하네' 하시고
또 말씀하시기를
'여러 군자들이여!
덕행(정)은 어이 모르는고
남을 해하지 않고 구하지 않으면
무슨 일인들 안되리오
모든 것은 바른 데로 돌아가리라' 하시었다."라고 하였다.
또 이르기를
"백순(伯淳)은 늘 시를 말할 때 한 글자의 훈고(訓詁 : 뜻)도 하지 않았다. 때에 따라 한 두 글자만을 그 시에서 바꾸어 설명하고 그 글자를 맞추어서 함께 암송하였을 뿐이다. 그리하여 사람으로 하여금 시의 뜻을 깨달을 수 있게 하였다. 이것은 옛 사람들의 친자(親炙 : 훈도)를 귀하게 여기는 까닭인 것이다."라고 하였다.
명도 선생은 시를 읽어야 할 까닭을 말하였다.
"배우는 자는 시를 읽지 않을 수 없다. 시를 읽는 것은 사람으로 하여금 한층 품격이 높아지도록 해준다."
또 시를 읽는 법을 말하였다.
"문(文)으로써 사(辭)를 해쳐서는 안된다. 문(文)은 문자의 문(文)으로 하나의 글자가 문(文)이요, 구(句)를 이루면 사(辭)가 된다. 시를 해석하는데 있어 한 글자로 뜻의 해석이 통하지 않으면 다른 뜻으로 풀어야 하니 주나라의 문물이 융성하였는데 왜 빛나지 않았는가 라는 '유주불현(有周不顯)'과 같다. 작문(作文)도 마땅히 이와 같아야 한다."

興於詩者 吟咏性情 涵暢道德之中而歆動之 有吾與點也[1]之氣象
謝顯道[2]云 明道先生善言詩 他又渾不[3]曾章解句釋 但優游玩味 吟哦上下 便使人有得處 瞻彼日月[4] 悠悠我思 道之云遠 曷云能來 思之切矣 終日 百爾君子[5] 不知德行 不忮不求 何用不臧 歸于正也
又云 伯淳嘗談詩 並不下一字訓詁[6] 有時只轉却一兩字 點掇地念

過 便教人省悟 又曰 古人所以貴親炙⁷⁾之也
　明道先生曰 學者不可以不看詩 看詩便使人長一格價
　不以文害辭 文 文字之文 擧一字則是文 成句是辭 詩爲解一字不行⁸⁾ 却遷就他說 如有周不顯⁹⁾ 自是作文當如此

1) 吾與點也(오여점야): '논어(論語)' 선진편(先進篇)에 있는 말로, 공자의 제자인 증점(曾點)이 "늦은 봄철에 봄옷으로 갈아 입고, 5~6명의 약관(若冠)들과 6~7명의 아이들과 함께 교외로 나가 기수(沂水)에서 목욕하고, 무우(無雩)에 이르러 소풍하다가 시나 읊으면서 돌아오고 싶습니다." 하니, 공자가 길게 한숨 쉬면서 "나도 점(點)같이 하고 싶다."고 한 데서 유래한 말.
2) 謝顯道(사현도): 명도 선생·이천 선생의 문인. 이름은 양좌(良佐), 현도(顯道)는 그의 자.
3) 渾不(혼불): 병불(竝不)과 같음. 혼(渾)이나 병(竝)은 다 같이 부정(不定)을 강조하기 위한 부사(副詞)임.
4) 瞻彼日月(첨피일월): '시경(詩經)' 패풍(邶風) 웅치편(雄雉篇)에 있는 시구(詩句). 부인(婦人)이 적을 막기 위해 멀리 군역(軍役)을 나가 오래도록 돌아오지 않는 남편을 생각하고 한탄하여 지은 글.
5) 百爾君子(백이군자): 모든 군자.
6) 訓詁(훈고): 자구(字句)의 해석.
7) 親炙(친자): 직접 냄새를 쏘이거나 김을 쏘인다는 말. 선생의 가르침을 친히 받는다는 뜻.
8) 不行(불행): 통하지 않음. 해서는 안됨.
9) 有周不顯(유주불현): 주(周)나라의 문물(文物)이 융성하였는데 왜 천하에 빛나지 않았는가의 뜻. '시경(詩經)' 대아편(大雅篇)에 있는 말.

13. 서경과 중용은 어떤 책인가

　명도 선생은 '서경(書經)'을 읽을 때의 주의점을 말하였다.
　"서경(書經)을 읽는 데는 모름지기 이제(二帝)인 요임금과 순임금, 삼왕(三王)인 우임금과 탕임금과 문왕·무왕의 도(道)를 살펴야 한다. 또 이전(二典)에서는 요(堯)가 백성을 다스려 나간 일과 순(舜)이 임금을 섬긴 일을 잘 구해야 한다."
　또 '중용(中庸)'이 어떤 책인가를 말하였다.
　"중용(中庸)이라는 책은 공자의 문하생(門下生)들이 전수(傳授)한 것으로, 자사(子思)와 맹자(孟子)에 의해 이루어졌다. 그 책은 여러 가지가 섞여 있는 책이다. 그것을 다시 정밀하고 거칠고 높고 낮은 것을 분간하지 않고 하나로 섞어서 논설하였을 뿐이다. 그런데 지금 사람들은 도를 말함에 있어 많이 높은 것을 말하면 곧 낮은 것을 버리고 근본을 말하면 곧 말단을 버린다."

　看書[1] 須要 見二帝[2] 三王[3] 之道 如二典[4] 卽求堯所以治民 舜所以事君
　中庸[5] 之書 是孔門[6] 傳授 成於子思孟子 其書雖是雜記 更不分精粗 一滾說了 今人語道 多說高便遺却卑 說本便遺却末

1) 書(서) : '서경(書經)'. 삼경(三經) 또는 오경(五經)의 하나로 중국 요순(堯舜)시대로부터 주(周)나라 때까지의 정사(政事)에 관한 문서를 공자가 수집·편찬한 책. '상서(尙書)'라고도 한다.
2) 二帝(이제) : 요(堯)임금과 순(舜)임금을 아울러 일컫는 말.
3) 三王(삼왕) : 하(夏)의 우왕(禹王), 은(殷)의 탕왕(湯王), 주(周)의 문왕(文王)·무왕(武王)을 함께 일컫는 말. 문왕과 무왕은 아울러 하나로 일컫는다.
4) 二典(이전) : '서경(書經)' 안에 들어있는 요전(堯典)과 순전(舜典).
5) 中庸(중용) : 사서(四書)의 하나로, 공자의 손자인 자사(子思)가 지었음.
6) 孔門(공문) : 공자의 문하(門下). 공자의 제자들.

14. 주역의 요체와 그의 의미
　이천 선생은 역전(易傳)의 서문(序文)에서 말하였다.
　"역(易)은 변하고 바뀌는 것이다. 때에 따라 변하고 바뀌면서 도(道)를 좇는 것이다. 그 책은 뜻이 크고 넓으며 모든 이치를 다 갖추고 있다. 장차 성명(性命)의 이치를 순일하게 하였으며 밝고 어두움이 통하며, 모든 사물의 정(情)을 다하였으며 모든 만물을 창조하였고 힘써 이룬 도를 보이고 있다. 이것은 성인이 후세를 근심함이 가히 지극하다 이를 수 있다.

  옛날과는 비록 멀리 떨어져 있어도 경전은 지금까지도 남아있다. 그러나 전대의 유학자(儒學者)들은 그 뜻을 잃어버리고 말만을 전하였으며, 후세의 학자들은 말만을 외고 그 뜻을 외어버렸다. 진(秦)나라로부터 이후에는 전혀 변함이 없었다.

  그로부터 천년 후에 태어난 내가 이 글의 없어짐을 애석하게 여겨 장차 뒤에 오는 사람들로 하여금 흐름을 따라 그 근원을 구하게 하려 하는 것이 이 역전(易傳)을 짓는 까닭이다.

  역(易)에는 성인의 도가 네 가지 있다. 말로써 하는 것은 그 사(辭)를 숭상하고, 움직임으로써 하는 것은 그 변(變)함을 숭상하며, 그 기틀을 만듦으로써 하는 것은 그 상(象)을 숭상하며, 복서(卜筮)로써 하는 것은 그 점(占)을 숭상한다.

  길(吉)하고 흉(凶)하며 없어지고 자라나는 이치와 나아가고 물러나며 있고 없음의 도가 다 사(辭)에 갖추어져 있어 사(辭)를 미루어 괘(卦)를 생각하면 변하는 이치를 알 수 있으니, 상(象)과 점(占)은 그 가운데에 있다. 군자가 거처함에는 그 상(象)을 보고 그 사(辭)를 완미(玩味)하며, 움직임에는 그 변(變)을 보고 그 점(占)을 완미한다. 사(辭)에서 뜻을 얻었으면서도 그 본뜻에 통달하지 못하는 자는 있으나 사(辭)에서 뜻을 얻지 못하고 본뜻을 통달하는 자는 있지 않다.

  지극히 미묘한 것은 이(理)이고 지극히 뚜렷한 것은 상(象)이다. 체(體)와 용(用)은 한 가지 근원으로 나타나고 작아짐이 끊임이 없다. 모이고 통하는 이치를 관찰하여 그 전례(典禮)를 행하면 모든 도가 사(辭)에 갖추어지지 않는 것이 없다.

  그러므로 잘 배우는 자는 말을 구하되 반드시 가까운 데서부터 구하니, 가까운 것이 쉽다고 하는 자는 말을 알지 못하는 자다. 내가 전하는 것은 사(辭)다. 사(辭)로 말미암아 본뜻을 얻는 것은 읽는 사람에게 달려 있다."

또 이천 선생이 장굉중(張閎中)의 글에 답하여 말하였다.

"역전(易傳)을 아직 전하지 않은 것은 스스로 헤아려 정력(精力)이 쇠하지 않아 아직도 좀더 진보가 있기를 바라서였다.

보내온 글에 이르기를 '역(易)의 뜻은 근본이 수(數)에서 생기는 것'이라 하였는데, 그것은 잘못된 것이다. 이(理)가 있은 다음에 상(象)이 있고, 상(象)이 있은 다음에 수(數)가 있나니, 역(易)은 상(象)으로 말미암아 이(理)를 밝히고, 상(象)으로 말미암아 수(數)를 알아 그 뜻을 얻으면 상(象)과 수(數)가 그 가운데에 있는 것이다.

반드시 상(象)의 은미(隱微)함을 궁구하고자 하면 수의 호홀(毫忽 : 터럭의 끝)과 같은 지극히 작은 수를 다해서 이에 흐름을 찾는데 말류(末流)를 좇는 것과 같은 것이다. 이것은 술가(術家)에서 숭상하는 바요, 유자(儒者)가 힘쓸 바는 아니다."

또 말하였다.

"때의 성쇠(盛衰)를 알고 세(勢)의 강약(强弱)을 아는 것이 주역을 배우는 큰 방법이다."

또 대축괘구이(大畜卦九二) 상전(象傳)에 대하여 말하였다.

"대축(大畜)의 초이(初二 : 초효(初爻)와 이효(二爻))는 건체(乾體)로서 강건(剛健) 위에 족히 나아가지 못하고, 사오음유(四五陰柔) 위에 능히 멈출 수 있다.

이것은 시(時 : 때)의 성하고 쇠퇴함과 세(勢)의 강하고 약한 것이 있어서이니 주역을 배우는 사람은 마땅히 깊이 알아야 할 것이다."

또 양효(陽爻)·음효(陰爻)의 대립에서 정(正)과 중(中)에 관해 설명하였다.

"여러 괘(諸卦)의 이효(二爻)와 오효(五爻)는 비록 마땅히 함께 자리할 수 없으나 중(中)이 되므로 미(美)라 할 수 있다. 삼효(三爻)와 사효(四爻)는 비록 마땅히 바른 자리가 되나 중(中)이 되지 못하여 과실(過失)이 되며, 중(中)은 언제나 정위(正位)에서 귀중(貴重)하게 된다. 대개 중(中)이면 정위에 어긋나지 않으나 정위가 반드시 중(中)은 아니다. 천하의 이(理)가 중(中)을 얻는 것같은 선(善)은 없으나 구이(九二)와 육오(六五)에서는 살펴볼 필요가 있다."

호선생(胡先生)이 묻기를

"구사효(九四爻) 풀이를 태자(太子)라고 하였는데 아마도 이것은 괘(卦)의 뜻이 아닌 것 같아 두렵다."
라고 하니, 이천 선생이 한 가지 효(爻)에 대해 하나의 설명에만 구애되지 말라고 말했다.

"뜻을 방해하는 것은 아닙니다. 다만 괘마다의 각 효(各爻)를 어떻게 써야 할 것이냐에 따라 볼 수 있는 것입니다. 황태자(皇太子)에 해당되는 괘는 황태자로 하고, 구사효(九四爻)는 군주(君主)에 가까운 인물을 상징하는 것으로 황태자라고 하여도 해롭지는 않으며 다만 한 가지에만 구애되어서는 안됩니다. 만일 한 가지 일에만 집착하여 한 효(爻)를 풀이한다면 곧 384효(爻)는 다만 384가지 일에만 해당될 뿐 만사에 통할 수는 없는 것입니다."

또 이천 선생이 말하였다.

"역(易)을 보는 데는 또한 때를 알아야 한다. 무릇 6효(六爻)는 사람마다 쓰임이 있다. 성인에게는 스스로 성인으로서의 쓰임이 있고, 현인(賢人)에게는 스스로 현인으로서의 쓰임이 있고, 뭇사람(衆人)에게는 스스로 뭇사람으로서의 쓰임이 있고, 학자에게는 스스로 학자로서의 쓰임이 있고, 임금에게는 임금으로서의 쓰임이 있으며, 신하에게는 신하로서의 쓰임이 있어 어디에나 통하지 않는 바가 없다."

이것으로 말미암아 누가 묻기를

"곤괘(坤卦)는 신하의 일인데 임금에게도 쓰일 곳이 있습니까?"
하니, 선생이 말하였다.

"어찌 쓸 곳이 없겠는가. 곤(坤)은 후덕(厚德)해서 물(物)을 싣는 것과 같으니 임금이 어찌 쓰지 않을 수 있겠는가?"

또 주역에 대해 말하였다.
"주역 가운데에는 다만 반복(反復)·왕래(往來)·상하(上下)라는 말이 있을 뿐이다."
또 역(易)의 이치는 어디에나 걸맞는다고 말하였다.
"역(易)을 만드니 하늘과 땅, 어둡고 밝은 것으로부터 곤충·초목·미물(微物)에 이르기까지 맞지 않는 것이 없다."
또 역(易)을 읽으면 그 내용의 뜻을 알아야 한다고 말하였다.
"지금 사람들은 역(易)을 읽지만 모두 역(易)이 어떤 것인지를 알지 못하고 다만 사(辭)에서 뜻을 천착(穿鑿)할 뿐이다. 만약 읽어도 본뜻을 알지 못하고 하나의 덕(德)을 더해도 그 많음을 깨닫지 못하고, 하나의 덕을 빼도 또한 그 적음을 깨닫지 못한다.
비유컨대 이 올자(兀子)를 알지 못하면 만약에 다리 하나를 빼도 또한 그 적음을 알지 못하고 만약에 다리 하나를 더해도 또한 그 많음을 알지 못한다. 만약에 알면 스스로 더하고 덜할 수도 없다."

伊川先生易傳序曰 易變易也 隨時變易以從道也 其爲書也 廣大悉備 將以順性命¹⁾之理 通幽明之故 盡事物之情 而示開物成務之道也 聖人之憂患後世 可謂至矣 去古雖遠 遺經尙存 然而前儒失意以傳言 後學誦言而忘味 自秦而下蓋無傳矣 予生千載之後 悼斯文之湮晦 將俾後人沿流而求源 此傳所以作也 易有聖人之道四焉 以言者尙其辭²⁾以動者尙其變 以制器者尙其象 以卜筮者尙其占 吉凶消長之理 進退存亡之道 備於辭 推辭考卦 可以知變 象與占在其中矣 君子居則觀其象而玩其辭 動則觀其變而玩其占 得於辭不達其意者有矣 未有不得於辭 而能通其意者也 至微者理也 至著者象也 體用一源 顯微³⁾無間 觀會通以行其典禮 則辭無所不備 故善學者求言必自近 易於近者 非知言者也 予所傳者辭也 由辭以得意 則存乎人焉
伊川先生答張閎中⁴⁾書曰 易傳未傳 自量精力未衰 尙覬有少進爾 來書云 易之義本起於數 則非也 有理而後有象 有象而後有數 易因

象以明理 由象以知數 得其義則象數在其中矣 必欲窮象之隱微[5] 盡
數之毫忽[6] 乃尋流逐末 術家之所尙 非儒者之所務也

知時識勢 學易之大方也

大畜[7]初二 乾體剛健而不足以進 四五陰柔而能止 時之盛衰 勢之
強弱 學易者所宜深識也

諸卦二五雖不當位 多以中爲美 三四雖當位 或以不中爲過 中常
重於正也 蓋中則不違於正 正不必中也 天下之理 莫善於中 於九二
六五可見

問胡先生[8]解九四作太子 恐不是卦義 先生云 亦不妨 只看如何用
當儲貳[9]則做儲貳使 九四近君 便作儲貳亦不害 但不要拘一 若執一
事 則三百八十四爻[10] 只作得三百八十四件事便休了

看易且要知時 凡六爻人人有用 聖人自有聖人用 賢人自有賢人用
衆人自有衆人用 學者自有學者用 君有君用 臣有臣用 無所不通 因
問 坤卦是臣之事 人君有用處否 先生曰 是何無用 如厚德載物[11] 人
君安可不用

易中只是言反復[12]往來[13]上下[14]

作易自天地幽明 至於昆蟲草木微物 無不合

今時人看易 皆不識得易是何物 只就上穿鑿 若念得不熟 與就上
添一德亦不覺多 就上減一德亦不覺少 譬如不識此兀子[15] 若減一隻
脚 亦不知是少 若添一隻 亦不知是多 若識則自添減不得也

1) 性命(성명) : 만물을 조화(造化)하는 이치.
2) 辭(사) : 주역(周易)의 계사(繫辭)를 말하는 것.
3) 顯微(현미) : 현(顯)은 상(象)을, 미(微)는 이(理)를 뜻함.
4) 張閎中(장굉중) : 미상.
5) 隱微(은미) : 상(象)을 보기 어려움을 뜻하는 말.
6) 毫忽(호홀) : 아주 작은 수를 이르는 말. 백만분의 1이 미(微), 10미를 홀(忽),
   10홀을 계(系), 10계를 호(毫), 10호를 리(釐)라 한다.
7) 大畜(대축) : 막대한 축적. 대축의 ䷳䷳괘는 하늘의 기운(☰)을 크게 모아
   초목을 양육하는 산(☶)을 나타내고 있는 상(象)으로 축지(畜止)와 축취(畜
   聚)의 두 뜻이 있다.

8) 胡先生(호선생) : 성은 호(胡), 이름은 원(瑗), 자는 익지(翼之), 안정선생(安定先生)이라고도 하는데, 이천 선생도 그에게 배움을 받은 적이 있다.
9) 儲貳(저이) : 황태자를 이르는 말. 저군(儲君)이라고도 함.
10) 三百八十四爻(삼백팔십사효) : 주역 64괘에 있는 모든 효(全爻)의 수.
11) 厚德載物(후덕재물) : 땅은 만물을 싣는 후덕(厚德)이 있다. 이것은 임금에게도 적용이 된다는 뜻.
12) 反復(반복) : 괘(卦)를 변화시켜 복괘(復卦)의 ☷☳를 구괘(姤卦)의 ☰☴로 하는 것 따위.
13) 往來(왕래) : 비괘(賁卦)의 ☶☲와 무망괘(无妄卦) ☰☳의 관계와 같은 것.
14) 上下(상하) : 함괘(咸卦) ☱☶의 자리가 항괘(恒卦) ☳☴가 되는 것 등.
15) 兀子(올자) : 의자의 일종으로, 의지대가 없는 걸터앉음대.

15. 현자는 의심을 품으면 묻게 된다

유정부(游定夫)가 이천 선생에게 '음양(陰陽)은 헤아릴 수 없는 신(神)과 같다고 한다' 라는 말에 대해 물으니,

이천 선생이 답하였다.

"현자(賢者)는 의문을 품으면 질문(質問)하게 되는데 어려운 것을 가려서 질문한다."

이천 선생이 역전(易傳)을 문인(門人)들에게 보이면서 말하였다.

" '역전'에 있는 설명은 다만 전체의 칠분(七分)에 지나지 않는 설명이다. 뒷사람들이 더욱 노력하여 스스로 체득(體得)하여야 한다."

游定夫¹⁾問伊川陰陽不測之謂神 伊川曰 賢是疑了問 是揀難底問 伊川以易傳示門人曰 只說得七分²⁾ 後人更須自體究³⁾

1) 游定夫(유정부) : 이름은 초(酢). 광평 선생(廣平先生)이라고도 한다. 명도·이천 선생의 문인.

2) 七分(칠분) : 10분의 7. 곧 부족하다는 말.
3) 體究(체구) : 체찰고구(體察考九). 곧 세심히 고찰 연구하는 것을 말함.

16. 춘추를 읽는 방법과 그의 내용

이천 선생이 '춘추전(春秋傳)'의 서문(序文)에서 말하였다.
"하늘이 백성을 내었으니, 반드시 그 가운데에는 빼어난 인재가 있어서 군주(君主)가 일어난다. 백성을 다스려 서로 싸우고 뺏는 일을 없게 하고, 잘 이끌어 생업을 이루게 하며, 교화하여 윤리를 밝힌다. 그런 뒤에 인도(人道)가 서고 천도(天道)가 이루어지며 지도(地道)가 편안해진다.

요(堯)임금·순(舜)임금 시대까지는 성현(聖賢)들이 세상에 나와, 시기에 적절히 따라 모든 일이 이루어졌으며, 풍속과 시세의 마땅함에 따랐다. 천시(天時)에 앞서 자기의 뜻대로 이루지 않았고, 각 시대의 필연성에 따라 다스림을 세웠다. 그러므로 삼왕(三王)이 번갈아 일어나 천하의 큰 법이 이미 갖추어졌다. 자(子)·축(丑)·인(寅)으로 정월(正月)을 세우고, 충(忠)·질(質)·문(文)이 다시 숭상되어 인도(人道)가 갖추어졌으며, 천운(天運)이 두루 미치게 되었다.

그 뒤로는 성왕(聖王)이 이미 다시 나타나지 않고, 천하를 차지한 자는 비록 옛 성인의 자취를 본받고자 하여도 또한 사사로운 뜻으로 망령된 일을 행하였을 따름이다. 일이 잘못되어 진(秦)나라는 해(亥)를 세워 정월을 삼기에 이르렀고 도(道)가 어긋나 한(漢)나라는 오로지 지력(智力)만으로써 세상을 유지하였으니, 어찌 다시 옛날 성군(聖君)들의 도를 알았다 하겠는가.

공자(孔子)께서 주(周)나라 말기에 태어나, 이후로 성인이 다시 나오지 않고 천도(天道)에 순응하고 때에 따르는 다스림이 다시 없으므로 이에 춘추(春秋)를 만들어 모든 왕(王)이 바꿀 수 없는 큰 법으로 삼게 하였다. 이른바 삼왕(三王)에 고증(考證)하여도 그르침이 없고, 천지에 세워도 어긋남이 없고, 귀신에게 물어도 의심됨이 없고, 백세(百世) 후의 성인을 기다려도 미혹(迷惑)됨이 없다.
  선유(先儒)가 전하는 바에 이르기를 '공자의 제자인 자유(子游)·자하(子夏)도 한 마디 말도 도울 수가 없었다.'고 하였다. 춘추의 사(辭)는 조금이라도 찬조를 기다리지 않았으니, 이는 성인이 아니면 더불어 함께 할 수 없다는 것을 말한다. 이 도는 오직 안자(顏子)만이 일찍이 그것을 들었다. 하(夏)의 시(時)를 행하고, 은(殷)의 수레를 타고, 주(周)의 관복을 입고, 음악은 순(舜)임금의 소무(韶舞)를 하라 하였으니, 이것이 그 준칙(準則)이다.
  후세에 와서는 춘추를 사서(史書)로 보고 착한 것은 칭찬하고 악한 것을 꾸짖은 것이라고 말할 뿐, 세상을 다스리는 큰 법(法)이 된다는 사실을 알지 못한다. 춘추에는 큰 뜻이 수십 가지나 있다. 그 뜻이 비록 크다 하더라도 밝기가 해와 별과 같아 알기가 쉽다. 오직 오묘한 말과 은밀한 뜻은 때에 따라 그 마땅함을 좇아야 하므로 알기가 어렵다. 혹은 억누르고 혹은 용서하며, 혹은 칭찬해 주고 혹은 꾸짖어 빼앗으며, 혹은 끌어올리고 혹은 물러나게 하며, 혹은 말을 적게 하여 숨고 혹은 말을 많이 하여 드러나는 등 모두 의리(義理)의 편안함과 문질(文質)의 중도(中道)와 관맹(寬猛)의 마땅함과 시비(是非)의 공정함을 얻었으니, 춘추는 사리(事理)를 재는 저울이며 도(道)를 헤아리는 규범이다.
  대저 모든 물(物)을 살핀 다음에야 그 조화(造化)의 이치를 알게 되고, 많은 재목을 모은 다음에야 집을 짓는 데 쓰일 곳을 안다. 한 가지 일과 한 가지 뜻에서 성인의 마음씀을 살피고자 하면 뛰어난 지혜가 아니면 불가능한 것이다. 그러므로 춘추를 배우는 자는 반드시 숙독으로 몸에 배어 젖도록 하여 말없는 가운데 마음으로 통하게 된 다음에 그 오묘한 뜻을 알게 된다. 후세의 왕(王)들도 춘추의 뜻을 알면 비록 덕(德)이 우왕(禹王)이나 탕왕(湯王)에 미치지 못한다 하더라도 오히려 삼대(三代)의 다스림을 본받을 수 있는 것이다.
  진(秦) 이래로 그 학문이 전하지 않으니, 나는 성인의 뜻이 후

세에 밝혀지지 않을 것을 슬프게 여겨 전(傳)을 지어 밝히는 것
이다. 뒷사람들로 하여금 그 글을 통하여 그 뜻을 구하고, 그 의미
를 얻어 그 용(用)을 본받게 하면 삼대(三代)가 다시 돌아올 수
있을 것이다. 이 전(傳)이 비록 성인의 깊은 뜻을 다 나타내지는
못하였으나, 아마도 배우는 자는 그 문(門)에 들어갈 수 있을 것
이다."

또 '춘추(春秋)'의 내용에 대하여 말하였다.

"시경(詩經)과 서경(書經)은 도(道)를 담은 글이요, 춘추(春
秋)는 성인이 쓰는 도구이다. 시경과 서경은 약방문(藥方文)과
같고 춘추는 약을 써서 병을 치료하는 것과 같다. 성인의 행위는
전부 이 책에 들어 있다. 이른바 공자는 '이 책에 실린 행사(行
事)는 깊이 생각하고 밝히는 것만 같은 것이 없다.'고 하였다.

중복된 말도 있는데 정벌(征伐)과 회맹(會盟) 같은 것이다. 대
개 책을 이루고자 함에는 형세가 모름지기 이와 같다. 한 가지 한
가지 일마다 각기 다른 뜻을 구할 수는 없는 것이다. 다만 한 글
자가 다르다거나 혹은 위와 아래의 글이 다르면 뜻은 모름지기 다
른 것이다."

또 '춘추'의 법률적인 용례(用例)로서의 쓰임을 말하였다.

"오경(五經)에 춘추가 들어 있는 것은 마치 법률에 판결이 있
는 것과 같다. 율령(律令)은 오직 그 법의 내용을 말하는 것이나
그 판결에 이르러 비로소 법의 사용을 볼 수 있는 것이다."

또 '춘추'을 배우는 것은 이(理)를 궁구하는 데에도 요긴하다
고 말하였다.

"춘추를 배우는 것은 또한 좋은 일이다. 한 구(句)가 한 가지
사건을 말하는 것으로 옳고 그름을 여기에서 볼 수 있으니 이 또
한 이(理)를 궁구하는 데 요긴하다. 그러하니 다른 경전(經典)보
다 어찌 이(理)를 궁구하는 데 옳지 않다 하겠는가.

다만 다른 경전은 그 의(義)를 논하는데, 춘추는 옛 사람들의
행사(行事)에 있어 옳고 그름을 밝히는 것이므로 이(理)를 궁구
하는 데 요긴하다.

일찍이 학자들이 말하기를 '먼저 논어(論語)와 맹자(孟子)를 읽고 나서 다른 한 경전을 더 읽은 다음에 춘추를 읽으라' 하였으니, 먼저 다른 경전에서 의리(義理)를 알고 나서 춘추를 읽는 것이 좋다는 말이다.

춘추는 무엇으로써 기준을 삼는가. 그것은 중용(中庸)과는 같지 않다. 중용에서 무엇인가를 알고자 하면 권(權)을 아는 것보다 좋은 것이 없고, 권(權)이라는 것은 모름지기 그때 그때의 시기에 적절한 것을 말한다. 이를테면 손발에 못이 박히도록 부지런히 노동하는 것과 문을 걸어 잠그고 학문에 몰두하는 두 가지의 중간을 취하는 중(中)은 중이 아니다. 노동을 하는데 있어서는 거기에 맞는 중이 있고, 두문불출하고 학문을 하는 데 있어서는 또 거기에 알맞는 중이 있다.

권(權)이라고 말하는 것은 저울의 추(錘)를 뜻한다. 그러면 무엇이 권(權)이 되는가. 그것은 의(義)이며 시(時)다. 다만 의(義)는 설명할 수 있지만, 의(義) 이상의 것은 더욱 설명하기 어렵다. 사람들이 스스로 보아 어떤 것이 의인가를 생각하는 것에 달려 있다."

또 '춘추(春秋)'와 '좌선(左傳)'의 관계를 말하였다.

"춘추는 전(傳)에 따라 경문(經文)을 기술한 것이니 그 일의 행적을 생각하고, 경문에서는 전(傳)의 진위(眞僞)를 판단하여야 한다."

伊川先生春秋傳[1]序曰 天之生民 必有出類之才 起而君長之 治之而爭奪息 導之而生養遂 教之而倫理明 然後人道立 天道成 地道平 二帝而上 聖賢世出 隨時有作 順乎風氣之宜 不先天以開人 各因時而立政 曁乎三王迭興 三重旣備 子丑寅之建正[2] 忠質文之更尙[3] 人道備矣 天道周矣 聖王旣不復作 有天下者雖欲倣古之迹 亦私意妄爲而已 事之繆 秦至以建亥爲正 道之悖 漢專以智力持世 豈復知先王之道也 夫子當周之末 以聖人不復作也 順天應時之治 不復有也 於是作春秋 爲百王不易之大法 所謂考諸三王而不繆 建諸天地而

不悖 質諸鬼神而無疑 百世以俟聖人而不惑者也 先儒之傳曰 游夏不能贊一辭[4] 辭不待贊也[5] 言不能與於斯耳 斯道也 惟顔子嘗聞之矣[6] 行夏之時 乘殷之輅 服周之冕 樂則韶舞此其準的也 後世以史視春秋 謂襃善貶惡而已 至於經世之大法 則不知也 春秋大義數十 其義雖大 炳如日星 乃易見也 惟其微辭隱義 時措從宜者 爲難知也 或抑或縱 或與或奪 或進或退 或微或顯 而得乎義理之安 文質之中 寬猛[7]之宜 是非之公 乃制事之權衡 揆道之模範也 夫觀百物然後識化工之神 聚衆材然後知作事之用 於一事一義 而欲窺聖人之用心 非上智不能也 故學春秋者 必優游涵泳 默識心通 然後能造其微也 後王知春秋之義 則雖德非禹湯[8] 尙可以法三代[9]之治 自秦而下 其學不傳 予悼夫聖人之志不明於後世也 故作傳以明之 俾後之人 通其文而求其義 得其意而法其用 則三代可復也 是傳也 雖未能極聖人之蘊奧 庶幾學者得其門而入矣

　詩書載道之文 春秋聖人之用 詩書如藥方 春秋如用藥治病 聖人之用 全在此書 所謂不如載之行事 深切著明者也有重疊言者 如征伐盟會之類 蓋欲成書 勢須如此 不可事事各求異義 但一字有異 或上下文異 則義須別

　五經之有春秋 猶法律之有斷例也 律令唯言其法 至於斷例 則始見其法之用也

　學春秋亦善 一句是一事 是非便見於此 此亦窮理之要 然他經豈不可以窮理 但他經論其義 春秋因其行事 是非較著 故窮理爲要 嘗語學者 且先讀論語孟子 更讀一經 然後看春秋 先識得箇義理 方可看春秋 春秋以何爲準 無如中庸 欲知中庸無如權 須是時而爲中 若以手足胼胝[10] 閉戶不出[11] 二者之間取中 便不是中 若當手足胼胝 則於此爲中 當閉戶不出 則於此爲中 權之爲言 秤錘之義也 何物爲權 義也 時也 只是說得到義 義以上更難說 在人自看如何

　春秋傳[12]爲案[13] 經爲斷[14]

1) 春秋傳(춘추전): '춘추(春秋)' 242년 동안의 사실(史實) 중 노(魯) 은공(隱公) 원년부터 환공(桓公) 9년까지의 20년간의 전(傳)을 지은 것.
2) 子丑寅之建正(자축인지건정): 자(子)는 11월, 축(丑)은 12월, 인(寅)은 1

월(正月)을 이르는데 하(夏)는 자월(子月)을, 은(殷)은 축월(丑月)을, 주(周)는 인월(寅月)을 정월(正月)로 삼았다.
3) 忠質文之更尙(충질문지경상) : 하(夏)의 예(禮)는 충(忠)을 숭상하였고, 은(殷)의 예는 질박(質樸)함을 숭상하였고, 주(周)의 예는 문식(文飾)을 숭상하였던 사실을 가리키는 말.
4) 游夏不能贊一辭(유하불능찬일사) : 자유(子游)와 자하(子夏)는 공자의 많은 제자 중에서도 가장 문장에 뛰어났던 사람들인데, 그들도 '춘추(春秋)'의 편찬에는 한 마디의 찬조도 할 수 없었다는 말.
5) 辭不待贊也(사부대찬야) : '춘추(春秋)'의 사(辭)는 성인에게만 가능한 것으로 어떤 사람의 찬조도 필요하지 않았다는 말.
6) 惟顔子嘗聞之矣(유안자상문지의) : '춘추(春秋)'의 도(道)는 오직 안자(顔子)만이 알았다는 말.
7) 寬猛(관맹) : 관인(寬仁)하고 용맹(勇猛)함.
8) 禹湯(우탕) : 중국 고대 국가인 하(夏)나라를 세운 우왕(禹王)과 은(殷)나라를 세운 탕왕(湯王).
9) 三代(삼대) : 중국 고대 국가인 하(夏)나라와 은(殷)나라와 주(周)나라를 아울러 이르는 말.
10) 胼胝(변지) : 일을 많이 해서 손에 못이 박힌다는 말로, 부지런히 노동하는 것을 뜻함.
11) 閉戶不出(폐호불출) : 문을 걸어 잠그고 나오지 않는다는 말로 학문에 몰두하는 것을 뜻함. 두문불출(杜門不出).
12) 傳(전) : '춘추좌씨전(春秋左氏傳)', 곧 '좌전(左傳)'을 말함.
13) 案(안) : 사건.
14) 斷(단) : 판단. 판결.

17. 역사를 읽는 방법

이천 선생은 역사를 읽는 방법을 말하였다.
"무릇 역사를 읽으면서 사적(事迹)만을 기억하는 것은 헛된 일이다. 모름지기 그 잘 다스려진 것과 어지러운 때, 태평한 때와 위태로운 때, 융성한 때와 쇠퇴한 때, 계속 이어진 때와 망해버린 것의 이치를 알아야 한다. 또한 '고제기(高帝紀)' 같은 것을 읽으면 모름지기 한(漢)나라 400년간의 시작과 마침과 다스려진 때와 혼란의 한 때의 유래는 어떠하였는가를 알아야 하는 것이니, 이것이 또한 학문하는 것이다."

또 역사를 읽을 때에는 까닭과 시비(是非)를 가려야 한다고 말하였다.

"역사를 읽을 때는 매양 한번쯤 읽고 나서 책을 덮고 생각하여 그 성패(成敗)를 헤아리고, 그런 연후에 또 읽어 맞지 않는 곳이 있으면 또다시 생각한다. 그 사이에는 다행히 성공한 때도 많이 있었고, 불행히 패하기도 하였다. 지금 사람들은 다만 이룬 것을 보고는 곧 옳다 하고, 패한 것은 곧 그르다고 여긴다. 역사란 성공하였더라도 매우 옳지 않은 것이 있고, 패배하였더라도 매우 옳은 것이 있다는 것을 알지 못한다."

또 말하였다.

"역사를 읽을 때는 모름지기 성현(聖賢)이 남긴 다스림과 어지러움의 기틀, 현인(賢人) 군자의 출처(出處)와 진퇴(進退)를 잘 살펴야 곧 격물(格物)에 이르는 것이다."

원우연간(元祐年間)에 객(客)이 이천을 보았을 때 책상에 다른 책은 없고 오직 목판으로 인쇄하여 만든 책 '당감(唐鑑)' 한 부 밖에 없었다. 이천 선생이 말하였다.

"근자에 이 책을 보는데 삼대(三代) 이후에 이것을 의논한 적이 없다."

凡讀史不徒要記事迹 須要識其治亂安危興發存亡之理 且如讀高帝紀[1] 便須識得漢家四百年終始治亂當如何 是亦學也

先生每讀史到一半 便掩卷思量 料其成敗 然後却看 有不合處 又更精思 其間多有幸而成 不幸而敗 今人只見成者便以爲是 敗者便以爲非 不知成者煞[2]有不是 敗者煞有是底

讀史須見聖賢所存治亂之機 賢人君子出處進退 便是格物

元祐³⁾中 客有見伊川者 几案間無他書 惟印行⁴⁾唐鑑一部 先生曰 近方見此書 三代以後 無此議論

1) 高帝紀(고제기) : '사기(史記)'의 고제기편(高帝紀篇)을 말함.
2) 煞(살) : 심(甚)과 같은 뜻. 매우.
3) 元祐(원우) : 송(宋)나라 철종(哲宗)의 연호(年號).
4) 印行(인행) : 판목(板木)으로 각(刻)을 해서 찍어낸 책.

18. 성인의 글과 주례의 관제(官制)

횡거 선생은 성인의 글은 깊고 넓게 생각해야 한다고 말하였다.
"주역의 서괘(序卦)를 성인의 깊은 이치가 아니라고 말하는 것은 옳지 않다. 지금 한 가지 물건을 안정되게 놓으려 해도 오히려 그 놓을 자리를 살피는데, 하물며 성인의 주역(易)에 있어서랴.

그 속에 비록 지극히 깊은 뜻은 없다 하더라도 대개는 모두 뜻이 있는 것이다.

성인의 글을 살필 때에는 모름지기 넓게 그리고 세밀하게 살펴야 하는 것이니 훌륭한 장인(匠人)의 뛰어남을 어찌 한 자루의 도끼로써 알 수 있을 것인가."

또 주례(周禮)의 관제(官制)에 대하여 말하였다.

"주례(周禮)의 천관(天官)의 직책은 모름지기 마음을 넓고 크게 가지면 방법을 알 수 있으며 대개 그 규모는 지극히 크다. 만약 마음을 넓고 크게 가지지 않고 일마다 자세히 살펴 궁구하고자 하거나 마음에 이와 같은 큰 뜻을 가지게 하고 이해만 하려고 하면 반드시 그 큰 뜻을 얻지 못할 것이다.

석가(釋迦)는 천지를 치수(錙銖 : 미소한 것)와 같이 보았는데 그 이론은 지극히 크다고 할 수 있으나 일찍이 천하 국가를 다스리는 큰 사업에 참가하지 않아 사물에 대응하는 이치에 맞지 않는다. 만약 그들에게 일전(一錢)이라도 준다면 반드시 마음이 어지러워질 것이다."

또 말하기를

"천관의 태재직(太宰職)은 대단히 어려운 것으로 아마도 커다란 가슴속에 전부를 받아들임이 없이는 기억한다고 해도 그것을 잊어버리고 만다.

그 끊임없이 다음으로 이어 생기는 천하의 일들을 용과 뱀을 사로잡고 호랑이와 표범을 결박하는 것과 같이 힘을 쓴다면 바야흐로 이해할 수 있을 것이다.

그밖의 다섯 관직을 이해하기는 쉬운 일로 한 가지 직책에 그침으로서 이다."라고 하였다.

橫渠先生曰 序卦不可謂非聖人之蘊 今欲安置一物 猶求審處 況聖人之於易 其間雖無極至精義 大槪皆有意思 觀聖人之書 須遍布細密如是 大匠豈以一斧可知哉

天官[1]之職 須襟懷洪大 方看得 蓋其規模至大 若不得此心 欲事事上致曲窮究 湊合此心如是之大必不能得也 釋氏錙銖[2]天地 可謂至大 然不嘗爲大則事爲不得 若畀之一錢 則必亂矣 又曰 太宰[3]之職難看 蓋無許大心胸包羅 記得此 復忘彼 其混混天下之事 當如捕龍蛇 搏虎豹 用心力看方可 其他五官[4]便易看 止一職也

1) 天官(천관) : 주대(周代)의 관직(官職).
2) 錙銖(치수) : 미소(微小)한 것. 조금.
3) 太宰(태재) : 천관(天官)의 총재(冢宰). 곧 가장 큰 직책.
4) 五官(오관) : 천관 밑에 있는 지관사도(地官司徒), 춘추종백(春秋宗伯), 하관사마(下官司馬), 추관사구(秋官司寇), 동관사공(冬官司空)의 다섯 가지 직책을 말한다.

19. 시는 쉽게 짓고 쉽게 생각해야 한다

횡거 선생은 시(詩)는 쉽게 생각하고 쉽게 지어야 한다고 말하였다.

"옛 사람으로 능히 시를 아는 자는 오직 맹자(孟子)뿐이었다. 맹자는 마음으로써 시인의 뜻을 맞이한 것이다.

대저 시인의 뜻은 지극히 평이(平易)한 것으로 반드시 어렵게 그 뜻을 구할 것이 아니다. 이제 어렵게 시의 뜻을 구하면 자연스러운 자기의 본심을 잃을 것이니 어찌 그렇게 하고서 시인의 뜻을 볼 것인가."
 또 상서(尙書 : 書經)의 뜻을 다 알기는 어렵다고 말하였다.
 "상서(尙書)는 보기가 어렵다. 대개 마음속에 상서의 그 큰 뜻을 다 얻어 이해하기는 극히 어려운 것이다. 다만 그 뜻만을 이해하고자 하면 어려운 것이 없다."

 古人能知詩者惟孟子 爲其以意逆志也[1] 夫詩人之志至平易 不必爲艱險求之 今以艱險求詩 則已喪其本心 何由見詩人之志
 尙書難看 蓋難得胸臆如此之大 只欲解義 則無難也
1) 以意逆志也(이의역지야) : 자기 마음으로써 시인의 뜻을 맞이함. 역(逆)은 맞이한다는 뜻. 영(迎)과 같음. '맹자(孟子)' 만장편(萬章篇)에 있는 말.

20. 책을 읽고 그 내용을 외어야 한다
 횡서 선생은 책을 많이 읽어야 덕성(德性)이 있게 된다고 말하였다.
 "책을 적게 읽으면 생각하여 뜻의 정밀함을 얻을 길이 없다. 대개 책은 그 마음을 유지시키는 것이다. 한 때 책을 놓으면 한 때 덕성(德性)이 해이해진다. 책을 읽으면 그 마음이 항상 있고, 책을 읽지 않으면 마침내 의리(義理)가 무엇인지도 알 수 없게 된다."
 또 글은 반드시 외어야 그 내용을 바로 알게 된다고 말하였다.
 "글은 모름지기 외어야 하며 깊은 생각은 밤중에 주로 하고, 또는 조용히 앉아서 그 뜻을 얻어야 한다. 기억하지 않으면 생각이 일어나지 않는다. 의리(義理)의 큰 근본을 얻어 꿰뚫어 통한 다음에야 또한 글을 기억하기가 쉽다.
 책을 읽는 까닭은 자기의 의심을 풀고 자기가 통달하지 못한 것을 밝히는 데에 있다. 매양 볼 때마다 새로운 유익한 것을 알게 되면 학문의 진보가 있는 것이다. 의심하지 않던 곳에서 의심이 있게 되면 곧 그것이 진보하는 것이다."

讀書少 則無由考校得義精 蓋書以維持此心 一時放下 則一時德性有懈 讀書則此心常在 不讀書則終看義理不見
書須成誦精思 多在夜中 或靜坐得之 不記則思不起 但通貫得大原 後書亦易記 所以觀書者 釋己之疑 明己之未達 每見每知新益 則學進矣 於不疑處有疑 方是進矣

21. 6경(六經)을 읽고 중용과 춘추도 읽어야 한다

횡거 선생은 6경(六經)을 두루 읽어야 한다고 말하였다.
"6경(六經)은 모름지기 두루 돌아가며 읽어서 알아야 한다. 의리(義理)는 끝이 없이 무궁한 것으로 스스로 자기의 학문이 어느 단계에 서면 또다른 새로운 것을 보게 된다."
또 '중용(中庸)'의 공부방법을 말하였다.
"중용의 문자와 같은 것들은 곧바로 모름지기 한 구절 한 구절을 알고 넘어가야 하고, 그 말들로 하여금 서로 관련지어 의리를 밝혀야 한다."
또 이치에 밝고 의리(義理)에 정밀해야 '춘추(春秋)'의 내용을 알 수 있다고 말하였다.
"춘추라는 것은 옛날에는 있지 않던 것이다. 이에 공자가 스스로 지은 것으로 오직 맹자만이 능히 그것을 알 수 있었다. 이치에 밝고 의리에 정밀하지 않고는 거의 배울 수가 없다. 선유(先儒)들은 이에 미치지 못하고 그것을 공부하였으므로 그 학설에만 천착(穿鑿)하는 것이 많았다."

六經¹⁾須循環理會 義理儘無窮待自家長得一格 則又見得別
如中庸文字輩 直須句句理會過 使其言互相發明

春秋之書 在古無有 乃仲尼所自作 惟孟子能知之[2] 非理明義精
殆未可學 先儒未及此而治之 故其說多鑿
1) 六經(육경) : 5경(五經)인 역경(易經), 서경(書經), 시경(詩經), 예기(禮記), 춘추(春秋)에다 주례(周禮)를 더한 것.
2) 惟孟子能知之(유맹자능지지) : 오직 맹자만이 능히 그것을 알았다. '맹자(孟子)'에는 등문공장(滕文公章), 이루장(離婁章), 진심장(盡心章) 등에 '춘추(春秋)'를 평(評)한 대목이 있다.

제4권 마음을 보존하는 길
(第四卷 存養篇 凡七十條)

사특(邪慝)한 생각을 막으면
본래 하나가 되는 것이다.
오로지 하나가 되면 사특한 생각을
막는다는 말이 불필요하다.
하나의 마음을 가진다는 것은
보이기 어려운 것으로
어떻게 공부해야 할지 모른다.
하나란 특별한 것이 없다.
다만 생각을 바르게 하고
용모(容貌)를 엄숙하게 하면
마음은 곧 하나로 통일된다.

제4권 마음을 보존하는 길
(第四卷 存養篇 凡七十條)

1. 마음을 하나로 만들어야 한다

어떤 사람이 염계 선생에게 묻기를
"성(聖)은 배울 수 있습니까?"
하니, 선생은
"배울 수 있다."
라고 대답하였다. 다시 묻기를
"그 방법이 있습니까?"
"있다."
"그 내용이 무엇입니까?"
하니, 이에 대하여 염계 선생이 말하였다.
"마음을 오로지 하나로 하는 것이 중요하다. 하나라는 것은 욕망이 없다는 것이다. 욕망이 없으면 마음이 정허(靜虛)하고 움직임이 바르다.

마음이 정허하면 지혜가 밝아지고, 지혜가 밝아지면 천하 이치에 통달하게 된다. 마음의 움직임을 바르게 하면 천하의 모든 일이 공정하게 되고, 공정하게 되면 모든 일이 넓고 크게 된다. 지혜가 밝게 통달하고 천하의 모든 일이 공정하고 넓고 크게 되면 성인에 거의 가깝다고 할 수 있지 않겠는가."

或問聖[1]可學乎 濂溪先生曰可 有要乎 曰有 請問焉曰 一爲要 一者無欲也 無欲則靜虛動直[2] 靜虛則明 明則通[3] 動直則公 公則溥[4]

明通公溥 庶⁵⁾矣乎
1) 聖(성) : 성인(聖人)을 뜻함.
2) 直(직) : 굽은 사특한 길을 걷지 않고 바른길(正路)를 걸음.
3) 通(통) : 천하의 이치에 통달함.
4) 溥(부) : 천하의 모든 일이 넓고 크게 됨.
5) 庶(서) : 성인이 되는 공부와 거의 가까운 것.

2. 마음을 보존하는 방법

이천 선생이 안정(安靜)의 필요성을 말하였다.

"양(陽)이 처음 생길 때에는 매우 미약하다. 안정을 한 뒤에야 능히 자랄 수 있으므로 주역 복괘(復卦)의 상전(象傳)에 말하기를 '선왕(先王)은 동지(冬至)날에는 관문을 닫았다.'고 하였다."

또 존양의 절목(節目)을 말하였다.

"활동하고 휴식하며 절제하고 선창(宣暢)하여 알맞게 하는 것은 정기(精氣)를 기르는 것이다. 마시고 먹고 옷입는 것은 육체를 기르는 것이다. 위의(威儀)있게 의(義)를 행하는 것은 덕(德)을 기르는 것이다. 자기를 미루어 남에게 미치게 하는 것은 인도(人道)를 기르는 것이다."

伊川先生曰 陽始¹⁾生甚微 安靜而後能長 故復²⁾之象曰 先王以至日 閉關³⁾

動靜節宣 以養生⁴⁾也 飮食衣服 以養形⁵⁾也 威儀行義 以養德也 推己及物⁶⁾ 以養人⁷⁾也

1) 陽始(양시) : 동지날에 양이 비로소 생겨남을 말함.
2) 復(복) : 역경(易經)의 복괘(復卦)를 말함.
3) 至日閉關(지일폐관) : 동지날에 양(陽)이 비로소 생겨나 매우 미약하므로 안정시켜 기(氣)를 기르기 위해 옛날 선왕들은 관문(關門)을 닫아 폐문(閉門)하고 일반인의 통행을 금하였던 고사를 말한 것임. 지일(至日)은 동지(冬

至) 날을 말함.
4) 養生(양생) : 정기(精氣)를 길러 사기(邪氣)를 멀리 하는 것.
5) 養形(양형) : 육체(肉體)를 기르는 것.
6) 推己及物(추기급물) : 자기가 원하는 것을 남에게 미루어 생각하는 것.
7) 養人(양인) : 인도(人道)를 기름.

3. 말은 삼가하고 음식은 절제해야 한다
 이천 선생은 말을 삼가고 음식을 절제해야 한다고 말하였다.
 "말을 삼가하여 그 덕(德)을 기르고, 음식을 절제하여 그 몸을 기른다. 일은 지극히 간단하나 그 관계되는 바가 지극히 큰 것은 말과 음식보다 더한 것이 없다."
 또 성경(誠敬)을 강조하였다.
 "뇌성벽력(雷聲霹靂)은 백 리를 놀라게 하지만 그것에 놀라 비창(匕鬯)을 버리지는 않는다. 뇌성벽력의 두려움에 처하여서도 능히 안정되어 자신을 잃지 않는 것은 오직 정성되고 공경된 마음이 있기 때문이다. 이것은 우뢰(환난)에 대처하는 도(道)이다."

 愼言語以養其德 節飮食以養其體 事之至近而所繫[1]至大者 莫過於言語飮食也
 震驚百里 不喪匕鬯[2] 臨大震懼 能安而不自失者 惟誠敬[3]而已 此處震之道也

1) 繫(계) : 연계(連繫). 관계(關係).
2) 震驚百里不喪匕鬯(진경백리불상비창) : '역경(易經)' 진괘(震卦 : ䷲) 의 상(象)에 있는 말. 진은 움직인다는 뜻이고 형상은 우뢰(雷)이며 사람으로 치면 장자(長子)다. 여기서는 환난(患難)의 뜻도 있다. 비(匕)는 종묘(宗廟)제사에 쓰는 제기(祭器)중 숟가락이며, 창(鬯)은 술을 담는 단지를 말한다.
3) 誠敬(성경) : 정성과 공경.

4. 자신을 얻지 못하면 그 몸을 보지 못한다

이천 선생은 존양(存養)의 효험(效驗)을 설명하였다.

"사람이 그 멈출 곳에 편안히 멈추지 못하는 까닭은 욕망(慾望)에 이끌려 움직이기 때문이다. 욕망 앞에 마음이 끌리면 멈추려고 해도 멈출 수가 없다.

그러므로 역경(易經) 간괘(艮卦)의 도리는 마땅히 '간괘는 등 뒤에 있다.' 이것은 보는 것은 눈앞에 있지만 등은 그 반대쪽에 있기 때문에 이에 등은 보지 못하는 것이다. 볼 수 없는 곳에 멈춘다면 욕망에 끌리지 않아 그 마음을 어지럽힐 수가 없으니 멈춤이 안정되는 것이다. 그 자신을 얻지 못하면 그 몸을 보지 못한다. 나를 잊는다고 하는 것은 내가 없으면 멈춘다는 말이다. 능히 나를 없게 할 수 없으면 멈출 수 있는 도(道)는 없다.

그 자신의 정원을 거닐면서도 그 사람을 보지 못하는 것은 집 앞 정원이 너무 좁고 담이 둥져 있기 때문이다. 그러므로 등을 지고 있으면 비록 지극히 가까워도 보지 못하는 것이니 외물(外物)과 접촉하지 못하는 것을 말하는 것이다.

외물에 접촉하여 마음이 유혹됨이 없으면 마음의 욕망이 일어나지 않고 멈출 수 있는 곳에 멈추어 거기서 멈추는 도를 얻는다. 그러므로 멈출 수 있으면 재앙이 없는 것이다."

人之所以不能安其止者 動於欲也 欲牽於前而求其止 不可得也 故艮之道當艮其背 所見者在前 而背乃背之 是所不見也 止於所不見 則無欲以亂其心 而止乃安 不獲其身[1] 不見其身也 謂忘我也 無我則止矣 不能無我 無可止之道 行其庭不見其人 庭除之間至近也 在背則雖至近不見 謂不交於物也 外物不接 內欲不萌 如是而止 乃得止之道 於止爲无咎也

1) 不獲其身(불획기신) : 마음속으로 자아(自我)를 바로 인식하지 못하여 스스로를 잊어버리는 상태.

5. 잃어버린 마음을 찾는다면…

명도 선생은 존양(存養)을 떠난 공부는 불필요하다고 말하였다.

"만약 본심을 잃지 않고 잘 보존할 수 없다고 하는 것은 다만 쓸데 없는 헛말에 불과한 것이다."

또 존양(存養)이 성학(聖學)의 기본임을 말하였다.

"성현(聖賢)이 천 마디 만 마디 말하는 것은 다만 사람이 이미 잃은 마음을 주의깊게 구하여 거두어들여 몸에 들어오게 하고자 하는 것이다. 잃은 양심을 찾아 향상되게 할 수 있다면 아래로는 모든 지행(知行)의 공을 닦으며 위로는 신성(神聖)의 경지에 도달하게 되는 것이다."

이약(李籥)이 명도 선생에게 묻기를

"언제나 일이 있을 때마다 조존(操存 : 마음을 간직함)의 뜻을 생각해 내어 마음을 경계하는데, 일이 없을 때에는 어떻게 본심을 잃지 않고 잘 보존하는 것을 익힐 수 있겠습니까?"

하니, 선생이 대답하였다.

"옛 사람들은 귀는 음악으로 눈은 예의로 익숙하게 하여 좌우기거(左右起居)에 소홀하게 하지 않았다. 반우궤장(盤盂几杖 : 목욕탕기·밥그릇·앉은자리·지팡이 등)에 명계(銘戒)를 새겨 움직이거나 쉴 때도 다 기름(養)이 있게 하였다. 지금에는 이런 것이 다 없어졌으며 홀로 배우고 닦아 이치와 의리를 알아 마음을 기르려고 할 뿐이다.

다만 이렇게 함양(涵養)을 오래하면 스스로 익숙해질 것이다. 공경(敬)으로써 속마음을 곧게 하는 것은 이런 함양을 뜻하는 것이다."

여여숙(呂與叔)이 일찍이 말하기를

"생각이 많아 쫓아버릴 수 없는 것에 시달렸습니다."

하니, 명도 선생이 말하였다.

"그것은 바로 무너진 집에서 도둑을 막는 것과 같다. 동쪽에서 들어온 한 사람의 도둑을 아직 쫓아내지 못했는데 서쪽에서 또 한 사람의 도둑이 들어와 전후좌우로 쫓기어 한가할 새가 없다. 대개 사면이 비어 있으면 도둑이 본래부터 들어오기가 쉬운 것이니 그것은 집주인이 되어 지키는 사람이 없어서다.

또한 빈 그릇에 물을 부으면 물은 자연스럽게 들어간다. 만약 한 그릇의 물이 차 있는 것을 물 속에 놓아둔다면 물이 어떻게 들어갈 수 있겠는가. 대개 안에 주인이 있으면 실(實)하고, 실하면 밖의 우환이 들어올 수 없으므로, 자연히 무사하다."

明道先生曰 若不能存養¹⁾ 只是說話²⁾
聖賢千言萬語 只是欲人將已放之心³⁾ 約⁴⁾之使反復⁵⁾入身來 自能尋向上去 下學⁶⁾而上達也
李籲⁷⁾問 每常遇事 卽能知操存之意⁸⁾ 無事時如何存養得熟 曰 古之人 耳之於樂 目之於禮 左右起居 盤盂几杖⁹⁾ 有銘有戒 動息皆有所養 今皆廢此 獨有理義之養心耳 但存此涵養意 久則自熟矣 敬以直內 是涵養意
呂與叔¹⁰⁾嘗言 患思慮多 不能驅除 曰 此正如破屋中禦寇 東面一人來未逐得 西面又一人至矣 左右前後 驅逐不暇 蓋其四面空疏 盜固易入 無緣作得主定¹¹⁾ 又如虛器入水 水自然入 若以一器實之以水 置之水中 水何能入來 蓋中有主則實 實則外患不能入 自然無事

1) 存養(존양) : 본심(本心)을 잃지 않도록 착한 성품을 기르는 것.
2) 說話(설화) : 쓸데없이 지껄이는 말. 귀로 들은 것을 입으로 전할 뿐인 말.
3) 放之心(방지심) : 본심을 잃음. 방(放)은 실(失)의 뜻.
4) 約(약) : 거두어들임. 방종한 마음을 거두어 안으로 들게 하는 것.
5) 反復(반복) : 주의깊게 구함.
6) 下學(하학) : 낮고 쉬운 학문. 곧 인간이 쉽게 살아가는 방법부터 깨우쳐 차례로 학문을 향상시키는 것.
7) 李籲(이약) : 명도 선생의 제자. 자는 단백(端伯).
8) 操存之意(조존지의) : 마음을 잘 지켜 항상 마음을 잃지 않게 하는 것. '맹자

(孟子)'고자장(告子章)에 있는 말.
9) 盤盂几杖(반우궤장) : 반(盤)은 목욕하는 그릇, 우(盂)는 밥그릇, 궤(几)는 안석, 장(杖)은 지팡이.
10) 呂與叔(여여숙) : 이름은 대림(大臨). 여숙(與叔)은 자. 횡거 선생에게 배우다가 횡거 선생이 죽은 뒤에는 명도·이천 선생에게 배웠음.
11) 無緣作得主定(무연작득주정) : 집의 주인이 없으면 그것을 막을 길이 없음.

6. 정력(精力)을 길러야 한다
형화숙(邢和叔)은 정력(精力)을 길러야 한다고 말하였다.
"우리들은 언제나 모름지기 정력(精力)을 아끼고 길러야 한다. 정력이 좀 부족하면 곧 피곤하여지고 하는 일에 임하여 다 억지로 하게 되어 성의가 없어진다. 손님을 대할 때는 말하는 것으로 알 수 있으니 하물며 큰 일에 임하여서는 어떻겠는가."

邢和叔[1]言 吾曹[2]常須愛養精力 精力稍不足則倦 所臨事皆勉强而無誠意 接賓客語言尙可見 況臨大事乎
1) 邢和叔(형화숙) : 이름은 서(恕), 화숙(和叔)은 자. 명도·이천 선생의 문인(門人).
2) 吾曹(오조) : 우리 무리. 우리들.

7. 자신의 마음을 완전히 지배해야 한다
명도 선생은 배우는 사람은 자기의 마음을 스스로 완전히 지배해야 한다고 말하였다.
"배우는 자는 자기의 마음을 자기가 완전히 지배해야 한다. 배움이 비록 완전하지 않더라도 만약 사물(事物)이 닥쳐오면 여기에 대응(對應)하지 않을 수 없다. 다만 자기의 역량에 따라 거기에 대응하면 비록 맞지 않더라도 멀리 떨어지지는 않는다."
또 존양(存養) 공부의 세 가지 조목을 말하였다.

"일상 기거(起居)함에 있어서는 공손하고, 일을 잡아 함에 있어서는 공경스럽고, 남을 대함에 있어서는 충실되어야 한다. 이것은 위에서 아래로 꿰뚫어 하나와 같은 말이니, 성인은 원래 두 가지 말이 없었다."

明道先生曰 學者全體此心[1] 學雖未盡 若事物之來 不可不應 但隨分限應之 雖不中不遠矣
居處恭 執事敬 與人忠[2] 此是徹上徹下語 聖人元無二語[3]

1) 全體此心(전체차심) : 우리의 마음에 내재(內在)하고 있는 본질적인 마음으로, 자기의 마음을 자기가 완전히 지배할 수 있는 것을 말함.
2) 居處恭執事敬與人忠(거처공 집사경 여인충) : 거처할 때는 공손히 하며, 일에 임했을 때에는 공경히 하며, 사람과 사귈 때에는 충성을 다한다. '논어(論語)' 자로편(子路篇)에 있는 말.
3) 無二語(무이어) : 두 번의 말이 필요없다. 상하(上下)를 통하여, 처음 배워서 성덕자(成德者)가 되기까지 오직 이 한 말이 있을 뿐이라는 것.

8. 학자는 양심을 지켜야 한다
이천 선생은 양심을 지키는 데는 조급해서는 안된다고 말하였다.
"배우는 자는 모름지기 이 양심(良心)을 공경스럽게 지켜야 한다. 조급하게 서두름은 옳지 않고 마땅히 깊고 두텁게 양심을 심어 가꾸어서 그 가운데 빠져들어 헤엄치듯이 한 다음에야 스스로 얻을 수 있다.
급히 서둘러 그것을 구하려고 하면 다만 그것은 사사로운 것일 뿐, 마침내 도(道)에 이르기에는 부족하다."

伊川先生曰 學者須敬守此心 不可急迫[1]當栽培深厚 涵泳於其間 然後可以自得 但急迫求之 只是私己 終不足以達道
1) 急迫(급박) : 조급하게 서두름. 급하게 다그침.

9. 사무사(思無邪)와 무불경(毋不敬)

명도 선생은 사무사(思無邪)와 무불경(毋不敬)은 양심 공부에 동일한 효용이 있다고 말하였다.

"생각함에는 사특한 마음이 없고, 항상 공경을 일삼으라는 이 두 구절의 말을 따라서 행한다면 어찌 잘못됨이 있을 수 있겠는가. 잘못됨이 있으면 다 공경을 하지 않고 바른 마음을 가지지 않아서 말미암음이다."

또 공경(恭敬)이 마음속에 지속(持續)되면 하늘의 이치에 맞게 된다고 말하였다.

"이제 배우는 자가 공경하면서 스스로 터득하지 못하고 또한 불안하다면 양심(良心)이 미숙(未熟)해서다. 또한 너무 공경함으로써 일을 무겁게 하는 것이기도 하다. 그러므로 이것은 공경하되 예(禮)가 없으면 수고롭기만 한 것이다. 공손이라고 하는 것은 사사로운 마음에서 나온 공손한 태도요, 예(禮)라고 하는 것은 일정한 격식만 차리는 예가 아니고 자연적인 도리인 것이다. 다만 공손하면서도 자연스러운 도리에 이르지 못하는 것은 스스로 가지지 못했기 때문이다. 모름지기 공손하면 편안해야 한다.

이제 용모를 반드시 단정하게 하고, 말을 반드시 바르게 해야 하는 것은 그 자신이 홀로 좋다고 해서 하는 것도 아니요, 또 남이 필요하다고 해서 그렇게 하는 것도 아니다. 다만 하늘의 순리에 맞도록 이와 같이 하는 것이니, 본래 사사로운 뜻이 있는 것이 아니다. 다만 이것의 순리에 따를 뿐인 것이다."

明道先生曰 思無邪[1] 毋不敬[2] 只此二句 循而行之 安得有差 有差者 皆由不敬不正也
今學者敬而不自得 又不安者 只是心生[3] 亦是太以敬來做事得重 此恭而無禮則勞也 恭者 私爲恭[4]之恭也 禮者 非體之禮[5] 是自然底[6] 道理也 只恭而不爲自然底道理 故不自在也 須是恭而安 今容貌必

端 言語必正者 非是道獨善其身 要人道如何 只是天理合如此 本無
私意 只是箇循理而已
1) 思無邪(사무사) : 생각이 사특함이 없어야 한다는 뜻으로 공자가 시를 논할
   때 한 말.
2) 毋不敬(무불경) : 공경치 아니치 못한다. '예기(禮記)'에 있는 말.
3) 心生(심생) : 양심(良心)이 미숙(未熟)한 것. 생(生)은 날것이라는 뜻.
4) 私爲恭(사위공) : 사(私)는 작위(作爲)를 가한 자연적이 아닌 공(恭)을 말
   함.
5) 非體之禮(비체지례) : 일정한 격식의 예가 아님.
6) 自然底(자연저) : 자연스러운. 자연적(自然的). 저(底)는 적(的)과 같음.

10. 양심은 굳게 잡아 잘 보존해야 한다

명도 선생은 양심(良心)은 자연 그대로 보존해야 한다고 말하
였다.
"지금 의리(義理)에 뜻을 두고도 마음이 안락하지 못한 것은
어째서인가. 이것은 옳은 곳에 뜻을 두었으나 마음에 마지못해 하
였기 때문에 긴장한 탓이다. 그러므로 양심을 굳게 잡으면 보존
할 수 있고, 버리면 없어지는 것이다. 그러나 그것을 가지려고 많
은 노력을 기울이면 곧 모든 일로 인하여 바르게 되는 것이다. 이
것은 깊이 생각해야 하는 것이다. 이와 같은 것은 다만 이 덕(德)
이 외롭다고 하지만, 덕은 외롭지 않고 반드시 이웃이 있다는 것
과 같은 것이다. 덕에 이르러 성대하여지면 아무 곳이나 거리낌
이 없을 것이고 좌우 어느 곳에서나 그의 본원(本源)을 만날 수
있게 된다."
또 경(敬)과 중(中)의 다른 점을 말하였다.
"경(敬)하여 본심을 잃지 않는 것은 곧 희노애락(喜怒哀樂)이
아직 발하지 않은 것이니 중(中)이라 이른다. 그러나 경(敬)을
중(中)이라고 말할 수는 없다. 다만 경(敬)하여 마음을 잃지 않
는 것이 중(中)이 되는 까닭이다."

今志於義理 而心不安樂者 何也 此則正是剩一箇助之長[1] 雖則心操之則存 舍之則亡 然而持之太甚 便是必有事焉而正之也 亦須且恁去 如此者只是德孤 德不孤[2]必有隣 到德盛後 自無窒礙 左右逢[3] 其原也

敬而無失[4] 便是喜怒哀樂 未發謂之中[5] 敬不可謂中 但敬而無失 卽所以中也

1) 助之長(조지장) : 인위적(人爲的)인 억지의 작용으로 일을 망치는 것을 말함. '맹자(孟子)' 공손추장(公孫丑章)에 있는 '여조묘장야(予助苗長也)'를 인용한 말. '조장(助長)'이라고도 함.
2) 德不孤(덕불고) : 덕은 외롭지 않다는 뜻. '논어(論語)' 이인편(里仁篇)에 있는 말.
3) 左右逢(좌우봉) : 우리 일상 신변의 것이 자기 학문 수업의 원천(源泉)이 된다는 말. '맹자(孟子)' 이루장(離婁章)에 있는 말.
4) 無失(무실) : 잃지 않음. 곧 본심을 잃지 않음.
5) 喜怒哀樂未發謂之中(희노애락미발위지중) : 기쁘고, 화나고, 슬프고, 즐겁고 하는 것들이 일어나지 않은 고요한 상태를 중(中)이라고 한다는 뜻으로 '중용(中庸)'에 있는 말.

11. 이단을 멀리해야 한다

사마자미(司馬子微)가 일찍이 좌망론(坐忘論 : 형체는 앉아 있어도 마음은 밖으로 움직이는 것)을 지었는데, 이것이 이른바 좌치(坐馳 : 형체는 앉아 있어도 마음은 밖으로 움직이는 것)라는 것이다.

백순(伯淳)이 예전에 장안(長安)에 있을 때 창고 중간에 한가로이 앉아 긴 행랑(行廊)의 기둥을 보고서 그 수효를 세어보았다. 처음에는 의심하지 않았지만 다시 그것을 세어 보니 맞지 않았다. 이에 사람을 시켜 하나하나 소리를 내며 그것을 헤아리도록 하지 않을 수 없었는데, 그렇게 하니 처음의 수와 다른 것이 없었다. 이것으로 보아 착심(著心)하면 할수록 더욱 파악할 수 없다는 것을 알 수 있다.

　司馬子微[1]嘗作坐忘論 是所謂坐馳[2]也
　伯淳昔在長安倉中間坐 見長廊柱 以意數之已 尙不疑 再數之不合 不免令人一一聲言數之 乃與初數者無差 則知越著心把捉越[3]不定

1) 司馬子微(사마자미) : 중국 당(唐)나라 초기의 사람으로 도사(道士)였음. 이름은 승순(承順), 자미(子微)는 자.
2) 坐馳(좌치) : 형체는 앉아 있어도 마음은 밖으로 달린다는 말. '장자(莊子)' 인간세편(人間世篇)에 있는 말.
3) 越~越(월~월) : 하면 할수록 더욱더.

12. 인간은 주체성이 확립되어야 한다

　명도 선생은 사람에게는 주체성(主體性)이 있어야 한다고 말하였다.
　"사람의 마음속에 주체성이 정립(定立)되어 있지 않으면 바로 하나의 물레방아와 같다. 쉬지 않고 돌고 돌아 잠시도 머무르지 않고 느낌이 천만 가지 일 것이다. 만약 일정한 주체성이 없으면 어찌 살 것인가.
　장천기(張天祺)가 일찍이 말하기를 '스스로 몇 해 동안 침상에 누워 어떤 일도 생각하지 않겠다.'고 하였는데, 어떤 일도 생각하지 못하게 하면 그것 또한 마음을 억지로 속박하는 것이다. 또한 하나의 형상에 마음을 의탁하고 외래의 자극을 거절하려는 것인데, 이것은 다 자연이 아니다.
　사마온공(司馬溫公)은 마음을 동요하지 않는 방법을 얻었다고 하는데, 다만 하나의 중(中)자를 생각하였다고 한다. 이것 또한 중(中)에 속박당하는 것으로, 또한 중(中)에 어떤 형상이 있을 것인가.
　어떤 사람이라도 가슴속에는 언제나 두 가지 사람의 마음을 지니고 있는데, 선(善)을 하고자 하면 그 사이에 악(惡)이 있는 듯이 여겨지고, 불선(不善)을 하고자 하면 또한 부끄러워하고 미워하는 마음이 있는 것과 같은 것이다. 본래 사람에게는 두 가지 마음이 없는데 이것이 바로 마음의 선(善)과 악(惡)이 서로 싸우는 증험(證驗)이다.

그 뜻을 굳게 지니고 기품(氣稟)을 어지럽게 하지 않는 것이 크게 증험이 되는 것이며, 중요한 것은 성현(聖賢)에게는 반드시 선과 악이 싸우는 마음의 질병의 해(害)가 없다는 것이다."

또 명도선생은 공경스러운 마음이 공부의 근본이라고 말하였다. "나는 글씨를 쓸 때 매우 공경스러운 마음으로 쓰는데, 그것은 글자를 잘 쓰기 위해서가 아니라, 다만 배우기 위해서이다."

人心作主不定 正如一箇翻車[1] 流轉動搖 無須臾停 所感萬端 若不做一箇主 怎生奈何 張天祺[2] 昔嘗言 自約數年 自上著牀 便不得思量事 不思量事後須强把他這心來制縛 亦須寄寓在一箇形象 皆非自然 君實[3] 自謂吾得術矣 只管念箇中字 此又爲中所繫縛 且中亦何形象 有人胸中常若有兩人焉 欲爲善 如有惡以爲之間 欲爲不善 又若有羞惡之心者 本無二人 此正交戰之驗也 持其志[4]使氣不能亂 此大可驗 要之聖賢必不害心疾

明道先生曰 某寫字時甚敬 非是要字好 只此是學

1) 翻車(번차) : 물을 대기 위한 수차(水車). 물레방아.
2) 張天祺(장천기) : 이름은 전(戩). 횡거 선생의 아우.
3) 君實(군실) : 중국 송(宋)나라 때의 학자인 사마광(司馬光)의 자(字). 호는 우부(迂夫) 또는 우수(迂叟). 산서성(山西省)에서 출생, 20세에 진사(進士)가 되었고 인종(仁宗), 영종(英宗)때에 간관(諫官)이 되었으며 신종(神宗) 초년에 왕안석(王安石)의 신법(新法)을 반대하여 관직에서 물러남. 사후(死後)에 태사온국공(太師溫國公)의 칭호의 추징을 받았으므로 사마온공(司馬溫公)이라 칭함. 저서에 '자치통감(資治通鑑)'이 있다.
4) 持其志(지기지) : 그 마음을 가지다. '맹자(孟子)' 공손추장(公孫丑章)에 있는 말.

13. 존양(存養)이 완고해야 한다

이천 선생은 존양(存養)의 중요성을 말하였다.

"성인은 일을 별로 힘써 기억하려고 하지 않는데도 언제나 일을 기억하고 있다. 오늘날의 사람들은 일을 기억하려고 힘써도 일을 잊어버려 기억할 수 없고, 일을 처리함에 정밀하지 못하다. 이 것은 다 마음을 기르는데 완고(完固)하지 못한 데서 나오는 것이다."

伊川先生曰 聖人不記事[1] 所以常記得 今人忘事以其記事 不能記事 處事不精 皆出於養之不完固[2]

1) 不記事(불기사) : 별로 힘써서 기억하려고 하지 않음.
2) 出於養之不完固(출어양지불완고) : 양심의 본원(本源)을 길러 두텁게 굳히지 못하고 명덕(明德)을 밝히는 데 혼매(昏昧)하게 되는 것을 말함.

14. 마음의 집착을 경계하다

명도 선생이 전주(澶州)에 있을 때 다리를 수리하는데 한 개의 긴 들보가 부족하여, 널리 민간에서 구한 일이 있었다. 그 뒤로 나다니다가 좋은 나무를 보면 반드시 헤아려 보고자(計度)하는 마음이 생겼다. 이것을 말하는 이유는 배우는 자에게 경계하도록 하려는 것이니 마음에 한 가지 일이라도 있어서는 안된다는 것이다.

明道先生在澶州[1] 曰 修橋少一長梁 曾博求之民間 後因出入 見林木之佳者 必起計度[2]之心 因語以戒學者 心不可有一事

1) 澶州(전주) : 하북성(河北省)에 있었던 송대(宋代)의 고을로 진녕군(鎭寧軍). 당시 명도 선생은 첨서진녕군절도판관사(簽書鎭寧軍節度判官事)로 파견되어 있었음.
2) 計度(계도) : 재어 봄. 헤아려 봄.

15. 알아야 할 것은 다 알아야 한다

이천 선생은 경(敬)을 배움의 근본이라고 말하였다.

"도(道)로 들어가는 데에는 경(敬)만한 것이 없으니, 치지(致知)를 할 수 없다면 경(敬)은 있을 수 없다. 지금 사람들의 주된 마음을 안정시키지 못하고 마음 쓰기를 도둑의 마음같이 하면서 제어(制禦)하지 못하는 것은, 일이 마음을 속박하는 것이 아니라, 마음이 일을 속박하는 것이다. 마땅히 알아야 할 것은 천하의 한 가지 물건이라도 결여되어서는 안된다는 것으로 어느 것이나 미워할 수 없다."

또 사람은 천리(天理)를 지켜야 한다고 말하였다.

"사람에게는 각각 하늘에서 받은 천리가 있다. 이것을 잘 보존하고 지킬 수가 없다고 하면 이것은 사람으로서 어떻게 할 수 없는 사람이다."

伊川先生曰 入道[1]莫如敬 未有能致知[2]而不在敬者 今人主心不定 視心如寇賊而不可制 不是事累心 乃是心累事[3] 當知天下無一物 是合少得者 不可惡也

人只有一箇天理 却不能存得 更做[4]甚人也

1) 道(도) : 여기서는 이(理)와 같은 뜻으로 쓰였음.
2) 致知(치지) : 이치를 궁구함.
3) 心累事(심루사) : 마음이 일을 속박함.
4) 更做(갱주) : 더욱이 ~해서 되느냐의 뜻.

16. 모든 것은 사물의 법칙에 따라야 한다

이천 선생은 주체성(主體性)을 정립(定立)하는 공부에 대해 말하였다.

"사람이 생각이 많으면 스스로 편안할 수가 없다. 다만 이것은 다른 마음이 주체(主體)가 되어 안정되지 못하기 때문이다. 마음이 주체가 되어 안정되면 오직 모든 일에 마땅히 그치는 데 가서 그칠 수 있다.

임금이 되어서는 어진 일에 그쳐야 하니 순(舜)임금과 같아야한다. 순임금이 사흉(四凶)을 죽인 것은 사흉이 악한 일을 저질렀으므로 순임금은 이(理)를 좇아 그들을 죽인 것이지 어떠한 사사로운 감정에서 죽인 것이겠는가. 사람이 일에 멈추지 못하는 것은 다만 다른 일에 구애되어 각각의 물(物)에 갖추어져 있는 자연의 이치를 모르기 때문이다.

물(物)마다의 고유한 법칙이 있어 그대로 따르면 물(物)을 부리는 일이 되지만 물(物)에 구애되면 물(物)에게 부림을 당하는 것이다. 물(物)에도 반드시 고유한 법칙이 있으니 모름지기 사물의 법칙에 따라 사리에 맞는 극(極)에 멈추어야 한다."

또 사람 뿐 아니라 사물에 이르기까지 정성이 있어야 한다고 말하였다.

"남을 움직일 수 없는 것은 다만 정성이 이르지 못하는 것이며, 일에 있어 싫증이 나는 것은 다 정성이 없어서이다."

또 말하였다.

"고요히 앉아서 만물을 바라보면 자연 속에 모든 봄의 뜻이 있다."

人多思慮 不能自寧 只是做他心主不定 要作得心主定 惟是止於事[1] 爲人君止於仁之類 如舜之誅[2] 四凶[3] 四凶已作惡 舜從而誅之 舜何與焉 人不止於事 只是攬他事 不能使物各付物[4] 物各付物 則是役物 爲物所役 則是役於物 有物必有則[5] 須是止於事

不能動人 只是誠不至 於事厭倦 皆是無誠處

靜後[6] 見萬物 自然皆有春意

1) 止於事(지어사) : 사리의 당연한 극(極)에 멈추어야 하는 것.
2) 舜之誅(순지주) : 순임금이 사흉(四凶)의 목을 잘랐다는 뜻으로 '서경(書經)' 순전(舜典)에 있는 말.
3) 四凶(사흉) : 순(舜)임금 당시의 흉악했던 네 사람으로 공공(共工)·환두

(驩兜)·삼묘(三苗)·곤(鯀).
4) 物各付物(물각부물) : 물(物)마다 각기 당연한 이(理)를 갖고 있는데 그 물(物)이 갖고 있는 이(理)를 따르는 것.
5) 有物必有則(유물필유칙) : 일마다 물(物)마다 일정한 법칙과 일정한 이(理)가 있다는 말. 이러한 법칙과 이(理)에 따른다는 것이 격물(格物)임. '맹자(孟子)' 고자장(告子章)에 있는 말.
6) 靜後(정후) : 마음의 번민을 없애고 조용히 앉아 만물의 이치를 살핌.

17. 존양(存養)은 신독이 가장 좋은 수양법

이천 선생은 존양(存養)에 있어 신독(愼獨)이 중요한 수양법이라고 말하였다.

"공자가 인(仁)을 말함에 있어 '다만 문을 나설 때 큰 손님을 만난 것같이 공경하고 백성을 부릴 때 큰 제사를 받드는 것같이 공경하라'고 말하였다. 이와 같은 사람의 기상을 보면 반드시 마음은 넓고 행동은 편안하여져 몸가짐과 옷차림이 모두 예(禮)에 맞아 자연스럽게 된다.

오식 홀로 있을 때 삼간다는 것은 곧 이것을 지키는 법이다. 성인이 자신을 수양하여 공경하는 마음으로써 모든 백성을 편안케 하고 공손을 돈독하게 하므로 천하가 태평하게 된다.

위로는 임금으로부터 아래로는 백성에 이르기까지 함께 공경하면, 곧 천지는 스스로 조화를 이루고 만물은 스스로 자라서 평화로운 기(氣)가 감돌지 않는 곳이 없어 기린(麒麟)·봉황(鳳凰)·거북·용(龍) 같은 네 신령스러운 동물들이 어디에서나 이르지 않음이 있겠는가.

이와 같은 공경은 성신(誠信)의 체(體)에 따라 이르는 도(道)이다. 총명한 예지(睿知)는 모두 이로 말미암아 나오는 것이다. 이 공경으로써 하늘을 섬기고 상제(上帝)에게 제사지내는 것이다."

또 존양(存養)한 후라야 발전이 있는 것이라고 말하였다.

"존양(存養)의 공부가 완숙한 뒤에 태연히 행해 나아가면 학문에 진전이 있는 것이다."
또 신독(愼獨)은 존양(存養)하는 최초의 공부라고 말하였다.
"누추한 집에 살면서 그것을 부끄럽게 여기지 않는다면 마음이 편안하고 몸이 서창(舒暢)할 것이다."
또 존양(存養)을 하면 마음을 마음대로 조종할 수 있다고 말하였다.
"마음은 몸 안에 있어야 한다."
또 존양(存養)으로 마음을 통제해야 한다고 말하였다.
"다만 밖으로 조그마한 실수(틈)가 있으면 마음이 뛰어 내달린다."
또 끊임없이 경(敬)을 공부하라고 말하였다.
"사람의 마음은 항상 살아 움직임을 요망하고 있으며 살아 움직이므로 모든 사물에 두루 미쳐 다함이 없다. 또 한 곳에 항상 머물러 있지도 않는다."

孔子言仁 只說出門如見大賓 使民如承大祭[1] 看其氣象 便須心廣體胖[2] 動容周旋中禮[3] 自然 惟愼獨[4] 便是守之之法 聖人修己 以敬以安百姓 篤恭而天下平 惟上下一於恭敬 則天地自位 萬物自育 氣無不和 四靈[5] 何有不至 此體信[6] 達順[7]之道 聰明睿知皆由 此出以此事天饗帝

存養熟後 泰然[8]行將去 便有進
不愧屋漏 則心安而體舒
心要在腔子裏[9]
只外面有些隙罅[10] 便走了
人心常要活[11] 則周流[12]無窮 而不滯於一隅

1) 出門~大祭(출문~대제) : '논어(論語)' 안연편(顔淵篇)에 있는 말.
2) 心廣體胖(심광체반) : 마음이 넓고 몸이 윤택가 남. '대학(大學)'에 있는 말.
3) 動容周旋中禮(동용주선중례) : 행동과 용모가 모두 예에 맞아 자연스럽다. '중용(中庸)'에 나오는 말.

4) 愼獨(신독) : 사람이 없는 곳에서 혼자 있을 때 행동을 삼간다는 말. 양심에 부끄럽지 않도록 주의하라는 말. '대학(大學)'·'중용(中庸)'에 있는 말.
5) 四靈(사령) : 네 가지 신령스러운 동물로 기린·봉황·거북·용.
6) 體信(체신) : 조금도 거짓이 없음.
7) 達順(달순) : 사람이 자유롭게 자연에 맞도록 행하여도 그 행위가 도덕과 법칙에 어긋나지 않는 것.
8) 泰然(태연) : 변화 없이 여유 있는 모양.
9) 腔子裏(강자리) : 몸과 마음이 몸 밖으로 내달리지 않도록 항상 존양(存養)해야 함을 말함.
10) 隙罅(극하) : 틈. 틈새.
11) 活(활) : 살아서 움직임.
12) 周流(주류) : 널리 두루 퍼짐.

18. 공경하는 마음을 가지면 하늘도 안다

명도 선생은 천지간에는 변역(變易)의 무궁함이 있고, 사람에게는 경(敬)이 있다고 말하였다.

"천지의 위지가 정하여지면 만상(萬象)이 변화되어 역(易)의 도(道)가 그 가운데에서 행하여진다. 다만 이것은 공경하는 마음이다. 공경하는 마음을 가지면 하늘과 땅과 사람 사이에 끊임이 없는 일을 마음속으로 깊이 느끼게 된다."

또 존양(存養)의 효용(效用)을 말하였다.

"지극한 공경을 다하여야 상제(上帝)를 섬길 수 있다."

또 경(敬)은 모든 사특함을 제어하는 근본이라고 말하였다.

"공경은 모든 간사한 것을 이길 수 있다."

明道先生曰 天地設位[1]而易[2]行乎其中 只是敬也 敬則無間斷
毋不敬 可以對越上帝[3]
敬勝百邪[4]

1) 天地設位(천지설위) : 하늘은 위에, 땅은 아래에 각각 자리를 정하고 있다는

말. '주역(周易)'의 계사에 있는 말.
2) 易(역) : 음양(陰陽)의 변화와 바뀜이 두루 흐르는 것을 말하여 변역(變易)이라고도 한다.
3) 對越上帝(대월상제) : 언제나 공경하는 마음으로 상제(上帝)를 대하며, 아무런 작위(作爲)가 없는 경건(敬虔)한 마음을 가짐을 뜻함. 상제(上帝)는 천제(天帝)와 같은 뜻. 월(越)은 어(於)와 같은 어조사(語助辭).
4) 百邪(백사) : 모든 사악(邪惡)한 일.

19. 작위적(作爲的)으로 곧게 하려면 안 된다

명도 선생이 역(易)의 곤괘(坤卦) 육이효(六二爻)를 해석하였다.

"공경하는 마음으로써 내심(內心)을 곧게 하고, 의(義)로써 밖의 행위를 사리에 맞게 하는 것이 인(仁)이다. 만약 작위적(作爲的)인 경(敬)으로써 마음을 곧게 하려고 하면 곧게 되지 않는다. 반드시 일에 있어서는 작위적으로 바르게 하려 하지 않을 때 곧 곧게 되는 것이다."

또 본심을 함양(涵養)해야 마음의 주체성이 수립된다고 말하였다.

"함양(涵養)하면 나는 하나가 된다."

敬[1] 以直[2] 內 義以方[3] 外 仁[4] 也 若以敬直內[5] 則便不直矣 必有事焉而勿正 則直也
涵養[6] 吾一

1) 敬(경) : 여기서의 경(敬)은 자연스러운 경(敬)을 말하는 것.
2) 直(직) : 곧음. 곧 사심(私心)이 없는 것.
3) 方(방) : 일이 사리에 맞음.
4) 仁(인) : 사심(私心)이 없이 사리(事理)에 알맞은 것.
5) 以敬直內(이경직내) : 앞의 경이직내(敬以直內)와 대비(對比)시킨 말로 여기서의 경(敬)은 작위적(作爲的)으로 마지못해 성경(誠敬)하여서 내심(內

心)을 곧게 하려는 것을 말함.
6) 涵養(함양) : 본심을 함양함. 그리하여 경(敬)을 가지면 전일(專一)하여 잡(雜)되지 않음.

20. 세월은 낮과 밤을 가리지 않고 간다

명도 선생은 공자의 말을 인용하여 만물의 끊임없는 운행을 말하였다.

"공자가 시냇가에 서서 말하기를 '가는 것이 이와 같구나, 밤과 낮을 가리지 않고.' 라고 하였다. 한(漢)나라 이래로 유학자(儒學者)들이 모두 이 뜻을 알지 못하였다.

이것으로 성인의 마음이 순결하고 끝이 없는 것을 볼 수 있다. 순결하고 끝이 없는 것은 하늘의 덕이다. 하늘의 덕이 있는 것은 곧 왕자의 도(道)라고 말할 수 있다. 중요한 요점은 다만 홀로 있을 때 삼가는 데에 있는 것 뿐이다."

子在川上[1]曰 逝者如斯夫 不舍晝夜 自漢以來 儒者皆不識此義 此見聖人之心 純[2]亦不已也 純亦不已 天德也 有天德[3]便可語王道 其要只在愼獨

1) 子在川上(자재천상) : 공자가 시냇가에 서다. '논어(論語)' 자한편(子罕篇)에 있는 말. 자(子)는 공자를 가리킴.
2) 純(순) : 한결같이 순수하여 잡(雜)된 것이 없음.
3) 有天德(유천덕) : 왕자(王者)의 정치는 하늘의 덕을 베풀어 하는 것으로 자연의 화육(化育)과 왕자의 정치는 근본적으로 같아야 되는 것임.

21. 주체성이 있어야 천하의 만물을 확립시킨다

이천 선생은 주체성을 확립하여 만물을 처리해야 한다고 말하였다.

"주역(周易)에 '몸을 바르게 가지지 못하면 이로울 것이 없

다.'라고 하였다. 스스로 서지 못하면 비록 좋은 일을 하려고 해
도 오히려 물욕에 빠지게 된다. 어째서 천하 만물의 유혹을 이겨
내지 못하는가. 자기의 주체성이 확립되어 스스로 능하여지면 천
하의 만물을 모두 자신이 얻게 되는 것이다."
　또 마음을 안정시키고 나서 사물을 생각해야 한다고 말하였다.
"배우는 사람은 항상 마음이 어지러운 것을 근심하여 능히 편
안한 날이 없다. 이것은 이 세상의 공통적인 병폐다. 배우는 사람
은 마음을 닦고 주체성을 세울 것을 요망하나니 이 가운데 모든
사물의 이치를 헤아림이 있다."

　不有躬 無攸利[1] 不立己 後雖向好事 猶爲化物[2] 不得以天下萬物
撓己 己立後 自能了當得天下萬物
　伊川先生曰 學者患心慮紛亂 不能寧靜 此則天下公病[3] 學者只要
立箇心[4] 此上頭儘有商量[5]
1) 不有躬無攸利(불유궁무유리) : 몸이 바르지 않으면 이롭지 못하다. '주역
　　(周易)' 몽괘(蒙卦)의 육삼효(六三爻)를 인용함.
2) 猶爲化物(유위화물) : 물(物)에 동화되어 버림.
3) 公病(공병) : 공통적인 병폐.
4) 立箇心(입개심) : 하나의 주체심(主體心)을 확립함.
5) 商量(상량) : 헤아림. 생각함.

22. 사사로운 생각을 막아야 한다

　이천 선생은 사념(邪念)을 막으면 정성된 마음이 스스로 존재
하게 된다고 말하였다.
"사특한 생각을 막으면 정성된 마음이 스스로 존재하게 되는
데, 이것은 밖으로부터 하나의 성(誠)을 가지고 와서 존속시키는
것이 아니다. 지금 사람이 밖에서 계속 불선(不善)에 힘쓰면서
그 불선 가운데에서 선(善)을 찾아 존속시키려고 한다. 어찌 선
(善)의 경지에 들어갈 만한 이치가 되겠는가. 다만 사특한 마음

을 막으면 정성된 마음은 스스로 존재하게 되는 것이다. 그러므로 맹자가 성선(性善)을 말한 것은 모두 마음 안에서 나오는 것이니 다만 정성스러운 마음이면 곧 존재하게 되는 것이다.

사특한 마음을 막는 공부는 어떻게 하는 것인가. 그것은 오직 동작과 용모를 단정하게 하고 생각을 가다듬으면 저절로 공경된 마음이 생기는 것이다. 공경이라는 것은 다만 하나의 주인이다. 다만 하나에 주동되면 그것은 동(東)으로 가지도 않고 또한 서(西)로 가지도 않으며 그것은 중(中)에 있는 것이다.

이것도 하지 않고 저것도 하지 않으면 그것은 안에 있는 것으로, 이와 같은 것을 지니면 저절로 천리(天理)가 밝아진다. 배우는 자는 모름지기 공경된 마음을 가져 안을 바르게 함으로써 뜻을 함양(涵養)하여야 하는 것이다. 안을 바르게 하는 것은 모든 것의 근본인 것이다."

또 사념(邪念)을 막으면 천리(天理)가 저절로 밝아진다고 말하였다.

"사특한 생각을 막으면 본래 하나가 되는 것이다. 오로지 하나가 되면 사특한 생각을 막는다는 말이 불필요하다. 하나의 마음을 가진다는 것은 보이기 어려운 것으로 어떻게 공부해야 할지 모른다.

하나란 특별한 것이 없다. 다만 생각을 바르게 하고 용모를 엄숙하게 하면 마음은 곧 하나로 통일된다. 마음이 하나로 되면 도(道)에 들어갈 수 없는 간사(姦邪)한 마음도 있을 수 없다. 이 마음으로 본성을 오래 함양한다면 천리(天理)는 저절로 밝아진다."

閑邪[1]則誠自存 不是外面捉一箇誠將來存箸[2] 今人外面役役於不善 於不善中尋箇善來存著 如此則豈有入善之理 只是閑邪則誠自存 故孟子言[3]性善皆由內出 只爲誠便存 閑邪更著甚工夫 但惟是動容貌 整思慮 則自然生敬 敬只是主一也 主一則旣不之東 又不之西 如是則只是中 旣不之此 又不之彼 如是則只是內 存此則自然 天理明 學者 須是將敬以直內 涵養此意 直內是本

閑邪則固一矣 然主一則不消言閑邪 有以一爲難見 不可下工夫如
何 一者無他 只是整齊嚴肅⁴⁾ 則心便一 一則自是無非僻之干⁵⁾ 此意
但涵養久之 則天理自然明

1) 閑邪(한사) : 사념(邪念)을 막음. 한(閑)은 막는다는 뜻.
2) 存著(존착) : 항상 존재한다. "착"은 동작의 지속(持續)을 나타내는 조동사
  (助動詞).
3) 孟子言(맹자언) : '맹자(孟子)' 등문공장(藤文公章)에 있는 말.
4) 整齊嚴肅(정제엄숙) : 생각을 정제하고 용모를 엄숙하게 함.
5) 干(간) : 간(奸). 간(姦)과 같음. 곧 간사함.

23. 마음을 어디에 두어야 합니까?

어떤 사람이 묻기를
"마음에 느낌이 없을 때에는 마음을 어디에 두어야 합니까?"
하니, 이천 선생이 대답하였다.
"마음은 작용(作用)을 하면 존재(存在)하고 버려두면 없어지
는 것으로, 들어오고 나가는 것이 때가 없어 어디로 가야 할지 모
른다. 더욱이 어디에 둘 곳을 찾겠는가. 다만 조존(操存)하는 방
법이 있을 뿐이다. 마음을 조존하는 방법은 공경하여 그것으로써
안을 바르게 하는 데에 있다."
또 경(敬)과 허정(虛靜)의 관계를 말하였다.
"경(敬)하면 저절로 허령한 상태에서 고요하게 되지만 허령한
상태에서 고요한 것을 경이라고 부를 수는 없다."

有言未感¹⁾時 知何所寓 曰 操則存 舍則亡 出入無時莫知其鄕 更
怎生²⁾尋所寓 只是有操而已 操之之道 敬以直內也
敬則自虛靜³⁾ 不可把虛靜喚做敬

1) 未感(미감) : 사람의 마음이 사물에 대응하여 어떠한 느낌을 받지 않고 조용
  한 상태에 있을 때.
2) 怎生(즘생) : 어떻게 생기겠는가.

3) 虛靜(허정) : 빈 마음의 고요한 상태. 곧 외물의 접촉없이 허령한 상태에서
   안정되어 있는 마음.

24. 공경을 하는 것은 천하무적의 길이다

이천 선생은 경(敬)은 전일(專一)에, 전일은 대적할 것이 없음을 설명하였다.

"배우는 자가 먼저 힘써야 할 것은 마음의 뜻을 굳게 지키는 일이다. 그러나 그것으로 해서 귀로 듣는 것과 눈으로 보는 것과 마음의 생각을 다 제거하고자 하는 것은 노자(老子)가 말하는 절성기지(絶聖棄智)와 같은 것이요, 생각을 제거하고자 하고 마음의 어지러움을 걱정하면 그것은 모름지기 불가(佛家)에서 말하는 좌선입정(坐禪入定)에 빠지는 것이다.

가령 밝은 거울이 여기 있다고 하자. 만물을 비추어 주는 것은 거울의 근본적인 이치로 비치지 못하게 하기는 어렵다.

사람의 마음이 만물을 대했을 때 감응(感應)하는 것은 당연한 것으로 마음의 사려(思慮)를 하지 못하게 하기는 어렵다. 만약 마음이 물(物)을 섭(接)하여 생각의 어지러움을 면하고자 하면 오직 도심(道心)을 주(主)로 하지 않으면 안된다. 어떻게 도심을 주로 하느냐 하면 공경(恭敬)하여야 할 따름이다.

도심을 주로 하면 사욕(私慾)이 없는 허(虛)가 되고, 허(虛)라고 하면 외부에서 사특한 생각이 들어갈 수 없는 것을 말한다. 이 마음의 주(主)가 없으면 사욕이 가득차게 되고, 사욕이 가득차면 외물(外物)이 마음에 들어와 이 마음을 빼앗게 된다.

무릇 사람의 마음은 동시에 두 가지로 써서는 안된다. 한가지 일에만 힘을 쓰면 다른 일에 다시 들어갈 수 없고 그 일에만 주인이 되게 된다. 그 일에 주인이 되면, 오히려 생각의 어지러움을 걱정할 것까지도 없다.

만약 경(敬)이 주(主)가 되어 있다고 하면 또한 어찌 이런 걱정이 있겠는가. 이른바 경(敬)이라고 하는 것은 오로지 하나로 하

는 것을 경이라고 이른다. 이른바 하나라고 하는 것은 다른 곳으로 빗나가는 것이 없는 것으로 전일(專一)하다고 말한다.
 이것은 또한 전일의 의의(意義)를 함양하고자 하는 것이다. 전일하지 아니하면 둘이나 셋이 될 것이다. 감히 기만(欺瞞)하지 않고 감히 교만(驕慢)하지 않아 누추한 집에 살면서도 부끄럽게 여기지 않는 것은 모두 경(敬)의 일이다."
 또 외모가 단정하면 저절로 경(敬)에 도달할 수 있다고 말하였다.
 "엄격하고 위엄이 있으며 공경하고 공손히 하는 것은 경(敬)의 도리가 아니다. 다만 경에 이르려면 모름지기 이것으로부터 들어가야 한다."
 또 마음의 본성(本性)을 활용하여야 한다고 말하였다.
 "순(舜)임금은 부지런히 선(善)을 행하였다고 하였는데, 순임금이 만약 외물(外物)과 접촉하지 않았다면 어떻게 선을 행할 수 있었겠는가.
 다만 항상 경(敬)으로 생활하였기 때문에 곧 선을 행했던 것이다. 이것으로 미루어 보더라도 성인의 도는 항상 침묵(沈默)하고 말이 없는 것은 아니다."

 學者先務 固在心志 然有謂欲屛去聞見知思 則是絶聖棄智[1] 有欲屛去思慮 患其紛亂 則須坐禪入定[2] 如明鑑在此 萬物畢照 是鑑之常 難爲使之不照 人心不能不交感萬物 難爲使之不思慮 若欲免此 惟是心有主 如何爲主 敬[3]而已矣 有主則虛 虛謂邪不能入 無主則實 實謂物來奪之 大凡人心不可二用[4] 用於一事 則他事更不能入者 事爲之主也 事爲之主 尙無思慮紛擾之患 若主於敬 又焉有此患乎 所謂敬者 主一之謂敬 所謂一者 無適[5]之謂一 且欲涵泳主一之義 不一則二三矣 至於不敢欺 不敢慢 尙不愧於屋漏 皆是敬之事也
 嚴威[6]儼恪[7] 非敬之道 但致敬須自此入
 舜孶孶爲善[8] 若未接物 如何爲善 只是主於敬 便是爲善也 以此觀之[9] 聖人之道 不是但嘿然無言
1) 絶聖棄智(절성기지) : 썩 잘하는 재주를 없애고 지혜를 버린다는 뜻. 노자

(老子)의 '도덕경(道德經)'에 있는 말.
2) 坐禪入定(좌선입정) : 불교에서 행하는 수도(修道)의 한 방법으로, 고요히 앉아 심사숙고(深思熟考)하고 무심(無心)의 경지에 들어가 심성(心性)을 구명하는 참선(參禪)의 삼매경(三昧境)에 드는 일.
3) 敬(경) : 마음의 본성(本性)을 기르는 일.
4) 二用(이용) : 두 가지 방법을 씀. 사람의 마음에는 인심(人心)과 도심(道心)이 있다.
5) 無適(무적) : 마음이 밖으로 달려나갈 수 없는 것.
6) 嚴威(엄위) : 엄격하고 위엄이 있음.
7) 儼恪(엄각) : 공경하고 공손히 하는 것.
8) 舜孶孶爲善(순자자위선) : 순임금이 부지런히 선을 행하다. '맹자(孟子)' 진심장(盡心章)에 있는 말. 자자는 부지런히 힘써 일하는 모양.
9) 以此觀之(이차관지) : 이것으로 미루어 보아, 이것으로써 살피건대. 곧 이야기해 놓고 그것을 종합적으로 결론을 내릴 때 쓰는 말임.

25. 배우는 자는 공경하는 마음을 가져야 한다

누가 묻기를
"사람이 한가하게 살고 있을 때 몸이 게을러도 마음이 교만하지 않을 수 있겠습니까?"
하니, 이천 선생이 대답하였다.
"어찌 몸을 편안히 가지고서 마음이 거만하지 않겠는가.
옛날에 여여숙(呂與叔)이 6월달에 후씨현(緱氏縣)에 와 한가로이 지낼 때 내가 일찍이 그를 살펴보니, 반드시 공경하는 태도로 무릎을 꿇고 앉아 있는 것을 보았다. 가히 돈독(敦篤)하다고 말할 수 있다. 배우는 자는 모름지기 공경하는 마음을 지녀야 하지만, 다만 얽매이고 쪼들려서는 안된다. 얽매이고 쪼들리면 오래 지속하기가 어렵다."
또 누가 묻기를
"생각이 비록 많더라도 과연 바른데서 나오면 또한 해(害)가 없겠습니까? 해가 있겠습니까?"
하니, 이천 선생이 대답하였다.

"종묘(宗廟)에 있을 때는 경(敬)을 주로 해서 제사를 받들고, 조정(朝廷)에 있어서는 장(莊)을 주로 해서 정사를 집행하고 군대에 있어서는 엄(嚴)을 주로 해서 규율을 지키는 것과 같다. 만일 때가 아닌 때에 움직이면 어수선하고 절도가 없어서 비록 바르다 하더라도 또한 사특한 것이 되는 것이다."

問人之燕居[1] 形體怠惰 心不慢者可否 曰 安有箕踞[2]而心不慢者 昔呂與叔六月中來緱氏[3] 閒居中 某嘗窺之必見其儼然危坐[4] 可謂 敦篤矣 學者須恭敬 但不可令拘迫[5] 拘迫則難久

思慮雖多 果出於正 亦無害否 曰 且如在宗廟[6]則主敬 朝廷[7]主莊[8] 軍旅主嚴 此是也 如發不以時 紛然無度[9] 雖正亦邪

1) 燕居(연거) : 일이 없이 한가롭게 지냄. 한거(閒居)와 같다.
2) 箕踞(기거) : 발을 쭉 뻗고 키 모양으로 앉거나 걸터앉아 앉은 자세가 좋지 않은 것으로 마음대로 편하게 앉은 자세.
3) 緱氏(후씨) : 하남성(河南省)에 있는 고을의 이름. 후씨현(緱氏縣).
4) 危坐(위좌) : 무릎을 꿇고 단정하게 앉은 모습.
5) 拘迫(구박) : 부자연스럽게 얽매이고 쪼들림.
6) 宗廟(종묘) : 나라의 조상을 모시는 사당(祠堂).
7) 朝廷(조정) : 군주가 나라의 정치를 논의하고 집행(執行)하는 곳.
8) 莊(장) : 위의(威儀)와 용모를 때에 따라 그때그때 바르게 맞추어 장중(莊重)한 것을 이르는 말.
9) 紛然無度(분연무도) : 어지럽고 절도가 없음.

26. 희노애락이 발동하기 전과 후

소계명(蘇季明)이 묻기를,

"희노애락(喜怒哀樂)이 발동하기 전에 중(中)을 구하려고 한다면 되는 것입니까?"

하니, 이천 선생이 대답하기를

"안된다. 이미 희노애락이 발동하기 전에 그것을 구하려고 생각한다면 또한 그것도 생각이 되는 것이다. 이미 생각을 했으면 그것은 발동한 것이다. 발동하면 화(和)라고는 하나 중(中)이라고 할 수는 없다."

하였다. 다시 묻기를

"여학사(呂學士)가 말하기를 '마땅히 희노애락이 발동하기 전에 구하여야 한다.'라고 하였으니, 어찌 된 일입니까?"

하니, 선생이 대답하기를

"만약 희노애락이 발동하기 전에 존양(存養)을 하면 되지만, 만약 희노애락이 발동하기 전에 중(中)을 구하는 것은 안된다."

라고 하였다. 또 묻기를

"배우는 자가 희노애락이 발동할 때에 진실로 마땅히 힘써서 알맞게 움직이게 해야 한다고 하니, 희노애락이 발동하기 전에는 어떻게 하여야 합니까?"

하니, 대답하기를

"희노애락이 발동하기 전에 어떻게 구할 수 있느냐 하면, 다만 평소에 함양(涵養)하면 될 것이요, 함양을 오래하면 희노애락을 알맞게 발동할 수 있을 것이다."

하니, 또 물었다.

"중(中)에 당도하였을 때에 귀로 들을 수 없고 눈으로도 볼 수 없는 것입니까?"

"비록 귀로 들을 수 없고 눈으로도 볼 수 없지만, 보고 듣는 이치는 처음에 이미 있는 것이다. 그대의 고요(靜)한 것에 대한 견해는 어떠한가를 말해 보아라."

소계명이 대답하기를

"사물이 없다고 말하는 것은 옳지 않지만, 그러나 스스로 지각(知覺)할 수는 있을 것입니다."

라고 하니, 이천 선생이 말하였다.

"이미 지각이 있다고 하면 이것은 동(動)이 되는 것이니, 어찌 고요(靜)하다고 말할 수 있겠는가? 사람들이 말하기를 주역(周易) 복괘(復卦)의 복(復)은 천지의 마음을 보는 것이라고 한다.
　고요하다면 다 천지의 마음을 볼 수 있다고 하는 것은 잘못이다. 복괘(復卦 : ䷗)의 아래쪽 한 획은 양효(陽爻)로서 동(動)이 되는 것이니 어찌 고요하다고 할 수 있는가?"
　어떤 사람이 또 묻기를
　"이것은 동(動)에서 정(靜)을 구하는 것이 아닙니까?"
하니, 이천 선생이 대답하기를
　"본래는 그러하다. 그러나 이것이 가장 어려운 것으로, 석가(釋迦)는 정(定)을 말하였고, 성인(孔子)는 지(止)를 말하였으니, 예컨대 임금은 인(仁)에 멈추어야 하고 신하는 경(敬)에 멈추어야 하는 것과 같은 것이다. 주역 간괘(艮卦)에 지(止)의 뜻을 말하기를 '간(艮)이 멈추는 곳은 그 제자리에 멈추는 것'이라고 하였다. 사람은 멈추어야 할 곳에 멈추지 못하는 경우가 많다. 대개 사람은 만물의 이치를 다 갖추고 있어서 어떤 일을 만나면 각기 마음에 중요하다고 생각되는 것이 있어 번갈아 가면서 생각을 하게 되어, 이 일이 중요하다고 생각하면 이 일에 이끌리어 마음이 멈출 곳에 멈추지 못하고 지나치거나 모자라는 것이 있게 된다.
　만약 물(物)이 각기 지니고 있는 고유한 법칙에 따라 당연한 이(理)를 따른다고 하면 마음은 멈출 곳에서 멈추고 밖으로 달려나오지 않는다."
라고 하니, 또 물었다.
　"선생께서는 희노애락이 발동하기 전을 동(動)이라고 하십니까? 아니면 정(靜)이라고 하십니까?"
　"정(靜)이라고 말하는 것이 옳다. 그러나 정중(靜中)에 모름지기 물(物)이 있어야 마음의 활동의 계기가 될 수 있으니, 이것이 이해하기 어려운 것이다. 배우는 자는 먼저 경(敬)을 알지 않으면 안되는데, 경(敬)을 할 수 있으면 곧 이것을 알 수 있다."
　"경(敬)은 어떻게 공부를 하여야 합니까?"
　"전일(專一)하면 되는 것이다."

또 소계명이 묻기를

"저는 생각이 안정되지 않는 것에 시달려 이 일을 생각하다가 또다시 다른 일이 무수히 나타났습니다. 이래도 되는 것입니까?" 하니, 선생이 대답하기를

"옳지 않다. 이것은 성실하지 못한 근본이다. 모름지기 사려(思慮)의 공부를 익혀야 한다. 익혀서 전일(專一)해질 때까지 하면 더욱 좋다. 사려하거나 외물(外物)을 접할 때는 모두 전일함을 구하여야 한다."라고 하였다.

蘇季明[1]問 喜怒哀樂未發之前求中 可否 曰 不可 旣思於喜怒哀樂未發之前求之 又却是思也 旣思卽是已發 纔發便謂之和 不可謂之中也 又問 呂學士[2]言 當求於喜怒哀樂未發之前 如何 曰 若言存養於喜怒哀樂未發之前則可 若言求中於喜怒哀樂未發之前則不可 又問 學者於喜怒哀樂發時 固當勉强裁抑[3]於未發之前 當如何用功 曰 於喜怒哀樂未發之前 更怎生求 只平日涵養便是 涵養久 則喜怒哀樂發自中節 曰 當中之時 耳無聞目無見否 曰 雖耳無聞目無見 然見聞之理在始得 賢且說[4]靜時如何 曰 謂之無物則不可 然自有知覺處 曰 旣有知覺 却是動也 怎生言靜 人說復[5]其見天地之心 皆以謂至靜能見天地之心 非也 復之卦下面一畫 便是動也 安得謂之靜 或曰 莫是於動上求靜否 曰 固是 然最難 釋氏多言定[6] 聖人便言止 如爲人君止於仁 爲人臣止於敬之類是也 易之艮言止之義 曰 艮其止 止其所也 人多不能止 蓋人萬物皆備[7] 遇事時各因其心之所重者更互而出 纔見得這事重 便有這事出 若能物各付物 便自不出來也 或曰 先生於喜怒哀樂未發之前 下動字 下靜字 曰 謂之靜則可 然靜中須有物始得[8] 這裏便是難處[9] 學者莫若且先理會得敬 能敬則知此矣 或曰 敬何以用功 曰 莫若主一[10] 季明曰 昞[11]嘗患思慮不定 或思一事未了 他事如麻[12]又生 如何 曰 不可 此不誠之本也 須是習[13] 習能專一時便好 不拘思慮與應事 皆要求一

1) 蘇季明(소계명) : 횡거 선생과 이천·명도 선생의 제자. 이름은 병(昞), 계명(季明)은 그의 자.

2) 呂學士(여학사) : 여대림(呂大臨)을 말함. 자는 여숙(與叔). 태학박사(太學博士)를 지냈음.
3) 裁抑(재억) : 못하게 억누름. 억압(抑壓)과 같음.
4) 賢且說(현차설) : 현(賢)은 제자 소계명(蘇季明)을 가리키는 말로, 제자에게 반문하는 것.
5) 復(복) : 주역(周易)의 복괘(復卦 ䷗)를 가리킴.
6) 定(정) : 참선(參禪)하여 삼매경(三昧境)에 드는 것을 이르는 불교의 말. 선정(禪定).
7) 蓋人萬物皆備(개인만물개비) : 사람의 마음에 모든 것이 다 갖추어져 있어서 조용히 있을 때는 불편불의(不偏不倚)하지만, 사물에 접할 때에는 편중(偏重)의 폐(해)가 나오는 것임. 예컨대 애(愛)에 편중하면 애심(愛心)이 나타나고, 또한 이 일이 중요함을 알게 되면 그 일에 편중되어 지나친 생각을 하게 됨. 그래서 사람은 그쳐야 할 곳에서 그치지 못하는 것임.
8) 有物始得(유물시득) : 항상 주재(主宰)하는 것이 있어야 계기가 됨.
9) 難處(난처) : 이해하기 어려운 부분.
10) 主一(주일) : 일이 없을 때에는 조용히 있고 일이 있을 때에는 오로지 그 일에 따라 응변(應變)하여 다른 데로 빗나가지 않는 것. 전일(專一)과 같음.
11) 昞(병) : 소계명(蘇季明)의 이름.
12) 如麻(여마) : 삼대와 같다. 빈번하게 많다는 뜻의 형용.
13) 習(습) : 마땅히 생각하지 않아야 할 것을 생각하지 않는 공부.

27. 꿈과 이해득실

이천 선생은 심지(心志)가 안정되면 기(氣)가 맑고 지(志)가 정해지지 않으면 기가 흐려진다고 말하였다.

"사람은 잠을 자고 꿈을 꾸는 동안에라도 또한 자기가 배운 것의 얕고 깊음을 어렴풋이 점칠 수 있을 것이다. 만약 잠속에서라도 심신의 어지러움을 일으키는 것은 그 마음의 뜻이 안정되지 못하였고 마음을 지키는 것이 굳지 못해서이다."

또 누가 묻기를

"사람의 마음에 얽매여 나타나는 바의 일이 과연 착하다면 밤에 그것이 꿈에 나타나더라도 해롭겠습니까? 해롭지 않겠습니까?"
하니, 이천 선생이 대답하기를
"비록 착한 일이라 하더라도 마음이 또한 움직인 것이다. 무릇 길흉화복(吉凶禍福)에는 조짐(兆朕)이 있는 것이니, 꿈속에 나타난 것이라면 도리어 해로움은 없는 것이다. 이것을 놓아서 버리면 모든 이것들이 망령되게 움직여서 사람의 마음은 모름지기 안정을 요하여 다른 생각으로 하여금 지금의 생각이 이에 옳게 되는 것이다. 이것이 요즘 사람들이 모두 마음으로부터 말미암는 것이다."
하였다. 또 묻기를
"마음은 누가 부리는 것입니까?"
하니, 대답하기를
"마음으로써 마음을 부린다고 하는 것이 옳은 것이다. 사람의 마음은 스스로 움직이는 것으로 자기도 모르게 노는 것이다."라고 하였다.
또 지(志)와 기(氣)의 상호작용을 말하였다.
"그 지(志)를 지키고 그 기(氣)를 어지럽힘이 없으면 안(志)과 밖(氣)이 교류하여 서로를 배양(培養)시키는 것이다."

人於夢寐[1]間 亦可以卜自家所學之淺深 如夢寐顚倒[2] 即是心志不定 操存不固
問人心所繫著之事果善 夜夢見之 莫不害否 曰 雖是善事 心亦是動 凡事有朕兆[3] 入夢者却無害 捨此[4] 皆是妄動[5] 人心須要定[6] 使他思時方思乃是 今人都由心 曰 心誰使之 曰 以心使心則可 人心自由 便放去也
持其志無暴其氣 內外[7]交相養也

1) 夢寐(몽매) : 잠을 자면서 꿈을 꾸는 것. 매(寐)는 마음의 정(靜)이며, 몽(夢)은 정(靜)이 움직여 나타나는 것.
2) 顚倒(전도) : 심신(心身)의 착란(錯亂)을 일으키는 것.

3) 朕兆(짐조) : 징조(徵兆). 조짐(兆朕).
4) 捨此(사차) : 이밖에. 이것 이외에.
5) 妄動(망동) : 분별없이 함부로 행동함.
6) 定(정) : 의리로 마음을 정착(定著)시킴.
7) 內外(내외) : 내(內)는 지(志)로 내심(內心)의 사고하는 능력이고 외(外)는 외부의 인간 형태인 기(氣). 지(志)가 기(氣)를 지배한다. 희노애락(喜怒哀樂)의 여러 감정의 작용은 기(氣)에 따라 생기며, 지(志)가 이르는 곳에 기(氣)가 따르게 마련이다. 그러므로 그 의지(意志)를 가지고 감정을 어지럽히지 않아야 함.

28. 중(中)을 함양하면 언어가 이치에 맞는다

누가 묻기를
"말을 하는 기가 나오게 하는 것은 언어상(言語上)의 공부를 하는데 쓰이는 것을 말하는 것입니까?"
하니, 이천 선생이 말하였다.
"모름지기 중(中)을 함양(涵養)하면 자연히 언어가 이치에 맞게 될 것이다. 만약 언어를 삼가고 망발(妄發)을 하지 않으려고 하면 그것은 도리어 부자연한 노력이 되는 것이다."
또 이천 선생이 장역(張繹)에게 말하였다.
"나는 기(氣)를 매우 박(薄)하게 받아 30세에야 겨우 원기가 차 있었고, 40세, 50세 이후에 완전히 왕성하였다. 이제 72세인데 근골(筋骨)을 조사해 보니 젊었을 때와 다를 것이 없다."
이에 장역이 말하기를
"선생님께서는 태어나실 때 기운을 박하게 받아(허약하시어) 삶을 보호하는데 힘쓰시었습니까?"
하니, 선생은 한참 동안 말이 없다가 말하였다.
"나는 삶을 잃고 식욕(食慾)이나 색욕(色慾)같은 것 따르기를 심히 부끄럽게 여겼다."
또한 마음에 대해 말하였다.

"대개 마음을 잘 파악(把握)하지 못하여 정착하지 못하는 것은 다 불인(不仁)한 것이다."

問出辭氣 莫是於言語上用工夫否 曰 須是養乎中 自然言語順理 若是愼言語 不妄發[1] 此却可著力[2]
先生謂繹[3]曰 吾受氣甚薄 三十而浸盛 四十五十而後完 今生七十二年矣 校其筋骨 於盛年無損也 繹曰 先生豈以受氣之薄[4] 而厚爲保生邪 夫子[5]默然曰 吾以忘生徇欲[6]爲深恥
大率[7]把捉[8]不定 皆是不仁

1) 妄發(망발) : 망령된 말을 함. 무심중에 자기나 자기 조상을 욕되게 하는 말. 망선(妄善).
2) 可著力(가착력) : 일이 이루어지도록 노력을 기울이는 것.
3) 繹(역) : 이천의 제자인 장역(張繹). 자는 사숙(思叔).
4) 受氣之薄(수기지박) : 태어날 때 기를 박하게 받고 태어남. 허약한 것.
5) 夫子(부자) : 선생님. 이천 선생을 가리키는 말.
6) 徇欲(순욕) : 식욕이나 색욕 같은 것을 그대로 따르는 것.
7) 大率(대솔) : 대략(大略). 대개, 대충.
8) 把捉(파착) : 파악(把握). 포착(捕捉).

29. 앎을 이루는 것은 욕심을 적게 하는 것

이천 선생은 치지(致知)하는 길은 과욕(寡欲)이라고 말하였다.
"앎을 이루는 것은 함양(涵養)하는 데에 있다. 지(知)를 함양하려면 욕심을 적게 한다(寡欲)는 두 글자보다 더 좋은 것이 없다."
또 말의 표현으로 마음의 상태를 알 수 있다고 말하였다.
"마음이 안정된 사람은 그 말이 신중하고 완만하며, 마음이 안정되지 않은 사람이 그 말이 경솔하고 조급하다."

伊川先生曰 致知在所養 養知莫過於寡欲[1]二字

心定者其言重以舒 不定者其言輕²⁾以疾³⁾
1) 寡欲(과욕) : 욕심이 적음.
2) 輕(경) : 천(淺)과 같다. 경박. 천박.
3) 疾(질) : 조급(躁急).

30. 사 백 네 가지의 병은 마음에서
　명도 선생은 마음이 몸의 주인이라고 말하였다.
　"사람에게는 404종의 병이 있으나, 모두 자기에게서 말미암은 것이 아니다. 몸의 병은 어찌할 수 없으니 마음은 모름지기 자기의 몸 안에 있다는 것을 깨달아야 한다."
　사현도(謝顯道)가 명도 선생을 따라 부구(扶溝)에서 배웠는데, 하루는 명도 선생이 그에게 일러 말하기를
　"그대가 여기에서 나를 따르는 것은 나의 언어(言語)를 배울 뿐이다. 그 배움에 있어서 마음과 입(언어)이 서로 통하지 않으니 어떻게 행동할 수 있는가?"
하였다. 사현도가
　"삼가 듣고자 하옵니다."
하니, 명도 선생이 말하였다.
　"또한 마음을 가다듬고 몸을 바르게 하면 되는 것이다.
　이천(伊川)도 남이 마음을 가다듬고 몸을 바르게 하는 것을 보고 잘 배우고 있느니라."

明道先生曰 人有四百四病¹⁾ 皆不由自家 則是心須敎由自家
　謝顯道²⁾從明道先生於扶溝³⁾ 一日謂之曰 爾輩在此相從 只是學顯⁴⁾言語 故其學心口不相應 盍⁵⁾若行之 請問焉 曰 且靜坐⁶⁾ 伊川每見人靜坐 便嘆其善學
1) 四百四病(사백사병) : 불교에서 나온 말로 사람 몸에는 지(地)·수(水)·화(火)·풍(風)의 사대(四大)가 있는데, 하나의 대(一大)가 그 기운을 고르게 갖지 못하여 조화가 깨지면 101종(百一種)의 병이 생긴다. 각각의 101종을

합하면 404종(四百四種)의 병이 된다.
2) 謝顯道(사현도) : 명도 선생의 제자. 이름은 상채(上蔡). 현도(顯道)는 그의 자. p. 90참조.
3) 扶溝(부구) : 고을의 이름. 명도 선생이 부구(扶溝)의 지현(知縣)을 지냈으므로 많은 제자들이 그를 따라 그곳에까지 와서 배웠음.
4) 顥(호) : 명도 선생의 이름. 명도 선생 자신을 가리키는 말.
5) 盍(합) : '하불(何不)' '어찌~아니하냐'의 뜻.
6) 靜坐(정좌) : 마음을 가라앉히고 몸을 바르게 하여 앉음.

31. 배우기 전에 알아야 할 중요한 것

횡거 선생은 공부하기 전에 알아두어야 할 것들을 말하였다.
"처음 학문에 임하여 알아야 할 중요한 것은 마땅히 안회(顏回)가 석달 동안이나 인(仁)에 어긋나지 않았던 것과 같이 하고 그밖에는 하루에 한 번, 한 달에 한 번 인(仁)에 이르는 사람들이다.
이것은 마음의 밖에서와 안에서 때때로 주인도 되고 손님도 되는 인의 분별을 잘 가려야 한다는 것이다.
이렇게 해서 마음을 오로지 하나로 하여 부지런히 힘써서 끊일 줄 모르게 노력하여야 한다. 석 달이 지나면 내 자신이 억지로 하지 않아도 잘 될 수 있는 것이다."
또 말하였다.
"마음이 맑을 때는 적고 어지러울 때는 항상 많다. 그 마음이 맑을 때는 눈이 맑고 귀가 총명하여 사지(四肢)가 얽매이지 않아 저절로 공근(恭謹)하여지며 그 마음이 어지러워질 때는 이와 반대다.
이와 같은 것은 어찌된 일인가. 대개 의리(義理)에 쓰는 마음이 익숙하지 않아서 밖에서 들어오는 쓸데없는 생각이 많고 늘 지니고 있는 양심이 적기 때문이다.
습속(習俗)에 젖은 속된 마음을 버리지 못하고 의리에 충실된 마음이 불완전해서다.

사람은 또한 굳세어야 하는 것이니 지나치게 연약하면 뜻이 확립되지 않는다. 또한 사람이 태어나서 기뻐하고 노하는 마음이 없을 정도로 유약(柔弱)한 사람이라면 또한 굳세게 되려고 노력하여야 한다. 뜻을 굳세게 하면 뜻을 굳게 지켜 잘못되지 않게 하여 도(道)에 나아가는 데 용감하다. 나는 남과 견주어 스스로 용감한 것이 많다."

橫渠先生曰 始學之要 當知三月不違[1] 與日月至焉 內外賓主之辨[2] 使心意勉勉循循[3]而不能已 過此幾非在我者
心淸時少 亂時常多 其淸時 視明聽聰 四體不待羈束而自然恭謹 其亂時反是 如此何也 蓋用心未熟 客慮[4]多而常心少也 習俗之心[5] 未去 而實心未完也 人又要得剛[6] 太柔則入於不立 亦有人生無喜怒者 則又要得剛 剛則守得定不回 進道勇敢 載則比他人自是勇處多

1) 三月不違(삼월불위) : 석 달 동안 어기지 않다. '논어(論語)' 옹야편(雍也篇)에서 공자가 안회(顏回)와 다른 사람과의 다른 점을 평하여 한 말.
2) 內外賓主之辨(내외빈주지변) : 안과 밖이 번갈아 주인과 객이 된다. '삼월불위(三月不違)'는 인(仁)이 안에 있어서 주(主)가 되고 사욕(私欲)이 밖에 있어서 객(客)이 된다는 말이요. '일월지언(日月至焉)'은 사욕이 안에 있어서 주가 되고 인(仁)이 밖에 있어서 객이 된다는 말. 변(辨)은 구별의 뜻.
3) 勉勉循循(면면순순) : 부지런히 힘써서 끊이지 않게 하는 것.
4) 客慮(객려) : 밖에서 들어온 쓸데없는 생각.
5) 習俗之心(습속지심) : 전부터 물들고 익숙해진 속된 마음.
6) 剛(강) : 천덕(天德)을 굳게 하는 것.

32. 실없는 농담은 일을 해친다
횡거 선생은 희학(戲謔)은 일을 해친다고 말하였다.
"실없는 농담은 오직 일을 해롭게 할 뿐이다. 의지도 또한 기(氣)에 따라 흐르게 된다. 실없는 농담을 하지 않는 것이 또한 의지를 지니는 한 실마리가 된다."

또 마음을 바르게 하는 방법을 말하였다.

"마음을 바르게 하는 시작은 마땅히 자기의 마음을 엄한 스승으로 삼아서 동작할 때마다 두려운 것을 아는 것이다. 이와 같이 해서 한 두 해를 지나면 굳게 지킬 수 있게 되고, 저절로 마음이 바르게 될 것이다."

또 마음이 안정된 뒤에라야 마음이 밝아진다고 말하였다.

"마음이 안정된 뒤라야 비로소 광명이 있다. 만약 항상 옮겨 바꾸어 안정되지 않으면 어찌 광명을 구할 수 있겠는가? 역경(易經)'에서는 대저 간괘(艮卦)를 지(止)라고 하니 그치는 것(안정되는 것)은 곧 광명이다. 그러므로 '대학(大學)'에서 마음이 안정되면 능히 사려(思慮)할 수 있다고 하였다. 사람의 마음이 번잡하면 말미암아 광명이 없을 것이다."

戲謔[1]不惟害事 志亦爲氣所流 不戲謔 亦是持氣之一端

正心之始 當以己心爲嚴師 凡所動作 則知所懼 如此一二年 守得牢固[2] 則自然心正矣

定然後始有光明 若常移易不定 何求光明 易大抵以艮爲止[3] 止乃光明 故大學定而至於能慮 人心多則無由光明

1) 戲謔(희학) : 실없는 농담.
2) 牢固(뢰고) : 굳게 지킴.
3) 艮爲止(간위지) : '주역(周易)' 간괘(艮卦 : ☶☶)의 상(象 ☶)은 멈춤(止)을 의미한다는 것.

33. 동과 정의 시기를 잘 알아야 한다

횡거 선생은 동(動)과 정(靜)을 알맞게 해야 마음이 밝고 맑아진다고 말하였다.

"움직이는 것과 고요한 것은 그 때를 잃지 않으면 그 도(道)는 빛나고 밝아진다. 배우는 자가 반드시 알맞은 때에 움직이고 고요하면 그 도는 어둡게 가려지지 않고 밝게 된다.

지금 사람들이 배우기를 오래하여도 진전을 볼 수 없는 것은 바로 움직임과 고요함의 때를 알지 못해서이다.
다른 사람의 번거로움을 보고 자기의 일과 관련이 없는데도 관계하게 되면 몸을 닦는 바를 그르치게 된다.
이것은 성인의 학문으로 보건대 어둡고 멀고 멀어 이것으로 자신을 마칠 뿐이다. 이것을 광명하다고 말할 수 있겠는가?"
또 존양(存養)을 성숙시킨 다음에 본심(本心)을 써나가라고 말하였다.
"돈독(敦篤)하고 허하며 고요한 것은 인(仁)의 근본이다. 경망(輕妄)하지 않으면 돈후(敦厚)한 것이고, 얽매이고 막힘이 없으면 허하며 고요한 것이다.
이것은 문득 깨닫기가 어렵다. 진실로 이것을 알려면 모름지기 도를 오래 닦고 실제로 그것을 체험하여야 그 맛을 알 수 있다.
무릇 이것은 인(仁)도 또한 성숙시키는데 있는 것일 따름이다."

動靜不失其時[1] 其道光明 學者必時其動靜 則其道乃不蔽昧而明白 今人從學之久 不見進長 正以莫識動靜 見他人擾擾[2] 非關己事而所修亦廢 由聖學觀之 冥冥[3] 悠悠[4] 以是終身 謂之光明可乎
敦篤虛靜者仁之本 不輕妄 則是敦厚也 無所繫閡昏塞[5] 則是虛靜也 此難以頓悟[6] 苟知之須久於道實體之 方知其味 夫仁亦在乎熟之而已

1) 動靜不失其時(동정부실기시) : 동(動)할 때에 동하고 정(靜)할 때에 정하는 것을 그 때에 알맞게 함. '주역(周易)' 간괘(艮卦)에 나오는 말.
2) 擾擾(요요) : 뒤숭숭한 모양. 시끄러운 모양.
3) 冥冥(명명) : 드러나지 않고 으슥한 모양.
4) 悠悠(유유) : 매우 한가로운 모양.
5) 昏塞(혼색) : 어둡게 막힘.
6) 頓悟(돈오) : 문득 깨달음.

제5권 허물을 고치고 예절로 가는 길
(第五卷 改過遷善克己復禮篇 凡四十一條)

세상 사람들은 집에서 노(怒)한 일이 있으면
시장 사람들에게 그것을 옮기고,
또 어떤 사람에게서 노한 일이 있으면
또 다른 사람에게 노하지 않을 수 없다.
또 어떤 사람에게서 노한 일이 있는데
다른 사람에게 옮기지 않는 것은
그것을 참기 때문이다.
곧, 의리를 잘 알고 있기 때문이다.
군자는 만물(萬物)을 지배하고
소인은 물(物)에 지배된다…

제5권 허물을 고치고 예절로 가는 길
(第五卷 改過遷善克己復禮篇 凡四十一條)

1. 과욕에서 무욕(無慾)의 상태로 가야 한다
   염계 선생은 역행(力行)의 공부에 대해 말하였다.
   "건괘(乾卦)에 '군자는 부지런히 힘쓰고 정성스럽게 하여 멈추지 않는다.'고 하였다.
   이것은 반드시 분(忿)을 억누르고 욕심을 억제하여 잘못을 고쳐 착한 곳으로 옮긴 다음에 이르는 것으로 건(乾)의 쓰임새가 가장 좋은 것이다. 손익괘(損益卦)의 큰 것은 이것보다 지나친 것은 없다.
   성인의 뜻은 깊도다. 길흉회린(吉凶悔吝)은 움직임에서 생기는 것이다. 아, 길(吉)한 것은 하나뿐인 것이어늘 움직임을 가히 삼가지 않을 수 있겠는가."
   또 과욕(寡慾)을 무욕(無慾)으로 발전시켜야 한다고 말하였다.
   "맹자가 이르기를 '마음의 수양(修養)에는 욕심을 적게 하는 것보다 더 좋은 것은 없다'고 하였다.
   내가 이르겠는데 마음을 수양함에는 욕심을 적게 가지는 데에 멈추어서는 안되고, 욕심을 적게 가지는 데에서 욕심이 없는 데에 이르러야 한다. 욕심이 없으면 성실함이 세워지고 밝음이 통하게 된다. 성실이 세워지면 현(賢)이 되고 밝음이 통하면 성(聖)이 된다."

濂溪先生曰 君子乾乾[1]不息於誠 然必懲忿 窒慾 遷善改過而後至

乾之用其善 是損益²⁾之大莫是過 聖人之旨深哉 吉凶悔吝生乎動 噫 吉一而已 動可不愼乎
　濂溪先生曰 孟子曰 養心莫善於寡欲³⁾ 予謂養心不止於 寡而存耳 蓋寡焉 以至於無 無則誠立明通 誠立賢也 明通聖也

1) 君子乾乾(군자건건) : 군자는 부지런히 힘쓴다. '주역(周易)' 건괘(乾卦 : ☰☰) 구삼효(九三爻) 풀이에서 인용한 말.
2) 損益(손익) : '주역(周易)'의 손괘(損卦 ☶☱)와 익괘(益卦 ☴☳).
3) 養心莫善於寡欲(양심막선어과욕) : 마음을 닦는 것은 욕심을 적게 하는 데 있다. '맹자(孟子)' 진심장(盡心章)에 있는 말.

2. 자신을 이기고 예로 가는 길

　이천 선생은 '논어(論語)' 안연편(顏淵篇)을 인용하여 극기복례(克己復禮)에 대하여 말하였다.
　"안연(顏淵)이 자기의 사사로운 욕심을 극복하고 예(禮)로 돌아가는 조목을 물었다.
　공자께서 대답하기를 '예(禮)가 아니면 보지 말며, 예가 아니면 듣지 말며, 예가 아니면 말하지 말며, 예가 아니면 행동하지 말라.'라고 하셨다.
　보고, 듣고, 말하고, 행동하는 이 네 가지는 신체의 작용인 것이다. 이 작용은 속에 있는 마음으로부터 나와 외계(外界)의 모든 사물에 대응하는 것이다. 보고 듣고 말하고 행동하는 것은 외계의 사물에 제약을 가하며 그 마음도 기를 수 있는 방법이 되는 것이다.
　안연은 이 말을 받들어 실천하였으므로 성인의 경지에 이르게 된 것이다. 후세에 성인을 배우려는 사람은 마땅히 이 조목을 마음에 새겨 실천하여 잃지 말아야 한다. 이로 인하여 잠(箴)을 지어 스스로 경계한다. 시잠(視箴)에 이르기를, 마음은 본래 비어 있는 것으로 외물(外物)과 접하면 감응(感應)이 되는 것이다. 그 응함에는 자취가 없고 응한 것을 간직하는 방법이 있으니, 보는 행위가 마음을 좌우하는 규준도 되는 것이다. 보는 과정에서 외물에 대한 욕심이 앞을 가린다면 마음은 외물에 이끌리어 그릇된 방향으로 옮겨진다. 그러므로 먼저 보는 행위로 외물과 접하는 것을 제어(制御)하여 마음을 안정시켜야 한다. 이것이 자기의 사욕(私慾)을 이기고 예(禮)로 돌아가는 것이니, 지니고 오랫동안 지키면 정성스러워 자연히 보는 데 이(理)가 통할 것이다.

청잠(聽箴)에 이르기를, 사람은 본래 사람으로서의 도리를 가지고 있으니 자연적인 천성(天性)이다. 지(知)가 외물의 유혹을 받아 물욕(物慾)으로 변하면 마침내 지니고 있던 마음이 바름을 잃게 된다. 밝은 저 선각자들은 멈출 줄을 알고 안정하는 것이 있어 밖의 사특함을 막고 정성된 마음을 지녀 예가 아닌 것은 듣지 않았다.

언잠(言箴)에 이르기를, 사람의 마음은 감동하였을 때 그것이 말을 통해 밖으로 나타나는 것이다. 말을 발할 때 깊은 생각없이 함부로 하는 말을 하지 않도록 하면 속마음은 정정(靜定)하고 전일(專一)하게 된다. 말이란 모든 행위의 기틀이 되는 것이다. 말로 인하여 전쟁이 일어날 수도 있고, 길흉(吉凶)과 영욕(榮辱)을 불러 일으킬 수도 있다. 지나치게 경박하거나 쉽게 하는 말은 망령되어 성실성이 없는 말이 되고, 지나치게 번거롭고 복잡한 말은 일관된 줄거리를 잃어 지리(支離)하다. 자기 멋대로 말을 하면 상대방도 마음에 거슬리는 말을 하는 것이다. 말을 할 때는 이(理)에 어긋나지 않게 해서 법이 아닌 것은 말하지 말아야 한다. 이 훈계의 말을 삼가서 지킬 것이다.

동잠(動箴)에 이르기를, 철인(哲人)은 선(善)과 악(惡)을 구별하는 기미를 알고 있어 선을 생각하기에 정성을 다하고, 지사(志士)는 행동을 독려하고 행위에 있어 의(義)를 지킨다. 이(理)에 따라 행동하면 마음이 넉넉하고 여유가 있지만 욕심에 따라 행동하면 오직 위태롭다. 비록 잠깐동안이라도 바른 도리를 잊지 않고 두려워하고 조심하여 스스로 몸을 지켜야 한다. 이와 같은 노력으로 바른 행동이 습관으로 되어 천성같이 되면 성현(聖賢)과 그 돌아가는 곳이 같게 된다."

伊川先生曰 顏淵問克己復禮之目[1] 夫子曰 非禮勿視 非禮勿聽 非禮勿言 非禮勿動 四者身之用也 由乎中而應乎外 制於外所以養其中也 顏淵請事斯語[2] 所以進於聖人 後之學聖人者 宜服膺而勿失也 因箴[3]以自警 視箴[4]曰 心兮本虛應物無迹 操之有要 視爲之則[5] 蔽交於前 其中則遷 制之於外 以安其內 克己復禮久 則誠矣 聽箴曰 人有秉彛[6] 本乎天性 知誘物化 遂亡其正 卓[7]彼先覺 知止有定 閑邪存誠 非禮勿聽 言箴曰 人心之動 因言以宣 發禁躁妄 內斯靜專 矧是樞機 興戎出好 吉凶榮辱 惟其所召[8] 傷易則誕 傷煩則支 己肆物忤 出悖來違[9] 非法不道 欽哉訓辭 動箴曰 哲人知幾 誠之於思 志士厲行 守之於爲 順理則裕 從欲惟危 造次克念 戰兢自持 習與性成 聖賢同歸

1) 顏淵問克己復禮之目(안연문극기복례지목) : 안연이 극기복례의 조목을 물었다. '논어(論語)' 안연편(顏淵篇)에 있는 말.
2) 請事斯語(청사사어) : 삼가 말씀을 받들어 실천하다. 청(請)은 공경을 나타내는 부사(副詞).
3) 箴(잠) : 바늘. 돌침. 의료에 쓰는 침과 같이 따끔하게 경계한다는 뜻.
4) 視箴(시잠) : 보는 것에 대한 경계.
5) 則(칙) : 규칙의 뜻.
6) 秉彛(병이) : 사람으로서 마땅히 지켜야 할 떳떳한 도리.
7) 卓(탁) : 탁월한. 분명한.
8) 惟其所召(유기소소) : 화(禍)와 복(福)은 오직 사람이 부르는 것임.
9) 出悖來違(출패래위) : 남에게 거슬리는 말을 하면 나에게도 귀에 거슬리는 말이 온다는 말. '대학(大學)'에 있는 말.

3. 학문의 길은 선을 다하는 것
복괘(復卦) 초구(初九)에 '돌아오는 것이 멀지 않아 잘못이 없다. 크게 길(吉)할 것이다.'라고 했다.

이천 선생은 역전(易傳)에서 말하기를

"양효(陽爻)는 군자의 도(道)이다. 그러므로 다시 선(善)으로 돌아오는 뜻이 된다.

초구(初九)는 복괘의 가장 앞의 것으로 이것은 멀지 않아 돌아 오는 것이다. 잃은 뒤에 다시 되찾음이 있으니 잃지 않으면 어찌 되찾음이 있겠는가. 오직 잃었어도 멀지 않아 되돌아온다면 곧 뉘우침에 이르지 않아 크게 좋으며 길(吉)한 것이다.

안자(顔子)는 뚜렷한 잘못이 없어 공자가 그것을 몇 차례 말하기를 '그는 거의 뉘우침에 이른 때가 없다'고 하였다. 잘못이 생기기 전에 고치면 어찌 후회할 일이 있겠는가. 능히 힘쓰지 않아도 도덕 법칙에 적중(的中)하고, 하고자 하는 대로 해도 법도에 어긋나지 않았으면서도 성인의 경지에 이르지 못하였으므로 허물이 있는 것이다.

그러나 그는 밝으면서도 굳세었다. 그러므로 하나의 불선(不善)이 있으면 일찍이 알지 못하여 그러한 것이지 알았다면 잘못을 고치지 않음이 없었다. 그러므로 후회하는 데에 이르지 않았고, 이에 선으로 돌아가는 데 멀지 않았다.

학문의 길은 다른 것이 아니다. 오직 그 불선을 알면 속히 고쳐서 착한 것을 따르는 것일 따름이다."라고 하였다.

復之初九[1]曰 不遠復 无祗悔 元吉 傳曰 陽 君子之道 故復爲反善之義初 復之最先者也 是不遠而復也 失而後有復 不失則何復之有 惟失之不遠而復 則不至於悔 大善而吉也 顔子無形顯之過 夫子謂其庶幾 乃无祗悔也 過旣未形而改 何悔之有 旣未能不勉而中 所欲不踰矩[2] 是有過也 然其明而剛 故一有不善 未嘗不知 旣知未嘗不遽改 故不至於悔 乃不遠復也 學問之道無他也 惟其知不善 則速改以從善而已

1) 復之初九(복지초구): 복괘(復卦: ䷗)의 맨 아래에서 첫째의 효(爻)가 양효(陽爻)라고 초구라 부른다.
2) 所欲不踰矩(소욕불유구): 하고자 하는대로 해도 법도에 어긋나지 않다. '논

어(論語)' 위정편(爲政篇)에 있는 '칠십이 종심소욕 불유구(七十而從心所欲不踰矩)'에 나온 말.

4. 진괘(晉卦)·손괘(損卦)·쾌괘(夬卦)·절괘(節卦)의 뜻
 진괘(晉卦)의 상구효(上九爻)는 그 맨 앞에서 나아가는 것으로 그 고을을 칠 때 쓰면 격심하기는 하더라도 길(吉)하고 허물이 없으나 바른 곳에는 인색하다고 하였다.
 이에 대하여 이천 선생은 역전(易傳)에서 말하기를
 "사람이 스스로를 다스림에 굳셈이 지극하면 도(道)를 지킴이 더욱 굳어지고, 나아감이 지극하면 선(善)으로 옮겨가는 것이 더욱 빠르다. 마치 상구효(上九爻)가 스스로 다스리면 비록 지나친 것으로 다치는 경우가 있을지라도 길(吉)하고 또한 허물이 없는 것과 같다.
 지나치게 센 것은 편안하고 화평한 도는 아니다. 그러나 스스로 다스림에는 공이 있다. 비록 스스로 다스려 공이 있다고 하지만 중화(中和)의 덕(德)은 아니므로 정정(貞正)의 도에는 인색한 것이 있다."라고 하였다.
 또 인간의 욕망을 억제하여 천리(天理)로 돌아가야 한다고 손괘(損卦)를 인용하여 말하였다.
 "손괘(損卦)는 과오(過誤)를 덜고 중정(中正)으로 가는 것이며, 실속이 없으며 말엽적(末葉的)인 것을 덜고 본질적이고 진실한 것을 이루는 것이다. 천하의 해(害)는 말엽적인 것이 승리하는 데서부터 말미암지 않는 것이 없다.
 높은 집과 호화로운 담장은 궁실(宮室)이 근본이며, 주지육림(酒池肉林)은 음식이 근본이고, 음혹잔인(淫酷殘忍)은 형벌이 근본을 이루고, 군병을 동원하고 공벌을 일삼는 것은 정토(征討)가 근본을 이룬다. 무릇 사람의 욕심이 지나친 것은 모두 내 몸을 봉양(奉養)하는 데에 근본을 둔다. 그 흐름이 오래가면 해가 된다. 선왕(先王)은 그 근본을 절제하였으니, 그것이 천리(天理)다.

후인들은 그 말엽적인 것에 흘렀으니 그것이 인욕(人慾)이다. 손(損)의 뜻은 인욕을 덜고 천리(天理)로 돌아가게 할 따름이다."
또 쾌괘구오(夬卦九五)의 양효(陽爻)를 설명하였다.
"무릇 사람의 마음을 바르게 하고 뜻을 정성스럽게 하면 중정(中正)의 도(道)에 능히 이를 수 있고 그것을 충실히 빛낼 수 있다. 만약 마음속에 소인(小人)과 가까이 하려는 것이 있으면, 그것이 옳지 않다는 것을 의(義)로써 결단시킬 것이다. 비록 밖에서 행한다 하더라도 중정(中正)의 의(義)를 잃지 않으면 잘못된 것이 없을 것이다. 그러나 이것은 중도(中道)에 있어서 광대(光大)한 것을 얻지는 못한다.
대개 사람의 마음속에 조금이라도 사욕이 있으면 바른길에서 떠나는 것이다. 그러므로 쾌괘(夬卦) 구오효(九五爻)에서는 가까이 있어 음기(陰氣)를 느끼는 자리공의 뿌리와 같아 끊고 끊어 중행(中行)하면 잘못이 없다. 쾌괘의 상전(象傳)에 말하기를 '중행(中行)하면 허물이 없지만 그 중행이 빛나지는 못한 것이니라' 하였으니 공자가 이 구오효(九五爻)에 있어 사람들에게 보인 뜻은 깊은 것이다."
또 절괘(節卦) 상전(象傳)의 풀이를 말하였다.
"바야흐로 기쁜 것으로 알고 멈추는 것은 절괘(節卦)의 뜻이다."
또 인색(吝嗇)과 절제(節制)를 잘 구별해야 한다고 말하였다.
"절괘(節卦)의 구이효(九二爻)는 부정(不正)의 절제(節制)다. 강(剛)으로써 중정(中正)을 삼아 절제하는 것은 분심(忿心)을 없애고 욕심을 막고 잘못을 덜고 남는 것을 억제하는 것과 같은 것이다. 부정(不正)의 절제는 인색하여 쓰는 것을 절제하고 유약(懦弱)하여 행함을 절제하는 것같은 것을 말하는 것이다."

晉之上九[1] 晉其角[2] 維用伐邑 厲吉无咎 貞吝傳曰 人之自治 剛極則守道愈固 進極則遷善愈速 如上九者 以之自治則 雖傷於厲而吉且无咎也 嚴厲非安和之道 而於自治則有功也 雖自治有功 然非中

和之道 故於貞正之道 爲可吝也
　損³⁾者 損過而就中 損浮末⁴⁾而就本實也 天下之害 無不由末之勝也 峻宇雕牆⁵⁾ 本於宮室 酒池肉林 本於飮食 淫酷殘忍 本於刑罰 窮兵黷武⁶⁾ 本於征討 凡人欲之過者 皆本於奉養 其流之遠 則爲害矣 先王制其本者 天理也 後人流於末者 人欲也 損之義 損人欲以復天理而已
　夫人心正意誠 乃能極中正之道 而充實光輝 若心有所比 以義之不可而決之 雖行於外 不失其中正之義 可以无咎 然於中道未得爲光大也 蓋人心一有所欲 則離道矣 故夬之九五⁷⁾曰 莧陸⁸⁾夬夬 中行无咎而象曰中行无咎 中未光也 夫子於此 示人之意深矣
　方誠而止 節之義⁹⁾也
　節之九二¹⁰⁾ 不正之節也 以剛中正爲節 如懲忿窒欲 損過抑有餘 是也 不正之節 如嗇節於用 懦節於行 是也

1) 晉之上九(진지상구) : 진괘(晉卦 : ☲☷)의 맨 위에 있는 양효(陽爻)를 말함.
2) 晉其角(진기각) : 맨 앞을 나아감. 진(晉)은 진(進)과 같으며, 각(角)은 최첨단의 가장 굳세고 뾰족한 곳을 말함.
3) 損(손) : 주역의 손괘(損卦 ☶☱)을 말함.
4) 浮末(부말) : 부화(浮華 : 실속은 없으면서 겉만 화려한 것)와 말엽(末葉).
5) 峻宇雕牆(준우조장) : 높고 큰 집과 조각으로 호화롭게 단장한 담장.
6) 窮兵黷武(궁병독무) : 군사(軍事)를 피곤하게 하고 무예를 더럽히다의 뜻. 곧 군사를 남용하고 공벌(攻伐)을 일삼는 일.
7) 夬之九五(쾌지구오) : '주역(周易)' 쾌괘(夬卦 : ☱☰)의 아래로부터 다섯째 양효(陽爻)를 가리키는 것.
8) 莧陸(현륙) : 식물 자리공의 뿌리. 연하여 부러지기 쉬우며, 그늘에서 말리는 약초. 마치현(馬齒莧).
9) 節之義(절지의) : '주역(周易)' 절괘(節卦 : ☵☱)의 뜻.
10) 節之九二(절지구이) : 절괘(節卦 : ☵☱)의 구이효(九二爻). 구이효는 양효(陽爻)로서 중위(中位)에 있으나 음위(陰位)이므로 부정(不正)의 절(節)이다. 절(節)은 절제(節制).

5. 그것이 인(仁)인지 모르겠다

이천 선생은 극벌원욕(克伐怨欲)의 마음은 억제하기 어려운 것이라고 말하였다.

"사람으로서 이기려는 마음, 자랑하고픈 마음, 남을 원망하는 마음, 욕심 부리는 마음이 없는 것은 오직 어진 사람만이 할 수 있다. 그런 것이 있어도 능히 그 정을 억제하여 행하지 않는 것도 또한 하기 어려운 것이다. 그러나 그것을 인(仁)이라 하는 것은 옳지 않다.

원헌(原憲)의 물음에 공자가 답하기를 '그 어려운 것을 알지만 그것이 인(仁)인지는 모르겠다'고 하였는데, 그것은 성인의 그 뜻을 열어 보임이 깊어서이다."

人而無克伐怨欲[1] 惟仁者能之 有之而能制 其情不行焉 斯亦難能也 謂之仁則未可也 此原憲之問 夫子 答以知其爲難 而不知其爲仁 此聖人 開示之深也

1) 克伐怨欲(극벌원욕) : 극은 남을 이기려는 마음, 벌은 자기를 아름답게 여겨 자랑하려는 마음, 원은 남을 원망하는 마음, 욕은 욕심부리는 마음.

6. 객기(客氣)가 없으면 대현(大賢)이다

명도 선생은 대현(大賢)과 소인(小人)의 차이를 말하였다.

"의리(義理)와 객기(客氣)는 늘 서로 이기려고 한다. 다만 단점과 장점과 분수(分數)가 많고 적음을 보아 군자와 소인(小人)을 구별할 수 있다. 의리를 얻는 것이 점점 많아지면 자연히 객기는 소산(消散)되어 점점 적어지는데, 객기가 다 없어진 사람은 대현(大賢)이다."

어떤 사람이 말하기를

"사람은 누구나 화유관완(和柔寬緩)을 알지 못하고 어떤 일에 임하여는 도리어 난폭하기에 이른다."
라고 하니, 명도 선생이 말하기를
"다만 그것은 뜻이 기(氣)를 이기지 못해서 기가 도리어 그 마음을 움직이기 때문인 것이다."라고 하였다.

明道先生曰 義理與客氣[1]常相勝 只看消長分數多少 爲君子小人之別 義理所得漸多 則自然知得客氣消散得漸少 消盡者是大賢
或謂人莫不知和柔寬緩[2] 然臨事則反至於暴厲 曰 只是志不勝氣 氣反動其心也

1) 義理與客氣(의리여객기) : 의리(義理)는 선천적(先天的)인 것이요, 객기(客氣)는 사욕(私欲)에서 생기는 후천적(後天的)인 것이다.
2) 和柔寬緩(화유관완) : 사람의 성품이 고르고 부드럽고 너그럽고 원만한 것.

7. 호연지기가 없는 사람

명도 선생은 마음이 좁고 비루한 것은 호연지기(浩然之氣)가 없어서라고 말하였다.
"사람이 잡된 생각을 제거하지 못하는 것은 마음이 좁고 비루하여서이다. 마음이 좁고 비루한 것은 호연지기(浩然之氣)가 없어서이다."
또 분노와 두려움을 다스리는 방법을 말하였다.
"분노를 다스리기는 어렵고, 두려움을 다스리기도 또한 어렵다. 그러나 자신을 억제하는 마음을 가지면 분노도 다스릴 수 있고, 사물의 이치에 밝아지면 두려움도 다스릴 수 있다."

人不能祛[1]思慮 只是吝[2] 吝故無浩然之氣[3]
治怒爲難 治懼亦難 克己可以治怒 明理可以治懼

1) 祛(거) : 물리침. 제거(除去)함.
2) 吝(인) : 마음이 좁아 비루함.
3) 浩然之氣(호연지기) : 사람이 가지고 있는 당당한 기운. 곧 성대한 도덕으로

가득차 있어 모든 일에 있어 당당한 기운. '맹자(孟子)' 공손추장(公孫丑章)에 있는 말.

8. 군자와 소인이 함께 있으면…

명도 선생은 소인(小人)과 교제하는 방법을 말하였다.

"요부(堯夫)는 타산(他山)의 돌로 옥(玉)을 갈 수 있다는 것을 알았다. 옥은 온화하고 윤택한 물건으로서 만약 두 덩어리의 옥으로 서로 갈려고 하면 반드시 갈아지지 않는다. 모름지기 다른 거친 물건을 얻어야만 갈 수가 있다.

비유컨대 군자와 소인(小人)이 함께 있어서 소인의 침탈과 능욕을 받는다면 몸을 닦고 반성하고 두려워 피하고 마음을 움직여 참을성 있게 하고 증익(增益)하여 환난을 미리 예방한다. 이와 같이 하면 곧 도리(道理)가 생겨난다."

또 예리한 것에 대한 두려움은 이(理)로써 이겨내야 한다고 말하였다.

"눈으로 예리한 물건을 보면 두려워진다. 이 일은 그냥 지나쳐 버리지 않느냐. 그것을 이기내는 방법을 찾는다.

그 방법으로 방 가운데에 그 예리한 것을 항상 두어 모름지기 이(理)로써 그것을 이긴다. 그 예리한 것이 반드시 사람을 찌르는 것은 아니다. 어찌 그것을 두려워할 것이 있겠는가."

堯夫[1]解他山之石[2] 可以攻玉 玉者溫潤之物 若將兩塊玉來相磨 必磨不成 須是得他箇麤礪底物 方磨得出 譬如君子與小人處 爲小人侵陵 則修省畏避 動心忍性[3] 增益豫防 如此便道理[4]出來

目畏尖物[5] 此事不得放過 便與克下 室中率置尖物 須以理勝他 尖必不刺人也 何畏之有

1) 堯夫(요부) : 북송(北宋) 때의 학자. 성은 소(邵). 이름은 옹(雍), 요부(堯夫)는 자. 그의 시호(諡號)를 따라 소강절(邵康節) 선생이라고 칭함.
2) 他山之石(타산지석) : 다른 산에서 나는 돌도 자기의 옥을 가는 데는 필요하

다는 것으로 남의 잘못도 나의 선을 닦는데 도움이 된다는 말. '시경(詩經)'
에 있는 말.
3) 動心忍性(동심인성) : 마음을 움직여 참을성을 있게 하다. '맹자(孟子)' 고
자장(告子章)에 있는 말.
4) 道理(도리) : 덕성(德性)과 이성(理性)이 함께 진보하는 것.
5) 目畏尖物(목외첨물) : 예리한 물건으로 두려움을 주는 것.

9. 남의 선을 따르는 것은 극히 어렵다

명도 선생은 자책(自責)을 느낄 줄 알아야 직분을 맡을 수 있다고 말하였다.

"윗사람을 책(責)하고 아랫사람을 책하면서, 중간인 자신에 대하여서만 스스로 너그럽게 용서하면 어찌 직분(職分)을 맡을 수 있겠는가."

또 남의 선(善)은 따르기 어려운 것이라고 말하였다.

"자기를 버리고 남을 따르는 일은 가장 어려운 일이다. 자기라는 것은 자신이 소유하고 있는 것으로 그것을 버리는 것은 대단히 두려운 것이다. 자신을 지킨다는 것은 매우 어려운 것이요, 남을 따르는 것은 가벼운 일인 것이다."

明道先生曰 責上責下 而中自恕己 豈可任職分
舍己從人[1] 最爲難事 己者我之所有 雖痛舍之猶懼 守己者固 而從人者輕也

1) 舍己從人(사기종인) : 자기를 버리고 남을 따름. 사(舍)는 사(捨)와 같음.
'맹자(孟子)' 공손추장(公孫丑章)에 있는 말.

10. 구덕(九德)이 가장 좋다

명도 선생이 말하였다.

"아홉 가지의 덕(九德)이 가장 좋은 것이다."

또 자연의 이치를 따르는 것은 천직(天職)이라고 말하였다.
 "굶주리면 먹고, 목마르면 마시고, 겨울에는 따뜻한 옷을 입고, 여름에는 시원한 옷을 입는 것은 자연의 이치다. 만약 조금이라도 사사로운 인색(吝嗇)한 마음이 있으면, 곧 그것은 하늘의 직분을 버리는 것이다."

九德[1]最好
飢食渴飮 冬裘[2]夏葛[3] 若箸些私吝心在 便是廢天職[4]

1) 九德(구덕) : 아홉 가지의 덕. ① 너그러우면서도 엄하고(寬而栗), ② 부드러우면서도 확고부동하고(柔而立), ③ 성실하면서도 공손하고(愿而恭) ④ 어지러운 것은 바로잡으면서도 공경스럽고(亂而敬), ⑤ 유순하면서도 굳세고(擾而毅), ⑥ 곧으면서도 온화하고(直而溫), ⑦ 대범하면서도 자상하고(簡而廉), ⑧ 억세면서도 착실하고(剛而塞), ⑨ 실행력이 강하면서도 생각이 깊어야 한다(彊而義)고 순임금에게 고요(皐陶)가 한 말. '상서(尙書)' 고요모편(皐陶謨篇)에 있는 말.
2) 裘(구) : 가죽옷. 따뜻한 옷을 뜻함.
3) 葛(갈) : 베옷. 시원한 옷을 뜻함.
4) 天職(천직) : 낭년히 해야 할 직분.

11. 취미는 쉽게 버릴 수 없다

어느날 명도 선생이 사냥에 대해 말하기를
 "지금까지 사냥이라는 것이 이렇게 좋은 것인 줄은 몰랐다."
라고 하니, 스승인 주무숙(周茂叔)이 말하였다.
 "어찌 말을 그렇게 쉽게 하느냐. 단지 그 마음이 잠겨 숨어 있어 겉으로 나타나지 않을 뿐이다. 어느 날 동기가 싹터 움직이면 다시 전과 같이 되는 것이다."
 12년이 지난 뒤 어느 사람이 사냥하는 것을 보고 자신도 하고 싶은 생각이 나서 말하였다.
 "과연 아직도 그 생각이 그대로 있음을 알겠구나."

獵自謂今無此好 周茂叔[1]曰 何言之易也 但此心潛隱未發 一日萌動 復如前矣 後十二年 因見 果知未也

1) 周茂叔(주무숙) : 북송(北宋) 때의 학자인 주돈이(周敦頤)를 가리키는 말. 호는 염계(濂溪), 무숙(茂叔)은 그의 자. 명도의 스승이었음. (p. 441참조)

12. 도심으로의 귀일이란 어렵다

이천 선생은 도(道)와 하나가 되려면 이기심(利己心)을 버려야 한다고 말하였다.

"대저 사람은 몸을 가지고 있으면 곧 사사로운 욕심의 이(理)가 있게 된다. 마땅히 그 도와 함께 하여 하나로 되기가 어려운 것이다."

또 자책감(自責感)을 언제까지나 지녀서는 안된다고 말하였다.

"잘못에 대해 자기의 책임을 느끼지 않아서는 안된다. 그러나 또한 오래도록 마음속에 간직해 두고 후회하는 것도 마땅하지 않다."

또 욕심이 없으면 마음에 미혹(迷惑)함이 없다고 말하였다.

"하고자 하는 것이 있더라도 거기에 정신없이 빠져들어서는 안되는 것이다.

다만 지향하는 바가 있는 것도 또한 욕망일 뿐이다."

伊川先生曰 大抵人有身便有自私[1]之理 宜其與道難一
罪己責躬不可無 然亦不可長留在心胸爲悔
所欲不必沈溺[2] 只有所向便是欲

1) 自私(자사) : 사람의 사사로운 욕심을 말함.
2) 沈溺(침닉) : 다른 것을 돌아보지 않고 어떤 일에 정신없이 빠져들어가는 것.

13. 자로(子路)는 백세의 스승이다

명도 선생은 자로(子路)에 대하여 말하였다.

"자로(子路)는 또한 백세(百世)의 스승이다."
또 말하기를 학습을 통하여 말을 천천히 하도록 해야 한다고 하였다.
"사람이 말을 급하게 하는 것은 기질(氣質)이 안정되지 못해서이다."
또 말하기를
"이것은 또한 마땅히 배워야 한다. 배우면 말은 자연히 느리게 되는데 이것은 기질을 바꾸는 것이다. 이렇게 배워서 기질을 바꾸는 것은 바야흐로 학습의 공이 있는 것이다."라고 하였다.

明道先生曰 子路[1]亦百世之師[2]
人語言緊急 莫是氣不定否 曰 此亦當習 習到自然緩時 便是氣質變也 學至氣質變 方是有功
1) 子路(자로) : 공자의 제자. 이름은 중유(仲由). 대단히 용맹스러웠다 함.
2) 子路亦百世之師(자로역백세지사) : 자로(子路)는 과실을 지적당하면 기쁘게 고쳐나갔으므로 영원히 존경받을 만한 인물이라는 말.

14. 불천노(不遷怒) 불이과(不貳過)는 성인만이 가능
누가 묻기를
"노(怒)한 것을 옮기지 않고, 잘못을 두 번 다시 저지르지 않는다고 하는 것은 어떤 것입니까? 어록(語錄)에 '갑(甲)으로 인하여 노한 것을 을(乙)에게 옮기지 않는다.'라고 한 말은 옳은 것입니까?"
하니, 이천 선생이 말하였다.
"옳은 말이다."
"이와 같이 하는 것은 매우 쉬운 일입니다. 어찌 안자(顔子)만이 할 수 있는 일이겠습니까."
하였다. 이천 선생이 말하였다.
"다만 그의 대체적인 뜻만을 말했을 뿐이다. 제군(諸君)들은

다 쉬운 것으로 말하는데, 이것은 가장 어려운 것이 아닐 수 없다. 모름지기 스스로 깨달아 어째서 노한 것을 옮기지 않는 것이 중요한가를 알아야 한다.

예를 들어 순(舜)임금이 사흉(四凶)을 죽인 것은, 사흉이 죄를 지어 노한 것이지 순임금에게 어떤 사심(私心)이 있어 노한 것은 아니다. 대개 이로 인하여 보면 사람에게는 성낼 일이 있어서 성낸다고 하는데 성인의 마음은 본래부터 성낼 일이 없는 것이다.

비유컨대 밝은 거울에 좋은 물건을 비추면 곧 좋은 물건을 볼 수 있고, 나쁜 물건을 비추면 나쁜 물건을 볼 수 있는 것과 같다. 거울 자체에 어찌 일찍이 좋고 나쁜 것이 있겠는가.

세상 사람들은 집에서 노(怒)한 일이 있으면 시장(市場) 사람들에게 그것을 옮기고, 또 어떤 사람에게서 노한 일이 있으면 또 다른 사람에게 노하지 않을 수 없다. 또 어떤 사람에게서 노한 일이 있는데 다른 사람에게 옮기지 않는 것은 그것을 참기 때문이다. 곧 의리(義理)를 잘 알고 있기 때문이다.

성인과 같이 자연과 이치대로 움직여 외물(外物)에 의하여 노하는 일이 없다는 것은 심히 어려운 일이 아닐 수 없다.

군자는 만물을 지배하고 소인(小人)은 물(物)에 지배된다. 이제 즐길 수도 있고 노할 수도 있는 일을 보면 스스로 외물의 유인에 따라 이리 저리 마음을 옮기는 것은 이 또한 헛된 수고다. 그러나 성인의 마음은 맑은 물이 멈추어 만상을 비추는 것과 같다."

問不遷怒 不貳過[1] 何也 語錄有怒甲不移乙之說 是否 伊川先生曰 是 曰若此則甚易 何待顔子而後能 曰 只被說得粗了 諸君便道易 此莫是最難 須是理會得 因何不遷怒 如舜之誅四凶怒在四凶舜何與焉 蓋因是人有可怒之事 而怒之 聖人之心 本無怒也 譬如明鏡好物來時便見是好 惡物來時便見是惡 鏡何嘗有好惡也 世之人固有怒於室而色於市[2] 且如怒一人 對那人說話能無怒色否 有能怒一人而不怒別人者 能忍得如此 已是煞知義理 若聖人因物而未嘗有怒 此莫是甚難 君子役物 小人役於物 今見可喜可怒之事 自家著一

分陪奉他 此亦勞矣 聖人之心如止水
1) 不遷怒不貳過(불천노불이과) : 노함을 옮기지 않고 두 번 잘못하지 않다. 공자가 그의 제자인 안자(顏子)를 칭찬해서 한 말. '논어(論語)' 옹야편(雍也篇)에 있는 말.
2) 怒於室而色於市(노어실이색어시) : 집안에서 싸우고 시장에 가서 화풀이한다는 뜻. 자신의 분노를 아무 관계없는 다른 사람에게 나타낸다는 말.

15. 예의가 아니면 보지 말라

명도 선생은 비례물시(非禮勿視)를 부연하여 말하였다.
"사람은 보는 것을 가장 먼저로 한다. 예가 아니더라도 보는 것은 이른바 눈을 뜨고 보는 것이 곧 잘못된 것이라 말할 수 있다. 다음에 듣는 것, 그 다음에 말하는 것, 또 그 다음에 움직이는 것에 먼저와 나중의 차례가 있다.
사람이 능히 자신을 이겨 사욕(私慾)을 억제하면 마음은 넓고 몸은 윤택하여진다.
이는 하늘을 우러러 부끄럽지 않고 땅을 굽어보아 부끄럽지 않은 것으로 그 즐거움을 가히 알 수 있다. 그렇지 않고 쉼이 있으면 즐거움을 모르게 된다."
또 성인은 자신의 노력에 대하여 반성해야 한다고 말하였다.
"성인이 자신을 꾸짖는 것은 남에게 좋은 말과 좋은 행동을 한 것이 많았는가를 채점하고 남을 꾸짖을 때에는 자신의 행동에 과실이 얼마나 적었는가를 견주어 볼 뿐이다."

人之視最先 非禮而視 則所謂開目便錯了[1] 次聽次言次動 有先後之序 人能克己 則心廣體胖 仰不愧 俯不怍 其樂可知 有息則餒矣 聖人責己感也處多[3] 責人應也處少
1) 開目便錯了(개목편착료) : 눈을 뜨고는 보지만 곧 잘못된 것임.
2) 餒(뇌) : 굶주린다는 뜻이나, 여기서는 즐거움을 모른다는 뜻으로 풀이됨.
3) 處多(처다) : 자기가 행한 것의 많음. 거다(居多)와 같음.

16. 1년 동안 무슨 공부를 하였는가?

사자(謝子 : 사현도)와 이천 선생이 헤어진 지 1년 만에 사자가 찾아뵈니, 이천 선생이 말하기를
"헤어져 있던 1년 동안 어떤 공부를 하였는가?"
하니, 사자가 대답하였다.
"다만 긍(矜)자 하나를 제거하기에 노력하였습니다."
선생이 다시 물었다.
"어떤 까닭인가."
"제가 배움에 있어 자세히 살펴보니 모든 병통(病痛)이 여기에 있었습니다. 만약 이 잘못을 알고 고칠 수 있다면 바야흐로 공부가 진전되고 향상되는 것이 있을 것입니다."
대답을 듣고, 이천 선생이 머리를 끄덕이며, 앉아 있는 동지들에게 말하였다.
"이 사람의 배우는 방법은 실로 절실한 것을 물어 가깝게 생각하는 것이다."
어느 때 사숙(思叔)이 부리는 종들에게 욕을 하며 야단을 쳤다. 이것을 보고 이천 선생이 말하기를
"어째서 마음의 참는 성품을 움직이지 못하는가."
하니, 사숙이 부끄러워하며 사죄하였다.
또 자기를 반성(反省)하는 것의 중요성을 말하였다.
"어진 사람을 보면 그와 같아지기를 생각하라고 한 공자의 말이 있다. 하려고 하는 사람은 또한 이와 같이 된다고 한 안연의 말이 있다. 어질지 못한 것을 보면 안으로 스스로 살펴야 한다는 것은 대개 모든 것은 자신에게서 기인하지 않는 것이 없기 때문이다."

謝子[1]與伊川先生別一年 往見之 伊川曰 相別一年 做得甚工夫 謝曰 也只去箇矜[2]字 曰 何故 曰子細檢點[3] 得來病痛 盡在這裏 若

按伏得這箇罪過 方有向進⁴⁾處 伊川點頭 因語在坐同志者曰 此人爲
學 切問近思⁵⁾者也
  思叔⁶⁾詬詈⁷⁾僕夫 伊川曰 何不動心忍性 思叔慙謝⁸⁾
  見賢便思齊 有爲者亦若是⁹⁾ 見不賢而內自省¹⁰⁾ 蓋莫不在己

1) 謝子(사자) : 사양좌(謝良佐). 사현도(謝顯道).
2) 矜(긍) : 자부심(自負心). 자긍심(自矜心). 자존심(自尊心). 자만심(自慢心).
3) 檢點(검점) : 조사하여 봄. 점검(點檢)과 같음.
4) 向進(향진) : 향상(向上)과 진보(進步).
5) 切問近思(절문근사) : 간절하게 묻고 가깝게 생각함. '논어(論語)' 자장편
   (子張篇)에 있는 말.
6) 思叔(사숙) : 이천의 문인(門人)인 장역(張繹)의 자(字).
7) 詬詈(후리) : 큰소리로 욕하여 꾸짖는 것.
8) 慙謝(참사) : 부끄러워하며 사죄함.
9) 有爲者亦若是(유위자역약시) : 노력하는 자 그와 같이 된다. '맹자(孟子)'
   등문공장(滕文公章)에 있는 안자의 말.
10) 不賢而內自省(불현이내자성) : 어질지 않은 것을 보면 스스로를 반성한다.
   '논어(論語)' 이인편(里仁篇)에 있는 공자의 말.

17. 기호(嗜好)에 따라 마음을 잃지 말아야 한다

횡거 선생은 기호(嗜好)에 따라 마음을 잃지 않도록 해야 한다고 말하였다.

"맑고 고요한 일체(一體)를 기(氣)의 근본으로 한다. 외물을 거절하기도 하고 취하기도 하는 것이 기질(氣質)의 성(性)으로, 입과 배가 음식을 바라고 코와 혀가 냄새와 맛을 받아들이는 것은 모두 기에 있어서 물리치고 취하는 성(性)이다.

덕(德)을 아는 사람은 자기의 욕망에 지배됨이 없음을 스스로 족하게 여기고, 즐기고자 하는 욕심에서 그 마음을 어지럽히지 않는다. 적은 것으로써 큰 것을 해치지 않고 말엽적(末葉的)인 것으로 근본을 다치지 않게 할 따름이다."

또 적은 악이라도 반드시 제거해야 한다고 말하였다.
"아주 적은 악(惡)이라도 반드시 제거해서 선(善)을 위하는 것을 자기의 습성(習性)같이 해야 한다. 악한 것을 알고도 제거하는 일을 다하지 않으면 비록 하는 일이 선(善)하다 하더라도 반드시 조잡(粗雜)한 것이 있게 된다."

橫渠先生曰 湛一[1] 氣之本 攻取[2] 氣之欲[3] 口腹於飮食 鼻舌於臭味 皆攻取之性也 知德者 屬厭[4]而已 不以嗜欲累其心 不以小害大末喪本焉爾
纖[5]惡必除 善斯成性[6]矣察惡未盡 雖善必粗矣

1) 湛一(담일) : 청정순일(淸靜純一)함을 말하는 것.
2) 攻取(공취) : 거절하기도 하고 받아들이기도 하는 것.
3) 氣之欲(기지욕) : 기질(氣質)의 성(性).
4) 屬厭(속염) : 만족함. 매우 만족하여 물릴 정도를 가리킴.
5) 纖(섬) : 매우 적음. 세(細)와 같다.
6) 成性(성성) : 습(習)과 성(性)을 이루다.

18. 선은 반드시 의(義)를 다해야 한다

횡거 선생은 인(仁)을 좋아하고 불인(不仁)을 미워하는 데는 반드시 의(義)가 따라야 한다고 말하였다.
"불인(不仁)을 미워하는 것은 불선(不善)을 아는 것이다. 헛되이 인(仁)을 좋아하고 불인(不仁)을 미워하지 않는 것은 그 까닭을 깊이 알 수 없는 것이며 행하면서도 밝게 알 수 없는 것이다. 그런 까닭으로 선(善)이라고 하는 것은 반드시 의(義)를 다하지 않으면 안되고, 옳다고 하는 것은 인을 다하지 않으면 안된다. 인(仁)을 좋아하고 불인을 미워한 그런 다음에야 인의(仁義)의 도(道)를 다할 수 있는 것이다."
또 자기를 반성하여 남에게 해가 되지 않게 해야 한다고 말하였다.

"자기를 반성하는 자는 천하국가에 그릇된 이치가 없음을 마땅히 알게 된다. 그러므로 배움이란 자기의 본분을 다함으로써 남에게 해가 되지 않게 하는데에 이르는 것으로 이것을 배움의 지극한 것이라 한다."

  惡不仁 是不善未嘗不知 徒好仁而不惡不仁 則習不察 行不著 是故徒善未必盡義 徒是未必盡仁 好仁而惡不仁 然後盡仁義之道
  責己者 當知無天下國家皆非之理 故學至 於不尤人 學之至也

19. 선비는 벗과 음악과 독서에 뜻을 두었다
 횡거 선생은 선비는 벗과 음악과 독서에 항상 마음을 두어야 한다고 말하였다.
 "배움에 잠심(潛心)하지 않으면 미혹(迷惑)이 생겨 다른 일에 마음이 이끌리게 되니 이것은 객기(客氣) 때문이다. 옛 습관에 얽매여 이것을 씻어내지 못하면 필경 아무런 유익함이 없을 것이다. 옛 습관은 다만 즐기는 것일 뿐이다.
 옛 사람들은 친구를 얻고자 하면 항상 금슬(琴瑟)과 서적을 함께 하였으며 마음으로 하여금 여기에 있게 하였다. 오직 성인은 친구로부터 유익한 것을 얻는 것이 많다는 것을 알았으므로 친구가 멀리서 오는 것을 즐겼다."
 또 경박(輕薄)과 게으름을 경계하였다.
 "경박(輕薄)한 것은 뜯어 고치고 게으른 것은 경계해야 한다."

  有潛心於道 忽忽¹⁾ 焉他慮引去者 此氣²⁾ 也 舊習纏繞³⁾ 未能脫灑⁴⁾ 畢竟無益 但樂於舊習耳 古人欲得朋友⁵⁾ 與琴瑟簡編⁶⁾ 常使心在於此 惟聖人知朋友之取益爲多 故樂得朋友之來
  矯輕警惰

1) 忽忽(홀홀) : 미혹(迷惑)한 상태의 표현.
2) 氣(기) : 객기(客氣). 평소의 냉철한 상태를 잃은 것.

3) 纏繞(전요) : 얽매임.
4) 脫灑(탈쇄) : 속기(俗氣)를 제거함.
5) 古人欲得朋友(고인욕득붕우) : 옛 사람들이 벗을 얻고자 한다. '논어(論語)' 학이편(學而篇)에 있는 말을 인용.
6) 簡編(간편) : 책. 서적(書籍).

20. 배우는 자는 욕심을 적게 가져야 한다

횡거 선생은 학문에 뜻을 둔 자는 오로지 욕심을 적게 가져야 한다고 말하였다.

"인(仁)을 이루기 어려운 것은 오래되었다. 사람마다 그 좋아하는 바를 잃었고, 사람마다 사사로운 욕심의 마음만 있다. 이것은 학문을 하는 데에 정히 상반(相反)되고 배치(背馳)되는 것이다. 그러므로 배우는 자는 욕심을 적게 가져야만 하는 것이다."

또 사람은 온화한 마음으로 친구를 사귀고 어른을 모셔야 한다고 말하였다.

"군자는 반드시 다른 사람의 평판을 피하기 위해 너무 부드럽거나 약해서는 안될 것이다. 바라보는 데에도 또한 절도가 있는 것이다. 상대를 볼 때는 시선(視線)의 위와 아래가 시선을 높이면 기상(氣象)이 교만(喬慢)하고, 시선을 낮추면 마음이 순해진다. 그러므로 나라의 임금을 볼 때에는 그 신대(紳帶)의 가운데에서 눈을 떼어서는 안된다. 배우는 자는 먼저 남에게 객기를 부릴 수 있는 혈기(血氣)를 제거해야 한다.

그 사람됨이 굳세고 난폭하면 마침내 즐겨 나아가지 못한다. 당당한 태도의 자장(子張)같은 사람은 아울러 인(仁)을 행하기는 어렵다.

대개 눈이라는 것은 사람이 항상 쓰는 것이다. 또한 마음이 항상 의탁하는 곳이니, 시선의 위아래는 내심(內心)이 있는 쪽에 따라 영향을 받으므로 자기의 공경과 오만같은 것은 반드시 보는 것에서 나타난다.

시선을 낮게 하고자 하는 까닭은 그 마음을 유순하게 하고자 함
이다. 그 마음이 유순하면 남의 말을 들을 때 공경하고 또 믿을 수
가 있다. 사람들이 벗을 가지는 것은 연회를 베풀어 즐기자는 것
이 아니라 인(仁)을 행함에 도움을 받으려는 것이다.

오늘날의 벗들은 선(善)과 유순한 것을 가려서 사귀고 서로 어
깨를 두드리고 옷소매를 잡는 것으로써 의기(意氣)가 합한 것으
로 여긴다. 이는 한 마디로 의기에 어울리지 않고 노기(怒氣)를
더할 뿐이다. 벗과 교제함에는 서로가 양보하고 게으르지 않게 돌
보는 것이다. 그러므로 벗 사이에서 공경하는 마음을 주로 하여
사귀는 것은 날로 서로 친밀해질 수 있고 인(仁)을 행함에 서로
돕고 어울려 가장 빠른 효과를 거둘 수 있다.

공자가 일찍이 말하기를 '나는 저 아이가 어른의 자리에 앉고,
선생과 함께 나란히 가는 것을 보았다.' 라고 하였다. 어린아이가
예를 지킬 줄 모르면 유익한 것을 구하지 않으며, 속히 어른이 되
고자 하는 것이다.

배우는 자는 먼저 모름지기 온유(溫柔)하여야 한다. 온유하면
배우는 데 있어 진보가 있다. '시경(詩經)'에 이르기를 '온유(溫
柔)하고 공경하는 사람에게는 오직 덕(德)에 나아갈 수 있는 기
초가 있다.' 라고 하였으니, 대개 그것은 유익한 바가 많은 것이
다."

仁之難成久矣 人人失其所好 蓋人人有私欲之心 與學正相背馳
故學者要寡欲
　君子不必避他人之言 以爲太柔太弱[1] 至於瞻視[2]亦有節 視有上
下 視高則氣高 視下則心柔 故視國君者 不離紳帶之中 學者先須去
其客氣 其爲人剛行[3] 終不肯進 堂堂乎張[4]也 難與竝爲仁矣 蓋目者
人之所常用 且心常託之 視之上下且試之 己之敬傲 必見於視 所以
欲下其視者 欲柔其心也柔其心則聽言敬且信 人之有朋友 不爲燕
安[5] 所以輔佐其仁 今之朋友 擇其善柔[6] 以相與拍肩執袂 以爲氣合
一言不合 怒氣相加 朋友之際 欲其相下不倦 故於朋友之間 主其敬

者 日相親與 得效最速 仲尼嘗曰 吾見其居於位也 與先生竝行也 非求益者 欲速成者 則學者先須溫柔 溫柔則可以進學 詩[7]曰 溫溫恭人 維德之基 蓋其所益之多

1) 太柔太弱(태유태약) : 너무 부드럽고 너무 약함. 너무 유약(柔弱)함.
2) 瞻視(첨시) : 이리저리 둘러봄. 시선(視線). 시점(視點).
3) 剛行(강행) : 강강(剛强)한 것을 말함. 포악(暴惡)과도 같음.
4) 堂堂乎張(당당호장) : 당당한 자장(子張). 장(張)은 공자의 제자인 자장(子張)을 이르는 말. '논어(論語)' 자장편(子張篇)에 있는 말.
5) 燕安(연안) : 잔치를 베풀어 즐김. 연(燕)은 연(宴)과 같음.
6) 善柔(선유) : 표면으로는 유화(柔和)한 것 같으나 내심으로는 성실성이 결여된 것을 말함.
7) 詩(시) : '시경(詩經)' 대아(大雅) 억편(抑篇)에 있는 말.

21. 소학을 가르치지 않은 병폐

횡거 선생이 소학을 가르치지 않아 생기는 폐단을 말하였다.

"요즘 세상에는 소학(小學)을 가르치지 않아 남자나 여자나 어려서부터 어울려 교만해지고 게을러져 바른 품성이 결여되어 있다. 자라면서 더욱 사람으로서의 올바른 길을 벗어나 흉한(凶狠)해지는 것은 다만 자제(子弟)에게 도(道)를 가르치지 않아서이다.

자라는 동안에 그 어버이에 대하여도 자기의 주장만을 고집하며 복종하지 않아 교만하고 게으른 병(病)의 근원을 항상 지니고 있다. 또 살면서 계속 좇아 발전시켜 죽음에 이르기까지도 버리지 못한다.

한 집안의 자제(子弟)로 있으면서 마당에 물 뿌려 청소하고 어른을 모시며 손님을 접대하는 일을 할 수 없고, 벗과 사귐에 있어 서로 겸손한 태도로 사귈 수 없으며, 관리가 되어서도 상사(上司)에게 복종하지 않고, 재상(宰相)이 되어서는 천하의 현자(賢者)의 충고를 귀담아 듣지 못하며, 심하면 사리사욕(私利私慾)에 빠져 의리(義理)를 모두 상실하고 만다.

그것은 다만 어려서부터 교만하고 게으른 병의 뿌리를 제거하지 않아 자라면서 사람을 접(接)함에 따라 교만하고 게으른 병이 자라서이다. 사람들이 모름지기 어떠한 일에서나 병의 뿌리를 소멸(消滅)하는 데 노력한다면 의리는 언제나 병의 근원을 이길 것이다."

世學不講[1] 男女從幼便驕惰壞了[2] 到長益凶狠[3] 只爲未嘗爲子弟之事 則於其親已有物我 不肯屈下 病根常在 又隨所居而長 至死只依舊爲子弟 則不能安灑掃應對 在朋友則不能下朋友 有官長則不能下官長 爲宰相則不能下天下之賢 甚則至於徇私意 義理都喪 也只爲病根不去 隨所居所接而長 人須一事事消了病 則義理常勝

1) 世學不講(세학불강) : 요즘 세상에는 소학을 가르치지 않음. 세(世)는 요즘 세상. 학(學)은 어린이들에게 가르치는 소학(小學).
2) 壞了(괴료) : 나빠짐. 바른 품성이 결여되다.
3) 凶狠(흉한) : 난폭하고 불손(不遜)함.

제6권 가정을 가지런히 하는 도리
(第六卷 齊家之道篇 凡三十九條)

자식으로서 어머니의 잘못을 탓할 때는
너무 지나치게 엄격해서는 안된다.
자식은 어머니에게 마땅히
유순하고 온화한 마음씨로
순순히 따르는 가운데 도와주고
인도하는 자세로 어머니로 하여금
의(義)를 얻도록 해야 한다.
따르지 않고 일을 가르치려고
강요하면 그것은 자식의 죄다.
조용히 어머니의 뜻에 따르면
어찌 도(道)가 없겠는가?

제6권 가정을 가지런히 하는 도리
(第六卷 齊家之道篇 凡三十九條)

1. 부모를 섬기는데 모든 힘을 기울여야 한다

이천 선생은 학습의 목표는 효제(孝悌)에 있다고 말하였다.

"제자(弟子)의 직분을 다한 후에 힘이 남아 있으면 글을 배워라. 그 직분을 닦지 않고 글을 배우는 것은 자기의 덕(德)을 쌓는 공부가 아니다."

또 자식이 부모를 섬길 때는 성심성의를 다해야 한다고 말하였다.

"맹자가 말하기를 '어버이를 섬김은 증자(曾子)와 같아야 옳은 것이다.'라고 하였다. 일찍이 증자의 효(孝)는 아들로서의 직분(職分) 이상의 무슨 여유가 있어서 그런 것은 아니라고 하였다. 대개 아들의 신분으로서 능히 할 수 있는 모든 것은 다 마땅히 해야 할 따름이다."

또 부모를 섬기는 데는 순종(順從)이 근본이라고 말하였다.

"자식으로서 어머니의 잘못을 탓할 때는 너무 지나치게 엄격해서는 안된다. 자식은 어머니에게 마땅히 유순하고 온화한 마음씨로 순순히 따르는 가운데 도와주고 인도하는 자세로 어머니로 하여금 의(義)를 얻도록 해야 한다. 따르지 않고 일을 가르치려고 강요하면 그것은 자식의 죄다. 조용히 어머니의 뜻에 따르면 어찌 도(道)가 없겠는가.

만약 자기의 강요하는 도를 펴 굳이 어머니의 잘못을 강제로 고치려고 한다면 은의(恩義)를 크게 해치는 것이다. 또한 어찌 어머니로 하여금 올바른 도로 들어가게 할 수 있겠는가."

자기를 굽히고 자신의 뜻을 굽혀 유순하게 따르면서 어머니로 하여금 몸을 바르게 하고 일을 잘 다스려 나가도록 도울 따름이다. 강양(剛陽 : 의지가 강하여 강제로 요하는)한 신하가 유약(柔弱)한 임금을 섬기는 데도 그 뜻은 서로 비슷하다."

또한 어버이를 섬기는 도를 설명하였다.

"고괘(蠱卦)의 구삼효(九三爻)는 양효(陽爻)로서 강위(剛位)에 있으면서 가운데에 있지 않아 강(剛)이 지나치다. 그러므로 후회(後悔)가 적다.

구삼(九三)은 손체(巽體 : 들어가는 모양)라는 것이 있어 유순하지 않은 것이 없다. 유순하다는 것은 어버이를 섬기는 근본이다. 또 바른 자리를 얻을 수 있으므로 큰 잘못은 없으나 자신을 돌아보는 일이 적으니 어버이를 잘 섬긴다고 할 수는 없다."

伊川先生曰 弟子之職[1] 力有餘則學文 不修其職而學文 非爲己之學也

孟子曰 事親若曾子 可也[2] 未嘗以曾子之孝爲有餘也 蓋子之身所能爲者 皆所當爲也

幹母之蠱不可貞[3] 子之於母 當以柔巽輔導之 使得於義 不順而致敗蠱 則子之罪也 從容將順 豈無道乎 若伸己剛陽之道 遽然矯拂則傷恩 所害大矣 亦安能入乎 在乎屈己下意 巽順相承 使之身正事 治而已 剛陽之臣 事柔弱之君 義亦相近

蠱之九三[4] 以陽處剛而不中 剛之過也 故小有悔 然在巽體 不爲無順 順事親之本也 又居得正 故无大咎 然有小悔 己非善事親也

1) 弟子之職(제자지직) : 제자로서의 직분. 제자는 자제(子弟)의 뜻이기도 하다. 윗사람에 대한 제자라는 뜻. 젊은이들은 집에 돌아오면 부모에게 효도하고 밖에 나가서는 윗사람을 공경하며, 행동을 삼가고 신의를 지키며 널리 여러 사람을 사귀되, 어진이와 가까이해야 한다는 말이 '논어(論語)' 학이편(學而篇)에 있다.

2) 事親若曾子可也(사친약증자가야) : 부모를 섬기는 것은 증자와 같이 하여야 옳게 섬긴다고 할 수 있다는 뜻. '맹자(孟子)' 이루장(離婁章)에 공자의 제

자 중 효(孝)로 잘 알려진 증자(曾子 : 曾參)가 그 아버지 증점(曾點)을 섬긴 이야기가 있다.
3) 幹母之蠱不可貞(간모지고불가정) : 모친의 허물을 탓할 때는 지나치게 엄격해서는 안된다는 말. 주역(周易) 고괘(蠱卦 : ䷑) 구이효(九二爻)의 풀이.
4) 蠱之九三(고지구삼) : 고괘(蠱卦 : ䷑) 구삼효(九三爻)인 양효(陽爻).

2. 주역 가인괘(家人卦)의 뜻

이천 선생은 가인괘(家人卦)를 개괄(概括)하여 말하였다.
"윤리(倫理)를 바르게 하고 은의(恩義)를 돈독하게 하는 것이 가인(家人 : 가장)의 도(道)이다."
또 집안을 다스림에 지나친 정과 사랑에 빠져서는 안된다고 말하였다.
"사람이 가정생활을 함에 있어서 어버이와 자식의 사이는 혈육으로 맺어진 것이다. 그러므로 정(情)으로써 예(禮)를 이기고, 은혜로써 의(義)를 빼앗는다. 이것은 오직 굳센 사람이라야만이 능히 사사로운 애정으로써 그 바른 이치를 잃지 않는다. 그러므로 역경(易經)의 가인괘(家人卦)의 대체적인 뜻도 굳센 의지를 가지는 것으로써 좋은 것을 삼는다."
또 집안을 다스림에는 자기 몸의 단정과 위엄이 필요하다고 말하였다.
"역경(易經)의 가인괘(家人卦) 상구효사(上九爻辭)에 이르기를 '집을 다스림에는 마땅히 위엄이 있어야 한다.'라고 하였다. 공자는 이를 다시 경계하여 말하기를 '마땅히 먼저 자기 몸을 엄하게 하여야 한다.'라고 하였다. 위엄이 먼저 자기에게서 행하여지지 않으면 사람들은 원망하여 복종하지 않을 것이다."
또 부부 사이에도 예를 지켜야 오래가는 것이라고 말하였다.
"귀매괘(歸妹卦) 구이(九二)에 '그 유정(幽貞)함을 지키면 부부가 늘 바른 길을 잃지 않는다.'고 하였다.
세상 사람들은 버릇없이 지나치게 친한 것을 가지고 떳떳한 도리로 삼는다. 그러므로 정조있고 고요한 것으로 떳떳한 것을 변화시킨다. 이것은 떳떳한 것이 오랫동안 지속되는 도리를 알지 못하는 것이다."

正倫理 篤恩義 家人之道¹⁾也
　人之處家 在骨肉父子之間 大率以情勝禮以恩篤義 惟剛立之人 則能不以私愛失其正理 故家人卦 大要以剛爲善
　家人上九爻辭 謂治家當有威嚴 而夫子又復戒云 當先嚴其身也 威嚴不先行於己 則人怨而不服
　歸妹九二²⁾ 守其幽貞³⁾ 未失夫婦常正之道 世人以媟狎⁴⁾爲常 故以貞靜爲變常 不知乃常久之道也

1) 家人之道(가인지도) : 가인의 도 '주역(周易)' 가인괘(家人卦 : ䷤)의
　상전(象傳)을 풀이한 글.
2) 歸妹九二(귀매구이) : '주역' 귀매괘(歸妹卦 : ䷵)의 구이효(九二爻)인
　양효(陽爻)를 말하는 것.
3) 幽貞(유정) : 깊이 있고 한가하며 곧고 고요한 것.
4) 媟狎(설압) : 버릇없이 너무 지나치게 친함.

3. 며느리를 고르는 데 예를 다해야 한다
　이천 선생은 며느리를 얻는 데 소홀하여서는 안 된다고 말하였다.
"세상 사람들은 사위를 고를 때는 신중하게 고르면서 며느리를 고르는 데는 소홀하게 한다. 사위의 실상은 알기가 쉽고 며느리는 알기가 어려워 그 관계되는 바가 매우 중대하니 어찌 소홀하게 할 수 있을 것인가."
　또 부모가 돌아가신 사람은 생일 때 지나친 잔치를 삼가야 한다고 말하였다.
"부모가 돌아가신 사람은 생일을 당하여 더욱 슬퍼해야 하는데 어찌 차마 잔치를 벌리고 풍악을 울려 즐길 수 있겠는가. 만약 부모님이 다 살아 계신다면 그래도 좋을 것이다."

世人多愼於擇壻 而忽於擇婦 其實壻易見 婦難知 所繫甚重 豈可忽哉

人無父母 生日當倍悲痛更 安忍置酒張樂以爲樂 若具慶[1]者可矣
1) 具慶(구경) : 부모님이 모두 생존해 계심을 말한다.

4. 진성지명(盡性至命)은 도의 근본이다
누가 묻기를

"행장(行狀)에 이르기를 '진성지명(盡性至命)은 반드시 효제(孝悌)의 근본인데, 효제를 모르고 어찌 능히 진성지명 할 수 있으리오.' 하였는데 무슨 뜻입니까?"
하니, 이천 선생이 말하였다.

"후세 사람들은 성명(性命)을 별개의 다른 것으로 말하고 있다. 그러나 성(性)과 명(命)과 효(孝)와 제(悌)는 한 계통의 일이다. 나아가 효제(孝悌)를 하는 가운데 성(性)을 다할 수 있고 천명(天命)에 이를 수 있다.

마당에 물뿌리 쓸고 어른에게 응대(應對)하는 것과 사람으로서 자신의 본성을 다하여 하늘의 명에 따르는 것 역시 한 계통의 일로 근본과 끝이 있지 않고 정밀하고 거칠고 한 것이 있지 않다.

후세 사람에 의하여 성명(性命)은 별도의 고원(高遠)한 것으로 일컬어져왔다. 그러므로 효제(孝悌)를 들어 사람에게 간절하게 가까운 것으로 말해 왔다. 그러나 오늘날 효제(孝悌)하는 사람이 없지는 않으나 진성지명(盡性至命)을 할 수 없는 것은 효제를 하면서도 그 도를 알지 못하기 때문이다."

問行狀[1]云 盡性至命[2] 必本於孝弟 不識孝弟何以能盡性至命也 曰 後人便將性命別作一般事說了 性命孝弟 只是一統底事[3] 就孝弟中便可盡性至命 如灑掃應對[4] 與盡性至命 亦是一統底事 無有本末 無有精粗 却被後來人言性命者 別作一般高遠說 故擧孝弟 是於人

切近者言之 然今時非無孝弟之人 而不能盡性至命者 由之而不知也[5]

1) 行狀(행장) : 한 개인의 행위와 경력을 적은 글. 여기서는 이천 선생이 만든 명도 선생의 행장(行狀)을 말한다.
2) 盡性至命(진성지명) : 사람으로서의 본성(本性)을 다하여 천명(天命)에 이르는 것을 말한다.
3) 一統底事(일통저사) : 한 계통의 일이라는 뜻. 저(底)는 적(的)과 같다.
4) 灑掃應對(쇄소응대) : 쇄소(灑掃)는 마당에 물 뿌리고 청소하는 것으로 어린이들이 평소에 하는 일. 응대(應對)는 어린이들이 어른을 모시거나 손님을 접대하는 일.
5) 由之而不知也(유지이부지야) : 행하면서도 그 도리를 모른다. '맹자(孟子)' 진심장(盡心章)에 있는 말.

5. 자식에 대한 애정은 공평하라

제오륜(第五倫)이 묻기를

"자신의 자식에게 병이 있을 때와 형의 자식에게 병이 있을 때 행동이 같지 않음을 스스로 일러 사사로움이라고 하면 어떻습니까?" (형의 아들이 앓을 때는 밤에 열 번이나 살폈지만 물러나 잠을 청하면 곧 잘 수 있었고 자기의 자식이 앓을 때는 비록 살펴보러 가지 않아도 걱정되어 잠을 잘 수 없었다는 제오륜의 말이 있다.)

하니, 이천 선생이 말하였다.

"편안하게 잠들 수 있고 잠들지 못하는 것이 문제가 아니라, 다만 일어나지 않는 것과 열 번 일어나는 것은 곧 사(私)라고 할 수 있다. 아버지와 자식의 사랑은 본래 공(公)이지만 마음에 약간의 작용이 있으면 곧 그것은 사사로운 것이다."

제오륜이 다시 묻기를

"자기의 자식과 형의 자식을 보는 데는 사이가 있지 않습니까?"

"성인이 법을 만들어 형제의 아들을 자기의 아들과 같이 하라고 하였다. 그것은 자기의 아들과 똑같이 보기를 바란 것이다."

"천성(天性)에는 스스로 경중(輕重)이 있고, 그것은 천성에 근원을 둔 자연의 도리로써 그렇게 되는 것 같은데 어떻습니까?"
 "다만 지금 사람들은 사심(私心)으로써만 볼 따름이다. 공자가 말하기를 '부자(父子)의 도(道)는 천성이다.'라고 하였다. 이것은 다만 효(孝)에 관한 이야기이므로 부자는 천성이라고 한 것이다.
 군신(君臣)·형제(兄弟)·빈주(賓主)·붕우(朋友)와 같은 사이도 또한 어찌 천성이 아니겠느냐. 다만 지금 사람들이 그 근본이 자연으로부터 나왔다는 것을 미루어 살피지 않기 때문이다."
 "자기의 자식과 형의 자식이 다툰다면 어찌해야 합니까?"
 "형제는 같은 아버지에게서 태어난 자식이다. 다만 형제의 모양이 다를 뿐이므로 형제는 수족(手足)이 되는 것인데, 사람들은 모양이 다르다고 해서 자기의 자식에게는 잘하고 형제의 자식에게는 다르게 한다. 이것은 심히 옳지 않은 일이다."
 또한 묻기를
 "공자가 공야장(公冶長)은 남용(南容)에게 미치지 못한다고 하여, 형의 딸을 남용에게 시집보내고 자기의 딸은 공야장에게 시집보냈으니 어떻게 된 것입니까?"
 하니, 이천 선생이 말하였다.
 "그것 또한 자기의 사심(私心)으로써 성인을 보는 것이다. 무릇 사람들은 남이 싫어하는 것을 피하는데 이것은 다 자기 내심(內心)에 자신이 없어서 그러하다. 성인은 스스로 지극히 공평하니 어찌 다시 남이 싫어하는 것을 피하겠는가.
 무릇 딸을 시집보냄에는 각기 그 재질(才質)에 따라 배우자(配偶者)를 구하는 것이다. 혹은 형의 딸이 심히 아름답지 못하면 반드시 그와 어울릴 수 있는 배필(配匹)을 가려 짝짓고, 자기의 딸이 잘났으면 반드시 재주 있고 잘난 사람을 가려 배필을 삼을 것이니, 어찌 다시 다른 사람들이 싫어하는 것을 피하겠는가.
 공자가 한 일은 혹은 나이가 같지 않아서일지도 모르고 혹은 시간의 선후(先後)가 있어서일지도 모른다. 그 사정은 다 알 수 없는 일이지만, 공자가 남이 싫어하는 것을 피해서였다고 하면 그것은 크게 옳지 않은 것이다. 싫어하는 일을 피하려고 하는 것은 현자(賢者)라도 또한 하지 않는 일인데 성인으로서이랴."

問第五倫¹⁾視其子之疾 與兄子之疾不同 自謂之私 如何 曰不待安
寢與不安寢 只不起與十起便自私也 父子之愛本是公 才著些心做
便是私也 又問視己子 與兄子有間否 曰聖人立法 曰兄弟之子猶子
也²⁾ 是欲視之猶子也 又問天性自有輕重 宜若有間然 曰只爲今人以
私心看了 孔子曰 父子之道天性也³⁾ 此只就孝上說 故言父子天性
若君臣兄弟賓主朋友之類 亦豈不是天性 只爲今人小看⁴⁾却不推其
本所由來故爾 己之子與兄之子 所爭幾何 是同出於父者也 只爲兄
弟異形 故以兄弟爲手足 人多以異形 故親己之子 異於兄弟之子 甚
不是也 又問 孔子以公冶長⁵⁾不及南容⁶⁾ 故以兄之子妻南容 以己之
子妻公冶長 何也 曰此亦以己之私心看聖人也 凡人避嫌者 皆內不
足也 聖人自至公 何更避嫌 凡嫁女各量其才而求配 或兄之子不甚
美 必擇其相稱者爲之配 己之子美 必擇其才美者爲之配 豈更避嫌
耶 若孔子事 或是年不相若 或時有先後 皆不可知 以孔子爲避嫌 則
大不是 如避嫌事 賢者且不爲況聖人乎

1) 第五倫(제오륜) : 제오는 성이요, 륜(倫)은 이름, 자(字)는 백어(伯魚).
2) 兄弟之子猶子也(형제지자유자야) : 형제의 자식은 똑같다. '예기(禮記)'
   단궁상편(檀弓上篇)에 있는 말.
3) 父子之道天性也(부자지도천성야) : 부자의 도는 천성이다. '효경(孝經)'
   성치편(聖治篇)에 있는 말.
4) 小看(소간) : 가볍게 봄. 경시(輕視)하다.
5) 公冶長(공야장) : 성은 공야(公冶), 이름은 지(芝). 장(長)은 자.
6) 南容(남용) : 공자의 제자로 성은 남(南), 이름은 도(綯). 자는 자용(子容).

6. 여자는 일부종사(一夫從事)해야 한다

누가 묻기를
"남편과 사별한 과부(寡婦)를 아내로 맞이하려는데 도리에 어
긋나는 일입니까?"

하니, 이천 선생이 대답하였다.
 "그렇다. 무릇 결혼은 몸의 배필(配匹)을 구하는 것이다. 만약 절개를 잃은 사람을 몸의 배필로 취하면 이것은 자기도 절개를 잃는 것이 된다."
 또 묻기를
 "혹 외로운 과부로 빈궁하여 의탁할 사람이 없다면 다시 결혼할 수 있겠습니까?"
하니, 이천 선생은 또 대답하였다.
 "다만 그것은 후세 사람들이 추위와 굶주림을 무서워하여 이런 말이 있는 것이다. 그러나 절개를 지켜 굶어죽는 일은 극히 작은 일이고 절개를 잃는 일은 극히 중대한 일이다."
 또 부모의 병은 좋은 의사를 가려서 맡겨야 한다고 말하였다.
 "부모가 병으로 자리에 누워 있는데 이를 의술이 제대로 갖추어지지 않은 용렬(庸劣)한 의원(醫員)에게 맡기는 것은 사랑하지 않고 효도하지 않는 것과 같은 것이다. 부모를 섬기는 자는 또한 의술(醫術)을 몰라서는 안된다."

 問 孀婦[1]於理似不可取 如何 曰然 凡取以配身也 若取失節者以配身 是已失節也 又問 或有孤孀貧窮無託者 可再嫁否 曰只是後世 怕 寒餓死 故有此說 然餓死事極小 失節事極大[2]
 病臥於牀 委之庸醫 比之不慈不孝[3] 事親者亦不可不知醫

1) 孀婦(상부) : 청상과부(青孀寡婦)의 준말. 과부.
2) 失節事極大(실절사극대) : 절개를 잃는 일은 지극히 큼. 곧 과부는 재혼하지 않고 절개를 지키는 것이 가장 중요하다는 말.
3) 不慈不孝(부자불효) : 부모가 자식을 대하는 것으로 보아서는 부자(不慈)요, 자식이 부모를 섬기는 것으로 보아서는 불효(不孝)이다.

7. 문상(問喪)가서 음주는 예가 아니다
 정자(程子)가 부친의 장례를 치르는데 주공숙(周恭叔)으로 하여금 손님을 접대하게 하였다. 손님 중에 술을 마시고자 하는 이가 있어 공숙이 그것을 고하니, 명도 선생이 말하였다.
"사람을 악(惡)에 빠지게 하지 말라."

程子[1]葬父 使周恭叔[2]主客 客欲酒 恭叔以告 先生曰 勿陷人於惡
1) 程子(정자) : 명도 선생과 이천 선생 형제를 아울러 높여 이르는 말. 또는 이정(二程)이라고도 한다.
2) 周恭叔(주공숙) : 명도 선생의 문인(門人)으로, 이름은 행기(行己), 호는 부지(浮趾). 공숙(恭叔)은 그의 자.

8. 자기 자식을 사랑하면 남의 자식도 사랑해야 한다

이천 선생은 자기 자식도 사랑하고 남의 자식도 사랑해야 한다고 말하였다.
"유모(乳母)를 사는 것은 부득이할 때의 일이다. 혹 자기 젖을 먹일 수 없으면 반드시 남의 젖을 먹여야 한다. 그러나 자기 자식을 먹이기 위하여 남의 자식을 죽이는 것은 도(道)가 아니다.
반드시 부득이할 때는 두 아이의 젖을 세 아이에게 먹이면 된다. 그러면 뜻밖의 변(變)에 대비할 수 있다. 혹 유모가 병이 나거나 죽어도 해가 되지 않고, 또 자기의 자식을 위하여 남의 자식을 죽게 하지도 않는데 다만 그 비용이 많이 들뿐이다.
만약 불행하게도 유모의 자식을 그르치는데 이르게 된다면 그 해(害)가 어느 것이 더 큰 것인가."

買乳婢多不得已 或不能自乳 必使人 然食己子而殺人之子非道 必不得已 用二子乳食三子 足備他虞[1] 或乳母病且死 則不爲害又不爲己子 殺人之子 但有所費 若不幸致誤 其子[2]害孰大焉
1) 他虞(타우) : 갑자기 유모에게 생기는 사고
2) 致誤其子(치오기자) : 자기의 자식을 위하여 유모의 자식을 굶어죽게 하는 일을 말함.

9. 부모의 행실을 다음과 같이 기록하다

선공(先公 : 父親) 태중(太中)의 휘(諱 : 이름)는 향(珦)이요, 자(字)는 백온(伯溫)이다.

전후 다섯 번이나 벼슬에 나아가 제부(諸父 : 從父)의 자손들을 고르게 임관(任官)시켰다.

아비 없는 딸을 시집보낼 때는 반드시 그 힘을 다하여 도왔으며, 봉급으로 받은 돈은 가난한 친척에게 나누어 주었다.

큰어머니 유씨(劉氏)가 과수(寡守)로 지냄에 공(公)의 봉양(奉養)은 매우 지극하였다. 백모의 딸의 남편이 죽으니 공은 종여형(從女兄 : 사촌누이)을 맞아 돌아오게 하고 그의 아들을 가르치고 기르기를 자기 아들이나 똑같이 하였다. 그러는 동안에 누님의 딸이 또 과수가 되었다. 공은 누님이 슬퍼할 것을 두려워하여 또 생질녀(甥姪女)를 데려다가 시집보냈다.

이때에는 벼슬이 낮아 봉록(俸祿)이 박하였으나 극기(克己)하여 의(義)를 행하였으니 사람들이 어려운 일을 한다고 하였다.

공의 성품은 인자하고 굳세고 과단성이 있었다. 평소에 어린 사람과 신분이 낮은 사람과 함께 있을 때는 오직 그들의 뜻을 상하게 할까 두렵게 여겼으나 그들이 의리를 범하면 용서하지 않았다. 좌우에서 부리는 사람들의 굶주리고 배부름과 춥고 더운 것을 살피지 않는 날이 없었다.

공은 후씨(侯氏)와 결혼하였는데, 후씨 부인은 시부모님을 모시는 데 있어 효도하고 삼갔으므로 모두 칭찬하였다. 선공(先公)과 서로 대함에는 주인과 손님 같았고, 선공은 부인의 내조(內助)를 받아 예(禮)로 공경하기를 더욱 지극히 하였다.

부인은 겸양과 순종의 덕(德)을 지녀 비록 작은 일이라도 자기 마음대로 하지 않고, 반드시 사뢴 뒤에 행하였다. 어질고 동정심 많고 너그럽고 두터워 여러 서자(庶子)를 사랑하기를 자기가 낳은 아들과 같이 하였으며, 종숙(從叔)의 어린 아들과 부인을 늘 자기 자식과 같이 하였다.
 집안을 다스림에는 법도가 있어 엄하지 않으면서도 잘 정리되었다. 노비(奴婢)를 때리는 것을 싫어하였으며, 어린 노비들은 아들·딸처럼 여겼다. 여러 아들이 혹 노비를 욕하고 꾸짖으면 반드시 경계하여 말하기를
 "신분의 귀천(貴賤)은 비록 다르더라도 사람은 다 한 가지다. 네가 이 아이만 했을 때 능히 이런 일을 할 수 있었겠느냐."
라고 하였다.
 선공이 성을 내는 일이 있으면 반드시 너그럽게 풀도록 하였다.
 오직 자기 아들들의 잘못이 있을 때에는 그것을 덮어두지 않았다. 항상 말하기를
 "자식이 불초(不肖)하게 되는 것은 어머니가 그 잘못을 덮어주어 아버지가 모르기 때문이다."
라고 하였다. 부인의 아들은 6명이었으나 남아 있는 것은 오직 둘뿐이었는데, 그 아들에 대한 사랑은 가히 지극하였다 하겠다. 그러나 가르치는 데에는 조금도 틈을 주지 않았다.
 아들이 어렸을 때 걷다가 넘어지면 집안 사람들이 뛰어가 안아서 일으키며 놀라서 울까봐 두려워하였으나, 부인은 꾸짖어 나무라기를
 "네가 만약 천천히 걸었다면 왜 넘어졌겠느냐."
라고 하였다.
밥을 먹을 때는 언제나 곁에 앉아 음식에 간을 맞추면 꾸짖어 못하게 하면서
 "어려서부터 욕심 채우기를 구하면 자라서는 어찌하겠느냐."
라고 하였다.
 비록 심부름꾼이라 하더라도 나쁜 말로 욕할 수가 없었다. 그러므로 나의 형제는 평생토록 음식과 의복을 가리지 않았고, 나쁜 말로 남을 욕하지 못했다. 이것은 본성(本性)이 그런 것이 아니라 가르쳐서 그렇게 된 것이다.
 남과 다툴 때 비록 옳다고 하더라도 이기려고 하지 않았다. 말

하되

"자기를 굽히지 못하는 것을 근심하고, 자기 주장을 펴지 못하는 것을 근심하지 말라."
라고 하였다.

아들이 자라서 항상 좋은 스승과 벗을 좇아 놀게 하였다. 비록 가난하나 손님을 초대하고자 하면 기쁘게 준비해 주었다.

이 부인은 7, 8세 때 고시(古詩)를 외었다. 말하기를
"여자는 밤에 외출하지 말아야 하며, 외출할 때는 불을 밝혀 들고 간다. 그러므로 날이 저물어서부터는 다시 방 밖으로 나가지 않는다."
라고 하였다.

이미 자라서 글을 좋아하였으나 문장을 쓰지는 않았다. 부녀로서 문장필찰(文章筆札)이 전해 내려오는 것을 보면 옳지 않게 생각하였다.

先公太中[1] 諱珦 字伯溫 前後五得任子[2] 以均諸父[3] 子孫 嫁遣孤女 必盡其力 所得俸錢 分瞻親戚之貧者 伯母劉氏寡居 公奉養甚至 其女之夫死 公迎從女兄[4] 以歸 敎養其子均於子姪 旣而女兄之女又寡 公懼女兄之悲思 又取甥女以歸嫁之 時小官祿薄 克己爲義 人以爲難 公慈 恕而剛斷 平居與幼賤處 惟恐有傷其意 至於犯義理則不假也 左右使令之人 無日不察其飢飽寒燠 娶侯氏 侯夫人事舅姑以孝謹稱 與先公相待如賓客 先公賴其內助 禮敬尤至而夫人謙順自牧 雖小事未嘗專 必稟而後行 仁恕寬厚 撫愛諸庶[5] 不異己出 從叔幼姑 夫人存視 常均己子 治家有法 不嚴而整 不喜笞扑奴婢 視小臧獲[6] 如兒女 諸子或加呵責 必戒之日 貴賤雖殊 人則一也 汝如是大時 能爲此事否 先公凡有所怒 必爲之寬解 唯諸兒有過 則不掩也 常曰 子之所以不肖者 由母蔽其過 而父不知也 夫人男子六人 所存惟二 其慈愛可謂至矣 然於敎之之道 不少假也 纔數歲 行而或蹉 家人走前扶抱 恐其驚啼 夫人未嘗不呵責 曰汝若安徐 寧至蹉乎 飮食常置之坐側 嘗食絮羹[7] 皆叱止之曰 幼求稱欲 長當如何 雖使令輩

不得以惡言罵之 故頤兄弟 平生於飮食衣服 無所擇 不能惡言罵人
非性然也 敎之使然也 與人爭忿雖直不右 曰患其不能屈 不患其不
能伸 及稍長 常使從善師友遊 雖居貧 或欲延客 則喜而爲之具夫人
七八歲時 誦古詩曰 女子不夜出 夜出秉明燭 自是日暮則不復出房
閤 旣長好文 而不爲辭章 見世之婦女 以文章筆札傳於人者 則深以
爲非

1) 先公太中(선공태중) : 돌아가신 아버지 태중대부(太中大夫) 향(珦)을 가리
키는 말. 선공(先公)은 선고(先考)와 같음.
2) 任子(임자) : 벼슬아치가 그 남의 자식을 보증하고 추천하여 벼슬자리에 오
르게 하는 일.
3) 諸父(제부) : 아버지의 형제들. 종부(從父)와 같음.
4) 從女兄(종여형) : 사촌 누님. 여기서는 백모(伯母)의 딸을 말함.
5) 諸庶(제서) : 여러 서자(庶子).
6) 小臧獲(소장획) : 장(臧)은 사내종, 획(獲)은 계집종.
7) 絮羹(서갱) : 국에 간을 맞추는 일.

10. 부모를 모시는 방법과 형제의 애정

횡거 선생은 일찍이 부모를 섬기는 일에는 모든 정성을 다해야 한다고 말하였다.

"부모를 섬기고 제사를 받드는 일을 어찌 다른 사람을 시켜 할 수 있겠는가."

또 부모를 모실 때는 순종하고 기쁘게 해드려야 한다고 말하였다.

"순(舜)이 부모를 섬겼는데 부모를 기쁘게 해주지 못한 것은 아버지가 완악(頑惡)하고 어머니는 모질어 인정에 벗어나서였다.

만약 보통 사람의 성질과 같이 그 사랑하고 미워하는 정도가 이(理)를 해치지 않는다면 반드시 순종해야 한다.

부모의 옛 친구는 극력 초대하여 부모를 즐겁게 해드려야 한다. 무릇 부모의 손님을 모실 때에는 반드시 온 힘을 다해서 일을 해야 하고, 집에 돈이 있고 없음을 계산하지 않는다.

그리고 봉양하는데 힘이 든다고도 수고롭다고도 느끼지 말아야 한다. 만약 쉽지 않다는 것을 알게 하면 부모의 마음이 불안할 것이다."

또 형제간의 애정은 변함없는 것이라고 말하였다.

"시경의 사간(斯干)의 시(詩)에 이르기를

'형과 아우가

서로 화목하네.

서로 미워하고 모략함이 없도다.'

라고 말한 것처럼 형과 아우는 마땅히 서로가 화목하여야 하며 서로가 보면서 서로를 배우는 것은 요구치 않는다. 같다(猶)고 말하는 것은 닮았다(似)는 것이다.

인정이라는 것은 언제나 베푸는 것으로 상대가 그 인정을 갚지 아니하면 중단되어 은혜가 다하지 못하는 것을 근심할 따름이다. 형제간에 서로 배움을 요하지 않는다는 것은 형제는 계속 베풀기만 할 따름이요 다시 보답을 원하는 것이 아니기 때문이다."

橫渠先生嘗曰 事親奉祭 豈可使人爲之

舜之事親有不悅者 爲父頑母嚚[1] 不近人情 若中人之性 其愛惡略無害理 姑必順之 親之故舊 所喜者須極力招致 以悅其心 凡於父母 賓客之奉 必極力營辦 亦不計家之有無 然爲養又須使不知其勉强 勞苦苟使見其爲而不易則亦不安矣

斯干詩言[2] 兄及弟矣 式相好矣 無相猶[3]矣 言兄弟宜相好 不要相學 猶似也 人情大抵患在施之不見報則輟 故恩不能終[4] 不要相學 已施之而已

1) 父頑母嚚(부완모은) : 아버지는 완악하고 어머니는 모질다.
2) 斯干詩言(사간시언) : '시경(詩經)' 소아(小雅)의 편명(篇名)으로, 집을 새로 짓고 잔치하며 읊은 시.
3) 無相猶(무상유) : 형제는 서로가 상대의 기분에 맞지 않는 행동을 해서는 아니됨.
4) 恩不能終(은불능종) : 은혜를 마지막까지 베풀지 않을 수 없다.

11. 시경의 주남과 소남을 배워야 한다

횡거 선생은 '시경(詩經)'의 주남(周南)·소남(召南)을 배워야 한다고 말하였다.

" '사람이 주남(周南)과 소남(召南)을 읽지 않으면 마치 담벽을 마주보고 서 있는 것과 같은 것이다.'
라고 한 말을 언제나 깊이 생각하여 보는데 진실로 옳은 말이다.

이 말대로 따르지 않으면 어떤 일이라도 막혀서 앞으로 나아갈 수는 없다. 모두 친하고 가까이 하려는 것처럼 중요한 것은 없는 것으로, 모름지기 이 말을 따르는 것으로부터 시작하고 따라야 한다."

또 주인이나 상관은 자기를 바르게 하고 나서 남을 부려야 한다고 말하였다.

"비복(婢僕)이 처음 올 때는 열심히 일하고 주인을 공경하려는 마음을 품고 있다. 주인이 언제나 그들을 깨우쳐 게으르지 않게 감독하면 그들은 더욱 충실하고 부지런할 것이다.

그러나 그냥 내버려 두어 게을러지면 그가 지녔던 본심을 버려 게을러진 습관이 천성(天性)인 것처럼 변하고 만다.

이와 마찬가지로 관직에 있는 사람도 잘 다스려지는 조정에 들어가면 덕(德)이 날로 진보(進步)하지만, 어지러운 조정에 들어가면 덕은 날로 퇴보(退步)한다. 모든 것은 위에 있는 사람에게서 배울 것이 있는지 없는지를 보아야 한다."

人不爲周南召南[1] 其猶正牆面而立 常深思此言誠是 不從此行 甚隔著事 向前推不去 蓋至親至近 莫甚於此 故須從此始

婢僕[2] 始至者 本懷勉勉敬心 若到所提掇[3] 更謹則可謹 慢則棄其本心[4] 便習[5]以性成 故仕者入治朝則德日進 入亂朝則德日退 只觀在上者有可學無可學爾

1) 周南召南(주남소남) : '시경(詩經)'의 편명(篇名). 연애의 정을 노래한 고

대 중국의 가요로 부부의 도를 바르게 할 것을 노래한 것임.
2) 婢僕(비복) : 비(婢)는 여자종, 복(僕)은 남자종. 노비(奴婢)와 같은 말.
3) 提掇(제철) : 사람이 옆에 있어 깨우쳐 줌.
4) 本心(본심) : 처음부터 지니고 있던 마음. 곧 노력하고 주인에게 공경하려고 하던 마음.
5) 便習(편습) : 습관(習慣)과 같은 뜻.

제7권 진퇴와 사양하고 받는 도리
(第七卷 出處進退辭受之義篇 凡三十九條)

군자(君子)가 곤궁한 일을 당하였을 때
그것을 막기 위한 방법을 다하여도
면할 수가 없으면
그것은 천명(天命)이다.
마땅히 목숨을 바쳐서
그 뜻을 이룬다.
또 천명의 당연함을 알면
궁색한 재화(災禍)의 근심으로
그 마음을 흔들리지 않게 하고
자기의 정의를 행할 따름이다.

제7권 진퇴와 사양하고 받는 도리
(第七卷 出處進退辭受之義篇 凡三十九條)

1. 벼슬에 나아가는 것은 신중해야 한다

이천 선생은 군자는 벼슬에 나아가는 것을 신중하게 해야 한다고 말하였다.

"현자(賢者)가 초야(草野)에 묻혀 있으면서 어찌 스스로 나아가 군주에게 벼슬을 구하겠는가. 구차하게 스스로 벼슬을 구하면 반드시 군주는 그를 신용할 이치가 없다.

옛 사람들이 군주가 경의(敬意)를 표하고 예(禮)를 다하기를 기다린 후에 벼슬길에 나아간 까닭은 스스로 존대(尊大)하고자 함이 아니다. 대개 군주가 덕(德)을 존중하고 도(道)를 즐기는 마음이 이와 같지 못하면 일을 함께 하기에 족하지 않음이 있어서이다."

또 때를 기다리는 군자의 마음가짐을 말하였다.

"군자가 때를 기다리는데 있어서는 안정(安靜)하여 스스로를 지켜야 한다. 뜻은 비록 기다림이 있더라도 조용히 몸을 마칠 때까지 기다린다면 스스로 지키는 도를 잃지 않을 것이다.

비록 그 몸은 나아가지 않더라도 뜻이 움직이는 사람은 능히 그 떳떳한 도에 안주(安住)할 수 없다."

伊川先生曰 賢者在下 豈可自進以求於君苟自求[1]之 必無能信用之理 古人之所以必待 人君致敬盡禮 而後往者 非欲自爲尊大 蓋其尊德樂道之心[2] 不如是 不足與有爲也

君子之需時³⁾也 安靜自守 志雖有須 而恬然若將終身焉 乃能用常
也 雖不進而志動者 不能安其常也
1) 苟自求(구자구) : 구차하게 스스로 구하다. 군자가 스스로 벼슬자리를 구하
   려하면 경멸을 받아 신임을 얻을 수 없다는 뜻.
2) 其尊德樂道之心(기존덕락도지심) : 덕을 존중하고 도를 즐기는 마음. '맹자
   (孟子)' 공손추장(公孫丑章)에 있는 말.
3) 君子之需時(군자지수시) : 군자가 때를 기다림. '역전(易傳)' 수괘(需卦)
   에 있는 말.

2. 주역(周易)에서 말하는 벼슬에 나아가는 길

비괘(比卦)는 길(吉)한 것이다. 원래 시초(풀이름)점에는 원(元)·영(永)·정(貞)이면 허물이 없다.

이천 선생이 '역전(易傳)'에서 말하기를

"사람이 서로 친하고 돕는다는 데는 반드시 그 도(道)가 있는 것이다. 진실로 그 도가 아니면 후회와 허물이 있을 것이다. 그러므로 반드시 점결(占決 : 점괘)해서 친하고 돕는다고 할 수 있는 사람은 친하고 도울 수 있는 것으로, 얻는다면 원(元)·영(永)·정(貞)의 삼덕(三德)이 있어 허물이 없는 것이다.

원(元)은 군장(君長)의 도(道)를 갖추고 있는 것을 말하고, 영(永)은 언제나 오래 지닐 수 있는 것을 말하며, 정(貞)은 정도(正道)를 얻는 것을 말한다.

군주가 신하와 가까이 하려고 하면 반드시 이 세 가지 덕(德)을 갖춘 사람이어야 하고, 신하가 군주를 따르는 데도 반드시 이 세 가지의 덕을 갖춘 군주를 따르면 허물이 없다."라고 하였다.

또 이괘(履卦) 초구(初九)에 이르기를

"자기의 분수를 지켜 행하면 나아감에 잘못이 없다."라고 하였다.

이천의 역전(易傳)에서 말하기를

"대저 사람이 본래 빈천(貧賤)한 분수에 스스로 편안히 있지 못하고 벼슬길에 나아가는 것은 빠른 출세를 탐하여 움직이는 것

이요, 빈천을 물리치려 할 따름이며 유익한 일을 하고자 하는 것
은 아니다. 또 사람이 벼슬길에 나아가면 반드시 교만해지므로 허
물이 있을 것이다.
 현자(賢者)는 그 본분을 편안히 지켜 이행하므로 그가 처(處)
함에는 즐겁고 벼슬에 나아가면 장차 유익한 일을 한다. 그러므
로 벼슬길에 나아감을 얻으면 유익한 일을 하며 불선이 없다.
 만약 귀하고자 하는 마음과 정도(正道)를 행하려는 마음이 가
슴속에서 서로 다투면 어찌 편안하게 본분을 이행할 수 있겠는
가."라고 하였다.

 比[1]吉原筮[2] 元永貞无咎 傳曰 人相親比[3] 必有其道 苟非其道則
有悔咎 故必推原占決其可比者而比之 所比得元永貞則无咎 元謂
有君長之道 永謂可以常久 貞謂得正道 上之比下 必有此三者 下之
從上 必求此三者 則无咎也
 履之初九[4]曰 素履[5]往无咎 傳曰 夫人不能自安於 貧賤之素 則其
進也 乃貪躁[6]而動 求去乎貧賤耳 非欲有爲也 旣得其進 驕溢[7]必矣
故往則有咎 賢者則安履其素 其處也樂 其進也將有爲也 故得其進
則有爲而無不善 若欲貴之心 與行道之心 交戰於中 豈能安履其素乎

1) 比(비) : '주역(周易)'의 비괘(比卦 : ☷☵)를 가리키는 말.
2) 原筮(원서) : 다시 점친다는 뜻.
3) 親比(친비) : 친하고 서로 돕는다는 뜻.
4) 履之初九(이지초구) : '주역(周易)' 이괘(履卦 : ☱☰)의 초구(初九) 양
   효(陽爻)를 말함.
5) 素履(소이) : 자기의 분수를 넘지 않고 일을 행하는 것.
6) 貪躁(탐조) : 탐욕(貪慾)스럽게 출세하려고 광분하는 것.
7) 驕溢(교일) : 벼슬의 지위를 자랑하고 오만한 것.

3. 역경에 처하여도 정도를 걷는 대인(大人)

 이천 선생이 말하기를 대인(大人)은 역경(逆境)에 처하여서

도 정도(正道)를 걸어야 한다고 하였다.

"대인(大人)은 몸이 비록 곤궁한 곳에 처하여서도 그 옳은 절개를 지키며 소인(小人)의 무리들과 섞여 난잡하게 굴지 않으니, 몸은 비록 곤궁하더라도 도(道)는 형통(亨通)하는 것이다.

그러므로 대인은 곤궁한 곳에서도 형통하다고 말한다. 정도(正道)가 아닌 것으로 몸을 형통하게 하면 정도는 막힐 따름이다."

또 정의(正義)를 좇아 사특한 악을 멀리해야 한다고 말하였다.

"사람이 따르는 것에서 정의(正義)를 얻으면 사악(邪惡)은 멀어지고, 옳지 않은 것을 따르면 옳은 것을 잃게 된다. 그러므로 이 두 가지를 좇는 법은 없다.

수괘(隨卦)의 육이효(六二爻)가 진실로 초구(初九)에 매이면 구오(九五)를 잃는다고 하였다. 그러므로 상전(象傳)에 이르기를 '아울러 가지지 못한다.'라고 하였으니, 이것은 사람이 정의(正義)를 좇을 때는 마땅히 오로지 하나로 해야 한다는 것을 경계한 것이다."

또 군자는 의리에 맞추어 살아가므로 수레를 버리고 걸어서 가는 것과 같다고 말하였다.

"군자가 귀하게 여기는 것은 세속(世俗)의 사람들이 부끄러워하는 것이고 세속에서 귀하게 여기는 것을 군자는 천하게 여긴다. 그러므로 비괘(賁卦)에서 이르기를 '그 발을 꾸미고 수레를 버리고 걷는다.'라고 하였다."

大人於否之時 守其正節 不雜亂於小人之群類 身雖否而道之亨也 故曰大人否亨[1] 不以道而身亨 乃道否也

人之所隨 得正則遠邪 從非則失是 無兩從之理 隨之六二[2] 苟係初則失五矣 故象曰弗兼與也 所以戒人從正當專一也

君子所貴[3] 世俗所羞 世俗所貴 君子所賤 故曰 賁其趾舍車而徒[4]

1) 大人否亨(대인비형) : 비괘(否卦 : ䷋) 아래에서부터 둘째 효(爻)인 육이효(六二爻)의 풀이로, 몸은 비색(否塞)하여도 도(道)는 형통(亨通)한다.
2) 隨之六二(수지육이) : '주역(周易)' 수괘(隨卦 : ䷐)의 아래로부터 둘째

음효(陰爻). 육이효(六二爻)는 구오(九五)의 양효(陽爻)와 응(應)하고 있고, 초구(初九)와는 비(比 : 견주고)하고 있는데, 만약 초구와 비(比)하여 좇기만 하면 구오와의 응을 잃게 되는 것임.
3) 君子所貴(군자소귀) : 군자가 귀하게 여기는 것.
4) 趾舍車而徒(지사거이도) : 마차를 버리고 걷는다. '주역(周易)' 비괘(賁卦 : ☵☶) 초구효(初九爻)의 설명.

4. 벼슬하지 않고 도를 지키는 세 가지 방법

이천 선생은 벼슬에 나아가지 않고 도(道)를 지키는 세 가지 유형을 말하였다.

"고괘(蠱卦) 상구효사(上九爻辭)에 이르기를 '왕후(王侯)에 벼슬하지 아니하고 그 섬김을 고상하게 한다' 하였다. 상전(象傳)에 이르기를 '왕후에 벼슬하지 않으니 그 뜻을 본받을 만하다' 하였다. 정전(程傳)에 이르기를 '선비가 스스로 고상하게 하는 데에는 한 가지 도(道)만 있는 것이 아니다.' 라고 하였다.

도덕을 품고 때를 만나지 못하여 고결하게 스스로 지키는 자도 있고, 지식과 학식이 있고 벼슬에 나아갔다가 물러날 때를 알아 스스로 보호하는 자도 있다.

능력과 분수(分守)를 헤아려 남의 알아줌을 구하지 않는 자도 있으며, 청결(淸潔)을 스스로 지켜 천하의 일을 가벼이 보고 그 몸만을 깨끗이 하는 사람도 있다.

그들이 처신한 것이 크고 작고 얻고 잃은 것의 차이는 있으나 모두 그 뜻과 섬김을 고상하게 한 것이다. 상전(象傳)에 그 뜻을 본받을 만하다고 말한 것은 나아가고 물러남이 도리에 맞아서이다."

蠱之上九[1]曰 不事王侯 高尙其事 象曰不事王侯 志可則也 傳曰 士之自高尙 亦非一道[2] 有懷抱道德 不偶於時 而高潔自守者 有知止足之道 退而自保者 有量能度分 安於不求知者 有淸介自守[3] 不

屑天下之事 獨潔其身者 所處雖有得失小大之殊 皆自高尙其事者
也 象所謂志可則者 進退合道者也
1) 蠱之上九(고지상구): '주역(周易)' 고괘(蠱卦: ䷑)의 맨 위 양효(陽
爻)인 상구효(上九爻). 아래로부터 세 번째 양효인 구삼효(九三爻)와 응하
지 않으므로 이 효(爻)의 뜻은 대현(大賢)이 때를 만나지 못하여 스스로를
고결하게 지키며 행함을 귀히 여긴다는 뜻.
2) 一道(일도): 하나 밖에 없는 생(生)의 방법.
3) 淸介自守(청개자수): 청결하고 고고(孤高)한 정신으로 세속(世俗)에 물들
지 않도록 스스로 노력하는 일.

5. 군자가 난세를 구하는 법

이천 선생은 군자가 난세(亂世)를 피하지 않고 애쓰면 어려운
시국을 구할 수 있다고 말하였다.
"둔괘(遯卦)는 음(陰)이 비로소 자라나는 것이니 군자는 그 기
미(機微)를 알아 진실로 마땅히 깊이 경계하여야 하지만 성인(聖
人)의 마음이 어려운 난국을 바르게 구제하려는 것을 너무 갑자
기 그만두게 해서는 안된다. 그러므로 때와 더불어 행하면 정(貞)
에 작은 이로움이 있다는 가르침이다.
성현(聖賢)이 천하에 살고 있으면서 비록 도(道)가 장차 폐
(廢)해질 것을 알더라도 어찌 그 난세(亂世)를 앉아서 보기만 하
고 구하지 않겠는가. 반드시 부지런히 힘써 소인(小人)의 도(道)
가 극성하지 않을 때 군자의 도가 쇠퇴하는 것을 막아내고 소인
의 도가 행하여지는 것을 막아서 잠시라도 안정을 도모하여 얻을
수 있으면 군자의 도를 행하였다.
공자·맹자가 요순의 치도(治道)를 회복하려고 조급한 마음을
항상 가지고 행동한 것과 왕윤(王允)이나 사안(謝安)이 끊어져
가는 왕통(王通)을 이으려고 한(漢)나라와 진(晋)나라에서 행
한 행동도 이러한 이유에서였다.
또 군자는 암군(暗君) 아래에서는 기미를 미리 알아 해로움에

서 속히 피해야 한다고 말하였다.
 "명이괘(明夷卦) 초구(初九)에는 일이 아직 나타나지 않았는데 대처하기는 매우 어려운 일이라고 하였다. 기미(幾微)를 살피는 밝음이 아니고는 할 수 없는 일이다.
 이와 같이 하면 세상 사람들은 누구나 괴상하게 여기지 않겠는가. 그러나 군자는 세상 사람들에게 괴상하게 보이는 것을 꺼려 그 행함을 지체하지 않는다. 만약 모든 사람이 모두 알기를 기다린다면 그 해(害)가 이미 닥쳐와 피할 수가 없다."

 遯者[1] 陰之始長 君子知微 固當深戒 而聖人之意未便遽已也 故有與時行小利貞之敎 聖賢之於天下 雖知道之將廢 豈肯坐視其亂而不救 必區區致力於未極之間 强此之衰 艱彼之進 圖其暫安 苟得爲之 孔孟之所屑爲也 王允[2] 謝安[3]之於漢晉是也
 明夷[4]初九 事未顯而處甚艱 非見幾之明[5]不能也 如是則世俗孰不疑怪 然君子不以世俗之見怪 而遲疑其行也 若俟衆人盡識 則傷已及 而不能去已

1) 遯者(둔자): '주역(周易)'의 둔괘(遯卦 : ䷠)를 말함.
2) 王允(왕윤): 후한(後漢) 말기의 사람으로 자는 자사(子師). 동탁(董卓)이 반란을 일으켰을 때 사도(司徒)가 되어 제실(帝室)을 지키고, 여포(呂布)와 짜고 동탁을 죽였다. 뒤에 동탁의 부장(部將)에게 살해되었음.
3) 謝安(사안): 동진(東晋) 때의 명신(明臣)으로 자는 안석(安石). 중년까지 풍류를 즐기다가 후에 이부상서(吏部尙書)의 요직에 올라 환온(桓溫)이 반란을 계획하여 협박하여도 굴하지 않았다. 재상이 되어서는 전진(前秦) 부견(符堅)의 침입을 비수(淝水)에서 막아 동진을 지켰다.
4) 明夷(명이): 명이괘(明夷卦 : ䷣)
5) 見幾之明(견기지명): 모든 일의 기미를 잘 살펴서 밝게 앎.

6. 관직에 나아가고 물러나는 것은 시기를 알아야 한다
 이천 선생이 군자는 관직(官職)에 나아감과 물러남을 때에 맞도록 해야 한다고 말하였다.

"진괘(晉卦) 초육효(初六爻)는 아래에 있어 나아가기 시작함이니 어찌 급히 윗사람에게 깊이 신임을 보일 수 있을 것인가. 진실로 윗사람의 신임을 받지 못하면 마땅히 중정(中正)의 도에 안거(安居)하여 자기를 지키며, 위의(威儀)가 있고 관유(寬裕)한 태도로 윗사람의 신임을 구함에 급하게 서두를 것이 없다.

진실로 신임(信任)을 구하고자 하는 마음이 절박(切迫)하면 성급함으로 해서 지키는 것을 잃거나 노(怒)함으로 해서 의리를 상할 것이다.

그러므로 말하기를 '나아가는 것같이 하고 물러나는 것같이 하여 정(貞)하면 길(吉)하고 신임을 받지 못하더라도 관유(寬裕)로써 처하면 잘못이 없다'라고 하였다.

그러나 성인은 후세사람들이 관유의 뜻을 잘못 이해하여 관직에 있는 자가 관직을 버리고 자기의 지조 지킴을 버리는 것을 관유라고 여길 것을 두려워하여 특히 강조하기를 '초육효(初六爻)에 관유하면 허물이 없다는 것은 처음 관직에 나아가 아직 관직에 맞는 명을 받지 못한 까닭이다'라고 하였다.

만약 관직에 있되 윗사람에게 신임을 받지 못하여 그 관직을 잃게 되면 하루라도 머물러 있을 수가 없다. 그러나 사리는 일괄로 논할 수 없는 것이니, 직위에 오래 머물러 있거나 직위를 빨리 떠나는 것은 때에 맞추어야 되고, 일의 조짐(兆朕)을 살펴서 해야 한다."

또 바른 길을 가라고 말하였다.

"바르지 않으면서 서로 합하면 오래도록 떨어지지 않고 남아 있는 것이 없다. 합하는 것을 정도(正道)로써 하면 스스로 떨어져서 괴리되었더라도 친근하지 않는 것이 없으니, 그러므로 어진 이는 이(理)에 따라 편안히 행하며, 지혜로운 사람은 그 기미(機微)를 알아 굳게 지킬 것이다."

晉之初六 在下而始進 豈遽能深見信於上 苟上未見信 則當安中

自守¹⁾ 雍容寬裕 無急於求上之信也 苟欲信之心切 非汲汲²⁾以失其
守 則悻悻³⁾以傷於義矣 故曰晉如摧如 貞吉罔孚⁴⁾ 裕无咎 然聖人又
恐後之人 不達寬裕之義 居位者廢職失守以爲裕 故特云初六裕則
无咎者 始進未受命當職任故也 若有官守 不信於上 而失其職 一日
不可居也 然事非一槪 久速唯時 亦容有爲之兆者⁵⁾

　不正而合 未有久而不離者也 合以正道 自無終睽⁶⁾之理 故賢者順
理而安行 智者知幾而固守

1) 安中自守(안중자수) : 중정(中正)의 도(道)에 안거(安居)하여 자기를 지킴.
2) 汲汲(급급) : 신임받기를 서두름.
3) 悻悻(행행) : 성내는 모양. 신임을 받지 못하는 데 대한 분노.
4) 罔孚(망부) : 깊이 신임받지 못하더라도.
5) 兆者(조자) : 조짐(兆朕). 기미.
6) 睽(규) : '주역(周易)' 규괘(睽卦 : ䷥)의 아래에서부터 셋째 음효(陰爻)
  의 풀이로서, 그것은 바른 자리가 아니지만 상구효(上九爻)와는 바르게 응
  할 수 있는 것으로 마침내 합할 수 있다는 것임. 규(睽)의 뜻은 괴리(乖離)
  되어 친근할 수 없다는 뜻.

7. 군자가 곤궁에 처하였을 때의 도리

　이천 선생은 군자가 곤궁에 처하였을 때 취해야 할 도리를 말
하였다.

　"군자가 곤궁(困窮)한 일을 당하였을 때 그것을 막기 위한 방
법을 다하여도 면할 수가 없으면 그것은 천명(天命)이다. 마땅히
목숨을 바쳐서 그 뜻을 이룬다. 천명의 당연함을 알면 궁색(窮塞)
한 재화(災禍)의 근심으로 그 마음을 흔들리지 않게 하고 자기
의 정의(正義)를 행할 따름이다.

　진실로 천명을 알지 못하면 험난(險難)한 일을 당하여 두려워
하고 곤궁한 일에 처하면 지조를 잃으니 절조가 없을 것이다. 어
찌 능히 선(善)의 뜻을 이룰 수 있겠는가."

　또 빈천한 선비의 처(妻)나 약한 나라의 신하는 각기 진심을 다

한다고 말하였다.
"가난한 선비의 아내와 약한 나라의 신하는 각기 그 바른 곳에 편안할 뿐이다. 구차하게 세력만을 가려 따르면 곧 악(惡)이 커져 세상에서 용납되지 못한다."

　君子當困窮之時 旣盡其防慮¹⁾之道 而不得免 則命也 當推致其命以遂其志 知命之當然也 則窮塞禍患 不以動其心 行吾義而已 苟不知命 則恐懼於險難 隕穫於窮戹²⁾ 所守亡矣 安能遂其爲善之志乎
　寒士³⁾之妻 弱國之臣 各安其正而已 苟擇勢而從 則惡之大者 不容於世矣

1) 防慮(방려) : 곤궁을 막기 위한 노력.
2) 隕穫於窮戹(운확어궁액) : 곤궁하고 위급한 상황에 몰려 뜻을 잃음.
3) 寒士(한사) : 가난한 선비. 한사(寒士)와 약국(弱國)은 곤괘(困卦 : ☱☵)의 넷째 효(爻)를 가리킴.

8. 역의 정괘(井卦)·혁괘(革卦) 등의 본 뜻

　이천 선생은 절(切)·행(行)·장(藏)의 이치를 말하였다.
　"정괘(井卦)의 구삼효(九三爻)는 우물물이 굉장히 맑아도 먹는 것을 볼 수 없다고 하였다. 그것은 사람이 재주와 지혜가 있으면서도 등용되는 기회가 없어 사용하지 못하는 것과 같다. 그러므로 도(道)를 행할 수 없어 근심을 하게 되는 것이다.
　대개 강하여 중(中)이 아니므로 베풂이 있어 사용되기를 적극적으로 바란다. 등용(登用)되면 나아가서 도를 행하고, 버려지면 들어앉는 것인데 이와는 다르다."
　또 중정(中正)을 얻으면 외물의 편폐(偏蔽)가 없다고 말하였다.
　"혁괘(革卦)의 육이효(六二爻)는 중정(中正)을 얻으면 외물의 편벽된 폐단이 없고, 문화가 밝아지면 사물의 이치를 다할 수 있다. 위에서 응하면 권세를 얻고 체질(體質)이 유순(柔順)하면 군주나 백성도 어긋나지 않아 변혁(變革)하기에 좋은 때이다. 좋은 자리를 얻게 되고 재주는 족(足)하다.
　변혁하기에 지극히 좋다. 그러나 반드시 위아래로부터 신용할 수 있는 것을 가지고 변혁을 행하여야 한다. 그러므로 효사(爻辭)에 '이일(巳日)에야 이 변혁을 할 수 있다'고 하였다. 육이(六二)와 같은 재덕(才德)으로 나아가 그 도를 행하면 길(吉)하고 허물이 없다. 나아가지 않고 할 수 있는 시기를 잃으면 오히려 허물이 있게 된다."
　또 정괘(鼎卦) 구이효(九二爻)를 설명하였다.
　"(정괘(鼎卦)의 구이효(九二爻)는) 정(鼎)의 실(實)이 되는 상(象)이다. 사람으로 말하면 재주와 업적이 있는 것이다. 그러나 잘못되는 일이 없도록 마땅히 삼가야 한다. 향(向)하는 곳을 삼가지 않으면 자기 몸을 잃고 남을 좇아 불의(不義)에 빠지게 된다. 정괘(鼎卦)에 실속이 있다는 것은 가는 곳을 삼가하라는 것이다."
　또 곤괘(昆卦) 육이효(六二爻)의 상(象)을 풀이하였다.
　"선비가 높은 자리에 처(處)하면 곧 도움은 있지만 따르는 것이 없다. 아랫자리에 있게 되면 마땅히 구원하는 것이 있을 수도 있고 마땅히 따르는 자도 있다. 이것은 구원하되 얻지 못하면 그대로 따를 뿐이다."

　井之九三 渫治[1]而不見食 乃人有才智 而不見用 以不得行爲憂惻也 蓋剛而不中 故切於施爲[2] 異乎用之則行[3] 舍之則藏者矣
　革之六二 中正則無偏蔽 文明[4]則盡事理 應上則得權勢[5] 體順則無違悖 時可矣 位得矣 才足矣 處革之至善者也 必待上下之信 故巳日乃革之也[6] 如二之才德 當進行其道 則吉而无咎也 不進則失可爲之時 爲有咎也
　鼎之有實 乃人之有才業也 當愼所趣向 不愼所往 則亦陷於非義 故曰 鼎有實 愼所之也
　士之處高位 則有拯[7]而無隨 在下位 則有當拯 有當隨 有拯之不得而後隨

1) 渫治(설치) : 흐린 우물물을 걸러 맑게 만드는 일.
2) 切於施爲(절어시위) : 등용되어 실행할 수 있기를 간절히 바람.
3) 用之則行(용지즉행) : 등용되면 나아가 도를 행하다. '논어(論語)' 술이편 (述而篇)에 있는 말로, 공자가 제자인 안회(顔回)에게 한 말.
4) 文明(문명) : 밝은 덕이 있는 것을 말함.
5) 應上則得權勢(응상즉득권세) : 위에 응하면 권세를 얻는다. 위는 강양(剛陽)의 군(君)으로 바르게 응하는 것이다.
6) 已日乃革之也(이일내혁지야) : 혁괘(革卦 : ☰☱) 육이효(六二爻)에 있는 말로 이일(已日)에야 혁명을 일으킨다는 뜻. 곧 변혁을 행할 준비가 다 되었다는 말이다.
7) 拯(증) : 구원함. 도움.

9. 간괘(艮卦) 상전(象傳)과 중부괘(中孚卦)의 해석

이천 선생은 간괘(艮卦) 상전(象傳)의 뜻을 풀이하였다.

"군자는 그 지위에서 벗어나지 않을 것을 생각한다. 지위라고 하는 것은 거처하는 곳의 분수다. 만사에는 각기 쓰임새가 있는데 그 쓰임새를 얻으면 멈추어 편안해진다.

만약 마땅히 행하여야 할 곳에서는 멈추고 마땅히 빨리 가야 할 곳에서는 느리게 하며, 혹은 지나치게 하고 혹은 모자라게 하는 것은 다 그 지위에서 나오는 것이다. 하물며 분수를 뛰어넘으면서 웅거할 것이 아니지 않겠는가."

또 간괘(艮卦) 구오(九五)의 효사(爻辭)를 풀이하였다.

"사람이 멈추어 있는 상태를 오래도록 계속 유지하기는 어렵다. 그러므로 혹은 만년(晩年)에 그동안 지켰던 것을 버리고 변절(變節)하기도 하고, 혹은 죽음에 임박해 지조를 잃으며, 혹은 오래 하던 일을 폐(廢)하게 되는 것이다. 이러한 일들은 사람들의 다같은 근심이다.

간괘(艮卦)의 상구효(上九爻)는 끝까지 돈후하게 지선(至善)의 도에 머물러 있는 형상이다. 그러므로 상구(上九)의 상(象)

에, 말하기를 도탑게 머물러 길하다고 하였다."
  또 중부괘(中孚卦)의 초구(初九)에 말하기를
"헤아려 생각하면 길(吉)하다."라 하였고,
상(象)에 말하기를 "뜻이 변하지 않아서이다."라고 하였다.
  이천 선생이 역전(易傳)에서 이르기를
"마땅히 믿음의 처음은 내 뜻이 아직도 있어 믿을 것에 완전(完全)히 따르지 못한다. 몇 번이고 헤아려 보고 나서 믿게 되고 그 바름을 얻으면 이것은 길(吉)한 것이다.
  따르려는 뜻이 있으면 그 가부(可否)는 변동(變動)된다. 그래서 이것을 헤아려 보고 좇으면 그 바름을 얻지 못한다."고 풀이하였다.

  君子思不出其位 位者所處之分也 萬事各有其所 得其所則止而安 若當行而止 當速而久 或過或不及 皆出其位也 況踰分非據乎
  人之止 難於久終 故節或移於晚 守或失於終 事或廢於久 人之所同患也 艮之上九 敦厚於終 止道之至善也 故曰敦艮吉
  中孚之初九曰 虞吉 象曰 志未變也 傳曰 當信之始志未有所從 而虞度所信 則得其正 是以吉也 志有所從 則是變動 虞之不得其正矣

10. 현자는 오직 의만을 알 따름이다

  이천 선생은 현자(賢者)는 의(義)에 따르고 명(命)은 그 가운데 있는 것이라 말하였다.
  "현자(賢者)는 오직 의(義)를 알 따름이며 하늘의 명은 그 가운데에 있다. 중인(中人) 이하의 사람들은 명(命)으로써 의(義)에 처(處)한다. 그것을 구하는 데 방법이 있다. 그것을 얻는 데 명(命)이 있다.
  그것을 구하여 얻어도 유익할 것이 없다고 말하는 것과 같이 명을 안다는 것은 구할 수가 없다. 그러므로 구하지 못할 것으로써 스스로 처하는 것이다. 만약에 현자가 도(道)로써 그것을 구하면 의로써 그것을 얻게 될 뿐이요 운명을 말하지 아니한다."

또 환난(患難)에 처했을 때에는 진인사대천명(盡人事待天命)하라고 말하였다.

"사람에게 오는 환난(患難)에는 다만 하나의 처리 방법이 있다. 사람으로서의 할 일을 다하고 노력한 다음에 모름지기 태연하게 천명(天命)을 기다려야 한다. 어떤 사람이 있어 어려운 일을 당했을 때 그것을 마음속에 간직하고 버리지 않는다면 마침내 무슨 유익함이 있겠는가.

만약 그것(어려운 일)을 처치하지 못하고 버려 둔다면 곧 그것은 의(義)도 없고 명(命)도 없는 것이다."

賢者惟知義[1]而已 命[2]在其中 中人以下 乃以命處義 如言求之有道[3] 得之有命 是求無益於得 知命之不可求 故自處以不求 若賢者則求之以道 得之以義不必言命

人之於患難 只有一箇處置[4] 盡人謀之後 却須泰然處之 有人遇一事 則心心念念不肯捨 畢竟何益 若不會[5]處置了放下[6] 便是無義無命也

1) 義(의) : 우리 마음에 있으면서 일을 바르게 해낼 수 있도록 하는 것.
2) 命(명) : 우리 힘만으로는 되지 않는 운명.
3) 求之有道(구지유도) : 구하는데 길이 있다. '맹자(孟子)' 진심장(盡心章)에 있는 말.
4) 處置(처치) : 의(義)에 맞지 않는 것을 없애버림.
5) 不會(불회) : 할 수 없음. 불능(不能)과 같은 말.
6) 放下(방하) : 그대로 내버려 둠.

11. 과거를 보는 것은 학문의 도가 아니다

문인(門人) 가운데 태학(太學)에서 공부하던 중 고향에 돌아가 향시(鄕試)에 응(應)하고자 하는 이가 있어 그 까닭을 물으니 대답하였다.

"고향인 채주(蔡州) 사람들은 '예기(禮記)'를 열심히 공부하지 않아 과거(科擧)를 치르기에 유리할 것입니다."
 명도 선생이 말하였다.
 "네가 그런 마음이라면 요순(堯舜)의 도(道)에 들어가지 못할 것이다. 공자는 자공(子貢)이 높은 식견(識見)을 가졌다고 평하였는데, 어째서 일찍이 재화(財貨)의 이(利)에 급급하였는가.
 그는 특히 풍약(豊約 : 검소)의 사이에 있었으며 사사로운 정이 머무르지 않게 할 수 없었을 뿐이다. 가난하고 부자로 사는 것은 하늘의 명(命)에 있을 뿐이다. 그가 사사로운 정에 마음이 이끌리는 것은 그 사이에 그가 요순의 도를 믿지 않음을 보여주는 것이었다. 그러므로 공자는 그것을 명(命)을 받지 않는다고 말하였다.
 도(道)에 뜻을 둔 사람은 부귀(富貴)와 공명(功名)을 구하는 마음을 제거하지 않으면 안된다. 그런 다음에 더불어 도를 말할 수 있는 것이다."

 門人[1] 有居太學 而欲歸應鄕學者 問其故 曰蔡人尠習戴記[2] 決科[3]之利也 先生曰 汝之是心 已不可入於堯舜之道矣 夫子貢之高識[4] 曷嘗規規[5]於貨利哉 特於豊約之間[6] 不能無留情耳 且貧富有命 彼乃留情於其間 多見其不信道也 故聖人謂之不受命 有志於道者 要當[7]去此心 而後可語也

1) 門人(문인) : 정명도(程明道)의 문인(門人)인 사현도(謝顯道)를 지칭하는 말.
2) 戴記(대기) : 대성(戴聖)이 지은 소대기(小戴記)를 가리키는 것으로, '예기(禮記)'를 이르는 말. 대성(戴聖)은 한(漢)나라 때 사람.
3) 決科(결과) : 과거에 응시하다.
4) 子貢之高識(자공지고식) : 자공은 높은 식견을 가졌다. '논어(論語)' 선진편(先進篇)에 있는 말로, 자공(子貢)은 공자의 제자.
5) 規規(규규) : 떨면서 봄. 스스로를 잃는 경지. 여기서는 급급해 한다는 말.
6) 豊約之間(풍약지간) : 부유한 생활과 가난하여 절약하는 생활의 중간.
7) 要當(요당) : 하지 않으면 안됨.

12. 아침에 도를 들으면 저녁에 죽어도 좋다

이천 선생은 '논어(論語)'의 조문도석사가의(朝聞道夕死可矣)의 뜻을 풀이하였다.

"사람이 진실로 '아침에 도(道)를 들을 수 있다면 저녁에 죽어도 좋다.' 는 뜻을 가지면 편안하지 않은 곳에서 하루라도 편안히 지내기를 즐기지 않는다. 어찌 이것을 하루에만 그칠 것인가. 잠시라도 그렇게 해서는 안되는 것이다. 증자(曾子)가 임종(臨終) 때에 삿자리를 바꾸려고 한 것과 같이 모름지기 증자와 같이 하여 편안하게 할 필요가 있다.

사람들이 이와 같이 하지 못하는 것은 다만 참된 이치를 알지 못해서이다. 참된 이치라는 것은 참된 것은 그것이 참되다는 것을 알고 그른 것은 그것이 그른 것임을 아는 것이다. 무릇 마음속에 참된 이치를 가지고 있으면 편히 지낼 곳과 그렇지 못할 곳을 스스로 구별할 수 있다.

귀로 듣고 입으로 말하는 것들은 마음의 실(實)을 알지 못한다. 만약 알고 있으면 반드시 편안히 지낼 수 없는 곳에서 편안히 지내려고 하지 않을 것이다.

사람의 한 몸에 될 수 있으면 피해서 하고 싶지 않은 일이 있겠지만 다른 일에 이르러서는 또한 그렇지도 않다. 만약 선비에게 비록 죽일 것같이 해서 강도(强盜)질을 시킨다 하더라도 반드시 하지 못할 것이다. 그러나 그밖의 일은 반드시 그렇지도 않다.

책을 잡은 사람은 다 예의를 논할 수 있는 사람이며 또한 왕공대인(王公大人)들도 수레와 관모가 외물(外物)인 것은 다 알고 있다. 그러나 그 이해의 상황에 처하면 의리로 나아가는 것을 알지 못한다. 도리어 부귀에 빠지고 마는 것이다. 이런 사람은 다만 의리를 입으로 말할 뿐 정말로 알고 있지는 못한 것이다.

물·불을 밟는 것 같은 위험한 일은 사람들이 다 피하려고 한다. 이것은 위험한 일이란 것을 정말로 알고 있기 때문이다. 모름지기 착하지 아니한 것을 보면 끓는 물에 손을 넣는 것같이 한다고 하였는데 이것은 자연히 구별할 수가 있다. 옛날에 범에게 물렸던 사람이 있었다. 다른 사람이 호랑이 이야기를 했다. 호랑이의 무서운 것은 삼척동자도 안다. 그러나 호랑이에게 물려본 사람은 안색이 변하고 두려움에 떨며 진실로 호랑이를 무서워한다. 이것은 진실로 무서움의 깨달음을 아는 것이다.

마음의 이(理)를 체득한 사람은 유덕자(有德者)라고 하는데, 유덕자는 힘쓰지 않아도 의리(義理)에 나아갈 수 있다. 그러나 배우는 사람은 모름지기 힘써 공부해서 의리에 닿도록 해야 한다.

옛 사람들은 도를 지키기 위해 몸을 던져 목숨을 잃은 자도 있었다. 만약 진실로 도를 알지 못하였다면 어떻게 이런 일이 있을 것인가. 모름지기 진실로 생명이 의(義)보다 중하지 않다는 것을 알아야 한다. 그러므로 생(生)이 죽음보다 편하지 않다는 것을 알고 있기 때문에 몸을 죽여 인(仁)을 이룬다고 하는 것이다. 이것은 다만 하나의 옳은 도를 이루기 위한 것일 뿐이다."

人苟有朝聞道夕死可矣¹⁾之志 則不肯一日安於所不安也 何止一日 須臾不能 如曾子易簀²⁾ 須要如此乃安 人不能若此者 只爲不見³⁾ 實理 實理者 實見得是實 見得非 凡實理得之於心自別 若耳聞口道者 心實不見 若見得 必不肯安於所不安 人之一身 儘有所不肯爲 及至他事又不然 若士者 雖殺之 使爲穿窬⁴⁾必不爲 其他事未必然 至如執卷者⁵⁾莫不知說禮義 又如王公大人 皆能言軒冕⁶⁾外物及其臨利害 則不知就義理 却就富貴如此者 只是說得 不實見 及其蹈水火 則人能避之 是實見得 須是有見不善如探湯⁷⁾之心 則自然別 昔曾經⁸⁾傷於虎者 他人語虎 則雖三尺童子 皆知虎之可畏 終不似曾經傷者 神色懾懼至誠畏之 是實見得也 得之於心 是謂有德 不待勉強 然學者則須勉強 古人有損軀隕命者 若不實見得 則烏能如此 須是實見得生不重於義 生不安於死也 故有殺身成仁⁹⁾ 只是成就一個是而已

1) 朝聞道夕死可矣(조문도석사가의) : 아침에 도를 들으면 저녁에 죽어도 좋다. '논어(論語)' 이인편(異仁篇)에 있는 말.

2) 曾子易簀(증자역책) : 증자(曾子)가 죽음에 임박하였을 때 노(魯)나라의 대부인 계손(季孫)에게서 받은 삿자리를 깔고 있었다. 이것은 대부들이 쓰는 삿자리였다. 그래서 자기의 신분에는 맞지 않는다고 바꾸어 깔고 죽었다는 고사(故事)에서 나온 말. '예기(禮記)' 단궁상편(檀弓上篇)에 있다.
3) 見(견) : 여기서는 지(知)·각(覺)의 뜻.
4) 穿窬(천유) : 남의 집에 구멍을 뚫고 들어가 훔치는 도둑. 강도와 같음.
5) 執卷者(집권자) : 책을 읽는 사람. 독서인(讀書人). 학자(學者).
6) 軒冕(헌면) : 고관(高官)을 가리키는 말. 헌(軒)은 대부(大夫) 이상이 타는 수레. 면(冕)은 대부 이상이 쓰는 관모(官帽).
7) 見不善如探湯(견불선여탐탕) : 불선 보기를 뜨거운 물에 손을 담그는 것같이 여긴다. '논어(論語)' 계씨편(季氏篇)에 있는 말.
8) 曾經(증경) : 일찍이 경험한 일이 있음.
9) 殺身成仁(살신성인) : 목숨을 버려 인을 이루다. 절개를 지켜 목숨을 버림. '논어(論語)' 위령공편(衛靈公篇)에 있는 말.

13. 이해를 초월한 자는 성인이다

이천 선생은 성인은 이해(利害)를 초월하여 의(義)만을 행한다고 말하였다.

"맹자(孟子)는 순(舜)임금과 도척(盜跖)을 구분하여 '다만 의(義)와 이(利)의 차이가 있는 것이다.' 라고 말하였다. 사이라고 말하는 것은 서로 떨어진 것이 매우 멀지 않은 것을 이르는 것으로 멀고 가까움을 다툰다면 그것은 털끝만큼의 사이인 것이다. 의(義)와 이(利)는 다만 하나의 공심(公心)과 사욕(私慾)이다.

조금이라도 의(義)에서 벗어나면 문득 이(利)라고 말할 수 있다. 다만 어떤 일에 계산하여 비교하는 마음이 생기면 그것은 이해(利害)가 있기 때문이다. 만약 이해가 없으면 왜 계산하여 비교하는 것을 쓸 것인가. 이해에 대한 관심은 천하 모든 사람의 공통된 감정이다.

사람은 누구나 이(利)를 따르고 해(害)를 피할 줄 안다. 다만,

성인은 다시 이해를 논하지 않고 오직 의(義)를 보면 마땅히 하고 의가 아니면 하지 않는다. 이것은 하늘의 모든 명이 그 속에 있을 따름이다."

또 선악(善惡)을 분별하고 염치(廉恥)를 알면 도(道)에 이를 가능성이 있다고 말하였다.

"대개의 유학자(儒學者)들에게 깊은 도(道)를 만들어 낼 것을 감히 바라지 말라. 다만 마음에 있는 것이 바르고 선악(善惡)을 분별하며, 염치(廉恥)를 아는 사람들이 보다 많아지면 또한 모름지기 점점 좋아진다."

조경평(趙景平)이 묻기를

"공자께서는 이(利)를 드물게 말씀하셨다는데, 이른바 이(利)라는 것은 어떠한 이(利)입니까?"

하니, 이천 선생이 대답하기를

"단지 재물을 탐하는 이(利)만이 아니라, 무릇 이심(利心)이 있으면 곧 옳지 않다. 만약 어떤 일을 하는데 모름지기 자기에게 편안한 곳만을 찾으면 곧 모두 이심에 처하는 것이다.

성인은 의(義)로써 이(利)를 삼았으니 의(義)가 편안한 곳으로 흐르면 곧 이(利)가 된다. 석가(釋迦)의 학문인 불교(佛敎)는 모두 그 근본을 이(利)에 두었으므로 옳은 것이 아니다."

孟子辨舜跖之分[1] 只在義利之間 言間者 謂相去不甚遠 所爭毫末爾 義與利 只是個公與私也 纔出義 便以利言也 只那計較[2] 便是爲有利害 若無利害 何用計較 利害者 天下之常情也 人皆知趨利而避害 聖人則更不論利害 惟看義當爲不當爲 便是命在其中也

大凡儒者未敢望深造於道[3] 且只得所存正 分別善惡識廉恥 如此等人多 亦須漸好

趙景平問 子罕言利[4] 所謂利者何利 曰不獨財利之利 凡有利心便不可 如作一事 須尋自家穩便處 皆利心也 聖人以義爲利 義安處便爲利 如釋氏之學[5] 皆本於利 故便不是

1) 舜跖之分(순척지분) : 순(舜)임금과 도척(盜跖)의 구분. '맹자(孟子)' 진심

장(盡心章)에 있는 말. 도척(盜跖)은 중국 춘추 시대(春秋時代)에 유명했
던 도둑의 이름으로 몹시 악한 사람을 비유하는 말로도 쓰임.
2) 計較(계교) : 어느 것을 취할 것인가를 비교함. 계산하여 비교함.
3) 未敢望深造於道(미감망심조어도) : 깊은 도를 만들어낼 것을 감히 바라지
말라. '맹자(孟子)' 이루장(離婁章) 하편에 있는 심조이도(深造以道)를 인
용한 말.
4) 子罕言利(자한언리) : 공자는 이익에 대해 말하는 것이 드물었다. '논어(論
語)' 자한편(子罕篇)에 있는 말.
5) 釋氏之學(석씨지학) : 석가모니의 학문으로 곧 불교(佛敎)를 말함. 불교에
서는 생사(生死)를 초월하여 무생(無生)을 원하며, 물욕(物慾)을 배척하여
세사(世事)를 끊으려하지만 궁극적으로는 왕생극락(往生極樂)을 바라는 그
근본을 자리(自利)에 두었으므로 옳지 않다고 하는 것임.

14. 학문으로 욕심을 이겨내야 한다

누가 말하기를
"형칠(邢七)은 오랫동안 선생님을 따랐건만 생각건대 도무지
아는 것이 없어 뒤에 와 극히 나쁜 짓을 한 것입니다."
하니, 이천 선생이 말하였다.
"그것을 일러 전혀 아는 것이 없다고 하는 것은 옳지 않다. 다
만 의리(義理)의 마음이 그 이욕(利慾)의 마음을 이길 수 없었
기에 그와 같음에 이른 것이다."
또 사식(謝湜)이 촉(蜀)에서 경사(京師)에 가려고 낙양(洛
陽)을 지나다가 정자(程子)를 뵈었다. 정자가 말하기를
"너는 장차 어디로 갈 것인가?"
하고 물으니, 사식이 대답하기를
"장차 교관(敎官) 시험을 치르겠습니다."
하니, 정자는 대답하지 않았다.
식이 다시 묻기를
"어찌 된 일입니까?"

하니, 정자가 말하기를
"내 일찍이 계집종을 사 그 시험을 보이려 했는데, 그 어미가 화를 내면서 허락하지 않고 말하기를 '내 딸을 시험을 치르게 할 수 없다.'고 했다. 이제 네가 남의 스승이 되려고 시험을 치르는 것은 반드시 이런 부인들의 웃음거리가 될 것이다."
라고 하니, 식(湜)은 마침내 시험을 치르러 가지 않았다.

問 邢七[1]久從先生 想都無知識 後來極狼狽[2] 先生曰 謂之全無知則不可 只是義理不能勝利欲之心 便至如此也
謝湜[3]自蜀[4]之京師 過洛而見程子 子曰 爾將何之 曰將試敎官 子弗答 湜曰何如 子曰吾嘗買婢欲試之 其母怒而弗許 曰吾女非可試者也 今爾求爲人師而試之 必爲此媼[5]笑也 湜遂不行

1) 邢七(형칠) : 형서(邢恕)를 말함. 자(字)는 화숙(和叔). 칠(七)은 배행(排行 : 배반한 행동)을 나타내는 것. 형서(邢恕)는 간신(姦臣)들과 결탁하여 역사에 오점(汚點)을 남긴 인물임.
2) 狼狽(낭패) : 험악한 인물을 욕할 때 쓰는 말.
3) 謝湜(사식) : 이천(伊川)의 고제(高弟). 자는 지정(持正).
4) 蜀(촉) : 중국 사천성(四川省) 일내를 말함.
5) 媼(오) : 여자의 통칭(通稱).

15. 급여를 청구하지 않은 사연

이천 선생이 조정(朝廷)의 강관(講官)으로 있을 때 일찍이 봉급(俸給)을 청구한 적이 없었다. 여러 사람들이 드디어 호부(戶部)에 통첩(通牒)하여 봉급을 지불하지 않는 까닭을 물었다. 호부에서 선생의 전임(前任) 급여(給與) 경력을 제출하기 원하니, 선생이 이르기를
"모(某 : 頤)는 초야(草野)로부터 기용(起用)되었으므로 전임 경력(前任經歷)이 없다."고 하였다.
드디어 호부에서 자체(호부)에 해당하는 사령(辭令)을 만들어

급여(給與)를 내게 하였다.
  또 처(妻)를 위해서 봉호(封號)를 구하지 않았다. 범순보(范純甫)가 그 까닭을 물으니, 선생이 말하기를
  "모(某 : 頤)는 초야(草野)에서 기용된 까닭으로 세 번씩이나 사양하다가 할 수 없이 명(命)을 받아 관직에 나온 몸인데 어찌 이제 와서 아내를 위해 봉호를 구하겠는가."
하였다. 또 묻기를
  "지금 사람들은 은총 받기를 걸구(乞求)하는데, 의(義)로 보아 마땅히 그렇게 해서는 안되는 것이 아닙니까? 모든 사람들은 다 그렇게 하는데 관리의 본분으로 해(害)가 되는 것이 아닙니까?"
하니, 선생이 대답하기를
  "다만 오늘날의 사대부(士大夫)는 걸(乞)자 쓰는 것이 습관이 되고 말았다. 걸핏하면 또 걸(乞)자를 쓴다고 한다."
라고 하였다. 또 묻기를
  "부조(父祖)의 봉호(封號) 받기를 신청하는 것은 어떻습니까?"
하였다. 선생이 말하였다.
  "(아내를 위하여 봉호를 구하는 일과 부조(父祖)를 위해 봉호를 받는 일은) 일의 본질이 다르지 않는가."
  재삼(再三) 설명을 청하니 선생은 다만
  "이 설명은 매우 길다. 특별히 시간을 내어서 이야기하자."
라고 하였다.

先生在講筵 不曾請俸 諸公遂牒[1]戶部[2] 問不支俸錢 戶部索前任歷子 先生云 某起自草萊[3] 無前任歷子 遂令戶部自爲出券歷 又不爲妻求封[4] 范純甫[5]問其故 先生曰 某當時起自草萊 三辭然後受命 豈有今日乃爲妻求封之理 問今人陳乞恩例 義當然否 人皆以爲 本分不爲害 先生曰 只爲而今士大夫道得個乞字慣却 動不動[6]又是乞也 因問陳乞封父祖如何 先生曰 此事體又別 再三請益 但云 其說

甚長 待別時說
1) 牒(첩) : 조회(照會)하는 문서.
2) 戶部(호부) : 국가의 재정(財政)을 담당하는 삼사(三司)의 하나.
3) 草萊(초래) : 민간(民間) 또는 재야(在野), 초야(草野).
4) 封(봉) : 관(官)의 계급에 따라 조부모, 부모, 아내에게 주는 칭호. 생존자에게는 봉(封)이라 하고, 죽은 사람에게는 증(贈)이라고 함.
5) 范純甫(범순보) : 범조우(范祖禹)를 말함. 자는 순부(淳夫).
6) 動不動(동부동) : 걸핏하면.

16. 부귀공명의 마음작용이 있어서는 안 된다

이천 선생은 현량(賢良)에게는 개인의 부귀공명(富貴功名)을 위한 마음의 작용이 있어서는 안된다고 말하였다.

"한(漢)나라 때에는 현량(賢良)에게 책문(策問)하여 천거하여 등용하였는데, 이것은 다른 사람의 천거(薦擧)로 인한 것이다. 공손홍(公孫弘) 같은 사람도 오히려 힘있게 일어나 책문에 대답하였는데, 후세의 현량에 이르러서는 스스로 거용되기를 구한다.

만약 과연 내 마음속에 조정으로 나아가 천지의 물음에 대답하기를 바라는 것은 천하의 일을 직언(直言)하고자 하는 것이니 또한 숭상할 일이다. 그러나 만약 부귀(富貴)에 뜻을 둔다면 그 뜻을 얻으면 교만하고 방종(放縱)해지며, 뜻을 얻지 못하면 마음이 비어 허전하고 슬픔만이 있을 뿐이다."

또 과거(科擧) 공부에 있어 편법(便法)을 써서는 안된다고 말하였다.

"사람들은 내가 과거(科擧)를 위한 공부를 가르치지 않는다고 말들을 많이 하는데, 내 어찌 일찍이 사람들에게 과거 공부를 가르치지 않았겠는가. 사람들이 만약 과거 공부를 익히지 않으면서 급제(及第)하기를 바란다면 도리어 이것은 하늘의 이치를 책망(責望)하면서 사람이 해야 할 일을 닦지 않는 것이다. 다만 과거 공부는 급제만 하면 그것으로 끝나는 것이다. 만약 급제하기 위

해 있는 힘을 다하고 반드시 성공의 길만을 얻기를 구한다면 이
것은 미혹(迷惑)인 것이다."

 漢策賢良[1] 猶是人擧之 如公孫弘[2]者 猶强起之乃就對 至如後世
賢良 乃自求擧爾 若果有曰 我心只望廷對 欲直言天下事 則亦可尙
已 若志富貴 則得志便驕縱 失志則便 放曠與悲愁而已
 伊川先生曰 人多說某不敎人習擧業[3] 某何嘗不敎人習擧業也 人
若不習擧業而望及第 却是責天理而不修人事 但擧業旣可以及第 卽
已 若更去上而[4] 盡力求必得之道 是惑也

1) 漢策賢良(한책현량) : 책(策)은 책문(策問). 천자(天子)가 직접 경서(經書)나 정치상의 문제를 내놓고 의견을 물어 관리를 등용(登用)하던 일. 현량(賢良)은 관리의 한 분류(分類).
2) 公孫弘(공손홍) : 한(漢)나라 때의 학자이며 정치가. 성은 공손(公孫), 이름은 홍(弘), 자는 계(季).
3) 擧業(거업) : 과거(科擧)를 위한 공부.
4) 去上而(거상이) : 과거에 합격하기 위한 것.

17. 벼슬하고 녹을 받는 것은 천명에 있다

누가 묻기를
"집이 가난하고 어버이가 늙어 과거(科擧)에 응(應)하여 벼슬을 구하려 하는데, 녹(祿)을 받게 될지 못 받게 될지 걱정을 면할 수 없습니다. 어떻게 하면 이 걱정을 면할 수 있습니까."
하니, 이천 선생이 대답하기를
"그것은 다만 뜻이 기(氣)를 이기지 못해서이니 만약 뜻이 이기면 그러한 걱정은 스스로 없어진다. 집이 가난하고 어버이가 늙었으면 모름지기 녹(祿)을 받을 벼슬을 해야 하나, 과거에 급제해서 녹을 얻게 될지 얻지 못할지는 천명(天命)에 달린 것이다."
하였다. 다시 물어 말하기를
"자기 혼자라면 진실로 그래도 좋지만 어버이를 위해서는 어찌

해야 합니까."
하니, 대답하여 말하였다.

"자기를 위해서거나 어버이를 위해서이거나 다만 한 가지 일이니, 만약 그 천명을 얻지 못하면 어떻게 할 것인가가 문제이다. 공자도 말하기를 '천명을 알지 못하면 군자라고 할 수 없다.' 라고 하였다.

사람이 진실로 천명을 알지 못하면, 환난(患難)을 보면 반드시 피하고, 얻거나 잃음을 당하여는 반드시 마음이 동요(動搖)하고, 이(利)를 보면 반드시 따르려고 하는데, 그렇게 하는 사람을 어찌 진실한 군자라 할 수 있겠는가."

또 과거 공부는 진정한 공부가 아니니 너무 마음을 써서는 안 된다고 말하였다.

"어떤 사람은 말하기를 과거를 위한 공부는 유학(儒學) 본래의 뜻을 빼앗긴다고 하나 그런 것은 아니다. 또한 한 달 중 열흘만 과거 공부를 하고 그 나머지 날은 본래의 유학 공부를 할 수 있는 것이나 사람들이 여기에 뜻을 두지 않고 반드시 뜻을 과거 공부에 둔다. 그러므로 과거보는 일이 유학 공부에 방해가 된다고 걱정할 것이 아니라, 오직 과거에 뜻을 빼앗기는 것을 걱정해야 한다."

問家貧親老 應擧求仕 不免有得失之累 何修可以免此 伊川先生曰 此只是志不勝氣 若志勝自無此累 家貧親老 須用祿仕 然得之不得爲有命 曰在己固可 爲親奈何 曰爲己爲親 也只是一事 若不得其如命何 孔子曰 不知命 無以爲君子[1] 人苟不知命 見患難必避 遇得喪必動 見利必趨 其何以爲君子

或謂 科擧事業 奪人之功[2] 是不然 且一月之中 十日爲擧業 餘日足可爲學 然人不志此 必志於彼 故科擧之事 不患妨功 惟患奪志

1) 不知命無以爲君子(부지명무이위군자) : 천명을 알지 못하면 군자라 할 수 없다. '논어(論語)' 요왈편(堯曰篇)에 있는 말.
2) 功(공) : 경세제민(經世濟民)의 유학(儒學) 공부를 뜻함.

18. 공신의 자제로 관직에 나아가는 것은 명예롭다

횡거 선생은 과거를 치루어 관계에 나가는 것보다 공신의 자제로서 관(官)에 나가는 것이 명예로운 것이라고 말하였다.

"대(代)를 이어 받는 봉록(俸祿)의 영예(榮譽)는 임금이 공적(功績)이 있는 이의 자제에게 관직(官職)에 등록하도록 하는 것이다.

덕(德)이 있는 이를 받들어 사랑하며 후대(厚待)하는 것으로, 임금의 은혜가 다하지 않았다는 것을 보이는 것이다. 공신의 자손된 자는 마땅히 직책을 즐겨 공(功)을 권장하고 일을 맡음에 부지런히 복무(服務)하고 겸손하여 이(利)를 멀리하고 세풍(世風)을 이어받아야 한다.

그러나 요즘의 공경(公卿)의 자손들은 하천(下賤)한 포의(布衣)들과 어깨를 겨루어 시부(詩賦)를 짓거나 자기 이름을 고관(考官)에게 팔아 벼슬길에 오르려고 하는 것이 의(義)가 아님을 알지 못한다. 도리어 이(理)를 따르는 것을 부끄럽게 여기니, 그러한 사람은 무능하다고 할 수 있다.

조상의 덕으로 벼슬을 이어받는 것을 영예롭게 여길 줄을 모르고 도리어 시험에 합격해서 허명(虛名)을 날리는 것을 뒷사람들은 좋게 여긴다. 진실로 마음이 어디에 있는 것인가."

또 남의 세력을 이용하려다가 마음을 빼앗길 것을 경계하여 말하였다.

"남의 세력이나 지위를 빌리지 아니하고 자신의 가지고 있는 것을 이용하면 남의 위세에 눌리는 일은 없을 것이다."

橫渠先生曰 世祿[1]之榮 王者所以錄有功 尊有德 愛之厚之 示恩遇之不窮也 爲人後者 所宜樂職勸功 以服勤事任[2] 長廉遠利 以似述世風[3] 而近代公卿子孫 方且下比布衣 工聲病[4] 售有司 不知求仕非義 而反羞循理爲無能 不知蔭襲爲榮 而反以虛名爲善繼 誠何心哉

不資其力[5]而利其有 則能忘人之勢

1) 世祿(세록) : 조상의 벼슬에 따라 자손 대대로 이어서 받는 녹(祿).
2) 事任(사임) : 일의 책임을 맡음.
3) 世風(세풍) : 가풍(家風).
4) 聲病(성병) : 사성(四聲)과 팔병(八病)으로 과거시험의 시부(詩賦)를 가리 키는 말.
5) 不資其力(부자기력) : 남의 세력이나 지위를 이용하지 않는 것.

19. 빈천한 생활은 의리를 아는 자만이 가능하다

횡거 선생은 빈천(貧賤)한 생활은 의리(義理)를 아는 자만이 달게 받을 수 있다고 말하였다.

"사람들은 많이 빈천(貧賤)에 안거(安居)한다고 한다. 그러나 실은 다만 꾀가 없고 힘이 모자라고 재주가 부족하여 부귀(富貴)를 영위(營爲)하지 못할 뿐이다. 만약 조금 움직여서라도 그것을 얻으면 아마 빈천한 데에 안거함을 즐기지 않을 것이다. 이것은 모름지기 진실로 의리(義理)의 즐거움이 이욕(利慾)보다 더 좋아나는 것을 알아야 가능하다."

또 남의 평판을 두려워하지 않고 살아가려면 의(義)만을 지녀야 한다고 말하였다.

"천하의 일중에 크게 근심스러운 것은 다만 남의 비웃음을 사는 것을 두려워하는 것이다. 수레와 말을 기르지 않고 거친 음식을 먹고 나쁜 옷을 입으며, 빈천(貧賤)하게 살면 모두 사람들의 비웃음을 두려워 한다.

마땅히 살 곳에 살고 마땅히 죽을 때에 죽으며 오늘의 만종의 녹(萬鍾祿)을 내일 버리고, 오늘의 부귀(富貴)가 내일 굶주리게 되더라도 또한 근심하지 않는다. 이것은 오직 의(義)에만 있는 일이다."

人多言 安於貧賤 其實只是計窮力屈 才短不能營畫耳 若稍動得[1]

恐未肯安之 須是誠知義理之樂於利欲也 乃能

 天下事 大患只是畏人非笑[2] 不養車馬 食麤衣惡 居貧賤 皆恐人非笑 不知當生則生 當死則死 今日萬鍾[3] 明日棄之 今日富貴 明日飢餓 亦不卹 惟義所在

1) 若稍動得(약소동득) : 만약 부귀(富貴)에 대한 욕망이 그의 마음을 유혹하여 움직이게 해서 얻는다면.
2) 人非笑(인비소) : 남의 비웃음.
3) 萬鍾(만종) : 만종이나 되는 녹(祿). 고액(高額)의 봉록(俸祿)을 말한다.

제8권 나라의 평화와 세계 평화의 길
(第八卷 治國平天下之道篇 凡二十五條)

하늘의 이치의 올바름을 얻고
인륜의 지극함을 다한 것이
요순(堯舜)의 도(道)입니다.
사사로운 마음으로써
인(仁)과 의(義)의 편벽됨에
의지하는 것은 패자(覇者)의 일입니다.
왕도(王道)는 숫돌과 같아서
인정(仁政)에 근본을 두고
예의(禮義)에서 나오는 것이므로
큰 길을 밟아 걷는 것과 같이
돌고 굽어지는 일이 없습니다……

제8권 나라의 평화와 세계 평화의 길
(第八卷 治國平天下之道篇 凡二十五條)

1. 천하를 다스리는 근본이 있다

염계 선생은 치체(治體)의 근본을 추구(推究)하였다.

"천하를 다스림에는 근본이 있으니 자기 자신을 말하는 것이다. 천하를 다스림에는 법칙이 있으니 자기 집안을 이른다.

근본에는 반드시 실마리가 있으니 실마리의 근본은 마음을 성실하게 갖는 것일 따름이다.

법칙은 반드시 좋아야 하는데 좋은 법칙은 친족과 화목(和睦)해야 할 따름이다.

집을 다스리는데 어려움을 알면 천하는 쉽게 다스릴 수 있다. 집안의 화목은 곧 천하를 다스리는 것이다.

집안 사람들끼리 사이가 벌어지는 것은 반드시 여자들 때문에 일어나는 것이다. 그러므로 규괘(睽卦)는 가인괘(家人卦) 다음에 있으니 두 여자가 함께 살면서 그 뜻을 함께 행하지 못하기 때문이다.

요(堯)임금이 두 딸을 규수(嬀水) 냇가의 순(舜)에게 시집보낸 까닭도 순(舜)에게 천하를 물려줄 수 있을지를 시험해 보려는 뜻이었다. 이것은 천하를 다스리는 것을 집안을 이끌어 나가는 데에서 보고, 집안을 다스리는 것을 자기 몸을 잘 닦는 데에서 보는 까닭이다.

몸이 단정하다는 것은 마음이 성실하다는 것을 말함이다. 마음이 성실하다는 것은 선(善)하지 않은 움직임에서 되돌아오는 것일 따름이다. 선하지 않은 행동은 망령된 것이다. 망령된 것에서 되돌아오면 망령됨이 없는 것이다. 망령됨이 없으면 곧 성실한 것이다. 그러므로 무망괘(无妄卦)는 복괘(復卦)의 다음에 있으면서, 옛 임금들은 훌륭하게 때에 대응(對應)하고 만물을 생육(生育)하게 하였다 하였으니 뜻이 깊도다."

濂溪先生曰 治天下有本 身[1]之謂也 治天下有則[2] 家之謂也 本必端 端本誠心而已矣 則必善 善則和親而已矣 家難而天下易 家親而天下疏[3]也 家人離必起於婦人 故睽[4]次家人[5]以二女[6]同居而志不同行也 堯所以釐降二女于嬀汭[7] 舜可禪乎 吾玆試矣 是治天下觀[8]於家 治家觀身而已矣 身端 心誠之謂也 誠心復[9] 其不善之動而已矣 不善之動 妄也 妄復 則无妄矣 无妄[10]則誠矣 故无妄次復 而曰 先王以茂對時育萬物[11] 深哉

1) 身(신) : 자기 자신. 자신의 몸. 곧 임금 한 사람의 몸.
2) 則(칙) : 법칙(法則).
3) 疏(소) : '다스리다'의 뜻.
4) 睽(규) : '주역(周易)'의 규괘(睽卦 : ䷥). 서로 어긋난다는 뜻.
5) 家人(가인) : '주역(周易)'의 가인괘(家人卦 : ䷤). 온 집안 사람들을 가리킴.
6) 二女(이녀) : 규괘(睽卦) 단전(彖傳)의 풀이로, 두 여자가 함께 살면서도 뜻이 다름을 상징한 것임.
7) 釐降二女于嬀汭(이강이녀우규예) : 규예의 강가에 사는 순에게 두 딸을 시집보내다. 이강(釐降)은 딸을 시집 보냄. 이녀(二女)는 요(堯)임금의 두 딸인 아황(娥皇)과 여영(女英). 규예(嬀汭)는 지금의 산서성(山西省) 영제현(永濟縣) 남쪽에 흐르는 강의 이름.
8) 觀(관) : '주역(周易)'의 관괘(觀卦 : ䷓).
9) 復(복) : '주역(周易)'의 복괘(復卦 : ䷗).
10) 无妄(무망) : '주역(周易)'의 무망괘(无妄卦 : ䷘).
11) 先王以茂對時育萬物(선왕이무대시육만물) : 옛 임금들은 때에 맞게 응하고 만물을 생육하게 하였다. 무망괘의 상전(象傳)에 있는 말.

2. 왕도(王道)와 패도(霸道)의 길을 알아야 한다

명도 선생이 일찍이 신종(神宗)에게 말씀드려 이르기를
"하늘의 이치의 올바름을 얻고 인륜(人倫)의 지극함을 다한 것이 요순(堯舜)의 도(道)입니다. 사사로운 마음으로써 인(仁)과 의(義)의 편벽됨에 의지하는 것은 패자(霸者)의 일입니다.

왕도(王道)는 숫돌과 같아서 인정에 근본을 두고 예의(禮義)에서 나오는 것이므로 큰길을 밟아 걷는 것과 같이 돌고 구부러지는 일이 없습니다. 패자는 험한 길을 오르내리고 이리저리 휘도는 지름길 가운데 있는 것으로서 마침내 요순의 도에 들어갈 수 없습니다.

그러므로 정성된 마음으로 임금노릇을 하면 올바른 임금이 되고, 패도(霸道)를 빌어서 임금노릇을 하면 패왕(霸王)이 됩니다. 이 두 가지 도의 다름은 임금노릇을 하는 처음에 살펴야 할 따름입니다. '역경(易經)'에 이른바 '처음에는 털끝만한 차이가 결국에는 천리의 차이를 낸다'고 하였으니, 그 처음을 잘 살피지 않을 수 없습니다.

오직 폐하께서는 옛 성인의 말씀을 상고하시고 인사(人事)의 이치를 살피시고 요순의 도를 이해하시어 그것이 자신에게 갖추어지도록 자신을 반성하며, 마음을 성실되게 하여 그것을 미루어 사해(四海)에 미치도록 하셔야 만세(萬世)토록 다행한 일이 될 것입니다."

明道先生嘗言於神宗[1]曰 得天理之正 極人倫之至者 堯舜之道也 用其私心 依仁義之偏者 霸者之事也 王道如砥 本乎人情 出乎禮義 若履大路而行無復回曲 霸者崎嶇反側[2]於曲徑之中 而卒不可與入堯舜之道 故誠心而王則王矣 假之而霸則霸矣 二者其道不同 在審其初而已 易所謂差若毫釐[3]繆以千里者 其初不可不審也 惟陛下稽先聖之言 察人事之理 知堯舜之道 備於己 反身而誠之 推之以及四

海 則萬世幸甚
1) 神宗(신종) : 송(宋)나라 제6대 임금.
2) 崎嶇反側(기구반측) : 험난한 길을 왔다갔다 함.
3) 豪釐(호리) : 털끝만한 차이.

3. 이 세상에서 먼저해야 할 세 가지 일

 이천 선생은 정치를 하는데에 있어 입지(立志)·책임(責任)·구현(求賢)의 세 가지 방법을 잘 활용해야 한다고 말하였다.
 "현세의 일에서 특히 먼저 해야 할 것에 세 가지가 있다. 첫째가 뜻을 세우는 일이요, 둘째가 책임을 다하는 일이요, 셋째가 현자(賢者)를 구하는 일이다.
 이제 비록 좋은 계획을 받아들여 좋은 계획을 벌여놓았더라도 임금의 뜻이 먼저 서지 않으면 그것을 제대로 따라서 실행할 수 있겠는가. 임금이 하고자 하더라도 재상(宰相)이 책임을지지 않으면 그것을 누가 받들어 시행하겠는가. 임금과 재상이 협심(協心)하여도 현자(賢者)가 일을 맡지 않으면 그것을 천하에 베풀 수 있겠는가. 이 세 가지는 근본인 것이다. 또 일을 제재할 줄 아는 것은 활용하는 것이다. 세 가지 가운데서도 다시 뜻을 세우는 것이 근본이 된다.
 이른바 뜻을 세운다는 것은 지극히 정성스러운 한 마음으로 도(道)를 스스로 맡아 성인의 가르침을 반드시 믿겠다고 다짐하고 옛 임금의 다스림을 반드시 행하겠다고 다짐해야 한다.
 그리고 근대의 규칙에 얽매이지 않고, 뭇사람의 말에 현혹(眩惑)되어 움직이지 않아서 반드시 천하를 하(夏)·은(殷)·주(周) 삼대(三代)의 세상과 같이 만들겠다고 기약해야 한다."

 伊川先生曰 當世之務 所尤先[1]者有三 一曰立志 二曰責任 三曰求賢 今雖納嘉謀[2]陳善算[2] 非君志先立 其能聽而用之乎 君欲用之 非責任宰輔[3] 其孰承而行之乎 君相協心 非賢者職任 其能施於天下

乎 此三者本也 制於事者 用也 三者之中 復以立志爲本 所謂立志
者 至誠一心 以道自任 以聖人之訓爲可必信 先王之治爲可必行 不
狃滯[4]於近規[5]不遷惑於衆口 必期致天下如三代[6]之世也

1) 尤先(우선) : 더욱 먼저. 특히 먼저.
2) 嘉謀·善算(가모·선산) : 좋은 계획, 훌륭한 계획을 말함.
3) 宰輔(재보) : 재상(宰相)을 이름.
4) 狃滯(유체) : 얽매이다. 머무르다.
5) 近規(근규) : 근대의 법규(法規).
6) 三代(삼대) : 고대 중국의 하(夏)나라·은(殷)나라·주(周)나라 세 왕조(王朝)의 시대.

4. 세계와 친근하여지는 방법

'역경(易經)'의 비괘(比卦) 구오효(九五爻)에 말하기를
"친함을 나타내는 것이니 임금은 세 방면에서 짐승을 몰아 앞으로 뛰는 짐승은 놓아준다."라고 하였다.
이에 대하여 이천 선생의 '역전(易傳)'에서 말하기를
"임금이 천하를 친근하게 하는 도(道)는 마땅히 그 도에 친근함을 나타내어 밝힐 따름이다. 만일 정성스러운 뜻으로 사물을 대하고 자기의 처지를 미루어 남을 생각하여 정치를 행하고 인(仁)을 베풂에 있어 천하(天下)로 하여금 그 혜택을 입게 하여야 한다. 이것이 임금이 천하와 친근해지는 도이다.
이와 같이 하면 천하의 누가 임금에게 가까이 하지 않겠는가. 만약 임금이 그의 작은 인(仁)으로 난폭한 짓을 하고 도를 어기고 명예를 구하면서, 천하가 친근해지기를 구한다면 그의 도는 또한 이미 협소(狹小)한 것이다. 그 어찌 천하의 친근함을 얻을 수 있겠는가. 임금 스스로 도에 친근함을 나타내 밝히면 천하는 자연히 친근하여 올 것이다.
오는 자들을 어루만져 주며 억지로 부드러운 모습을 하고 외물(外物)에 친근해지기를 구할 것은 아니다. 그것은 사냥을 할 때

세 방향에서 짐승을 몰아 도망하는 짐승은 버려두고 추격하지 않
으며 달려오는 것만을 잡는 것과 같다. 이것은 임금의 도가 커서
백성들이 그 광대(廣大)함을 보고도 그 작용을 알지 못하는 까
닭이다.
　오직 임금이 천하를 친근히 하는 도만이 이와 같은 것이 아니
라 대체로 사람이 서로 친하여지는 것도 그렇지 않은 것이 없다.
신하로서 임금을 대하는 것을 말하더라도 그의 충성을 다하고 그
의 재주와 힘을 다 발휘하는 것이 곧 임금에게 친근함을 나타내
는 도이다. 그의 의견을 받아들이거나 그렇지 않거나 하는 것은
임금에게 있을 뿐이다. 아첨하거나 비위를 맞추어 주는 것으로 자
기에게 친근해지기를 구하여서는 안된다.
　친구들 사이에 있어서도 또한 그러하니, 자기의 몸을 닦고 정성
된 뜻으로 그들을 대하면 된다. 자기에게 친근해지거나 그렇지 않
는 것은 남에게 달려 있을 뿐이다. 교묘한 말과 보기 좋은 얼굴빛
을 지어 뜻을 굽혀 그를 따르며 억지로 그의 기분을 맞추어 남이
자기에게 친근해지기를 구하여서는 안된다.
　마을 사람들이나 친척들에게 있어서나 뭇사람을 대함에 있어
서도 모두 그렇지 않음이 없다. 이것이 세 방향에서 몰아 앞으로
뛰어 가는 짐승은 놓아준다는 뜻이다."라고 하였다.
　또 위아래의 분별은 덕(德)을 기준으로 하고, 백성들은 분수대
로 살아야 안정된다고 말하였다.
　"옛날에는 공경대부(公卿大夫)로부터 그 아래에 이르기까지
모든 벼슬아치가 각각 그의 덕(德)에 어울려 종신토록 벼슬을 하
였는데 그 분수를 얻어서였다. 벼슬자리가 그의 덕에 어울리지 않
으면 임금은 그를 거용(擧用)하여 승진시켰다.
　선비가 학문을 닦아 학문에 이르르면 임금이 그를 구하였던 것
이지 모두 자기에게 벼슬이 미리 정해졌던 것은 아니다. 농부와
공인(工人)과 상인(商人)들도 각자의 일에 부지런히 힘써서 일
정한 한도의 이익을 누렸다. 그러므로 모두가 안정된 마음이 있
어서 천하의 마음을 하나로 잡을 수 있었던 것이다.

그런데 후세에는 낮은 관리로부터 공경대부에 이르기까지 날로 높은 지위와 영화에 뜻을 두게 되었다. 농부와 공인과 상인은 날로 부(富)와 사치에 뜻을 두게 되었다. 억조창생(億兆蒼生)의 마음이 서로 자기의 이익을 위해 달리게 되었으니 천하는 어지러워지고 만 것이다. 그래가지고서야 어찌 천하의 마음이 하나로 뭉쳐질 수 있겠는가. 천하가 어지러워지지 않고자 해도 어지럽히지 않기가 어려운 것이다."

比[1]之九五曰 顯比[2] 王用三驅[3] 失前禽[4] 傳曰 人君比天下之道 當顯明其比道而已 如誠意以待物恕己以及人 發政施仁 使天下蒙其惠澤 是人君親比天下之道也 如是天下孰不親比於上 若乃暴其小仁 違道干譽 欲以求天下之比 其道亦已狹矣 其能得天下之比乎 王者顯明其比道 天下自然來比 來者撫之 固不煦煦然[5]求比於物 若田[6]之三驅 禽之去者 從而不追 來者則取之也 此王道之大 所以其民皥皥[7]而莫知爲之者也 非惟人君比天下之道如此 大率人之相比莫不然 以臣於君言之 竭其忠誠 致其才力 乃顯其比君之道也 用之與否 在君而已 不可阿諛逢迎[8]求其比己也 在朋友亦然 修身誠意以待之 親己與否 在人而已 不可巧言令色[9] 曲從苟合[10] 以求人之比己也 於鄕黨親戚 於衆人 莫不皆然 三驅失前禽之義也

古之時 公卿大夫而下位各稱[11]其德 終身居之 得其分也 位未稱德 則君擧而進之 士修其學 學至而君求之 皆非有預於己也 農工商賈[12]勤其事 而所享有限 故皆有定志 而天下之心可一 後世自庶士[13]至於公卿 日志於尊榮 農工商賈日志於富侈 億兆之心 交鶩於利 天下紛然 如之何其可一也 欲其不亂難矣

1) 比(비) : '주역(周易)' 비괘(比卦 : ☷☵). 친근하다의 뜻.
2) 顯比(현비) : 친근함을 나타냄.
3) 王用三驅(왕용삼구) : 옛날에 왕이 사냥을 할 때 지나친 살상(殺傷)을 피하기 위해 세 방면으로 몰이를 하고 한 쪽은 열어놓아 짐승이 달아날 길을 놓아 두었던 것을 이르는 말.
4) 失前禽(실전금) : 앞으로 달아나는 짐승은 잡지 않고 놓아준다.

5) 煦煦然(후후연) : 남에게 잘 보이려고 부드러운 표정을 짓는 것. 본래는 해가 비추어 만물을 따뜻하게 해주는 형용(形容).
6) 田(전) : 사냥. 전렵(田獵).
7) 皥皥(호호) : 광대(廣大)한 모양. 또는 밝은 모양. '맹자(孟子)' 진심편(盡心篇)에 있는 말.
8) 逢迎(봉영) : 임금의 비위를 맞추는 일.
9) 巧言令色(교언영색) : 말을 남의 비위에 맞게 하고 얼굴빛을 꾸미는 일. '논어(論語)' 학이편(學而篇)에 있는 말.
10) 曲從苟合(곡종구합) : 자기의 뜻을 굽히고 구차하게 상대방에 영합(迎合)하여 상대방의 뜻을 따름.
11) 稱(칭) : 어울림. 합치됨.
12) 商賈(상고) : 장사치. 상은 돌아다니며 파는 행상(行商), 고(賈)는 일정 장소에서 파는 좌상(坐商)을 이르는 말.
13) 庶士(서사) : 낮은 지위의 선비. 중사(衆士)와 같음.

5. 난세를 바로 다스리는 방법

'역경(易經)'의 태괘(泰卦) 구이효(九二爻)에 이르기를 "거친 것을 감싸주며 과감(果敢)하게 행한다."라고 하였다.

이에 대하여 이천 선생의 '역전(易傳)'에서 이르기를

"사람의 감정이 안이하면 방자해지며 정치는 느슨해지고 법도는 해이(解弛)해지며 모든 일에 절도가 없게 된다. 그것을 다스리는 도(道)는 반드시 거칠고 더러운 것을 감싸주는 아량이 있어야 한다. 그러면 그 베푸는 정치가 너그럽고 자상해지며 일의 이치에 어긋나는 것은 고치어 사람들은 거기에 안정하게 된다.

만약 감싸주는 넓은 도량은 없고 사납게 성내는 마음만을 가지고 있으면, 깊이 있고 멀리 내다보는 생각은 없고 사납게 어지럽기만 한 걱정이 있게 되어, 깊은 폐단은 없어지지 않고 가까운 환난(患難)이 생기게 될 것이다. 그러므로 정치는 거친 것을 감싸주는 데에 있는 것이다.

옛날에 태평하게 다스려지던 세상으로부터 내려오면서 반드시 세상이 점점 쇠퇴하게 된 것은 안일한 습성에 젖어 옛 습성만을 따랐기 때문에 그러한 것이다.

강단(剛斷)이 있는 임금과 영걸하고 절조가 강한 신하가 아니면 꿋꿋한 뜻을 지니고 분발하여 그 폐습(弊習)을 개혁할 수 없다. 그러므로 말하기를 '과감하게 행한다'고 하는 것이다.

어떤 사람은 의심하기를 위에서 말한, 거친 것을 감싸주는 것은 곧 너그럽게 감싸주는 것이고, 여기서 말하는 과감하게 행한다는 것은 곧 분발하여 개혁한다는 뜻이니 서로 뜻이 상반되는 것이 아닌가 한다. 그것은 너그러이 감싸주는 아량을 갖고 굳세고 과감한 정치를 행하는 것이 곧 성현(聖賢)의 행위임을 알지 못하기 때문이다."라고 하였다.

'역경(易經)' 관괘(觀卦)에 이르기를
"손을 씻고 제물(祭物)은 올리지 않아도 믿음이 있고 엄정(嚴正)하다."라고 하였다.

이에 대하여 이천 선생의 '역전(易傳)'에 이르기를
"군자는 윗자리에 앉아 있어 천하의 의표(儀表)가 되니 반드시 그 엄정함과 공정스러움을 나태야 한다.

만약 제사지낼 때 처음에 손을 씻으면서부터 성의가 조금도 흩어지지 않도록 하기를 이미 제물을 올린 뒤와 같게 해야 하는 것이다. 그러면 천하가 그 믿음과 정성을 다하지 않음이 없고 엄연하게 사방에서 그를 우러러보게 되는 것이다."라고 하였다.

또 화합(和合)을 통하여 천하·국가·사람 사이가 원만해질 수 있다고 말하였다.

"무릇 천하로부터 한 나라 한 집안에 이르기까지 만사가 서로 화합(和合)하지 못하는 까닭은 모두 서로의 틈이 있는 것에서 말미암는다. 틈이 없으면 곧 합쳐진다.

하늘과 땅의 생성(生成)으로부터 만물이 이루어지기까지는 모두 합쳐진 다음에 이루어질 수 있다. 합쳐지지 못하는 것은 다 서로의 사이가 있기 때문이다.

만약 임금과 신하, 아버지와 아들, 친척이나 친구의 사이에도
둘로 떨어져 틈이 생기면 서로 원망하여 참언(讒言)과 사악(邪
惡)이 그 사이에 끼어든다.
  그 간격을 없애고 합쳐지게 하면 화합되지 않는 것이 없을 것
이다. 서합(噬嗑)이란 것은 그래서 천하를 다스리는 데에 크게
쓰이는 것이다."

  泰¹⁾之九二曰 包荒²⁾ 用馮河³⁾ 傳曰 人情安肆 則政舒緩 而法度廢
弛 庶事無節 治之之道 必有包含荒穢之量⁴⁾ 則其施爲寬裕詳密 弊
革事理 而人安之 若無含宏之度 有忿疾⁵⁾之心 則無深遠之慮 有暴
擾之患 深弊未去 而近患已生矣 故在包荒也 自古泰治之世 必漸至
於衰替 蓋由狃習⁶⁾安逸 因循⁷⁾而然自非剛斷之君 英烈之輔⁸⁾ 不能挺
特⁹⁾奮發 以革其弊也 故曰 用馮河 或疑 上云包荒 則是包含寬容 此
云用馮河 則是奮發改革 似相反也 不知以含容之量 施剛果之用 乃
聖賢之爲也

  觀¹⁰⁾盥¹¹⁾而不薦¹²⁾ 有孚顒若¹³⁾ 傳曰 君者居上 爲天下之表儀 必極
其莊敬 如始盥之初 勿使誠心少散如旣薦之後 則天下莫不盡其孚
誠顒然瞻仰¹⁴⁾之矣

  凡天下至於一國一家 至於萬事 所以不和合者 皆由有間也 無間
則合矣 以至天地之生 萬物之成皆合而後能遂 凡未合者 皆爲有間
也 若君臣父子親戚朋友之間 有離貳怨隙¹⁵⁾者 蓋讒邪¹⁶⁾間於其間也
去其間隔而合之 則無不和且洽矣 噬嗑¹⁷⁾者 治天下之大用也

1) 泰(태):'역경(易經)'태괘(泰卦:☰☷).
2) 包荒(포황):거친 것을 감싸다. 이천 선생은 도량이 커 모든 것을 수용하는
   것을 말한다고 하였다.
3) 馮河(빙하):빙하포호(馮河暴虎)로 맨몸으로 황하를 걸어서 건너려 하고,
   맨손으로 호랑이를 때려잡으려 하는 것. 무모하게 용감한 것을 가리키는 말
   이나, 여기서는 과감하다는 뜻.
4) 量(량):아량(雅量), 도량(度量).
5) 忿疾(분질):사납게 성냄.

6) 狃習(뉴습) : 습성에 젖음. 타성에 젖음.
7) 因循(인순) : 습관대로 일을 처리함.
8) 輔(보) : 보좌하는 사람. 신하(臣下).
9) 挺特(정특) : 곧은 뜻을 지님.
10) 觀(관) : '주역(周易)' 관괘(觀卦 : ䷓).
11) 盥(관) : 제사 지내기 전에 손을 씻는 의식.
12) 薦(천) : 제물을 올리고 제사 지내는 일.
13) 顒若(옹약) : 엄정(嚴正)한 모양.
14) 瞻仰(첨앙) : 존경하여 우러러봄.
15) 怨隙(원극) : 마음에 틈이 생겨 서로 원망하는 것.
16) 讒邪(참사) : 참언(讒言)과 사악(邪惡)한 농간.
17) 噬嗑(서합) : '역경(易經)' 서합괘(噬嗑卦 : ䷔). 물건의 사이가 벌어진 것을 씹어서 합치는 것으로 설명됨.

6. 포악한 사람을 제어하려면…

'역경(易經)'의 대축괘(大畜卦) 육오효(六五爻)에 말하기를 "거세(去勢)한 돼지의 이빨이니 길(吉)하나."라고 하였다.

이에 대하여 이천 선생의 '역전(易傳)'에서 말하기를

"물건에는 총괄(總括)하는 것이 있고 일에는 기회(機會)가 있다. 성인은 그 요점을 파악하고 있어서 억조창생(億兆蒼生)의 마음을 한 마음과 같이 보고 도(道)를 따라 행하고 거기에 머물러 수습한다. 그러므로 수고하지 않고도 다스려져 그 효용(效用)이 거세한 돼지의 이빨과 같다는 것이다(순하다는 뜻).

돼지는 강하고도 성미가 급한 짐승이어서, 만약에 그 이빨을 억지로 제어(制御)하려면 힘을 쓰고도 그것을 제어하지 못한다. 만약 돼지를 거세하면 이빨을 그대로 지니고 있다 하더라도 강하고 조급한 성질이 스스로 멈추어진다.

군자는 거세한 돼지의 경우를 본따서 천하의 악(惡)은 힘을 가지고는 제압할 수 없다는 것을 알아야 한다. 그 기틀을 살피고 그

오점을 파악하여 그 근본을 막아서 끊어버리는 것이다. 그래서 형(刑)과 법의 준엄(峻嚴)함을 빌리지 않고도 악이 저절로 멈추게 하는 것이다.

또 도둑을 없애는 일도 이와 같다. 백성들에게 욕심이 있으므로 이익을 보면 움직이게 된다. 진실로 교화(敎化)를 알지 못하는데 굶주림과 헐벗음에 쫓긴다면 비록 형벌과 사형을 매일 집행한다 하더라도 능히 억조창생의 이익을 탐내는 마음을 이겨낼 수 있겠는가.

성인은 그것을 멈추게 하는 도를 알고 있으니, 위압(威壓)과 형벌을 숭상하지 않고, 정치와 교화를 닦아 그들로 하여금 농사짓고 누에치는 생업을 가지게 하고 염치(廉恥)의 도를 알게 함으로써 비록 상을 준다고 하더라도 도둑질을 하지 않게 하는 것이다."라고 하였다.

大畜[1]之六五曰 豶豕[2]之牙 吉 傳曰 物有總攝[3] 事有機會 聖人操得其要 則視億兆之心猶一心 道之斯行 止之則戢 故不勞而治 其用若豶豕之牙也 豕剛躁之物 若强制其牙 則用力勞而不能止 若豶去其勢 則牙雖存 而剛躁自止 君子法豶豕之義 知天下之惡不可以力制也 則察其機 持其要 塞絶其本原 故不假刑法嚴峻 則惡自止也 且如止盜 民有欲心 見利則動 苟不知敎 而迫於饑塞雖刑殺日施 其能勝億兆利欲之心乎 聖人則知所以止之之道 不尙威刑 而修政敎 使之有農桑之業 知廉恥之道 雖賞之 不竊矣

1) 大畜(대축): '역경' 대축괘(大畜卦 : ☶☰).
2) 豶豕(분시): 거세(去勢)한 수퇘지.
3) 總攝(총섭): 전체를 통일하여 지배함.

7. 올바른 정치를 시행하려면…

'역경(易經)'의 해괘(解卦)에 말하기를
"서남(西南)쪽이 이롭다. 갈 곳이 없어서 다시 돌아올 것이니 길(吉)하다. 갈 데가 있으면 빨리 해야 길하다."라고 하였다.
  이에 대하여 이천 선생의 '역전(易傳)'에서 이르기를
  "서남쪽은 곤(坤)의 방향이니 곤(坤)의 본체는 광대하고 평이(平易)하다. 천하의 어려움이 바야흐로 풀렸을 때를 당하여 사람들은 비로소 어려움과 괴로움에서 떠나게 되는 것이다.
  다시 번거롭고 가혹하고 엄격한 방법으로 다스려서는 안되고, 마땅히 관대하고 간이하게 함으로써 백성들을 구제하는 것이 마땅하다.
  이미 어려움이 풀려 안락하고 평화로워 아무 일이 없을 것이다. 그래서 갈 데가 없다는 것이다. 그러면 마땅히 다시 치도(治道)를 닦고 기강(紀綱)을 바로잡고 법도를 밝히어 나아가 옛날의 밝은 임금들의 다스림으로 되돌아가야 하므로 되돌아올 것이라고 말한 것이니, 올바른 원리로 되돌아감을 이르는 것이다.
  예로부터 성왕(聖王)들도 어려움을 구제하고 어지러움을 안정시킴에 있어 그 처음에는 잘 다스려지지 않았다. 이미 안정된 뒤에 가히 오래 가고 계속될 수 있는 다스림을 펼 수 있었던 것이다. 그러나 한(漢)나라 이후로부터는 혼란이 제거된 뒤에도 다스림으로 되돌아가지 않고 그때그때 때를 따리서 유지해 왔을 따름이다. 그러므로 좋은 다스림을 이룰 수가 없었으니, 그것은 되돌아오는 것의 뜻을 알지 못해서였다.
  갈 데가 있으면 빨리 가야 길(吉)하다고 하는 것은 아직도 마땅히 풀어야 할 일이 있음을 이르는 것이다.
  그런 때는 빨리 해야 길해지는 것이다. 마땅히 풀어야 할 것을 미진(未盡)한 채로 빨리 처리하지 않으면 장차 그 일은 다시 복잡해지며, 일이 다시 생겼을 때 빨리 처리하지 않으면 장차 점점 커질 것이다. 그러므로 빨리 하면 길하다는 것이다."라고 하였다.
  또 모든 처신이 그 바른 위치에 머물러야 한다고 말하였다.
  "무릇 사물에 있어서는 반드시 법칙이 있는 것이다. 아버지는 자애로움에 머물러야 하고, 자식은 효도에 머물러야 하고, 임금은 인(仁)에 머물러야 하고, 신하는 공경에 머물러야 한다.

만물과 모든 일은 각기 그 올바른 위치가 있으니 그 올바른 위치를 얻으면 편안하고, 그 올바른 위치를 잃으면 뜻에 어긋나게 된다. 성인이 천하를 순조롭게 다스릴 수 있었던 까닭은 모든 사물들을 위한 법칙을 만들 줄을 알아서이다.

또 오직 모든 것의 머무름이 각각 그 바른 위치를 얻었기 때문일 따름이다."

解[1] 利西南 無所往 其來復吉 有攸往 夙吉 傳曰 西南坤方 坤之體 廣大平易 當天下之難方解 人始離難苦 不可復以煩苛[2] 嚴急治之 當濟以寬大簡易 乃其宜也 旣解其難 而安平無事矣 是无所往也 則當修復治道 正紀綱明法度 進復先代明王之治 是來復也 謂反正理也 自古聖王救難定亂 其始未暇慮爲也 旣安定 則爲可久可繼之治 自漢以下 亂旣除 則不復有爲 姑隨時維持而已 故不能成善治蓋 不知復來之義也 有攸往 夙吉 謂尙有當解之事 則早爲之 乃吉也 當解而未盡者 不早去則將復盛 事之復生者 不早爲則將漸大 故夙則吉也

夫有物 必有則 父止於慈 子止於孝 君止於仁 臣止於敬 萬物庶事 莫不各有其所[3] 得其所則安失其所則悖 聖人所以能使天下順治 非能爲物作則也 惟止之各於其所而已

1) 解(해) : '역경(易經)'의 해괘(解卦).
2) 煩苛(번가) : 번거롭고 가혹함.
3) 其所(기소) : 그 올바른 자리. 그 합당한 위치.

8. 천리(天理)를 따르고 인심에 호응해야 한다

이천 선생은 태괘(兌卦)는 열(悅)과도 통하므로 기쁨으로 풀이되는 것이라고 말하였다.

"태괘(兌卦)는 기쁘면서 곧을 수가 있는 것이어서 위로는 천리(天理)에 따르고 아래로는 인심(人心)에 호응하는 것이니 기쁨의 도로서 지극히 바르고 지극히 선한 것이다.

만약 도를 어기면서 백성들의 칭송을 구하면 그것은 구차한 기쁨의 도요, 도에 어긋나므로 하늘을 따르는 것이 못되고, 칭송을 추구하므로 사람들에게 호응하는 것도 못된다. 구차하게 일시적으로 기쁨을 취하는 것일 뿐으로, 군자의 올바른 도가 아니다.
　　군자의 도는 그가 백성들에게 기쁘게 한 것은 천지가 자연적으로 만물에 은혜를 베푸는 것과 같이 한다. 이것은 마음에 감동이 되어서 거리낌없이 기뻐하면서 복종하고 싫어함이 없도록 되는 것이다."
　　또 어지러운 일을 당했을 때 처해야 할 도를 말하였다.
　　"천하의 일은 나아가지 않으면 물러나는 것으로 일정한 이치가 없다. 일이 이루어진 끝에서는 나아가지 않고 머물러 있으나 언제까지나 머물러 있을 수 없고 쇠퇴하여 어지러워짐에 이르게 된다. 그 도가 이미 궁극에 이르러서이다.
　　성인은 이러한 처지에 이르르면 어떻게 하는가. 성인은 그 변화가 궁극에 이르지 않은 상태에서 모든 것을 통달하여 모든 것을 극에 이르지 않게 할 수 있다. 요(堯)와 순(舜)이 그러하였다. 그러므로 끝마치는 것이 있으면 어지러운 일이 없다."

　　兌[1]說[2]而能貞 是以上順天理 下應人心 說道之至正至善者也 若夫違道以干[3]百姓之譽者 苟說之道違道不順天 干譽非應人 苟取一時之說耳 非君子之正道 君子之道 其說於民如天地之施[4] 感之於心而說服無斁
　　天下之事 不進則退 無一定之理 濟[5]之終 不進而止矣 無常止也 衰亂至矣 蓋其道已窮極也 聖人至此奈何 曰唯聖人爲能通其變於未窮 不使至於極 堯舜是也 故有終而無亂

1) 兌(태) : '역경(易經)' 태괘(兌卦 : ☱☱).
2) 說(열) : 기쁘다. 열(悅)과 같음.
3) 干(간) : 구하다. 바라다. 구(求)와 같음.
4) 施(시) : 자연이 햇빛을 비추고 비를 내리고 하는 등의 은혜를 베푸는 것.
5) 濟(제) : 일을 성사시킴.

9. 국가를 경영하는 요체

이천 선생은 정치를 함에 있어 가장 중요한 것은 백성의 힘을 아끼는 것이라고 말하였다.

"민중을 위하여 임금을 세우는 것은 민중들을 기르기 위한 까닭이다. 민중들을 기르는 도는 그들의 힘을 아껴주는 데에 있다. 힘이 넉넉하면 생활하고 기르는 일을 다할 수 있다. 생활하고 기르는 일을 다하면 곧 교화(敎化)가 행하여지고 풍속이 아름다워진다. 그러므로 정치를 하는데는 백성의 힘을 소중하게 여겨야 한다.

'춘추(春秋)'에는 모든 민중들의 힘을 사용한 것은 반드시 기록하였다. 그 민중의 힘을 일으켜 한 일들이 때에 맞지 않거나 의로움을 해치는 일이라면 이것은 죄가 되는 것이다.

비록 때에 맞고 또한 의로운 일이라 하더라도 반드시 그 일을 기록한 것은 백성들을 수고롭게 하고 피곤하게 하는 것이 중대한 일이라고 여겨서이다. 후세의 임금들이 이러한 뜻을 알았다면 백성들의 힘을 사용하는 일에 신중을 기할 줄 알았을 것이다.

그러나 백성들의 힘을 사용한 것이 크건만 기록하지 않은 것이 있다. 이것은 그 사용한 힘이 교화의 뜻이 깊기 때문이다. 노(魯)나라의 희공(僖公)이 반궁(泮宮)을 수축(修築)하고 비궁(閟宮)을 복구하였으니 백성의 힘을 사용하지 않았던 것이 아니지만 그런데도 기록하지 않았다.

이 두 가지 일은 옛날 일을 다시 일으키고 피폐한 것을 부흥시키는 커다란 일로서 나라의 제일 먼저 해야 할 일이기 때문이다.

이와 같이 백성의 힘을 사용하는 것은 곧 마땅히 사용해야 할 곳에 사용해야 한다. 임금이 이러한 뜻을 알면 정치를 함에 있어 먼저 할 일과 나중에 할 일, 가벼이 여길 것과 소중히 다루어야 할 것을 알 것이다."

또 다스리는 도와 다스리는 법에 대하여 말하였다.

"몸을 다스리고 집안을 가지런히 하는 데서부터 천하를 태평하게 하는 데에 이르기까지 모두 다스림의 도이다.
 정치에 기강(紀綱)을 세우고, 모든 직책을 나누어 올바르게 맡고, 하늘의 때를 따라 일을 처리하는 것에서부터 제도를 마련하고 법도를 세워 천하의 일을 다 처리하는데 이르기까지 모두 다스림의 법이다. 성인이 천하를 다스리는 도도 오직 이 두 가지 단서(端緒)에 의한 것일 따름이다."

 爲民立君 所以養之也 養民之道 在愛其力 民力足則生養遂 生養遂 則敎化行 而風俗美 故爲政以民力爲重也 春秋[1]凡用民力 必書其所興作 不時害義固爲罪也 雖時且義 必書 見勞民爲重事也 後之人君知此義 則知愼重於用民力矣 然有用民力之大而不書者 爲敎之意深矣 僖公修泮宮[2] 復閟宮[3]非不用民力也 然而不書 二者 復古興廢之大事 爲國之先務 如是而用民力乃所當用也 人君知此義 知爲政之先後輕重矣
 治身齊家 以至平天下者 治之道也 建立治綱 分正百職 順天時以制事 至於創制立度 盡天下之事者 治之法也 聖人治天下之道 唯此二端而已

1) 春秋(춘추)．5경(五經)의 하나로, 공사가 노(魯)나라의 사실(史實)에 따라 버릴 것은 버리고 첨가할 것은 첨가한 역사책. 동양의 역사서의 규범으로 일컬어지기도 함.
2) 泮宮(반궁) : 제후(諸侯)들의 학교로 젊은이들의 교육 기관.
3) 閟宮(비궁) : 노나라의 옛 조상인 강원(姜源)의 묘(廟).

10. 다스리는 것은 법보다 도로써 해야 한다
 명도 선생은 천하를 법보다는 도로 다스려야 한다고 말하였다.
 "옛 성군들의 세상에서는 도(道)로써 천하를 다스렸다. 후세에는 다만 법으로써만 천하를 유지해 나가려 한다."
 또 기본적인 법도와 규정이 있어야 나라를 다스릴 수 있다고 말하였다.

"정치를 하는데 있어서는 모름지기 법도(法度)와 규정이 있어야 한다. 먼저 관리와 향촌(鄕村 : 마을)의 지도자를 가리는 일과 법을 바르게 알리는 일, 물가를 조정하고 도량형(度量衡 : 저울)을 통일해서 바르게 쓰도록 하는 일 등은 모두 어느 하나라도 빠져서는 안된다.

사람들은 각자 자기의 어버이를 어버이로 섬긴 다음에라야 홀로 그 어버이만을 어버이로 위하지 않고 남의 어버이도 받들어 모시게 된다.

중궁(仲弓)이 공자께 묻기를 '어찌하면 어질고 재주 있는 사람을 알고 천거할 수 있습니까?' 하니, 공자(孔子)가 이르기를 '네가 알고 있는 사람으로 천거(薦擧)하여라. 네가 알지 못하는 사람은 남도 그를 그대로 버려둘 것이다.' 라고 하였다.

곧 중궁과 성인의 마음 씀의 크고 작음을 볼 수 있으니, 이 뜻을 미루어 보건대 위에 있는 임금은 한 마음으로 해서 나라를 잃을 수도 있고, 한 마음으로 해서 나라를 일으킬 수도 있는 것이다. 이것은 다만 한 마음에서 공(公)과 사(私)의 차이가 있는 것이다."

明道先生曰 先王之世 以道治天下 後世只是以法把持[1]天下 爲政須要[2]有紀綱[3]文章[4]先有司[5] 鄕官[6] 讀法[7] 平價[8] 謹權量[9] 皆不可闕也 人各親其親 然後能不獨親其親 仲弓曰 焉知賢才而擧之 子曰 擧爾所知 爾所不知 人其舍諸 便見仲弓與聖人用心之大小 推此義 則一心可以喪邦 一心可以興邦 只在公私之間爾

1) 把持(파지) : 파악(把握)하여 유지해 나감.
2) 須要(수요) : 모름지기 해야 함. 반드시 해야 함.
3) 紀綱(기강) : 천하를 다스리는 기본적인 법도(法度). 3강 5륜(三綱五倫)을 일컫는 말이기도 함.
4) 文章(문장) : 법의 세칙(細則)과 규정.
5) 有司(유사) : 관리.
6) 鄕官(향관) : 향촌(鄕村)을 다스리는 지도자.
7) 讀法(독법) : 향관(鄕官)이 1년중 한 날을 정해 백성들을 모아놓고 새로 제

정된 법을 읽어 주고, 마을 사람들에게 덕행(德行)을 권하며 죄를 짓지 말도록 경계시키던 일.
8) 平價(평가) : 물가(物價)를 싸지도 비싸지도 않게 알맞은 값을 고르게 정하는 일을 말한다.
9) 謹權量(근권량) : 모든 물건에 알맞은 기준을 정하여 속임수를 쓰지 않도록 하는 일.

11. 정치의 목적은 두 가지의 개혁에 있다

명도 선생은 정치의 목적은 두 가지 면에서의 개혁이라고 말하였다.

"다스림의 도는 근본에 따라 말하는 경우가 있고, 또한 일에 따라 말하는 경우가 있다.

근본을 따라서 말하는 경우는 오직 임금의 마음의 그릇됨을 바로잡는 것이다. 임금의 마음을 바로잡음으로써 조정을 바로잡고, 조정을 바로잡음으로써 모든 벼슬아치들을 바로잡게 된다.

만약 일에 따라 말하는 경우라면 잘못을 구할 것이 없으면 그만인 것이다. 만약 모름지기 잘못을 구하려면 반드시 모름지기 변혁해야 하는 것이다. 이것은 크게 변혁하면 크게 유익하고 작게 변혁하면 작게 유익한 것이다."

또 당(唐)나라·한(漢)나라·송(宋)나라의 치적(治積)을 말하였다.

"당(唐)나라가 천하를 다스리는 데에 있어 비록 태평스럽게 잘 다스렸다고들 하지만, 또한 오랑캐인 이적(夷狄)의 풍습이 있었다. 삼강(三綱)이 바르지 않아서 임금과 신하, 아버지와 아들, 남편과 아내의 구별이 없었는데, 그 근원은 태종에서 비롯되었다. 그러므로 그 후세 자손들은 선대의 병폐로 인하여 모두 부릴 수가 없었다. 이것은 임금은 임금답지 못하고, 신하는 신하답지 못했기 때문이다. 그러므로 국경 변두리의 신하들은 황제에게 조회를 하지 않았고, 권력 있는 신하는 멋대로 날뛰었으며, 그 혼란이 계속 발전하여 오대(五代)의 난(亂)이 있게 된 것이다.
 한(漢)나라의 치적(治積)은 당나라보다는 나았으니 한나라는 큰 법도가 있어서 바르게 되었다. 당나라에서는 여러 가지 자세한 제도가 잘 시행되었는데, 우리의 조정인 송(宋)나라는 큰 법도는 바르게 되었으나 많은 자세한 제도는 제대로 시행되지 못하고 있다."
 또 교육자와 정치가의 기본적인 마음가짐에 대하여 말하였다.
 "남을 가르치는 사람은 그 착한 마음을 길러주어야 한다. 그러면 악(惡)한 것은 저절로 사라질 것이다. 백성을 다스리는 사람은 그들을 공경하고 사양하도록 이끌어주어야 한다. 그러면 다투는 일은 저절로 없어질 것이다."
 또 임금은 자기 수양을 하고 그것을 천하에 이르도록 해야 한다고 말하였다.
 "반드시 시경의 현모양처를 생각하는 관저(關雎)와 형제간의 우애를 돈독히 하는 인지(麟趾)의 뜻을 지닌 연후에야 주관(周官 : 주나라의 예의)의 법도를 행할 수가 있다."

　　治道亦有從本而言 亦有從事而言 從本而言 惟是格[1]君心之非 正心以正朝廷 正朝廷以正百官 若從事而言 不救[2]則已 若須救之 必須變 大變則大益 小變則小益
　　唐[3]有天下 雖號治平 然亦有夷狄[4]之風 三綱[5]不正 無君臣父子夫婦 其原始於太宗[6]也 故其後世子弟皆不可使 君不君 臣不臣 故藩鎭不賓[7] 權臣跋扈 陵夷[8]有五代之亂[9] 漢[10]之治過於唐 漢大綱[11]正 唐萬目[12]擧 本朝[13]大綱正 萬目亦未盡擧
　　敎人者 養其善心而惡自消 治民者 導之敬讓而爭自息
　　明道先生曰 必有關雎[14]麟趾[15]之意 然後可以行周官[16]之法度

1) 格(격) : 바로잡음.
2) 救(구) : 오랜 폐단을 없애다.
3) 唐(당) : 중국 수(隋)나라 다음에 일어난 왕조(王朝). 이연(李淵)이 세운 나라로, 후량(後梁)에게 멸망되기까지 20대 290(618~907)년간 존속하였다.

4) 夷狄(이적) : 중국 주변에 있던 여러 미개 민족들을 이르는 말 중의 하나. 북쪽 오랑캐.
5) 三綱(삼강) : 유학 윤리의 세 가지 벼리. 군위신강(君爲臣綱), 부위자강(父爲子綱), 부위부강(夫爲婦綱)을 가리키는 말.
6) 太宗(태종) : 당(唐)나라 제2대 임금. 이름은 이세민(李世民), 당나라를 실질적으로 세운 사람.
7) 賓(빈) : 제후(諸侯)가 조정에 들어가 천자(天子)에게 충성을 표시하는 것.
8) 陵夷(능이) : 혼란한 상태가 계속 발전되어 감.
9) 五代之亂(오대지란) : 다섯 왕조의 난(亂). 당(唐)나라가 망하고 송(宋)나라가 일어나기까지 53년간의 혼란 상태를 말함. 오대(五代)는 후당(後唐)·후량(後梁)·후주(後周)·후진(後晋)·후한(後漢)의 다섯 왕조(王朝).
10) 漢(한) : 중국을 통일시킨 진(秦)나라를 멸망시키고 일어난 왕조. 유방(劉邦)이 세운 나라로, 전한(前漢)과 후한(後漢)으로 나뉘는데, 전한은 14대 200여년, 후한은 13대 195년간이었음.
11) 大綱(대강) : 큰 법도. 삼강(三綱)을 이르는 말.
12) 萬目(만목) : 많은 세부적(細部的)인 정치 제도와 법률.
13) 本朝(본조) : 송왕조(宋王朝)를 이르는 말. 송(宋)나라는 오대(五代)의 뒤를 이어 중국을 통일한 나라. 조광윤(趙匡胤)이 세웠음. 북송(北宋)과 남송(南宋)으로 나뉨. 18대 319년. (960~1279).
14) 關雎(관저) : '시경(詩經)'의 첫 번째 편명(篇名). 이상적인 배필을 생각하는 시. 현모양처를 기린 시.
15) 麟趾(인지) : '시경(詩經)'의 편명. 문왕의 자손들이 인애충효(仁愛忠孝)하는 마음이 있었음을 노래한 것.
16) 周官(주관) : 주례(周禮)를 가리키는 말.

12. 군주는 인의로써 천하를 다스려야 한다

명도 선생은 군주(君主)가 천하를 다스릴 때는 인의(仁義)로써 해야 한다고 말하였다.

"군주가 어질면 불인(不仁)이 없고, 군주가 의(義)로우면 불의(不義)가 없다. 천하의 정치가 어지러워지는 것은 군주의 어질고 어질지 않음에 달려 있을 뿐이다. 군주가 인(仁)에서 떠나면 그 마음에서 불인(不仁)이 생겨 반드시 그 정치를 해치게 되는 것이니, 어찌 군주의 마음 밖에서 작용하기를 기다릴 것인가.

옛날에 맹자가 세 번 제(齊)나라 임금을 만났으나 정사(政事)에 대한 말을 하지 않았으므로 문인(門人)들이 그것을 이상하게 여겼다. 그래서 맹자가 말하기를 '나는 먼저 임금의 그 사특한 마음을 지적했다.' 라고 했으니, 마음이 바르게 되고 난 다음에야 비로소 천하의 정사(政事)는 이 바른 마음에 따라 다스려지게 되는 것이다.

대저 정치를 하는데 있어 잘못된 일과 인물의 등용에 있어서의 잘못된 것들은 지혜로운 사람은 그것을 고쳐 나갈 수 있고, 곧은 사람은 그것을 간(諫)해서 고칠 수가 있다. 그러나 군주에게 불인한 마음이 있으면 한 가지 일의 잘못은 그것을 구하여 바르게 할 수 있다. 그러나 계속되는 잘못은 바르게 잡아 구할 수 없다.

군주의 그 불인한 마음을 바로잡지 않고서 바르지 않은 일이 없게 한다는 것은 있을 수 없다. 이것은 대인(大人 : 덕이 있는 사람)이 아니고서 그 누가 할 수 있겠는가."

君仁莫不仁 君義莫不義 天下之治亂 繫乎人君仁不仁耳 離是而非[1] 則生於其心 必害於其政 豈待乎作之於外哉 昔者孟子三見齊王[2] 而不言事 門人疑之 孟子曰 我先攻其邪心 心旣正 然後天下之事可從而理也 夫政事之失 用人之非 知者能更之 直者能諫之 然非心存焉 則一事之失 救而正之 後之失者 將不勝救矣 格其非心 使無不正 非大人[3] 其孰能之

1) 離是而非(이시이비) : 인(仁)을 떠나 불인(不仁)하면, 시(是)는 인(仁)을 뜻하고, 비(非)는 불인(不仁)을 뜻함.
2) 齊王(제왕) : 전국 시대(戰國時代)에 강대국의 하나인 제(齊)나라의 선왕(宣王)을 가리키는 말.
3) 大人(대인) : 덕(德)이 있는 사람. 유덕(有德)한 사람.

13. 법을 지키는 것은 다스림의 근본이다

횡거 선생은 다스림의 근본은 백성을 사랑하는 데 있다고 말하였다.

"공자는 '천승(千乘 : 제후)의 나라를 다스리는 데 있어서는 예(禮)·악(樂)·형(刑)·정(政)이 잘 미치지 않는다. 그러므로 쓰는 것을 절약하고 사람을 사랑하고 백성을 부리되 때에 맞추어야 한다.'고 하였다.

이 말과 같이 하면 법이 잘 시행될 수 있고 이와 같이 하지 않으면 법은 제대로 지켜 나갈 수 없는 것이다. 예악형정(禮樂刑政)이 있더라도 이것은 하나의 종이에 기록된 조항에 불과할 따름이다.

또 법을 지키는 것이 다스림의 근본이라고 말하였다.

"법이 서고 그것을 잘 지키면 그 덕(德)이 오래 갈 수 있고 그 업적(業績)도 위대해질 것이다. 음란한 정(鄭)나라의 음악과 간사한 사람들은 나라를 다스리는 사람들로 하여금 그가 지켜야 할 바를 잃게 할 수 있었던 것이다. 그러므로 그들은 내쳐서 멀리해야 한다."

橫渠先生曰 道千乘之國[1] 不及禮樂刑政 而云節用而愛人 使民以時 言能如是則法行 不能如是則法不徒行 禮樂刑政 亦制數[2]而已
法立而能守 則德可久 業可大 鄭聲[3]佞人[4] 能使爲邦者 喪其所守 故放遠之

1) 千乘之國(천승지국) : 병거(兵車) 천 대를 쓸 수 있는 큰 제후국(諸侯國)을 이르는 말. 병거 한 대에 병사(兵士) 100명이 붙는다고 함.
2) 制數(제수) : 법제도의 나열. 곧 법령.
3) 鄭聲(정성) : 정(鄭)나라의 음악. 춘추 전국 시대에 있었던 정나라의 음악은 음탕한 것이 그 대부분이어서, 예로부터 음란한 음악의 대명사(代名詞)로 알려져 옴.
4) 佞人(영인) : 간사한 사람.

14. 군주의 왕도는 부모가 자식을 대하는 것과 같다

횡거 선생이 범손지(范巽之)에게 답한 글에서 말하기를

"지금 조정(朝廷)에서는 도학(道學 : 儒學)과 정술(政術)의 두 가지 일을 하는 데, 이것은 바로 예로부터 근심하던 바이다. 손지(巽之)가 이르기를, 공자와 맹자가 만든 것을 배워 그 얻은 것을 밀고 나가 천하에 널리 베풀 것인가, 아니면 배워 얻은 것도 없이 천하에 힘있게 밀고 나가 실시할 것인가 하였다.

대체로 군주(君主)와 재상(宰相)들은 천하 모든 백성의 부모라는 생각으로 정치를 해 나가는 것이 왕도(王道)이다. 부모가 자식을 대하는 마음으로 백성에게 베풀지 못하면 어찌 왕도라 이를 수 있겠는가. 이른바 부모의 마음이라고 하는 것은 헛되이 말의 표현으로만 끝나는 것이 아니다.

반드시 사해(四海 : 사방)의 백성 보기를 자기 자식과 같이 보아야 한다. 사해 안에 있는 백성들을 모두 자기 자식으로 여기고 다스림의 도를 밝혀 나간다면 반드시 진나라·한나라(秦漢)와 같이 가혹한 정치를 하지 않을 것이고 반드시 오패(五覇)와 같이 힘으로 가위적인 인의(仁義)를 내세워 실리(實利)를 도모하지는 않을 것이다.

손지(巽之)는 조정을 위하여 말하기를, 사람은 항상 함께 갈 수가 없으며 정치는 조금이라도 틈이 있어서는 안된다고 하였다. 그러므로 우리의 군주로 하여금 천하의 백성 사랑하기를 어린아이 사랑하듯 하라고 한다면 다스리는 덕(德)은 반드시 날로 새로워지고 등용된 관료들은 좋은 선비가 될 것이다. 그러면 제왕(帝王)의 도는 방법을 바꾸지 않고도 이루어질 것이다. 이것은 도학을 닦는 마음과 정치를 행하는 마음이 서로 다르지 않은 것이 하나로 얻을 수 있을 것이다."라고 하였다.

橫渠先生答范巽之書曰 朝廷以道學政術爲二事 此正自古之可憂

者 巽之謂 孔孟可作 將推其所得[1]而施諸天下邪 將以其所不爲[2]而
强施之於天下歟 大都君相以父母天下爲王道 不能推父母之心於百
姓 謂之王道可乎 所謂父母之心 非徒見於言 必須視四海之民 如己
之子 設使四海之內 皆爲己之子 則講治[3]之術 必不爲秦漢[4]之少恩
必不爲五佰[5]之假名[6]巽之爲朝廷言 人不足與適 政不足與間 能使
吾君愛天下之人如赤子 則治德必日新 人之進者必良士 帝王之道
不必改途而成 學與政不殊心而得矣

1) 其所得(기소득) : 도학(道學)을 말함. 즉 유학(儒學).
2) 其所不爲(기소불위) : 도학 이외의 것.
3) 講治(강치) : 다스림을 강론하는 것. 정치의 기술을 강의하다.
4) 秦漢(진한) : 천하를 통일하였던 진(秦)나라와 한(漢)나라의 두 왕조(王朝).
5) 五伯(오백) : 춘추 시대의 오패(五覇)를 가리킴. 곧 제(齊)의 환공(桓公), 진(晉)의 문공(文公), 진(秦)의 목공(穆公), 송(宋)의 양공(襄公), 초(楚)의 장왕(莊王)을 아울러 이르는 말.
6) 假名(가명) : 이름을 빌리다. 힘으로써 인의(仁義)를 내세워 실리(實利)를 취하는 일.

제9권 법과 제도의 시행
(第九卷 制度篇 凡二十七條)

오호라! 음악(音樂)이 옛날에는
마음을 화평하게 하였으나
지금은 욕심을 돕고
옛날에는 교화(敎化)를 폈으나
지금은 원망을 기르는구나.
옛날의 예의로 돌아가지 않고
오늘의 음악을 변화시키지 않는다.
이러하고도 다스림에 이르고자 하는 것은
그 길이 요원한 것이다.

제9권 법과 제도의 시행
(第九卷 制度篇 凡二十七條)

1. 다스림은 예악으로 백성을 교화해야 한다

염계 선생은 천하를 다스림에는 먼저 예악(禮樂)으로 백성을 교화(敎化)시켜야 한다고 말하였다.

"옛날의 성왕(聖王)이 예법(禮法)을 제정하고, 교화(敎化)를 닦고, 삼강(三綱)이 바르고, 구주(九疇)를 펴니, 백성들은 크게 화합하고, 만물이 함께 순응했다.

이에 음악을 만들어 팔풍(八風)의 기(氣)를 베풀어 천하의 인정을 화평하게 하였다. 그러므로 음악소리는 맑아 마음이 상하지 않고, 화평하고 유순히여 음탕하지 않았다. 귀에 들어와 마음을 감동시켜 맑고 또한 화평하지 않음이 없었다. 맑으면 마음이 화평하고 화평하면 조급하고 포악스런 마음이 풀린다. 넉넉하고 부드러우며 평탄한 가운데를 얻음이 덕(德)의 성대한 것이다.

천하가 덕화(德化)하여 그 중(中)을 얻음이 다스림의 지극함이다. 이것을 일러 도(道)가 천지에 짝한다고 하는 것이니 옛 성인이 만든 음악의 지극함이다.

후세에는 예법이 닦여지지 않고 형정(刑政)이 가혹하고 문란해져 욕심을 좇아 법도를 깨뜨리니 백성들이 고달프고 괴로워졌다. 말하기를 '옛날의 음악은 들을 것이 없다'라고 한다.

새로운 음악으로 대신 바꾸어 그 소리가 요망하고 사특하고 음탕하고 근심스럽고 원망스러워 욕심을 유도하고 슬픔을 더하게 하여 스스로 멈추지를 못한다. 그러므로 군주를 배반하고 죽이고,

어버이를 버리고, 생(生)을 가벼이 여기고, 인륜을 패(敗)하게 하는 등 이를 금할 수가 없게 되었다.

오호라, 음악이 옛날에는 마음을 화평하게 하였으나 지금은 욕심을 돕고, 옛날에는 교화(敎化)를 폈으나 지금은 원망을 길러서 옛날의 예의로 돌아가지 않고, 오늘의 음악을 변화시키지 않는다. 이러하고도 다스림에 이르고자 하는 것은 그 길이 요원한 것이다.

濂溪先生曰 古聖王制禮法 修敎化 三綱正 九疇[1]敍百姓大和 萬物咸若 乃作樂以宣八風[2]之氣 以平天下之情 故樂聲[3]淡而不傷 和而不流[4] 入其耳感其心 莫不淡且和焉 淡則欲心平 和則躁心釋 優柔平中 德之盛也 天下化中[5] 治之至也 是謂道配天地 古之極也 後世禮法不修 政刑苛紊 縱欲敗度 下民困苦 謂古樂不足聽也 代變新聲 妖淫愁怨導欲增悲 不能自止 故有賊君棄父 輕生敗倫 不可禁者矣 嗚呼 樂者古以平心 今以助欲 古以宣化 今以長怨 不復古禮 不變今樂 而欲致治者 遠哉

1) 九疇(구주) : 홍범구주(洪範九疇). 우(禹)가 정한 정치 도덕의 아홉 원칙. 오행(五行), 오사(五事), 팔정(八政), 오기(五紀), 황극(皇極), 삼덕(三德), 계의(稽疑), 서정(庶政), 오복육극(五福六極). '서경(書經)' 홍범편(洪範篇)에 있다.
2) 八風(팔풍) : 팔방(八方)의 바람이 팔음(八音)과 상응(相應)하는 것을 말함.
3) 樂聲(악성) : 쇠(金)·돌(石)·줄(絲)·대(竹)·박(匏)·흙(土)·가죽(革)·나무(木)로 내는 여덟 음(音)을 가리킴.
4) 不流(불류) : 한 곳으로 흐르지 않음. 분방(奔放)해서 음탕하지 않음.
5) 天下化中(천하화중) : 천하의 백성들이 덕으로 교화되어 중정(中正)을 이룸.

2. 다스림은 인재를 얻고 풍속을 바르게 해야 한다

명도 선생이 조정(朝廷)에 올린 의견서에서 말하기를

"천하를 다스리는 데에는 풍속을 바르게 하고, 재주가 뛰어난 어진 인재를 얻는 일을 근본으로 삼아야 합니다. 마땅히 먼저 가까이에서 임금을 모시고 있는 어진 학자와 모든 관리(官吏 : 執事)들에게 예의를 다하여 영을 내리시어 모든 정성을 기울여 덕행과 학업을 충분히 갖춘, 족히 모든 사람의 모범이 될 만한 사람을 찾도록 하여야 합니다.

다음으로 뜻이 돈독(敦篤)하며 학문을 좋아하고, 재주가 있고 품행이 방정한 사람을 발견하면 각 고을의 관리들에게 명하여 예를 갖추고 초빙(招聘)하여 융숭히 대접한 후 중앙의 경사(京師)로 모이게 합니다.

서울에 집합시켜 아침저녁으로 서로 올바른 학문을 강론하고 연구하도록 해야 합니다. 그 도는 반드시 인륜에 근본을 두고 모든 사물의 이치를 확실히 밝히는 것입니다. 따라서 그 교육내용은 소학(小學)의 깨끗이 청소하고 남에게 응대하는 것으로부터 나아가 부모와 형을 잘 섬기고 나라에 충성하고 신의를 지키며 행동거지를 바르게 하고 예의와 음악을 두루 배워 몸을 닦는 것입니다.

그들을 지도하거나 격려하고 점차 감화시켜 도를 이루도록 하는 데는 모두 절도(節度)와 순서가 있어야 합니다. 그 중요한 것은 선(善)을 구별히고 몸을 닦아 천하를 교화시키는 데 있습니다. 그렇게 하면 한낱 향인(鄕人)으로서도 성인(聖人)에 이를 수 있는 것입니다.

그들 가운데 배우고 행하는 것이 모두 여기에 맞는 사람은 덕(德)을 이루었다고 할 수 있습니다. 이를 본으로 재주가 있고 아는 것이 많으며 밝게 깨달아 선(善)에 나아갈 수 있는 사람을 선발하여 날마다 덕이 있는 사람에게 수업(受業)을 받게 하는 것입니다.

그중에서도 학문이 밝고 덕이 높은 사람을 가려 태학(太學)의 스승이 되게 하고, 그 다음 가는 사람은 천하(각 지방)의 학교에 나누어 가르치게 해야 합니다.

선비를 가려 학교에 입학하게 하는 데는 먼저 현(縣)의 학교에 입학시키고, 현(縣)의 학교에서 우수한 자를 주(州)에 보내고 주

(州)에서는 빈객(賓客 : 손님)의 예로써 태학(太學)에 보내도록 하여 태학에서는 이들을 모아 가르쳐 해마다 어진 자와 능력이 있는 자를 논평하게 하여 조정에 추천해야 합니다.

무릇 선비를 선발하는 방법으로는 성품과 행동이 단정하고 깨끗하며, 집에서는 부모에게 효도하고 어른을 잘 섬기며, 부끄러움을 알고 겸손한 마음가짐이 있어야 합니다. 또한 학업에 정통하고 막힘이 없어 백성을 다스리는 도리에 통달한 사람을 뽑아야 합니다." 라고 하였다.

또 열 가지 일에 대하여 논(論)하기를

"첫째는 어린이를 가르치고 임금을 덕으로 이끄는 사부(師傅)요,
둘째는 육관(六官)이요,
셋째는 농토의 경계 분할이요,
넷째는 향리(鄕吏)의 다스림이요,
다섯째는 학교에서 수재(秀才)를 길러 조정에 천거하는 일이요,
여섯째는 서리(胥吏)의 업무에 관한 일이요,
일곱째는 백성들의 식량에 관한 일이요,
여덟째는 사농공상(士農工商)의 일이요,
아홉째는 산림(山林)과 수산(水産)에 관한 일이요,
열 번째는 귀천(貴賤)의 분수를 아는 일이다.

또 말하기를 예나 이제나, 다스려지고 어지럽고를 가릴 것 없이 백성들이 살아가는 길이 있다. 살아가는 길이 궁하다면 성왕(聖王)이 정한 법이라도 고쳐야 한다. 후세의 변화에 따라 그 도리에 맞춘다면 크게 다스려진다. 혹은 그것을 한편으로만 적용하여 조금의 평화를 얻는 것은, 대대로 내려온 현명한 정치의 결과일 뿐이다.

때에 따라서는 옛 것에 구애되어 오늘의 것을 적절히 개혁하지 아니하고 마침내 복고(復古)의 이름을 좇아 결실(結實)이 없는 일을 하게 된다. 이것은 고루(固陋)한 유자(儒者)의 식견일 뿐이다. 치도(治道)를 논하기에 어찌 족하다고 하겠는가.

또한 오늘날 사람들의 정은 옛 사람들과 다르다. 어떻게 선왕

(先王)의 옛날 풍속이 오늘날로 돌아올 수 있겠는가? 그저 눈앞의 이익만을 따르고 고상하고 먼 것은 힘쓰지 아니하며, 크게 하는 것이 있는 의논을 그르다고 여겨 두려워하고 있어, 오늘날의 지극히 큰 폐단을 구제하지 못하는 것이다." 라고 하였다.

 明道先生言於朝曰 治天下 以正風俗 得賢才爲本 宜先禮命 近侍賢儒及百執事 悉心推訪[1] 有德業充備 足爲師表者 其次有篤志好學 材良行修者 延聘敦遣[2] 萃於京師 俾朝夕相與講明正學[3] 其道必本於人倫 明乎物理 其道自小學灑掃應對以往 修其孝弟忠信周旋禮樂 其所以誘掖激勵漸摩[4]成就之道 皆有節序 其要在於擇善修身 至於化成天下 自鄕人 而可至於聖人之道 其學行皆中於是者爲成德 取材識明達可進於善者 使日受其業擇其學明德尊者 爲太學之師 次以分敎天下之學 擇士入學[5]縣升之州 州賓興[6]於太學 太學聚而敎之 歲論其 賢者能者於朝 凡選士之法 皆以性行端潔 居家孝悌有廉恥禮遜 通明學業 曉達治道者
 明道先生論十事 一曰師傅[7] 二曰六官[8] 三曰經界[9] 四曰鄕黨[10] 五曰貢士[11] 六曰兵役[12] 七曰民食[13] 八曰四民[14] 九曰山澤[15] 十曰分數[16] 其言曰 無古今 無治亂 如生民之理有窮 則聖王之法可改 後世能盡其道則大治 或用其偏則小康 此歷代彰灼著明之效也 苟或徒知泥古 而不能施之於今 姑欲徇名 而遂廢其實 此則陋儒[17]之見 何足以論治道哉 然儻謂今人之情 皆已異於古 先王之迹 不可復於今 趣便目前[18] 不務高遠 則亦恐非大有爲之論 而未足以濟當今之極弊也

1) 推訪(추방) : 재주가 뛰어나고 어진 인재를 추천하기 위해 찾아다니는 일.
2) 延聘敦遣(연빙돈견) : 주현(州縣)의 관리에게 명하여 정중한 예로 맞아들여 융숭하게 대접한 다음 경사(京師)에 보내도록 하는 일.
3) 正學(정학) : 성인의 도(道).
4) 漸摩(점마) : 점차로 절차탁마(切磋琢磨)함.
5) 擇士入學(택사입학) : 현(縣)의 학교에서 성적이 우수한 사람을 가려 서울의 태학(太學)에 가서 배우게 하는 일.
6) 賓興(빈흥) : 빈객(賓客 : 손님)의 예로써 태학에 들게 하는 일.

7) 師傅(사부) : 선생. 사(師)는 어린이를 가르치는 스승. 부(傅)는 임금을 보좌하여 덕업으로 이끄는 직책.
8) 六官(육관) : 하늘과 땅, 그리고 춘(春)·하(夏)·추(秋)·동(冬) 사시(四時)의 직(職). 곧 천관총재(天官冢宰), 지관사도(地官司徒), 춘관종백(春官宗伯), 하관사마(夏官司馬), 추관사구(秋官司寇), 동관사공(冬官司空)을 말함.
9) 經界(경계) : 농토의 경계. 균전(均田)·구분전(口分田) 등을 뜻함.
10) 鄕黨(향당) : 지방자치제도를 말하는 것임.
11) 貢士(공사) : 향리(鄕里)의 학교에서 뽑혀 임금에게 추천되는 사람.
12) 兵役(병역) : 고을에서 병역을 담당하고 판정하는 서리(胥吏)에 해당함.
13) 民食(민식) : 백성들의 식량.
14) 四民(사민) : 사(士)·농(農)·공(工)·상(商)을 말함.
15) 山澤(산택) : 산림(山林)과 수산(水産).
16) 分數(분수) : 귀(貴)와 천(賤)의 구별을 밝히는 것.
17) 陋儒(누유) : 학식이 천박(淺薄)하고 고루(固陋)한 선비.
18) 趣便目前(취편목전) : 목전의 이(利)만을 따름. 취(趣)는 추(趨)와 같음.

3. 통치자의 덕성을 바르게 해야 한다

이천 선생이 상소(上疏)하여 말하기를

"옛날의 하(夏)나라·은(殷)나라·주(周)나라의 삼대(三代)시대에는 군주에게 반드시 태사(太師)·태부(太傅)·태보(太保)의 관직(官職)이 있었습니다. 태사는 군주를 이끌어 교훈(敎訓)하고, 태부는 덕의(德義)를 돕고, 태보는 그 몸을 안전하게 지킵니다. 그런데 후세에는 일을 하는 데 있어 근본이 없습니다. 다스림을 구할 줄 알면서도 군주를 바르게 지도할 줄 모르고, 잘못을 규명하여 간할 줄 알면서도 덕(德)을 기를 줄 모릅니다. 덕의(德義)를 돕는 도는 진실로 소원하여 멀어지고 신체를 보전하는 법은 다시는 듣지 못하였습니다.

신(臣)이 생각하옵건대 덕의를 돕는다고 하는 것은 옳지 않은

것을 보고 듣는 것을 막고 기호(嗜好)의 지나침을 절제하는 데
에 있습니다. 신체를 보전한다는 것은 늘 기거(起居)의 마땅함에
맞고 두려워하고 삼가는 마음이 있어야 하는 데에 있습니다.
　지금은 태보·태부의 관직이 특별히 정해져 있지 않고 이 직책
은 모두 경연관(經筵官)에게 있습니다. 바라옵건대 황제께서 궁
중에 계실 때의 언동(言動)과 의복, 음식을 모두 경연관으로 하
여금 그것을 알도록 하시고, 전동(翦桐)의 유희(遊戱)가 있으면
일에 따라 일상 생활에 지켜야 할 것이요, 덕을 기르는 방법에 어
긋남이 있으면 그때 그때에 따라 간(諫)하여 그치도록 해야 할
것입니다."라고 하였다.

　　伊川先生上疏曰 三代之時 人君必有師傅保[1]之官 師道之教訓 傅
傅[2]之德義 保 保其身體 後世作事無本 知求治而不知正君 知規過
而不知養德 傅德義之道 固已疎矣 保身體之法 復無聞焉 臣以爲傅
德義者 在乎防見聞之非節嗜好之過 保身體者 在乎適起居之宜 存
畏愼之心 今旣不設保傅之官 則此責皆在經筵[3] 欲乞皇帝在宮中 言
動服食 皆使經筵官知之 有翦桐之戱[4] 則隨事箴規[5] 違持養之方 則
應時諫止

1) 師傅保(사부보): '주례(周禮)'에 제왕을 가르치는 직책인 삼공(三公)으로
　　태사(太師)·태부(太傅)·태보(太保)가 있다.
2) 傅(부): 항상 곁에 있으면서 돕는 일. 부익(附益)함.
3) 經筵(경연): 천자(天子)가 경서(經書)의 강의를 듣는 곳. 여기서는 그 강의
　　를 진강(進講)하는 경연관(經筵官)을 말함.
4) 翦桐之戱(전동지희): 주(周)나라의 천자인 성왕(成王)이 어렸을 때 아우
　　인 숙우(叔虞)에게 오동나무의 잎을 잘라서 규(珪)의 모양을 만들어 주면서
　　장난으로 제후(諸侯)에 봉(封)하였다. 이 말을 들은 사일(史佚)이, 천자는
　　희언(戲言)을 하지 않는 것이라고 주(奏)하여 마침내 숙우로 하여금 당(唐)
　　나라에 봉하게 하였다는 고사(故事)를 인용한 말. 그로부터 천자의 희언을
　　전동지희(翦桐之戱)라 했음.
5) 箴規(잠규): 일상 생활을 하는 데에 있어 지켜야 할 규칙.

4. 교육은 지나친 고시제도는 옳지 않다

이천 선생이 간상삼학조제(看詳三學條制)에서 이르기를

"구제도(舊制度)에서는 공시(公試)와 사시(私試)로 해서 시험이 없는 달이 없다.

학교는 예의를 먼저 존중하여 서로 앞다투어 그 점을 노력하여야 하는 곳인데 다달이 시험을 행하여 경쟁하게 하는 것은 결코 교양을 가르치는 도가 아니다.

바라건대 조정에서는 시험 제도를 고쳐 학과를 만들어, 학력이 부족한 자가 있으면 학관(學官)이 불러다 가르치며, 시험 성적으로 높고 낮은 등급을 매기지 않았으면 한다.

존현당(尊賢堂)을 마련하여 천하의 도와 덕이 뛰어난 선비를 맞이하여 대빈재(待賓齋)나 이사재(吏師齋)를 두어 사표(師表)가 될 수 있는 사람을 존경하고 벼슬한 선비들의 덕행(德行)을 검찰(檢察)하는 제도를 세웠으면 한다."라고 하였다.

또한 이르기를

"송(宋)나라 신종 원풍(元豊)의 개혁이래 이권의 유혹으로 인하여 천하의 선비가 태학(太學)에 모이는 듯한 법을 설치해서 국학(國學 : 대학)의 정원이 5백 명에 이르니 몰려오는 자가 수없이 많아졌다.

그들은 부모의 봉양(奉養)을 버리고 골육(骨肉)의 사랑을 잊으며, 타향의 길거리에서 우왕좌왕(右往左往)하고 있다. 이 때문에 인심이 날로 경박해지고 선비들의 습관도 날로 박약(薄弱)해졌다.

지금 국학의 정원을 백 명으로 하고 나머지 4백 명은 작은 주현(州縣)에 분배해 나누면 자연히 선비들은 고향에서 편안하게 효제(孝悌)의 마음을 기를 것이다. 또한 타향(他鄕)으로 떠돌아 다닐 뜻을 버릴 것이니 풍속도 또한 점점 후하게 될 것이다."라고 하였다.

또한 이르기를

"삼사승보(三舍升補)의 법으로 모든 문부(文簿)에 따라서 학생들의 등급을 매기고 법에 따라 일을 처결하는 것은 관리들의 일이다. 이것은 학교에서 인재를 육성하고 뛰어난 사람을 가리는 방법이 아니다.

이런 것들은 다 조정에서 법을 관리에게 일임하여 그것이 아래에까지 이르도록 해야 한다.

장관이 된 사람은 법을 지키게 하는 것 외에는 하는 일이 없다. 이것은 일이 아랫사람에 의해서 이루어지는 것으로, 아랫사람들이 그 윗사람을 제어(制御)할 수 있게 되는 것인데 이것으로 후세에는 다스려지지 않는 것이다.

어떤 사람은 말하기를 장관이나 차관은 인재의 등용을 잘하면 좋을 것이다. 그러나 혹은 그렇지 아니한 사람을 얻기도 하니 오히려 부정을 막고 법에 자세하고 밝으며 치밀하여 잘 따라 지키는 것만 같지 못하다고 할 것이다.

그러나 선왕(先王)이 제정한 법은 그것을 실행할 수 있는 적임자를 얻어야만 행할 수 있는 것으로, 인재를 얻는 일을 기대할 수 없게 법을 제정하였다는 것은 들어 본 적이 없다. 진실로 장관이나 차관이 그런 인재를 얻지 못하고 교육의 도를 잘 알지 못하면서 다만 허황된 글이나 조밀한 법만을 지키려고 한다면 과연 인재양성에 힘을 쓰고 있다고 할 것인가." 라고 하였다.

伊川先生看詳[1] 三學[2] 條制云 舊制公私試補[3] 蓋無虛月學校禮義相先之地 而月使之爭殊非教養之道 請改試爲課 有所未至 則學宮召而教之 更不考定高下 制尊賢堂[4] 以延天下道德之士 及置待賓[5] 吏師齋[6] 立檢察士人行檢等法 又云 自元豊[7]後 設利誘之法[8] 增國學解額[9] 至五百人 來者奔湊 捨父母之養 忘骨肉之愛 往來道路 旅寓他土 人心日偸 士風日薄 今欲量留一百人 餘四百人分在州郡解額窄處 自然士 人各安鄕土養其孝愛之心 息其奔趨流浪之志風俗亦當稍厚 又云 三舍升補[10]之法 皆案文責跡[11] 有司之事 非庠序育

材掄秀之道 蓋朝廷授法 必達乎下 長官守法而不得有爲 是以事成 於下而下得以制其上 此後世所以不治也 或曰 長貳[12]得人則善矣 或非其人 不若防閑詳密 可循守也 殊不知先王制法 待人而行 未聞 立不得人之法也 苟長貳非人 不知敎育之道 徒守虛文密法[13] 果足 以成人材乎

1) 看詳(간상) : 자세히 살핌.
2) 三學(삼학) : 태학(太學)·율학(律學)·무학(武學).
3) 公私試補(공사시보) : 여러 지방 학교에서 천거된 선비가 먼저 외사(外舍) 에 들어가 한 달에 한 번 보는 시험을 치러 내사(內舍)에 들어가 내사생(內 舍生)이 된다. 이것을 사시(私試)라고 함. 내사생은 1년에 한 번 시험을 치 루며 거기서 뽑힌 사람은 상사생(上舍生)이 된다. 다시 한 해 걸러 상사생에 게 시험을 치르게 하여 뽑힌 사람은 관(官)에 추천했다. 사시(私試)는 학관 (學官)에 의해서 한 달에 한 번 보았고 공시(公試)는 한 해에 한 번 칙명(勅 命)에 의해 시험관이 파견되어 시험을 치렀음.
4) 尊賢堂(존현당) : 천하의 선비들이 모여 현자(賢者)를 모신다는 뜻에서 지 은 학당(學堂)의 이름.
5) 待賓(대빈) : 재주와 덕이 있는 선비를 귀한 손님으로 접대하여 대우하거나 남의 스승이 될 수 있는 사람을 초대하는 곳. 대빈재(待賓齋).
6) 吏師齋(이사재) : 관리의 사법(師法)을 전수(傳授)시키기 위해 거(居)하는 곳을 말한다.
7) 元豊(원풍) : 송(宋)나라 신종(神宗)의 연호(年號).
8) 利誘之法(이유지법) : 이록(利祿)에 유인(誘引)되는 법.
9) 解額(해액) : 정원(定員)을 말함.
10) 三舍升補(삼사승보) : 삼사(三舍)는 외사생(外舍生)·내사생(內舍生)· 상사생(上舍生)을 말하고 승보(升補)는 외사생이 내사생으로 오르고, 내사 생이 상사생으로 오르는 일.
11) 案文責跡(안문책적) : 법에 따라 행위(行爲)를 책망(責望)하는 일.
12) 長貳(장이) : 장은 장관(長官), 이는 차관(次官).
13) 虛文密法(허문밀법) : 실행이 뒤따르지 않는 조문(條文)과 자세한 법문(法 文)을 말함.

5. 민풍을 잘 다스려야 선정(善政)이 된다

명도 선생의 행장(行狀)에

"선생이 택주(澤州)의 진성령(晉城令)으로 있을 때, 볼 일이 있어 읍(邑)에 오는 백성이 있으면 반드시 그에게 효제충신(孝悌忠信)을 말하여, 집에 들어가서는 부형(父兄)을 섬기고 나와서는 어른을 섬겨야 하는 것을 일러주었다.

향촌(鄕村)의 멀고 가까운 것을 헤아려 오(伍 : 민가의 다섯 집)를 만들고 오를 모아 보(保 : 伍가 다섯이 모인 것)를 만들어, 힘을 써서 역사(役事 : 부역하는 일)을 서로 돕고, 환난(患難)은 서로 구제하고, 간사하고 거짓된 일은 용납하지 않도록 하였다.

무릇 의지할 곳 없는 고아(孤兒)와 외로운 사람, 불구자는 친척이나 그 동네 또는 그 고을에서 책임을 지고 보육하도록 하여 집을 잃은 자가 없게 하였다. 또 집을 나선 여행자가 길에서 병이 나면 보살펴 주는 곳이 있도록 하였다.

모든 향촌에는 학교가 있어 틈이 있을 때에는 친히 가서 동네의 늙은이들을 불러 함께 이야기하며, 아이들이 책을 읽을 때는 구두(句讀)를 바로잡아 주고, 가르치는 사람이 좋지 않으면 다른 사람으로 바꾸어 앉혔으며, 자제(子弟) 중에 우수한 자를 가려 모아서 가르쳤다.

고을 백성들이 사회(社會)를 만들 때에는 과거의 조목을 세우고 선(善)과 악(惡)을 구별하여서 표창하였으며 또 선(善)을 권장하고 악(惡)을 부끄러워 하도록 하였다."라고 하였다.

明道先生行狀云 先生爲澤州晉城令 民以事至邑者 必告之以孝悌忠信 入所以事父兄 出所以事長上 度鄕村遠近爲伍保[1] 使之力役相助 患難相恤 而姦僞無所容 凡孤煢殘廢[2]者 責之親戚鄕黨 使無失所 行旅出於其塗者 疾病皆有所養 諸鄕皆有校 暇時親至 召父老與之語 兒童所讀書 親爲正句讀 教者不善 則爲易置 擇子弟之秀者 聚

而敎之 鄕民爲社會³⁾ 爲立科條旌別善惡 使有勸有恥
1) 伍保(오보) : 민가 다섯 집이 오(伍), 오 다섯을 모아 보(保)라 하였음.
2) 孤煢殘廢(고경잔폐) : 어려서 아버지를 잃은 것을 고(孤)라 하고 고달프게 늙은 사람을 경(煢)이라 하며, 불구자(不具者)를 잔폐(殘廢)라 함.
3) 社會(사회) : 사(社)는 토지의 신을 모시어 제사지내는 곳, 회(會)는 촌락으로, 옛날에는 사(社)를 중심으로 촌락이 형성되었다.

6. 종묘는 천하를 다스리는 중요한 길이다

'역경(易經)'의 췌괘(萃卦)에 이르기를
"왕은 종묘(宗廟)를 모신다."는 말이 있다. 이에 대하여 이천 선생의 역전(易傳)에서 이르기를
"천하의 모든 백성은 지극히 많아서 누구라도 하나로 뭉쳐 나아가게 할 수가 있다. 인간의 마음은 끊임없이 움직이는 것으로 능히 지성과 공경을 다하여 그의 마음을 이르도록 하는 것이다. 귀신도 또한 예측할 수 없는 것으로 대하고 이르도록 치성을 드리는 것이다.
천하의 인심을 하나로 모아 합하여 뭇사람의 뜻을 집중시키는 방법은 하나가 아니다. 그 가장 큰 것은 종묘에 제사지내는 일보다 더한 것은 없다. 그러므로 왕자(王者)는 천하의 인심을 모아서 종묘에서 제사지내는 것이 천하의 인심을 집중시키는 방법이었다.
제사를 지내 조상에게 보답하는 것은 인심의 근본이다. 성인(聖人)은 다만 예를 제정하여 그 덕(德)을 이루는 것일 뿐이다. 그러므로 승냥이와 수달로 제사지내는 것은 근본이 그러한 것으로 자연스러운 것이다."라고 하였다.
또 이적(夷狄)을 막기 위한 당시의 병역의 의무로 인한 차출(差出)에 대하여 말하였다.
"옛날의 병역의 의무는 만 2년만에 돌아왔다. 금년 봄 늦게 나가면 내년 여름에 교대가 오지만 다시 가을을 방비하기 위해 머물렀다가 열 한달이 지나서야 돌아온다. 또 내년 봄철에 다음 차

례의 병역의무자가 파견된다. 매년 가을과 초겨울에 양당번(兩當番)의 병역의무자가 모두 변경(邊境)에 있게 된다. 이것은 금년의 가을에 오랑캐의 침입을 막으려는 병역의 의무이다."

 萃[1] 王假有廟[2] 傳曰 群生至衆也 而可一其歸仰 人心莫知其鄕也 而能致其誠敬 鬼神之不可度也 而能致其來格 天下萃合人心 總攝衆志之道非一其至大莫過於宗廟 故王者萃天下之道 至於有廟 則萃道之至也 祭祀之報本於人心 聖人制禮以成其德耳 故豺獺能祭[3] 其性然也
 古者戍役[4]再期[5]而還 今年春暮行 明年夏代者至 復留備秋 至過十一月而歸 又明年仲春遣次戍者 每秋與冬初 兩番戍者 皆在疆圉[6] 乃今之防秋[7]也

1) 萃(췌) : '주역(周易)'의 췌괘(萃卦 : ☱☷). 모이는 것을 뜻함.
2) 王假有廟(왕가유묘) : 임금이 종묘(宗廟)를 세워 선조를 제사지내고 효도하는 마음으로 백성을 감화시키는 일.
3) 豺獺能祭(시달능제) : 시는 승냥이(山狗), 달은 수달(水狗). '예기(禮記)' 월령(月令)에 보면, 맹춘(孟春)에는 수달로, 계추(季秋)에는 승냥이로 제사를 지냈다고 함.
4) 戍役(수역) : 변경(邊境)의 이적(夷狄) 침입을 막기 위한 병역(兵役).
5) 再期(재기) : 만 2년을 말함. 기(期)는 기(朞)로 만 1년을 말하는 것.
6) 疆圉(강어) : 변경을 지키는 일.
7) 防秋(방추) : 가을에 북적(北狄)의 침입을 막기 위한 병역.

7. 군주는 천시(天時)를 잘 따라야 한다
 이천 선생은 천시(天時)를 잘 따라야 한다고 말하였다.
 "성인은 한 가지 일이라도 천시(天時)에 따르지 않는 것이 없다. 그러므로 동지(冬至)날에는 관문(關門)을 닫았다."
 또 군사의 도(兵道)에 대하여 말하였다.
 "한신(韓信)은 병사는 많으면 많을수록 일하기가 좋다고 말하였는데, 다만 이것은 병(兵)을 통솔하는 일을 밝게 알아야 한다."
이천 선생은 또 병도(兵道)의 법(法)을 말하였다.
"사람을 관리하고 이끄는 데에는 또한 모름지기 법이 있어야 한다. 헛되이 엄하게만 해서는 일을 이루지 못한다. 지금 천 사람을 거느리는 데 천 사람으로 하여금 제때에 맞추어 밥을 먹을 수 있도록 할 수 있는 사람이 몇 사람이나 되겠는가.
일찍이 말하기를 군사들이 밤에 놀랐을 때 아부(亞夫)는 꼼짝도 안하고 누워 있었다고 한다. 일어나지 않은 것은 좋으나 밤에 놀란 것은 무엇인가 또한 이것은 선(善)을 다한 것이 아니다."

聖人無一事不順天時 故至日閉關[1]
韓信[2] 多多益辦 只是分數[3] 明
伊川先生曰 管轄人亦須有法 徒嚴不濟事 今帥千人 能使千人依時及節得飯喫 只如此者 亦能有幾人 嘗謂軍中夜驚亞夫[4]堅臥不起 不起善矣 然猶夜驚何也 亦是未盡善

1) 至日閉關(지일폐관) : 동지날 관문을 닫음. '역경(易經)' 복괘(復卦 : ䷗)에 나오는 말.
2) 韓信(한신) : 한(漢)나라 고조(高祖) 유방(劉邦)의 신하인 장수. 장량(張良)·소하(蕭何)와 함께 한나라 창업(創業)의 삼걸(三傑).
3) 分數(분수) : 분은 병졸의 계급에 따른 것. 수는 병졸의 많고 적은 수. 통제(統制)를 말함.
4) 亞夫(아부) : 한(漢)나라의 대위(大尉)로 오(吳)나라·초(楚)나라 등 일곱 나라가 반란을 일으켰을 때 그것을 평정시킨 사람. 밤에 누가 반란을 일으켰다고 소란해졌을 때 아부(亞夫)는 자리에 누워 일어나지 않았으므로 군사들이 진정하게 되어 반란을 도모한 군사를 잡았다는 고사(故事)를 인용한 말.

8. 천하의 인심을 얻기 위하여 종법(宗法)을 세워야 한다

이천 선생은 천하의 인심을 모으는 방법을 말하였다.
"천하의 인심을 모으기 위해서는 종족(宗族)을 거두어들이고

풍속을 후(厚)하게 하여 사람들로 하여금 근본을 잊지 않게 하여
야 한다. 모름지기 족보의 근원을 밝히어 대대로 내려오는 종족
의 계통을 거두어들이고 종자(宗子)의 법을 세워야 한다."
  또 종법(宗法)에 대하여 말하였다.
  "종자(宗子)의 법이 무너지면 자기가 어디로부터 태어났는지 그
근본을 알지 못한다. 사방으로 흘러 떠돌아다니기에 이르러서는 때
때로 종친(宗親)을 서로 알아보지 못하는 일이 끊이지 않는다.
  지금은 한 두 고관(高官)의 집에서나 종자의 법을 행하고 있을
뿐이다. 그것은 종족의 가까스로 명맥을 유지하기 위한 술책일 뿐
이다. 모름지기 이것은 당나라 시대의 묘원(廟院)을 세움 같이
하여 조상 전래의 가산(家産)을 분할하지 않고 족장(族長) 한 사
람으로 하여금 그것을 주관하게 하는 것이다."
  또 집안의 법도에 대하여 말하였다.
  "무릇 사람의 집안 법도로는 모름지기 한 달에 한 번 정도 집안
끼리 모여야 한다. 옛 사람들에게는 화수위가종회법(花樹韋家宗
會法)이 있었는데 가히 취할 만한 일이다.
  매번 친족(親族)이 먼 곳에서 올 때마다 또한 한 가지로 그를
위힐 수 있고, 길(吉)한 일이나 흉(凶)한 일이나 딸을 시집보내
고 아들을 장가들이는 일 따위도 서로 예를 갖출 수가 있어 골육
(骨肉)의 뜻으로 하여금 항상 통하게 할 수 있었다.
  골육의 정이 날로 소원(疏遠)해지는 것은 다만 서로 만나지 않
기 때문이며 그로 인하여 정이 서로 붙지 않는 것이다."

    管攝天下人心 收宗族 厚風俗 使人不忘本 須是明譜系[1] 收世族[2]
立宗子法[3]
    宗子法壞 則人不自知來處[4] 以至流轉四方 往往親未絕不相識 今
且試以 一二巨公之家行之 其術要得拘守得 須是且如唐時立廟院[5]
仍不得分割了祖業[6] 使一人主之
    凡人家法 須月爲一會以合族 古人有花樹韋家宗會法[7] 可取也 每
有族人遠來 亦一爲之 吉凶嫁娶之類 或須相與爲禮 使骨肉之意嘗

相通 骨肉日疎者 只爲不相見 情不相接爾
1) 譜系(보계) : 동족(同族)의 역대 계통을 모아 엮은 것. 족보
2) 世族(세족) : 대대로 벼슬한 집안.
3) 宗子法(종자법) : 조상으로부터 대대로 장자(長子)로 이어 내려온 종자(宗子)가 그 집안을 통솔하는 것.
4) 來處(내처) : 내 몸이 태어난 혈통의 유래(由來).
5) 廟院(묘원) : 사당(祠堂). 가묘(家廟).
6) 祖業(조업) : 조상 대대로 내려오는 가산(家産). 조상의 세전지물(世傳之物).
7) 花樹韋家宗會法(화수위가종회법) : 당(唐)나라 때 위씨(韋氏)의 집안 사람들이 꽃나무 밑에서 잔치를 하면서 화목을 도모했다는 고사에서 온 말. 여기서 우리 나라에서도 종친회(宗親會)를 화수회(花樹會)라고 부르게 된 것임.

9. 관혼상제의 4례(四禮)를 중하게 여겨야 한다

이천 선생은 관혼상제(冠婚喪祭)를 중히 여기고 특히 제사는 정성껏 받들어야 한다고 말하였다.

"관혼상제(冠婚喪祭)는 예(禮) 중에서 가장 중요한 것인데, 지금 사람들은 모두 이것을 알지 못한다. 승냥이나 수달도 다 근본에 보답할 줄 아는데 지금 사대부(士大夫) 집에서는 많이들 이것을 소홀히 하고 있다. 어버이를 봉양(奉養)하는 데는 후(厚)하면서도 선조(先祖)를 받드는 일을 박(薄)하게 하는 것은 매우 옳지 않다.

나는 일찍이 육례(六禮)의 대략(大略)을 정리 편수하였다.

가정에는 반드시 사당(祠堂)을 마련하고, 사당에는 반드시 신주(神主)를 모시며, 다달이 초하루에는 반드시 새로운 제물을 갖추어 제사지낸다. 시제(時祭)는 계절마다 2, 5, 8, 11월에 지낸다. 동지(冬至)에는 시조(始祖)에게 제사지내고, 입춘(立春)에는 선조에게 제사지내고, 9월 계추(季秋)에는 아버지에게 제사지내며, 돌아가신 날에는 신주를 옮겨 내실(內室)에서 제사지낸다.

무릇 돌아가신 이를 받드는 예는 마땅히 산 사람을 받드는 것

보다 후해야 한다. 사람의 집안에서 이러한 여러 가지 제사를 마음에 새겨 잘 지키면 비록 어린이들이라 하더라도 점차로 예의를 알게 될 것이다."

또 장지(葬地) 선택에 대하여 말하였다.

"묘지(墓地)를 가려 정하는 것은 그 땅이 좋은가 나쁜가를 가려 정하는 것이다. 땅이 좋으면 신령(神靈)이 편안하고 그 자손이 번성한다.

그러면 어떤 것을 땅이 좋다고 이르는가. 토색(土色)이 윤택하고 초목이 무성하면 좋은 땅의 증거다. 그러나 금기(禁忌 : 미신)에 얽매인 사람은 땅을 선택하는데 방위(方位)와 그날 그날의 길흉(吉凶)에 미혹(迷惑)되어 심한 경우에는 선친(先親)의 영구(靈柩)를 받드는 일은 헤아리지 않고 오직 후손의 이로움만을 생각한다. 이것은 효자가 선친의 영구를 편안히 모시는 마음 씀이 아니다. 또한 다섯 가지 걱정을 신중히 하지 않을 수 없다. 그것은 모름지기 다른 날에 묘지로 도로가 나지 않도록 하고, 성곽(城郭)이 되지 않도록 하고, 개울이나 못이 되지 않도록 하고, 귀하고 세력있는 사람에게 땅을 빼앗기는 일이 없도록 하고, 밭 가는 쟁기가 미치지 않도록 해야 한다."

또 자신은 장례에 불교적인 의식을 행하지 않는다고 말하였다.

"우리 집에서는 장례를 치름에 있어 불교적인 의식을 행하지 않는다. 낙양(洛陽)에 있을 때에 한 두 집이 여기에 감화되었다."

冠昏喪祭 禮之大者 今人都不理會 豺獺皆知報本 今士大夫家多忽此 厚於奉養而薄於先祖 甚不可也 某嘗修六禮[1]大略 家必有廟 廟必有主 月朔必薦新[2] 時祭[3]用仲月[4] 冬至祭始祖 立春祭先祖 季秋[5]祭禰[6] 忌日 遷主祭於正寢[7] 凡事死之禮 當厚於奉生者 人家能存得此等事數件 雖幼者 可使漸知禮義

卜其宅兆[8] 卜其地之美惡也 地美則其神靈安 其子孫盛 然則曷謂地之美者 土色之光潤 草木之茂盛 乃其驗也 而拘忌者 或以擇地之方位 決日之吉凶 甚者不以奉先[9]爲計 而專以利後爲慮 尤非孝子安

제9권 법과 제도의 시행 311

厝之用心也 惟五患者 不得不愼 須使異日 不爲道路 不爲城郭 不
爲溝池 不爲貴勢所奪 不爲耕犁[10]所及
　　正叔[11]云 某家治喪 不用浮圖[12] 在洛亦有一二人家化之

1) 六禮(육례) : 관(冠)·혼(婚)·상(喪)·제(祭)의 사례(四禮)에다 향음주(鄕
　　飮酒)·사상견(士相見)의 두 가지를 더한 것.
2) 薦新(천신) : 새로 나는 물건을 먼저 신위(神位)에 올리는 일.
3) 時祭(시제) : 사시(四時)에 지내는 제사. 봄의 한식(寒食), 여름의 단오(端
　　午), 가을의 중양(重陽), 겨울의 동지(冬至)에 지내는 제사.
4) 仲月(중월) : 춘·하·추·동 네 계절의 가운데 달. 곧 2월·5월·8월·11월.
5) 季秋(계추) : 음력으로 9월달.
6) 禰(녜) : 아버지의 사당.
7) 正寢(정침) : 집의 내실(內室).
8) 宅兆(택조) : 택은 묘혈(墓穴), 조는 묘지(墓地).
9) 先(선) : 선인(先人)의 영구(靈柩).
10) 耕犁(경리) : 쟁기로 밭을 가는 일로 전답(田畓)이 되는 것.
11) 正叔(정숙) : 이천(伊川)의 자(字).
12) 浮圖(부도) : 불교 또는 불교도(佛敎徒). 부도(浮屠).

10. 국가는 종법(宗法)이 없으면 안 된다

　이천 선생은 종법(宗法)을 중히 여길 것을 예로 들어 설명하였다.
"지금의 제도에서는 종자(宗子)가 없다. 그러므로 조정(朝廷)에는 대대로 이어오며 벼슬하는 신하가 없다. 만약 종자(宗子)의 법을 세운다면 사람들은 조상을 높이고 근본을 중히 여길 줄 알 것이다. 사람들이 이미 근본을 중히 여길 줄 알면 조정의 세(勢)도 저절로 높아질 것이다. 옛날에는 자제(子弟)들이 부형(父兄)을 따랐는데 지금은 부형이 자제를 따르게 되었으니, 근본을 알지 못하는 데에 말미암음이다.
　한(漢)나라의 고조(高祖)가 패(沛)에게 항복받고자 하였을 때 다만 백서(帛書)를 패(沛)의 부로(父老)에게 주어 그 부형

(父兄)으로 하여금 자제(子弟)들을 거느리고 따르게 하였다. 또 사마상여(司馬相如)가 촉(蜀)나라에 사신으로 가서도 또한 글을 보내서 그 부로(父老)를 책(責)한 연후에 자제들은 다 부로의 명을 듣고 따랐다. 여기에는 다만 한낱 귀하고 천한 것과 위와 아래의 구분이 있어서 순종하여 어지럽지 않았던 것이다. 만약 종자의 법이 없이 부형과 자제의 정의가 연속(聯屬)되지 않으면 어찌 안전할 수 있었겠는가.

종자의 법을 세우는 것은 또한 자연의 이치로서, 비유컨대 나무와 같다. 반드시 뿌리를 따라 곧게 올라간 한 줄기가 있고, 또한 반드시 곁가지가 있다. 또 물과 같기도 하여 비록 멀리서 흘러온다고 하나 반드시 바른 물줄기가 있고, 또한 반드시 나누어진 지류(支流)가 있다. 이것은 자연의 형세이다.

그러나 곁가지가 커서 본 줄기가 된 것도 있다. 그러므로 옛날의 천자(天子)가 나라를 세우면 제후는 또 다른 종법(宗法)을 세웠다고 말한다."

今無宗子 故朝廷無世臣[1] 若立宗子法 則人知尊祖重本 人旣重本 則朝廷之勢自尊 占者于弟從父兄 今父兄從子弟 由不知本也 且如 漢高祖[2]欲下沛時 只是以帛書[3]與沛父老[4] 其父兄便能率子弟從之 又如相如使蜀[5] 亦遺書責父老 然後子弟皆聽其命而從之 只有一箇 尊卑上下之分 然後順從而不亂也 若無法[6]以聯屬之安可 且立宗子 法 亦是天理 譬如木必有從根直上一榦 亦必有旁枝 又如水 雖遠必 有正源 亦必有分派處 自然之勢也 然又有旁枝達而爲榦者 故曰 古 者天子建國諸侯奪宗[7]云

1) 世臣(세신): 조상 대대로 이어서 하는 벼슬아치.
2) 漢高祖(한고조): 한(漢)나라의 첫째 임금. 한나라를 세운 유방(劉邦).
3) 帛書(백서): 비단에 쓴 편지.
4) 父老(부로): 한 마을에서 주인으로 모시는 노인.
5) 相如使蜀(상여사촉): 한(漢)나라 무제(武帝)가 사마상여(司馬相如)를 파촉(巴蜀)에 파견하여 백성에게 유시를 고한 사실을 말함. 사마상여(司馬相

如)는 전한(前漢) 때의 문인(文人)으로, 성이 사마(司馬), 이름이 상여(相如), 자는 장경(長卿)이었음.
6) 無法(무법) : 종자(宗子)의 법이 없음.
7) 諸侯奪宗(제후탈종) : 천자가 건국하면 각 나라에 제후를 봉하게 되는데 제후(諸侯)로 봉(封)하여진 그들은 왕자(王子)를 조(祖)로 삼을 수 없는 고로 형제의 맏이를 종(宗)으로 삼았던 일을 말함.

11. 명도도 많은 재주를 가진 학자였다

형화숙(邢和叔)은 명도 선생의 일을 서술하여 말하기를

"요임금과 순임금과 삼대(三代 : 夏·殷·周) 제왕(帝王)의 다스림은 넓고 크며 아득히 멀어서 상하(上下)와 천지(天地)와도 흐름을 같이 하고 있다. 그 까닭은 선생이 진실로 조용히 사색하여 그것을 알았기 때문이다.

예악(禮樂)과 제도, 무릇 인간의 행위에서 군사를 풀어 병사를 쓰는 전진(戰陣)의 법에 이르기까지 강론하지 못하는 것이 없는 것은 모두 그 극도(極度)의 것을 다하였기 때문이다. 이밖에도 이적(夷狄)들의 정상(情狀)이나 산과 내, 도로의 험하고 평탄함, 변방(邊方)을 지키는 일이나 성(城)을 쌓아 막는 일, 봉화(烽火)를 바라보는 일, 적을 제어(制御)하는 일 등을 알고 있었다.

그는 이조(吏曹)에서의 일을 장악결단(掌握決斷 : 잘 처리하다)하고 법률과 부서(簿書 : 문서) 등 모든 분야에 걸쳐 자세하게 잘 알고 있었으며 그밖의 만사에 형통한 많은 재주를 가진 학자로서 이 세상의 모든 재주도 겸비한 인물이었다."라고 하였다.

邢和叔 敍明道先生事云 堯舜三代帝王之治 所以博大悠遠 上下與天地同流者 先生固已默而識之 至於興造禮樂制度文爲[1] 下至行師[2]用兵戰陣之法 無所不講 皆造其極 外之夷狄情狀[3] 山川道路之險易 邊鄙防戍 城寨斥候[4] 控帶[5]之要 靡不究知 其吏事操決[6]文法簿書 又皆精密詳練 若先生可謂 通儒[7]全才矣

1) 文爲(문위) : 인간의 모든 행위를 말함.
2) 行師(행사) : 군대를 움직이는 일.
3) 情狀(정상) : 실상(實狀).
4) 斥候(척후) : 정찰. 봉화(烽火)를 바라보는 일.
5) 控帶(공대) : 적을 제어(制禦)하고 아군을 보호하는 일.
6) 操決(조결) : 조악결단(操握決斷). 잘 처리하다.
7) 通儒(통유) : 모든 일에 통달한 학자.

12. 모든 형률(刑律)은 완전하지 못하다

이천 선생은 형률(刑律)이 완전하지 못한 것은 사실이라고 말하였다.

"개보(介甫)가 '형통(刑統)'이라는 책은 팔분서(八分書)로서 완전한 것에는 부족하다고 하였는데, 이것은 그가 바르게 본 것이다."

介甫[1]言律[2]是八分書[3] 是他見得

1) 介甫(개보) : 왕안석(王安石)의 자. 왕안석은 북송(北宋) 때의 정치가이며 학자. 호는 반산(半山). 신종(神宗) 때 재상(宰相)이 되어, 소위 신법(新法)을 행하여 부국강병책(富國强兵策)을 썼으나 결국 실패하여 은퇴하였음. 시문(詩文)에도 능하여 당송팔대가(唐宋八大家)의 한 사람임.
2) 律(율) : '형통(刑統)' 30권을 말하는 것으로 고대 형법(刑法)을 집성(集成)한 것.
3) 八分書(팔분서) : 10분의 8로서 부족함이 있다는 말.

13. 유비무환의 자세로 국방에 힘써야 한다

횡거 선생은 유비무환(有備無患)으로 국방(國防)에 힘써야 한다고 말하였다.

"군사를 부리는 책략이나 군사를 움직이는 전법(戰法)은 성인

(聖人)이라도 이것을 쓰지 않을 수 없었다. 그 방법은 삼왕(三王)의 방책(方策)이나 역대(歷代)의 문서에서 볼 수 있다. 오직 뜻있는 선비나 어진 사람은 그 멀리 있는 것과 큰 것의 전란(戰亂)을 알 수 있었으므로 평소에 미리 준비하여 감히 소홀히 여겨 잊는 일이 없었다."

또 형벌(刑罰)을 논하기 전에 덕치(德治)를 해야 한다고 말하였다.

"육형(肉刑)은 지금 세상에 있어 사형(死刑)받을 사람 중에서 그것을 취하는 것으로서 또한 족히 백성들의 죽을 죄를 너그럽게 해 주는 것이다. 그러나 이것은 마땅히 위정자(爲政者)가 실덕(失德)을 하여서 백성들의 생활이 어려워 죄에 빠진다는 것을 생각하여야 한다."

橫渠先生曰 兵謀[1]師律[2] 聖人不得已而用之 其術見三王方策歷代簡書 惟志士仁人 爲能識其遠者大者[3] 素求豫備[4]而不敢忽忘[5]
肉辟[6]於今世死刑中取之 亦足寬民之死過 此當念其散之之久

1) 兵謀(병모): 군대를 부리는 책략(策略).
2) 師律(사율): 군대를 동원할 때의 전법(戰法).
3) 遠者大者(원자대자): 멀리 있는 것과 큰 것. 여기서는 전란(戰亂)을 말함.
4) 素求豫備(소구예비): 평소부터 준비하여 둠.
5) 忽忘(홀망): 소홀히 여겨 잊음. 가볍게 여겨 잊어버림.
6) 肉辟(육벽): 육형(肉刑). 사형의 다음 가는 형벌로, 죄인의 목숨만은 살려 두고 살점을 베는 형벌. 얼굴에 먹물을 넣는 형벌, 코를 자르는 형벌, 다리를 자르는 형벌, 귀를 자르는 형벌, 음경을 자르는 형벌 등이 있었음.

14. 선왕의 예법을 시험해 본 횡거 선생

여여숙(呂與叔)이 횡거 선생의 행장(行狀)을 찬(撰)하여 말하기를

"선생은 개연(慨然)히 삼대(三代)의 정치를 행하려는 뜻이 있

었다. 사람을 다스리는 데 먼저 할 일을 논(論)하기를 경계(經界)가 시급하다고 하였다.

일찍이 말하기를 '어진 정치는 반드시 경계로부터 시작해야 하는 것이다. 빈부(貧富)가 고르지 않으면 백성을 가르치고 기를 수가 없으니 비록 말로는 다스리고자 하더라도 모두 구차할 뿐이다.'라고 하였다.

세상에 행하기가 어려운 것은 부자들의 전토(田土)를 빼앗는 것이라고 늘 이야기의 첫머리에 언급하고 있었다. 그러나 이 법이 시행되면 기뻐할 사람이 많다. 진실로 그것을 처리하는 데 기술이 있고, 수년간 기한을 두면 한 사람에게도 형벌을 주지 않고 옛날로 돌아갈 것이다. 걱정되는 것은 특히 위(군주)에 있는 사람이 행하지 않는 것일 뿐이다.

이에 또 말하기를 '그것을 천하에 행할 수 없으면 한 고장에서만이라도 시험해 볼 수 있다. 학자들과 더불어 옛날의 법을 의논하여 함께 한 방(方 : 40頃)의 전토를 사서 몇 개의 정전(井田)으로 나누어 위로는 공가(公家)의 부역의 의무를 잃지 않고 물러나서는 사전(私田)의 경계를 바르게 한다. 택리(宅里)를 나누고 거두는 방법을 마련하여 저축을 늘린다. 학교를 세워 예속(禮俗)을 이루고, 재앙에서 구하고 환난을 당한 사람을 도우며, 근본을 돈독하게 하고 지엽적(枝葉的)인 것을 억누르며, 족히 선왕(先王)의 유법(遺法)을 미루어 당장이라도 행할 수 있음이 명확하다.'라고 하였다. 이것은 모두 그러한 뜻을 가지고 있으면서도 이루지 못하는 것이다."라고 하였다.

또 횡거 선생은 미풍양속(美風良俗)에 힘썼다고 여여숙(呂與叔)의 행장기(行狀記)에서 말하였다.

"횡거 선생은 운암(雲巖) 고을의 영(令)으로 있을 때 정사는 대저 근본을 돈독하게 하고 좋은 풍속이 되도록 먼저 마음을 썼다. 매월 초하루에 술과 음식을 갖추고 고을의 나이 많은 이들을 불러 현청의 뜰에 모이게 하여 친히 술을 권하며 사람들로 하여금 노인을 봉양하고 어른을 섬기는 뜻을 알게 하였다. 이때에 백성의 생활고를 알아보고, 또 고을의 자제들에게 훈계하는 뜻을 직접 보였다."

呂與叔撰橫渠先生行狀云 先生慨然[1]有意三代之治 論治人先務 未始不以經界[2]爲急 嘗曰 仁政必自經界始 貧富不均 敎養無法 雖欲言治皆苟而已 世之病難行者 未始不以亟奪富人之田爲辭 然玆法之行 悅之者衆 苟處之有術 期以數年 不刑一人而可復 所病者特上之人未行耳 乃言曰 縱不能行之天下 猶可驗之一鄕 方與學者 議古之法 共買田一方[3] 畫爲數井 上不失公家之賦役 退以其私正經界分宅里 立斂法[4] 廣儲 蓄 興學校 成禮俗 救菑恤患 敦本抑末[5] 足以推先王之遺法 明當今之可行 此皆有志未就

橫渠先生爲雲巖[6]令 政事大抵以敦本善俗爲先 每以月吉[7]具酒食召鄕人高年 會縣庭[8]親爲勸酬 使人知養老事長之義 因問民疾苦 及告所以訓戒子弟之意

1) 慨然(개연) : 분연(憤然)과 같음.
2) 經界(경계) : 전토(田土)의 경계와 영역을 말하는 것으로 정전법(井田法)을 이르는 말.
3) 一方(일방) : 송대(宋代)의 면적 단위로, 40경(頃)의 농지를 말함. 한 경(頃)은 백 묘(畝).
4) 斂法(염법) : 세금을 받아들이는 법.
5) 敦本抑末(돈본억말) : 근본을 돈독하게 하고 지엽적인 것을 억제함. 여기서는 농업을 본(本)으로 하고, 상업을 말(末)로 보는 중농억상(重農抑商)을 말함.
6) 雲巖(운암) : 섬서성(陝西省)에 있는 현(縣)의 이름.
7) 月吉(월길) : 매월 초하루. 삭일(朔日).
8) 縣庭(현정) : 현령(縣令)이 정사를 보는 곳. 동헌(東軒).

15. 천하의 다스림은 농지의 균분에 있다

횡거 선생은 천하의 사람들이 모두 부자(父子)의 정을 다할 것을 말하였다.
 "옛날에는 동궁(東宮)이 있고 서궁(西宮)이 있으며, 남궁(南宮)이 있고 북궁(北宮)이 있어 궁(宮)은 다르되 재산은 함께 하였다. 이런 예(禮)는 지금도 또한 행할 수 있는데 옛날 사람들은 먼 앞의 일을 내다본 생각이었다. 이것은 현재에는 비록 서로 소원(疏遠)한 것같지만 실상은 오래도록 서로 친할 수 있는 방법이었다.
 대개 수십 또 수백 식구의 대가족제도에서 자연히 의복이나 음식을 한 가지로 하기가 어렵게 되어 있다. 궁(宮)을 다르게 하는 것은 자식을 기르는데 어머니의 사사로운 정을 용납하고 아버지로서의 자식에 대한 사사로운 정은 피하는 것이었다.
 자식이 그 아버지를 사사로이 않는 것은 자식된 도리를 이루지 못하는 것이다. 그러므로 옛 사람들이 사람의 정을 다하게 한 것이 이와 같았다.
 궁을 하나로 하면 숙부(叔父) 백부(伯父)가 있게 된다. 대가족이 같은 집에 살고 숙부와 백부가 같은 집에서 살면 자식된 자가 어찌 홀로 자기 아비에게만 두터이 하고, 아비된 자 또 어찌 자식에게만 아비답게 대할 것인가.
 아비와 자식이 궁을 다르게 쓰는 것은 조정에서 관직을 받은 사(士) 이상의 신분을 가진 사람들로 이들은 신분이 귀해지면 귀해질수록 이궁(異宮)의 제도를 엄하게 지켜야 한다. 그러므로 이궁은 지금 세상에 지위를 좇아 사는 것이요 이거(異居 : 별거)하는 것이 아닌 것이다."
 또 천하를 다스리는 근본은 농지(農地)를 고르게 배분하는 데 있다고 말하였다.
 "천하를 다스리는 데 정전(井田)제도를 행하지 않으면 마침내 평화를 얻을 수 없다. 주(周)나라의 다스림의 큰 지름길은 토지를 고르게 배분하는 데에 있었다."
 또 정전제(井田制)를 봉건제도(封建制度)와 관련지어 말하였다.
 "정전(井田)은 마침내 봉건(封建)으로 돌아가는 것으로, 이에 선왕의 다스리는 도의 모든 것이 결정되는 것이다."

 橫渠先生曰 古者[1]有東宮[2] 有西宮 有南宮 有北宮 異宮而同財 此禮亦可行 古人慮遠 目下[3]雖似相疎 其實如此 乃能久相親 蓋數十百口之家 自是飮食衣服難爲得一 又異宮乃容子 得伸其私 所以避子之私也 子不私其父[4]則不成爲子 古之人曲盡人情 必也同宮 有叔父伯父 則爲子者 何以獨厚於其父 爲父者又烏得而當之 父子異宮[5]爲命士[6]以上 愈貴則愈嚴 故異宮 猶今世有逐位 非如異居[7]也
 治天下 不由井地 終無由得平 周道[8]只是均平
 井田卒歸於封建[9] 乃定

1) 古者(고자): '의례(儀禮)' 상복전(喪服傳)의 글을 인용한 것.
2) 宮(궁): 주거(住居)를 뜻함. 상고 시대에는 궁(宮)과 실(實)을 같은 뜻으로 쓰다가, 진한(秦漢) 시대 이후에 왕(王)이 머무는 곳에 한하여 궁(宮)이라고 하게 되었음.
3) 目下(목하): 현재(現在). 안전(眼前).
4) 子不私其父(자불사기부): 자식이 그 아비에 대하여 사사로운 정을 내지 못함. 사(私)는 사정(私情).
5) 父子異宮(부자이궁): 같은 집안에서 아비와 자식이 각기 다른 정침(正寢)·연침(燕寢)·측실(側室) 등의 실(室)을 가지고 사는 것을 말함.
6) 命士(명사): 조정에서 받은 관직(官職)이 붙은 사람.
7) 異居(이거): 부(父)·자(子)·백부(伯父)·숙부(叔父) 등의 동족(同族)이 각각 따로 세대(世帶)를 가지고 사는 것을 가리킴.
8) 周道(주도): 주나라의 다스려진 도리.
9) 封建(봉건): 천자가 제후(諸侯)를 봉(封)하여 각각 나라를 세우고 정치를 하게 하는 제도(制度).

제10권 일을 처결하는 방법
(第十卷 君子處事之法篇 凡六十四條)

지금 사람에게는
한 되나 한 말이 되는 도량이 있고
여섯 말이나 열 말쯤 되는 도량이 있으며
여덟 말이나 한 섬 들이의 도량이 있고
강(江)과 하(河)와 같은 도량이 있다.
강과 하의 도량 또한 크지만
그러나 한도가 있다.
한도가 있어서 또한 때로는 가득참이 있다.
오직 하늘과 땅의 도량만은
가득찰 수 없으니 그러므로 성인은
하늘과 땅의 도량을 가진 사람이다.

제10권 일을 처결하는 방법
(第十卷 君子處事之法篇 凡六十四條)

1. 이천 선생이 군주에게 상소한 요점
 이천 선생이 상소(上疏)하여 아뢰기를
 "대저 종(鐘)은 노(怒)했을 때 치면 그 소리가 격(激)하고 슬플 때 치면 그 소리가 애처로운 것입니다. 그것은 치는 사람의 진실된 감정이 종에 느끼어 들어가기 때문입니다. 사람에게 말할 때에도 또한 이와 같사옵니다.
 옛 사람이 마음과 몸을 깨끗이 하여 임금님께 아뢰는 것도 그 까닭이옵니다. 신(臣)이 전후 두 차례에 걸쳐 진강(進講 : 왕에게 상의함)할 기회를 가졌사옵니다만 아직 일찍이 감히 심신(心身)을 미리 깨끗이 하여 가다듬지 않은 적이 없사옵니다. 생각을 가라앉히어 정성된 마음을 지니고 임금님의 마음을 감동시키려고 하였사옵니다.
 만약 맡은 일에 시달리고 그 생각을 어지럽게 하여 임금님을 뵈올 때에야 그 말을 가다듬어 꾸미려 한다면 헛되이 구변(口辯)으로써 남을 감동시키려고 하는 것입니다. 이것 또한 천박한 생각이 아닐 수 없사옵니다." 라고 하였다.

 伊川先生上疏[1]曰 夫鍾怒而擊之則武 悲而擊之則哀 誠意之感而入也 告於人亦如是 古人所以齋戒[2]而告君也 臣前後兩得進講[3] 未嘗敢不宿齋豫戒[4] 潛思存誠 覬感動於上心 若使營營[5]於職事 紛紛[6] 其思慮待至上前 然後善其辭說 徒以頰舌[7]感人 不亦淺乎

1) 上疏(상소) : 임금에게 올리는 글. 이 상소문(上疏文)은 송(宋)나라 철종(哲宗) 때 태황태후(太皇太后)에게 올린 글.
2) 齋戒(재계) : 신에게 제사지낼 때 몸과 마음을 깨끗이 하고 음식을 가려 먹으며, 부정(不淨)을 금기(禁忌)하는 일.
3) 進講(진강) : 임금 앞에서 강론(講論)하는 일.
4) 宿齋豫戒(숙재예계) : 미리 재계(齋戒)함.
5) 營營(영영) : 번잡한 모양. 이익을 추구하기에 급급한 모양.
6) 紛紛(분분) : 일이 뒤얽혀 갈피를 잡을 수 없이 어지러운 모양.
7) 頰舌(협설) : 뺨과 혀. 구변(口辯)으로 풀이됨.

2. 모든 일은 본말과 완급이 있다

이천 선생이 임금에게 올릴 문서를 보고 답하여 이르기를
"공(公 : 그대)의 뜻을 살피건대 오로지 반란(反亂)이 있을까 두려워하는 것이 주된 내용이다. 나 이(頤 : 이천 선생)는 공이 백성을 사랑하는 일을 급선무로 삼기를 바란다.

백성이 굶주리고 또한 죽어가는 것을 힘주어 말하여 조정에서 그들을 애처롭고 가엾게 여기기를 호소할 것이요, 백성이 장차 도둑으로 변하여 난을 일으킬 것을 두려워하는 것은 괜찮은 것이다. 오직 임금에게 고하는 상주문(上奏文)의 문체가 마땅히 이와 같이 해야 할 것이요 그것은 사리와 정세에도 또한 맞는 일로써 공(公)이 바야흐로 재물로써 백성을 살리기를 구하는 것이다.

인애(仁愛)로써 그것을 기원(祈願)한다면 임금은 마땅히 재물을 가벼이 여기고 백성을 중히 여길 것이요, 이해(利害)로써 그것을 두려워하면 임금은 장차 재물을 아낌으로써 스스로를 보전(保全)할 것이다.

옛날에 백성을 얻으면 천하를 얻는다고 하였다. 후세에는 무력(武力)으로써 백성을 제압하고 재물로써 무리를 모으며, 재물을 모은 자는 능히 천하를 지킬 수 있고 백성을 보호하는 것은 쓸모가 없다고 생각한다.

오직 마땅히 정성스러운 마음으로써 임금을 감동시켜 차마 못하는 어진 마음이 일어나게 하기를 바랄 뿐이다."라고 하였다.

伊川答人示奏藁書[1]云 觀公之意 專以畏亂爲主 頤欲公以愛民爲先 力言百姓飢且死 丐[2]朝廷哀憐 因懼將爲寇亂可也 不惟告君之體 當如是 事勢亦宜爾 公方求財以活人 祈之以仁愛 則當輕財而重民 懼之以利害 則將恃財以自保 古之時得丘民則得天下 後世以兵制民 以財聚衆 聚財者能守 保民者爲迂[3] 惟當以誠意感動 覬其有不忍之心[4]而已

1) 奏藁書(주고서) : 임금에게 올리는 문서(文書).
2) 丐(개) : 빌다. 바라다. 걸(乞)과 같음.
3) 迂(우) : 실정에 어둡고 멀어서 쓸모가 없음.
4) 不忍之心(불인지심) : 차마 못하는 어진 마음. 맹자의 말을 인용한 것.

3. 여군수(呂郡守)에게 보낸 편지

명도 선생이 한 고을의 영(令)으로 있을 때
"백성에게 일이 많은 것은 모든 사람이 이른바 법에 구애(拘碍)되는 바라고 하였다. 그런데도 일찍이 법에 크게 어긋나는 일이 없었으며, 많은 사람들도 또한 그것을 매우 이상하게 여기지 않았다.
이것으로 나의 뜻을 폈다고 이르면 옳지 않은 것이며 조그마한 보탬이 되는 것을 구하였다고 한다면 지나친 것이다. 이는 오늘날의 정치하는 사람과는 거리가 멀 뿐이다. 이를 사람들이 비록 이상하게는 여기겠지만 미쳤다고 손가락질하기에는 이르지 않을 것이다.
미쳤다고 하기에 이르면 크게 놀랄 것이다. 정성스런 마음을 다하고 시대에 용납되지 않으면 떠날 뿐인데 또한 무슨 잘못이 있겠는가."
또 물자를 아끼는 사람들에게는 유익함이 있을 것이라고 말하였다.

"가장 낮은 자리에 있는 관리가 진실로 물자를 아끼는 마음이 있으면 사람들에게 반드시 도움이 되는 바 있을 것이다."

明道爲邑[1] 及民之事多 衆人所謂法所拘者 然爲之未嘗大戾[2]於法 衆亦不甚駭 謂之得伸其志則不可 求小補則過 今之爲政者 遠矣 人雖異之 不至指爲狂也 至謂之狂 則大駭矣 盡誠爲之 不容而後去 又何嫌[3]乎
明道先生曰 一命之士[4] 苟存心於愛物 於人必有所濟

1) 邑(읍) : 고을을 다스리는 우두머리. 현령(縣令)과 같음.
2) 大戾(대려) : 크게 어긋남.
3) 嫌(혐) : 자신의 뜻과 같이 만족하게 되지 않음을 말함.
4) 一命之士(일명지사) : 가장 낮은 자리의 관리. 일명(一命)은 처음에 관등(官等)을 얻어 관리가 된 것을 말하는 것으로 가장 낮은 관직. 관직은 일명에서 구명(九命)까지 있음.

4. 장수의 도는 위엄과 온화함에 있다

이천 선생은 소송(訴訟)은 일의 시초(始初)에 삼가야 한다고 말하였다.

"군자는 하늘과 물이 어긋나게 행하는 상(象)을 관찰하고 사람의 상정(常情)인 쟁송(爭訟)의 도가 있는 것을 안다. 그러므로 무릇 일을 할 때 반드시 그 시초(始初)를 도모하여야 한다.

소송의 실마리를 일의 시작되는 시초에서 끊으면 쟁송이 생길 길을 끊게 될 것이다. 처음부터 모든 일을 조심한다는 뜻은 넓다. 친구를 사귀되 신중을 기해야 하며 문서의 계약은 분명하게 하는 종류같은 것이 모두 이와 같다."

또 군대를 거느리는 사람은 위엄(威嚴)과 온화(溫和)를 함께 지니면 길(吉)하다고 말하였다.

"역경의 사괘(師卦)의 구이효(九二爻)는 사(師)의 주(主)인 군대의 장수(將帥)에 해당한다. 전단(專斷)하면 아래를 다스리는 도를 잃고, 전단하지 않으면 성공할 도리가 없을 것이다. 그러므로 중(中)을 얻으면 길(吉)하게 된다. 무릇 장수의 도는 위엄(威嚴)과 온화(溫和)에 아울러 이르면 길(吉)할 것이다."

 伊川先生曰 君子觀天水[1]違行之象 知人情有爭訟[2]之道 故凡所作事 必謀其始 絶訟端於事之始 則訟無由生矣 謀始之義廣矣 若愼交結明契券[3]之類 是也
 師[4]之九二 爲師之主[5] 恃專[6]則失爲下之道 下專則無成功之理 故得中爲吉 凡師之道 威和竝至則吉也

1) 君子觀天水(군자관천수) : 군자는 하늘과 물을 봄. '주역(周易)' 송괘(訟卦 : ☰☵)의 상전(象傳)에 나오는 글. 건(乾 ☰ 天)은 위로 감(坎 ☵ 水)은 아래로 완전히 의견과 방향을 달리하는 모습이기에 어긋난 괘(卦)임.
2) 爭訟(쟁송) : 서로 소송을 하여 다툼.
3) 契券(계권) : 서로 약속한 증거. 농토나 집 따위를 팔고 살 때의 매매계약서(賣買契約書)와 같은 것.
4) 師(사) : '주역(周易)' 사괘(師卦 : ☷☵). 모두가 끊긴 음효(陰爻)인데 구이효(九二爻)만 홀로 양효이므로 장수(將帥)로 비교됨.
5) 師之主(사지주) : 장수는 군대의 주(主)가 된다는 것을 말함.
6) 專(전) : 독단으로 일을 처리함. 전단(專斷).

5. 제사는 신분에 따라 지내야 한다

 이천 선생은 제사는 신분에 맞는 예(禮)에 따라 한다고 말하였다.
 "세간(世間)의 유학자 중에 노(魯)나라에서 주공(周公)을 천자의 예악(禮樂)으로 제사지낸 것을 논(論)한 일이 있다. 주공은 능히 보통 신하로서는 할 수 없는 공(功)을 이루었으므로 신하에게는 쓸 수 없는 예악을 썼던 것인데 신하의 도를 알지 못한 것이다.
 대저 주공과 같은 지위에 있으면 주공과 같은 일을 하는 것이다. 그의 지위로 말미암아 능히 하는 것은 모두가 마땅히 해야 하는 바이다. 주공은 곧 그 직책을 다했을 뿐이다."

世儒有論魯祀周公¹⁾以天子禮樂 以爲周公能爲人臣不能爲之功 則可用人臣不得用之禮樂是不知人臣之道也 夫居周公之位 則爲周公之事 由其位而能爲者 皆所當爲也 周公乃盡其職²⁾耳
1) 周公(주공) : 중국 주(周)나라 문왕(文王)의 아들이며 무왕(武王)의 동생으로 이름은 단(旦). 무왕을 도왔고 그의 사후에는 그의 아들 성왕(成王)을 도와 주나라 왕실(王室)의 기초를 튼튼히 하였음. 성인(聖人)으로 일컬어짐.
2) 其職(기직) : 맡은 바의 직분. 맡은 바의 직책.

6. 제후가 천자(天子)를 받드는 도(道)

'주역(周易)' 대유괘(大有卦) 구삼효(九三爻)에 이르기를
"제후(諸侯)가 천자에게 조공(朝貢)을 드린다. 소인(小人)은 감당하지 못할 것이다."라고 하였다.
이에 대하여 이천 선생은 그의 역전(易傳)에서 이르기를
"삼(三)은 대유(大有)의 때에 해당하고 제후의 자리에 올라 부유하고 성대하여지면 반드시 천자에 일부를 바쳐서 천자도 함께 누릴 수 있게 하는 것이 곧 신하로서의 떳떳한 의리이다.
만약 소인(小人)이 그런 자리에 있으면 오로지 그 부유함을 자기의 것으로 독차지하려는 사욕(私慾)을 가져 천자에게 받들어 올릴 줄을 모를 것이다. 그러므로 말하기를 소인은 그것을 감당하지 못한다고 하는 것이다."
라고 하였다.

大有¹⁾之九三曰 公用亨于天子²⁾ 小人³⁾弗克 傳曰 三當大有之時 居諸侯之位 有其富盛必用亨通於天子 謂以其有爲天子之有也 乃人臣之常義也 若小人處之 則專其富有以爲私 不知公己奉上之道 故曰小人弗克也

1) 大有(대유) : '주역(周易)' 대유괘(大有卦 : ☰☰).
2) 公用亨于天子(공용형우천자) : 제후가 천자에게 조공을 드린다는 뜻.
3) 小人(소인) : 덕(德)이 없는 사람. 옹졸한 사람.

7. 모든 일은 공(公)과 사(私)를 가려야 한다

이천 선생은 사사로운 정을 떠나 시비(是非)를 가려 좇아야 한다고 말하였다.

"사람의 마음은 자기가 친애하는 사람을 많이 따르는 것이 일반 사람들의 정리(情理)이다. 그를 사랑하면 그의 옳은 것만 보이고, 그를 미워하면 그의 옳지 않은 것만 보인다. 그러므로 처자(妻子)의 말이 비록 잘못되었더라도 많이 따르고, 미워하는 사람의 말이 비록 선(善)하더라도 나쁘게 여긴다.

진실로, 친애함으로써 그의 말을 따르면 이것은 사사로운 정을 주는 것이니 어찌 바른 이치에 맞겠는가. 그러므로 역경 수괘(隨卦)의 초구효(初九爻)에는 '대문을 나가 사귀는 것이 이익이 있을 것이다.' 라고 하였다."

'주역(周易)' 수괘(隨卦) 구오(九五)의 상(象)에 말하기를 "착한 벗이 성실함이 있으면 길(吉)하다는 것은 지위가 정중(正中)해서이다."라고 하였다.

이에 대하여 이천 선생의 역전(易傳)에서 이르기를 "사람을 따르는 데는 중(中)의 도를 얻는 것이 좋은 것이다. 수괘(隨卦)에서 조심해야 할 것은 잘못을 저지르는 일을 막는 것이다. 대개 마음이 즐거워 따르면 그 잘못을 알지 못하게 될 것이다."

人心所從 多所親愛者也 常人之情 愛之則見其是 惡之則見其非 故妻孥之言 雖失而多從 所憎之言 雖善爲惡也 苟以親愛而隨之 則是私情所與 豈合正理 故隨[1]之初九出門而交 則有功也

隨九五之象曰 孚于嘉吉[2] 位正中也 傳曰 隨以得中爲善 隨之所防者過也 蓋心所說隨 則不知其過矣

1) 隨(수) : '주역(周易)' 수괘(隨卦 : ☱☳).
2) 孚于嘉吉(부우가길) : 착한 벗에게 성실함이 있으면 길하다. 수괘(隨卦) 구오효(九五爻) 상(象)에 있는 말.

8. 충언(忠言)은 반드시 밝은 곳에서부터 해야 한다

'주역(周易)' 습감괘(習坎卦)의 육사효(六四爻)에 이르기를 "한 술단지의 술과 두 그릇의 음식을 질그릇에 담아 창문으로 들여보내면 마침내 허물이 없을 것이다."라고 하였다.

이에 대하여 이천 선생은 역전(易傳)에서 풀이하기를

"이 말은 신하가 충성과 신의와 선행으로써 임금의 마음과 맺어지려면 반드시 임금의 마음의 밝은 곳을 찾아서 들어가야 한다는 말이다.

사람의 마음이란 가려져 있는 곳이 있고 통하여 있는 곳이 있다. 통하여 있는 곳은 밝은 곳이다. 그 통해서 밝은 데를 찾아 간(諫)하면 임금의 믿음을 얻기가 쉽다. 그러므로 밝은 창으로 넣으라고 하였으니 능히 그렇게 할 수 있으면 비록 어렵고 험한 것을 간하여도 마침내 허물을 얻음이 없을 것이다.

또한 만일 임금의 마음이 술과 여색에 빠져 가려졌을 때 오직 그것은 그의 마음이 가려져서 그렇게 된 것이다. 비록 술과 여색의 잘못을 들어 간하여도 반성하지 아니하면 어떻게 해야 할 것인가. 반드시 가려지지 않은 밝은 일에서부터 서서히 설명하여 가려진 데까지 미치게 하면 임금의 마음을 깨닫게 할 수 있다.

예로부터 그 임금을 잘 간한 신하는 밝은 데서부터 들어가 간하지 않은 이가 없다. 그러므로 직접 임금의 잘못을 드러내어 강하게 간한 사람은 많이 임금의 마음에 거슬려 미움을 받았으나, 온후하게 도리를 밝혀 설명해서 모든 사물의 이치를 분석한 사람은 그 설득이 많이 시행되었다.

오직 임금에게 간할 때에 이와 같이 해야 할 뿐 아니라 가르치는 사람 또한 그렇게 해야 한다. 대저 가르침에는 반드시 그 사람의 장점이 있는 데서부터 들어가야 한다.

　장점이라는 것은 그 사람의 마음에서 밝은 데를 말한다. 그 마음의 밝은 데서부터 들어간 연후에 그 나머지 여러 군데로 미치게 하는 것이다. 이것은 맹자의 이른바 덕성(德性)도 이루고 재능도 기르는 것이 된다."라고 하였다.

　　坎¹⁾之六四曰 樽酒 簋貳 用缶²⁾ 納約自牖³⁾ 終无咎 傳曰 此言人臣以忠信善道⁴⁾結於君心 必自其所明處 乃能入也 人心有所蔽 有所通 通者明處也 當就其明處而告之 求信則易也 故曰納約自牖 能如是 則雖艱險之時 終得无咎也 且如君心蔽於荒樂⁵⁾ 唯其蔽也故爾 雖力詆其荒樂之非 如其不省何 必於所不蔽之事推而及之 則能悟其心矣 自古能諫其君者 未有不因其所明者也 故訐直强勁⁶⁾者 率多取忤 而溫厚明辨者 其說多行 非唯告於君者如此 爲敎者亦然 夫敎必就人之所長 所長者 心之所明也 從其心之所明而入 然後推及其餘 孟子所謂成德達材⁷⁾是也

1) 坎(감) : '주역(周易)' 습감괘(習坎卦 : ䷜).
2) 缶(부) : 배가 부르고 아가리가 좁은 질그릇의 한 가지.
3) 牖(유) : 창. 방안에 빛이 통하는 곳.
4) 忠信善道(충신선도) : 충성과 신의(信義)와 선행(善行).
5) 荒樂(황락) : 술과 여색(女色)에 빠져 함부로 노는 것. 황유일락(荒遊佚樂).
6) 强勁(강경) : 굳세게 버티어 굽히지 않음.
7) 達材(달재) : 재능을 함양(涵養)함.

9. 소인과 여자는 너무 가까이 하면 교만해진다
　'주역(周易)' 항괘(恒卦)의 초육(初六)에 이르기를
"깊고 항상 오래(久)한다. 마음을 바르게 가져도 흉(凶)하다."
라고 하였고, 상(象)에 말하기를
"깊고 항구(恒久)하여 흉(凶)하다는 것은 처음부터 구하는 것이 깊다는 말이다."라고 하였다.

이에 대하여 이천 선생은 역전(易傳)에서 풀이하기를
"초육효(初六爻)는 아래에 거(居)하므로 사효(四爻)와 바르게 응하는 것이요, 사효(四爻)는 양이 강성한 형상의 성(性)이니 위에 거(居)한다. 또 사효는 둘째, 셋째 다음에 격(隔)하여 있어 처음의 뜻에 응(應)하는 것은 떳떳한 이치와 다르며, 처음부터 바라는 것이 깊기 때문이다.
이것은 떳떳한 이치를 알고 변하는 이치를 알지 못하는 것이다. 세상에서 옛 친구를 책망하고 난 후 후회하기에 이르는 것은 모두 깊은 항구(恒久)의 괘와 같은 것이다."라고 하였다.
'주역(周易)'의 둔괘(遯卦) 구삼효(九三爻)에 말하기를
"숨어 살려고 하는데 연고(신하나 처자) 관계가 있어 숨지 못한다. 병이 생기고 위태롭다. 신하나 첩을 기르면 길(吉)할 것이다." 라고 하였다.
이에 대하여 이천 선생은 역전(易傳)에서 풀이하기를
"사사로운 은혜에 얽매어 잊지 못하는 것은 소인(小人)과 여자들의 도이다. 그러므로 신하나 첩을 기르면 은혜를 품어 윗사람에게 충실하여 길(吉)하다. 그러나 군자가 소인을 접대한다고 하는 것은 또한 옳은 것인지 모르겠다."라고 하였다.

恒[1]之初六曰 浚恒[2] 貞凶 象曰 浚恒之凶始求深也 傳曰 初六居下而四爲正應[3] 四以剛居高 又爲二三所隔[4] 應初之志 異乎常矣而初乃求望之深 是知常而不知變也 世之責望故素[5] 而至悔咎者 皆浚恒者也
遯[6]之九三曰 係遯有疾厲[7] 畜臣妾吉[8] 傳曰 係戀之私恩 懷小人女子之道也 故以畜養臣妾則吉 然君子之待小人 亦不如是也

1) 恒(항): '주역(周易)' 항괘(恒卦 : ䷟).
2) 浚恒(준항): 깊은 관계를 오래 지속함. 상도(常道)에만 얽매임. 항(恒)은 상도(常道)로 불변(不變)의 법칙. 또는 항구(恒久)의 뜻.
3) 四爲正應(사위정응): 사효(四爻)와 바르게 응하다. 항괘(恒卦)와 초효(初爻)는 음효(陰爻)로서 하괘(下卦)의 가장 밑에 있고 사효(四爻)는 양효(陽

爻)로서 상괘(上卦)의 가장 밑에 있어 음(陰)과 양(陽), 상(上)과 하(下)가 잘 어울리는 위치에 놓여 있는 것을 말한다.
4) 二三所隔(이삼소격) : 이효(二爻)와 삼효(三爻)는 초효(初爻)와 사효(四爻)의 사이에 있음을 이르는 말.
5) 故素(고소) : 옛친구. 고구(故舊).
6) 遯(둔) : '주역(周易)' 둔괘(遯卦) : ䷠).
7) 係遯有疾厲(계둔유질려) : 숨는 데 거리끼는 것이 있어 병이 생기고 위태로움. 이 말은 병이 생겨서 몸이 지치기 때문임.
8) 畜臣妾吉(축신첩길) : 신하와 첩을 기르면 길함. 이 말은 큰일이 될 것이 없기 때문임.

10. 소인이라도 관대하게 해야 한다

'주역(周易)' 규괘(睽卦) 상(象)에 이르기를
"군자는 같으면서도 달라야 한다."고 하였다.
이에 대하여 이천 선생은 역전(易傳)에서 풀이하기를
"성인이나 현인들이 세상을 살아가는 데는 인간의 이치의 떳떳한 도리에 있어서 남과 크게 같지 않은 것이 없다. 다만 세속(世俗)과 같은 것이 있다면 또한 때에 따라서는 홀로 다른 데가 있다."
그런데 크게 같을 수 없는 자는 떳떳한 도리를 어지럽히고 이치를 거역하는 사람이요, 홀로 다른 태도를 취하지 않는 자는 세상의 풍속을 따라 잘못된 것만을 익히는 사람들이다. 이것이 요컨대 남과 같을 수도 있고 남과 다를 수도 있는 것이다."라고 하였다.
또 소인(小人)도 관대(寬大)하게 선도(善導)해야 한다고 말하였다.
"규괘(睽卦)의 초구(初九)에 대하여, 규괘의 처지에 당했을 때 비록 같은 덕(德)을 가진 사람과 서로 사귀어야 하지만, 소인배(小人輩)로 어그러진 자가 많다.
만약 그들을 다 끊어 버린다면 천하가 다 군자를 적으로 대하지 않겠는가. 이와 같으면 넓고 큰 의리(義理)를 잃고 재난을 야기(惹起)시키는 것이다. 또 어찌하면 불선(不善)한 사람을 감화(感化)시켜 나와 같게 할 수 있는가.

그러므로 반드시 악인(惡人)과도 접촉하여야 재앙이 없을 것이다.

옛날의 성왕(聖王)이 간악하고 흉악한 사람을 선량한 사람으로 변화시키고 원수진 사람과 적을 신민(臣民)으로 전환시킬 수 있었던 까닭은 악인을 버리지 않는 데서부터 말미암았다."

睽之象[1]曰 君子以同而異 傳曰 聖賢之處世 在人理之常[2] 莫不大同 於世俗所 同者 則有時而獨異 不能大同者 亂常拂理之人也 不能獨異者 隨俗習非之人也 要在同而能異耳

睽之初九 當睽之時 雖同德者相與 然小人乖[3]異者至衆 若棄絶之 不幾盡天下以仇君子乎 如此則失含宏之義 致凶咎[4]之道也 又安能化不善而使之合乎 故必見惡人 則无咎也 古之聖王 所以能化姦凶 爲善良 革仇敵爲臣民者 由弗絶也

1) 睽之象(규지상) : '주역(周易)' 규괘(睽卦 : ☲☱)의 상(象). 위에는 불(☲), 아래는 못(☱)이 있는 것으로, 물과 불의 성질이 다름.
2) 常(상) : 상도(常道). 상리(常理). 때와 곳에 따라 변하지 않는 인륜도덕(人倫道德)을 말함.
3) 乖(괴) : 어그러짐.
4) 凶咎(흉구) : 재난, 재앙, 잘못.

11. 신하는 정성으로써 군주를 모셔야 한다

이천 선생은 신하는 정성스런 마음으로 군주를 모셔야 한다고 하였다.

"규괘(睽卦) 구이효(九二爻)에 대하여, 규괘의 처지에 당했을 때 군주의 마음과 합해지지 않아 어진 신하가 아래에서 힘을 다하고 정성을 다하여 군주와 믿음이 합하게 되기를 기(期)할 따름이다.

 정성을 지극하게 하여 그를 감동시키며 힘을 다해서 그를 부축해 지지하고 의리(義理)를 밝혀 그를 깨닫게 하며 가리움과 유혹을 제거하여 그의 뜻을 진실되게 하여 천천히 그를 변화시켜 그 믿음으로 합하여지는 것을 구하는 것이다.

 우(遇)는 정도(正道)를 어기고 아첨하여 남의 마음에 들도록 하는 것이 아니며, 항(巷)은 도리에서 벗어나 사(邪)된 길로 가지 않고 바르게 대도(大道)로 가는 것이다. 그러므로 상(象)에 말하기를 '군주를 골목(巷)에서 만나면(遇) 허물이 없을 것이다.'라고 한 것은 도를 잃지 않은 것이다."

 '주역(周易)' 손괘(損卦) 구이효(九二爻)에 이르기를
 "지키는 것을 변화시키지 아니하면 더 많은 이익이 있다."라고 하였다.

 이에 대하여 이천 선생은 역전(易傳)에서 풀이하기를
 "스스로의 굳세고 곧은 덕(德)을 변화시키지 않으면 군주의 덕을 더해 줄 수 있으니 곧 유익한 것이다. 만약 그의 굳세고 곧은 덕을 버려 부드러운 말로 군주를 만족하게 해준다면 군주의 덕을 번하게 할 따름이다.

 세상에 어리석은 자가 비록 사특한 마음이 없이 오직 힘을 다하여 군주를 따르는 것을 충(忠)이라고 여긴다면 이것은 자기를 변화시키지 않고 상대를 더 이익되게 해준다는 뜻을 알지 못하는 것이다."라고 하였다.

 睽之九二 當睽之時 君心未合 賢臣在下 竭力盡誠 期使之信合而已 至誠以感動之 盡力以扶持之 明理義以致其知 杜蔽害以誠其意 如是宛轉¹⁾以求其合也 遇非枉道²⁾逢迎³⁾也巷非邪僻⁴⁾由徑⁵⁾也 故象曰遇主於巷 未失道也
 損之九二曰 弗損益之 傳曰 不自損其剛貞⁶⁾ 則能益其上 乃益之也 若失其剛貞而用柔說 適足以損之而已 世之愚者 有雖無邪心 而惟知竭力順上爲忠者 蓋不知弗損益之之義也

1) 宛轉(완전) : 변화하는 것. 순탄하고 원활하여 군색하지 아니함.
2) 枉道(왕도) : 정도(正道)를 굽혀 사람에게 아첨함.
3) 逢迎(봉영) : 남의 마음에 들도록 함.
4) 邪僻(사벽) : 도리에 벗어나 편벽됨.
5) 徑(경) : 사잇길. 올바르지 못한 길.
6) 剛貞(강정) : 강하면서 바르고 절개가 있음. 강중정정(剛中貞正)함.

12. 아랫사람이 유능하면 득을 볼 수 있다

'주역(周易)' 익괘(益卦) 초구효(初九爻)에 이르기를

"큰 일을 하는 것이 이롭다. 크게 길(吉)하고 허물이 없을 것이다."라고 하였고, 상(象)에 이르기를

"크게 길(吉)하고 허물이 없다는 것은 아랫사람은 큰 일을 감당해 내지 못하기 때문이다."라고 하였다.

이에 대하여 이천 선생은 그의 역전(易傳)에서 풀이하기를

"아래에 있는 사람이 본래 큰 일을 감당하지 못한다는 것은 큰 일은 중대하기 때문이다. 이미 위에서 맡긴 것이므로 사양할 수 없는 일이나 큰 일을 맡으면 반드시 그의 능력을 발휘하여 일을 잘 처리해 나가야 크게 길한 곳으로 이르고 이에 허물이 없게 될 것이다.

크게 길한 곳으로 도달할 수 있으면 위에 있는 사람은 사람을 잘 알아서 부릴 수 있어야 하고, 일을 맡은 사람은 책임을 잘 처리할 수 있어야 한다. 그렇지 않으면 위와 아래가 다 허물이 있다."라고 하였다.

益¹⁾之初九曰 利用爲大作 元吉²⁾无咎 象曰 元吉无咎 下不厚事³⁾也 傳曰 在下者本不當處厚事 厚事重大之事也 以爲在上所任所以當大事 必能濟大事而致元吉 乃爲无咎 能致元吉 則在上者任之爲知人 己當之爲勝任 不然 則上下皆有咎也

1) 益(익) : '주역(周易)' 익괘(益卦 : ☳☴).

2) 元吉(원길) : 크게 길하다. 대선(大善)과 같다.
3) 厚事(후사) : 큰 일. 중대한 일.

13. 모든 개혁(改革)은 신중하게 해야 한다
 이천 선생은 개혁(改革)은 신중하게 해야 한다고 말하였다.
 "개혁(改革)을 하여 크게 유익함이 없으면 오히려 후회하게 될 것이다. 하물며 도리어 해가 되어서야 되겠는가. 그러므로 옛 사람이 개혁을 신중하게 한 것은 그 까닭이다."
 '주역(周易)' 점괘(漸卦) 구삼효(九三爻)에 이르기를
 "도둑을 막는 것이 이롭다."라고 하였다.
 이에 대하여 이천 선생은 그의 역전(易傳)에서 풀이하기를
 "군자가 소인(小人)과 더불어 가까이 있으면 스스로를 지켜 바르게 해야 한다. 어찌 오직 군자 스스로 자기만을 완전하게 할 뿐이겠는가. 또한 소인으로 하여금 불의(不意)에 빠지지 않도록 하여 순일한 도리로써 서로 보호하여 악(惡)이 그치도록 막을 뿐이다."라고 하였다.

 革而無甚益 猶可悔也 況反害乎 古人所以重改作[1]也
 漸[2]之九三曰 利禦寇 傳曰 君子之與小人比[3]也 自守[4]以正 豈惟君子自完其己而已乎 亦使小人得不陷於非義 是以順道相保 禦止其惡也

1) 重改作(중개작) : 개혁은 중요한 것이므로 가볍게 볼 수 없음을 이르는 말.
2) 漸(점) : '주역(周易)' 점괘(漸卦) : ☶☴).
3) 比(비) : 어깨를 견주고 있음. 곧 가까이 있다는 뜻.
4) 自守(자수) : 언행(言行)을 스스로 조심하고 삼가하여 자기를 지킴.

14. 여행할 때 사소한 일이 재앙을 부른다
 '주역(周易)' 여괘(旅卦) 초육효(初六爻)에 이르기를

"여행할 때 사소한 일에 얽매이면 그것이 재앙을 부르게 된다."
라고 하였다.
　이에 대하여 이천 선생은 그의 역전(易傳)에서 풀이하기를
"뜻이 낮은 사람이 여행 중에 곤궁한 일에 처하게 되면 품격이 낮아지고 사소한 일에라도 이해(利害)를 가지고 다투는 일 등 갖가지에 못하는 일이 없게 된다. 이것은 큰 모욕을 당하고 재앙을 받게 되는 까닭이 된다."라고 하였다.
　또 여행 중에 강경하고 교만한 것을 경계하여 말하였다.
"여행 중에 지나치게 강경하거나 스스로 교만하면 곤욕(困辱)을 겪고 재화(災禍)에 이르는 길이 된다."

　旅¹⁾之初六曰 旅瑣瑣²⁾ 斯其所取災 傳曰 志卑之人 旣處旅困 鄙猥³⁾瑣細⁴⁾ 無所不至 乃其所以致悔辱⁵⁾取災咎也
　在旅而過剛⁶⁾自高⁷⁾ 致困災之道也

1) 旅(여) : '주역(周易)' 여괘(旅卦 : ䷷).
2) 瑣瑣(쇄쇄) : 사소한 일에 얽매임.
3) 鄙猥(비외) : 비루하고 난잡함.
4) 瑣細(쇄세) : 아주 적은 이해득실로 다툼.
5) 悔辱(회욕) : 후회될 만한 창피를 당함.
6) 過剛(과강) : 지나치게 강경함.
7) 自高(자고) : 스스로 잘난 체함. 고(高)는 교만(驕慢).

15. 기쁨이 지나치면 도리어 기쁨이 없어진다

　'주역(周易)' 태괘(兌卦) 상육효(上六爻)에 이르기를
"이끌어서 기쁘게 한다."
라고 하였고, 상(象)에 이르기를
"아직 빛나지 못한 것이다."라고 하였다.
　이에 대하여 이천 선생은 그의 역전(易傳)에서 풀이하기를
"기뻐서 이미 극(極)에 이르렀는데 또 이끌어 그것을 길이 기

뻐하려고 하면 비록 그것을 기뻐하는 마음이 다하지 아니했더라도 사물의 이치에 지나친 것이다. 그러므로 그의 실상은 즐거울 것이 없다.

일이 융성하게 되면 휘황한 빛을 발한다. 그러나 이미 휘황한 빛을 발하여 극에 달하고 또 그것을 이끌어 늘이는 것은 무의미(無意味)해질 뿐, 너무 심한 것이다. 어찌 빛이 있겠는가."라고 하였다.

兌之上六曰 引兌 象曰 未光也 傳曰 說旣極矣 又引而長之 雖說之之心[1]不已 而事理已過 實無所說 事之盛則有光輝 旣極而强引之長 其無意味甚矣 豈有光也

1) 說之之心(열지지심): 설(說)은 열(悅)의 뜻으로 '열'로 읽는다. 또 앞의 지(之)는 대명사, 뒤의 지(之)는 관형격(冠形格)임.

16. 군자의 구형(求刑)은 관대해야 한다

'주역(周易)' 중부괘(中孚卦)의 상(象)에 이르기를
"군자는 감옥의 일을 의논하며 죽음을 늦춘다."라고 하였다.
이에 대하여 이천 선생은 그의 역전(易傳)에서 풀이하기를
"군자는 감옥의 판결을 논함에 있어 그 충성을 다할 뿐이며 또 사형(死刑)을 결정하는데 있어서는 측은(惻隱)해하는 마음을 최대로 발휘할 뿐이다. 천하의 일에 대하여 그 충심을 다하지 않는 것이 없고 감옥의 일을 논하는데 있어 죽음을 늦추는 일이 가장 중대한 일이다."라고 하였다.

中孚之象[1]曰 君子以議獄[2]緩死 傳曰 君子之於議獄 盡其忠而已 於決死極其惻[3]而已 天下之事 無所不盡其忠 而議獄緩死 最其大者也

1) 中孚之象(중부지상): '주역(周易)' 중부괘(中孚卦 : ䷼)의 상(象).
2) 議獄(의옥): 감옥의 일을 의논함. 형벌(刑罰) 관계를 심판하는 일.
3) 惻(측): 맹자의 사단 중 측은지심(惻隱之心). 불쌍하고 가엾게 여기는 마음.

17. 자신의 행동이 올바르면 소인을 막을 수 있다

이천 선생은 일을 하는데 있어 크게 지나쳐서는 안된다고 하고 조금 지나친 것은 도리에 맞는다고 말하였다.

"모든 일은 때에 따라 마땅히 지나친 경우도 있으며 때에 따라서는 그 일에 적합한 경우도 있다. 그러나 어찌 너무 지나친 것이 옳을 것인가. 만일 공손함이 지나치고 슬퍼함이 지나치며 검소함이 지나친 것 등 지나친 것이 너무 과한 것은 옳지 않다. 조금 지나친 것은 사리(事理)에 적당한 것을 따르는 것이다. 적당한 것을 따르는 것은 크게 길한 까닭이다."

또 자기의 행동이 올바르면 소인의 무리를 막을 수 있다고 말하였다.

"소인(小人)에게 물드는 것을 막는 방법은 자기를 올바르게 하는 일을 먼저 하는데 있다."

事有時而當過 所以從宜[1] 然豈可甚過也 如過恭 過哀過儉 大過則不可 所以小過[2]爲順乎宜也 能順乎宜 所以大吉
防小人之道 正己爲先

1) 宜(의) : 때에 따라 막힘 없이 적당한 일. 시지의(時之宜)의 뜻.
2) 小過(소과) : 약간 지나침.

18. 주공(周公)은 지극히 공평하고 사욕이 없었다

이천 선생은 주공(周公)을 예로들어 어떻게 처신할 것인가를 말하였다.

"주공(周公)은 지극히 공평하고 사욕(私欲)이 없었으며 나아가고 물러남을 도(道)로써 하였고 이욕(利慾)에 가려진 적이 없었다.

자신의 몸 처신하는 것을 두려워하고 조심성있게 하고 항상 공

손하고 두려워하는 마음을 지녔다. 그 정성스러운 마음을 보전시
켜서 밝고 밝게하여 생각을 다시 되돌려보려는 뜻이 없었다. 비
록 위험한 땅에 있더라도 그 성인의 본질을 잃지 않았다.
 '시경(詩經)'에 이르기를 '주공은 겸손(謙遜)하고 성스러운
지혜를 가지고 있어서 붉은 신을 신고 유유하게 있다.' 라고 하였
다."
 또 사신(使臣)의 임무(任務)에 대하여 말하였다.
 "풍토(風土)와 백성의 실정을 물어서 살피며, 어진 선비와 군
자를 찾아 방문하는 것이 임금의 사신(使臣)의 큰 임무이다."

 周公至公不私 進退以道 無利欲之蔽其處已也 夔夔然[1]存恭畏之
心 其存誠也 蕩蕩然[2]無顧慮之意 所以雖在危疑之地 而不失其聖也
詩曰 公孫碩膚[3] 赤舄[4]几几[5]
 採察[6]求訪[7] 使臣之大務

1) 夔夔然(기기연) : 두려워하고 조심하는 모양.
2) 蕩蕩然(탕탕연) : 명백하고도 평탄(平坦)한 모양.
3) 碩膚(석부) : 크고 아름다운 덕(德). 성스러운 지혜.
4) 赤舄(적석) : 군주가 신는 붉은 신.
5) 几几(궤궤) : 침착한 모양. 유유한 모양.
6) 採察(채찰) : 풍토(風土)와 백성의 실정을 물어서 살핌.
7) 求訪(구방) : 어진 선비와 군자(君子)를 찾아서 방문함.

19. 피차간의 학설의 차이는 바로잡아야 한다
 명도 선생이 오사례(吳師禮)에게 왕개보(王介甫)의 학문에
있어서 잘못된 점을 들어 이야기하였다. 사례(師禮)에게 일러 말
하기를
 "내가 하는 말을 다 개보(介甫)에게 전달하여도 된다. 나 또한
감히 스스로의 이론이 다 옳다고는 여기지 않는다. 만일 다른 의
논이 있으면 서로 다른 의견을 교환하기를 바란다. 이것은 천하

의 공공연한 이치를 구하는 것으로 그의 것도 나의 것도 아니다.
　반드시 밝게 옳고 그른 것을 변론하고 분별한다면 개보(介甫)에게 유익함이 있지 않을지라도 반드시 나에게는 유익함이 있을 것이다."라고 하였다.

　明道先生與吳師禮[1]談介甫[2]之學錯處 謂師禮曰 爲我盡達諸介甫 我亦未敢自以爲是 如有說 願往復 此天下公理 無彼我 果能明辯 不有益於介甫 則必有益於我
1) 吳師禮(오사례) : 자(字)는 안중(安仲). 송(宋)나라 휘종(徽宗) 때 개봉부 추관(開封府推官)으로 재직하면서 채왕(蔡王)의 옥(獄)을 다스린 공(功)이 있는 인물.
2) 介甫(개보) : 왕안석(王安石)의 자. 왕안석(王安石)은 송대(宋代)의 정치가요 학자이며, 호는 반산(半山). 신종(神宗) 때에 재상(宰相)이 되어, 소위 신법(新法)을 행하여 부국강병책(富國强兵策)을 쓰다가 많은 반대파의 공격을 받아 실패하였음. 당송 팔대가(唐宋八大家)의 한 사람.

20. 장천기(張天祺)의 덕(德)

　장천기(張天祺)가 사죽감(司竹監)으로 있을 때 항상 한 사람의 졸장(卒長)을 총애하였다. 장차 임기를 마치고 서로 교대하기에 이르러 졸장이 죽순의 껍질을 훔친 사실을 친히 알았는데, 그 죄를 조금도 용서하지 않고 법대로 처벌하였다. 그후 풀려나오기를 기다려 전과 다름없이 개의치 않고 대하였다. 그의 덕성스런 도량이 이와 같았다.

　天祺[1]在司竹[2] 常愛用一卒長 及將代 自見其人盜筍皮[3] 遂治之無少貸[4]罪已正 待之復如初 略不介意 其德量如此
1) 天祺(천기) : 장전(張戩)의 자. 장횡거(張橫渠)의 아우로 봉상부(鳳翔府) 사죽감(司竹監)을 지냈다.
2) 司竹(사죽) : 사죽감(司竹監)이라는 벼슬.

3) 筍皮(순피) : 죽순(竹筍)의 껍질.
4) 無少貸(무소대) : 조금도 용서하지 않음.

21. 할 말은 하고 일은 이치를 구명해야 한다

명도 선생이 말을 하려고 머뭇거리며 입을 여닫기만 하는 것에 대하여 말하기를

"만약 입을 여는 것이 합당할 때는 상대의 머리를 요구할 경우에라도 모름지기 말을 해야 한다. 그 말을 들으면 반드시 엄정해져서 잘못을 할 수가 없다."라고 하였다.

또 일에 있어서는 그 이치를 궁구하여 밝혀야 한다고 말하였다. "모름지기 소용이 있는 일을 배워야 한다.

'주역(周易)' 고괘(蠱卦)에는 '군자는 이것으로써 백성을 건지고 덕(德)을 기른다.'라고 하였다. 그러나 참된 것을 안 다음에야 이와 같이 할 수 있다. 어찌 반드시 글을 읽은 뒤라야 배운다고 하겠는가."

명도 선생이 한 학자가 일에 쫓겨 바쁜 모습을 보고 그 까닭을 물었다. 그 사람이 말하기를

"여러 가지 이 세상의 일을 처리하고자 함이다."라고 하였다. 이에 대하여 선생은

"나도 그대와 함께 이 세상 일을 처리하려고 하지 않는 것은 아니다. 그러나 어찌 늘 그대처럼 바쁘게 하리요?"라고 하였다.

因論口將言而囁嚅[1]云 若合[2]開口時要他頭[3]也須開口 須是聽其言也厲

須是就事上學 蠱振民育德 然有所知後 方能如此 何必讀書 然後爲學

先生見一學者忙迫[4] 問其故 曰 欲了幾處人事[5]曰某非不欲周旋人事者 曷嘗似賢[6]急迫

1) 囁嚅(섭유) : 말을 하는데 있어 머뭇거리고 입을 여닫기만 함.

2) 合(합) : 마땅함. 합당함.
3) 要他頭(요타두) : 그의 머리를 필요로 하다. 그의 머리. 곧 그의 목숨을 달라고 하는 것.
4) 忙迫(망박) : 일에 쫓겨 몹시 바쁜 것. 급박(急迫)과 같음.
5) 人事(인사) : 세상 일.
6) 賢(현) : 그대. 남을 존칭하는 것.

22. 충고(忠告)는 성의를 다해야 한다

명도 선생은 호안정(胡安定)의 문인(門人)을 칭찬하여 말하였다.

"안정(安定)의 문인(門人)들은 때때로 옛것을 공부하여 알고 백성을 사랑하는 일을 안다. 정치를 하는데 있어서 어떤 어려움이 있겠는가."

문인(門人)이 묻기를

"내가 남과 더불어 살면서 그의 잘못을 보고도 충고하지 않으면 마음에 불안한 바가 있는데, 충고하여도 그가 받아들이지 않으면 어찌해야 합니까?"

하니, 명도 선생이 대답하기를

"그와 함께 있으면서 그의 잘못을 충고하지 않으면 충실한 것이 아니다. 요컨대 성의를 가지고 교제하면 말하기 전에 서로 마음이 통하여서 말을 하면 그 사람이 믿을 것이다."

하고는, 또 말하기를

"착한 일을 하도록 서로 권하는 길은 요컨대 성의(誠意)가 남음이 있어도 부족하다고 말을 하여 남에게 유익함이 있고 나에게 있어서도 스스로 욕됨이 없는 것이다."라고 하였다.

安定之門人 往往¹⁾知稽古²⁾愛民矣 則於爲政也何有
門人有曰 吾與人居 視其有過³⁾而不告⁴⁾ 則於心有所不安 告之而人不受 則奈何⁵⁾ 曰 與之處而不告其過 非忠也 要使誠意之交通⁶⁾ 在

於未言之前 則言出而人信矣 又曰 責善⁷⁾之道 要使誠有餘而言不足 則於人有益 而在我者無自辱矣

1) 往往(왕왕) : 때때로. 가끔.
2) 稽古(계고) : 옛것을 공부하고 고찰(考察)함.
3) 過(과) : 과실. 잘못. 허물.
4) 告(고) : 충고(忠告).
5) 奈何(내하) : 어찌하여야 할까.
6) 交通(교통) : 서로 통함. 곧 말을 하기 전에 진실이 통함.
7) 責善(책선) : 친구 사이에 서로 착한 일을 하도록 권고함.

23. 정성을 다해야 큰 일을 할 수 있다

명도 선생은 자기 본분을 다하는 데에는 진실해야 한다고 말하였다.

"자기 본분을 다하는 일을 아이들 장난과 같이 하여서는 안 된다."

또 정치 담당자를 비방하지 말아야 한다고 말하였다.

"이 나라에 살면서 그 대부(大夫)를 비방하지 않는 것이 가장 좋은 도리이다."

또 작은 일에 정성을 다해야 큰 일도 할 수 있다고 말하였다.

"작은 일을 조심스럽게 행하는 것이 가장 어려운 일이다."

또 독실(篤實)해야 큰 일을 할 수 있다고 하였다.

"큰 임무를 담당하고자 하면 모름지기 독실(篤實)하여야 한다."

또 말할 때는 차근차근 이치를 따져서 해야 한다고 말하였다.

"무릇 남을 위하여 말하는 자는 이치로써 이기면 일이 밝혀지고, 힘과 분노로써 하면 상대방의 분노를 부르게 된다."

또 그 시대의 법(法)을 따르는 것이 의(義)에 맞는 것이라고 말하였다.

"오늘날의 시대에 살면서 오늘날의 법령(法令)에 안정(安定)

하지 못하는 것은 의(義)가 아니다.
 만약 정치를 위하여 논(論)한다면 그것을 하지 않는 것이 좋다. 만약 다시 정치를 논하게 된다면 모름지기 오늘날의 법도(法度) 안에서 그것의 마땅한 것을 얻어 처리하는 것이 곧 의(義)에 합치되는 것이다. 만약 반드시 법을 다시 고친 후에야 실행한다고 한다면 어찌 의가 있다고 하겠는가."

 職事[1] 不可以巧免[2]
 居是邦 不非[3] 其大夫[4] 此理最好
 克勤[5] 小物[6] 最難
 欲當大任 須是篤實
 凡爲人言者 理勝[7] 則事明 氣忿則招怫[8]
 居今之時 不安今之法令 非義也 若論爲治 不爲則已 如復爲之 須於今之法度內 處得其當 方爲合義 若須更改而後爲 則何義之有

1) 職事(직사) : 자기의 본분을 다하는 일.
2) 以巧免(이교면) : 어려운 일은 피하고 쉬운 일만 하려는 것. 아이들 장난 같은 짓.
3) 不非(불비) : 비방(誹謗)하지 않음.
4) 大夫(대부) : 벼슬의 품계(品階)에 붙이는 칭호 여기서는 그 나라의 정치를 담당하는 계급(階級).
5) 勤(근) : 근신(勤愼). 삼감. 조심스럽게 행함.
6) 小物(소물) : 소사(小事). 대수롭지 않은 일.
7) 理勝(이승) : 이치로 따져서 이김.
8) 怫(불) : 노(怒), 분(忿)과 같음.

24. 상하가 일체가 되어야 고을이 잘 다스려진다
 명도 선생은 지방의 감사(監司)와 각 고을의 장(長)들이 일체가 되어 정사(政事)를 해야 한다고 말하였다.
 "오늘날의 지방의 감사(監司)는 대부분 각 고을의 수령과 더

붙어 일체(一體)가 되어 있지 않다. 감사는 오로지 각 고을의 수령을 엿보아 살피고자 하고, 각 고을의 수령은 오로지 감사에게 허물을 감추고자 하니, 성심을 다하여 더불어 함께 다스리는 것만 같지 못하다.

잘못된 것이 있으면 가르칠 만한 사람은 가르치고, 독촉할 만한 사람은 독촉한다. 그래도 듣지 않는 사람 중에서 심한 자 한 둘을 가려 처벌하면 많은 사람을 경계할 수 있는 것이다."

今之監司[1] 多不與州縣[2] 一體 監司專欲伺察[3] 州縣專欲掩蔽 不若推誠心與之共治 有所不逮 可敎者敎之 可督者督之 至於不聽 擇其甚者去一二 使足以警衆可也

1) 監司(감사) : 주(州)나 현(縣) 등의 고을을 돌면서 관리들을 살피던 관리. 관찰사(觀察使)와 같음.
2) 州縣(주현) : 주(州)는 큰 고을, 현(縣)은 작은 고을. 각 고을의 수령. 여기서는 고을의 장(長)인 지사(知事)를 말함.
3) 伺察(사찰) : 동정을 살핌. 엿보아 살핌.

25. 의를 위하여 죽는 것은 어려운 일이다

이천 선생은 일이 많은 것을 걱정하지 말라고 하였다.

"사람들은 일이 많은 것을 싫어하는데 어떤 이는 그것을 딱하게 여기기도 한다. 세상일이 비록 많다고 하더라도 그것은 다 사람의 일이다. 사람의 일을 사람을 시켜서 가르치지 않으면 다시 누구에게 책임을 지우겠는가."

또 사람이 의(義)를 위해 죽기는 어려운 일이라고 말하였다.

"분개한 것을 느끼어 자기 몸을 죽이기는 쉬우나 의(義)를 위하여 태연하게 죽기는 어렵다."

어떤 사람이 이천 선생에게 예(禮)를 더하여 귀인(貴人)을 가까이 하라고 권하였더니, 선생이 이르기를

"어찌 예를 다하라고 권하지 않고 예를 더하라고 권하는가. 예

는 다하여야 하는 것이니 어찌 더할 수 있겠는가."라고 하였다.

    伊川先生曰 人惡多事 或人憫¹⁾之 世事雖多 盡是人事 人事不敎
人做 更責誰做
    感慨殺身者易 從容²⁾就義³⁾者難
    人或勸先生以加禮近貴⁴⁾ 先生曰 何不責以盡禮 而責之以加禮
禮盡則已 豈有加也

1) 憫(민) : 걱정. 불쌍히 여김.
2) 從容(종용) : 자연스럽고 태연함. 조용함.
3) 就義(취의) : 의(義)를 위하여 몸을 희생하는 일.
4) 近貴(근귀) : 귀인(貴人)을 가까이 함. 군주(君主)의 측근에서 일하는 귀인
   과 친하게 지냄.

26. 부하는 성의로써 움직여야 한다

어떤 사람이 묻기를
"주부(主簿)라는 벼슬은 현령(縣令)을 보좌하는 사람입니다. 주부가 하고자 하는 바를 현령이 혹 동의하지 않는다면 어찌해야 하겠습니까?"
하니, 이천 선생이 말하였다.
"마땅히 마음과 정성을 다하여 그를 감동시켜야 한다.
  오늘날 현령과 주부가 화합하지 못하는 것은 다만 사사로운 뜻을 가지고 다투기 때문이다.
  현령은 고을의 우두머리이니 만약 부형(父兄)을 섬기는 도리로써 그를 섬겨 허물은 자기에게 돌리고 좋은 결과의 일은 오직 현령에게 돌아가지 않을까를 두려워한다면 이 정성된 마음이 쌓이게 된다. 어찌 남의 마음을 얻어 감동시키지 않을 수 있겠는가."

    或問簿¹⁾佐令²⁾者也 簿所欲爲 令或不從 奈何 曰 當以誠意動之 今
令與簿不和 只是爭私意 令是邑之長 若能以事父兄之道事之 過則

歸己 善則唯恐不歸於令 積此誠意 豈有不動得人

1) 簿(부) : 주부(主簿). 기록이나 문서(文書), 물품 출납을 맡은 낮은 벼슬아치를 말한다.
2) 令(영) : 현령(縣令). 고을의 우두머리.

27. 사람의 도량에는 크고 작은 것이 있다

어떤 사람이 묻기를
"남과 의논함에 있어 대부분 자기의 의견만이 옳다고 하여 남의 뜻을 받아들이지 못하는 것은 그 기질이 평화롭지 못해서가 아닙니까?"
하니, 이천 선생이 말하였다.
"진실로 그 기질이 평화롭지 못해서이기도 하지만 또한 그것은 도량(度量)이 좁아서이다. 사람의 도량은 식견(識見)에 따라 자라는 것이다. 또한 사람의 식견이 높아도 도량이 자라지 않는 자가 있으니 그것은 식견이 충실함에 이르지 못해서이다.
무릇 다른 일은 억지로라도 자라게 할 수 있지만 오직 식견과 도량은 억지로 자라게 할 수 없다.
지금 사람에게는 한 되나 한 말이 되는 도량이 있고 여섯 말이나 열 말쯤 되는 도량이 있으며, 여덟 말이나 한 섬 들이의 도량이 있고 강(江)과 하(河)와 같은 도량이 있다. 강과 하의 도량 또한 크지만 그러나 한도가 있다. 한도가 있어서 또한 때로는 가득 참이 있다.
오직 하늘과 땅의 도량만은 가득 찰 수 없으니, 그러므로 성인(聖人)은 하늘과 땅의 도량을 가진 사람이다. 성인의 도량은 하늘의 도이다. 일반인의 도량은 하늘로부터 받은 자질(資質)이다. 하늘로부터 받은 자질의 도량은 모름지기 한도가 있다.
대저 육척(六尺) 체구(體軀)의 사람의 역량(力量)은 이와 같아서 비록 가득히 채우지 않으려고 하여도 그것은 가능하지 않다.
등애(鄧艾)와 같은 사람은 삼공(三公)의 지위에 있었고 나이

칠십이 되었으면서도 처해 있는 모든 것이 매우 좋았다. 그런데
도 촉(蜀)나라로 내려가 공(功)을 세우려고 마음이 움직여 죽음
을 당하였다.

사안(謝安)은 조카인 사현(謝玄)이 부견(符堅)을 격파(擊
破)하였다는 소식을 듣고도 객(客)을 상대하여 바둑을 두면서 기
쁨을 나타내지 않다가 집에 돌아가 기쁜 나머지 나막신의 굽이 떨
어질 정도로 기뻐서 웃었다고 하니 억지로는 마침내 도량을 얻을
수가 없는 것이다.

고쳐 말하면 사람은 술에 만취(漫醉)해서는 더욱 공손하고 삼
가려고 한다. 더욱 공손하고 삼가려고 하는 것은 술에 취해 제멋
대로 행동할까 걱정 하는 마음이 작용해서이다. 비록 제멋대로 행
동하는 사람과 같지 않으려고 하더라도 술 때문에 마음이 움직이
게 된 것과 같은 것이다.

또 귀공자(貴公子)는 지위가 높을수록 더욱 낮추어 겸손해지
려고 한다. 자신을 낮추고 겸손하게 하는 것은 다만 높은 지위로
마음이 움직여 교만한 사람과 같지 않으려는 것이나 지위로 인해
움직인 것과 같은 것이다.

오직 도(道)를 아는 사람은 도량이 자연히 넓고 커질 것이며 억
지로 힘쓰지 않아도 이룰 수 있다. 이제 보기에 비천(卑賤)한 사
람이 있음은 다름이 아니라 또한 식견과 도량이 부족해서이다."

問人於議論 多欲直己 無含容¹⁾之氣 是氣不平否 曰 固是氣不平
亦是量狹 人量隨識²⁾長 亦有人識高而量不長者 是識實未至也 大凡
別事 人都强得 惟識量不可强 今人有斗筲³⁾之量 有釜斛⁴⁾之量 有鍾
鼎⁵⁾之量 有江河⁶⁾之量 江河之量亦大矣 然有涯 有涯亦有時而滿⁷⁾
惟天地之量則無滿 故聖人者天地之量也 聖人之量道也 常人之有
量者天資也 天資之量須有限 大抵六尺之軀 力量只如此雖欲不滿
不可得也 如鄧艾⁸⁾位三公⁹⁾ 年七十處得甚好 及因下蜀有功 便動了
謝安¹⁰⁾聞謝玄¹¹⁾破符堅 對客圍碁 報至不喜 及歸折屐齒¹²⁾ 强終不得
也 更如人大醉後益恭謹者 只益恭謹 便是動了 雖與放肆¹³⁾者不同

其爲酒所動一也 又如貴公子位益高 益卑謙[14] 只卑謙 便是動了 雖
與驕傲者不同 其爲位所動一也 然惟知道者 量自然宏大 不待勉强
而成 今人有所見卑下者 無他 亦是識量不足也

1) 含容(함용) : 남의 뜻을 받아들이는 기상(氣象). 포용(包容)과 같음.
2) 識(식) : 견문(見聞)과 학식(學識). 식견(識見).
3) 斗筲(두소) : 두는 열 되, 소는 한 말 두 되가 드는 밥통. 적은 양을 담는 것을 비유하는 말.
4) 釜斛(부곡) : 부는 여섯 말 넉 되가 드는 그릇. 곡은 열 말 들이 그릇.
5) 鍾鼎(종정) : 종은 여덟 말 들이 그릇. 정은 솥을 말한다.
6) 江河(강하) : 강물처럼 많은 양을 말함. 강은 양자강(揚子江), 하는 황하(黃河)를 말하기도 함.
7) 滿(만) : 가득차서 넘침. 만일(滿溢).
8) 鄧艾(등예) : 중국 삼국 시대(三國時代) 위(魏)나라 사람. 대위(大尉)가 되어 그의 나이 70에 촉(蜀)나라를 정벌하려다가 죽었음.
9) 三公(삼공) : 한(漢)나라 이래 승상(丞相)·대위(大尉)·어사대부(御史大夫)를 아울러 일컫던 말.
10) 謝安(사안) : 진(晉)나라 때의 중서감(中書監)을 지낸 사람.
11) 謝玄(사현) : 사안(謝安)의 조카.
12) 折屐齒(절극치) : 나막신의 굽이 부러질 정도로 기뻐서 웃었음.
13) 放肆(방사) : 거리낌없이 멋대로 행동함.
14) 卑謙(비겸) : 자신을 낮추어 겸손한 태도로 사양함.

28. 억지로 하는 공평은 사심이다

이천 선생은 혐의를 피하기 위한 공평(公平)은 사심(私心)에 불과한 것이라고 말하였다.

"사람이 만약 공평하게 하려는 뜻을 가진다면 곧 그것은 사사로운 마음이다. 옛날에 어떤 사람이 조정에서 인사를 관리하는 데에 있었는데 그 자제(子弟)가 심사(審査)에 걸리었다. 그는 그 자제를 모두 피하여 이치로서 하지 않았으니, 이것은 곧 사사로운 마음이었다.

　대부분의 사람들이 말하기를 옛날 사람들은 공정하였으므로 혐의를 피하지 않아도 행할 수 있지만, 후세에서는 이런 방법이 되지 않는 것은 공정한 마음을 가진 사람이 없기 때문이다. 어찌 공정한 마음을 가질 만한 때가 없어서이겠는가."

　군실(君實)이 이천 선생에게 묻기를

　"한 사람을 급사중(給事中)이라는 벼슬에 임명(任命)하고자 하는데, 누가 좋겠습니까?" 하였다.

　이에 대하여 선생이 대답하기를

　"만약 처음부터 널리 인재(人材)를 논(論)하였다면 천거할 수 있었을 것입니다. 이제 급사중에 임명할 인물을 말씀하시니 이(頤)가 비록 그럴만한 적임자를 알고 있다 하더라도 어찌 추천할 수 있겠습니까." 하였다.

　이에 군실이 다시 말하기를

　"공(公)의 입에서 나와 나 광(光)의 귀에 들어가는 것으로 또 무슨 해(害)될 일이 있겠습니까." 하였다.

　그러나 선생은 끝까지 말하지 않았다.

　　人纔有意於爲公[1] 便是私心 昔有人典選[2] 其子弟係[3] 磨勘[4] 皆不爲理 此乃是私心 人多言古時用直 不避嫌得 後世用此[5] 不得 自是無人 豈是無時
　　君實[6] 嘗問先生云 欲除[7] 一人給事中[8] 誰可爲者 先生曰 初若泛論人才 却可 今旣如此頤雖有其人 何可言 君實曰 出於公口 入於光[9] 耳 又何害 先生終不言

1) 公(공) : 사심(私心)이 없이 공평(公平)함.
2) 典選(전선) : 이부(吏部)에서 인사(人事)를 담당하는 관리.
3) 係(계) : 관계함. 해당함. 걸림.
4) 磨勘(마감) : 성적을 조사하여 평가함. 심사(審査)함.
5) 用此(용차) : 여기서의 '차'는 자신에게 해당하는 혐의(嫌疑)를 피하려 하지 않는 것.

6) 君實(군실) : 송(宋)나라 때의 학자이며 정치가인 사마광(司馬光)의 자(字).
7) 除(제) : 관직에 임명함.
8) 給事中(급사중) : 문하성(門下省)에 속하여 주상(奏上)의 사무와 시종(侍從)의 일을 아울러 맡았던 벼슬의 이름.
9) 光(광) : 군실(君實). 곧 사마광(司馬光)의 이름으로 자신을 지칭하는 말.

29. 한지국(韓持國)이 이천의 말을 옳다고 하다

이천 선생은 벗인 한지국(韓持國)의 실례를 들어 추천(推薦)에 대하여 말하였다.

"한지국(韓持國)과 같이 의(義)에 따르는 사람은 가장 얻기가 어렵다. 하루는 내가 지국(持國)·범이수(范夷叟)와 함께 영창(潁昌)의 서호(西湖)에서 배를 띄우고 놀았다. 이윽고 지국의 부하인 장교(將校)가 말하기를 한 관원(官員)이 글을 올려 대자(大資 : 자정전 대학사)를 뵈려고 한다고 하였다. 나는 매우 급하고 간절한 공사(公事)가 있는 것이라고 여겼는데 그것은 추천하는 글을 구하는 것이었다. 그래서 나는

'대자(大資)의 지위에 있으면서 인재를 구하지 못하고 사람으로 하여금 자기에게 와서 구하도록 하는 것은 무슨 까닭인가.'

하였다. 이에 대하여 이수(夷叟)가 말하기를

'그것은 정숙(正叔)이 너무 고집하는 것이다. 추천서를 구하는 것은 예사로운 일이다.'

하여, 내가 다시

'그렇지 않다. 다만 와서 구하지 않는 사람에게는 주지 않고 와서 구하는 사람에게만 주기 때문에 마침내 사람들을 이와 같이 이르게 한 것이다.'

하니, 지국이 내 말을 옳다고 하였다."

先生云 韓持國[1]服義 最不可得 一日頤與持國范夷叟[2]泛舟於潁昌[3]西湖 須臾客將去 有一官員上書 謁見大資[4] 頤將謂有甚急切公

事 乃是求知己 頤云 大資居位却 不求人 乃使人倒來求己 是甚道理 夷叟云 只爲正叔⁵⁾太執 求薦章⁶⁾ 常事也 頤云 不然 只爲曾有不求者不與 來求者與之 遂致人如此 持國便服
1) 韓持國(한지국) : 이름은 유(維), 지국(持國)은 자(字). 자정전대학사(資政殿大學士)의 직(職)을 가졌고, 등주(鄧州)의 지주(知州)와 영창부(潁昌府)의 지부(知府)를 지냈음.
2) 范夷叟(범이수) : 성은 범(范), 이름은 순례(純禮), 이수(夷叟)는 그의 자.
3) 潁昌(영창) : 하남(河南)의 지명(地名).
4) 大資(대자) : 자정전 대학사(資政殿大學士)를 가리키는 말.
5) 正叔(정숙) : 이천 선생의 자.
6) 求薦章(구천장) : 사람을 어떤 자리에 쓰도록 추천하는 문서. 추천장(推薦章)을 말함.

30. 모든 일은 이해(利害)를 너무 따지지 말아야 한다

이천 선생은 이해(利害)를 너무 따지지 말고 일의 체제를 중히 여기라고 말하였다.

"오늘날 봉직(奉職)하는 데 있어 다만 첫째 조건은 다른 일들은 하지 못하고 관원이 전운사(轉運司)에 신청하는 문서에 서명(署名)하는 일인데 나는 일찍이 서명한 일이 없다.

국자감(國子監)은 대성(臺省)에 속해 있고, 대성은 조정에 속해 있다. 그 밖의 일은 관리의 일로서 일이 있으면 청원을 올리는 것이 마땅한 일이다. 어찌 대성에서 밖에 있는 관리가 올릴 신청을 거꾸로 올리는 법이 있단 말인가. 다만 먼저 사람이 이해(利害)만을 헤아려 일의 체제를 헤아리지 않았기 때문에 그와 같이 된 것이다.

모름지기 성인이 명분을 올바르게 하려는 곳을 보면 항상 도의 이름을 얻어 볼 수 있다. 명분을 제때에 바르게 하지 않으면 곧 예악(禮樂)이 일어나지 않게 되는데 이르게 되는 것이다. 이것은 자연히 머무르게 되어 얻을 수 없다는 것이다."

또 일은 어느 것도 미루어서는 안 된다고 말하였다.

"배우는 사람은 세상 일에 통달하지 않으면 안 된다. 천하의 일은 비유컨대 한 집안의 일과 같다. 내가 하지 않으면 그가 해야 할 일이요, 갑(甲)이 하지 않으면 을(乙)이 해야 할 일이다."

또 늘 다가올 일에 대처(對處)해야 한다고 말하였다.

"사람은 멀리 있는 것을 생각하지 않으면 반드시 가까이 닥쳤을 때 근심이 있다. 생각하여야 할 것은 마땅히 일 밖에 있는 것이다."

또 일은 바르게 하고 남의 잘못은 들추지 말라고 하였다.

"성인은 남을 꾸짖을 때 언제나 관대하게 하고 다만 일이 올바르게 되기를 바라며 남의 허물을 마음에 남아 드러내지 않는다."

先生因言 今日供職[1] 只第一件便做他底不得 吏人押[2]申[3]轉運司[4]狀 頤不曾簽 國子監[5]自係臺省[6] 臺省係朝廷官 外[7]司有事 合行申狀[8]豈有臺省倒申外司之理 只爲從前人只計較利害 不計較事體 直得恁地 須看聖人欲正名處 見得道名 不正時 便至禮樂不興 是自然住不得

學者不可不通世務[9] 天下事譬如一家 非我爲則彼爲 非甲爲則乙爲 人無遠[10]慮 必有近[10]憂 思慮當在事外

聖人之責人也常緩 便見只欲事正 無顯人過惡[11]之意

1) 供職(공직) : 관리로 봉직(奉職)함. 관청의 직무를 맡음.
2) 押(압) : 도장을 누름. 압인(押印). 서명(署名).
3) 申(신) : 아래에서 위로 올리는 글.
4) 轉運司(전운사) : 주군(州郡)의 세금, 미곡(米穀), 부역, 운송 등을 맡은 곳.
5) 國子監(국자감) : 소부감(小府監), 장작감(將作監), 군기감(軍器監), 도수감(都水監) 중의 한 관서(官署).
6) 臺省(대성) : 상서성(尙書省), 중서성(中書省), 문하성(門下省)을 아울러 이르는 말.
7) 外(외) : 여기서는 전운사(轉運司)를 가리킴.
8) 申狀(신장) : 신고하는 서신.

9) 世務(세무) : 세상의 모든 일.
10) 遠·近(원근) : 여기서 말하는 원(遠)과 근(近)은 시간적인 것을 말하는 것이다. 공간적인 것을 말하는 것이 아님.
11) 過誤(과오) : 잘못을 저지름.

31. 지방관은 백성의 산업에 치중해야 한다

이천 선생은 수령(守令)은 진실로 뜻을 세워 정사(政事)를 해야 한다고 말하였다.

"이제 지방의 고을을 다스리는 수령(守令)은 오직 백성의 산업을 마련하는 한 가지 일만으로도 다 할 수 없다. 그 밖의 것은 법의 테두리 안에서 해야 할 일이니 사람이 하지 않을 것을 걱정할 뿐이다."

伊川先生云 今之守令[1] 惟制民之産[2] 一事不得爲 其他在法度中 甚有可爲者 患人不爲耳

1) 守令(수령) : 지방의 고을을 다스리는 지방 장관. 수(守)는 군수(郡守), 영(令)은 현령(縣令).
2) 制民之産(제민지산) : 백성의 산업에 관한 제도(制度).

32. 백성을 대할 때는 환자를 위로하듯 해야 한다

명도 선생은 현령(縣令)이 되었을 때 앉는 자리마다 시민여상(視民如傷 : 백성을 대하기를 상처 입은 사람처럼 하라)의 네 글자를 썼다. 그리고 항상 말하기를

"나 호(顥)는 항상 '백성을 대하기를 상처 입은 사람처럼 대하라'는 글자에 대하여 부끄럽게 여긴다."라고 하였다.

明道先生作縣[1] 凡坐處皆書視民如傷[2]四字 常曰 顥常愧此四字

1) 作縣(작현) : 현령(縣令)이 됨.

2) 視民如傷(시민여상) : 백성 대하기를 상처 입은 사람 대하는 것처럼 함. '맹자(孟子)' 이루장(離婁章)에 있는 말로, 주(周)나라 문왕(文王)이 백성을 다스릴 때 그들이 상처(傷處)를 입은 것처럼 위무(慰撫)하였다는 데서 나온 말.

33. 단점을 말하지 말고 장점을 취하라

이천 선생은 다른 사람이 선배(先輩)의 잘못을 말하는 것을 볼 때마다 말하기를

"너희들은 또한 그의 장점(長點)을 취하여라."라고 하였다.

伊川每見人論前輩¹⁾之短 則曰 汝輩且取他長處²⁾

1) 前輩(전배) : 선배(先輩).
2) 長處(장처) : 장점(長點).

34. 세상 일은 중론(衆論)을 따라야 한다

유안례(劉安禮)가 말하기를

"형공(荊公)이 정치를 해나갈 때 새 법을 논의하고 옛 법령을 고치려고 하니 천하의 논객(論客)이 그를 심하게 공격하였다. 명도 선생이 일찍이 명령을 받아 중당(中堂)에 논의할 일이 있어 갔는데, 형공(荊公)이 논객을 미워하여 엄숙한 안색으로 그를 기다리고 있었다. 명도 선생이 천천히 말하기를

'천하의 일은 한 집안의 사사로운 의견이 아니니 바라건대 공(公)은 노기(怒氣)를 풀고 들으시오.'

하니, 형공은 그것을 부끄럽게 여기고 굴복하였다." 라고 하였다.

또 유안례(劉安禮)가 백성을 다스리는 방법에 대하여 물으니, 명도 선생이 대답하기를

"백성 하나 하나의 실정들이 위에 전달되도록 하는 것이 좋다." 라고 하였고, 또 부하를 부리는 방법을 물으니, 말하기를

"물을 격하여 자기를 바르게 함으로써 남의 잘못이 고쳐지도록

해야 한다."라고 하였다.

　劉安禮¹⁾云 王荊公²⁾執政 議法改令 言者攻之甚力 明道先生 嘗被旨赴中堂³⁾議事 荊公方怒言者 厲色待之 先生徐曰 天下之事 非一家私議 願公平氣以聽 荊公爲之媿屈
　劉安禮問臨民⁴⁾ 明道先生曰 使民各得輸其情⁵⁾ 問御吏⁶⁾ 曰 正己以格物

1) 劉安禮(유안례) : 유입지(劉立之). 안례(安禮)는 그의 자.
2) 王荊公(왕형공) : 왕안석(王安石)을 이르는 말. 왕안석이 뒤에 형국공(荊國公)에 봉(封)하여졌으므로 그렇게 부르게 되었음.
3) 中堂(중당) : 중서성(中書省)의 당(堂).
4) 臨民(임민) : 백성을 대함. 백성을 다스림.
5) 輸其情(수기정) : 그 뜻을 전함. 그 뜻이 이르게 함.
6) 御吏(어리) : 부하를 거느리고 제어하여 부리는 방법.

35. 윗사람이 아랫사람을 부리는 방법

　횡거 선생은 윗사람이 아랫사람을 부리려면 먼저 그것을 경험해 보아야 한다고 말하였다.
　"무릇 사람이 윗자리에 있기는 쉽고 아랫자리에 있기는 어렵다. 그러나 능히 아랫자리에 있어 보지 않으면 또한 능히 아랫사람을 부릴 수 없다. 그것은 그 진정과 거짓을 다 알 수 없기 때문이다.
　대저 남을 부림에는 언제나 먼저 자기가 일찍이 그 일을 해 본 일이 있어야 남을 잘 부릴 수 있는 것이다."
　또 정치를 하는 사람은 오직 의리(義理)의 도(道)만을 알아야 한다고 말하였다.
　"역경의 감(坎)은 오직 마음이 형통할 것이라고 하였으므로 형통에는 숭상하는 도가 있다. 밖에 비록 험난한 일이 쌓여 있다 하더라도 진실로 이에 대처해 마음이 형통하고 의혹하지 않으면 비록 험난하더라도 반드시 풀릴 수 있고 성과가 있을 것이다.
 이제 물이 만 길이나 되는 산 위에서 내리려고 하면 순식간에 쏟아져 앞으로 나아가는 데 아무 거리낌도 없는 것이다. 이와 같이 오직 의리만을 실천하여 나갈 따름이면 다시 무엇을 할 필요가 있겠는가? 오직 마음만이 형통하여질 것이다."

 橫渠先生曰 凡人爲上[1]則易 爲下則難 然不能爲下 亦未能使下[2] 不盡其情僞[3]也 大抵使人 常在其前己嘗爲之 則能使人
 坎維心亨[4] 故行有尙 外雖積險 苟處之心亨不疑 則雖難必濟 而往有功也 今水臨萬仞之山 要下卽下 無復凝滯[5]之在前 惟知有義理而已 則復何回避 所以心通

1) 爲上(위상) : 윗자리가 됨.
2) 使下(사하) : 아랫사람을 부림.
3) 情僞(정위) : 진실과 거짓.
4) 坎維心亨(감유심형) : 성실하면 오직 마음이 형통할 것이다. '주역(周易)'
  습감괘(習坎卦 : ䷜)의 말.
5) 凝滯(응체) : 일이 얽히고 막힘. 일이 진척되지 않음.

36. 도량이 좁으면 어떠한 일도 할 수 없다
 횡거 선생은 사람은 마음을 넓게 가져 의리만을 존중하면서 살아야 한다고 말하였다.
 "사람이 자기가 옳다고 여기는 것을 행하지 못하는 까닭은 어려운 일을 당하면 게을러지고, 그 풍속과 다른 일은 비록 쉬운 것이라도 부끄러워 위축되기 때문이다.
 오직 마음이 넓으면 남의 비웃음을 돌보지 않는다. 의리만을 좇아 행할 뿐이면 천하가 비난하더라도 그 도(道)를 변경할 수는 없다. 도를 바르게 하면 사람들이 또한 반드시 이상하게 여기지 않을 것이다.
 바른 도는 자기에게 있는 것이니 의리가 충실하지 않으면 이길 수 없다. 게으름과 부끄러움의 병폐가 자라나고 사라지지 않으면 병폐가 항상 있을 것이다. 그래서 도량이 좁으면 어떤 일도 할 수 없다.

옛날에 기개와 절개가 있는 선비가 죽음을 무릅쓰고 어떤 일을 하려고 하는 일들이 반드시 의로운 일에 적중하지는 않았다. 그러나 의지와 기개가 없는 사람은 능히 할 수조차 없는 것이다. 하물며 내가 의리에 이미 밝은데 어찌 하지 않는다고 하겠는가."

人所以不能行己者 於其所難者則惰 其異俗者 雖易而羞縮[1] 惟心宏 則不顧人之非笑[2] 所趨義理耳 視天下莫能移其道 然爲之人亦未必怪 正以在己者 義理不勝惰與羞縮之病 消則有長 不消則病常在意思齷齪[3] 無由作事 在古氣節之士 冒死以有爲 於義未必中 然非有志槪[4]者 莫能 況吾於義理已明 何爲不爲

1) 羞縮(수축) : 부끄러워 위축(萎縮)됨.
2) 非笑(비소) : 비웃음. 비소(誹笑)와 같음.
3) 齷齪(악착) : 도량이 좁음. 작은 일에 안달을 함.
4) 志槪(지개) : 의지와 씩씩하고 꿋꿋한 기개.

37. 여윈 돼지가 뛰어다닌다

횡거 선생은 살피는 일을 소홀히 해서는 해악(害惡)을 제거할 수 없다고 말하였다.

"'주역(周易)' 구괘(姤卦) 초육효(初六爻)에는 '여윈 돼지가 뛰어다닌다.'고 하였다. 돼지가 여위어 지쳤을 때는 힘으로 움직일 수 없다. 다만 지극한 정성이 움직이고자 하는 데에 있다면, 움직일 수 있는 데까지는 움직일 것이다.

이덕유(李德裕)가 환관(宦官)을 다스리는 데 다만 그들이 이미 마음을 풀고 위엄에 굴복한 줄 알고 그들을 살피는 일을 소홀히 하였다. 이것은 조금이라도 잘 살피지 않으면 해악(害惡)을 제거할 기회를 잃고 만다."

姤[1]初六羸豕[2]孚蹢躅[3] 豕方羸時 力未能動 然至誠在於蹢躅 得伸則伸矣 如李德裕[4]處置閹宦 徒知其怗息[5]威伏 而忽於志不忘逞 照察[6]少不至 則失其幾也

1) 姤(구) : '주역(周易)' 구괘(姤卦 : ☰☴).
2) 羸豕(이시) : 여윈 돼지.
3) 蹢躅(척촉) : 주춤거리는 모양. 발을 깡충깡충 뛰는 모양.
4) 李德裕(이덕유) : 당(唐)나라 무종(武宗) 때 사람. 자는 문요(文饒).
5) 怗息(첩식) : 마음을 놓음. 안도(安堵).
6) 照察(조찰) : 관심을 가지고 살핌.

38. 어린아이 교육의 네 가지 유익한 점

횡거 선생은 어린아이를 가르치는 네 가지 유익한 점을 말하였다.
"사람이 어린아이를 가르치는 데에서도 또한 유익함을 취할 수 있다. 자기가 가르치는 일에 얽매어 드나들지 않으니 첫째 유익함이요, 남을 가르치는 데 여러 번 반복하면 자기 또한 그 글의 참된 뜻을 깨치게 되니 둘째 유익함이요, 어린아이를 상대하면 반드시 의관(衣冠)을 바르게 하고 위의(威儀)를 갖추어야 하니 세 번째 유익함이요, 항상 자기로 인연해서 남의 재질(才質)을 그르치게 되지 않을까 걱정을 하면 감히 자기의 학문을 게으르게 하지 않을 것이니 네 번째 유익함이다."

人敎小童 亦可取益 絆[1]己不出入 一益也 授人數數[2] 己亦了此文義 二益也 對之必正衣寇尊瞻視[3] 三益也 常以因己而壞人之才爲憂 則不敢惰 四益也

1) 絆(반) : 얽음. 얽매임.
2) 數數(수수) : 여러 번 되풀이함.
3) 瞻視(첨시) : 눈을 휘둘러 바라봄.

제11권 교육의 여러 종류
(第十一卷 敎學篇 凡二十一條)

옛날 사람은 자식을 낳아
능히 스스로 먹을 수 있고
말할 수 있으면 그를 가르쳤다.
대학(大學)의 가르침은 부도덕한 행위(行爲)를
예방하는 것을 최우선으로 삼았다.
사람이 어릴 때에는
아는 것이나 생각하는 것에
아직 주체성(主體性)이 없으므로
마땅히 격언(格言)이나 올바른 이론을
날마다 눈앞에서 보고
듣도록 가르쳐야 한다…

제11권 교육의 여러 종류
(第十一卷 教學篇 凡二十一條)

1. 천하의 도(道)에 이르는 길

염계 선생은 과(過)·불급(不及)이 되지 않게 하고 중(中)이 되게 해야 한다고 말하였다.

"역경의 강(剛)을 잘하면 의(義)로워지고 정직하여지고 과단성이 있게 되고 엄숙하고 굳세어지며 든든하여 힘이 세진다. 강을 잘못하면 사나워지고 막히게 되고 횡포(橫暴)해진다.

유(柔)를 잘하면 자애로워지고 순하게 되고 겸손하게 되며, 잘못하면 무기력(無氣力)하여지고 결단력이 없어지고 간사하여 아첨하게 된다.

오직 중(中)이라는 것은 화합한 것이며 절도에 맞는 것이니 천하의 도(道)에 이르는 것이며 성인의 일이다. 그러므로 성인이 교육을 세우는 데에는 사람이 스스로 악(惡)을 바꾸어 스스로 중정에 이르게 한 다음 그치는 것이다."

濂溪先生曰 剛[1]善爲義 爲直 爲斷 爲嚴毅[2] 爲幹固[3] 惡爲猛 爲隘 爲强梁[4] 柔[5]善 爲慈 爲順 爲巽[6] 惡爲懦弱 爲無斷 爲邪佞 惟中也者[7]和也 中節也 天下之達道也 聖人之事也 故聖人立敎 俾人自易其惡 自至其中而止矣

1) 剛(강) : '주역(周易)'에서의 강(剛)은 양(陽)을 뜻함.
2) 嚴毅(엄의) : 엄숙하고 굳셈.
3) 幹固(간고) : 아주 든든하게 힘이 센 것.

4) 强梁(강량) : 횡포(橫暴).
5) 柔(유) : '주역(周易)'에서의 유(柔)는 음(陰)을 뜻함.
6) 巽(손) : 겸손(謙遜).
7) 惟中也者(유중야자) : 오직 중이다. '중용(中庸)'의 '희노애락지미발(喜怒哀樂之未發)은 위지중(謂之中)'의 '중(中)'임.

2. 어린아이를 교육하는 방법

이천 선생은 어린아이를 가르치는 도(道)에 대하여 말하였다.
"옛날 사람은 자식을 낳아 능히 스스로 먹을 수 있고 말할 수 있으면 그를 가르쳤다.

대학(大學)의 가르침은 부도덕(不道德)한 행위를 예방하는 것을 최우선으로 삼았다. 사람이 어릴 때에는 아는 것이나 생각하는 것에 아직 주체성이 없으므로 마땅히 격언(格言)이나 올바른 이론을 날마다 눈앞에서 보고 듣도록 가르쳐야 한다. 비록 뜻은 잘 알지 못하더라도 매일 듣고 배워 귀를 통해 마음에 가득차게 하면 오랫동안 습득하는 가운데 저절로 자기의 것으로 굳어져 태어날 때의 성질과 같게 되어 비록 다른 설(說)로 유혹하더라도 들어가 움직이게 할 수 없을 것이다.

만약 잘못된 것을 예방하지 않으면 얼마만큼 자랐을 때 사사로운 뜻과 편중된 기호가 안에서 생기고 밖으로 뭇사람의 말에 유혹되게 된다. 이때에 가서 순결하고 바르게 하고 완벽하게 하려면 되지 않을 것이다."

伊川先生曰 古人生子 能食能言而敎之 大學之法 以豫爲先 人之幼也 知思未有所主便當以格言至論[1] 日陳於前[2] 雖未有知 且當熏聒[3] 使盈耳充腹 久自安習[4] 若固有之 雖以他說惑之 不能入也 若爲之不豫 及乎稍長 私意偏好生於內 衆口辯言鑠[5]於外 欲其純完 不可得也

1) 至論(지론) : 정도(正道)에 이르는 이론(理論).

2) 日陳於前(일진어전) : 날마다 눈앞에 보이게 하는 일.
3) 熏聒(훈괄) : 어린아이에게 큰 소리로 몇 번이고 가르쳐 알게 하는 것. 훈은 연기가 스며드는 것, 괄은 큰 소리로 떠드는 것.
4) 安習(안습) : 충분하게 습관이 되게 하는 것.
5) 衆口辯言鑠(중구변언삭) : 뭇사람들의 아름답게 꾸민 말이나 사특한 변론.

3. 군자는 그의 삶을 본다

'주역(周易)' 관괘(觀卦) 상구효(上九爻)에 이르기를
"그의 생(生)을 본다. 군자는 허물이 없을 것이다."
라 하였고 또 상(象)에 이르기를
"그의 생(生)을 본다는 것은 뜻이 편안하지 못한 것이다." 라고 하였다.

이에 대하여 이천 선생은 그의 역전(易傳)에서 풀이하기를
"군자는 비록 벼슬자리에 있지 않더라도, 자연히 사람들이 그의 덕(德)을 보고 의법(儀法)으로 삼는다. 그러므로 마땅히 스스로 삼가 살피어야 한다.

그의 평생의 소행을 보고 항상 군자로서의 행실을 잃지 않으면 사람들은 자신들이 바라는 바를 잃지 않아 군자를 본받아 화(化)할 것이다. 벼슬자리에 있지 않다고 해서 안연(安然)하게 마음을 놓아서는 안된다. 남이 본받을 만한 일이 없게 되기 때문이다." 라고 하였다.

이천 선생은 또 성인(聖人)이 가르치는 것은 반드시 가까운 곳에서부터 시작한다고 말하였다.
"성인의 도(道)는 천연(天然)과 같고 뭇사람의 식견(識見)과는 대단히 다르고 멀다. 문인 제자들이 친히 맞아 가르침을 받은 뒤에 더욱 그의 도가 높고도 먼 것을 알 수 있다.

만약 미칠 수 없음을 알면 따라가려는 마음이 게을러진다. 그러므로 성인의 가르침은 항상 굽어보고 가까이 하는 것이다.

윗사람을 섬기거나 상례(喪禮)에 임할 때에 감히 힘쓰지 않음

이 없는 것은 군자가 항상 행하는 일이며, 술로 인한 곤혹에 빠지지 않는 것은 더욱 가깝고 쉬운 것이다.
 자기가 이런 일을 하는 것은 홀로 천품(天稟)이 낮은 이로 하여금 힘써 그와 같이 되기를 생각하게 하고 재주가 높은 사람은 또한 감히 쉽고 가까운 것으로 여기지 않게 하는 것이다."

 觀¹⁾之上九曰 觀其生²⁾ 君子无咎 象曰 觀其生 志未平也 傳曰 君子雖不在位³⁾ 然以人觀其德 用爲儀法 故當自愼省 觀其所生 常不失於君子 則人不失所望而化之矣 不可以不在於位 故安然⁴⁾放意⁵⁾ 無所事也
 聖人之道如天然 與衆人之識 甚殊邈⁶⁾也 門人弟子旣親炙⁷⁾ 而後益知其高遠 旣若不可以及 則趣望之心怠矣 故聖人之敎 常俯而就之⁸⁾ 事上臨喪 不敢不勉 君子之常行 不困於酒 尤其近也 而以己處之者 不獨使夫資之下者 勉思企及 而才之高者 亦不敢易乎近矣
1) 觀(관) : '주역(周易)' 관괘(觀卦 : ䷓).
2) 觀其生(관기생) : 그 언행(言行)을 살핌.
3) 位(위) : 벼슬자리.
4) 安然(안연) : 편안함.
5) 放意(방의) : 마음을 놓음. 마음대로 하다. 자의(恣意).
6) 殊邈(수모) : 대단한 차이가 나는 것. 다르고 먼 것. 수절(殊絶).
7) 親炙(친자) : 스승에게 가까이 하여 친히 맞아 가르침을 받음.
8) 常俯而就之(상부이취지) : 성인이 사람을 가르칠 때는 작은 일이거나 신변 가까이 있는 것을 가르친다는 뜻.

4. 재주있고 경박한 자를 근심하다
 명도 선생은 유자(儒者)는 오로지 경서(經書)만을 공부하고 다른 데 정신을 빼앗겨서는 안된다고 말하였다.
 "경박(輕薄)하고 재주 있는 제자를 근심한다. 다만 경서(經書)만을 가르치고 고전을 읽어 그 뜻을 새기도록 하고는 글을 짓거나 글씨 쓰는 일은 시키지 말아야 한다.

　제자가 무릇 여러 가지 놀이를 즐기고 좋아하면 뜻을 빼앗긴다. 서찰(書札)에 이르러서는 유자(儒者)에게 있어 가장 가까운 일이지만, 그러나 너무 한쪽으로만 치우쳐 깊게 좋아하면 또한 스스로 도를 구하는 뜻을 잃을 것이다.

　왕희지(王羲之)·우세남(虞世南)·안진경(顔眞卿)·유공권(柳公權) 같은 사람들은 진실로 훌륭한 사람들이었는가. 일찍이 글씨를 잘 쓴다는 것으로 알려졌을 뿐이지 도(道)를 아는 것으로는 들은 일이 없다. 한평생 온갖 정력을 여기에 기울여 오직 헛되이 시일(時日)을 낭비했을 뿐 아니라, 도를 닦음에 있어서 방해가 되어 뜻을 잃은 것을 족히 알 수 있다."

　또 치도재(治道齋)에 대하여 말하였다.

　"호안정(胡安定)이 호주(湖州)에 있을 때 치도재(治道齋)를 설치하였다. 배우는 사람이 다스리는 도(道)를 밝게 알고자 하면 그 안에서 그것을 강론하였다. 예를 들어 치도(治道)라고 하는 것은 치민(治民), 치병(治兵), 수리(水利), 산수(算數) 등이었다. 일찍이 유이(劉彛)라는 사람은 물을 잘 다스렸다. 그는 뒤에 관리가 되어 물을 다스려 일으키는 데에 공이 있었다."

　또 후세의 모범이 되려면 덕이 있는 사람과 가까워야 한다고 말하였다.

　"무릇 모범이 될 만한 의견을 가지고 사람을 가르치고자 하면 먼저 안으로 풍부한 사상을 길러서 덕이 있는 사람에게서 마음을 받지 말고, 덕이 없는 사람에게 현혹(眩惑)됨이 없어야 한다."

　明道先生曰 憂子弟之輕俊[1]者 只敎以經學念書[2] 不得令作文字[3] 子弟凡百玩好[4] 皆奪志 至於書札 於儒者事最近 然一向好著 亦自喪志 如王虞顔柳[5]輩 誠爲好人則有之 曾見有善書者知道否 平生精力一用於此 非惟徒廢時日 於道便有妨處 足知喪志也

　胡安定在湖州[6] 置治道齋 學者有欲明治道者 講之於中 如治民 治兵 水利 算數之類 嘗言劉彛[7]善治水利 後累爲政 皆興水利有功

凡立言[8] 欲涵蓄[9] 意思 不使知德者厭 無德者惑

1) 輕俊(경준) : 재주는 뛰어나지만 경솔함.
2) 念書(염서) : 옛 고전을 읽어 그 뜻을 새김.
3) 作文字(작문자) : 글을 짓거나 글씨를 씀. 송(宋)나라 이래로 사대부(士大夫)는 오로지 경학(經學)에 치중(置重)할 뿐이요, 문장을 짓거나 서예(書藝)를 하는 사람을 천박하게 보았다.
4) 玩好(완호) : 놀이와 취미. 서화(書畵)·금(琴)·기(棋)와 같은 것을 말함.
5) 王虞顔柳(왕우안유) : 명필가(名筆家)로 유명한 진(晉)나라의 왕희지(王羲之), 당(唐)나라의 우세남(虞世南), 당(唐)나라의 안진경(顔眞卿), 당(唐)나라의 유공권(柳公權)을 아울러 일컫는 말.
6) 湖州(호주) : 중국 절강성(浙江省)에 있는 지명(地名).
7) 劉彝(유이) : 자는 집중(執中). 호원(胡瑗)에게 배워 신종(神宗) 때 수관(水官)이 되어 수리(水利)를 잘 다스렸음.
8) 立言(입언) : 후세의 모범이 될 만한 주장을 세움.
9) 涵蓄(함축) : 깊이 생각하여 드러내지 않음. 깊은 뜻을 간직함.

5. 아이들의 교육은 노래나 춤을 곁들여야 한다

명도 선생은 교육은 아이들의 취미에 맞추어 노래나 춤을 곁들이는 것이 좋다고 말하였다.

"사람을 가르치는 데 취미를 붙이도록 하지 못하면 반드시 즐겁게 배우지 않을 것이다. 또한 노래나 춤을 가르칠 것이니 옛날의 시 3백 편 같은 것을 말한다. 이것은 모두 옛 사람들이 지은 것으로 관저(關雎)의 시 같은 종류는 집안을 바르게 하는 것의 시작인 것이다. 그러므로 마을에서도 쓰고 나라에서도 사용하여 날마다 사람들로 하여금 그것을 듣게 하였던 것이다.

이러한 시들은 그 말이 간결하고 뜻이 깊어 지금 사람들이 쉽게 이해할 수 없다. 그래서 따로 시를 짓는다. 어린아이들이 물 뿌리고 쓸며 손님을 대하는 일이나 어른을 섬기는 일 등의 예절의 뜻을 간략하게 노래로 지어 아침 저녁으로 노래부르게 하는 것이 마땅히 교육에 도움이 될 것이다."

또 학생을 가르칠 때 예(禮)를 중히 여기도록 해야 한다고 말하였다.

"자후(子厚)는 예(禮)로써 배우는 자를 가르치는 것이 가장 좋은 방법이라고 말했다. 이것은 배우는 자로 하여금 먼저 의거하여 지킬 바가 있게 하였기 때문이다."

또 가르침은 배우는 자에게 알맞은 것을 가르쳐야 한다고 말하였다.

"배우는 자에게 아직 그가 미치지 못하는 이치를 말하는 것은 오직 깊고도 철저하게 알아듣지 못하게 할 뿐만 아니라 도리어 도리를 낮게 보게 한다."

또 정성은 자기를 완성시키는 요인이라고 말하였다.

"춤추는 것과 활 쏘는 것에서 그 사람의 정성을 엿볼 수 있다. 옛날에 사람을 가르칠 때에는 정성으로 자기를 완성하도록 하지 않은 것이 없었다. 스스로 물뿌려 청소하고 윗사람을 잘 대접하면 곧 성인의 일도 할 수 있는 것이다."

또 어린아이들에게는 속이지 않도록 가르치는 것이 가장 중요하나고 말하였다.

"어린아이일 때부터 항상 속이지 말라고 가르치는 것이 제일 좋은 것이다. 이것은 성인의 일로써 사람에게 가르치는 것이다."

또 근소(近小)한 것에서부터 원대(遠大)한 것으로 가르쳐 나가야 한다고 말하였다.

"어느 것을 먼저 가르치고 어느 것을 후에 하여 게을리 하여도 좋을 것인가. 군자가 사람을 가르치는 경우에는 차례가 있다. 먼저 작고 가까운 것을 가르치고 그것을 다 이해한 뒤에 크고 먼 것을 가르쳐 주는 것이다. 먼저 가깝고 작은 것을 가르치고 뒤에 멀고 큰 것을 가르쳐 주지 않는다는 것이 아니다."

教人未見意趣[1] 必不樂學 欲且教之歌舞 如古詩[2] 三百篇 皆古人作之 如關雎[3] 之類 正家之始 故用之鄕人 用之邦國 日使人聞之 此

等詩其言簡奧⁴⁾ 今人未易曉 別欲作詩 略言敎童子灑掃應對事長之節 令朝夕歌之 似當有助

子厚⁵⁾以禮敎學者 最善 使學者先有所據守

語學者以所見未⁶⁾到之理 不惟所聞不深徹 反將理低看了

舞射便見人誠 古之敎人 莫非使之成己⁷⁾ 自灑掃應對上 便可到聖人事

自幼子常視毋誑⁸⁾以上 便是敎以聖人事

先傳後倦⁹⁾ 君子敎人有序 先傳以小者近者 而後敎以大者遠者 非是先傳以近小 而後不敎以遠大也

1) 意趣(의취) : 뜻이 진취적인 것. 취미(趣味)를 붙이는 것.
2) 古詩(고시) : 옛날의 시. 여기서는 '시경(詩經)'에 수록된 시 305편(篇)을 이르는 말.
3) 關雎(관저) : '시경(詩經)' 국풍(國風)의 주남(周南)에 있는 시의 편명. 군자가 숙덕(淑德)을 갖춘 배필을 구하는 내용.
4) 簡奧(간오) : 말은 간단하고 뜻은 깊음.
5) 子厚(자후) : 장횡거 선생의 자. 이름은 재(載).
6) 所見未(소견미) : 아직 알지 못하는 것. 모르는 것.
7) 使之成己(사지성기) : 정성으로 자기를 왕성하도록 함. 여기서의 '지(之)'는 정성을 가리킴.
8) 視毋誑(시무광) : 속이지 말라고 가르침. 시(視)는 시(示)로써 가르침의 뜻, 무(毋)는 말라는 금지사(禁止辭), 광(誑)은 사(詐)로서 속인다는 뜻.
9) 先傳後倦(선전후권) : '논어(論語)' 자장편(子張篇)에 있는 '숙선전언(孰先傳焉) 숙후권언(孰後倦焉)'을 줄인 말로 어느 것을 먼저 가르치고 어느 것을 뒤에 하여 게을리 할 것인가. 전(傳)은 가르치다, 전수(傳受)하다의 뜻. 권(倦)은 게으름, 싫어함, 염권(厭倦)의 뜻.

6. 경서(經書)의 강의는 스스로 깨닫게 해야 한다

이천 선생은 경서(經書)의 강의는 책을 읽어 스스로 깨닫도록 해야 한다고 말하였다.

"경서(經書)를 강의하는 것은 반드시 옛날의 뜻만을 강의하는 것이 아니다. 배우는 사람으로 하여금 인정의 경박(輕薄)한 것을 알게 하는 것이다. 배우는 자는 모름지기 마음을 가라앉히고 생각을 쌓아 유유한 마음을 함양(涵養)하여 스스로 얻도록 하여야 한다. 이제 하루에 강의를 다하는 것은 오히려 경박함을 얻도록 가르치는 것이다. 한나라 시대에 휘장을 내리고 강송(講誦)한 것은 공연히 글의 뜻만을 강의한 것이 아닌 것이다."

伊川先生曰 說書[1]必非古意[2] 轉使人薄 學者須是潛心積慮 優游涵養 使之自得 今一日說盡 只是教得薄至 如漢時說下帷講誦[3] 猶未必說書

1) 說書(설서) : 경서(經書)를 강의함.
2) 古意(고의) : 옛 사람의 뜻. 고훈(古訓). 옛 사람의 교훈.
3) 下帷講誦(하유강송) : 휘장을 내리고 강송(講誦)함. 전한(前漢)의 대유(大儒)인 동중서(董仲舒)는 휘장을 내리고 강의를 했으므로 제자들은 스승의 얼굴을 보지 못하였다고 전함.

7. 옛날의 교육과 현재의 교육의 차이
이천 선생은 배우고 가르치는 데 있어서의 옛날과 현재의 차이를 말하였다.
"옛날에는 8세가 되면 소학(小學)에 들어가고 15세가 되면 대학(大學)에 들어갔는데, 그 재주가 가르칠 만한 자를 가려서 뽑고, 가르칠 만하지 못한 자는 농사짓는 일로 돌아가게 하였다.
대개 선비와 농민의 일을 쉽게 나눌 수는 없으나 이미 학교에 들어가면 농사를 짓지 않으니 그런 뒤로부터 선비와 농민의 일이 판이(判異)하여졌다. 재학중의 생활비는 만약 사대부(士大夫)의 자제라면 의식(衣食)의 염려를 하지 않아도 되지만 서민(庶民)의 자제는 이미 입학이 되면 또한 반드시 의식의 비용을 지급해야 했다.

옛날의 선비는 15세에 입학하여 40세에 이르러서야 벼슬을 하게 된다. 그 사이 25년 동안 배움에만 열중하게 되고 이권을 추구할 만한 겨를이 없었다. 그러므로 그 뜻이 모름지기 선(善)한 데로만 향하리라는 것을 알 수 있다. 이와 같이 스스로 덕(德)을 이루었다.

후대 사람들은 어린아이 일 때부터 이미 이(利)를 추구하기에 급급(汲汲)한 뜻을 가지게끔 하고 있으니 어찌 뜻을 선(善)한 곳으로 향하게 할 수 있겠는가.

그러므로 옛 사람들이 반드시 40세가 되어서야 벼슬을 하고 그런 다음에 뜻을 정했다. 다만 의식을 해결해 나가고 자신에게 해(害)가 없는 일을 따른다. 오직 재물(財物)과 관록(官祿)에 유인되는 것이 사람에게 가장 해로운 일이다."

또 옛날의 시(詩)·예(禮)·악(樂)이 그대로 행해질 수 없음을 한탄하여 말하였다.

"천하에 젊고 재주있는 선비가 많이 있어도 다만 도(道)가 천하에 밝게 밝혀지지 않아 뜻을 이루지 못하는 것이다.

옛 사람들이 시(詩)를 읊어 감흥(感興)을 일으키고 예(禮)에 따르는 행동을 하고 음악을 들어 성품을 기른 것을 지금 사람들이 어떻게 할 수 있겠는가. 옛날 사람들에게 있어서 시는 지금 사람들의 가곡(歌曲)에 대한 일반적 지식과 같은 것이다. 비록 마을의 어린아이들이라도 다 듣고 익숙해져 그 말의 뜻을 알고 있으므로 능히 시를 읊으면 흥이 일어날 수 있었던 것이다.

후세에는 늙은 스승이나 선비들도 오히려 그 뜻을 이해할 수 없으니 어찌 배우는 사람을 책망할 수 있겠는가. 이런 것 때문에 시를 읊어도 감흥을 얻을 수 없는 것이다.

옛날의 예(禮)는 이미 없어져 인륜(人倫)이 밝혀지지 못하고 집안을 다스리는 사람에 이르러서는 모두 법도(法度)가 없다. 이런 것으로 예(禮)에 입신(立身)함을 얻지 못하는 것이다.

옛날 사람들은 노래를 불러 그의 성정(性情)을 길렀으며 음악은 이목(耳目)을 즐겁게 하여 정서를 기르고 무용으로써 그 혈

맥(血脈)을 기를 수 있었다. 이제는 그것들이 모두 없어졌으니 음악으로 성품을 기름을 얻을 수 없다. 옛날에는 재주를 이루기가 쉬웠는데 이제는 재주를 이루기가 어렵다."

古者八歲入小學 十五入大學 擇其才可敎者聚之 不肖者復之農畝 蓋士農不易業[1] 旣入學則不治農 然後士農判 在學之養[2] 若士大夫之子 則不慮無養 雖庶人之子 旣入學則亦必有養 古之士者 自十五入學至四十方仕 中間自有二十五年學 又無利可趨 則所志可知須去趨善 便自此成德後之人 自童稚間已有汲汲趨利之意 何由得向善 故古人必使四十而仕 然後志定 只營衣食却無害 惟利祿[3]之誘最害人

天下有多少才 只爲道不明於天下 故不得有所成就 且古者興於詩[4] 立於禮 成於樂 如今人怎生會得 古人於詩 如今人歌曲一般 雖閭巷[5]童稚 皆習聞其說 而曉其義 故能興起於詩 後世老師[6]宿儒[7] 尙不能曉其義 怎生責得學者 是不得興於詩也 古禮旣廢 人倫不明 以至治家 皆無法度 是不得立於禮也 古人有歌詠以養其性情 聲音以養其耳目 舞蹈以養其血脈 今皆無之 是不得成於樂也 古之成材也易 今之成材也難

1) 士農不易業(사농불이업) : 선비와 농민의 일은 본래 그 일의 구별이 있었던 것이 아님.
2) 養(양) : 생활하는 데 드는 의식(衣食)의 비용. 생활비.
3) 利祿(이록) : 재물(財物)을 탐하는 것과 높은 관록(官祿)을 바라는 것.
4) 興於詩(흥어시) : 시를 읊어 감흥(感興)이 일어남.
5) 閭巷(여항) : 마을. 민간. 촌(村).
6) 老師(노사) : 가르치는 스승. 어린아이에 비교해 늙음을 표현.
7) 宿儒(숙유) : 학식과 덕망이 높은 선비.

8. 상대가 알고 싶어할 때 교육이 필요하다

이천 선생은 교육은 언제나 상대가 원할 때에 해야 효과적이라고 말하였다.
 "공자가 사람을 가르칠 때는 그 사람이 알고 싶어하지 않으면 깨우쳐 주지 않고, 그 사람이 표현하려고 애쓰지 않으면 일러주지 않았다.
 대개 알고 싶고 말하고 싶을 때를 기다리지 않고 가르쳐 주면 배운 것을 단단히 알지 못한다. 알고 싶어하고 표현하고 싶어할 때를 기다려 가르쳐 주면 마음에 감동을 줄 것이다.
 배우는 사람은 모름지기 배우고자 하는 것을 깊이 생각해야 할 것이다. 생각해도 알 수 없게 된 연후에 다른 사람이 설명해 주면 더욱 좋다.
 처음 배우는 사람은 모름지기 또한 다른 사람의 설명이 꼭 필요하다. 그렇지 않으면 다른 사람의 설명이 없이 홀로 깨닫지 못할 뿐 아니라 또한 남에게 묻기를 좋아하는 마음도 막아 버리는 것이 된다."

 孔子敎人不憤[1]不啓 不悱[2]不發 蓋不待憤悱而發 則知之不固 待憤悱而後發 則沛然[3]矣 學者須是深思之 思之不得 然後爲他說 便好 初學者須是且爲他說 不然 非獨他不曉 亦止人好問之心也
 1) 憤(분) : 도를 알고 싶어하나 알지 못해 분한 것.
 2) 悱(비) : 아는 것을 표현하고 싶어 애쓰는 것.
 3) 沛然(패연) : 마음이 감동되는 모양.

9. 일시에 너무 많이 가르치는 것은 좋지 않다
 횡거 선생은 스스로 예(禮)를 밝히지 않고는 남을 가르칠 자격이 없다고 말하였다.
 "공경하고 절약하고 물러나 다른 사람에게 양보하여 예(禮)를 밝히는 것이 인(仁)의 지극함이요, 도(道)를 사랑하는 으뜸이다. 자기가 예를 힘써 밝히지 않으면 사람들을 솔선수범하여 이끌 수 없고 도를 넓힐 수도 없으며 가르침을 이룰 수도 없다."

또 교육의 병폐(病弊)에 대하여 말하였다.
"학기(學記)에 이르기를 '나아가는 데 있어 그 편안한 것을 돌보지 않고, 사람을 부리면서 그의 정성을 다하지 않으며, 사람을 가르치는 데 있어서는 그 재주를 다하게 하지 못한다.' 라고 하였다.
사람이 아직 안정되지 못하고 있는데 또 다른 것을 가르치고 아직 이해하지 못하고 있는데 또 다른 것을 말해 주는 것은 헛되이 사람에게 여러 가지 사항만을 늘어놓는 것일 뿐이다.
재주를 다하지 못하고 편안한 것을 돌보지 않고 정성스럽게 하지 않는 것은 모두 망령된 일이다. 사람을 가르치는 일은 지극히 어렵다. 반드시 사람에게 그 재주를 다하도록 하면 사람을 잘못 이끌지는 않을 것이다. 그의 잘된 점을 살피고 그런 다음에 그를 가르쳐야 한다.
성인의 밝음은 포정(庖丁 : 백정)이 소를 잡을 때 그 소의 틈새를 다 알고 있어 칼질을 하는 데 해체된 소 한 마리를 볼 수 있게 하는 것과 같다. 사람의 재주는 쓸모가 있는 것인데 다만 그 정성을 다하지 않으면 그 재주를 다하지 못하게 되는 것이다. 만약 억지로 가르쳐서 거느린다고 하면 어찌 정성스럽게 할 수 있겠는가?"

橫渠先生曰 恭敬撙節[1]退讓[2]以明禮 仁之至也 愛道之極也 已不勉明 則人無從倡道[3] 無從宏 敎無從成矣
學記[4]曰 進而不顧其安 使人不由其誠 敎人不盡其材 人未安之 又進之 未喩之 又告之 徒使人生此節目[5] 不盡材 不顧安 不由誠 皆是施之妄也 敎人至難 必盡人之材 乃不誤人 觀可及處 然後告之 聖人之明 直若庖丁[6]之解牛 皆知其隙 刃投餘地 無全牛矣 人之才足以有爲 但以其不由於誠 則不盡其才 若曰[7]勉率而爲之 則豈有由誠哉

1) 撙節(준절) : 절약함.
2) 退讓(퇴양) : 물러나 다른 사람에게 양보함.
3) 倡道(창도) : 창도(倡導). 솔선수범하여 부르짖음.
4) 學記(학기) : '예기(禮記)' 학기편(學記篇)을 말함. 당시 교육의 폐단을 말

한 것이다.
5) 節目(절목) : 여러 가지 사항. 여러 항목.
6) 庖丁(포정) : 백정(白丁). '장자(莊子)' 양생주편(養生主篇)에 소를 잘 잡는 사람으로 소개되어 있다. 한편으로는 요리사라고도 한다.
7) 若曰(약왈) : 만약 말하기를. 가설을 세우는 말.

10. 어린이의 교육은 공경이 제일 중요하다

횡거 선생은 어린아이의 교육은 공경의 교육이 중요하다고 말하였다.

"옛날의 어린아이들은 공경하고 섬기기를 잘하였다. 어른이 그의 손을 잡으면 두 손으로 어른의 손을 받들었고, 무엇을 물으면 손으로 입을 가리고 대답하였다.

대개 조금이라도 공경하고 섬기는 마음이 없으면 곧 충실하지 않고 미덥지 못할 것이다. 그러므로 어린아이들에게 가르칠 것은 먼저 안정되고 자세한 것과 공손하고 공경하는 것부터 해야 할 것이다."

또 사람을 가르칠 때는 그의 마음을 바르게 파악하여 감화(感化)시켜야 한다고 말하였다.

"맹자가 말하기를 '임금이 사람을 잘못 쓰는 것을 나무랄 필요가 없으며, 정치를 잘못한다고 하여 비난할 것도 없다. 오직 큰 덕(德)이 있는 사람이 임금의 마음의 잘못을 교화(敎化)시킬 수 있는 것이다' 라고 하였다.

오직 임금의 마음 뿐만이 아니라 배우는 사람이 친구와 사귀는 데 있어서도 마찬가지다. 그와 비록 견해와 이론이 같지 않더라도 깊게 우열(優劣)을 다투려고 하지 말고 그 마음을 가다듬어 바른 길로 돌아가게 해야 한다. 이것이 어찌 작은 도움이겠는가."

古之小兒 便能敬事 長者與之提攜[1] 則兩手奉長者之手 問之掩口而對[2] 蓋稍不敬事 便不忠信 故敎小兒 且先安詳[3]恭敬

孟子曰 人不足與適也 政不足與間也 唯大人爲能格⁴⁾君心之非 非惟君心 至於朋游學者之際 彼雖議論異同 未欲深較⁵⁾ 惟整理⁶⁾其心 使歸之正 豈小補哉

1) 提攜(제휴) : 손을 맞잡음. 서로 붙들어 도와줌.
2) 掩口而對(엄구이대) : 입을 가리고 대답하다. 입김이 어른에게 닿지 않도록 배려하는 것.
3) 安詳(안상) : 안정되고 자세함.
4) 格(격) : 교화(敎化).
5) 較(교) : 비교하여 우열(優劣)을 다툼.
6) 整理(정리) : 바르게 다스림. 가다듬다.

제12권 몸을 닦고 남을 다스리는 요령
(第十二卷 改過及人心疵病篇 凡三十三條)

성인(聖人)이 경계하여야 할 것은
반드시 모든 것이
왕성(旺盛)한 때에 해야 한다.
한창 왕성할 때 경계할 줄 모르고
안일하고 부귀(富貴)한 것에 젖으면
교만과 사치가 생기며,
안락을 누리면 기강(紀綱)이 무너지고,
재앙과 어지러움을 잊으면
다시 재앙이 싹트기 시작한다.
이러한 것들이 점점 스며들어
마침내 어지러움에
이르는 것을 알지 못하게 된다.

제12권 몸을 닦고 남을 다스리는 요령
(第十二卷 改過及人心疵病篇 凡三十三條)

1. 남의 충고(忠告)를 달게 받아야 한다

염계 선생은 잘못에 대한 남의 충고를 기쁘게 받아들이라고 말하였다.

"공자의 제자인 중유(仲由)는 잘못에 대한 충고의 말을 들으면 기뻐하며 잘못을 고쳤으니 좋은 평판이 길이 세상에 전한다.

지금 사람들은 잘못이 있어도 남이 바로잡아 주는 것을 기뻐하지 않는다. 이것은 마치 질병을 감추고 의사에게 치료받기를 꺼리는 것과 같다. 오히려 병이 깊어져 몸이 죽음에 이르러도 자신의 잘못을 깨닫지 못한다. 슬프도다."

濂溪先生曰 仲由[1]喜聞過 令名[2]無窮焉 今人有過不喜人規[3] 如護疾而忌醫 寧[4]滅其身而無悟也 噫

1) 仲由(중유) : 공자의 제자인 자로(子路). 중유는 이름.
2) 令名(영명) : 좋은 평판.
3) 規(규) : 바로잡아 줌. 규정(規正).
4) 寧(영) : 차라리. 오히려. 도리어.

2. 덕과 선을 중히 여기면 생활이 윤택해진다

이천 선생은 덕(德)과 선(善)을 중히 여기면 저절로 생활이 윤택(潤澤)해진다고 말하였다.

"덕(德)과 선(善)을 날로 쌓으면 복록(福祿)이 날마다 이를 것이다. 덕(德)이 녹(祿)보다 많으면 비록 가득하다 하더라도 넘치지는 않는다. 예로부터 융성(隆盛)하고서 도(道)를 잃고 패망(敗亡)하지 않는 자가 있지 않았다."

또 안락(安樂)을 경계(警戒)하여 말하였다.

"사람이 안락(安樂)의 경지에 있게 되면 마음이 기뻐서 머무르려 하고 또 그것을 깊이 사모하고 탐닉하여 그 속에서 오랫동안 있고 싶어하지만 되지 않는다.

'주역(周易)' 예괘(豫卦) 육이효(六二爻)에 '중정(中正)으로써 스스로 지키기를 돌과 같이 한다. 하루가 다 가지 않아서 무릇 일의 기미를 알게 될 것이니 바르고 길(吉)하다.' 라고 하였다. 안락의 경지로 편안하게 오래 갈 수는 없는 것이다. 오래 빠져 있지 않으면 길(吉)한 것이다. 육이효(六二爻)와 같이 기미(幾微)를 보면 안락의 경지에서 빠져나와 화(禍)를 피하여야 한다. 대개 중정(中正)의 덕(德)을 갖추고 있어 그것을 굳게 지키면 길흉화복(吉凶禍福)을 잘 분별하여 안락으로부터 신속하게 떠날 것이다."

또 임금은 항상 편안하고 즐거움에 빠지지 않도록 조심해야 한다고 말하였다.

"임금이 위망(危亡)에 이르는 길은 하나가 아니지만 열락에 빠지는 것이 대부분이다."

伊川先生曰 德善日積 則福祿日臻[1] 德踰於祿 則雖盛而非滿 自古隆盛 未有不失道而喪敗者也

人之於豫樂[2] 心悅之故遲遲[3] 遂至於耽戀[4]不能已也 豫[5]之六二 以中正自守 其介如石[6] 其去之速 不俟終日 故貞正而吉也 處豫不可安且久也 久則溺矣 如二 可謂見幾[7]而作者也 蓋中正故其守堅而能辨[8]之早 去之速也

人君致危亡之道非一 而以豫[9]爲多

1) 臻(진) : 이르다. 다가옴. 지(至). 급(及).

2) 豫樂(예락) : 안락(安樂). 편안하고 즐거움.
3) 遲遲(지지) : 천천히 걸어가는 모양.
4) 耽戀(탐연) : 깊이 사모(思慕)하고 그리워함.
5) 豫(예) : '주역(周易)' 예괘(豫卦) : ☷☳).
6) 介如石(개여석) : 돌보다 단단하다는 뜻. 절의(節義)를 지킴.
7) 幾(기) : 움직임의 기미(幾微). 기틀.
8) 能辯(능변) : 길흉화복(吉凶禍福)을 분별하여 내는 것.
9) 豫(예) : 열락(悅樂). 기뻐하고 즐거워함.

3. 모든 경계는 왕성할 때 해야 한다

이천 선생은 사람은 성할 때에 경계하여 재난(災難)을 막아야 한다고 말하였다.

"성인이 경계하여야 할 것은 반드시 모든 것이 왕성한 때에 해야 한다. 한창 왕성할 때 경계할 줄 모르고 안일하고 부귀(富貴)한 것에 젖으면 교만과 사치가 생기며, 안락을 누리면 기강(紀綱)이 무너지고, 재앙과 어지러움을 잊으면 다시 재앙이 싹트기 시작한다. 이러한 것들이 점점 스며늘어 마침내 어지러움에 이르는 것을 알지 못하게 된다."

또 선(善)을 고수(固守)하는 데 따라 인품(人品)의 차이가 생긴다고 말하였다.

"'주역(周易)' 복괘(復卦)의 육삼효(六三爻)는 음효(陰爻)로써 불안정한 곳의 극점(極點)에 위치하고 있어 자주 선(善)으로 복귀(復歸)하려고 하나 굳게 고정할 수는 없다. 귀한 곳으로 돌아가는 것은 굳게 안정되는 것이다.

여러 번 돌아오고 여러 번 기회를 잃으므로 선으로 돌아오는 것이 불안하다. 선으로 돌아가면서 자주 그것을 잃으면 위험한 도(道)가 된다.

성인은 선으로 가는 도를 열어 사람들이 선으로 돌아가기를 바라며 선으로 돌아가는 일과 그것을 자주 잃어서 위험하게 되는 것은 모두 육삼효(六三爻)에 상징되고 있다. 그러므로 말하기를 '위험하지만 허물은 없다.'고 하였다.

선으로 되돌아가서 자주 잃는 것은 무익(無益)하지만 돌아가는 것을 꺼려서 그만두지는 말아야 한다. 자주 선을 잃으면 위험하나 선으로 자주 돌아가려고 하는 것이 무슨 허물인가. 지나친 잘못은 선을 잃는 일에 있지 선으로 돌아오는 데 있는 것은 아니다."

聖人爲戒 必於方盛之時 方其盛而不知戒 故狃[1]安富[2] 則驕侈[3]生 樂舒肆[4]則紀綱壞 忘禍亂則釁孽[5]萌 是以浸淫[6]不知亂之至也
復之六三 以陰躁處[7]動之極 復之頻數而不能固者也 復貴安固 頻復頻失 不安於復也 復善而屢失 危之道也 聖人[8]開遷善之道與其復 而危其屢失 故云厲无咎 不可以頻失而戒其復也 頻失則爲危 屢復 何咎 過在失而不在復也

1) 狃(뉴) : 익힘. 나아감.
2) 安富(안부) : 편안하고 부귀(富貴)함.
3) 驕侈(교사) : 교만하고 사치함.
4) 舒肆(서사) : 여유 있게 누림.
5) 釁孽(흔얼) : 재난과 화가 싹틈.
6) 浸淫(침음) : 물이 스며들 듯 점점 스며듦.
7) 躁處(조처) : 불안정(不安靜)한 곳.
8) 聖人(성인) : '주역(周易)'을 만든 성인들. 곧 팔괘(八卦)를 만든 복희씨(伏羲氏), 단사(彖辭 : 卦辭)를 지은 문왕(文王), 효사(爻辭)를 지은 주공(周公), 십익(十翼)을 지은 공자(孔子) 등의 성인을 가리킴.

4. 의심을 많이 하면 고독해진다

이천 선생은 우매하여 의혹(疑惑)을 많이 하면 고독(孤獨)하게 된다고 말하였다.

"어그러져 나감이 극(極)에 이르면 헤어지고 흩어져 다시 합하기가 어려울 것이다. 강(剛)에 극이 이르면 조급하여 포악하고 상서롭지 않을 것이다. 밝은 것이 극에 이르면 지나치게 살펴서 의혹(疑惑)이 많아질 것이다.

'주역(周易)' 규괘(睽卦)의 상구효(上九爻)와 육삼효(六三爻)는 바르게 응(應)하고 있어 실은 고독하지 않다. 그러나 그 재주와 성품이 이와 같아 스스로 어그러져 고독하다.

만일 사람들이 비록 친한 무리가 있더라도 스스로 의심하고 시기하는 마음이 많으면 망령된 마음이 생겨 서로 벗어나 떨어지게 된다. 비록 골육(骨肉)의 친한 사람들 사이라 하더라도 항상 고독할 것이다."

睽[1]極則怫戾[2]而難合 剛極則躁暴[3]而不詳 明極則過察而多疑 睽之上九 有六三之正應 實不孤 而其才性如此 自睽孤也 如人雖有親黨 而多自疑猜 妄生乖離[4] 雖處骨肉[5]親黨之間 而常孤獨也

1) 睽(규) : '주역(周易)' 규괘(睽卦)를 가리킴. 어긋나다.
2) 怫戾(불려) : 어그러짐.
3) 躁暴(조폭) : 안정되지 못하고 사나움.
4) 乖離(괴리) : 서로 등지어 떨어짐.
5) 骨肉(골육) : 부자 형제(父子兄弟)인 육친(肉親)의 사이.

5. 큰 일은 군자만이 할 수 있다

'주역(周易)' 해괘(解卦)의 육삼효(六三爻)에 이르기를
"짐을 지고 수레를 탔다. 도둑을 불러들인다. 곧아도 부끄러운 것이다."라고 하였다.

이에 대하여 이천 선생은 그의 역전(易傳)에서 풀이하기를
"소인(小人)이 군자(君子)의 자리에 몰래 앉아 비록 억지로 바른 일을 하려 해도 기질(氣質)이 비천해 본래 윗자리에 앉아 있을 수 없는 것이니 마침내 부끄럽게 여길 것이다.

만약 소인이 크게 바른 일을 할 수 있으면 어떻게 될 것인가. 이른바 크게 바른 일을 하는 것은 소인으로서는 할 수 없는 것이다.

만약 할 수 있다면 그것은 소인이 화(化)해서 군자가 되는 것이다." 라고 하였다.

解¹⁾之六三曰 負且乘²⁾ 致寇至 貞吝 傳曰 小人而竊盛位 雖勉爲正事 而氣質卑下 本非在上之物終可吝也 若能大正則如何 曰 大正非陰柔所能也 若能之 則是化爲君子矣
1) 解(해) : '주역(周易)' 해괘(解卦 : ䷧).
2) 負且乘(부차승) : 짐을 지고 수레를 탐. 부는 소인(小人)의 일이고 승은 군자(君子)가 타는 수레로 소인이 군자의 자리에 앉는다는 뜻.

6. 지나친 이익추구를 경계해야 한다

'주역(周易)'의 익괘(益卦) 상구효(上九爻)에 이르기를
"그를 더해 주지 않고 때로는 공격하기도 한다." 라고 하였다.
이에 대하여 이천 선생은 그의 역전(易傳)에서 풀이하기를
"이(理)라고 하는 것은 천하의 지극히 공정(公正)한 것이다. 이(利)라고 하는 것은 많은 사람이 다같이 바라는 바다. 진실로 그 마음을 공정하게 하여 그 바른 이치를 잃지 않으면 많은 사람들과 더불어 이권을 같이 할 것이다. 남의 이권을 침범하지 않으면 남도 또한 그와 더불어 이권을 함께 할 것이다.
만약 간절하게 이권을 좋아하여 자기의 사욕(私慾)으로 해서 이치가 가리워지고 자기의 이익만을 구하려고 남에게 손해를 주면 남도 또한 그와 더불어 힘껏 이익을 위해 다툴 것이다. 그러므로 그에게 이익을 주지 않을 뿐 아니라 공격하여 그것을 뺏는 자가 있을 것이다." 라고 하였다.
또 '주역(周易)' 간괘(艮卦) 구삼효(九三爻)에 이르기를
"몸의 힘이 넓적다리에 머물러 있으니 그 등뼈를 못쓰게 한다. 위태로워서 마음을 태운다." 라고 하였다.
이에 대하여 이천 선생은 그의 역전(易傳)에서 풀이하기를
"대저 멈추는 도(道)는 마땅히 멈춰야 할 때 멈추는 것을 귀하

게 여긴다. 가거나 멈추는 것을 때에 맞추어 하지 못하고 한 곳에 고정하여 구삼효(九三爻)와 같이 견고하고 강하게 고집한다면 세상을 살아가는 데에 있어 어그러지고 천하의 사물과도 어긋나 위험이 매우 심해진다.

사람이 한 모퉁이에서만 굳게 머무르고 세상의 변화를 함께 하려 하지 않으면 어려운 번뇌(煩惱)와 분하고 두려운 마음이 그 마음속에서 타고 있을 것이다. 그러니 어찌 편안하고 여유있는 이치가 있을 것인가. '위태로워서 마음을 태운다.'고 하는 것은 이런 불안한 상태에서 마음을 불태우는 것을 말한다." 라고 하였다.

또 자기 좋을 대로만 행동하면 바른 도를 지킬 수 없다고 말하였다.

"대개 자기 좋을 대로만 행동하면 어찌 바른 도(道)를 잃지 않을 수 있겠는가."

益之上九曰 莫益之 或擊之 傳曰 理者天下之至公 利者衆人所同欲 苟公其心 不失其正理 則與衆同利 無侵於人 人亦欲與之 若切於好利 蔽於自私[1] 求自益以損於人則人亦與之力爭 故莫肯益之 而有擊奪之者矣

艮之九三曰 艮其限[2] 列其夤[3] 厲薰心 傳曰 夫止道貴乎得宜 行止不能以時 而定於一 其堅强如此則處世乖戾 與物睽絶 其危甚矣 人之固止一隅 而擧世[4]莫與宜者 則艱蹇忿畏 焚撓其中 豈有安裕之理 厲薰心 謂不安之勢 薰爍[5]其中也

大率[6]以說而動 安[7]有不失正者

1) 蔽於自私(폐어자사) : 자기의 사사로운 욕심 때문에 이(理)가 가리워짐.
2) 艮其限(간기한) : 허리에 머무름. 간괘(艮卦 : ☶☶) 구삼효(九三爻)는 양효(陽爻)로서 내괘(內卦)의 극위(極位)에 있고 상하(上下) 괘(卦)의 한계에 있어 사람으로 말하면 허리와 같음.
3) 夤(인) : 등골뼈. 요락(腰絡).
4) 擧世(거세) : 세상의 돌아가는 상태.
5) 薰爍(훈삭) : 불로 녹임. 훈(薰)은 연기가 오르는 것을 나타내므로 불이 탄

다는 뜻이 된다.
6) 大率(대솔) : 대개(大槪). 대부분이.
7) 安(안) : 어찌. 하(何)·기(豈)와 같음.

7. 남녀·부부간의 도리를 잘 지켜야 한다
이천 선생은 남녀(男女)·부부(夫婦)간에 지켜야 할 도리를 잘 지켜야 한다고 말하였다.
"남녀간에는 높고 낮음의 차례가 있고 부부간에는 순서가 있어 부르면 따르는 의(義)가 있다. 이것은 떳떳한 도리인 것이다. 만약 성품에 따라 하고 싶은 대로 하고 오직 즐거운 대로만 행동하면 남편은 욕망에 이끌려 그 강(剛)을 잃고 아내는 안락에 젖어 그 유순(柔順)함을 잊어 흉(凶)하게 되고 이익되는 바가 없게 된다."
또 항상 교언영색(巧言令色)을 경계하지 않으면 안된다고 말하였다.
"순(舜)임금이 비록 성인이었지만 또한 교언영색을 두려워하였다. 사람들을 기쁘게 해 주는 것은 사람을 유혹하기 쉬운 것으로 두려워할 만한 것이 이와 같다."
또 지나친 자부심(自負心)과 거만(倨慢)을 경계해야 한다고 말하였다.
"물을 다스리는 일은 천하에서 큰 임무이다. 지극히 공정한 마음으로 능히 자기의 의견을 버리고 남의 의견을 따라 천하의 의론(議論)을 다하지 않으면 그 공을 이룰 수 없는 것이다. 어찌 왕명을 어기는 못된 족속들이 할 수 있는 일이겠는가.
곤(鯀)은 비록 9년이나 치수(治水) 사업을 했지만 공을 이루지 못하였다. 그러나 그가 하던 일은 진실로 다른 사람도 할 수 없는 일이었으므로 오직 그 공을 인정하였다. 그러므로 그 자부심(自負心)이 더욱 강하여져 다른 사람과 어그러져 그 족류(族類)를 헐뜯는 일이 심하여졌으며 공정한 의론을 듣지 않아 인심이 떨어져 나갔다. 그의 악한 행위는 더욱 드러나 그 공은 마침내 이룰 수 없었다."

　　男女有尊卑之序　夫婦有倡隨¹⁾之理　此常理也　若徇情肆欲²⁾ 唯說是動　男牽欲而失其剛婦狃說而忘其順　則凶而無所利矣
　　雖舜之聖　且畏巧言令色³⁾ 說之⁴⁾惑人易入　而可懼也如此
　　治水　天下之大任也　非具至公之心　能舍己從人　盡天下之議　則不能成其功　豈方命⁵⁾圮族者所能乎　鯀⁶⁾雖九年而功弗成　然其所治　固非他人所及也　惟其功有敍　故其自任⁷⁾益强咈戾圮類益甚　公議隔而人心離矣　是其惡益顯　而功卒不可成也

1) 倡隨(창수) : 부르면 따름. 남편이 부르면 아내는 거기 순종하는 부부(夫婦)의 도리를 말함. 부창부수(夫唱婦隨).
2) 徇情肆欲(순정사욕) : 성품대로 좇고 하고 싶은 대로 함.
3) 巧言令色(교언영색) : 남의 비위를 맞추기 위해 꾸며대는 교묘한 말과 좋은 얼굴빛.
4) 說之(열지) : 기쁘게 함. 열(說)은 열(悅)과 같음.
5) 方命(방명) : 임금의 명령을 어김.
6) 鯀(곤) : 중국 고대 하(夏)나라를 세운 우왕(禹王)의 아버지. '요전(堯傳)'에 의하면, 곤(鯀)은 요(堯)임금의 명을 받아 9년이나 치수(治水) 사업에 종사하였으나 아무런 공이 없었다고 함.
7) 自任(자임) : 스스로 재능을 자랑함. 자부심(自負心).

8. 없는 것을 있는 척하는 것은 마음을 해치는 것이다

이천 선생은 없는 것을 있는 척하는 것은 마음의 바름을 해치는 것이라고 말하였다.
"군자는 공경으로써 마음을 바르게 가져야 한다. 미생고(微生高)의 잘못은 비록 작지만 마음의 바름을 크게 해친 것이다."
또 지나친 물욕(物慾)은 비굴(卑屈)을 가져온다고 경계하였다.
"사람이 물욕(物慾)이 있으면 굳셈이 없어지고, 굳세면 물욕에 굴복하지 않는다."

또 군자와 소인(小人)의 차이를 말하였다.

"사람의 허물은 각기 그 유(類)에 따라 다르다. 군자는 항상 인정이 두터워 실수를 하고, 소인은 항상 인정이 박하여 실수를 한다. 군자는 사랑함이 지나치고 소인은 잔인하여 다친다."

　　君子敬以直內 微生高[1]所枉雖小 而害直則大
　　人有慾則無剛 剛則不屈於慾
　　人之過也 各於其類[2] 君子常失於厚 小人常失於薄 君子過於愛 小人傷於忍[3]

1) 微生高(미생고): '논어(論語)' 공야장편(公冶長篇)에 나오는 사람의 이름. 어떤 사람이 미생고(微生高)의 집으로 초(醋)를 구하러 왔는데, 마침 초가 떨어져 이웃집에 가 얻어다 주었다고 함. 곧 없으면서 있는 척한 것으로 자기를 속였을 뿐, 남을 속이지는 않았다는 이야기.
2) 類(유): 일정한 경향. 일정한 종류. 동류(同類).
3) 忍(인): 인내한다는 뜻이 아니고 사랑의 반대 개념으로 잔인하다는 뜻.

9. 교만은 해를 끼칠 뿐이다

명도 선생은 어느 면에서나 교만(驕慢)한 것은 좋지 않다고 말하였다.

"부귀(富貴)한 것으로 교만한 사람은 본래부터 불선(不善)이다. 학문으로 남에게 교만한 것 역시 그 해(害)가 적지 않다."

또 헛되이 일을 속히 처리하는 것을 경계하여 말하였다.

"사람이 일을 잘 헤아려 밝히면 일이 빨라서 남이 자기를 속이는 일은 없지만, 남이 자기를 의심해서 믿지 않을까 억측(臆測)하게 된다."

　　明道先生曰 富貴驕人固[1]不善 學問驕人 害亦不細
　　人以料事[2]爲明 便駸駸[3]入逆詐億不信去也

1) 固(고) : 본래.
2) 料事(요사) : 일을 미루어 잘 헤아림.
3) 駸駸(침침) : 일의 진행이 빠른 모양.

10. 의식주보다는 마음의 수양이 중요하다
 명도 선생은 몸과 마음의 수양을 떠난 외물(外物)의 추구(追求)를 경계하여 말하였다.
 "사람은 의(衣)·식(食)·주(住)에 대하여 몸을 받드는 데에는 일마다 잘하려고 노력한다. 그러나 다만 자기 자신의 몸과 마음에 대하여는 도리어 좋게 하려고 하지 않는다.
 진실로 의식주와 같은 외물적(外物的)인 것이 잘 되었을 때에는 도리어 자기 자신의 몸과 마음이 이미 바르지 못하게 된 것을 알지 못한다."
 또 지나치게 즐기는 것은 삼가야 한다고 말하였다.
 "하늘의 이치에 어두운 사람은 다만 즐기고 좋아하는 마음이 그의 지각(知覺)을 어지럽히는 것이다. 장자(莊子)가 말하기를 '즐기고 좋아하는 마음이 깊으면 천리를 아는 것이 얕은 것이나.'라고 하였는데, 그 말은 가장 옳은 말이다."

 人於外物奉身者[1] 事事要好 只有自家一箇身與心 却不要好 苟得外面物好時 却不知道[2] 自家身與心 却已先不好了也
 人於天理昏者 是只爲嗜欲[3]亂著[4]他 莊子[5]言其嗜欲深者 其天機[6]淺 此言却最是

1) 外物奉身者(외물봉신자) : 외물(外物)은 가옥(家屋)·음식(飮食)·의복(衣服) 등을 말함. 이것은 신심(身心) 이외의 외면적(外面的)인 것.
2) 不知道(부지도) : 알지 못함. 도(道)는 따로 새기지 않음.
3) 嗜欲(기욕) : 즐기고 좋아하는 마음. 기호(嗜好)의 욕망.
4) 著(저) : 동사에 붙는 어조사(語助辭).
5) 莊子(장자) : 중국 전국 시대(戰國時代)의 사상가. 이름은 주(周). 노자(老

제12권 몸을 닦고 남을 다스리는 요령 389

子)와 함께 도가(道家)의 대표적인 인물. 사생(死生)을 초월하여 절대 무한의 경지에 소요(逍遙)함을 목적으로 하였음.
6) 天機(천기) : 자연의 영묘(靈妙)한 이치. 천리(天理).

11. 기교한 일에 지나치게 정신을 쓰지 말아야 한다

이천 선생은 기교(機巧)한 일에 지나친 정신을 쓰지 말 것을 말하였다.

"기교(機巧)한 일을 오랫동안 보면 기교한 마음이 반드시 생기는 것이다. 대개 잘 했다고 하는 마음에 반드시 흥미를 일으켜 기뻐하게 된다. 이미 기뻐하게 되면 나무 그늘 아래의 씨앗이 심어지는 것과 같다."

또 집착(執着)과 시기하고 의심하는 병폐(病弊)를 경계하여 말하였다.

"의심의 병이 있는 사람은 일이 닥치기 전에 먼저 의심의 실마리가 마음에 생긴다.

일을 독점(獨占)하려고 하는 사람은 먼저 일의 끝부터 하려고 하는 실마리가 마음에 생기는데, 모두 마음의 병폐가 되는 것이다."

또 일의 크고 작음을 비교하는 병폐(病弊)를 경계하여 말하였다.
"일의 크고 작음을 비교하는 것은 큰 일을 위해 작은 일을 희생시키는 병폐가 있게 된다."

伊川先生曰閱機事[1]之久 機心[2]必生 蓋方其閱時心必喜 旣喜則如種下種子[3]

疑病[4]者 未有事至時 先有疑端[5]在心 周羅[6]事者 先有周事之端在心皆病也

較[7]事大小 其弊爲枉尺直尋[8]之病

1) 機事(기사) : 기교(機巧)한 일.
2) 機心(기심) : 책략을 꾸미는 마음. 간교(奸巧)한 마음.

3) 種子(종자) : 심는다는 뜻.
4) 疑病(의병) : 남을 시기하고 싫어하고 의심하는 병.
5) 疑端(의단) : 어떤 일의 의심스러운 실마리.
6) 周羅(주라) : 독점(獨占). 그물로 모으듯이 규합하다.
7) 較(교) : 헤아려 비교함.
8) 枉尺直尋(왕척직심) : 큰 일을 위해 작은 일을 희생시킨다는 뜻.

12. 소인배도 처음부터 악한 것은 것이다

이천 선생은 소인배(小人輩)도 처음부터 악한 사람은 아니라고 하였다.

"소인(小人)과 소장부(小丈夫)는 그 자신의 기질(氣質)이 타인으로 인하여 작게 된 것이다. 근본부터 악한 것은 아니었다."

또 행위자(行爲者)의 심정은 오로지 공(公)을 위하는 마음이어야 한다고 말하였다.

"비록 공(公)을 위해 천하의 일을 하더라도 만약 사사로운 뜻으로써 그것을 하면 그것은 사사로운 일이 된다."

또 관리는 품위(品位)를 잃지 말 것을 경계하였다.

"벼슬길에 올라 출세를 원하는 사람은 바른 뜻을 빼앗기고 만다."

小人小丈夫[1] 不合小了他 本不是惡
雖公天下[2]事 若用私意[3]爲之 便是私
做官[4]奪人志

1) 小丈夫(소장부) : 졸장부(拙丈夫).
2) 公天下(공천하) : 천자(天子)가 천하를 만민공공(萬民公共)의 것으로 보는 것을 뜻함.
3) 私意(사의) : 사사로운 뜻. 행위자(行爲者)의 동기나 의도가 사욕(私慾)에서 출발한 것.
4) 做官(주관) : 벼슬길에 올라 입신출세(立身出世)하는 것.

13. 도를 모르는 사람은 취객과 같다

이천 선생은 교만(驕慢)과 인색(吝嗇)을 경계하여 말하였다.
"교만한 것은 기(氣)가 가득찬 것이요, 인색(吝嗇)한 것은 기가 부족한 것이다. 사람이 만약 인색할 때는 재물에 있어서도 또한 부족하고 사물에 있어서도 또한 부족한 것이다. 이것은 무릇 백 가지 일에 있어서도 모두 부족한 것으로 반드시 안색(顔色)에까지도 부족한 빛이 나타난다."

또 도(道)를 모르는 사람은 술에 취한 사람과 같다고 말하였다.
"도(道)를 알지 못하는 사람은 술에 취한 사람과 같다. 바야흐로 술에 취해 있을 때는 이르지 않는 곳이 없다가도 술이 깨어서는 부끄러워하지 않는 이가 없다. 사람이 아직 배우지 않았을 때는 스스로 결함이 없는 것으로 여기다가 배우고 나서는 돌이켜 지난날의 행동한 바를 생각하고는 놀라고 또한 두려워하는 것이다."

驕[1]是氣盈 吝[2]是氣歉[3] 人若吝時 於財上亦不足 於事上亦不足 凡百事皆不足 必有歉歉之色也

未知道者如醉人 方其醉時 無所不至[4] 及其醒也 莫不愧恥 人之未知學者 自視以爲無缺 及旣知學 反思前日所爲 則駭且懼矣

1) 驕(교) : 교만(驕慢).
2) 吝(인) : 인색(吝嗇).
3) 歉(겸) : 부족하게 생각함. 불만스럽게 여김.
4) 無所不至(무소부지) : 이르지 않는 곳이 없음. 어떤 일이라도 해낸다는 말.

14. 하루 세 번 자신을 점검한다

형칠이 이르기를
"저는 하루에 세 번 자신을 점검(點檢)합니다."
하니, 명도 선생이 말하기를

"슬픈 일이로다. 그 나머지 시간은 무슨 일을 하느냐. 생각건대 '하루에 세 가지로 나의 몸을 살핀다' 는 설(說)을 모방하다가 잘못되었구나. 힘써 증자의 공부하는 방법이 아닌 것을 알 만하다. 또 다분히 남을 따라 일반적인 말을 하는 것 같구나."
하고는 내용을 말해 보라고 그를 책망하였다.

이에 대하여 형칠이
"가히 말할 것이 없습니다."
하니, 명도 선생은
"할 만한 말이 없어도 꼭 말하지 않을 수 없느니라."라고 하였다.

邢七云 一日三檢點[1] 明道先生曰 可哀也哉 其餘時理會[2]甚事 蓋倣三省之說錯了 可見不曾用功 又多逐人面上說一般話 明道責之 邢曰 無可說 明道曰 無可說 便不得不說

1) 一日三檢點(일일삼검점) : 하루에 세 번 자신을 점검(點檢)함. '논어(論語)' 학이편(學而篇)에 나오는, 증자(曾子)의 '오일삼성오신(吾日三省吾身 : 나는 하루에 세 가지로 나의 몸을 살핌)'을 모방한 말.
2) 理會(이회) : 처리(處理)함.

15. 학자가 예의가 없으면 천민과 같다

횡거 선생은 학자가 예의(禮義)를 버리면 천민(賤民)과 같은 것이라고 말하였다.

"학자로서 예의를 버리면, 종일 배불리 먹고 꾀하는 일이 없는 천민과 같아 진다. 입고 먹는 일은 잔치 놀음의 즐거움에 지나지 않는 것일 따름이다."

또 사람은 건전한 음악이나 건전한 오락을 취해야 한다고 말하였다.

"정(鄭)나라나 위(衛)나라의 음악은 비애(悲哀)를 띠어 사람으로 하여금 마음을 들뜨게 한다. 또 게으른 마음이 생기고, 따라서 교만하고 음란한 마음이 일게 된다. 비록 진기한 노리개나 기묘한 물건이라도 처음에 사람의 마음을 유혹하는 일은 정나라나 위나라의 음악보다는 또한 심하지 않다. 이것을 따르면 무한히 기호(嗜好)의 마음이 생기게 된다.

그러므로 공자가 말하기를 '반드시 그것을 버려야 한다' 고 하였다. 또한 이것은 성인도 겪어 지나온 것으로 다만 성인은 사물에 의해서 변하지 않을 뿐이다."

또 경(經)을 지켜야 한다고 말하였다.

"맹자가 인의예지(仁義禮智)로 돌아오는 것을 특히 향원(鄕原)의 뒤에 말한 것은, 향원은 큰 것을 먼저 세우지 않고 마음속에 처음부터 주체성이 없어서이다. 오직 좌우를 살펴 인정에 따르고 일생을 어기지 않게만 살려고 하기 때문에 이와 같은 것이다."

　　橫渠先生曰　學者捨禮義　則飽食終日　無所猷爲[1]　與下民一致　所事不踰衣食之間　燕遊[2]之樂爾

　　鄭衛[3]之音悲哀　令人意思留連[4]　又生怠惰之意　從而致驕淫之心　雖珍玩奇貨　其始感人也亦不如是切　從而生無限嗜好[5]　故孔子曰　必放之亦是聖人經歷過　但聖人能不爲物所移耳

　　孟子言反經[6]特於鄕原[7]之後者　以鄕原大[8]者不先立　心中初無主　惟是左右看　順人情　不欲違一生如此

1) 猷爲(유위) : 생각하고 살펴서 수양하는 일.
2) 燕遊(연유) : 잔치 놀음. 연(燕)은 연(宴)과 같음.
3) 鄭衛(정위) : 중국 춘추 시대의 제후국(諸侯國)인 정(鄭)나라와 위(衛)나라.
4) 留連(유련) : 들뜸. 서성거림.
5) 嗜好(기호) : 즐기는 것. 술, 담배, 아편 따위.
6) 反經(반경) : 인의예지(仁義禮智)의 상도(常道)로 돌아온다는 뜻.
7) 鄕原(향원) : 속된 마을 사람으로부터 덕이 있는 사람이라고 칭송을 받으나 실제의 행실은 그렇지 못한 사람을 가리킴.
8) 大(대) : 인의예지의 상도(常道).

제13권 이단사설의 학문
(第十三卷 異端之學篇 凡十四條)

석가는 본래 죽음과 삶을 두려워하여
사사로운 이익만을 위하는 것이니
어찌 공도(公道)라고 할 수 있겠는가?
오직 상달(上達)에 힘쓰고
하학(下學)을 하지 않는다. 그러므로
그의 상달에 처한 것이 어찌 옳다고 하겠는가
하학이 없어 본래 서로 이어지지 않고
다만 중단되어 있으므로 도가 아니다.
맹자가 말하기를
'그 마음을 다하는 사람은
그의 성(性)을 알 수 있다'고 하였으니
저 석가의 이른바 '마음을 알아서 성을 본다'고
하는 것이 그것이다…

제13권 이단사설의 학문
(第十三卷 異端之學篇 凡十四條)

1. 여러 종교의 피해가 많은 것을 지적하다

명도 선생은 양묵(楊墨)·신한(申韓)·불로(佛老) 등 이단(異端)의 해(害)가 큼을 말하였다.

"양주(楊朱)·묵적(墨翟)의 해(害)는 신불해(申不害)·한비(韓非)보다 심하다. 석가(釋迦)·노자(老子)의 해는 양주·묵적보다 심하다.

양씨(楊氏)의 위아설(爲我說)은 의(義)에 비슷하고, 묵씨(墨氏)의 겸애설(兼愛說)은 인(仁)에 비슷하다.

신불해·한비의 설(說)은 천박하고 비루하여 알기가 쉽다. 그러므로 맹자(孟子)는 양주·묵적의 설을 풀어 밝혀서 공박하였는데, 그것이 세상을 미혹(迷惑)하게 하는 바가 심하여서였다.

석가와 노자의 설은 도리에 가까우나 또한 양주·묵적의 설에 비할 수 없을 만큼 미혹하게 함이 더욱 심하다. 양주·묵적의 해는 또한 맹자가 이미 풀어 밝혀서 물리쳤으므로 환히 알려졌다."

明道先生曰 楊墨[1]之害 甚於申韓[2] 佛老[3]之害 甚於楊墨 楊氏爲我疑[4]於義 墨氏兼愛疑於仁 申韓則淺陋易見 故孟子只闢[5]楊墨 爲其惑世之甚也 佛老其言近理 又非楊墨之比 此所以其惑尤甚 楊墨之害亦經孟子闢之 所以廓如[6]也

1) 楊墨(양묵) : 양주(楊朱)와 묵적(墨翟). 양주는 전국 시대 학자로 위아설(爲我說)을 주장하여 한때 그 세력을 떨치었음. 존칭하여 양자(楊子)라 일컬음.

묵적은 춘추·전국 시대의 학자로 겸애설(兼愛說)을 주장하여 한때 그 세력을 떨치었음. 그를 존칭하여 묵자(墨子)라 이르며, 그의 설(說)을 따르는 학파를 묵가(墨家)라 이름.
2) 申韓(신한) : 신불해(申不害)와 한비(韓非). 둘 다 전국 시대의 법가(法家). 한비는 존칭하여 한비자(韓非子)라 일컬음.
3) 佛老(불로) : 인도 가비라성의 왕자인 석가(釋迦)가 창시(創始)한 불교(佛教)와 노자. 노자는 춘추 시대의 철학자로 이름은 이(耳). 무위자연(無爲自然)을 주장하였고 '도덕경(道德經)' 오천어(五千語)를 남겼음. 존경하여 노자(老子)라 이르고, 그의 설을 따르는 학파를 도가(道家)라 이름.
4) 疑(의) : 비슷함. 사(似)와 같음.
5) 闢(벽) : 사설(邪說)을 풀어 밝혀서 물리침.
6) 廓如(확여) : 활짝 열린 모양. 곧 환히 알려짐.

2. 양주(楊朱)·묵적(墨翟)의 이단을 멀리해야 한다

이천 선생은 양주(楊朱)·묵적(墨翟)등의 이단(異端)을 멀리해야 한다고 말하였다.

"유자(儒者)는 바른 도(道)에 마음을 가라앉히고 잘못이 있는 것을 용납하지 말아야 한다. 그 시작은 아주 미약(微弱)하지만 끝에 가서는 구원할 길이 없게 된다.

자장(子張)과 같은 사람은 지나쳤고 자하(子夏)는 미치지 못하였으니 성인의 중도(中道)에 있어서는 자장은 약간 지나쳤고 자하는 약간 부족했을 뿐이다.

그러나 지나치면 점차로 겸애(兼愛)에 이르게 되고, 미치지 못하면 위아(爲我)에 이르게 되는 것이니 그 지나침과 미치지 못함이 다함께 유가(儒家)에서 나오는데 그 마지막에는 드디어 양주·묵자에 이르게 될 것이다. 양주나 묵적에 이르러도 아직 아버지가 없다는 것과 임금이 없다는 설에는 이르지 않을 것이다.

맹자가 이를 미루어 밝혀 인륜을 세우는데 이르렀다. 대개 그 처음의 잘못이 반드시 여기에 이르게 된 것이다."

伊川先生曰 儒者潛心正道 不容有差 其始甚微 其終則不可救 如師[1]也過 商[2]也不及 於聖人中道師只是過於厚些[3] 商只是不及些 然而厚則漸至於兼愛 不及則便至於爲我 其過不及同出於儒者 其末遂至楊墨 至如楊墨 亦未至於無父無君 孟子推之 便至於此 蓋其差必至於是也

1) 師(사) : 공자의 제자인 자장(子張)의 이름.
2) 商(상) : 공자의 제자인 자하(子夏)의 이름.
3) 些(사) : 사소(些少)함. 약간.

3. 유학(儒學)은 본연의 도를 지키는 것

명도 선생은 유학(儒學)은 본연의 도를 지키는 것이라고 말하였다.

"도(道)의 밖에 있는 물(物)은 없고, 물(物)의 밖에 있는 도(道)가 없다. 하늘과 땅 사이에 존재하는 모든 것들 중에 흘러가지 않는 것은 도가 아니다.

곧 아비지와 아들에게는 아버지와 아들로서 친하는 도가 있으며, 임금과 신하에게는 임금과 신하 사이의 존엄(尊嚴)함의 도가 있고, 남편과 아내가 되고, 어른과 어린이가 되고, 벗과 벗이 되는 사이에 이르러서도 도가 아닌 것이 없다. 이런 도는 잠시라도 떠날 수 없는 것이다.

그러니 출가(出家)하여 인륜(人倫)을 허물어뜨리고 일신(一身)을 버리고 적멸(寂滅)을 구하는 불교는 도 밖의 멀리에 있는 것이다.

그러므로 군자는 천하에 있어 맞는 것도 없고 그른 일도 없으며 도의에 맞는 것만을 따라야 한다. 만약 있을 것도 있고 없을 것도 있으면 도에 사이가 있게 될 것이니 하늘과 땅의 전일한 것이 아니다.

저 석가(釋迦)의 가르침은 공경으로써 마음을 올바르게 하려는 것은 있다고 하지만 의로움으로 밖을 방정(方正)하게 하는 것은 없다고 한다. 그러므로 하나에만 얽매어 있는 자는 벌거숭이의 산 속으로 들어가고, 통달했다는 사람은 방자하게 자기 주장만 세우는 데로 돌아간다. 이것이 불교의 가르침으로 고루하고 협소한 까닭이 된다.

우리 유학의 도는 그렇지 않고 본성대로 따를 뿐이니 이 도리는 성인이 '주역(周易)'에서 갖추어 말해 둔 것이다."

또 불교(佛敎)는 도(道)의 밖에 있는 것으로 정도(正道)를 행할 수 없다고 말하였다.

"석가(釋迦)는 본래 죽음과 삶을 두려워하여 사사로운 이익만을 위하는 것이니 어찌 공도(公道)이겠는가. 오직 상달(上達)에 힘쓰고 하학(下學)을 하지 않는다. 그러므로 그의 상달에 처한 것이 어찌 옳다고 하겠는가? 하학이 없어 본래 서로 이어지지 않고 다만 중단(中斷)되어 있어 도(道)가 아니다.

맹자가 말하기를 '그 마음을 다하는 사람은 그의 성(性)을 알 수 있다'고 하였으니, 저 석가의 이른바 '마음을 알아서 성(性)을 본다'고 하는 것이 그것이다. 그러나 맹자가 말하는 '본심을 지녀서 본성(本性)을 기른다'는 것에는 아무런 말이 없다. 그들도 말하기를 출가(出家)는 독선(獨善)이라고 하니 곧 도에는 스스로 부족하다고 하는 것이다.

어떤 사람이 말하기를 석가의 지옥설(地獄說) 같은 것은 모두 불도를 닦을 힘이 없는 근기(根氣)가 낮은 사람을 위하여 이 지옥이 있다는 두려움을 베풀어 선(善)을 권하려는 것이라고 한다."

선생은 또 말하기를

"천지를 꿰뚫는 지성(至誠)으로도 사람을 감화시키지 못하는데 어찌 거짓 가르침을 세워 사람을 감화시킬 수 있을 것인가."라고 하였다.

또 불교에 현혹(眩惑)되지 않으려면 오로지 유학(儒學)을 깊이 해야 한다고 말하였다.

"배우는 사람은 석가의 설(說)을 모름지기 음란한 음악과 아양 떠는 여인을 대하듯이 멀리해야 한다. 그렇지 않으면 아주 빠르게 그 속으로 빠져들 것이다.

안연(顔淵)이 나라를 다스리는 도(道)를 물었을 때 공자는 이제(二帝) 삼왕의 일을 일러주었다.

다시 정(鄭)나라의 음악을 버리고 아첨하는 사람을 멀리하라고 훈계하여 말하기를 '정나라의 음악은 음란하고 아첨하는 사람은 위태롭다' 고 하였다.

저 아첨하는 사람은 그 자신의 마음이 간사할 뿐이지만 그러나 나에게는 위태로운 일이다. 사람으로 하여금 능히 움직이도록 할 수 있어서 위태한 것이다.

우(禹)임금이 말하기를 '어찌 교언영색(巧言令色)이 두려우랴.' 하였다. 교언영색이 바른 말을 해친다고 다만 두렵게만 여겨 이것을 경계하고 삼가더라도 오히려 이에 현혹될 것을 두려워한 것이다.

석가의 설(說)은 항상 경계하라고 말할 필요는 없다. 자기 자신이 유학(儒學)에 확신이 선 다음부터는 불교의 설이 그 자신을 어지럽히지 못하게 된다."

明道先生曰 道之外無物 物之外無道 是天地之間 無適而非道也 卽父子而父子在所親 卽君臣而君臣在所嚴 以至爲夫婦 爲長幼 爲朋友 無所爲而非道 此道所以不可須臾離也 然則毀人倫 去四大[1]者 其外於道也遠矣 故君子之於天下也 無適也 無莫也 義之與比 若有適 有莫 則於道爲有間非天地之全也 彼釋氏之學於敬以直內 則有之矣 義以方外 則未之有也 故滯固[2]者入 於枯槁[3] 疏通者歸於恣肆[4] 此佛之敎所以爲隘也 吾道則不然 率性[5]而已 斯理也 聖人於易備言之

釋氏本怖死生[6]爲利 豈是公道 唯務上達[7]而無下學 然則其上達處 豈有是也 元不相連屬 但有間斷 非道也 孟子曰 盡其心者 知其性也 彼所謂識心見性是也 若存心養性一段事 則無矣 彼固曰 出家[8] 獨善 便於道體自不足 或曰 釋氏地獄之類 皆是爲下根[9]之人 設此怖 令爲善 先生曰 至誠貫天地 人尙有不化 豈有立僞敎而人可化乎

學者於釋氏之說 直須如淫聲美色[10]以遠之 不爾 則駸駸然[11]入其中矣 顏淵問爲邦 孔子旣告之以二帝三王[12]之事 而復戒以放鄭聲遠佞人[13] 曰 鄭聲淫佞人殆 彼佞人者 是他一邊佞耳 然而於己則危 只是能使人移 故危也 至於禹之言曰 何畏乎巧言令色 巧言令色 直消言畏 只是須著[14]如此戒愼 猶恐不免 釋氏之學 更不消言[15]常戒 到自家自信後 便不能亂得

1) 四大(사대) : 인간의 신체. 몸. 옛 사람들은 지(地)·수(水)·화(火)·풍(風)의 네 가지 원소가 우주와 사람의 몸을 구성한다고 생각하였다. 이 네 가지를 불교에서는 환가(幻假)라 생각하여 이러한 환근(幻根)을 절멸(絶滅)시켜 육신에 대한 애착을 끊은 경지인 적멸(寂滅)을 구한다.
2) 滯固(체고) : 하나에만 치우쳐 융통성이 없음.
3) 枯槁(고고) : 말라서 쇠약해짐. 생기가 없음.
4) 恣肆(자사) : 방자하게 자기 주장대로만 함.
5) 率性(솔성) : 본성에 따름. 타고난 본성 그대로만 행하는 것.
6) 釋氏本怖死生(석씨본포사생) : 불교는 본래 죽음과 삶을 두려워한다. 불교에서는 생(生)과 사(死)를 윤회(輪廻)라 하여 그 윤회의 고해(苦海)에서 벗어나려고 한다.
7) 上達(상달) : 높은 도를 활연(豁然)히 깨달음.
8) 出家(출가) : 번뇌(煩惱)에 얽매인 속세(俗世)의 생활을 버리고 불문(佛門)에 들어감을 이르는 말.
9) 下根(하근) : 근기가 낮음. 불교에서 타고날 때부터 아주 어리석어 불도(佛道)를 닦을 힘이 없는 사람을 이르는 말.
10) 淫聲美色(음성미색) : 음탕한 음악과 미모(美貌)의 여인.
11) 駸駸然(침침연) : 말이 빨리 뛰는 모양으로 일의 진행이 빠름을 말한다.
12) 二帝三王(이제삼왕) : 요(堯)임금·순(舜)임금의 이제(二帝)와 하(夏)의 우왕(禹王)·은(殷)의 탕왕(湯王)·주(周)의 문왕(文王)·무왕(武王) 등의 삼왕(三王)을 이르는 말.
13) 佞人(영인) : 간교하고 말을 잘하는 사람.
14) 須著(수저) : 반드시 해야 함.
15) 不消言(불소언) : 말할 필요도 없음.

4. 만물일체(萬物一體)의 부지에서 오는 불교의 폐단

 명도 선생은 불교에서는 만물일체(萬物一體)인 것을 몰라 여러 가지 이설(異說)이 있다고 말하였다.
 "이른바 만물일체라고 하는 까닭은 만물은 모두 그 나름의 이치가 있기 때문이다. 다만 그 이치가 어디서부터 온 것이냐이다.
 천지 만물이 나고 또 나서 끊임이 없는 작용을 역(易)이라고 한다. 태어나면 한 삶을 가지고 있으며 다 그의 이치를 갖추고 있다. 사람은 이러한 이치를 미루어 연구하여 알 수 있지만 사물은 기(氣)가 혼탁(昏濁)하여 그것을 미루어 알 수가 없다. 그러므로 사람 이외의 물(物)에는 이런 이치를 갖추고 있다고 말할 수 없다.
 사람에게는 다만 사사로운 것이 있어 자기의 구각(몸)이 머리를 들고 생각에 잠겨 있으면 이러한 도리를 조금이라도 깨달을 수가 있다. 옛날의 성현(聖賢)들은 우리의 몸을 만물 가운데 하나로 보고 허다하게 그와 같이 크게 즐겼던 것이다.
 불교에서는 이것을 알지 못하고 저의 몸으로부터 종종 생각을 하나 사신의 봄은 아무것도 얻어낼 수 없는 것이다. 그러므로 도리어 자기의 몸을 염오(厭惡)하고 사람이 가지고 있는 온갖 육근(六根)과 육진(六塵)을 제거해 버리려고 한다.
 이것은 사람의 마음이 근본적으로 안정되지 못한 것으로 억지로 마른 나무나 탄 재와 같은 것을 얻으려 한다. 이것은 한 이치를 없애버리고 또 다른 이치를 구하는 것이다. 이와 같이 마음의 생동을 공무(空無)하게 하려면 죽을 수밖에는 없는 것이다.
 불교에서는 실제로 자기 몸에 애착을 가지고 있다. 이것을 버리지 못하기 때문에 많은 설(說)이 나오게 되는 것이다. 비유컨대 등에 짊어지기를 좋아하는 부판충(負版蟲)이 등에 지고 일어날 수 없으면서도 오히려 그 짐을 취하려는 것과 같다.
 또는 돌을 안고 물에 몸을 던짐으로써 돌의 무게로 인해 점점 물 속으로 가라앉지만 그 돌은 버리지 않는다. 다만 자기의 몸이 무거운 것만을 탓하는 것과 같은 것이다."

所以謂萬物一體者 皆有此理 只爲從那裏來 生生之謂易[1] 生則一時生 皆完此理 人則能推[2] 物則氣昏推不得 不可道他物不興有也 人只爲自私 將自家軀殼[3] 上頭起意 故看得道理小了 他底[4]放這身來 都在萬物中一例看 大小大[5]快活 釋氏以不知此 去他身上起意思 奈何那身不得 故却厭惡 要得去盡根塵[6] 爲心源不定 故要得如枯木死灰 然沒此理 要有此理 除是死也 釋氏其實是愛身 放不得 故說許多 譬如負版之蟲[7] 已載不起 猶自更取物在身 又如抱石投河 以其重愈沈 終不道放下石頭 惟嫌重也

1) 生生之謂易(생생지위역) : 천지의 만물이 나고 또 나서 끊이지 않는 작용을 하는 것을 '역(易)'이라고 함. '주역(周易)' 계사전(繫辭傳)에 있는 말.
2) 推(추) : 미루어 살핌. 추찰(推察).
3) 軀殼(구각) : 온 몸의 형체. 몸뚱이.
4) 他底(타저) : 그 성현(聖賢)을 가리킴.
5) 大小大(대소대) : 다소(多少). 허다(許多).
6) 根塵(근진) : 육근(六根)과 육진(六塵). 육근은 사람에게 미혹을 생기게 하는 근원인 눈(眼)·귀(耳)·코(鼻)·혀(舌)·신체(身)·생각(意), 육진은 감각 기관의 대상인 색(色)·소리(聲)·향(香)·맛(味)·촉감(觸)·법(法).
7) 負版之蟲(부판지충) : 벌레의 이름. 등에 물건 지기를 좋아함.

5. 유학(儒學)의 도(道)와 도가(道家)의 도(道)의 상이점
도교를 믿어 양생을 하는 사람이 명도 선생에게
"선생은 무슨 술(術)이 있습니까?" 하고 물었다.
이에 대하여 선생이 말하기를
"나는 언제나 여름에는 베옷을 입고 겨울에는 털옷을 입으며, 배고프면 먹고 목마르면 물을 마시며, 기욕(嗜慾)을 절제하고 심기(心氣)를 안정시킬 뿐이다."라고 하였다.
또 불교의 설(說)은 형이상(形而上)이 될 수 없다고 말하였다.

"석가는 음과 양[陰陽]·낮과 밤[晝夜]·죽음과 삶[死生]·옛 날과 오늘[古今]을 알지 못하니 그것을 어찌 형이상(形而上)이 라 할 수 있으며, 성인과 같다고 할 수 있겠는가."

人有語導氣[1]者 問先生曰 君亦有術乎 曰 吾嘗[2]夏葛而冬裘[3] 飢食而渴飲 節嗜欲[4]定心氣 如斯而已矣
佛氏[5]不識陰陽晝夜死生古今 安得謂形而上[6]者 與聖人同乎

1) 導氣(도기) : 도(道)를 행하여 얻는 양생술(養生術).
2) 嘗(상) : 언제나. 여기서는 상(常)의 뜻.
3) 裘(구) : 모피(毛皮)로 만든 옷. 가죽옷. 털옷.
4) 嗜欲(기욕) : 술·담배·아편 따위의 기호품(嗜好品)에 대한 욕망.
5) 佛氏(불씨) : 석가(釋迦)를 이르는 말. 석씨(釋氏).
6) 形而上(형이상) : 초자연적(超自然的)이고 이성적 사유(思惟)나 독특한 직관(直觀)에 의하여 포착되는 궁극적인 것. 천도(天道). 곧 자연의 도를 말함.

6. 불교의 나쁜 점을 알아야 한다
명도 선생은 불교를 유학(儒學)과 비교하여 불교의 좋지 못한 점을 알아야 한다고 말하였다.

"석가의 설(說)은, 만약 그 설을 궁구하여 무엇을 버리고 취하고자 하면 그 설을 아직 궁구하기도 전에 진실로 자기가 불(佛)에 동화(同化)되어 버린다.

다만 알기 쉬운 구체적인 그의 발자취에 대하여 고찰해 보면 그가 불교(佛敎)를 세운 것이 이와 같았으면 그 마음이 과연 어떠하였었던지 알 수 있다. 그러므로 진실로 불심적(佛心的)인 마음만을 취하고 그의 발자취에 대한 것을 버리기는 어렵다. 이런 불심적인 마음이 있으면 이런 발자취가 있게 마련이다.

왕통(王通)이 마음과 그의 발자취를 구분할 수 있다고 말한 것은 곧 망령된 말이다. 그러므로 실제로 행하고 있는 그들의 발자취에 대하여 성인이 가르친 것과 어떻게 다른가를 단정(斷定)하는 것이 좋다. 불교의 설(說)과 성인의 가르침이 같은 점이 있다면 그것은 우리의 유학속에 이미 말한 것이다. 성인의 가르침에 합치되지 않는 것은 취할 점이 못 되는 것으로, 이와 같이 하면 불교의 옳고 그름을 아는 것은 도리어 쉽게 살필 것이다."

釋氏之說 若欲窮¹⁾其說而去取之 則其說未能窮 固已化而爲佛矣 只且於迹²⁾上考之 其設敎如是 則其心果如何 固難爲取其心 不取其迹 有是心則有是迹 王通³⁾言心迹之判 便是亂說 故不若且於迹上斷定不與聖人合 其言有合處 則吾道固已有 有不合者 固所不取 如是立定却省易

1) 窮(궁) : 궁구(窮究). 연구고찰함.
2) 迹(적) : 마음의 생각이 밖으로 나타나는 것.
3) 王通(왕통) : 수(隋)나라 때의 대유(大儒). 자는 중엄(仲淹). 문중자(文中子)라고도 함.

7. 불로장생(不老長生)한다는 도교의 나쁜 점

누가 묻기를
"신선(神仙) 이야기는 정말로 있는 것입니까?" 하였다.
이에 대하여 명도 선생이 대답하기를
"백일(白日)에 승천(昇天)하는 것같은 이야기는 없고, 산림 속에 살면서 육체를 보양(保養)하고 기(氣)를 단련하여 수명을 더 늘려나간다는 이야기는 있다. 비유컨대 하나의 화로불을 바람 앞에 놓아두면 너무도 쉽게 불타버리고 밀폐(密閉)된 방에 놓아두면 매우 불타기 어려운 것과 같은 이치다."
라고 하였다. 또 묻기를
"양자(揚子)가 말하기를 '성인은 신선을 스승으로 삼지 않으니 그 방법이 다르기 때문이다.' 라고 하였는데, 성인도 이런 일을 할 수 있습니까?"
하니, 대답하기를

"이것은 천지간의 커다란 해독이다. 만약 조화(造化)의 기미를 훔치지 않았다면 어찌 수명을 연장할 수 있겠느냐. 성인이 이것을 할 수 있었다면 주공(周公)과 공자도 그것을 했을 것이다."라고 하였다.

問神仙之說有諸[1] 曰 若說白日飛昇[2]之類則無 若言居山林間 保形鍊氣[3] 以延年益壽[4]則有之 譬如一鑪火 置之風中則易過 置之密室則難過[5] 有此理也 又問 揚子[6]言聖人不師仙 厥術異也 聖人能爲此等事否 曰 此是天地間一賊 若非竊造化[7]之機 安能延年 使聖人肯爲 周孔爲之矣

1) 有諸(유제) : 이것이 있습니까. 제(諸)는 지호(之乎)의 뜻.
2) 白日飛昇(백일비승) : 밝은 대낮에 하늘에 오름. 도교에서 방술(方術)에 따라 신선이 된다는 것. 백일승천(白日昇天).
3) 保形鍊氣(보형련기) : 육체를 보양(保養)하고 기(氣)를 단련시킴.
4) 延年益壽(연년익수) : 수명을 늘려 천수보다 오래살다.
5) 難過(난과) : 매우 불타기 어려움.
6) 揚子(양자) : 전한(前漢) 말기의 학자. 이름은 웅(雄). 자는 자운(子雲).
7) 造化(조화) : 세상 만물을 낳고 육성시키고 소멸시키는 신비하고 위대한 자연의 힘과 이치.

8. 유가와 불교는 근본이 다르다

사현도(謝顯道)가 불교의 설과 우리 유학(儒學)의 같은 점을 열거하여 이천 선생에게 물으니,

선생이 대답하기를

"그와 같이 같은 점이 비록 많다 하더라도 다만 시작되는 근본이 같지 않으니 전부가 같지 않은 것이다."라고 하였다.

謝顯道歷擧佛說與吾儒同處 問伊川先生 先生曰 恁地[1]同處雖多 只是本領[2]不是一齊[3]差却[4]

1) 恁地(임지) : 이와 같이.
2) 本領(본령) : 근본되는 요령. 근본.
3) 一齊(일제) : 전부. 일률(一律).
4) 差却(차각) : 같지 아니함. 상위(相違)함.

9. 불교의 망령된 교리를 비판하다

횡거 선생은 불교의 교리(敎理)를 유학(儒學)의 처지에서 비판하였다.

"불교에서는 천성(天性)을 망령된 뜻으로 여기니 천성이 천(天)의 작용 범위 밖에서는 나올 수 없음을 모르는 것이다.

도리어 육근(六根)의 미미(微微)한 것으로써 천지와 인연(因緣)한다고 하니 도리를 밝게 밝히지 못한 것이다. 그들의 인식은 확실히 착오(錯誤)가 있어 천지일월을 환망(幻妄)이라 잘못 생각하고 있다.

그 마음의 작용은 일신의 미소함에 가리어져 있고 그 뜻은 허공의 커다란 기(氣)에 빠져 세상을 공허(空虛)한 실제로 여기고 있다. 이런 까닭으로 큰 것을 말하거나 작은 것을 말하여도 진실로부터 멀어져 중정(中正)을 잃으니 그 허물이 크도다.

그들이 천지 사방 온 우주를 작은 먼지와 같이 보는 것은 그 작은 것으로 가리워져 있기 때문이다. 인간 세상을 한낱 꿈이나 환상으로 여기는 것은 인간 세상의 사리(事理)를 궁구하여 밝히지 않았기 때문이다. 사리의 궁구함을 알지 못하고 천성(天性)을 다 하였다고 말할 수 있겠는가?

이것을 알지 못하는 것이 없다고 말할 수 있겠는가? 온 우주를 먼지로 보는 것을 하늘과 땅을 궁구했다고 말할 수 있겠는가? 인간 세상을 꿈과 환상같이 보는 것은 그 천성을 따라 인간 세상의 사리를 밝게 구명하지 못한 것이다."

또 도가(道家)의 유무론(有無論)을 인정할 수 없다고 말하였다.

"대역(大易)에서는 있고 없는 것을 말하지 않는다. 있고 없는 것을 말하는 것은 제자(諸子 : 道家)의 천박하고 비루한 의견이다."

　　橫渠先生曰 釋氏妄意天性 而不知範圍之用 反以六根之微 因緣[1] 天地 明不能盡 則誣天地日月爲幻妄 蔽其用於一身之小 溺其志於虛空之大 此所以語大語小 流遁失中 其過於大也 塵芥[2]六合[3] 其蔽於小也 夢幻人世謂之窮理可乎 不知窮理 而謂之盡性可乎 謂之無不知可乎 塵芥六合 謂天地爲有窮也 夢幻人世 明不能究其所從也 大易[4]不言有無 言有無 諸子[5]之陋也

1) 因緣(인연) : 서로 관련이 되게 되는 원인(原因). 직접적으로 강한 원인을 인(因), 간접적으로 약한 원인을 연(緣)이라 함.
2) 塵芥(진개) : 아주 작은 먼지.
3) 六合(육합) : 하늘과 땅, 그리고 동·서·남·북의 사방. 온 우주.
4) 大易(대역) : '주역(周易)'을 높여 부른 것.
5) 諸子(제자) : 춘추전국 시대에는 여러 학파의 여러 학자들의 설(說)이 난무(亂舞)하였다. 도가(道家)·묵가(墨家)·법가(法家)·음양가(陰陽家)·종횡가(縱橫家) 등 여러 학파를 백가(百家)라 이르고, 각 학파에 속하는 노자(老子)·장자(莊子)·열자(列子)·순자(荀子)·한비자(韓非子)·안자(晏子)·관사(管子) 등의 학사들을 제사(諸子)라 일컬었다. 유무설(有無說)은 도가(道家)의 노자·장자 등이 말한 것임.

10. 유학(儒學)으로 불교를 비판하다

　횡거 선생은 유학(儒學)의 이론을 근거로 하여 불교를 공박하였다.

　"불교에서는 귀신의 존재를 믿어 사람이 죽으면 육체는 소멸(消滅)되고 혼백은 생(生)을 받아 다시 태어나는 것으로 알고 있다.
　따라서 고생이 싫어 고생을 면하려고 하는 자들이 귀신을 안다고 할 수 있는가. 인생을 환각된 생각으로 보는 자들이 사람의 생과 사를 안다고 할 수 있겠는가. 하늘과 사람을 하나의 물(物)로 보아 문득 생(生)을 취하고 버린다는 자들이 하늘을 안다고 할 수 있겠는가.
 공자나 맹자가 말한 하늘을 그들은 이른바 도(道)라고 여기니, 미혹(迷惑)된 자가 떠도는 혼백을 가리켜 변(變)이라 하고 윤회(輪廻)라 한 것은 깊이 생각한 것이 아니다.
 대학(大學)에서는 마땅히 먼저 천덕(天德)을 알아야 하고, 천덕을 알면 성인을 알게 되고 귀신을 알게 된다고 하였다. 이제 불교에서 주장하는 바의 요점은 반드시 생과 사의 유전(流轉)은 도를 얻지 않으면 면할 수 없다고 한다. 이것을 도를 깨달았다고 할 수 있겠는가.
 불교의 설(說)이 중국에 불 붙듯이 전파되어 유자(儒者)가 아직 성인의 학문의 입문 과정(入門課程)을 마치기도 전에 이미 이끌려 취하고 서로 물든 그들 사이에서는 그것을 가리켜 대도(大道)라고 한다.
 이에 그 설이 천하에 널리 퍼져 착한 사람이나 악한 사람이나, 지혜로운 사람이나 어리석은 사람이나, 남자나 여자, 남자 종이나 여자 종 등의 많은 사람들이 그것을 믿기에 이르렀다.
 비록 영재(英才)나 호걸(豪傑)이라 하더라도 이러한 기풍(氣風) 속에서 태어나면 어릴 때부터 보고 듣는 데에 익숙하여져 거기에 빠지게 되고, 자라서는 속된 선비가 숭상하는 유불 혼합(儒佛混合)의 말을 배우게 되어 드디어는 모르는 사이에 이단(異端)의 설(說)을 구사(驅使)하게 된다. 그리하여 성인은 수양을 쌓지 않아도 될 수 있고 대도(大道)는 배우지 않아도 알 수 있는 것이라고 여기게 된다. 그러므로 성인의 마음을 알지 못하여 성인의 자취를 좇을 필요가 없다고 생각한다. 군자의 뜻을 알지 못하고 또 그의 글을 배울 필요가 없다고 생각한다.
 이래서 인륜(人倫)을 밝게 살필 수 없고, 만물의 이치를 밝히지 못하여, 정치는 어지럽고, 도덕은 문란하게 되니 이것은 이단(異端)의 말이 귀에 가득하게 들어오기 때문이다.
 윗사람이 무례(無禮)하니 그 허위(虛僞)를 막을 수 없고, 아랫사람이 배우지 않으니 그 폐단(弊端)을 살필 수 없다. 예로부터 치우치고 음란하며 사특한 말이 함께 일어나는 것은 모두가 불문(佛門)에서 나온 것으로 1천 5백년이나 되었다.
　오로지 유학의 처지로 독립하여 두려워하지 않고 오직 정(精)하고 오직 유일한 도심만을 스스로 믿으며 남보다 뛰어난 재주가 있는 사람이 아니면, 어떻게 그 불교가 세상을 풍미하는 가운데 바르게 서서 더불어 시비(是非)를 가리고 득실(得失)을 헤아릴 수 있겠는가."

　浮圖[1]明鬼 謂有識之鬼 受生循環 遂厭苦求免 可謂知鬼乎 以人生爲妄見[2] 可謂知人乎 天人一物 輒生取舍 可謂知天乎 孔孟所謂天 彼所謂道 惑者指遊魂[3]爲變爲輪廻[4] 未之思也 大學當先知天德 知天德則知聖人 知鬼神 今浮圖劇論[5]要歸 必謂死生流轉[6] 非得道不免 謂之悟道可乎 自其說熾傳[7]中國 儒者未容窺聖學門牆 已爲引取 淪胥[8]其間 指爲大道 乃其俗達之天下 致善惡知愚 男女臧獲[9] 人人著信 使英才間氣[10] 生則溺耳目恬習之事 長則師世儒[11]崇尙之言 遂冥然被驅 因謂聖人可不修而至 大道可不學而知 故未識聖人心 已謂不必求其迹 未見君子志 已謂不必事其文 此人倫所以不察 庶物所以不明治所以忽 德所以亂 異言滿耳 上無禮以防其僞 下無學以稽其弊 自古詖[12]淫邪遁之辭 翕然[13]竝興 一出於佛氏之門者千五百年 向非獨立不懼 精一自信 有大過人之才 何以正立其間 與之較是非 計得失哉

1) 浮圖(부도) : 불교 Budda의 음역(音譯)으로 부도(浮屠)라고도 씀.
2) 人生爲妄見(인생위망견) : 인생을 허망한 것으로 보다. 석가는 인생을 환화(幻化)라고 하였음.
3) 遊魂(유혼) : 육체를 떠난 혼백(魂魄)이 떠돌아다니는 것.
4) 輪廻(윤회) : 수레바퀴가 끝없이 돌고 도는 것같이 중생의 영혼은 멸하지 않고 몸을 다시 받고 또 다시 받아 돌아 시작도 없고 끝도 없이 계속하여 돌고 돈다는 것.
5) 劇論(극론) : 자기 주장을 힘껏 세워 의논함.
6) 流轉(유전) : 끊임없이 변천(變遷)함. 사람의 영혼이 변전(變轉)하여 그치

지 않는 것.
7) 熾傳(치전) : 불길같이 전파됨.
8) 淪胥(윤서) : 서로 이끌려 물들다.
9) 臧獲(장획) : 종. 노비(奴婢). 장은 남자 종. 획은 여자 종.
10) 間氣(간기) : 호걸(豪傑).
11) 世儒(세유) : 세상의 속된 유자(儒者). 속유(俗儒).
12) 詖(피) : 치우침. 편피(偏陂).
13) 翕然(흡연) : 모여드는 모양. 일치 합동(一致合同)하는 모양.

제14권 성인과 현인의 기상
(第十四卷 聖賢氣象篇 凡二十六條)

공자(孔子)는 만물의 근원이 되는
온 천지(天地)의 기(氣)와 같고,
안자(顔子)는 만물을 탄생하게 하는
봄의 기운과 같고,
맹자(孟子)는 만물이 여물어 가는
가을의 기운과 같은 것으로
가을의 모든 것을 다 볼 수 있는 것이다.
공자는 포용하지 않는 것이 없고,
안자는 인을 어기지 말라는 것을 보여주었으며
맹자는 그 재주를 잘 드러내어
때가 그를
그렇게 만들었을 따름이다.

제14권 성인과 현인의 기상
(第十四卷 聖賢氣象篇 凡二十六條)

1. 나면서부터 아는 것과 배워서 아는 것

명도 선생은 선천(先天)·후천(後天)의 구분은 있어도 덕(德)이 있는 이는 다 성인이라고 말하였다.

"요(堯)임금과 순(舜)임금은 우열(優劣)의 차이가 없고, 탕왕(湯王)과 무왕(武王)에 이르러서는 차별이 있었다. 맹자(孟子)는 나면서부터 안다는 것과 배워서 안다는 것을 말하였으니, 예로부터 이와 같은 말을 한 사람이 없고 다만 맹자가 분별하여 나온 것이다.

요임금과 순임금은 태어나면서부터 알고 있었다는 것이니, 탕왕과 무왕은 배워서 알 수 있었다는 것이다. 문왕(文王)의 덕(德)은 요임금·순임금과 비슷하고, 우왕(禹王)의 덕은 탕왕·무왕과 비슷하다. 이것을 요약하면 그들은 모두 성인이라는 것이다."

明道先生曰 堯與舜[1]更無優劣 及至湯武[2]便別 孟子言性之[3]反之[4] 自古無人如此說 只孟子分別出來[5] 便知得堯舜是生而知之 湯武是學而能之 文王[6]之德則似堯舜 禹[7]之德則似湯武 要之皆是聖人

1) 堯與舜(요여순) : 요임금과 순임금. 순임금은 요임금으로부터 선양(禪讓)받음. 둘 다 성군으로 일컬어짐.
2) 湯武(탕무) : 중국 은(殷)나라를 세운 탕왕과 주(周)나라를 세운 무왕.
3) 性之(성지) : 나면서부터 알고 있음.
4) 反之(반지) : 배워서 아는 것.

5) 出來(출래) : 그렇게 되었음.
6) 文王(문왕) : 고대 중국의 주나라를 세운 무왕(武王)의 아버지.
7) 禹(우) : 우임금. 고대 중국 하(夏)나라를 세운 임금. 치수사업의 공이 있어 순임금으로부터 선양받음.

2. 공안맹(孔顔孟)의 기품과 증자의 전도(傳道)

명도 선생은 공자(孔子)와 안자(顔子)·맹자(孟子)의 성질과 기품(氣稟)을 비교하여 말하였다.

"공자는 만물의 근원이 되는 온 천지의 모든 기(氣)와 같고, 안자는 만물을 탄생하게 하는 봄의 기운과 같고, 맹자는 만물이 여물어 가는 가을의 기운과 같은 것으로 가을의 모든 것을 다 볼 수 있는 것이다.

공자는 포용하지 않는 것이 없고, 안자는 인을 어기지 말라는 것을 보여주어 어리석은 자라도 후세사람에게 배움이 있게끔 하여 자연의 온화한 기운과 같이 말하지 않고도 교화(敎化)할 수 있었다. 맹자는 그 재주를 잘 드러내어 때가 그를 그렇게 만들었을 따름이다.

공자는 하늘과 땅이요, 안자는 온화한 바람과 경사스러운 구름이요, 맹자는 태산과 같은 암암(巖巖)한 기상이다. 이러한 것은 그들의 말을 살펴 보면 모든 것을 다 알 수 있다.

공자는 자취가 없고, 안자는 약간의 자취가 있으며, 맹자는 그 자취가 뚜렷하다.

공자는 명랑하고 쾌활한 사람이요, 안자는 편안하게 즐기는 사람이요, 맹자는 웅변에 뛰어난 사람이다."

또 증자(曾子)의 전도(傳道)의 업적과 기상을 기리어 말하였다.

"증자(曾子)가 성인의 학문을 전하였다. 그 덕(德)이 마침내 헤아릴 수 없는 지경에 다달은 것이다. 이 어찌 성인의 경지에 이르지 못하는 것을 알 수 있으랴.

그가 죽기 전에 '내가 바른 것을 얻고 죽으면 또 무엇을 더 구하랴' 하고 죽었다. 이것은 또 언어와 문자를 빌리지 않더라도 다만 그의 기상이 지극히 좋아 그가 보는 범위가 넓음을 알 수 있다.
　후세 사람들은 비록 좋은 말을 입으로는 할 수 있지만 기상이 워낙 비천하여 마침내 도(道)와 같이 벗할 수는 없다."

　　仲尼元氣[1]也 顔子春生[2]也 孟子幷秋殺[3]盡見 仲尼無所不包 顔子示不違如愚之學於後世 有自然之和氣 不言而化者也 孟子則露其才 蓋亦時焉而已 仲尼天地也 顔子和風慶雲[4]也 孟子泰山巖巖[5]之氣象也 觀其言皆可見之矣 仲尼無迹 顔子微有迹 孟子其迹著 孔子儘是明快人 顔子儘豈弟[6] 孟子儘雄辯
　　曾子[7]傳聖人學 其德後來不可測 安知其不至聖人 如言吾得正而斃 且休理會文字 只看他氣象極好 被他所見處大 後人雖有好言語 只被氣象卑 終不類道

1) 元氣(원기) : 만물의 근원이 되는 온 천지의 기운.
2) 春生(춘생) : 만물을 낳게 하는 봄의 기운.
3) 秋殺(추살) : 만물이 여물어 가는 가을의 기운.
4) 慶雲(경운) : 경사가 있을 조짐의 구름. 서운(瑞雲).
5) 巖巖(암암) : 바위가 우뚝우뚝 솟아 있어 위엄이 있어 보이는 모양.
6) 豈弟(개제) : 편안하게 즐김.
7) 曾子(증자) : 공자의 제자. 이름은 삼(參).

3. 경서는 자사와 맹자로 인하여 전하여졌다
　명도 선생은 경서(經書)가 바르게 전하여진 경위를 말하였다.
　"경전(經典)의 뜻을 바르게 후세에 전수(傳授)하기는 어려운 일이다. 성인(공자)이 돌아가신 지 백 년이 되어서 경(經)의 해석에 차이가 생겼다. 성인의 학문은 만약 자사(子思)와 맹자가 아니었으면 거의 끊어지고 말았을 것이다. 그러나 성인의 도가 어찌 없어질 수 있겠는가.
　다만 사람이 그것을 배우려고 하지 않기 때문이요 성인의 도는 없어지지 않는 것이다. 주나라의 도는 없어지지 않았으나 유왕(幽王)과 여왕(厲王)은 도를 따르지 않았던 것 뿐이다."

또 순자(荀子)와 양웅(揚雄)의 잘못을 말하였다.

"순자(荀子)는 재주가 많아 그 허물이 많았고, 양웅(揚雄)은 재주가 적어 그 허물이 적었다."

또 순자(荀子)와 양웅(揚雄)을 비교하여 말하였다.

"순자(荀子)는 극히 편협하여 다만 인간의 천성은 악한 것이라는 한 마디로 큰 근본을 잃어버렸다. 양자(揚子)는 비록 허물이 적다 하나 자기 스스로 성(性)을 알지 못하였으니 다시 무슨 도를 설명할 수 있겠는가."

傳經[1]爲難 如聖人之後纔百年 傳之已差 聖人之學 若非子思[2]孟子 則幾乎息矣 道何嘗息 只是人不由之 道非亡也 幽厲[3]不由也
荀子[4]才高其過多 揚雄[5]才短其過少
荀子極偏駁[6] 只一句性惡 大本已失 揚子雖少過 然已自不識性 更說甚道

1) 傳經(전경) : 경전(經典)의 뜻을 주해(註解)함.
2) 子思(자사) : 전국 시대의 학자. 성은 공(孔), 이름은 급(伋), 자사(子思)는 그의 자. 공자의 손자이며, 증자(曾子)의 제자이고, 맹자의 스승임.
3) 幽厲(유려) : 주(周)나라의 폭군이었던 유왕(幽王)과 여왕(厲王).
4) 荀子(순자) : 이름은 황(況), 자는 경(卿). 전국 시대 말기의 유학자로 맹자의 성선설(性善說)에 대하는 성악설(性惡說)을 주장함으로써 맹자와 대립하였음. 존칭하여 순자(荀子)라고 함.
5) 揚雄(양웅) : 한(漢)나라 때 사람으로, 자는 자운(子雲). 성선(性善)과 성악(性惡)을 혼합하여 주장하였음.
6) 偏駁(편박) : 치우쳐 공평하지 못함.

4. 동중서를 찬양하고 양웅을 공격했다

명도 선생은 동중서(董仲舒)의 뛰어난 점을 말하였다.

"동중서(董仲舒)가 말하기를 '그 의(義)를 바르게 하고 그 이(利)를 꾀하지 않으며, 그 도(道)를 밝히고 그 공(功)을 헤아리지 않는다'고 하였다. 이것은 동중서가 여러 사상가보다 탁월한 까닭이다."

또 모장(毛萇)·동중서(董仲舒)·양웅(揚雄)을 비교하였다.

"한(漢)나라의 유가(儒家)중에서는 모장(毛萇)·동중서(董仲舒) 같은 이가 가장 많이 성현(聖賢)의 뜻을 얻었다고 할 수 있다. 그러나 도(道)를 보는 것이 매우 분명하지 않았다. 더 내려가 양웅(揚雄)에 이르러서는 규모가 더욱 좁아졌다."

또 한(漢)나라 왕위를 찬탈(簒奪)한 왕망(王莽)을 섬긴 양웅(揚雄)을 공격하였다.

"임희(林希)라는 학자는 양웅(揚雄)은 작은 녹봉이라도 달게 받고 자신의 재능을 숨기고 일하는 자라고 말하였다. 양웅은 후세 사람들이 다만 그의 저서를 보고 판단하여 옳다고 보지만, 어떻게 왕망(王莽)을 섬긴 것을 옳다고 보겠는가."

董仲舒[1]曰 正其義不謀其利 明其道不計其功 此董子所以度越[2] 諸子

漢儒如毛萇[3]董仲舒 最得聖賢之意 然見道不甚分明 下此卽至揚雄 規模又窄狹[4]矣

林希[5]謂揚雄爲祿隱[6] 揚雄後人只爲見他著書 便須要做他是 怎生做得是

1) 董仲舒(동중서) : 전한(前漢) 무제(武帝) 때의 유학자. 그를 높여 동자(董子)라고 함.
2) 度越(도월) : 매우 뛰어남. 탁월(卓越).
3) 毛萇(모장) : 한(漢)나라 때의 학자. 일명 소모공(小毛公)이라고도 하며, 오늘날의 '시경(詩經)'은 그에 의하여 전해진 것이라 함.
4) 窄狹(착협) : 몹시 좁음. 협착(狹窄).
5) 林希(임희) : 송(宋)나라 때의 학자. 자는 자중(子中).
6) 祿隱(녹은) : 작은 녹(祿)이라도 달게 여기며 자신의 재능을 숨기고 일을 하는 것.

5. 명도 선생이 제갈공명을 논평했다

명도 선생은 제갈공명(諸葛孔明)에 대하여 평하였다.

"제갈공명(諸葛孔明)은 왕을 보좌(補佐)할 마음은 있었으나 도(道)를 다하지는 못하였다. 왕자(王者)는 하늘과 땅이 사사로운 마음이 없는 것과 같이 하나의 불의(不義)를 행하여 천하를 얻는 일은 하지 않는다. 공명은 반드시 성취하기 위해 유장(劉璋)을 취하였다. 성인은 차라리 성취하지 못할지언정 그런 일은 하지 않는다.

그러나 유표(劉表)의 아들 종(琮)이 장차 조공(曹公)에게 항복하려 할 때 그를 취하여 유씨(劉氏)의 한실(漢室)을 다시 일으키려고 한 것은 옳은 일이었다."

또 제갈량(諸葛亮)을 평하기를

"제갈무후(諸葛武侯)는 가히 유자(儒者)의 기상(氣象)이 있었다."라고 하였다.

또 말하기를

"제갈공명(諸葛孔明)이 한실(漢室)을 부흥(復興)시켰다면 아마도 예악(禮樂)을 다시 일으켰을 것이다."라고 하였다.

孔明¹⁾有王佐之心 道則未盡 王者如天地之無私心焉 行一不義而得天下不爲 孔明必求有成而取劉璋²⁾ 聖人寧無成耳 此不可爲也 若劉表³⁾子琮⁴⁾ 將爲曹公⁵⁾所幷 取而興劉氏可也

諸葛武侯⁶⁾有儒者氣象

孔明庶幾⁷⁾禮樂

1) 孔明(공명) : 제갈량(諸葛亮). 제갈은 성, 량(亮)은 이름. 공명은 자. 삼국시대(三國時代) 촉(蜀)나라의 승상(丞相)으로, 유비(劉備)를 섬겨 한실(漢室)의 부흥(復興)을 꾀하다 뜻을 이루지 못하였음.
2) 劉璋(유장) : 한(漢)나라 말기 익주(益州)의 목(牧)이었는데, 공명은 유비(劉備)를 도와 익주를 쳐 취하였음.

3) 劉表(유표) : 한(漢)나라 말기 형주(荊州)의 목사로 조조(曹操)에게 패주(敗走)한 유비를 후(厚)하게 접대하였음.
4) 琮(종) : 형주의 목사인 유표의 아들.
5) 曹公(조공) : 삼국 시대 삼국 중 가장 위세를 떨치던 위(魏)나라의 왕. 이름은 조(操)요, 자는 맹덕(孟德).
6) 諸葛武侯(제갈무후) : 제갈량(諸葛亮)이 무향후(武鄕侯)에 봉(封)하여졌고, 사후에는 충무후(忠武侯)라는 시호(諡號)를 받았으므로 무후(武侯) 또는 제갈무후(諸葛武侯)라 일컫는다.
7) 庶幾(서기) : 아마도, 거의.

6. 문중자는 숨은 군자이다

명도 선생은 문중자(文中子)를 평하여 말하였다.
"문중자(文中子)는 본래 한 명의 숨은 군자이다. 그런데 세상 사람들이 자주 그의 의론(議論)을 끌어다 모아 책을 이루게 되었다. 그 가운데에는 극히 훌륭한 격언들도 있어 순자(荀子)나 양자(揚子)의 도(道)로서는 이르지 못한 것이 있다."

文中子¹⁾本是一隱君子 世人往往得其議論 附會²⁾成書 其間極有格言 荀揚道不到處

1) 文中子(문중자) : 수(隋)나라 말기의 학자인 왕통(王通)을 이르는 말. '문중자(文中子)'라는 저서도 있음.
2) 附會(부회) : 여러 곳에 흩어져 있는 것을 모으는 것. 억지로 끌어다 모음.

7. 명도 선생은 한유(韓愈)를 논평하였다

명도 선생은 한유(韓愈)의 '원도(原道)'를 평하여 말하였다.
"한유(韓愈)도 또한 근세의 호걸지사(豪傑之士)다. '원도(原道)'와 같이 글 속의 말이 비록 결점이 있기는 하지만, 맹자 이후에 능히 이와 같이 큰 견식(見識)을 깊이 간직한 이는 겨우 이 사람뿐이다.

　맹자를 평하여 '순(醇)하고도 순(醇)하다'고 단정하였고, 또 순자(荀子)와 양자(揚子)에 대하여는 '도(道)를 택(擇)하는 데 있어 순일하지 않아서 도를 말하는 데 있어 자상하지 않다.'라고 하였다.

　만약 정말로 그의 도를 알지 못하였다면 어찌 천여 년이 지난 후의 판단이 이처럼 분명할 수 있겠는가."

　또 '원도(原道)'의 이론이 지당하다고 말하였다.

　"학문의 근본은 덕(德)을 닦는 것으로 덕이 있은 연후에 말이 있는 것이다. 한퇴지(韓退之)는 도리어 거꾸로 배워, 문장을 배움으로 인하여 날마다 이해할 수 없는 것을 추구하여 드디어 얻은 바가 있었다.

　예를 들면 맹자가 죽은 뒤에 그의 설(說)이 전하여지지 않는다고 하였는데, 이와 같은 말은 앞사람들의 설을 따른 것도 아니요, 또 빈말로 만들어질 수 있는 것도 아니다.

　반드시 소견이 있어야 되는 것이니 만약 소견이 없었다면 어떤 일을 전하여 말해야 되는지 몰랐을 것이다."

　韓愈[1]亦近世豪傑之士 如原道[2]中言語雖有病 然自孟子而後 能將許大見識尋求者 才見此人 至如斷曰孟子醇乎醇 又曰荀與揚擇焉而不精 語焉而不詳 若不是他見得 豈千餘年後 便能斷得如此分明　學本是修德 有德然後有言 退之却倒[3]學了 因學文 日求所未至 遂有所得 如曰軻之死不得其傳[4] 似此[5]言語 非是蹈襲前人 又非鑿空[6]撰得出 必有所見 若無所見 不知言所傳者何事

1) 韓愈(한유) : 당(唐)나라 덕종(德宗) 때의 학자. 자는 퇴지(退之).
2) 原道(원도) : 한유(韓愈)가 도(道)의 근원을 논(論)한 글. 노장(老莊)의 학(學)과 불교를 비판하였음.
3) 却倒(각도) : 도리어 거꾸로 됨.
4) 軻之死不得其傳(가지사부득기전) : 맹자가 죽은 후에는 그 도가 전해지지 않았다. 한유(韓愈)의 '원도(原道)'에 있는 말로, 성인의 도는 요(堯)·순

(舜)・우(禹)・탕(湯)・문왕(文王)・무왕(武王)・주공(周公)・공자(孔子)・맹자(孟子)의 순으로 이어졌다고 말하고, 맹자 사후에 그 도통(道統)이 끊어졌다고 말하였음. 가(軻)는 맹자의 이름.
5) 似此(사차) : 이와 같이. 여차(如此).
6) 鑿空(착공) : 공론(空論)을 말함. 쓸데없는 주장.

8. 염계 선생의 인품을 논평하다

명도 선생이 염계(濂溪) 선생의 인품(人稟)을 말하였다.
"주무숙(周茂叔)은 가슴속이 쇄락(灑落)하니 상쾌한 바람과 비갠 뒤의 달과 같다.
정사(政事)를 함에 있어서는 치밀하고 엄숙하고 관대하여 도리를 다함에 힘썼다."

周茂叔[1]胸中灑落 如光風霽月[2] 其爲政精密嚴恕[3] 務盡道理

1) 周茂叔(주무숙) : 송(宋)나라 때의 학자. 이름은 돈이(敦頤), 무숙(茂叔)은 그의 자. 염계 선생(濂溪先生)을 말함.
2) 光風霽月(광풍제월) : 상쾌한 바람과 비갠 뒤의 맑은 달. 청명화락(淸明和樂)한 기상(氣象)을 형용하는 말.
3) 嚴恕(엄서) : 엄숙하고 관대함.

9. 명도 선생의 성품과 업적을 말하다

이천 선생이 명도 선생의 행장(行狀)을 지어 말하기를
"선생의 타고난 성품이 남과 다르고 마음을 바르게 기르려는 도(道)가 가득찼었다.
그의 천품(天稟)은 순수하기가 세공한 금(金)과 같고 그의 온화하고 윤택한 덕(德)은 질(質) 좋은 옥(玉)과 같아서, 관대하면서도 절제가 있고 유화(柔和)하면서도 절도(節度)가 있어 방종으로 흐르지 않았다. 충성은 금석(金石)을 꿰뚫었고 효제(孝

悌)는 귀신들도 알아볼 수가 있었다.

　그의 안색을 살펴보면 남을 대할 때에는 봄날의 태양과 같이 온화하였고, 그의 말을 들으면 때 맞추어 내리는 비가 대지(大地)를 윤택하게 적시듯 사람의 마음에 스며들었다.

　그의 흉금(胸襟)은 뚜렷하게 틔어 있어 투명(透明)하고, 그의 온축(蘊蓄)된 학식을 헤아리면 넓고 넓어 푸른 바다의 끝없음과 같으며, 그의 덕(德)은 극치에 이르러 어떤 아름다운 말로도 이루 형용할 수가 없다.

　선생은 자기의 도(道)를 행함에 있어 안으로는 공경된 마음을 주로 하고, 행동에 있어서는 관용(寬容)을 실천하였다. 남의 선행(善行)을 보면 자기가 행한 것처럼 기뻐하고, 자기가 좋아하지 않는 것을 남에게 시키지 않았다.

　인(仁)에 살면서 의(義)를 행한다는 말과 같은 바른 대도(大道)를 행하였고, 말에는 이치가 있고 행함에는 떳떳한 도가 있었다.

　선생이 학문을 시작한 것은 15, 6세 때였다. 여남(汝南)의 주무숙(周茂叔)이 도(道)를 논(論)하는 것을 듣고는 마침내 과거(科擧)시험 치르는 일을 혐오(嫌惡)하고 개연(慨然)히 도를 구할 뜻을 가졌다. 그러나 그 요령을 알지 못하여 제가(諸家)의 설(說)들을 되는 대로 구하였으며 도가(道家)와 불가(佛家)의 학(學)에 10년 간이나 드나들었다. 다시 성인의 6경(六經)으로 돌아와 구하기 시작한 후에 도를 얻었다.

　선생은 다른 모든 일에도 밝아 인륜을 잘 살폈다. 사람의 본성을 다하여 천명(天命)을 이루려면 반드시 효제(孝悌)를 근본으로 삼아야 하고, 이 세상 만물의 변화를 궁구하여 이법(理法)을 다하고 예악(禮樂)에 통달해야 한다는 것을 알았다.

　정도와 비슷한 이단(異端)의 잘못을 분별하여 백대(百代)의 의혹을 풀어 진리를 밝히었으니, 진한(秦漢) 이래로 그의 성과에 따르는 도리를 밝힌 사람은 없다. 맹자가 죽은 후 성인의 학문이 전해지지 않았다고 생각하여 사문(성인의 학문)을 다시 일으키는 것을 자신의 임무로 여기었다.

그가 말하기를 '성인의 도가 세상에 밝혀지지 않는 것은 이단의 해(害)다.'라고 하였다. 옛날 양가(楊家)·묵가(墨家)·법가(法家) 같은 이단의 해(害)는 그 주장이 얕고 가까워 옳고 그름을 알기 쉬웠으나, 오늘날의 노장이나 불교 같은 이단의 해는 그 주장이 깊고도 심오하여 옳고 그름을 가려내기 어렵다. 옛날에 사람을 미혹(迷惑)하게 한 것은 사람이 혼미(昏迷)하고 우매한 때를 틈탄 결과이며, 오늘날 사람의 마음에 이단이 침입하는 것은 사람들의 식견이 높고 명석함을 이용한 것이다.

도가나 불가의 설은 스스로 신묘(神妙)한 이치를 궁구하여 통달하였고, 만물이 변화하는 법칙을 안다고 하면서 천하 만물의 개벽과 인간의 지식을 열어 사업을 이루기에는 능력이 부족하다.

또 그들의 말은 인간의 일에 두루 미치지 않는 데가 없지만 실로 인간의 윤리를 도외시(度外視)하고 있다. 결국 깊고 오묘한 이치를 궁구하여 지극히 미묘한 데에 이르렀다 해도 요순(堯舜)의 도에 들어갈 수는 없는 것이다.

이제 천하의 학문하는 사람들은 천박하고 비루하고 고집스럽지 않으면 반드시 도가나 불가같은 이단에 빠져있다고 할 수 있다. 이것은 올바른 성인의 도가 밝혀지지 않은 까닭이다.

또 사특하고 헛되며 근거없이 요사스럽고 괴이한 설이 다투어 일어나 무지한 백성의 귀와 눈을 가리고 세상을 어지럽고 더러운 수렁 속에 빠져들게 하였다.

비록 재주가 뛰어나고 밝은 지혜가 있는 사람이라도 보고 듣는 일상의 것에 얽매여 살다가 죽을 때까지 그것에 사로잡혀 스스로 깨닫지 못한다. 이것은 모두 성인의 바른 길에 잡초가 우거지고, 성인의 도로 나아가는 문이 가려지고 막혀졌기 때문이다. 이런 장애물들을 끊어 제거한 다음에야 비로소 성인의 도에 들어갈 수 있는 것이다.

선생이 조정(朝廷)에 나아가면 그러한 일들을 깨우칠 것이며, 물러나면 책을 지어 도를 밝힐 것인데 불행하게도 일찍 세상을 떠나서 모두 완성하지 못하였다.

선생이 남긴 글은 의리를 정밀하게 분석한 것으로 후세에 전하게 되었으며 이것은 배우는 사람들에게 전승되어 온 것이다.

선생의 문하(門下)에는 학자가 많았다. 선생의 말이 평이(平易)하여 알기 쉬웠기 때문에 현명한 사람이나 어리석은 사람 모두 이익을 얻었다. 많은 사람들이 함께 냇가에서 물을 마시는 것처럼 각자가 마음껏 마실 수 있었다.

선생이 사람을 가르치는 데에는 격물치지(格物致知)에서부터 지어지선(至於止善)까지, 성의정심(誠意正心)에서부터 치국평천하(治國平天下)까지, 쇄소응대(灑掃應待)에서부터 궁리진성(窮理盡性)까지의 정연한 차례가 있었다. 세속(世俗)의 학자들이 가까운 것은 버리고 먼 것을 추구하며, 아래에 있으면서 높은 것을 엿보아 경솔하고 거만해져 마침내 성취함이 없는 것을 걱정하였다.

선생은 외물에 접해서는 분별하고 판단하는 것이 빈틈이 없었으며 외물의 접촉으로 인하여 모든 것을 느끼어 통달하였다. 사람을 가르칠 때는 그 능력에 따라 가르쳐 배우는 사람도 따르기 쉬웠고, 사람을 나무라는 일이 있어도 그 사람이 원망하지 않았다.

현명하거나 어리석거나, 선하거나 악하거나 구별함이 없이 모두 그들을 감복(感服)시켜 교활하고 거짓된 사람도 그에게는 정성을 바쳤고, 난폭하고 교만한 사람도 그에게 공경을 다하였다.

멀리서 듣는 사람은 감복하고, 가까이서 그의 덕(德)을 보는 사람은 그에게 심취(心醉)하였다. 비록 소인(小人)의 무리가 선생의 참뜻과 달라 이해(利害) 관계로 때에 따라 배척한 때도 있었지만, 벼슬에서 물러난 뒤의 그의 사적(私的)인 생활을 살펴보고는 선생을 군자라고 생각하지 않은 사람이 없었다.

선생은 정사(政事)를 할 때 관대(寬大)함으로 악을 다스렸고, 번잡한 것을 여유 있게 처리하였다. 법령이 번거롭고 면밀(綿密)하더라도 일반의 부리는 사람과 같이 법령의 조목대로 실행하여 일찍이 책임을 회피하려 하지 않았다.

사람들은 모두 법령의 조항에 구애(拘碍)되어 시달릴 때 선생은 태연하게 그것에 대처(對處)하였다. 많은 사람이 행하기에 어려운 일이라고 걱정할 때 선생은 문제없이 해결하였다. 비록 뜻하지 않은 급박한 일을 당하더라도 음성과 안색의 동요가 없었다.

감사(監司)들이 다투어 하급 관리들을 엄격하게 대할 때에도 선생은 오히려 관대하고 온후한 태도로 대하였다.

어떤 일을 만들어 실행하려고 할 때에는 선생에게 의뢰하였고, 선생이 만든 강령(綱領)의 조목이나 법도는 다른 사람들도 모방하여 만들 수 있는 것이었다.

그러나 도(道)에 이르르면 좇아오고 잘 움직이면 화(和)하고, 사물을 구하지 않아도 저절로 사물이 응해 오고, 믿음을 베풀지 않아도 백성들이 스스로 믿는 일은 사람으로서는 누구도 미칠 수 없는 일이었다."

伊川先生撰明道先生行狀[1]曰 先生資稟[2]旣異 而充養有道 純粹如精金 溫潤如良玉 寬而有制 和而不流 忠誠貫於金石 孝悌通於神明 視其色 其接物也如春陽之溫 聽其言 其入人也如時雨[3]之潤 胸懷[4]洞然[5] 徹視無間 測其蘊[6] 則浩乎若滄溟[7]之無際 極其德 美言蓋不足以形容 先生行己[8] 內主於敬 而行之以恕 見善若出諸己 不欲弗施於人 居廣居而行大道[9] 言有物而動有常 先生爲學 自十五六時 聞汝南[10]周茂叔論道 遂厭科擧之業 慨然有求道之志 未知其要 泛濫[11]於諸家 出入於老釋者幾十年 返求諸六經而後得之 明於庶物 察於人倫 知盡性至命 必本於孝弟 窮神知化[12] 由通於禮樂 辯異端 似是之非 開百代未明之惑 秦漢而下 未有臻斯理也 謂孟子沒而聖學不傳 以興起斯文[13]爲己任 其言曰 道之不明 異端害之也 昔之害近而易知 今之害深而難辨 昔之感人也乘其迷暗 今之入人也因其高明 自謂之窮神知化 而不足以開物成務 言爲無不周遍 實則外於倫理 窮深極微 而不可以入堯舜之道 天下之學 非淺陋固滯[14] 則必入於此 自道之不明也 邪誕[15]妖異之說競起 塗生民之耳目 溺天下於汚濁 雖高才明智 膠於見聞 醉生夢死[16] 不自覺也 是皆正路之蓁蕪[17] 聖門之蔽塞 闢之而後可以入道 先生進將覺斯人 退將明之書

不幸早世[18] 皆未及也 其辨析精微 稍見於世者 學者之所傳耳 先生
之門 學者多矣 先生之言 平易易知 賢愚皆獲其益 如群飲於河 各
充其量 先生教人 自致知至於知止 誠意至於平天下 灑掃應對至於
窮理盡性 循循[19]有序 病世之學者 捨近而趨遠 處下而窺高 所以輕
自大[20]而卒無得也 先生接物 辨而不間 感而能通 敎人而人易從 怒
人而人不怨 賢愚善惡 咸得其心 狡僞者獻 其誠 暴慢者致其恭 聞
風[21]者誠服[22] 覿德者心醉 雖小人以趨向之異 顧於利害 時見排斥
退而省其私 未有不以先生爲君子也 先生爲政 治惡以寬 處煩而裕
當法令繁密之際 未嘗從衆爲應文逃責之事 人皆病於拘礙 而先生
處之綽然[23] 衆憂以爲甚難 而先生爲之沛然[24] 雖當倉卒 不動聲色
方監司競爲嚴急之時 其待先生率皆寬厚 設施之際 有所賴焉 先生
所爲綱條[25]法度 人可效而爲也 至其道之而從 動之而和 不求物而
物應 未施信而民信 則人不可及也

1) 行狀(행장) : 사람이 죽은 후 평생의 일을 적은 글로 전기(傳記)와 같다. 자
 손이나 문인(文人)이 짓는다.
2) 資稟(자품) : 타고난 성질. 천성(天性).
3) 時雨(시우) : 때 맞추어 내리는 비.
4) 胸懷(흉회) : 가슴속에 있는 생각. 흉금(胸襟).
5) 洞然(통연) : 밝고 환한 모양. 명쾌(明快)한 모양.
6) 蘊(온) : 오랜 연구로 학식을 많이 쌓음. 온축(蘊蓄).
7) 滄溟(창명) : 푸르고 큰 바다. 창해(滄海).
8) 行己(행기) : 세상을 살아가는 데 있어 몸을 가지는 일. 처신(處身).
9) 居廣居而行大道(거광거이행대도) : 인(仁)에 살고 의(義)를 행함. 광거는
 인을, 대도는 의를 뜻함. '맹자(孟子)' 등문공장(滕文公章)에 있는 말.
10) 汝南(여남) : 예주(豫州)에 있는 한 고을의 이름.
11) 泛濫(범람) : 떠서 표류(漂流)함. 범람(汎濫).
12) 窮神知化(궁신지화) : 신묘한 이치를 궁구하고 변화를 알다. 천덕(天德)과
 천도(天道)에 통달함. 신은 천덕, 화는 천도로 본다.
13) 斯文(사문) : 성인의 학문. 성학(聖學).
14) 固滯(고체) : 성질이 고집스럽고 좁음.

15) 邪誕(사탄) : 사특하고 헛된 것.
16) 醉生夢死(취생몽사) : 아무 의미 없이 한평생을 흐리멍텅하게 살다가 죽음.
17) 蓁蕪(진무) : 잡초가 무성하게 우거진 모양.
18) 早世(조세) : 일찍 죽음. 명도 선생은 54세에 병으로 죽었음.
19) 循循(순순) : 질서정연한 모양.
20) 自大(자대) : 스스로를 크게 생각함. 잘난 체함. 거만함.
21) 聞風(문풍) : 멀리서 들음. 소문을 들음.
22) 誠服(성복) : 깊이 감동하여 진심으로 따름.
23) 綽然(작연) : 침착하고 여유 있는 모양.
24) 沛然(패연) : 비가 많이 내리는 모양. 여기서는 크게 해결하는 것을 뜻함.
25) 綱條(강조) : 나라를 다스리는 법. 강령(綱領)의 조목.

10. 창 앞의 풀은 나의 기분과 같다

명도 선생은 주무숙(周茂叔)의 성품을 말하였다.
"주무숙(周茂叔)이 창 앞의 풀을 제거하지 않았다. 그 까닭을 물으니 대답하기를 '자기의 기분과 같을 뿐이다.' 라고 하였다."

明道先生曰 周茂叔窓[1] 前草不除去 問之云 與自家意思[2] 一般[3]

1) 窓(창) : 창(窓)과 같음.
2) 意思(의사) : 자기의 기분.
3) 一般(일반) : 같음. 동일(同一)함.

11. 횡거 선생은 슬픔을 함께 하였다

장자후(張子厚)는 황자(皇子)가 태어났다는 소식을 듣고 매우 기뻐하였으며, 굶거나 굶어죽은 사람을 보고는 음식을 맛있게 먹지 못하였다.
백순(伯淳 : 명도 선생)이 일찍이 자후(子厚)와 더불어 흥국사(興國寺)에서 종일 의리(義理)를 강론(講論)하면서 말하기를

"지난날의 일은 모르겠다. 일찍이 여기서 이와 같은 강론을 한 사람이 누구인지를"라고 하였다.

張子厚[1]聞皇子生 喜甚 見餓莩[2]者 食便不美
伯淳嘗與子厚在興國寺[3] 講論終日 而曰不知舊日 曾有甚人[4]於此處講此事

1) 張子厚(장자후) : 자후(子厚)는 횡거 선생의 자.
2) 餓莩(아표) : 아는 굶주린 사람. 표는 굶어죽은 사람.
3) 興國寺(흥국사) : 송(宋)나라의 도읍(都邑)인 개봉(開封)성 안에 있던 절의 이름.
4) 甚人(심인) : 누구. 어떤 사람.

12. 사현도가 명도 선생의 인품을 평하다

사현도(謝顯道)가 명도 선생의 인품에 대해 말하였다.
"명도(明道) 선생은 앉아 계실 때는 진흙으로 만든 인형과 같고, 남을 접대할 때는 온몸에 화기(和氣)가 감돌고 있었다."

謝顯道云 明道先生坐如泥塑人[1] 接人則渾[2]是一團和氣

1) 泥塑人(이소인) : 진흙으로 만든 인형.
2) 渾(혼) : 온몸. 혼신(渾身). 전신(全身).

13. 후사성이 명도와 이천 선생의 인품을 평하였다

후사성(侯師聖)이 말하기를
"주공섬(朱公掞)이 명도 선생을 여주(汝州)에서 만나뵈었다. 돌아와서 사람들에게 말하기를 '나 광정(光庭)은 한 달 동안 봄바람의 훈훈함을 즐기고 왔다.' 라고 하였다.
그리고 유초(游酢)와 양시(楊時)가 처음 이천 선생을 만나뵈었을 때 이천 선생이 앉아서 눈을 감고 명상에 잠겨 있으므로 두 사람이 옆에 모시고 서 있었더니, 선생이 깨닫고 돌아보며 말하기를 '너희들은 아직도 여기에 있었구나. 날이 이미 저물었으니 쉬어라.' 하여서 문을 나오니 문밖에는 눈이 한 자는 쌓여 있더라고 하더라."라고 하였다.

侯師聖[1]云 朱公掞[2]見明道於汝[3] 歸謂人曰 光庭在春風[4]中坐了一箇月 游楊[5]初見伊川 伊川瞑目而坐 二子侯立[6] 旣覺 顧謂曰 賢輩尙在此乎 日旣晚且休矣 及出門 門外之雪深一尺

1) 侯師聖(후사성) : 이름은 중량(仲良), 사성(師聖)은 자. 이정(二程 : 명도와 이천)의 문인(門人).
2) 朱公掞(주공섬) : 이름은 광정(光庭), 공섬(公掞)은 자. 이정(二程)의 문인.
3) 汝(여) : 지명으로 하남성(河南省)에 있는 여주(汝州).
4) 在春風(재춘풍) : 춘풍 속에 있다. 온화한 분위기. 후세에는 좋은 가르침을 뜻함.
5) 游楊(유양) : 유초(游酢)와 양시(楊時). 유초의 자는 정부(定夫), 양시의 자는 중립(中立).
6) 侯立(사립) : 웃어른을 모시고 서 있음.

14. 유안례와 여여숙이 명도 선생의 기품을 평하다

유안례(劉安禮)는 명도 선생의 온화한 기품(氣稟)을 말하였다.
"명도 선생은 덕성(德性)이 충만하고 온화한 기운이 얼굴에 가득차 나타나 있으며, 즐겁고 너그러워 온종일 기쁨이 넘치었다. 내가 선생을 따라 30년을 모시었어도 일찍이 성낸 얼굴을 본적이 없었다."
또 여여숙(呂與叔)이 명도 선생의 애도사(哀悼詞)를 지어 이르기를
"선생은 특별한 재주를 지니고 있어 대학(大學)의 요점을 알고, 널리 사물의 이치를 알고 그것을 다 기억하여 몸소 실천하고 힘들여 연구하여 사람의 떳떳한 정을 살피고, 사물의 도리를 밝

히고 지선(至善)에 다달아 사람의 마음을 환히 꿰뚫고, 도체(道體)의 본질을 깊이 알 수 있게 되었다. 비록 사물에 대한 변화의 느낌이 같지는 않더라도 변화에 따를 줄 알아 마음의 변화가 무궁하였다.

비록 천하의 이치가 지극히 많지만 그것을 자신에게 돌이키어 스스로 만족하고 하나로 관철시키는데 이르렀다. 이단(異端)의 설(說)이 아울러 일어나도 그를 움직이게 할 수는 없었고, 성인이 다시 일어나도 그가 믿고 있는 이치를 바꾸게 할 수는 없었다. 이것은 덕성(德性)을 길러 이루어진 것이다.

화기(和氣)가 가득차서 음성과 얼굴에 나타남을 볼 수 있으나 그를 바라보면 그의 높고도 깊은 덕으로 교만하게 대할 수 없었다. 일을 처리할 때에는 여유를 가지고 하여 자연스럽고 태연하였으나 정성스러운 마음이 지극하였으며 항상 놓아두지 않았다. 이것은 스스로가 성인의 도를 밝히는 중책(重責)을 자신의 임무로 삼은 것이다. 차라리 성인의 경지를 배워 이르지 못할 바에는 한 가지의 선행(善行)을 하여서라도 이름을 이루고자 하지는 않았다. 어떤 사람이라도 은혜를 입지 못한 것을 자신의 병폐로 여기고, 한때의 이로움을 주는 것을 자기의 공로로 삼고자 하지 않았다. 이것은 스스로 믿기를 돈독(敦篤)하게 한 것이었다.

자신의 뜻대로 행할 수 있으되 구차하게 하지 않고 그의 가고 나아가는 것을 깨끗이 하였다. 자신의 의(義)를 편안히 행할 수 있으면 비록 작은 벼슬이라도 취하여 대수롭게 여기지 않고 마음에 두지 않았다."

劉安禮[1]云 明道先生德性充完 粹和之氣 盎於面背 樂易[2]多恕 終日怡悅[3] 立之從先生三十年 未嘗見其忿厲[4]之容

呂與叔撰明道先生哀詞[5]云 先生負特立之才 知大學[6]之要 博文强識[7] 躬行[8]力究 察倫明物 極其所止[9] 渙然心釋 洞見道體 其造於約也 雖事變之感不一 知應以是心而不窮 雖天下之理至衆 知反之吾身而自足 其致於一也[10] 異端竝立而不能移 聖人復起而不與易

其養之成也 和氣充浹 見於聲容 然望之崇深 不可慢也 遇事優爲 從容不迫[11] 然誠心懇惻[12]弗之措也 其自任之重也 寧學聖人而未至 不欲以一善成名 寧以一物不被澤爲己病 不欲以一時之利爲己功 其自信之篤也 吾志可行 不苟潔其去就 吾義所安 雖小官有所不屑[13]

1) 劉安禮(유안례) : 이름은 입지(立之), 안례는 자. 이정(二程)의 문인.
2) 樂易(낙이) : 즐겁고 너그러움. 즐겁고 경쾌함.
3) 怡悅(이열) : 기뻐함.
4) 忿厲(분려) : 격하여 분노하는 일.
5) 哀詞(애사) : 죽은 사람을 애도(哀悼)하는 글. 애도사(哀悼詞).
6) 大學(대학) : 큰 학문, 유학(儒學)을 말함.
7) 博文强識(박문강식) : 널리 사물을 보고 들어서 알고, 그것을 잘 기억하는 일을 말함.
8) 躬行(궁행) : 몸소 실천함.
9) 所止(소지) : 그치는 바. '대학(大學)'의 '지어지선(至於止善)'을 뜻하는 말.
10) 其致於一也(기치어일야) : 학문이 순수하게 하나로서 잡되지 않은 데에 이르렀다는 말.
11) 從容不迫(종용불박) : 자연스럽고 태연한 모양.
12) 懇惻(간측) : 지극히 간절함.
13) 不屑(불설) : 대수롭게 여기지 않고 마음에 두지 않음.

15. 여여숙이 횡거 선생의 인품을 평하였다

여여숙이 횡거 선생의 행장을 지어 이르기를
"강정연간(康定年間)에 나라에 전쟁이 일어났을 때 선생은 나이 18세로 의분을 일으켜 공명(功名)을 스스로 세우려고 하였다. 이때 범문정공(范文正公)에게 글을 올려 찾아뵈었다.
범문정공은 횡거 선생이 원대하게 쓰일 인재임을 알고 횡거를 큰 재목으로 키워주기 위하여 횡거를 꾸짖어 말하기를, '유자(儒者)는 스스로 인류(人類)의 명분을 밝히는 가르침을 받아야 하는데, 어찌하여 군대에 나가려고 하느냐' 하고는 인하여 '중용

(中庸)'을 읽기를 권하였다.
 선생은 그 책을 읽고 비록 좋아하기는 하였으나 옳은 것에 대한 부족한 것이 있었다. 그래서 또 제가(諸家)나 석가(釋迦), 노자(老子)의 글을 읽어 여러 해에 걸쳐 그들의 설(說)을 다 연구하고는 얻을 바가 없음을 알고, 돌이켜 6경(六經)에서 구하기로 뜻을 정하였다.
 가우연간(嘉祐年間) 초(初)에 경사(京師)에서 정백순(程伯淳)과 정정숙(程正叔)의 형제를 만나 함께 도학(道學)의 요점을 논(論)하였다. 선생은 환연(渙然)히 자신있게 말하기를, '우리의 도(道)로써 스스로 만족한다. 어찌 다른 것을 구할 것인가'하고는 다른 이단(異端)의 학(學)을 다 버리니 순박하기 이를 데 없었다.
 만년(晚年)에 숭문원(崇文院)에서 병을 얻어 고향인 서쪽 횡거(橫渠)로 돌아갔다. 온종일 한 방에 정좌(正坐)하여 서적(書籍)을 좌우에 놓고는 머리를 숙여 책을 읽고, 머리를 들어 사색(思索)에 잠기고, 생각난 것이 있으면 그것을 기록하였다. 혹은 밤중에 일어나 앉아 촛불을 밝히고 글을 읽기도 하였다. 그는 도에 뜻을 두고 깊이 생각하는 일을 잠시도 멈춘 적이 없었으며, 또한 잠시도 잊은 적이 없었다.
 배우는 사람이 묻는 것이 있으면, 예를 알고 하늘이 부여하여 준 성(性)과 사물의 변화와 사람의 기질(氣質)의 타고난 것들의 도(道)를 많이 알려서 배우게 하여 반드시 성인과 같이 된 다음에라야 그칠 따름이니 듣는 자들의 마음이 감동되어서 나아가는 것이 있지 않는 것이 없었다.
 일찍이 제자들에게 일러 말하기를 '내가 배워서 이미 마음에 얻음이 있으면 곧 그것을 글로 적고, 자신의 마음에 생각한 것을 글로 적어서 잘못됨이 없으면 자기의 생각이 바른 것이다. 이런 생각으로 일상(日常)의 사물에 대응(對應)해 보고 그 옳고 그름을 판단하여 잘못이 없으면 그르치는 것은 없다. 그러므로 자신은 패연히 만족하게 여기고 의리(義理)를 정밀하게 고구(考究)

하여 신묘(神妙)의 극치에 이르는 일은 기쁜 일일 뿐이다.'라고 하였다.

 선생의 기질은 굳고 억세며, 그의 덕(德)은 풍성하고 의용(儀容)이 엄숙하다. 남과 더불어 살아가면 날이 갈수록 친해지고, 자기 집안을 다스리고 남과 접촉하는 데에는 대개 자기를 먼저 올바르게 함으로써 남을 감동시켰다.

 남들이 자기를 믿지 않으면 돌이켜 자기 자신을 다스리며 남을 탓하지 않았다. 비록 남들이 자기를 이해하여 주지 않아도 편안히 행하면서 후회함이 없었다. 그러므로 아는 사람이나 모르는 사람이나 다 횡거(橫渠)의 사람됨을 듣고 경외(敬畏)하여, 의롭지 아니한 것은 감히 하나의 터럭만큼이라도 하지 않았다."

 呂與叔撰橫渠先生行狀云 康定用兵之時[1] 先生年十八 慨然以功名[2]自許 上書謁范文正公[3] 公知其遠器[4] 欲成就之 乃責之曰 儒者自有名敎[5] 何事於兵 因勸讀中庸 先生讀其書 雖愛之 猶以爲未足 於是又訪諸釋老之書 累年盡究其說 知無所得 反求求之六經 嘉祐[6]初 見程伯淳正叔[7]於京師 共語道學之要 先生渙然[8]自信曰 吾道自足 何事旁求 於是盡棄異學 淳[9]如也 晩自崇文[10]移疾西歸橫渠[11] 終日危坐[12]一室 左右簡編 俯而讀 仰而思 有得則識之 或中夜起坐 取燭以書 其志道精思 未始須臾息 亦未嘗須臾忘也 學者有問 多告以知禮成性 變化氣質之道 學必如聖人而後已 聞者莫不動心有進 嘗謂門人曰 吾學旣得於心 則修其辭 命辭無差[13] 然後斷事 斷事無失 吾乃沛然 精義入神[14]者 豫而已矣 先生氣質剛毅 德盛貌嚴 然與人居 久而日親 其治家接物 大要正己以感人 人未之信 反躬自治 不以語人 雖有未諭[15] 安行而無悔 故識與不識 聞風而畏 非其義也 不敢以一毫及之

1) 康定用兵時(강정용병시) : 강정(康定)은 북송(北宋) 인종(仁宗)의 연호(年號). 인종의 강정원년(康定元年)에 서하(西夏)가 공격해 와서 송(宋)나라는 연전연패(連戰連敗)하였음.
2) 功名(공명) : 여기서는 군공(軍功)으로 이름을 떨치려는 것.

3) 范文正公(범문정공) : 북송(北宋) 때의 명신(名臣)인 범중엄(范仲淹)을 이르는 말. 자는 희문(希文). 문정공(文正公)은 그의 시호(諡號).
4) 遠器(원기) : 원대하게 쓰일 큰 그릇. 크게 쓰일 인재.
5) 名敎(명교) : 유학(儒學)의 윤리 도덕에 관한 교육.
6) 嘉祐(가우) : 인종(仁宗) 말년의 연호.
7) 程伯淳正叔(정백순정숙) : 명도 선생과 이천 선생. 백순은 명도의 자. 정숙은 이천의 자.
8) 渙然(환연) : 얼음이 녹는 것처럼 깨달음.
9) 淳(순) : 순박(淳樸)함. 여기서는 오로지 유학(儒學)의 연구에만 종사하는 것을 말함.
10) 崇文(숭문) : 숭문원(崇文院)을 이르는 말. 횡거(橫渠)는 숭문원의 교서(校書)라는 직에 있었음.
11) 西歸橫渠(서귀횡거) : 서쪽 횡거로 돌아감. 횡거는 횡거 선생의 고향으로 송(宋)나라 도읍에서 서쪽에 있었음.
12) 危坐(위좌) : 단정하게 바르게 앉아 있는 자세. 단좌(端坐). 정좌(定坐).
13) 命辭無差(명사무차) : 자신이 마음에 느낀 것을 문장으로 나타내고 살펴보아도 잘못됨이 없는 것.
14) 精義入神(정의입신) : 의리(義理)를 정밀(精密)하게 고찰하고 연구하여 신묘(神妙)의 극치(極致)에 들어감.
15) 雖有未喩(수유미유) : 비록 남들이 좋아하지 않아도 남들이 자기의 뜻을 이해하여 주지 않는다는 뜻.

16. 명도·이천을 횡거 선생이 평하였다

횡거 선생은 명도·이천 선생에 대하여 말하였다.
"정호(程顥)·정이(程頤)는 14, 5세부터 남보다 먼저 성인되기를 배우고자 하였다."

橫渠先生曰 二程從十四五時 便銳然¹⁾欲學聖人
1) 銳然(예연) : 남보다 먼저.

주장이정주여(周張二程朱呂)의 略歷

1. 주염계(周濂溪: 1017~1073)

이름은 돈실(惇實: 敦實)로 뒤에 영종(英宗: 宋)의 휘(諱)를 피하여 돈이(敦頤)로 개명(改名)하였다. 자(字)는 무숙(茂叔)이며 염계(濂溪)는 그의 호(號)이다.

송(宋)나라 진종(眞宗)의 천희원년(天禧元年: 1017)에 하주계령(賀州桂嶺)의 영(令)을 지낸 주보성(周輔成)과 정향(鄭向)의 딸인 정씨(鄭氏)의 사이에서 태어났다.

염계라고 호를 한 것은 아버지의 고향인 호남성 도현(湖南省道縣)에 흐르는 시내의 이름에서 연유한 것이다.

염계는 일찍이 아버지를 여의고 어머니를 따라 경사(京師: 지금의 開封)의 용도각학사(龍圖閣學士)인 외소부 징항(鄭向)의 집에서 자랐다.

20세가 되어 외조부의 덕택으로 장작감주부(將作監主簿: 종8품의 職事官)의 시험을 치러 인종 강정원년(仁宗康定元年: 1040)에 홍주 분녕현 주부(洪州分寧縣主簿)로 임명되었다.

28세 때 부사자(部使者)인 왕규(王逵)의 추천으로 남안군사리참군(南安軍司理參軍: 송나라의 남안군은 지금의 江西省南安府를 이름)이 되었다.

이때 이정(二程)의 부친인 정향(程珦)은 대리사승(大理寺丞)으로 건주 흥국현(虔州興國縣)의 지현(知縣)으로 재직 중 경력 6년에 남안군통판(南安軍通判)을 겸직하게 되었다.

정향(程珦)은 염계를 비범한 사람으로 보고 여러 가지 시험을 해본 결과 그의 학문이 대단한 것을 알고 벗으로 삼아 자신의 두 아들인 정호(程顥)·정이(程頤)를 그에게 사사(師事)하도록 하였다. 당시 정호의 나이는 15세, 정이는 14세였다.

당시 염계는 왕규의 천거로 방주 방현(郴州郴縣)의 영으로 옮겼다가 계양(桂陽)의 현령(縣令)이 되었다. 또 지화(至和)원년에 대리사승(大理寺丞)으로 홍주 남창현(洪州南昌縣)의 지현(知縣)이 되었다.

나이 40세가 된 가우(嘉祐)원년에 태자중사(太子中舍)로 합주(合州)의 첨판(簽判)이 되었다. 이어 건주(虔州)의 통판(通判), 광남동로(廣南東路)의 제점형옥(提點刑獄) 등을 역임하였다.

신종희녕(神宗熙寧) 3년 병으로 지남강군(知南康軍)을 청하여 마침내 이곳으로 퇴관(退官)하였으며 여산(廬山 : 여산은 九江府城의 남쪽으로 南康府城의 북쪽 15里쯤 되는 곳)의 아래에 터를 정하였다. 여기는 염계의 고향과 비슷한 곳으로 구강부성의 북쪽 연화봉(蓮花峰)에서부터 흘러내리는 시내가 큰 강과 합치는 곳으로 이 시내를 염계(濂溪)라 이름하고 여기에 서당(書堂)을 지어 후학을 양성하였다. 이로 인하여 후학들이 염계 선생이라 불렀다.

희녕(熙寧) 6년 6월에 57세의 나이로 이곳에서 졸하였다. 영종가정(寧宗嘉定) 13년, 시호를 원(元 : 선을 주도하고 德을 行하는 것을 元이라고 함)이라 하였고 이종 순우(理宗淳祐) 원년에 여남백(汝南伯)으로 추봉하였다.

염계 선생의 성품은 본서(本書) 14권 8(p. 426) 조항에서 흉중은 쇄락하고 광풍(光風) 제월(霽月)과 같다고 평하였다. 염계 선생이 지은 애연설(愛蓮說)에 그 자신의 맑고 고매한 성격이 잘 나타나 있다.

저서(著書)는 '태극도설(太極圖說)' '역설(易說)' '역통(易通)' 등이 있다. '역설'은 주역에 따르는 뜻을 풀이하였고 '역통'은 경을 떠나 자유롭게 역의 큰 뜻을 논한 것이다.

후학들이 '주자전서(周子全書)'를 편찬하여 '주원공집(周元

公集)' 또는 '염계집(濂溪集)'이라고 불렀다.

　주염계는 관료로서 낮은 지위에 머물렀기 때문에 당시의 신구 양당의 정쟁에는 휩쓸리지 않았다.

　외조부인 정향은 높은 지위로 조변(趙抃), 여공저(呂公著) 등의 반왕안석(反王安石)파의 대관들과 밀접한 것으로 보아 구법당(舊法黨)과 관계가 있었을 것으로 사료된다. 주염계의 문하에서는 정명도(程明道)와 이천(伊川) 같은 유명한 제자들이 양성되었으나 그 당시에는 별로 그의 존재가 알려져 있지 않았다.

　염계가 송학(宋學)의 창시자로서 존경을 받게된 것은 그의 사후 여러 해가 지나 주희(朱熹 : 朱子)에 의해 그의 학설이 밝혀졌기 때문이었다.

2. 장횡거(張橫渠 : 1020～1077)

　이름은 재(載), 자는 자후(子厚)이며 횡거(橫渠)는 그의 호(號)이다.

　송(宋)나라 인종(仁宗) 때 전중승(殿中丞) 지배주사(知涪州事)였던 장적(張迪)의 아들로 진종 천희(眞宗天禧) 4년(1020)에 봉상미현 횡거진(鳳翔郿縣橫渠鎭)에서 태어났다.

　이름과 자는 '주역(周易)'의 곤괘대상(坤卦大象)에 군자이후덕재물(君子以厚德載物)이란 곳에서 뜻을 취하였다. 횡거라는 호는 사는 마을의 이름을 땄다.

　어려서 일찍 부모를 잃은 횡거는 재주가 비범하고 병사(兵事)에 관한 일을 꽤 좋아하였다.

　여대림(呂大臨 : 與叔)이 찬(撰)한 횡거의 전기를 보면(本書 14권 15조항) 18세에 범중엄(范仲淹)에게 글을 올려 만나보게 되었다. 범중엄은 그의 기량(器量)을 헤아리고 '중용(中庸)' 읽기를 권하여 횡거로 하여금 그후로 자신을 깨닫고 도(道)에 뜻을 두게 하였다.

　처음에는 도교(道敎)나 불교(佛敎)에 심취하였으나 허무한 것을 알고 다시 경사(京師)로 나와 명도·이천과 만났으며 이들을 만나게 된 후에 도교와 불교를 완전히 버렸다고 한다.

가우(嘉祐) 2년 3월에 명도와 함께 진사(進士)에 등과(登科)하였다. 36세에 처음으로 기주 사법참군(祁州司法參軍)에 임관되었으며 다시 단주 운암(丹州雲巖)의 현령(縣令)으로 옮겼다. 다시 저작좌랑(著作佐郞) 첨서위주군사판관사(簽書渭州軍事判官事)로 옮겼다. 지위주(知渭州)의 채정정(蔡挺政)은 횡거를 존경하여 군부(軍府)의 정(政)에 대해 크고 작은 일을 막론하고 모두 횡거에게 자문하였다.

그후 횡거는 궁중의 편찬관에 임명되었다. 그때 왕안석(王安石)의 신법(新法)에 반대하여 벼슬을 버리고 낙향했다.

고향에서는 매일 밤에 정좌(靜坐)하여 독서와 사색을 즐기다 '정몽(正蒙)'이란 책을 지었다.

희녕(熙寧) 10년에 다시 대상예원(大常禮院)이 되었다. 뜻들이 서로 의합(議合)되지 않아 다시 버리고 그해 임동객사(臨潼客舍)에서 58세를 일기로 졸하였다.

문인들은 명성중자(明誠中子)로 시호(諡號)하기를 바라며 정명도(程明道)에게 질문하였는데 명도가 사마광(司馬光)에게 다시 물으니 옛 예절에 맞지 않는다고 하여 중지되었다.

그후 영종(寧宗) 가정(嘉定) 14년 위료옹(魏了翁)이 상주(上奏)하여 16년 정월에 드디어 결정을 보았다. 이종(理宗) 순우(淳祐) 원년에 '미백(郿伯)'이라고 추봉(追封)되었다.

그후 장재(張載)의 문인들은 스승을 횡거(橫渠)선생이라 칭하였다. 저서에는 '정몽(正蒙)' '역설(易說)' '경학리굴(經學理窟)' '어록(語錄)' 등이 있는데 후인들은 이것을 '장자전서(張子全書)'로 편찬하였다.

3. 정명도(程明道 : 1032~1086)

정명도의 이름은 호(顥)요, 자는 백순(伯淳)이고 명도는 그의 호이다.
 호와 순은 본래 크다(太)는 뜻이 들어 있다. 동생 이천(伊川)이 지은 명도 선생의 행장(行狀)에는 "그의 선조는 주(周)나라의 대사마(大司馬)를 지낸 교백(喬伯)으로 정(程)의 땅에 봉하여졌는데 그것이 마침내 성씨(姓氏)로 변하였다."고 했다.
 고조(高祖)인 정우(程羽)는 송나라 태종(太宗) 때 공이 있었고 증조(曾祖)로부터 하남이천(河南伊川)에 모시어 마침내 하남 사람이 되었다.
 명도는 송나라 인종 명도(仁宗明道) 원년에 태어났다. 태어나면서부터 비범하고 재주가 있어 4, 5세 때에 시서(詩書)를 암송(暗誦)하고 10세에 시(詩)를 지었다고 했다.
 인종 가우(嘉祐) 2년 3월, 26세에 진사시(進士試)에 급제하였다.
 그해 지공거(知貢擧 : 省의 詩의 고시관)는 구양수(歐陽修)였으며 장재(張載)·주광정(朱光庭)·소식(蘇軾)·소철(蘇轍)·증공(曾鞏) 등이 등제(登第)하였다.
 가우(嘉祐) 4년 명도는 운현(鄠縣 : 陝西, 西安府鄠縣)의 주부(主簿)로 임명받고 6년에는 강녕부 상원현(江寧府上元縣)의 주부로 있으면서 많은 치적을 쌓았다.
 가우 8년에 인종이 붕어하고 황태자 서(曙)가 즉위하였으니 그가 곧 영종(英宗)이다.
 다음해 치평(治平) 원년에 상원현(上元縣)의 주부를 그만두고 자주(磁州)로 갔다. 그때 부친인 태중공(太中公)은 지자주사(知磁州事)였다.
 그 다음해에 명도는 진성(晋城)의 영(令)으로 임명되었다. 송나라 시대의 택주(澤州) 진성은 하동로(河東路)에 속하여 오늘의 산서성 진성현(山西省晋城縣)이다.
 당시의 하북(河北)과 하동(河東) 땅은 거란(遼)의 경계와 접하고 있었으므로 인종의 강정(康定) 이래 백성 가운데 힘있는 청년들을 입대시켜 의용(義勇)으로 각 주에 파견하는 상태였다.

명도는 진성에 부임한 이래 농한기에 훈련을 시켜 진성의 의병들은 정예병사로 강하여졌다. 진성에 재직하기 3년. 신종 희녕(神宗熙寧) 2년(1068) 여공저(呂公著)의 추천으로 태자중윤(太子中允) 감찰어사이행(監察御史裏行)으로 임명되었다. 이에 재직하는 동안 많은 것을 상소(上疏)하였으며 상소한 것은 정책에 반영되었다.
　처음에는 신종의 인정을 받아 왕안석(王安石)의 신법당(新法黨)에 속하였으나 뒤에는 반대파인 구법당(舊法黨)으로 돌아섰다.
　부친인 태중공(太中公)이 촉(蜀)에서 귀조(歸朝)한 후 한가롭게 지내면서 10여 년간 아우인 이천과 함께 집에서 후학을 교육하였다.
　원풍(元豊) 8년 6월 명도는 병으로 졸하니 그의 나이 54세였다.
　영종(寧宗) 가정(嘉定) 13년에 시호를 순(純)이라 하였고 이종(理宗) 순우(淳祐) 원년에 하남백(河南伯)을 추봉하였다. 명도 선생이라는 칭호는 문언박(文彦博)이 묘표(墓表)에 '대송명도선생정군백순지묘(大宋明道先生程君伯淳之墓)'라고 쓴 것에서부터 시작되었다. 이 뜻은 성인(聖人)의 도(道)를 명도가 뒤에 밝혔다는 뜻에서 연유한 것이라고 한다.
　저서에는 '정성서(定性書)'와 '식인편(識仁篇)' 등이 있다.

4. 정이천(程伊川 : 1033~1107)

　정이천의 이름은 이(頤), 자는 정숙(正叔)이요, 이천은 그의 호이다.
　이름과 자는 '주역(周易)' 이괘단전(頤卦彖傳)에 '이정길, 양정즉길야(頤貞吉養正則吉也)'라고 하는 곳에서 뜻을 취하였으며 호는 자신의 고장의 이름을 취하였다.
　형인 명도와 한 살 차이인 이천은 소년 시절부터 주돈이(周敦頤 : 濂溪)에게서 수학하고 다시 수도인 개봉(開封)의 태학

(太學)으로 들어가 위대한 교육자로 알려진 당시의 호원(胡瑗)에게서 사사(師事)했다.

황우(皇祐) 4년 호원은 국자감직강(國子監直講)으로 교육의 주도권을 잡았다. 이때 '안자소호하학론(顔子所好何學論)'의 제목으로 모든 학생들이 글을 지었는데 호원은 이천이 쓴 글에 감탄하고 그를 불러 그의 넓은 학문을 칭찬하였다.

그후 이천은 진사를 받는 예부시(禮部試)에 합격하였으나 가우(嘉祐) 4년 정시(廷試)에 낙방한 뒤로는 다시 응시하지 않았다.

그때 이천의 낙방이 타당치 않다고 한 소식(蘇軾)의 원우(元祐) 3년 3월의 차자(箚子)는 당시 사회에 너무도 유명하였다.

원풍(元豊) 8년 3월에 철종(哲宗)이 즉위하자 철종의 나이 10세였다. 황태후를 태황태후(太皇太后)로 높여 수렴청정하게 되었다.

그해 9월 문하시랑 사마광(門下侍郞司馬光), 상서좌승 여공저(尙書左丞呂公著), 서경유수 한강(西京留守韓絳) 등이 차자(箚子)를 같이 올려 이천을 추천하였다.

그해 11월에 조정에 들어가 여주 단련추궁(汝州團練推宮), 서경 국자감교수(西京國子監敎授)를 임명받아 시강(侍講)이란 명예로운 자리에 올라 많은 제자를 거느리게 되었다.

성품이 강직한 이천은 옳은 말을 거리낌없이 하여 많은 적을 만들었다.

그때 당시의 문장가인 소식(蘇軾)은 한림원(翰林院)에서 명성을 떨치고 있었는데 소식은 도학자(道學者)를 싫어하여 정이천과 반목 대립하게 되었는데 이로부터 낙당·촉당(洛黨·蜀黨)으로 분파되었다.

원우(元祐) 5년 정월 부친인 태중공(太中公)의 상(喪)으로 관직에서 물러났다가 7년 3월 탈상하고 서경국자감으로 다시 복귀하였다.

원우 8년 9월에 태황태후가 붕하고 철종(哲宗)이 친히 정사를 맡게 되었다. 당시 소성(紹聖) 4년 2월 당쟁이 다시 일어 이천은 쫓겨나고 7월에 배주(涪州)로 유배되었다. 유배 당시에도 사방에서 여러 제자들이 모여들었다.

원부(元符) 3년 정월에 철종이 붕어하고 황제의 동생인 길(佶)이 휘종(徽宗)으로 즉위하고 그해 4월 대사령을 내려 이천도 낙양(洛陽)으로 돌아와 10월에 권판서경국자감에 복직되었다.

그 익년 건중정국(建中靖國) 원년 5월에 퇴직하니 그의 나이 69세였다.

퇴직 후에도 계속 교육에 힘썼으며 대관(大觀) 원년 9월 집에서 졸(卒)하니 이천의 나이 75세였다.

영종(寧宗) 가정(嘉定) 13년에 시호를 '정(正)'이라고 하였고 신종(神宗) 순우(淳祐) 원년에 이양백(伊陽伯)으로 추봉되었다.

태어난 곳이 하남(河南)의 이천(伊川)이므로 이천 선생이라 불렀다.

형인 명도(明道)의 성격은 봄바람과 같이 온화한데 비하여 이천은 근엄하기가 가을의 서리같다고 하였다.

송나라의 도학(道學 : 儒學)의 기풍은 주돈이를 시조로 이천에 의하여 자리가 잡혔다고 볼 수 있다.

주희(朱熹 : 朱子)는 명도·이천 형제를 매우 존경했으며 자신의 스승으로 삼고 있지만 이천에게서 더 많은 영향을 받았다고 볼 수 있다.

이천의 저서로는 '역전(易傳)' 4권, '문집(文集)' '경설(經說)' '유서(遺書)' '외서(外書)' '수언(粹言)' 등이 있다. 또 이천 사상의 특색은 '이(理)'에 있다고 하겠다.

5. 주회암(朱晦庵 : 1130~1200)

주회암의 이름은 희(熹), 자는 원회(元晦) 또는 중회(仲晦)이고 회암(晦庵)은 호(號)이며 회옹(晦翁)·운곡노인(雲谷老人)이라는 호칭도 가지고 있다.

부친은 당시의 시인(詩人)으로 알려진 주송지(朱松之)이며 송나라 고종(高宗) 건염(建炎) 4년(1130) 9월 15일 복건성 남검(福建省南劍) 우어(尤漁)에서 태어났다. 본래는 안휘성(安徽省) 무원(婺源) 사람이라고 하나 이는 선친의 고향이라고 한다.

주희의 아버지는 도학을 공부한 이상주의 사상가였다. 그러므로 아버지의 유언에 따라 주희도 도학을 공부하게 되었다.

5세부터 공부를 시작하여 8세에 효경(孝經)을 공부하였고 10세에 맹자(孟子)를 보았다.

14세에 부친이 세상을 떠나자 호원중(胡原中), 유언충(劉彦沖), 유치중(劉致中)을 스승으로 모시고 공부를 하였다.

19세 때 왕좌방(王佐榜) 진사에 급제되어 복건(福建), 광서(廣西), 절강(漸江), 호남(湖南) 등지의 지방관리를 지냈다.

47세에 내직(內職)인 비서성(秘書省) 비서랑(秘書郎)이 되었다. 도중에 사직하고 오로지 교육에 전념하였다.

말년인 65세가 되어 영종(寧宗) 때 환장각대제(換章閣待制)와 시강(侍講)에 임명되어 태학에서 강의를 하였다.

그것도 얼마 안되어 권신(權臣)인 한니주(韓伲胄)의 미움을 사 면직되었으며 그들은 주희를 비롯한 도학자(道學者)들을 위학(僞學)자라고 규정하고 모두 관직에서 내쫓았으며 저술(著述)의 배포도 금지시켰다.

이것이 저 유명한 경원위학(慶元僞學)의 금(禁)이다. 주회암의 나이 67세 때였다.

주회암은 50여 년간 벼슬자리에 있기는 했지만 거의 전부가 한직으로 이 때문에 학문수양과 교육에 힘쓸 수가 있었다.

운곡(雲谷)에 초당(草堂)을 짓고 47세 때 회암(晦庵)이라 호하여 주희를 회암 선생이라 부르게 되었다.

또 유명한 백록동서원(白鹿洞書院)을 세워 49세 때에는 많은 인재를 양성하였다.

71세인 3월 9일에 별세하여 11월 건양현 당석리 대림곡(建陽縣 唐石里 大林谷)에 장사지냈다. 후학들이 그를 추존하여 주자

(朱子)라고 하였다.

저서로는 '역경(易經)의 본의와 계몽' '저괘고오(著卦考誤)' '시집전(詩集傳)' '대학(大學)' '중용(中庸)의 주석(註釋)' '논어(論語)' '맹자(孟子)의 집주(集註)' '태극도(太極圖)' '통서서록(通書書錄)의 해석(解釋)' '초사(楚辭)의 집주(集註)와 변증(辨證)' 그리고 '한문고이(韓文考異)'가 있다.

또 편찬서로는 '논어(論語)와 맹자(孟子)의 집의(集義)' '맹자지요(孟子指要)' '중용지요(中庸指要)' '중용집략(中庸集略)' '효경간오(孝經刊誤)' '소학(小學)' '통감강목(通鑑綱目)' '본조명신언행록(本朝名臣言行錄)' '고금가제례(古今家祭禮)' '하남정씨유서(河南程氏遺書)' '이락연원록(伊洛淵源錄)' 등이 있으며 이 모두 세상에 널리 알려져 있다.

특히 '근사록'은 주희의 나이 46세(1175)인 4월에 동래(東萊)의 여공백공(呂公伯恭)이 찾아와 함께 엮었다고 말했다.

이 많은 저서 중에서도 '논어(論語)' '맹자(孟子)' '중용(中庸)' '대학(大學)'인 사서(四書)는 특별히 심혈을 기울였다. '대학'과 '논어'는 별세 직전까지도 수차에 걸쳐 정정을 거듭하였다. 또 '대학'의 격물치지(格物致知)를 보충한 한 장은 주희의 마지막 작품이라 할 수 있다.

6. 여동래(呂東萊 : 1137~1181)

여동래의 이름은 조겸(祖謙)이요, 자는 백공(伯恭), 호는 동래(東萊)며 무주(婺州) 사람이다.

그는 여호문(呂好問)의 손자이며 송(宋)나라 고종 소흥(高宗紹興) 7년(1137)에 태어나 효종 순희(孝宗淳熙) 8년(1181)에 45세의 나이로 단명하였다.

어렸을 때 성질이 너무 급했는데 하루는 공자가 말한 '궁자후이박책어인(躬自厚而薄責於人)'이란 대목을 배우고 자신의 급한 성질을 늦추었다고 전한다.

주희(朱熹)와 장식(張栻)과 더불어 친하게 지내면서 동남삼현(東南三賢)이라고 불렸다.

남송(南宋)을 대표하는 학자로서 주희·장남헌(張南軒 : 栻)·여동래·육상산(陸象山 : 九淵)을 가리켜 남송사자(南宋四子)라고 일컬으며 또 주장여육(朱張呂陸)이라고까지 칭하였다. 그들의 친함을 가히 알 수 있다.

여동래는 융흥(隆興) 연간에 진사에 급제하고 태학박사(太學博士)를 제수(除授)받았으며 이어 저작랑겸국사원(著作郎兼國史院) 편수관(編修官)에 이르렀다.

처음에는 성(成)이라고 시(諡)하였고 후에 충량(忠亮)이라고 다시 시호하였다.

그를 금화성(金華城)의 여택서원(麗澤書院)에 모시었는데 그 곳은 그가 만년에 벗들과 만나던 곳이었다.

조겸의 문체는 굉박(閎博)하고 방일(放逸)하여 그 누구도 따를 사람이 없다고 했다.

그의 저서로는 '동래집(東萊集)' 40권(四庫總目), '고주역(古周易)' '춘추좌씨전설(春秋左氏傳說)' '동래좌씨전의(東萊左氏傳議)' '역대제도상설(歷代制度詳說)' '여씨가숙독시기(呂氏家塾讀詩記)' '대사기(大事紀)' '편송문감(編宋文鑑)' 등이 전해지고 있다.

원문자구색인(原文字句索引)

〔가〕

嫁遣孤女/232
可見不曾用功/392
可敎者敎之/346
家難而天下易/269
可督者督之/346
可否曰不可/182
家貧親老/262
可循守也/303
暇時親至/304
可哀也哉/392
嘉祐初見程伯淳正叔於京師/434
可謂敎篤矣/179
可謂仁之方也已/34
可謂知鬼乎/410
可謂至大/147
可謂至矣/136
可謂知人乎/410
可謂知天乎/410
可謂盡矣/33
可以攻玉/204
可以得仁之體/34
可以无咎/201
可以爲法矣/72
可以知變/136
家人離必起於婦人/269
家人上九爻辭/223
家人走前扶抱/232
家人之道也/223
可再嫁否/228
可知是盡/123
家之謂也/269
假之以年則不日而化矣/54
假之而覇則覇矣/270
家親而天下疏也/269
家必有廟/310
却可今旣如此頤雖有其人何可言/351

却待與整理過/128
却待人旋安排引入來敎入塗轍/41
各得其分則敎也/36
覺得意味與少時自別/114
各無不足之理/32
却不要好/388
却不能存得/166
却不知道自家身與心/388
却似扶醉漢/88
却須泰然處之/251
却是都無事也/84
却是都無事也又問/82
却是動也/182
却是責天理而不修人事/261
各安其正而已/247
各於其類/387
却與天地同體/73
却已先不好了也/388
各因時而立政/142
各一其性/22
各自立得一箇門庭/121
各自出來/36
却只是忠信所以進德/66
却只做一場話說/76
却還就他說/131
却總是實/76
各充其量/427
却就富貴如此者/254
却被後來人言性命者/224
看其氣象/169
艮其背不獲其身/56
艮其止其所也/182
艮其限列其夤/384
幹母之蠱不可貞/221
看書須要/132
看詩便使人長一格價/131
看易且要知時/137
干譽非應人/282

艮之九三曰/384
艮之上九/250
艱彼之進/244
竭其目力/110
竭其忠誠/274
竭力盡誠/334
曷嘗規規於貨利哉/252
曷嘗似賢急迫/342
竭兩端之敎也/91
曷云能來/130
感慨殺身者易/347
感乃心也/62
監司專欲伺察/346
坎維心亨/358
感而能通/427
感者人之動也/62
感之道無所不通/62
感之於心/282
坎之六四曰/330
感則必有應/28
感通之理/22
剛極則守道愈固/200
剛極則躁暴而不詳/382
講論久則自覺進也/119
講論終日/429
剛善爲義/362
剛陽之臣/221
降而下者陰之濁/46
康定用兵之時/434
强終不得也/349
剛之過也/221
講之於中/366
强此之衰/244
强揣度耳/110
講治之思/98
剛則不屈於慾/387
剛則守得定不同/189
江河之量亦大矣/349
皆可漸磨而進/30
蓋剛而不中/248

皆古人作之/368
皆工夫到這裏則自有此應/76
皆攻取之性也/213
皆窮理也或問/114
蓋其規模至大/147
蓋其道已窮極也/282
蓋其四面空疏/157
蓋其所益之多/217
覬其有不忍之心而已/324
蓋其尊德樂道之心/238
蓋其差必至於是也/398
蓋難得胸臆如此之大/148
皆內不足也/227
皆能言軒冕外物及其臨利害/254
皆當思其如何作爲乃有益/125
皆利心也/256
蓋莫不在已/212
蓋目者人之所常用/216
皆無法度/372
蓋無許大心胸包羅/147
蓋無虛月學校禮義相先之地/302
皆未及也/427
蓋方其閒時心必喜/389
蓋做三省之說錯了/392
開百代未明之惑/426
蓋變不可輕議/105
介甫言律是八分書/314
皆本於利/256
皆本於奉養/201
皆不可知/227
皆不待憤悱而發/373
皆不屬已/34
皆不識得易是何物/137
皆不爲理/351
皆不由自家/187
蓋不知動之端/27

皆不可闕也/285
蓋不知弗損益之之
　義也/334
皆非有預於己也/274
皆非自得也/72
皆非自然/164
皆使經筵官知之/300
蓋士農不易業/372
蓋上天之載無聲無臭及/33
蓋生之謂性/36
蓋書以維持此心/149
皆先獲/84
皆所當爲也/221,327
蓋數十百口之家/319
皆水也有流而至海/36
皆習聞其說/372
皆是敬之事也/177
皆意無誠處/167
皆是不仁/186
皆是爲下根之人/400
蓋實理中自有緩急/66
蓋心所說隨/328
皆案文責跡/302
蓋亦時焉而已/416
慨然有求道之志/426
慨然以功名自許/434
蓋吾道非如釋氏/129
皆吾兄弟之顚連而
　無告者也/95
皆完此理/403
皆要求一/182
蓋欲成書/143
蓋欲學者存意之不忘/98
蓋用心未熟/189
皆爲己之子/292
皆爲有間也/277
蓋由狃習安逸/277
蓋有是言則是理明/58
皆由有間也/277
皆有節序/298
皆有此理/403
皆以性行端潔/298
皆以謂至靜能見天
　地之心非也/182
皆已異於古/136
蓋人經歷險阻艱難/118
蓋人萬物皆備/182

蓋因是人有可怒之
　事而怒之/209
蓋人心一有所欲/201
蓋人人有私欲之心/216
蓋人之知識於這裏
　蔽著/114
皆自高尚其事者也/243
皆自然而然/37
蓋子之身所能爲者/221
皆在疆圉/306
皆栽培之意/67
皆造其極/313
蓋朝廷授法/303
丐朝廷哀憐/324
皆浚恒者也/331
蓋中有主則實/157
蓋中正故其守堅/379
蓋中則不違於正/137
皆知其隙/374
蓋至親至近/235
蓋知虎之可畏/254
皆叱止之曰/232
蓋讖邪聞於其間也/277
皆天然有箇中在那上/39
蓋稍不敬事/375
皆出其位也/250
皆出於養之不完固/165
開則達於天道/48
皆奪志至於書札/366
皆興水利有功/366
客慮多而常心少也/189
客欲酒恭叔以告先
　生日/229
更讀一經/143
更不分精粗/132
更不考定高下/302
更說甚道/417
更須得朋友之助/119
更有甚事/42
更怎生求/182
更怎生尋所寓/175
更學何事/84
居家孝悌有廉恥禮遜/298
去古雖遠/136
居廣居而行大道/426
居今之時/345
去其間隔而合之/277

居陋巷在顏子之時
　爲中/39
遽忘其怒而觀理之
　是非/57
居貧賤皆恐人非笑/265
去四大者/400
居是邦不非其大夫/345
遽致矯拂則傷恩/221
居位者廢職失守以
　爲裕/246
擧爾所知/285
居仁由義者/82
擧一字則是文/131
居諸侯之位/327
去之速也/379
據此一句/123
居處恭執事敬與人忠/159
去他人上起意思/403
乾健也健而無息之
　謂乾/25
乾道成男/22
建立治綱/284
乾者天之性情/25
建順天地而不悖/142
乾之用其善/195
乾天也天者乾之形體/25
乾體剛健而不足以進/137
乾稱父坤稱母/95
格其非心/289
格物須物物格之/114
牽己而從之/56
見得道名/354
見利則動/279
見利必趨/262
見林木之佳者/165
見不賢而內自省/212
見善若出諸己/426
見世之婦女/233
見餓莩者食便不美/429
見於聲容/432
見二帝三王之道/132
見長廊柱/163
見他人擾擾/191
見賢便思齊/212
見難必避/262
決科之利也先生曰/252
決日之吉凶/310

惸獨鰥寡/95
敬立而內直/59
更莫如相觀而善工
　夫多/68
敬不可謂中/162
更不消言常戒/401
輕生敗倫/295
經所以載道也/64
敬勝百邪/170
敬是涵養一事/82
更如人大醉後益恭
　謹者/349
更願完養思慮/110
敬義既立/60
敬義夾持直上/71
敬而無失/162
敬而已矣/177
敬以直內/74,157,171
敬以直內也/175
更做甚人也/166
敬只是主一也/174
敬只是持己之道/83
更且思之/110
更責誰做/347
敬則無間斷/170
敬則自虛靜/175
鏡何嘗有好惡也/209
敬何以用功曰/182
逕庶有痊厲/331
計得失哉/410
季明曰晌嘗患思慮
　不定/182
係戀之私恩/331
季秋祭禰/310
繫乎人君仁不仁耳/289
故可樂也/64
固可勉強/114
故可與幾/59
故可與存義/59
故家人卦/223
故却厭惡/403
故艮之道當艮其背/155
故皆有定志/274
故擧孝弟/224
故古人必使四十而仕/372
故孔子曰/393

원문자구색인 449

故科擧之事/262	故不至於悔/198	故訐直强勁者/330	君也/322
故教小兒/375	固不化也/91	顧於利害/427	古人所以重改作也/336
故君子之於天下也/400	固不煦煦然求比於物/274	顧語未必信耳/117	古人於詩/372
故君子之學莫若擴然而大公/56	故不假刑法嚴峻/279	故於朋友之間/216	古人欲得朋友與琴瑟簡編常使心在於此/214
故窮理爲要/143	故不能成善治蓋/281	告於人亦如是/322	
故睽次家人以二女同居/269	故不勞而治/279	故於貞正之道/201	古人有歌詠以養其性情/372
顧其端無窮/56	故不若且於迹上斷定不與聖人合/405	故言父子天性/227	
故其說多繫/150	故不自在也/160	故亦不肯下問/102	古人有損軀隕命者/254
故其自任益强唏戾忔類益甚/386	固非他人所及也/386	故曰納約自牖能如是/330	古人惟知爲仁而已/84
	故四端不言信/45	故曰大人否亨/241	古人有花樹韋家宗會法可取也/308
故氣質之性/90	故仕者入治朝則德日進/235	故曰敦艮吉/250	
故其學心口不相應/187	高尙其事/242	故曰小人弗克也/327	古人之所以必待/238
故其後世子弟皆不可使/287	故象曰弗兼與也/241	故曰晉如摧如/246	古人此簡學是終身事/78
固難爲取其心/405	故象曰遇主於巷/334	故王者萃天下之道/306	故一有不善/198
故狃安富/381	故善學者求言必自近/136	故往則有咎/240	古者成役再期而還/306
故能興起於詩/372	故說神如在其上/33	故要得如枯木死灰/403	古者有東宮有西宮有南宮有北宮/319
固多衆人/110	故說許多/403	姑欲徇名/298	
固當勉强裁抑於未發之前/182	故誠心而王則王矣/270	故用力敏勇則疾淸/36	故自處以不求/251
	古聖王制禮法修敎化/295	故用之鄕人/368	古者天子建國諸侯奪宗云/312
固當深戒/244	故聖人與之/70	故云厲无咎/381	
故當自愼省/365	故聖人與天地合其德/22	爲政以民力爲重也/284	古者八歲入小學/372
故大學定而至於能慮/190	故聖人謂之不受命/252	故有殺身成仁/254	故作傳以明之/143
故得其進/240	故聖人立敎/362	故有與時行小利貞之敎/244	固在心志/177
故得中爲吉/326	故聖人者天地之量也/349		故在包荒也/277
故樂得朋友之來/214	故聖人之敎/365	故有外之心/91	考跡以觀其用/61
古禮旣廢/372	固不不取/405	故有賊君棄父/295	故切問而近思/73
故莫肯益之/384	故小有悔/221	故有終而無亂/282	故切於施爲/248
故孟子言性善皆由內出/174	顧所患日力不足而未果他爲也/104	故有知愚之別/48	故節或移於晚/250
		故有此說/228	故貞正而吉也/379
故孟子只闢楊墨/396	姑隨時維持而已/281	故恩不能終/234	故朝廷無世臣/312
故无大咎/221	故須從此始/235	故意厭偏而言多窒/110	故終身不知/102
故无妄之象曰/61	故雖仲尼之才之美/98	古이宣化/295	古之教人/369
故无妄次復而日/269	故隨之初九出門而交/328	固已疎矣/300	蠱之九三/221
故未識聖人心/410	故凰則吉也/281	故已日乃革之也/248	古之極也/295
故博施濟衆乃聖之功用/34	故崇德而外/90	故已漸濁/36	故知死生之說/22
	故視國君者/216	故以貞靜爲變常/223	古之士者/372
故放遠之/290	故豺獺能祭其性然也/306	故以畜養臣妾則吉/331	蠱之上九曰/242
故藩鎭不賓/287	固是誠意/66	故頤兄弟/233	蠱之象君子以振民育德/74
故凡所作事/326	固是然最難/182	故以兄弟爲手足/227	
故不能適道/56	固是切於身/114	故以兄之子妻南容/227	古之聖王/333
故不得有所成就/372	故識與不識/434	固已化而爲佛矣/405	古之成材也易/372
故不是善與惡/36	故十月謂之陽月/27	古人能知詩者惟孟子/148	古之小兒/375
故復爲反善之義初/198	故樂聲淡而不傷/295	古人慮遠/319	古之時公卿大夫而下位各稱其德/274
故復之象曰/153	故安然放意/365	古人生子/363	
	故顔子所事則曰/54	古人所以貴親炙之也/131	古之時得丘民則得天下/324
		故仁所以能恕/77	
		古人所以齋戒而告	

故知禮成性/93
故此日己欲立而立人/34
告之而人不受/343
古之人曲盡人情/319
故至日閉關/307
古之學者/76
古之學者爲己/64,85
古之學者惟務養情性/80
古之學者一/80
蠱振民育德/342
固執之乃立/98
故妻孥之言/328
故天地之塞吾其體/95
故滯固者入/400
故觸之而無不覺/48
故親己之子/227
故夬之九五曰/201
膏澤之潤/76
故特云初六裕則无
　咎者/246
故便不是/256
故必見惡人/333
姑必順之/234
故必推原占決其可
　比者而比之/240
故學者要寡欲/216
故學至於不尤人/214
故學春秋者/143
故咸皆就人身取象/62
故行有尙/358
故賢者順理而安行/246
梏其性而亡之/54
曲從苟合/274
坤道成女/22
鯀雖九年而功弗成/386
坤之體廣大平易/281
骨肉乃疎者/309
恭敬撙節退讓以明禮/374
公懼女兒之悲思/232
恐其驚啼/232
控帶之要/313
共買田一方/317
孔孟所謂天/410
孔之門豈皆賢哲/110
孔孟之所屑爲也/244
孔明庶幾禮樂/419
孔明有王佐之心/419

孔明必求有成而取
　劉璋/419
恐未肯安之/264
公方求財以活人/324
公奉養甚至/232
恐不可以淺近看他日/121
恐不是卦義/137
工聲病售有司/263
共語道學之要/434
公迎從女兒以歸/232
公用亨于天子/327
公議隔而人心離矣/386
恐疑其無陽也/27
公而以人體之故爲仁/77
孔子教人不憤不啓/373
孔子既告之以二帝
　三王之事/401
恭者私爲恭之恭也/160
公慈恕而剛斷/232
孔子言仁/169
孔子以公冶長不及
　南容/227
孔子儘是明快人/416
恐終敗事/68
公知其遠器/434
公只是仁之理/77
公則一私則萬殊/39
過既未形而改/198
果能順沛遶欠必於是/78
過動非誠也/95
過洛而見程子曰/258
過言非心也/95
寡而存耳蓋寡焉/195
過在失而不在復也/381
果足以成人材乎/303
過此幾非在我者/189
果出於正/179
過則歸己/347
過則聖及則賢/51
觀可及處/374
觀公之意/324
觀盟而不薦/277
觀其生君子无咎/365
觀其所生/365
觀其言皆可見之矣/416
寬猛之宜/143
管攝天下人心/308

觀聖人之書/147
寬而有制/426
觀之上九曰/365
觀天地生物氣象/36
觀天地之化乃可知/66
管轄人亦須有法/307
觀乎人文/80
冠昏喪祭/310
觀會通以行其典禮/136
廣大悉備/136
光庭在春風中坐了
　一箇月/430
宏而不毅則難立/75
宏而不毅則無規矩/87
矯輕警惰/214
校其筋骨/186
交來無間/117
交驚於利/274
較事大小/389
驕是氣盈/391
教養其子均於子姪/232
教養無法/317
膠於見聞/426
巧言令色/401
狡僞者獻/427
教人以其意趣/368
教人不盡其材/374
教人而人易從/427
教人者養其善心而
　惡自消/287
教人至難/374
驕溢必矣/240
敎者不善/304
交戰於中/240
敎之使然也/233
敎之而倫理明/142
求去平貧賤耳/240
苟係初則失五矣/241
苟公其心/384
句句而求之/128
苟規規於外誘之除/56
苟能除去了一副當
　世習/100
九德最好/206
苟得外面物好時/388
苟得爲之/244
救得一邊/88

求利吾外也/90
求立吾心於不疑之地/98
拘迫則難久/179
苟不合正理則妄也/61
苟不知教/279
苟不知命/247
苟非其道則有悔吝/240
九四近君/137
苟上未見信/245
苟說之道道之不順天/282
求小補則過/325
久速唯時/246
舊習纏繞/214
舊時未讀是這箇人
　及讀了/125
求信則易也/330
九曰山澤/298
苟欲信之心切/246
苟以多聞而待天下
　之變/102
久而弗失則居之安/54
苟以外物爲外/56
久而日親/434
救而正之/289
苟以親愛而隨之/328
求其門不由於經乎/64
久自明快/116
久自安習/363
求自益以損於人則
　人亦與之力爭/384
苟長貳非人/303
舊制公私試補/302
苟存心於愛物/325
求知所至而後至之/59
懼之以利害/324
求之情性/114
苟知之須久於道實
　體之/191
求之必得之/78
苟處之心亨不疑/358
苟處之有術/317
求薦章常事也/353
姤初六贏豕孚蹢躅/360
驅逐不暇/157
苟取一時之說耳/282
救菑恤患/317
久則溺矣/379

원문자구색인 451

久則自熟矣/157	君子知微/244	克己復禮久/197	爲是/145
苟擇勢而從/247	君子之事惟有此二者/74	極其所止/431	今日供職/354
苟或徒知泥古/298	君子之常行/365	克己爲義/232	今日萬錘/265
久後稍引動得淸者出來/116	君子之需時也/239	極人倫之至者/270	今日富貴/265
國子監自係臺省/354	君子之與小人比也/336	根本須是先培壅/70	今一日說盡/370
國祚之所以祈天永命/76	君子之遇艱阻/63	近侍賢儒及百執事/298	今日難信鬼怪異說者/110
軍旅主嚴此是也/179	君子之學必日新/85	近取諸身/41	今諸君於頤言/110
君不君臣不臣/287	君止於仁/281	今皆無之/372	今之監司/346
君相協心/271	屈伸往來只是理/41	今皆廢此/157	禽之去者/274
群生至衆也/306	屈伸往來之義/41	今見可喜可怒之事/209	今持不逮之資/98
君實嘗問先生云/351	窮得語孟/128	今既不設保傅之官/300	今之朋友/216
君實日出於公口/351	窮理亦多端/114	今年春暮行/306	今之成材也難/372
君實自謂吾得術矣/164	窮理盡性/90	今令輿簿不和/347	今之守令/355
君心未合/334	窮兵黷武/201	今無宗子/312	今志於義理/162
君亦有術乎/404	窮神知化/90,426	今浮圖劇論要歸/410	今之爲政者遠矣/325
君欲用之/271	窮神知化德之盛也/101	今父兄從子弟/312	今之爲學者/77
君有君用/137	窮神則善繼其志/95	今士大夫家多忽此/310	今之入人也因其高明/426
君義莫不義/289	窮深極微/426	今生七十二年矣/186	今之治經者亦寡矣/64
君仁莫不仁/289	躬行力究/431	今雖納嘉謀陳善算/271	今之學者/76
君者居上/277	權臣跋扈/287	今水臨萬仞之山/358	今之學者三/80
君子居則觀其象而玩其辭/136	權之爲言/143	今帥千人/307	今之學者爲物/85
君子乾乾不息於誠/194	厥修乃來/98	今時人看易/137	今之學者爲人/64
君子敬以直內/387	厥術異也/406	今欲留一百人/302	今之害深而難辨/426
君子過於愛/387	几案間無他書/146	今欲安置一物/147	今且試以/308
君子觀天水違行之象/326	歸咎其不出汝者/96	今容貌必端/160	今且只將尊德性而道問學爲心/99
君子敎人有序/369	歸咎爲己戲/96	今爲文者專務章句/80	今學者敬而不自得/160
君子當困窮之時/247	歸妹九二/223	今以艱險求詩/148	及告所以訓戒子弟之意/317
君子當終日對越在天也/33	鬼神者二氣之良能也/46	則已喪其本心/148	及歸折展齒/349
君子未或致知也/90	鬼神者造化之迹也/25	今爾求爲人師而試之/258	及其蹈水火/254
君子法獺家之義/279	鬼神之不可度也/306	今以惡外物之心/56	及其醒也/391
君子不貴/110	鬼神合其吉凶/22	今以自私用智之喜怒/57	及既知學/391
君子不必避他人之言/216	歸于正也又云/130	今以長怨/295	及其淸也則却只是元初水也/36
君子思不出其位/250	歸謂人曰/430	今以助欲/295	及到峻處便止/77
君子常失於厚/387	歸而求之可矣/121	今人皆先獲也/84	及民之事多/325
君子所貴/241	貴賤雖殊/232	今人都不理會/310	及爾游衍/46
君子所存非所汲及/58	睽極則悖戾而難合/382	今人都由心曰/184	及爾出王/46
君子所賤故曰/241	揆道之模範也/143	今人忘事以其記事/165	及因下蜀有功/349
君子修之吉/22	規模雖略相似/110	今人未易曉/369	及將代自見其人盜筒皮/341
君子役物/209	規模又窄狹矣/418	今人不會讀書/124	
君子有弗性者焉/90	睽之九二/334	今人語道/132	及至他事又不然/254
君子以同而異傳曰/333	睽之上九/382	今人外面役役於不善/174	及至湯武便別/414
君子以虛受人傳曰/61	睽之象曰/333	今人有斗筲之量/378	及稍長常使從善師友遊/233
君子主敬而直其內/59	睽之初九/333	今人有所見卑下者/350	及出門門外之雪深
君子之道/282	克勤小物最難/345	今人從學之久/191	
	克己可以治怒/203	今人主心不定/166	
	極其德美豈蓋不足以形容/426	今人只見成者便以	

一尺/430
及置待賓吏師齋/302
及乎稍長/363
豈可使人爲之/234
豈可任職分/205
豈可自進以求於君
　苟自求之/238
豈可專以愛爲仁/43
豈可忽哉/224
旣覺顧謂曰/430
其間極有格言/420
其間多有幸而成/145
其間雖無極至精義/147
其間元不斷續/41
覿感動於上心/322
氣感遇聚結/46
其介如石/379
豈更避嫌耶/227
豈遽能深見信於上/245
其去之速/379
其堅强如此則處世
　乖戾/384
氣輕則以未知/106
其過不及同出於儒者/398
其過於大也/408
其九四曰/62
旣極而强引之長/338
其近如地/121
豈肯坐視其亂血不救/244
夔夔然存恭畏之心/340
其亂時反是/189
其女之夫死/232
其能得天下之比乎/274
其能勝億兆利欲之
　心乎/279
其能施於天下乎/271
豈能安履其素乎/240
其能聽而用之乎/271
其能革面何也/30
豈能廓然無所不通乎/62
己當之爲勝任/335
其待先生率皆寬厚/427
其大臣宗子之家相也/95
豈待乎作之於外哉/289
其德量如此/341
其德盛矣/60
其德後來不可測/416

其道光明/191
其徒三千/53
其道亦已狹矣/274
其道自小學灑掃應
　對以往/298
其道必本於人倫/298
旣讀詩後/124
旣得其進/240
記得此復忘彼/147
其論或太高/87
其流之遠/201
其吏事操決文法簿書/313
其理須如此有生便
　有死/41
其理則謂之道/33
己立後自能了當得
　天下萬物/173
其末逢至楊墨/398
欺妄人我寧終身不知/102
其命於人則謂之性/33
其母怒而弗許/258
豈無道乎/221
氣無不和/169
旣務悅人/80
其無意味甚矣/338
其文章雖不中不遠矣/67
旣未能不勉而中/198
其未發也五性具焉曰/53
氣反動其心也/203
豈方命圮族者所能乎/386
其辨析精微/427
豈復有陽乎曰/27
豈復知先王之道也/142
其本也眞而靜/53
旣不得其要則離眞
　失正/58
己不勉明/374
其父兄便能率子弟
　從之/312
氣忿則招怖/345
旣不之此/174
其非善事親也/221
其匪正有告/61
己肆物忤/197
旣思於喜怒哀樂未
　發之前求之/182
旣思卽是已發/182

期使之信合而已/334
其書雖是雜記/132
其設敎如是/405
其說多行/330
其說甚長/259
其說於民知天地之施/282
其性鑿矣/53
其誠暴慢者致其恭/427
豈小補哉/376
其所以誘掖激勵漸
　摩成就之道/298
其孰承而行之乎/271
其術見三王方策歷
　代簡書/315
其術要得拘守得/308
其始感人也亦不如
　是切/393
豈是公道/400
旣是塗轍却只是一
　箇塗轍/41
豈是無時/351
其始未暇遽爲也/281
其始甚微/398
其視天下無一物非我/91
飢食渴飮/206
飢食而渴飮/404
其實堉易見/224
其實是自惰/106
其實如此/319
其實一也心本善/45
旣實作則須有疑/102
其實只是計窮力屈/264
機心必生/389
其樂可知/210
旣安定則爲可久可
　繼之治/281
氣塊然太虛/46
其愛惡略無害理/234
旣若不可以及/365
其養之成也/431
旣言夫子之言/117
其言曰道之不明/426
其言曰無古今無治亂/298
其言有合處/405
其與聖人相去一息/54
其餘時理會甚事/392
器亦道道亦器/33

己亦了此文義/360
旣曰仁之端/43
旣曰下愚/30
其外於道也遠矣/400
其畏威而寡罪則與
　人同也/30
其要在於擇善修身/298
其要只在愼獨/172
己欲達而達人/34
其用若猿豕之牙也/279
其用則謂之神/33
其原始於太宗也/287
其遠如天/121
其爲書也/136
其危甚矣/384
其爲位所動一也/350
其爲人剛行/216
其爲政精密嚴恕/422
其爲酒所動一也/349
豈有加也/347
豈有光也/338
豈惟君子自完其己
　而已乎/336
豈有今日乃爲妻求
　封之理/259
豈有立僞敎而人可
　化乎/400
豈有不得道理/78
豈有不動得人/348
豈有是也/400
豈有安裕之理/384
旣有意必穿鑿創意
　作起事端也/104
其猶正牆面/124
其猶正牆面而立/235
旣有知覺/182
其陰陽兩端循環不
　已者/46
其意味氣象逈別/110
其義雖大/143
起而君長之/142
旣以內外爲二本/56
旣已无妄/61
氣已不貫/34
旣而思之又似剩/128
其異俗者/359
期以數年/317

旣而女兄之女又寡/232
氣日反而游散/47
氣日至而滋息/47
忌日遷主祭於正寢/310
旣入學則不治農/372
旣入學則亦必有養/372
其自小一也/82
其子孫盛/310
其自信之篤也/432
已者我之所有/205
其慈愛可謂至矣/232
其自任之重也/432
其子害孰大焉/229
旣長好文/233
其接物也如春陽之溫/426
其情不行焉/202
其造於約也/431
覰足下由經以求道/64
其存誠也/340
其終至於喪己/85
其終至於成物/85
其終則不可救/398
旣主於一隅一事/62
其中動而七情出焉曰/53
其中則遷/197
己之敬傲/216
其志道精思/434
旣知未嘗不遽改/198
氣之不可變者/90
旣知所立/98
旣知所終則力進而
  終之/59
其知崇矣/93
氣之欲口腹於飮食/213
祈之以仁愛/324
己之子美/227
己之子與兄之子/227
其直如矢/121
旣盡其防慮之道/247
其進也將有爲也/240
其次有篤志好學/298
其次惟莊敬持養及
  其至則一也/73
其處也樂/240
旣處旅困/337
其天機淺/388
豈淺心可得/101

豈千餘年後/421
其踐形惟肖者也/95
其濟時視明聽聰/189
氣淸則才淸/45
其體則謂之易/33
其初不可不審也/270
其治家接物/434
其致於一也/431
其致則公平/77
其他莫如語孟/128
其他事未必然/254
其他五官便易看/147
其他在法度中/355
其他則不學/80
氣濁則才濁/45
其蔽於小也/408
其弊ës枉尺直尋之病/389
其必由學乎/90
其何以爲君子/262
其學不傳/143
旣學而先有以功業
  爲意者/104
旣學便須知得力處/74
其學行皆中於是者
  爲成德/298
豈合正理/328
旣解其難/281
曁乎三王迭興/142
其混混天下之事/147
旣喜則如種下種子/389
吉凶嫁娶之類/308
吉凶消長之理/136
吉凶榮辱/197
吉凶悔吝生乎動/195

〔ㄴ〕

懦節於行是也/201
奈何то當以誠意動之/347
樂舒肆則紀綱壞/381
樂且不憂/95
亂旣除則不復有爲/281
亂常拂理之人也/333
亂時常多/189
難於久終/250
難與並爲仁矣/216
難爲使之不思慮/177

難爲使之不照/177
男牽欲而失其剛婦
  狃說而忘其順/386
男女有尊卑之序/386
男女臧獲/410
男女從幼便驕惰壞了/218
納約自牖終无咎傳曰/330
乃可見道/101
來求者與之/353
乃今之防秋也/306
乃其所以致悔辱取
  災咎也/337
乃其俗達之天下/410
乃其宜也/281
乃其驗也/310
乃能久相親/319
乃能極中正之道/201
乃能用常也/239
乃能入也/330
乃道否也/241
乃得止之道/155
乃無用之糟粕耳/64
乃無用之贅言也/58
乃无祗悔也/198
乃不誤人/374
乃不遠復也/198
乃邪心也/61
內斯靜專/197
來書所謂欲使後人
  見其不忘乎善/58
來書云易之義本起
  於數則非也/136
乃聖賢之爲也/277
乃是求知己/353
乃是心累事/166
乃是體當自家敬以
  直內/66
乃尋流逐末/137
乃養盛自至/90
乃與初數者無差/163
乃易見也/143
內外交相養也/184
內外賓主之辨/189
內欲不萌/155
乃爲无咎/335
乃爲善學也/119
乃以命處義/251

乃益之也/334
乃人臣之常義也/327
乃人有才智/248
乃人之有才業也/248
乃自求擧爾/261
乃自得也/72
來者撫之/274
來者奔湊/302
乃自修其德也/63
來者則取之也/274
乃作樂以宜八風之氣/295
內積忠信/59
乃制事之權衡/143
內主於敬/426
乃仲尼所自作/150
內重則可以勝外之輕/72
乃責之曰/434
乃天地生物之心也/27
乃天地之心也/27
乃貪躁而動/240
奈何那身不得/403
乃顯其比君之道也/274
乃混然中處/95
女子不夜出/233
年七十處得甚好/349
寧至踣乎/232
怒氣相加/216
勞其心智/110
怒人而人不怨/427
論氣不論性不明/70
論性不論氣不備/70
論語孟子旣治/128
論語孟子只剩讀著/128
論語有讀了後全無
  事者/128
論治人先務/317
論治便須識體/70
論學便要明理/70
農工商賈勤其事/274
農工商賈日志於富侈/274
累年盡究其說/434
屢復何咎/381
能敬則知此矣或曰/182
能近取譬/34
能舍己從人/386
能使吾君愛天下之
  人如赤子/292

能使爲邦者/290
能使千人依時及節得飯喫/307
能順平宜/339
能食能言而教之/363
能安而不自失者/154
能爲此事否/232
陵夷有五代之亂/287
能忍得如此/209
能將許大見識尋求者/421
能專對四方/124
能致元吉/335

〔다〕

多看而不知其約/126
多見其信道也/252
多見其不知量也/104
多告以知禮成性/434
多聞不足以盡天下之故/102
多不奧州縣一體/346
多說高便遺却卑/132
多所親愛者心/328
多欲直己/349
多在夜中/149
但擧業旣可以及第/261
但敬而無失/162
但急迫求之/159
但緊要處不可不同爾/125
但得道在/33
但樂於舊習耳/214
但明乎善/67
但不可令拘迫/179
但不要拘一/171
斷事無失/434
但聖人能不爲物所移耳/393
但隨分限應之/159
但守之不失不爲異端所劫/117
但易其心自見理/121
但優游玩味/130
但爲人不知/114
但有間斷非道也/400
但有所費/229

但惟是動容貌/174
但以其不由於誠/374
但一字有異/143
但將諸弟子間處/128
但存正涵養意/157
但此心潛隱未發/207
但致敬須自此入/177
但他經論其義/143
但通貫得大原/149
達天德自此/71
膽欲大而心欲小/72
湛一氣之本攻取/213
淡則欲心平/295
當觀其文勢上下之意/121
當求於喜怒哀樂未發之前如何日/182
當睽之時/333,334
堂堂乎張也/216
唐萬目擧/287
當法令繁密之際/427
當死則死/265
當先嚴其身也/223
當世之務/271
當速而久/250
當愼所趨向/248
當信之始志未有所從/250
當如捕蛇搏虎豹/147
當如何用功日/182
當用敬舌日/02
當源源自見/117
唐有天下/287
當以己心爲嚴師/190
當以柔巽輔導之/221
當儲貳則做儲貳使/137
當濟以寬大簡易/281
當中之時/182
當知三月不違/189
當知天下無一物是合少得者/166
當進行其道/248
當天下之難方解/281
當推致其命/247
當就其明處而告之/330
當閉戶不出/143
當合孔孟言仁處/43
當解而未盡者/281
當顯明其比道而已/274

當厚於奉生者/310
大概皆有意思/147
大概研窮之/43
對客圍棋/349
大過則不可/339
大君吾父母宗子/95
大其心則能體天下之物/91
對邠人說話能無怒色否/209
大道可不學而知/410
大都君相以父母天下爲王道/292
大凡別事/349
大凡儒者未敢望深造於道/256
大凡人心不可二用/177
代變新聲/295
大變則大益/287
待別時說/260
大本已失/84,417
待憤悱而後發/373
大善而吉也/198
臺省係朝廷官/354
大小大事/33,66
大小大快活/403
大率以說而動/384
大率以情勝權以恩篤義/223
大率人之相比莫不然/274
大率把捉不定/186
大率患在於自私而用智/56
對日天下何思何慮/88
大要以剛爲善/223
大要正已以感人/434
大有之九三日/327
大易不言有無/408
大人於否之時/241
待人而行/303
大匠豈以一斧可知哉/147
大哉易也/22
大抵讀書只此便是法/124
大抵使人/358
大抵六尺之軀/349
大抵人有身便有自私之理/207

大抵學不言而自得者/72
待之復如初/341
大畜之六五日/279
大畜初二/137
大學當先知天德/410
大學之法/363
德乃進而不固矣/98
德未成而先以功業爲事/104
德不孤也/60
德不孤必有隣/162
德不勝氣/90
德善日積/379
德盛貌嚴/434
德所以亂/410
德勝其氣/90
德愛日仁/22
德踰於祿/379
德之盛也/295
盜固易入/157
圖其蹔安/244
到德盛後/162
到讀了後便不面牆/124
倒了一邊/88
道非亡也/417
徒費心力/121
悼斯文之湮晦/136
塗生民之耳目/426
徒守虛文密法/303
徒是未必盡仁/214
徒嚴不濟事/307
徒以頰舌感人/322
到自家自信後/401
到長益凶狠/218
都在萬物中一例看/403
徒知其帖息威伏/360
道之斯行/279
道之外無物/400
道之云遠/130
導之而生養遂/142
道之悖漢專以智力持世/142
道之浩浩何處下手/66
道千乘之國/290
道則未盡/419
道何營息/417
度鄕村遠近爲伍保/304

徒好仁而不惡不仁/214
獨潔其身者/243
篤恭而天下平/169
讀論語孟子而不知道/128
讀論語者/128
獨死生修夭而已/90
讀史須見聖賢所存
　治亂之機/145
讀書求義理/99
讀書少則無由考校
　得義精/149
讀書者當觀聖人所
　以作經之意/128
讀書則此心常在/149
獨有理義之養心耳/157
獨上九一爻尙存/27
獨稱顏子爲好學/53
敦篤虛靜者仁之本/191
敦本抑末/317
焞初到問爲學之方/126
敦厚於終/250
動可不愼乎/195
冬裘夏葛/206
動極而靜/21
憧憧往來/56,62
東面一人來未逐得/157
動不動又是乞也/259
動息皆有所養/157
動心忍性/204
動於欲也/155
動容周旋中禮/54
動容周旋中禮自然/169
動以人欲則妄矣/61
動以天爲无妄/61
動靜無端/31
動靜不失其時/191
動靜節宣/153
董仲舒曰/418
董仲舒謂正其義不
　謀其利/72
動之而和/427
冬至祭始祖/310
動直則公公則溥/152
動則觀其變而玩其占/136
杜蔽害以誠其意/334
遯者陰之始長/244
遯之九三曰/331

得其門無遠之不到也/64
得其分也/274
得其所則安失其所
　則悖/281
得其所則止而安/250
得其意而法其用/143
得其義則象數在其
　中矣/137
得來病痛/211
得伸其私/319
得伸則伸矣/360
得深則可以見誘之小/72
得於辭不達其意者
　有矣/136
得五行之秀者爲人/53
得一善則拳拳服膺而
　弗失之矣又曰/54
得正則遠邪/241
得之於心/254
得之有命/251
得之以義不必言命/251
得天理之正/270
得賢才爲本/298
得效最速/217

〔마〕

麻過於言語飮食也/154
莫能況乎於義理已明/359
莫不皆然/274
莫不愧恥/391
莫不大同/333
莫不心喩/117
莫不害否曰/184
莫不各有其所/281
莫不淡且和焉/295
莫非己也/33
莫非道也/103
莫非使之成已/369
莫非術内/98
莫非天也/90
莫善於中/137
莫說道將第一等讓
　與別人/82
莫是氣不定否曰/208
莫是於動上求靜否曰/182
莫是於言語上用工

夫否曰/186
莫甚於此/235
莫若主/182
莫益之或擊之/384
滿腔子是惻隱之心/37
萬目亦未盡舉/287
萬物生生/22
萬物庶事/281
萬物自育/169
萬物之生意最可觀/36
萬物之成皆合而後
　能遂/277
萬物畢照/177
萬物咸若/295
萬事各有其所/250
萬事出矣/22
萬象森然已具/41
晩自崇文移疾西歸
　橫渠/434
慢則棄其本心/235
萬品之流形/46
忘骨肉之愛/302
妄復則无妄矣/269
妄生乖離/382
忘禍亂則覺孽萌/381
每見每知新益/149
每令尋顏子仲尼樂處/68
買乳婢多不得已/229
每有族人遠來/308
每以月吉具酒食/317
每日須求多少爲益/99
每中夜以思/37
每秋與冬初/306
孟子去其中/33
孟子其迹著/416
孟子辨辨路之分/256
孟子幷秋殺盡見/416
孟子所論/117
孟子所謂成德達材
　是也/330
孟子所謂知言是也/110
孟子反經特於鄕
　原之後者/393
孟子言性善是也/36
孟子言性之反之/414
孟子言惻隱之心/43
孟子亦曰/56

孟子曰養心莫善於
　寡欲/195
孟子曰人不足與適也/376
孟子曰盡其心者/400
孟子謂人有德慧術
　智者/93
孟子謂盡心則知性
　知天/91
孟子才高/66
孟子只答他大意/121
孟子只取其不背師
　之意/121
孟子儘雄辯/416
孟子推之/398
孟子則露其才/416
孟子泰山巖巖之氣
　象也/416
勉强行者/114
勉思企及/365
勉之又勉/64
明極則過察而多疑/382
明其道不計其功/418
明其道不計其功/72
明己之未達/149
明年夏代者至/306
明當今之可行/317
明道先生/69,357
明道先生論十事/298
明道先生德性充完/431
明道先生嘗言於神
　宗曰/270
明道先生善言詩/130
明道先生言於朝曰/298
明道先生與吳師禮
　談介甫之學錯處/341
明道先生曰/32,42,56,
　65,67,68,73,87,131,
　157,159,160,164,170,
　187,203,205,208,285,
　287,325,357,366,387,
　392,396,400,414,428
明道先生作縣/355
明道先生在澶州日/165
明道先生坐如泥塑人/429
明道先生行狀云/304
明道曰無可說/392
明道爲邑/325

明道責之/392
明得盡査滓便渾化/73
明理可以治懼/203
明理義以致其知/334
冥冥悠悠/191
明不能究其所從也/408
明不能盡/408
命辭無差/434
明善爲本/98
明於庶物/426
明夷初九/244
明日飢餓/265
明日棄之/265
明日又格一件/114
名者可以屬中人/58
明者一覽/104
命在其中/251
明通公溥庶矣乎/153
明通聖也/195
明乎物理/298
某起自草萊/259
某年二十時/114
某當時起自草萊/259
冒死以有爲/359
某寫字時甚敬/164
某嘗修六禮大略/310
某始作二書文字/128
謀始之義廣矣/326
某何嘗不敎人習擧業也/261
目畏尖物/204
目之於禮/157
目下雖似相疎/319
沒吾寧也/95
夢幻人世/408
夢幻人世謂之窮理可乎/408
廟必有主/310
妙合而凝/22
無可止之道/155
無間可容息也/27
無間則合矣/277
無歉於心則加勉/63
務高而已/76
無君臣父子之夫婦/287
無極而太極/21
無極之眞/22

無急於求上之信也/246
無德者惑/367
舞蹈以養其血脈/372
無獨必有對/37
無利欲之蔽其處己也/340
无妄之謂誠/39
无妄之義大矣哉/61
无妄則誠矣/269
無復凝滯之在前/358
毋敬可以對越上帝/201
無不由末之勝也/201
無不通無不應者/62
無事時如何存養得熟/157
無事則定則明明則尙/56
舞射便見人誠/369
無相猶矣/234
無常止也/282
無所繫閼昏塞/191
無所逃於天地之間/70
無所逃而待烹/95
無所不通/137
無所不講/313
無所不至/337,391
無所事也/365
無所施而不利/60
無所往其來復吉/281
無所用而不周/60
無所爲而非消/400
無所猷爲/393
無所進退/85
無所擇而能惡言罵人/233
無須臾停/164
無是言則天下之理有闕焉/58
無我則止矣/155
撫愛諸庶/232
無兩從之理/241
無如改過之不吝/98
無如中庸/143
無緣作得主定/157
無堯許多聰明睿知/114
無欲則靜虛動直/152
無有本末無有精粗/224
無由作事/359
無一物而非仁/46
無一物之不體也/46

無日不察其飢飽寒燠/232
無一定之理/282
無將迎無內外/56
無適也無莫也/400
無適而非道也/400
無適之謂一/177
無全牛矣/374
無前任歷子/259
無從宏敎無從成矣/374
無主則實/177
無之麞所闕/58
務盡道理/422
無此議論/146
無則誠立明通/195
無侵於人/384
無他亦是識量不足也/350
無彼我果能明辯/341
無含容之氣/349
無顯人過惡之意/354
無形無走/41
默識心通/143
墨氏兼愛疑於仁/396
默養吾誠/104
墨子又摩頂放踵爲之/39
問家貧親老/262
問敬義何別曰/83
問觀物察己/114
問今人廉乞恩例/259
問其故曰欲千幾處人事曰某非不欲周旋人事者/342
問其故曰蔡人夥習戴記/252
文明則盡事理/248
問不支俸錢/259
問不遷怒/209
問曰/357
問汝南周茂叔論道/426
問瑩中嘗受文中子/123
文王所以聖/123
文王之德則似堯舜/414

文要密察/102
問伊川先生/406
問人心所繫著之事果善/184
問人於議論/349
問仁與心何異曰/43
門人有居太學/252
門人有曰/343
問人有志於學/114
門人疑之孟子曰/289
問仁於伊川先生曰/43
門人弟子旣親炙/365
問人之燕居/179
聞者莫不動心有進/434
文字之文/131
問作文害道否曰害也/80
問第五倫視其子之疾/227
文中子本是一隱君子/420
問之掩口而對/375
問之云/428
文質之中/143
問且將語孟緊要處看如何/129
問出辭氣/186
問忠信進德之事/114
聞風而畏/434
聞風者誠服/427
問必有事焉/82
問何如是近思曰/116
問行狀云/224
問邢七久從先生/258
問胡先生解九四作太子/137
物各付物/167
物極必返/41
勿徒寫過/99
物來而順應易曰/56
勿使誠心少散如旣薦之後/277
勿使有俄頃間度/99
物生旣盈/47
物所受爲性/25
物我一理/114
物吾與也/95
物有未體則心爲有外/91
物有總攝/279
物之外無道/400

원문자구색인 457

物之初生/47	未致知便欲誠意/114	方是有驗/124	凡有動皆爲感/28
物則氣昏推不得/403	民力足則生養遂/284	方是進矣/149	凡有利心便不可/256
勿陷人於惡/229	民吾同胞/95	方與學者/317	凡六爻人人有用/137
未見君子志/410	民有欲心/279	方爲合義/345	凡人家法/308
未光也傳曰/338	民以事至邑者/304	方有所濁/36	凡人說性/36
未能脫灑/214		方有向進處/212	凡人欲之過者/201
未聞立不得人之法也/303	〔바〕	方知其味/191	凡人爲上則易/358
未發謂之中/162		方且創艾其弊/104	凡人才學便須知著
麋不究知/313	博文强識/431	方且下比布衣/263	力處/74
未嘗敢不宿齋豫戒/322	薄者開之也易/48	百理皆具/41	凡人避嫌者/227
未嘗見其忿厲之容/431	剝之爲卦/27	伯母劉氏寡居/232	凡一物上有一理/114
未嘗不知/198	剝盡於上則復生於	百世以俟聖人而不	凡坐處皆書視民如
未嘗以曾子之孝爲	下矣/27	惑者也/143	傷四字/355
有餘也/221	剝盡則爲純坤/27	伯淳嘗談詩/130	凡天下至於一國一家/277
未嘗從衆爲應文遂	博學於文者/118	伯淳嘗與子厚在興	凡天下疲癃殘疾/95
責之事/427	博學而篤志/75	國寺/429	凡取以配身也/228
未嘗止息/46	博學之審問之/87	伯淳昔在長安倉中	凡解經不同無害/125
微生高所枉雖小/387	返求諸六經而後得之/426	間坐/163	凡解文字/121
未始不以經界爲急	反躬自治/434	伯淳曰與賢說話/88	法立而能守/290
嘗曰/317	絆已不出入/360	百爾君子/130	闢之而後可以入道/426
未始不以亟奪富人	半年方得大學西銘看/87	凡嫁女各量其才而	邊鄙防戎/313
之田爲辭/317	反思前日所爲/391	求配/227	便是自棄/82
未始須臾息/434	盤盂几杖/157	凡看文字/121,125	變於上則生於下/27
未施信而民信/427	反而求之六經/434	凡看語孟/128	辟異端似是之非/426
未失道也/334	反以六根之微/408	凡孤煢殘廢者/304	辨而不間/427
未失夫婦常正之道/223	反將理低看了/369	凡觀書/121	便已不是性也/36
未欲深較/376	反之謂鬼/47	凡讀史不徒要記事迹/145	便以謂聖人亦作文/80
未有久而不離者也/246	反害於道必矣/58	泛濫無功/67	便自然脫灑也/100
未有能致知而不在	發禁躁妄/197	泛濫於諸家/426	變化氣質之道/434
敬者/166	發微不可見/22	凡言欲涵蓄意思/367	別欲作詩/369
未有文義不曉而見	發於思慮則有善有	凡物莫不有是性/48	別作一般高遠說/224
意者也/121	不善/45	凡物有本末/39	病根常在/218
未有不失道而喪敗	發於聲見乎四支/95	凡未合者/277	兵謀師律/315
者也/379	發於皆中節謂之和/23	凡百事皆不足/391	竝不下一字訓詁/130
未有不以先生爲君	發而中節/44	凡事死之禮/310	病世之學者/427
子也/427	發政施仁/274	凡事有朕兆/184	炳如日星/143
未有不因其所明者也/330	方可看春秋/143	凡師之道/326	病臥於牀/228
未有不進而不退者/85	方512競爲嚴急之時/427	凡事蔽蓋不見底/105	病源何在/98
未有不得於辭/136	放曠與悲愁而已/261	凡選士之法/298	保其身體/300
未有臻斯理也/426	方且盛而不知戒/381	凡所動作/190	保民者爲迂/324
未應不是先/41	方其逍邐莫不關步/77	范純甫問其敬先生曰/259	保身體者/300
未知其要/426	方其醉時/391	凡實得理之於心自別/254	保身體之法/300
未知道者如醉人/391	方能如此/342	凡於父母賓客之奉/234	報至不喜/349
未知立心/98	方磨得出/204	凡言善惡皆先善而	保形鍊氣/406
未之思也/410	方誠而止/201	後惡/44	卜其地之美惡也/310
未至於聖人處/118	防小人之道/339	凡爲文不專意則不工/80	卜其宅兆/310
未盡得易/123	方是有功/208	凡爲人言者/345	復無閒焉/300

復閟宮非不用民力也/284
復爲方伸之氣/41
復留備秋/306
復以立志爲本/272
服周之冕/143
本無怒也/209
本無私意/161
本無二人/164
本不是惡/390
本分不爲害先生曰/259
本非在上之物終可各也/383
本於宮室/201
本於飮食/201
本於征討/201
本於刑罰/201
本亦不難/114
本朝大綱正/287
本必端端本誠心而已矣/269
本乎人情/270
本乎天性/197
本懷勉勉敬心/235
不可巧言令色/274
不可急迫當栽培深厚/159
不可道上面一段事/41
不可道他物不與有也/403
不可得也/155,349,363
不可得而聞/117
不可得而除也/56
不可慢也/432
不加勉而不能自止矣/64
不可不遠且大/68
不可復謂有所不知/102
不可不應/159
不可不子細理會/65
不可分本末爲兩段事/39
不可事事各求異義/143
不可阿諛逢迎求其比己也/274
不可惡也/166
不可謂之心/45
不可謂之中也又問/182
不可以不在於位/365
不可以頻失而戒其復也/381
不可以相類泥其義

不爾/121
不可將公便喚做仁/77
不可專守著這一事/114
不可只於名上理會/111
不可只作一場話說/131
不可把虛靜喚做敬/175
不可便放下/110
不可下工夫如何/175
不敢不勉/365
不敢以一毫及之/434
夫居周公之位/327
不見其身也/155
不見是而無悶乃所謂君子/64
不見食將有復生之理/27
不見進長/191
不輕妄releasing 是敦厚也/191
不計較事體/354
不繫今與後己與人/33
不困於酒/365
夫觀百物然後識化工之神/143
不愧屋漏/169
不愧屋漏爲無恥/95
夫敎必就人之所長/330
不苟潔其去就/432
不求物而物應/427
不拘思慮與應事/182
不求諸己而求諸外/61
富貴驕人固不善/387
富貴福澤/95
復貴安固/381
不近人情/234
不及於學/103
不及則亦不失於令名/51
不及則便至於爲我/398
不肯屈下/218
不肯自治/106
不欺其次矣/39
不期大而大矣/60
不技不求/130
不記則思不起/149
婦難知所繫甚重/224
不狃滯於近規不遷惑於衆口/272
不能驅除曰/157
不能記事/165

不能動人/167
不能無我/155
不能無留情耳/252
不能反躬者也/106
不能使物各付物/167
不能安其常也/239
不能寧靜/173
不能入也/363
不能自寧/167
不能專對/124
不能挺特奮發/277
不能化而入也/30
不達寬裕之義/246
不達於政/124
不待勉强/254
不待心使至此而後覺也/48
不待人安排也/39
傅德義之道/300
浮圖明鬼/410
不獨使夫資之下者/365
不讀書則終看義理不見/149
不得令作文字/366
不離紳帶之中/216
不利有攸往/61
不立己後難向好事/173
不妄發此却可著力/186
不爭令人一一聲言數/163
不免有得失之累/262
不勉而中/54
不復有也/142
夫婦有倡隨之理/386
不俳不發/373
不思量事後須强把他這心來制縛/164
不事王侯/242
不俟終日/379
不舍晝夜/172
不使知德者厭/367
不思則還塞之矣/119
不喪匕鬯/154
復善而屢失/381
不善之動妄也/269
不先天以開人/142
不屑天下之事/242

不成只守著一箇孝字/84
不少假也/232
簿所欲爲/347
夫所謂繼之者善也者/36
不修其職而學文/221
不順而致敗蠱/221
不施勞而底豫/95
不是但嘿然無言/177
不是事累心/166
夫詩書六藝/53
不是外面捉一箇誠將來存箸/174
夫詩人之志至平易/148
不是將淸來換却濁/36
不識孝弟何以能盡性至命也曰/224
不愧所往/248
不信於上/246
不失其正理/384
不失其中正之義/201
不失則何復之有/198
不安於復也/381
不若內外之兩忘也/56
不養車馬/265
不言而化者也/416
復焉執焉之謂賢/22
不嚴而整/232
不如是不足與有爲也/238
復如前矣/207
不亦淺乎/322
不然非獨他不曉/373
不然則上下皆有咎也/335
夫然後行/73
不要近名方是/84
不要相學/234
不要相學猶似也/234
不欲弗施於人/426
不欲以一善成名/432
不欲以一時之利爲己功/432
不容於世矣/247
不容如是之迫/66
不容有差/398
孚于嘉吉/328
不偶於時/242
不遠復无祗悔元吉傳曰/198

원문자구색인 459

不爲無順/221	夫子疾沒世而名不	不患妨功/262	不使至於極/282
不爲燕安/216	稱焉者/58	附會成書/420	不尙威刑/279
不有躬無攸利/173	不雜亂於小人之群類/241	不獲其身/155	不消則病常在/359
不逾朞年/117	夫政事之失/289	不喜笞扑奴婢/232	弗損益之傳曰/334
夫有物必有則/281	夫錘怨而擊之則武/322	不戲謔亦是持氣之	不時害義固爲罪也/284
不有私心/70	夫終日乾乾/123	一端/190	弗識者多矣/110
不由誠皆是施之妄也/374	不從此行/235	責其趾舍車而徒/241	佛氏不識陰陽晝夜
不惟所聞不深徹/369	不曾請俸/259	分別善惡識廉恥/256	死生古今/404
不有益於介甫/341	不知戒其出汝者/96	粉粉其思慮待至上前/322	不安今之法令/345
不宜有往/61	復之卦下面一畫/182	分瞻親戚之貧者/232	不若防閑詳密/303
不爾皆爲人之弊/102	不知乃常久之道也/223	獖豕之牙吉傳曰/279	不若推誠心與之共治/346
不以見聞梏其心/91	傅之德義保/300	紛然無度/179	不用浮圖/311
不貳過何也/209	不知德行/130	焚撓其中/384	不容而後去/325
不以苟知爲得/117	夫止道貴乎得宜/384	分陰分陽/21	不爲耕犁所及/311
不以嗜欲累其心/213	復之頻數而不能固	分而言之則以形體	不爲溝池/311
不異己出/232	者也/381	謂之天/25	不爲貴勢所奪/311
不以道而身亨/241	不知聖人亦攄發胸	分正百職/284	不爲道路/311
俯而讀仰而思/434	中所蘊自成文耳/80	分宅里立斂法廣儲蓄/317	不爲城郭/311
不以動其心/247	不知成者熟有不是/145	不可禁者矣嗚呼/295	不爲則已/345
不以文害辭文/131	不知手之舞之足之	不可復於今/298	不惟吿者之禮當如是/324
浮而上者陽之淸/46	蹈之也/37	不可復於煩苛嚴急	不正時便至禮樂不與/354
不以小害大末喪本	父止於慈/281	治之/281	不正而合/246
焉爾/213	不知言所傳者何事/421	不求人乃使人倒來	不定者其言輕以疾/187
不以語人/434	復之六三/381	求己/353	不正之節/201
不已又是道/123	付之以不可知/117	不救則已/287	不正之節也/201
夫人男子六人/232	不知怎麼執得/39	不及禮樂刑政/290	不早去則將復盛/281
夫人未嘗不呵責/232	不知集義/82,84	不起善矣/307	不早爲則將漸大/281
夫人不能自安於/240	復之初九曰/198	不幾盡天下以仇君	不足以合天心/91
夫人心正意誠/201	復之最先者也/198	子乎/333	不知公己奉上之道/327
夫仁亦在平熟之而已/191	不止贅而已/58	佛老其言近理/396	不知敎育之道/303
夫人存視/232	不盡材不顧安/374	佛老之害/396	不知求仕非義/263
夫人之情/57	不疾而速也/48	不能大同者/333	不知窮理/408
不日新者必日退/85	負且乘致寇至貞吝/383	不能獨異者/333	不知當生則生/265
不一則二三矣/177	不遷怒不貳過/54	不能如是則法不徒行/290	不知命無以爲君子/262
不自覺也/426	夫天專言之則道也/25	不能自止/295	不知反約窮源/104
夫子貢之高識/252	夫天地之常/56	不能推父母之心於	不知復來之義也/281
父子君臣天下之定理/70	不肯者復之農歟/372	百姓/292	不知蔭襲爲榮/263
不資其力而利其有/264	不必待著意/78	不待勉强而成/350	不知疑者/102
夫子答以知其爲難/202	不必如此說/114	不動聲色/427	不知以含容之量/277
夫子當周之末/142	不必爲艱險求之/148	不得見聖人之奧/102	不至指爲狂也/325
夫子默然曰/186	不必將旣屈之氣/41	不得見底/105	不盡其情僞也/358
不自損其剛貞/334	不學便老而衰/71	不得不愼/311	不進則失可爲之時/248
夫子於此/201	不合小了他/390	不得以惡言冒之/232	不進則退/282
夫子謂其庶幾/198	不行而至/48	不得天下萬物撓已/173	不取其迹/405
父子異宮/319	不幸而敗/145	不務高遠/298	不避嫌得/351
父子之道天性也/227	不幸早世/426	不變今樂/295	不刑一人而可復/317
父子之愛本是公/227	不患其不能伸/233	不復古禮/295	朋友講習/68

朋友之際/216
朋從爾思/56
朋從爾思傳曰/62
非甲爲則乙爲/354
非見幾之明不能也/244
非敬之道/177
非固有之也/114
非關已事/191
非求益者/217
非具至公之心/386
非君子之正道/282
非君志先立/271
非汲汲以失其守/246
非己有也/93
非其義也/434
比吉原筮/240
非能爲物作則也/281
非大人其孰能/289
非徒見於言/292
非動則明無所用/63
非得道不免/410
非禮勿動/54,197
非禮勿視/54,197
非禮勿言/54,197
非禮勿聽/54,197
非禮勿聽言箴曰/197
非禮而視/210
非理明義精/150
非明睿所照/110
非明則動無所之/63
非俳優而何/80
非法不道/197
婢僕始至者/235
非思勉之能强/90
非庠序育材掄秀之道/302
非上智不能也/143
鼻舌於臭味/213
非性然也/233
非聖人有感必通之
  道也/62
非所聞也/98
非是道獨善其身/161
非是蹈襲前人/421
非是先傳以述小/369
非是要字好/164
非我爲則彼爲/354
備於己反身而誠之/270

備於辭推辭考卦/136
譬如君子與小人處/204
譬如明鏡/209
譬如木必有從根直
  上一榦/312
譬如不識此兀子/137
譬如負版之蟲/403
譬如水只可謂之水/45
譬如爲九層之臺/68
譬如異居也/319
譬如一鑪火/406
鄙猥瑣細/337
非欲有爲也/240
非欲自爲尊大/238
非爲己之學也孟子曰/221
非唯告於君者如此/330
非惟君心/376
非惟徒廢時日/366
非有我之得私也/47
非有安排也/37
非惟人君比天下之
  道如此/274
非惟日之不足/56
非儒者之所務也/137
非義也若論爲治/345
悲而擊之則哀/322
俾人自易其惡/362
比因學道/110
非　家私議/357
非在外也/60
俾朝夕相與講明正學/298
比之九五曰顯比/274
非知道者/29,31
非知道者孰能識之/27
比之不慈不孝/228
非知言者也/136
非責任宰輔/271
非淺陋固滯/426
非淺易輕浮之可得也/118
非忠也要使誠意之
  交通/343
非必皆昏愚也/30
非學可至/54
非賢者職任/271
非化之也/54
俾後之人/143
貧富不均/317

頻復頻失/381
頻失則爲危/381
貧賤憂戚/95
貧賤之素/240

〔사〕

斯干詩言/234
使骨肉之意嘗相通/308
使歸之正/376
捨近而趨遠/427
使其言互相發明/149
舍己從人/205
斯其至矣/22
四當心位而不言咸
  其心/62
似當有助/369
四德之元/25
斯道也惟顔子嘗聞
  之矣/143
師道之教訓傳/300
使得於義/221
乍來難盡曉/121
思慮當在事外/354
思慮雖多/179
思慮心虛曰/110
思慮有得/110
四靈何有不至/169
司馬子微嘗作坐忘論/163
使無不止/289
思無邪毋不敬/160
使無失所/304
事未顯而處甚艱/244
使民各得輸其情/357
使民如承大祭/169
使民以時/290
辭不待贊也/143
捨父母之養/302
事事要好/388
似相反也/277
事上臨喪/365
使聖人肯爲/406
事勢亦宜爾/324
斯所謂仁也/36
士修其學/274
思叔慙謝/212
思叔語罥僕夫伊川曰/212

四時合其序/22
四時行焉/22
謝湜自蜀之京師/258
使臣之大務/340
使心意勉勉循循而
  不能已/189
四十五十而後完/186
使於四方不能專對/124
斯亦難能也/202
使英才間氣/410
事豫吾內/90
四五陰柔而能止/137
思曰睿思慮久後睿
  自然生/114
思曰睿睿作聖/116
四曰鄕薰/298
事爲之主/177
事爲之主也/177
使爲穿窬必不爲/254
使有勸有恥/305
事有機會/279
事有時而當過/339
事柔弱之君/221
私意偏好生於內/363
四以剛居高/331
思而有所得/85
使人不由其誠/374
使人不忘本/308
使人知養老事長之義/317
使曰愛其掌擇其學
  明德尊者/298
使一人主之/308
四者身之用也/197
謝子與伊川先生別
  一年/211
四者有一焉/91
使足以警衆可也/346
使周恭叔主客/229
師之九二/326
事之繆秦至以建亥
  爲正/142
事之復生者/281
思之不得/373
事之盛則有光輝/338
使之身正事治而已/221
使之力役相助/304
使之有農桑之業/279

使之自得/370	三曰儒者之學/80	嘗謂門人曰/434	釋氏其實是愛身放
思之切矣終日/130	三月不違仁/51	嘗有人言/110	不得/403
事之至近而所繫至	三益也常以因己而	常人之有量者天資也/349	釋氏多言定/182
大者/154	壞人之才爲憂/360	常人之情/328	釋氏妄意天性/408
士之處高位/248	三者之中/272	常人之至於聖賢/76	釋氏本怖死生爲利/400
舍之則亡/162	三重旣備/142	常在其前己嘗爲之/358	釋氏以不知此/403
舍之則藏者矣/248	三千子非不習而通也/53	常存乎疢疾以此/93	釋氏之說/405
捨此皆是妄動人心	尙可以法三代之治/143	上之比下/240	釋氏之學/401
須要定/184	上九亦變則純陰矣/27	商只是不及些/398	釋氏錙銖天地/147
似此言語/421	常均己子/232	嘗被旨赴中堂議事/357	昔呂與叔六月中來
使天下蒙其惠澤/274	喪其所守/290	上下與天地同流者/313	緱氏/179
四體皆一物/48	尙覡有少進爾/136	塞者牢不可開/48	昔有人典選其子弟
四體不待羈束而自	上達反天理/92	塞絶其本原/279	係磨勘/351
然恭謹/189	想都無知識/258	生不安於死也/254	昔者孟子三見齊王
事親奉祭/234	上頭起意/403	生生之理自然不息/41	而不言事/289
事親若曾子可也/221	上無禮以防其僞/410	生生之謂易/403	昔曾經傷於虎者/254
事親者亦不可不知醫/228	尙無思慮紛擾之患/177	生養遂則敎化行/284	昔之感人也乘其迷暗/426
使他時方思乃是/184	傷煩則支/197	生人物之萬殊/46	昔之害近而易知/426
邪誕妖異之說競起/426	相別一年/211	生日嘗倍悲痛東/224	善固性也/36
士風日薄/302	尙不愧於屋漏/177	生之性便是仁/43	先公賴其內助/232
謝顯道見伊川/88	尙不能曉其義/372	之謂性/35	先公凡有所怒/232
謝顯道歷擧佛說與	常不失於君子/365	生之謂也/35	先公太中/232
吾儒同處/406	嬬婦於理似不可取	生則溺耳目恬習之事/410	善反之則天地之性
謝顯道云/88,130,429	如何曰然/228	生則一時生/403	存焉/90
謝顯道從明道先生	常俯而就之/365	序卦不可謂非聖人	善斯成性矣察惡未盡/213
於扶溝/187	上不失公家之賦役/317	之蘊/147	先生慨然有意三代
事或廢於久/250	常思天下君臣父子	庶幾自得/111	之治/317
四凶已作惡/167	兄弟夫婦/32	庶幾學者得其門而	先生見一學者忙迫/342
山川道路之險易/143	尙書難看/148	入/143	先生固已默而識之/313
山川之融結/46	上書譏范文正公/434	西南坤方/281	先生敎人/427
煞有深淺/114	象所謂志可則者/243	西面又一人至矣/157	先生氣質剛毅/434
殺人之子/229	嘗誦絮羹/232	庶物所以不明治所	先生年十八/434
殺一不辜/70	商辛是也/30	以忽/410	先生讀其書/434
三綱不正/287	常深思此言誠是/235	書不必多看/126	先生每讀史到一半/145
三綱正九疇敍百姓	常愛杜元凱語/76	庶事無節/277	先生負特立之才/431
大和/295	常愛用一辛長/341	書肆耳頤緣少時讀	先生徐曰/357
三驅失前禽之義也/274	商也不及/398	書貪多/126	先生所爲綱條法度/427
三當大有之時/327	嘗語學者/143	書須成誦精思/149	先生於喜怒哀樂未
三代以後/146	嘗言劉繹善治水利/366	書曰玩物喪志/80	發之前/182
三代之時/300	象與占在其中矣/136	庶游心浸熟/98	先生曰固是道無窮/123
三四雖當位/137	傷親則誕/197	逝者如斯夫/123,172	先生曰公要知爲學/126
三舍升補之法/302	象曰觀其生/365	恕則仁之施/77	先生曰近方見此書/146
三辭然後受命/259	象曰不事王侯/242	噬嗑者治天下之大	先生曰凡說經義/123
三十而浸盛/186	常曰顯常愧此四字/355	用也/277	先生曰是何無用/137
參也竟以魯得之/69	上云包荒/277	釋己之疑/149	先生曰悲地同處難多/406
三曰經界/298	嘗謂軍中夜驚亞夫	昔伯淳敎誨/88	先生曰至誠貫天地/400
三曰求賢/271	堅臥不起/307	昔受學於周茂叔/68	先生曰初祖泛論人才/351

462 근사록(近思錄)

先生曰何不見責以盡禮/347	設此語者/98	聖人制禮以成其德耳/306	聖希天賢希聖士希賢/51
先生云亦不妨/137	設比怖令爲善/400	聖人操得其要/279	歲論其賢者能者於朝/298
先生云韓持國服義/352	渫治而不見食/248	聖人之怒以物之當怒/57	世祿之榮/263
先生謂繹曰/186	纖惡必除/213	聖人之道/51,177	世事雖多/347
先生爲政/427	成句是辭/131	聖人之道如天然/365	世俗所貴/241
先生爲澤州晉城令/304	聖其合德/95	聖人之道坦如大路/64	世俗所羞/241
先生爲學/426	誠立賢也/195	聖人之量道也/349	勢須如此/143
先生因言/354	性命於氣/90	聖人之明/374	世儒有論魯祀周公以天子禮樂/327
先生資稟旣異/426	性命於德/90	聖人之事也/362	
先生在講筵/259	性命孝弟/224	聖人之旨深哉/195	世人多愼於擇壻/224
先生接物/427	誠無爲幾善惡/22	聖人之常以其情順萬事而無情/56	世人往往得其議論/420
先生之門/427	聖門之蔽塞/426		世人以嫌猜爲常/223
先生之言/427	聖門學者/117	聖人之心/209	世人之心/91
先生進將覺斯人/426	性本善循理而行/114	聖人之心如止水/210	勢之强弱/137
先生行己/426	成不獨成/47	聖人之言/121	世之病難行者/317
先生渙然自信曰/434	誠心復其不善之動而已矣/269	聖人之用/143	世之愚者/334
先須曉其文義/121		聖人之憂患後世/136	世之人固有怒於室而色於市/209
先識得簡義理/143	成於子思孟子/132	聖人之旨深哉/195	
旋安排著/114	性焉安焉之謂聖/22	聖人至此奈何/282	世之責望故素/331
先王以茂對時育萬物深哉/269	誠顒然瞻仰之矣/277	聖人之責人也常綏/354	世學不講/218
	聖王旣不復作/142	聖人之學/417	所感萬端/164
先王以至日閉關/153	誠爲好人則有之/366	聖人之喜於物之當喜/56	所感復有應/28
先王制其本者天理也/201	聲音以養其耳目/372	聖人盡性/91	所見所期/68
先王之世/285	誠意之感而入也/322	聖人責己感也處多/210	所見者在前/155
先王之迹/298	誠意至於平天下/427	聖人治天下之道/284	蘇季明問/182
先王之治爲可必行/272	人可學而至斂自然/53	聖人則更不論利害/256	素求豫備而不敢忽怠/315
先儒皆以靜爲見天地之心/27	聖人感天下之心/62	聖人則知所以止之道/279	所得俸錢/232
	聖人開遷善之道與其復/381		所樂何事/68
先儒未及此而治之/150		聖人便言止/182	所論大槪/110
先有疑端在心/389	聖人能爲此等事否/406	性者萬物之一源/47	素利吾外/90
先有周事之端/389	聖人無一事不順天時/307	性者自然具具/45	素履往无咎傳曰/240
先儒之傳曰/143	聖人發明此理/27	性靜者可以爲學/87	所未至者守之也/54
先傳以小者近者/369	聖人不記事/165	性卽氣氣卽性/35	所訪物怪神姦/117
先傳後倦/369	聖人復起而不與易/431	性卽理也/44	小變則小益/287
善則唯恐不歸於令/348	聖人不得已而用之/315	誠之於思/197	所病者特上之人未行耳乃言曰/317
說旣極矣/338	聖人所以能使天下順治/281	誠之之道/54	
說道之至正至善者也/282		城寨斥候/313	所不及者不能感也/62
說了又道恰好著工夫也/88	聖人修己/169	性出於天/45	召父老與之語/304
	聖人於易備言之/400	性則無不善/45	所比得元永貞則无咎/240
說本便遺却末/132	聖人寧無成耳/419	誠何心哉/263	所事不踰衣食之間/393
設使四海之內/292	聖人元無二語/159	聖賢同歸/197	所守亡矣/247
說書必非古意/370	聖人爲戒/381	聖賢所不免/110	所守不約/67
設施之際/427	聖人以其自絶於善/30	聖賢之天下/244	所惡於智者爲其鑿也/56
設利誘之法/302	聖人以義爲利/256	聖賢之言/58	所欲不踰矩/198
說者謂訓覺訓人皆非也/43	聖人自有聖人用/137	聖賢之言不得已也/58	所欲不必沈溺/207
	聖人自至公/227	聖賢之處世/333	所尤先者有三/271
	聖人定之以中正仁義/22	聖賢千言萬語/157	所謂敬者/177

所謂考諸三王而不繆/142	所以從宜/339	誦其言辭/64	雖傷於厲而吉/200
所謂利者何利/256	所以終異也/110	灑掃應對是其然/39	雖賞之不竊矣/279
所謂立志者/272	所以知其非性之罪也/30	灑掃應對至於窮理盡性/427	遂生百端/102
所謂父母之心/292	所以進德也/59	衰亂至矣/282	受生循環/410
所謂不如載之行事/143	所以進於聖人/197	誰可爲者/351	雖庶人之子/372
所謂雖多亦奚以爲/128	所以避子之私也/319	須看聖人欲正名處/354	雖善爲惡也/328
所謂始條理者知之事也/59	所以恒而不窮/29	雖强思亦不通也/114	雖善必粗矣/213
所謂有德者/80	所以廓如也/396	雖居貧或欲延客/233	雖說之之心不已/338
所謂日月至焉/110	小人弗克傳曰/327	雖高才明智/426	雖聖人與居/30
所謂一者/177	小人常失於薄/387	雖公天下事/390	隨所居所接而長/218
所謂自明而誠也/54	小人傷於忍/387	修橋少一長梁/165	雖小官有所不屑/432
所謂定者動亦定靜亦定/56	小人小丈夫/390	隨九五之象曰/328	雖小事未嘗專/232
所謂終條理者聖之事也/59	小人役於物/209	雖勤而何厭/98	雖小人以趨向之異/427
所謂下愚有二焉/30	小人悖之凶故曰/22	須攕懷洪大方看得/147	隨俗習非之人也/333
所謂悔也/62	所臨事皆勉强而無誠意/158	守其幽貞/223	雖舜之聖/386
所爭幾何/227	所長者心之所明也/330	守己者固/205	須是恭而安/160
所應復爲感/28	所爭幾何/227	守其正節/241	須是窮致其理/114
所宜樂職勸功/263	所爭毫末爾/256	修其孝弟忠信周旋禮樂/298	須是今日格一件/114
所以居業也/59	所造淺深則有勉與不勉自/70	雖多亦奚以爲/124	雖大其心使開闊/68
所以居業者乾道也/74	所存惟二/232	雖當倉卒/427	須是讀書/126
所以輕自大而卒無得也/427	所憎之言/328	須大做脚始得/68	須是篤實/345
所以戒人從正當專一也/241	消盡者是大賢/203	修道則謂之敎/33	須是得他箇蟲躧底物/204
所以觀書者/149	所處雖有得失小大之殊/243	雖同德者相與/333	須是理會得/209
所以急於可欲者/98	小出入時有之/110	守得牢固/190	須是明諳系收世族/308
所以其民皞皞而莫知爲之者也/274	消則有長/359	雖樂於及人/64	須是默識心通/39
所以能愛/77	所害大矣/221	雖閭巷童稚/372	須是未讀詩時/124
所以能化姦凶爲善良/333	召鄉人高年/317	遂令戶部自爲出劵歷/259	須是未讀詩時如面牆/124
所以大吉/339	所喜者須極力招致/234	水利算數之類/366	隨時變易以從道也/136
所以未得者/128	損者抑有餘是也/201	雖蠻貊之邦行矣/73	雖是善事/184
所以博大悠遠/313	損浮末而就本實也/201	遂亡其正/197	須是誠知義理之樂於利欲也乃能/265
所以輔佐其仁/216	孫思邈曰/72	雖勉爲正事/383	須是習習能專一時便好/182
所以不已也/28	巽順相承/221	遂冥然被驅/410	須是時而爲中/143
所以不和合者/277	損者損過而就中/201	雖無邪心/61	須是實見得生不重於義/254
所以常記得/165	損之九二曰/334	雖未能極聖人之蘊奧/143	須是養乎中/186
所以小過順平宜也/339	巽之謂孔孟可作/292	雖未有知/363	須是要剛決果敢以進/77
所以雖在危疑之地/340	損之義損人欲以復天理而已/201	須放心寬快公平以求之/101	須是有見不善如探湯之心/254
所以侍奉當如何/84	巽之請問先生曰/98	雖不進而志動者/239	隨時有作/142
所以心通/358	遜此志務時敏/98	雖不中不遠矣/159	須是將聖人言語玩味/126
所以養之也/284	率多取忤而溫厚明辨者/330	殊不知先王制法/303	須是知所以爲孝之道/84
所以欲下其視者/216	率性而已斯理也/400	雖使令輩/232	須是止於事/167
所謂萬物一體者/403	率性則謂之道/33	雖事變之感不一/431	須是且如唐時立廟院/308
所以有人物之別/48	誦古詩曰/233	雖使時中/110	雖時且義/284
		須使異日/311	須是聽其言也厲/342
		修辭立其誠/65,66,74	

須是就事上學/342
須是學顏子/66
修身誠意以待之/274
雖失而多從/328
須尋自家穩便處/256
雖顏子亦不敢如此道/114
雖愛之猶以爲未足/434
修養之所以引年/76
須於今之法度內/345
雖與驕傲者不同/350
雖與放肆者不同/349
雖與不能/82
雖易而羞縮/359
雖力詆其荒樂之非/330
遂厭苦求免/410
遂厭科舉之業/426
須要識其治亂安危
　興發存亡之理/145
須要如此乃安/254
雖欲言治皆苟而已/317
雖欲已得乎/58
須用祿仕/262
須用集義/82
須月爲一會以合族/308
須臾客將去/352
雖有未諭/434
須臾不能/254
遂有所得/421
雖幼者可便漸知禮義/310
守義以方其外/59
隨以得中爲善/328
須以理勝他/204
雖耳無聞目無見/182
雖以他說惑之/363
須日日如此/119
水自然入/157
雖自治有功/200
須潛心默識/111
須著如此說/33
雖正亦邪/179
收宗族厚風俗/308
雖州里行乎哉/73
雖知道之將廢/244
隨之所防者過也/328
守之於爲/197
遂至於耽戀不能已也/379
隨之六二/241

授之以政不達/124
守之在後/59
水之清則性善之謂也/36
雖珍玩奇貨/393
雖處骨肉親黨之間/382
雖天下之理至衆/431
遂致人如此/353
遂治之無少貸罪已正/341
雖則心操之則存/162
雖痛舍之猶懼/205
須遍布細密如是/147
水何能入來/157
雖行於外/201
雖號治平/287
守或失於終/250
雖昏愚之至/30
粹和之氣/431
孰能識之/29,31
孰爲疑乎/60
舜可禪乎/269
舜其功也/95
順理而行/83
順理則裕/197
順事親之本也/221
舜所以事君/132
純粹如精金/426
循循有序/427
荀揚道之不到處/420
純亦不已也/172
純亦不已天德也/172
順而循之則道也/36
循而行之/160
順人情不欲違一生
　如此/393
荀子極偏駁/417
舜孳孳爲善/177
荀子才高其過多/417
舜從而誅之/167
舜之事親有不悅者/234
循此而修之/36
順天時以制事/284
舜何與焉/167
順乎風氣之宜/142
純乎孝者也/95
術家之所尙/137
習到自然緩時/208

習俗之心未去/189
習與性成/197
習重習也/64
升降飛揚/46
乘殷之輅/143
時可矣位得矣才足矣/248
是揀難底問/138
是鑑之常/177
施剛果之用/277
豕闞躁之物/279
是皆正路之蓁蕪/426
時見排斥/427
是故覺者約其情使
　合於中/53
是故求而後得/110
是故徒善未必盡義/214
是故立必俱立/47
視高則氣高/216
是孔門傳授/132
是求無益於得/251
是氣不平否/349
是己失節也又問/228
是其惡崇顯/386
視其有過而不告/343
是氣稟有然也/35
豺獺皆知報本/310
是代大匠斲/104
是篤信而固守之/114
是同出於父者也/227
是來復也/281
是躐等也/114
是无所往也/281
是反鑑而索照也易曰/56
豕羸蹢/360
是不得成於樂也/372
是不得立於禮也/372
是不得興於詩也/372
時復思繹浹洽於中
　則說也/64
始復審思明辨/119
是不遠而復也/198
是非較著/143
是非之公/143
是非便見於此/143
詩書如藥方/143
詩書載道之文/143
是聖人之喜怒不繫

於心/57
時小官祿薄/232
是所不見也/155
是所謂坐馳也/163
視小臧獲/232
是損益之大莫是過/195
是順理事/114
始是讀詩/124
是識實未至也/349
是實見得/254
是實見得/254
是甚道理夷叟云/353
視心如寇賊而不可制/166
時也只是說得到義/143
是於人切近者言之/224
是亦學也/145
詩曰公孫碩膚/340
詩曰周道如砥/121
是欲視之猶子也/227
是謂道配天地/295
是謂有德/254
是爲義也/83
視爲之則蔽交於前/197
詩爲解一字不行/131
是有過也/198
視有上下/216
是有意於絶外誘/56
示恩遇之不窮也/263
是以性爲有內外也/56
是以吉也/250
是以事成於下而下
　得以制其上/303
是以上順天理/282
是以順道相保/336
是以浸淫不知亂
　至也/381
是人君親比天下之
　道也/274
示人之意深矣/201
是自然底道理也/160
是自然住不得/354
恃專則失爲下之道/326
時祭用仲月/310
時措從宜者/143
是知常而不知變也/331
視之上下且試之/216
時之盛衰/137

是只爲嗜欲亂著他/388	失節事極大/228	十日爲擧業/262	安靜自守/239
始進未受命當職任	失正理則無序而不和/32	〔아〕	安定之門人/343
故也/246	室中牽置尖物/204		安知其不至聖人/416
是天地之間/400	失志則便/261	兒童所讀書/304	安行而無悔/434
視天下莫能移其道/359	實則外於倫理/426	我先攻其邪心心旣正/289	謁見大賓/352
視聽思慮動作皆天也/73	實則外患不能入/157	我心只望延對/261	仰不愧俯不怍/210
是治天下觀於家/269	甚隔著事/235	我亦未敢自以爲是/341	盎於面背/431
是則聖人豈不應於	心苟不忘/103	我有方也/91	愛道之極也/374
物哉/57	心氣勞耗者實未得也/110	惡講治之不精/98	愛自是情/43
是他見得/314	心大則百物皆通/103	惡物來時便見是惡/209	愛之則見其是/328
是他一邊佞耳/401	心不可有一事/165	惡不仁是不善未嘗	愛之厚/263
視下則心柔/216	心不慢者可否曰/179	不知/214	愛則仁之用也/77
始學之要/189	心不通於道而較古	惡思多之致疑/98	愛必兼愛/47
是涵養意/157	人之是非/110	惡爲猛爲隘/362	夜夢見之/184
息其奔趨流浪之志	甚分明如一條平坦	樂易多怨/431	也只去箇矜字日何故/211
風俗/302	底道路/121	樂者古以平心/295	也只是一事/262
識得則事事物物上/39	甚不可也/310	惡旨酒崇伯子之顧養/95	也只爲病根不去/218
式相好矣/234	甚不是也又間/227	惡之則見其非/328	夜出秉明燭/233
混淺不行/258	心譬如穀種/43	樂則韶舞此其準的也/143	若減一隻脚/137
息有養瞬有存/93	心生道也/45	安能遂其爲善之志乎/247	若强制其牙/279
識而得之/61	心小則百物皆病/103	安能延年/406	若江海之浸/76
食蠹衣惡/265	甚殊邈也/365	安能持久/114	若居陋巷則非中也/39
身端心誠之謂也/269	心誰使之曰/184	安得不長/99	若劫之不測/102
信道篤則行之果/54	心實不見若得別/254	安得謂之靜或曰/182	若固有之/363
神發知矣/22	心若忘之/103	安得謂形而上者/404	若告子則自說不得處/119
愼思之明辨之篤行之/87	甚於申韓/396	安得有差/160	若孔子事/227
申生其恭也/95	甚於楊墨/396	安得天分/70	若果有曰/261
身雖否而道之亨也/241	心亦不宜忘/103	安排著則不中矣/39	若具慶者可矣/224
刮是樞機/197	心亦是動/184	安於不求知者/242	弱國之臣/247
愼言語以養其德/154	心悅之故遲遲/379	顔淵問克己復禮之	若君臣父子親戚朋
臣有臣用/137	心要在腔子裏/169	目夫子曰/197	友之間/277
臣以爲傳德義者/300	心要洪放/102	顔淵問爲邦/401	若君臣兄弟賓主朋
臣前後兩得進講/322	甚有可爲者/355	顔淵不遷怒不貳過/51	友之類/227
信只是有此者也/45	甚者不以奉先爲計/310	顔淵請事斯語/197	若旣發則可謂之情/45
臣止於敬/281	深切著明者也有重	安有箕踞而心不慢者/179	若棄絶之/333
身之謂也/269	疊言者/143	安有不失正者/384	若乃暴其小仁/274
申韓則淺陋易見/396	心定者其言重以舒/187	安忍置酒張樂以爲樂/224	若能大正則如何/383
實理者實見得是實	心中有所開/119	顔子無形顯之過/198	若能物各付物/182
見得非/254	心中初無主/393	顔子微有迹/416	若能於論孟中深求
實無所說/338	心淸時少/189	顔子示不違如愚之	玩味/128
實不孤而其才性如此/382	甚則至於徇私意/218	學於後世/416	若能以事父兄之道
悉心推訪/298	心統性情者也/48	顔子儘豈弟/416	事之/347
失於思者/96	心通乎道/110	顔子春生也/416	若能之則是化爲君
失於聲繆迷其四體/96	深弊未去/277	顔子則心思而後得/54	子矣/383
實謂物來奪之/177	心兮本虛應物無迹/197	顔子和風慶雲也/416	若撻于市/51
實有諸己/67	十五入大學/372	安靜而後能長/153	若當手足胼胝/143
失而後有復/198	十日分數/298		若當行而止/250

若到所提掇更謹則
可謹/235
若履大路而行無復
回曲/270
若無利害/256
若無法以聯屬之安可/312
若無所見/421
若無含宏之度/277
若未接物/177
若迫切不中理/66
略不介意/341
若不能存養/157
若不是他見得/421
若夫違道以干百姓
之譽者/282
若不有諸己/33
若不知只是覰却堯/114
若不幸致誤/229
若不會處置了放下/251
若殞去其勢/279
若不得其如命何孔
子曰/262
若不得此心/147
若不實見得/254
若不做一箇主/164
若非子思孟子/417
若非竊造化之機/406
若界之一錢/147
若士大夫之十/372
若事物之來/159
若使營營於職事/322
若士者雖殺之/254
若俟衆人盡識/244
若三過其門不入則
非中也/39
若常移易不定/190
若先生可謂/313
若聖人因物而未嘗
有怒/209
若小人處之/327
若須更改而後為/345
若之救之必須變/287
若修其言辭正為立
己之誠意/66
若循循不已/87
若徇情肆欲/386
若是愼言語/186

若識則自添減不得也/137
若愼交結明契券之
類是也/326
若伸己剛陽之道/221
若失其剛貞而用柔說/334
若心有所比/201
若按伏得這箇罪過/211
若於事上一一理會/110
若於一事上思未得/114
若言居山林間/406
略言教童子灑掃應
對事長之節/369
若言求中於喜怒哀
樂未發之前則不
可又問/182
若言存養於喜怒哀樂
未發之前則可/182
若念得不熟/137
若曰勉率而為之/374
若往來憧憧然/62
若要熟也須從這裏過/68
若欲窮其說而去取之/405
若欲貴之心/240
若欲免此/177
若欲委之無窮/117
若用私意為之便是私/390
若謂乾乾是不已/123
若為之不豫/363
若有官守/246
若有適有莫/400
若劉表子琮/419
若以敬直內/171
若耳聞口道者/254
若以手足胼胝/143
若以語言解著/171
若以一器實之以水/157
若立宗子法/312
若將兩塊玉來相磨/204
若箸些私者心在/206
若專意則志局於此/80
若田之三驅/274
若切於好利/384
若存心養性一段事
則無矣/400
若從事而言/287
若主於敬/177
若中人之性/234

若只格一物便通衆理/114
若志富貴/261
約之使反復入身來/157
若只守一箇敬/84
若志勝自無此累/262
若只是修飾言辭為心/66
若智識明則力量自進/114
若執一事/137
若此之學/121
若此則甚易/209
若添一隻/137
若稍動得/264
若取失箭者以配身/228
若驟然語變/105
若合開口時要他頭
也須開口/342
若賢者則求之以道/251
良久日累高必自下/87
陽君子之道/198
陽氣發處乃情耳/43
陽來為復/27
兩忘則澄然無事矣/56
陽明勝則德性用/90
楊墨之害/396
楊墨之害亦經孟子
關之/396
陽未嘗盡也/27
養民之道/284
兩番戍者/306
陽變陰合/21
陽始生甚微/153
楊氏為我疑於義/396
揚雄才短其過少/417
揚雄後人只為見他
著書/418
兩儀立焉/21
陽已復生/41
楊子拔一毛不為/39
揚子雖少過/417
量自然宏大/350
揚子曰聖人之言遠
如天/121
養知莫過於寡欲二字/186
於枯槁疏通者歸於
恣肆/400
於九二六五可見/137
於其所難者則惰/359

語其才則有下愚之
不移/30
於德性有所懈否/99
於道便有妨處/366
語錄有怒甲不移乙
之說是否/209
語孟如丈尺權衡相似/128
於不善中尋箇善來
存著/174
於不疑處有疑/149
於事上亦不足/391
於事厭倦/167
於盛年無損也/186
於聖人中道師只是
過於厚些/398
於世俗所同者/333
於是又訪諸釋老之書/434
於是作春秋/142
於盡棄異學淳如也/434
於心氣上驗之/110
語焉而不詳/421
於儒者事最近/366
於義未必中/359
於人必有所濟/325
於一事一義/143
於財上亦不足/391
禦止其惡也/336
於止為无咎也/155
於學便相害/104
詰學者以所見未到
之理/369
於鄉黨親戚於衆人/274
於喜怒哀樂未發之前/182
億兆之心/274
言間者謂相去不甚遠/256
言吉凶皆先吉而後凶/44
言能修省言辭/65
言能如是則法行/290
言道之體如此/123
言動服食/300
言不能與於斯耳/143
言不忠信/73
言是非皆先是而後非/45
言語必正者/161
言為無不周遍/426
言有教動有法/93
言有無諸子之陋也/408

言有物而動有常/426	如三過其門不入/39	汝如是大時/232	如此便道理出來/204
言人便以聖爲志/82	如上九者/200	如日軻之死不得其傳/421	如此何也/189
言一國則堂非中而國之中爲中/39	属色待之/357	如王虞顏柳輩/366	如天地位/93
言者攻之甚力/357	如嗇節於用/201	旅寓他土/302	如充實之謂美/121
爲知賢才而擧之子曰/285	如生民之理有窮/298	如原道中言語雖有病/421	與就上添一德亦不覺多/137
言忠信行篤敬/73	予生千載之後/136	予謂養心不止於/195	如治民治兵/366
言學便以道爲志/82	如碩大之果/27	如爲人君止於仁/182	如七年一世百年之事/125
言兄弟宜相好/234	如釋氏之學/256	如有說願往復/341	如彼耒耜陶冶之器/58
嚴厲非安和之道/200	與先公相待如賓客/232	如有周不顯/131	如避嫌事/227
嚴威儼恪/177	與先生竝行也/217	如二可謂見幾而作者也/379	與下民一一致/393
如見肺肝然/104	如誠意以待物恕己以及人/274	如李德裕處置閩臣/360	如何爲善/177
如古詩三百篇/368	與聖人同乎/404	如二典卽求堯所以治民/132	如何爲主/177
如公孫弘者/261	與聖人所以用心/128	如二之才德/248	呂學士言/182
如過恭過哀過儉/339	與聖人所以至聖人/128	如人雖有親黨/382	與學正相背馳/216
如關雎之類/368	與聖人一/48	如人游心於千里之外/76	如寒暑雨暘/62
如光風霽月/422	如聖人之後纔百年/417	與人爭忿雖直不右/233	如漢時設下帷講誦/370
如求經義/67	予所傳者辭也/136	如日月至焉/189	與行道之心/240
與久而不息者所見/110	如誦詩三百/124	餘日是可爲學/262	與兄子有間否/227
如群飲於河/427	如灑掃應對/224	與自家意思一般/428	與兄子之疾不同/227
如近處怎生强要鑿教深遠得/121	旅瑣瑣斯其所取災傳曰/337	予玆藐焉/95	如護疾而忌醫/378
如今多忘了/126	如手足不仁/33	如子所言/114	如厚德載物/137
與今無異/114	如舜之誅四凶/167	如子灌孺子爲將之事/121	属熏心謂不安之勢/384
如今人歌曲一般/372	如舜之誅四凶怒在四凶舜何與焉/209	如作一事/256	属熏心傳曰/384
如今人怎生會得/372	如始盟之初/277	如在其左右/33	亦可見外誘之不足惡/57
如其不省何/330	如是宛轉以求其合也/334	如征伐盟會之類/143	亦可以卜自家所學之淺深/184
與其非外而是內/56	如是而用民力乃所當用也/284	如中庸文字輩/149	亦可取益/360
如己之子/292	如是而止/155	與衆人之識/365	亦古人所謂億則屢中/110
属吉无咎/200	如是立定却省易/405	如曾子易簀/254	亦豈不是天性/227
予悼夫聖人之志不明於後世也/143	與詩之美不同/121	如只管節節推上去/123	亦能有幾人/307
如讀論語/124	如是天下孰不親比於上/274	與之較是非/410	亦當稍厚又云/302
如登山麓/77	如是則世俗孰不疑怪/244	如持權衡以較輕重/110	易大抵以艮爲止/190
如鄧艾位三公/349	如是則只是內/174	汝之是心/252	力量不至則如之何曰/114
如明鑑在此/177	如是則只是中/174	與之處而不告其過/343	力量只如此雖欲不滿/349
如夢寐顚倒/184	如是女諸子或加呵責/232	旅之初六曰/337	亦無害否曰/179
餘無他焉/74	如言求之有道/251	如之何其可一也/274	力未能動/360
與物瞑絶/384	如言吾得正而斃/416	與盡性至命/224	亦未能使下/358
如發不以時/179	呂與叔嘗言/157	如懲忿窒欲/201	亦未嘗須臾忘也/434
如百尺之木/41	呂與叔有詩云/80	如此等人多/256	亦未至於無父無君/398
如復卦言七日來復/41	呂與叔撰明道先生哀詞云/431	如此一二年/190	易變易也/136
如復爲之/345	呂與叔撰橫渠先生行狀云/317,434	如此者只是德孤/162	亦不敢易乎近矣/365
餘四百人分在州郡解額窄處自然士/302		如此只是講論文字/111	亦不計家之有無/234
如師也過/398		如此則豈有置之善之理/174	亦不是取出溷來置在一隅也/36
如斯而已矣/404		如此則失含宏之義/333	亦不如是也/331
		如此則人不可以不加澄治之功/36	亦不岫惟義所在/265

亦不待語而後知/117
亦不知是多/137
亦不知是少/137
亦非一道/242
亦使小人得不陷於非義/336
亦私意妄爲而已/142
易所謂差若毫釐繆以千里者/270
力小任重/68
亦須寄寓在一箇形象/164
亦須深沈方有造/118
亦須漸好/256
亦須且恁去/162
亦是未盡善/307
亦是量狹/349
亦是一統底事/224
易視之則小/98
亦是天理/312
亦是太以敬來做事得重/160
亦安能入乎/221
易於近者/136
力言百姓飢且死/324
繹曰先生豈以受氣之薄/186
亦容有爲之兆者/246
亦遺書責父老/312
易有聖人之道四焉/130
力有餘則學文/221
亦有人生無喜怒者/189
亦有人識高而量不長者/349
亦有從事而言/287
易因象以明理/136
亦一爲之/308
亦自喪志/366
易傳未傳/136
亦貞而已矣/62
亦制數而已/290
亦足寬民之死過/315
易足則無由進/106
易中只是言反復往來上下/137
易之艮言止之義曰/182
役知力甚勞先生曰/74
亦只是箇不已/123

亦只是淺近語/78
亦止人好問之心也/373
亦必有旁枝/312
亦必有分派處/312
然見道不甚分明/418
然見聞之理在始得/182
然考其歸則誠愚也/30
然君子不以世俗之見怪/244
然君子之待小人/331
然今時非無孝弟之人/225
然豈可甚過也/339
然其明而剛/198
然其所治/386
然其包涵盡天下之理亦甚約也/58
然儒謂今人之情/298
然得之不得爲有命/262
然望之崇深/432
然沒此理/403
然未聞自古聖賢/110
然便以博愛爲仁則不可/43
然不可以濁者不爲水也/36
然不嘗爲大則事ဌ不得/147
然不是性中元有此兩物相對而生也/35
然不能爲下/358
然非心存焉/289
然非有志槪者/359
然非中和之道/200
延聘敦遣/298
然思今日/114
然事非一槪/246
然誠心懇惻弗之措也/432
然聖人又恐後之人/246
然聖人則不思而得/54
然小人乖異者至衆/333
然須是知了方行得/114
然餓死事極小/249
然惡亦不可不謂之性也/36
然若有得/129
然陽無可盡之理/27
然於教之之道/232

然於中道未得爲光大也/201
然與人居/434
然亦不可長留在心胸爲悔/207
然亦有夷狄之風/287
然又有旁枝達而爲幹者故曰/312
然爲養又須使不知其勉强勞苦苟使見其爲而不易則亦不安矣/234
然爲之未嘗大戾於法/325
然爲之人亦未必怪/359
然有所知後/342
然有小悔/221
然有涯有涯亦有時滿/298
然猶夜驚何也/307
然有用民力之大而不書者/284
然有謂欲屛去聞見知思/177
然惟知道者/350
燕遊之樂爾/393
然有之無所補/58
然游夏一言一事/76
然而買櫝還珠之蔽/64
然而不書/284
然而於己則允/401
然以人觀其德/365
然已自不識性/417
然而前儒失意以傳言/136
然而持之太甚/162
然而厚則漸至於兼愛/398
然人不志此/262
然一草一木皆有理須是察/114
然一向好著/366
然臨事則反至於暴厲曰/203
然自孟子而後曰/421
然玆法之行/317
然自身却只在此/76
然自有知覺處曰/182
然在異體/221
然靜中須有物始得/182

然主一則不渝言閑邪/175
然怎生一箇無窮/123
然至誠在於蹢躅/360
然知識蔽固/114
然且敏以求之/98
然天下自棄自暴者/30
然致知甚難/114
然則易謂地之美者/310
然則其上達處/400
然則顏子所獨好者何學也/53
然則毁人倫/400
然他經豈不可以窮理/143
然必懲忿/194
然學者則須勉强/254
然學之道/54
然行之亦量力有漸/68
然後可求其意/121
然後可立趣向也/70
然後可與共學/85
然後可與適道/85
然後可以自得/159
然後可以行周官之法度/287
然後却看/145
然後看春秋/143
然後告之/374
然後其心亨通/118
然後能辨是非/110
然後能不獨親其親仲弓曰/285
然後能造其微也/143
然後能盡孝道也/84
然後斷事/434
然後力行以求至/54
然後不知手之舞足之蹈/64
然後士農判/372
然後善其辭說/322
然後順從而不亂也/312
然後若決江河以利吾往/98
然後力去行之/126
然後爲得也/76
然後爲他說/373
然後爲學/342
然後人道立/142

然後子弟皆聽其命 　而從之/312	吾輩不及古人/98	曰鄭聲淫佞人殆/401	堯與舜更無優劣/414
然後志定/372	五性感動而善惡分/22	曰怎得便會貫通/114	要有此理/403
然後盡仁義之道/214	吾受氣甚薄/186	曰只是後世怕寒餓死/228	妖淫愁怨導欲增悲/295
然後天下之事可從 　而理也/289	吾與人居/343	曰只爲今人以私心 　看了孔子曰/227	要人道如何/161
	五曰貢士/298		要作得心主定/167
然後推及其餘/330	吾義所安/432	曰是天地間一賊/406	要在同而能異耳/333
然後脫然自有貫通處/114	吾以忘色徇欲爲深恥/186	曰此亦以己之私心 　看聖人也/227	要之皆是聖人/414
悅人耳其/80	吾玆試矣/269		要知其約/126
悅之者衆/386	五者廢其一非學也/87	曰兄弟之子猶子也/227	要之聖賢必不害心疾/164
說之惑人易入/386	吾曹常須愛養精力/158	曰患其不能屈/233	了此便是徹上徹下 　之道/75
濂溪先生曰/21,51,194, 　195,269,295,362,378	吾志可行/432	往見之伊川曰/211	
	吾學既得於心/434	王道如砥/270	要下卽下/358
濂溪先生曰可/152	五行一陰陽也/22	往來道路/302	欲乞皇帝在宮中/300
獵自謂今無此好/207	五行之生也/22	往往强戾而才力有 　過人者/30	欲牽於前而求其止/155
寧滅其身而無悟也歟/378	玉者溫潤之物/204		欲見知於人也/64
令名無窮焉/378	溫溫恭人維德之基/217	往以游夏爲小不 　足學/76	欲其不亂難矣/274
令是邑之長/347	溫柔則可以進學詩曰/217		欲其相下不倦/216
領惡而全好者/90	溫潤如良玉/426	往往知稽古愛民矣/343	欲其純完/363
英烈之輔/277	溫淸當如何/84	往往親未絕不相識/308	欲當大任/345
永謂可以常久/240	蘊之爲德行/51	王用三驅失前禽傳曰/274	欲得之於己也/64
寧以一物不被澤爲 　己病/432	雍容寬裕/246	王允謝安之於漢晉 　是也/244	欲令如是觀仁/34
	完廪又怎生下得來/121		欲事事上致曲窮究/147
令人意思留連/393	玩索久之/111	王者所以錄有功尊 　有德/263	欲成就之/434
令朝夕歌之/369	曰固是氣不平/349		欲速成者/217
寧學聖人而未至/432	曰古之學爲文否/80	王者如天地之無私 　心焉/419	欲勝己者親/98
令或不從/347	曰古之人/157		欲爲不善又若有羞 　惡之心者/164
榮華其言鮮有至於 　道者/54	曰大正非陰柔所能也/383	王者顯明其比道/274	
	曰不待安寢奧不安寢/227	往則妄也/61	欲爲善如有惡以爲 　之間/164
禮敬尤至而夫人謙 　順自牧/232	曰不獨財利之利/256	王通言心迹之判/405	
	曰聖人立法/227	王荆公執政/357	欲柔其心也柔其心 則 　聽言敬且信/216
禮樂只在進反之間/69	曰心雖絶於善道/30	外物不接/155	
禮樂刑政/290	曰若說白日飛昇之 　類則無/406	外物觸其形而動其 　中矣/53	欲以求天下之比/274
禮儀三百威儀三千/46			欲人無己疑不能也/95
豫而已矣/434	曰語其性則皆善也/30	外司有事/354	欲除一人給事中/351
禮者非體之禮/160	曰汝若安徐/232	外雖積險/358	欲知得與不得/110
禮之大者/310	曰吾女非可試者也/258	外之夷狄情狀/313	欲知中庸無如權/143
豫之六二/379	曰嘗夏葛而冬裘/404	料其成敗/145	欲直言天下事/261
禮盡則已/347	曰爲己爲親/262	要當去此心/252	欲執此二者之中/39
吾見其居於位也/217	曰唯聖人爲能通其 　變於未窮/282	要得去盡根塵/403	欲且教之歌舞/368
五經之有春秋/143		堯夫解他山之石/204	欲趨道舍儒者之學 　不可/80
五氣順布/22	曰柔與剛/22	繞譽之延蔓之物/100	
吾乃沛然/434	曰陰與陽/22	要使誠有餘而言不足/344	欲他人己從諉人也/96
吾道勝矣/117	曰人見六經/80	堯所以釐降二女于 　嬀汭/269	欲學之須熟玩味聖 　人之氣象/111
吾道自足/434	曰仁與義又曰/22		用其私心/270
吾道則不然/400	曰子細檢點/211	堯舜三代帝王之治/313	用其私心以感物/62
烏得以從外者爲非/57	曰將試敎官/258	堯舜是也/282	用力緩怠則遲凊/36
	曰在己固可/262	堯舜之道也/270	

用馮河或疑/277	重者更互而出/182	元不相連運/400	爲我盡達諸介甫/341
用心力看方可/147	遇事優爲/432	原始反終/22	威嚴不先行於己/223
勇於苟作/104	又生怠惰之意/393	元永貞无咎傳曰/240	爲嚴毅爲幹固/362
用於一事/177	又隨所居而長/218	元祐中客有見伊川者/146	爲玩物喪志/69
勇於從而順令者伯奇也/95	于時保之/95	元謂有君長之道/240	違曰悖德/95
庸玉女於成也/95	又安能與天地同其大也/80	月朔必薦新/310	爲有咎也/248
用爲儀法/365	又安能化不善而使之合乎/333	爲可吝也/201	謂有識之鬼/410
用二子乳食三子/229	爲焉有此患乎/177	爲强梁柔善/362	威儀行義/153
用人之非/289	又如貴公子位益高/350	爲去聖繼絶學/100	謂以其有爲天子之有也/327
用之邦國/368	又如萬章問舜完廩浚井事/121	謂古樂不足聽也/295	爲已知未學爲已學/106
用之與否/274	又如相如使蜀/312	爲教者亦然/330	爲人君止於仁之類/167
用智則不能以明覺爲自然/56	又如水離遠必有正源/312	爲教之意深矣/284	爲人臣止於敬之類是也/182
又却是思也/182	又如王公大人/254	爲國之先務/284	爲人後者/263
又皆精密詳練/313	又如抱石投河/403	爲君子小人之別/203	爲立科條旌別善惡/305
又更精思/145	又如虛器入水/157	謂己當然自誣也/96	位者所處之分也/250
又居得正/221	又曰苟與揚擇焉而不精/421	爲其以意逆志也/148	爲慈爲順/362
又告之徒使人生此節目/374	又曰責善之道/344	爲其惑世之甚也/396	爲長幼爲朋友/400
尤其近也/365	又爲二三所隔應初之志/331	爲難知也/143	爲宰相則不能下天下之賢/218
虞吉象曰/250	又爲人以道義先覺處之/102	爲能識其遠者大者/315	爲政須要有紀綱文章先有司/285
又多識前言往行/99	優柔厭飫/76	爲德辨爲感速/93	位正中也傳曰/328
又多逐人面上說一般話/392	優柔平中/295	違道干譽/274	謂之光明可乎/191
遇得喪必動/262	優游涵養/370	爲萬世開太平/100	危之道也/381
又明年仲春遣次戍者/306	乂異宮乃穿了/310	謂忘我也/155	謂孟子沒而聖學不傳/426
乂無利可趣/372	又引而長之/338	謂孟士以上/319	謂之得伸其志則不可/325
又問視己子/227	憂子弟之輕俊者/366	爲名與利/84	謂之無物則不可/182
又問揚子言聖人不師仙/406	愚者則不知制之/53	爲無斷爲邪佞/362	謂之無不知可乎/408
又問天性自有輕重/227	又作砭愚曰/95	爲文亦玩物也/80	違持養之方/300
又問致知先求之四端何如曰/114	又全背却遠去/121	爲物所役/167	謂之悟道可乎/410
又發揮出浩然之氣/33	禹之德則似湯武/414	位未稱德/274	謂之王道可乎/292
又不安者/160	虞之不得其正矣/250	爲民立君/284	委之庸醫/228
又不爲妻求封/259	又進之未喩之/374	謂反正理也/281	謂百王不易之大法/142
又不之西/174	又滯泥不通/121	謂不交於物也/155	謂之仁則未可也/202
又不之彼/174	又取媭女以歸嫁之/232	爲不相似矣/91	謂之全無知則不可/258
又非楊墨之比/396	又何害先生終不言/351	爲父頑母嚚/234	謂之靜則可/182
又非於吾言無所不說/106	又何嫌乎/325	謂父者爲得而當之/319	謂之下愚/30
遇非枉道逢迎也巷非邪僻由徑也/334	又學禮則可以守得定/101	謂非己心不明也/95	爲直爲斷/362
又非鑿空撰得出/421	隕穫於窮厄/247	謂師謂曰/341	謂天地爲有窮也/408
尤非孝子安厝之用心也/310	願公平氣以聽/357	爲師之主/326	爲天下之表儀/277
遇事時各因其心之所	原其所自未有不善/44	謂尚有當解之事/281	謂治家當有威嚴/223
	元吉无咎/335	爲生民立道/100	爲親奈何/262
	元吉无咎象曰/335	爲小人侵陵/204	爲太學之師/298
		爲巽惡爲懦弱/362	謂褒善貶惡而已/143
		爲實修業處/66	爲風雨爲霜雪/46
		爲實下手處/66	爲下則難/358
		爲心源不定/403	

원문자구색인 471

爲學大益/102	有德然後有言/421	有所未善則改之/63	有意近名/84
威和竝至則吉也/326	有讀了後其中得一	有所未至/302	有以一爲難見/175
有可居之處/66	兩句喜者/128	有所不爲/70	有人不肯言其道義
猶可驗之一鄕/317	有讀了後不知手之舞	有所不逮/346	所得所至/105
猶可悔也/336	之足之蹈之者/128	有所私係則害於感通/62	有人說無心/88
惟看義當爲不當爲/256	有讀了後知好之者/128	有少私意便是不仁/84	惟人也得其秀而最靈/22
有感必有應/28	流遁失中/408	猶水流而就下也/36	有人遇一事/251
猶强起之乃就對/261	有得則識之/434	有雖無邪心/334	惟仁者能之/202
惟剛立之人/223	幽厲不由也/417	惟隨時變易乃恒道也/29	猶仁體事而無不在也/46
有江河之量/349	有流而未遠/36	有叔父伯父/319	有人治園圃/74
遺經尙存/136	惟利祿之誘最害人/372	惟是格君心之非/287	惟印行唐鑑一部/146
惟敬而無失最盡/37	有離貳怨隙者/277	有始便有終/41	有人胸中常若有兩
有苦心極力之象/110	有理而後有象/136	有是心斯其形以生/45	人焉/164
猶恐不免/401	惟立誠纔有可居之處/66	惟是心有主/177	有一官員上書/352
惟恐有傷其意/232	惟孟子能知之/150	猶是心矗/118	有一日脫然如大寐
惟觀其所見何如耳/23	有銘有戒/157	有是心則有是迹/405	之得醒耳/98
有官則不能下官長/218	由母蔽其過/232	猶是人擧之/261	儒者皆不識此義/172
猶求審處/147	唯務上達而無下學/400	惟是左右看/393	猶自更取物在身/403
有求爲聖人之志/85	有物必有則/167	惟是止於事/167	儒者未容窺聖學門牆/410
幼求稱欲/232	猶未必說書/370	有時只轉抑一兩字/130	有自然之和氣/416
愈貴則愈豫故異宮/319	猶法律之有斷例也/143	惟識量不可强/349	有自幼而善/35
猶今世有逐位/319	有不可革者何也/30	有息則餒矣/210	有自幼而惡/35
惟其功有敍/386	有釜斛之量/349	惟愼獨便是守之之法/169	儒者自有名敎/434
惟其微辭隱義/143	有不善未嘗不知/54	有失而致之平/63	儒者潛心正道/398
惟其不敢信己而信	有孚顒若傳曰/277	惟失之不遠而復/198	惟自暴者扼之以不信/30
其師/110	猶不持權衡而酌輕重/110	惟心宏則不顧人之非	有潛心於道/214
有其富盛必用亨通	有不合處/145	笑所趣義理耳/359	流轉動搖/164
於天子/327	有不行處是疑也/102	劉安禮問臨民/357	有翦桐之戲/300
游氣紛擾/46	有忿疾之心/277	劉安禮云/357,431	惟整理其心/376
惟其所召/197	有分毫私/70	有安排布置者/72	游定夫問伊川陰陽
由其位而能爲者/327	由弗絶也/333	有量能度分/242	不測之謂神/138
惟其有與人同/30	由不知本也/312	游楊初見伊川/430	惟制民之產一事不
惟其知不善/198	有不合者/405	有言未感時/175	得爲/355
唯其蔽也故爾/330	由辭以得意/136	唯說是動/386	唯諸兒有過/232
惟怒爲甚/57	有司之事/302	猶五常之仁/25	有鍾鼎之量/349
猶騖於外物何如/56	惟尙反而急賢/98	有吾與點也之氣象/130	有主則虛/177
有能怒一人而不怒	由象以知數/137	惟五患者/311	中也者和也中節也/362
別人者/209	有象而後有數/136	有要乎曰有/152	惟志士仁人/315
有多少不盡分處/32	惟上下一於恭敬/169	有欲屛去思慮/177	有志於道者/252
有當隨有拯之不得	有先後之序/210	有用力處又曰/66	有指而言者/23
而後隨/248	有先後次序/76	有爲而作/84	惟知有義理而已/358
惟當以誠意感動/324	惟誠敬而已/154	有爲者亦若是/212	有之而能制/202
有大過人之才/410	惟聖人之道/85	猶爲化物/173	由之而不知也/225
唯大人爲能格君心	惟聖人知朋友之取	悠悠我思/130	惟止之各於其所而已/281
之非/376	益爲多/214	有攸往夙吉/281	有知止足之道/242
惟大人爲能盡其道/47	由聖學觀之/191	有攸王凤吉傳曰/281	有體而言者/23
有德業充備/298	有所賴焉/427	有六三之正應/382	惟進誠心/67

唯此二端而已/284
有此理也/406
有差者皆由不敬不正也/160
有天德便可語王道/172
惟天地之量則無滿/349
有天下者雖欲倣古之迹/142
有淸介自守/242
有出而甚遠/36
類聚觀之/43
有濁之多者/36
由通於禮樂/426
由通蔽開塞/48
由蔽有厚薄/48
惟陛下稽先聖之言/270
有暴擾之患/277
游夏不能贊一辭/143
游夏亦何嘗秉筆學爲詞章也/80
游夏稱文學何也曰/80
惟嫌重也/403
由乎中而應乎外/197
惟患奪志/262
有懷抱道德/242
六經須循環理會/149
六經浩渺/121
肉辟於今世死刑中取之/315
育英才類封人之錫類/95
六曰兵役/298
淪胥其間/410
尹彦明見伊川後/87
律令唯言其法/143
飮食常置之坐側/232
飮食衣服/153
吟哦上下/130
陰陽剛柔之始/46
陰陽無始/31
陰陽一太極也/22
陰亦然聖人不言耳/27
吟咏性情/130
陰濁勝則物欲行/90
淫酷殘忍/201
應擧求仕/262
應上則得權勢/248
議古之法/317

宜其與道難一/207
義當然否/259
義理都喪/218
義理不勝情與羞縮之病/359
義理所得漸多/203
義理與客氣常相勝/203
義理有疑/119
義理之學/118
義理儘無窮待自家長得一格/149
義莫是中理否曰/82
議法改令/357
義便如有是有非/83
疑病者未有事至時/389
宜服膺而勿失也/197
意思齦齦/359
醫書言手足痿痺爲不仁/33
宜先禮命/298
宜安處便爲利/256
宜若有間然/227
義與利只是個公與私也/256
義亦相近/221
宜曰義理曰禮/22
意有思也/91
義以方外/400
義以方外仁也/171
義以方外者坤道也/74
義以方外之實事/66
毅而不宏則無以居之/75
毅而不宏則隘陋/87
義以上更難說/143
依仁義之偏者/270
義之與比/400
意便不足/128
義形於外/59
義形而外方/59
義訓宜禮訓別智訓知/43
而可懼他如此/386
而可一其歸仰/306
而姦僞無所容/304
而剛躁自止/279
以剛中正爲節/201
而開之也難/48
而擧世莫與宜者/384

以見陽與君子之道不可亡也或曰/27
而更求在內者爲是也/57
以敬以安百姓/169
而繫於物也/57
而高潔自守者/242
而考索至此/110
以功用謂之鬼神/25
以孔子爲避嫌/227
而功卒不可成也/386
以卦配月則堂當十月/27
而拘忌者/310
以求人之比己也/274
而求照無物之地/56
異宮而同財/319
而近代公卿子孫/263
而近患已生矣/277
二氣交感/22
以其歸也/47
以氣消息言則陽剝爲坤/27
以其所造者極也/85
以記誦博識/69
以其伸也/47
以其普萬物而無心/56
以其重愈沈/403
以己之子妻公冶長何也/227
而氣質卑下/383
以其好學之心/54
而恬然若將終身焉/239
而能辨之早/379
而能致其來格/306
而能致其誠敬/306
而能通其意者/136
而多自疑猜/382
異端竝立而不能移/431
異端不與焉/80
異端不必攻/117
異端害之也/426
而堂爲中/39
而道義出/93
以道自任/272
以道治天下/285
而得平義理之安/143
以來新意/119
以量而容之/61

以類而推/116
耳目役於外攬外事者/106
以妙用謂之神/25
而無寬裕溫厚之氣/110
耳無聞且無見否曰/182
以文章筆札傳於人者/233
而未足以濟當今之極弊也/298
以博聞强記巧文麗辭爲工/54
而迫於饑塞雖刑殺日施/279
而反羞循理爲無能/263
而反以虛名爲善繼/263
易發而難制者/57
而背乃背之/155
爾輩在此相從/187
而法度廢弛/277
而變化無窮焉/22
以服勤事任/263
以卜筮者尙其占/136
而不可以入堯舜之道/426
已不可入於堯舜之道矣/252
而不見用/248
而復戒以放鄭聲遠佞人/401
而不及道/64
而不能夫尸/244
而不能盡其性至命者/225
而父不知也/232
而不爲辭章/233
而夫子又復戒云/223
而不足以開物成務/426
而不知其爲仁/202
而不知性之無內外也/56
而不滯於一隅/169
而不能施之於今/298
而不得免則命也/247
以不得行爲憂慨也/248
而不失其聖也/340
頤不曾簽/354
而不知範圍之用/408
而事理已過/338
而邪僻之心無自生矣/54
以似逑世風/263
而四爲正應/331

二三歲得之未晩也/43
而常孤獨也/382
以相與拍肩執袂/216
而生水火木金土/21
以善及人而信從者衆/64
而先生爲之沛然/427
而先生處之綽然/427
而說服無斁/282
以聖人不復作也/142
而聖人之意未便遽已也/244
以聖人之訓爲可必信/272
以性情謂之乾/25
爾所不知/285
而所修亦廢/191
而所享有限/274
以遂其志/247
而修政敎/279
而遂廢其實/298
理勝則事明/345
而示開物成務之道也/136
已是煞知義理/209
而視聖人喜怒之正爲何如哉/57
離是而非/289
以是終身/191
已施之而已/234
以臣於君言之/274
而失其職/246
而實心未完也/189
而心不安樂者何也/162
以心使心則可/184
以安其內/197
而安平無事矣/281
李籥問每常遇事/157
以養德也/153
以養生也/153
以養人也/153
以陽處剛而不中/221
以養形也/153
利禦寇傳曰/336
而道亦思過半矣/57
而自治則有功也/200
異於兄弟之子/227
異言滿耳/410
以言者尙其辭以動者尙其變/136

頤與改之曰/121
而易行困之進人也/93
以延年益壽則有之/406
怡然理順/76
以延天下道德之士/302
以悅其心/234
以豫爲先/363
而吾之所以未至者/128
二五之精/22
而曰不知舊日/429
二曰六官/298
二曰責任/271
二曰訓詁之學/80
而往有功也/358
頤恭公以愛民爲先/324
而欲歸應鄕擧者/252
而欲窺聖人之用心/143
而欲徐徐以聽其自適/98
而欲致治者遠哉/295
利用安身/90
利用爲大作/335
而處度所信/250
頤云大資居位却/353
頤云不然/353
而云節用而愛人/290
而月使之爭殊非敎養之道/302
而危其屢失/381
以爲氣合/216
已謂不必求其迹/410
已謂不必事其文/410
以謂聖本生知/54
已爲引取/410
以爲在上所任所以當大事/335
以爲周公能爲人臣不能爲之功/327
而謂之盡性可乎/408
以爲太柔太弱/216
而爲學之道逐失/54
而有擊奪之者矣/384
以有係之私心/62
理有善惡/35
而惟知竭力順上爲忠者/334
伊尹顔淵大賢也/51
伊尹恥其君不爲堯舜/51

以陰躁處動之極/381
已應不是後/41
以意數之已尙不疑/163
以義之不可而決之/201
而以己處之者/365
而以豫爲多/379
二益也對之必正衣寇尊瞻視/360
而溺於怪妄必矣/117
以人生爲妄矣/410
而人安之/277
吏人押申轉運司狀/354
以仁爲己任/117
異日見卓爾有立於前/64
二者其道不同/270
二者復古興廢之大事/284
二子侯立/430
二者爲己爲人之道也/74
利者衆人所同欲/384
二者之間取中/143
頤將謂有甚急切公事/352
爾將何之/258
已載不起/403
而在我者無自辱矣/344
而才之高者/365
以財聚衆/324
而專以利後爲慮/310
而定於一/384
二程從十四五時/435
而制器者尙其象/136
二帝而上/142
而卒不可與入堯舜之道/270
而從人者輕也/205
以主宰謂之帝/25
而主靜立人極焉/22
以衆人觀聖賢/110
而中自恕己/205
以中正自守/379
而止乃安/155
而志不同行也/269
理只是人理/121
耳之於樂/157
以至於無/195
而只曰誠之不可掩如此夫/33
以至爲夫婦/400

以至流轉四方/308
而遲疑其其行也/244
以之自治則/200
以至天地之生/277
履之初九曰/240
以至治家/372
二之則不是/70
以至平天下者/284
而至悔咎者/331
以此去量度事物/128
以此警策一年/99
以此觀之/177
以此觀他經甚省力/128
以此天大無外/91
以察時變/80
而責之以加禮/347
伊川答示奏藁書云/324
伊川每見人論前輩之短/356
伊川瞑目而坐/430
伊川不答/87
伊川先生看詳三學條制云/302
伊川先生答門人曰/110
伊川先生答張閎中書曰/136
伊川先生答朱長文書曰/58,110
伊川先生答橫渠先生曰/110
伊川先生上疏曰/300,322
伊川先生易傳序曰/136
伊川先生曰/23,39,53,66,76,87,114,121,153,159,165,166,173,186,197,207,221,238,261,262,271,307,326,347,363,370,379,398
伊川先生曰是曰/209
伊川先生曰閒機事之久/389
伊川先生云/355
伊川先生謂方道輔曰/64
伊川先生撰明道先生行狀曰/426
伊川先生春秋傳曰/142
伊川曰固是好/129

伊川曰近日事如何/88	因見果知未也/207	人不能若此者/254	因言以宣/197
伊川曰無心便不是/88	人教小童/360	人不爲周南召南/235	人亦欲與之/384
伊川曰是則是有此理/88	人苟不知命/262	人不足與適/292	因緣天地/408
伊川曰賢是疑了問/138	人苟有朝聞道夕死可矣之志/254	人不止於事/167	人又要得剛/189
伊川以易傳示門人曰/138	人苟以善自治則無不可移者/30	人思慮始皆涸濁/116	因謂聖人可不修而至/410
伊川點頭/212	因懼將爲寇亂可也/324	人事不教人做/347	人謂要力行/78
伊川直是會鍛鍊得人/88	人君比天下之道/274	人尙有不化/400	人有秉彛/197
而天下之心可一/274	人君安可不用/137	人相親比/240	人有四百四病/187
以蓄成其德/61	人君有用處否/137	人生氣稟/35	因有是說/117
而充實光輝/201	人君知此義/284	人生而靜以上不容說/36	人有語導氣者/404
而充養有道/426	人君致敬盡禮/238	仁恕寬厚/232	人有慾則無剛/387
以平天下之情/295	人君致危亡之道非一/379	人說復其見天地之心/182	仁義禮智信/53
而風俗美/284	人君必有師傅保之官/300	人性本善/30	仁義忠信不離乎心/54
利害者天下之常情也/256	因勸讀中庸/434	人所以不能行己者/359	人以料事爲明/387
而害直則大/387	人旣能知見/78	人須要理會浚井如何出得來/121	人而無克伐怨欲/202
而行之以恕/426	人其舍諸/285	人雖有功/103	人而不爲周南召南/124
以鄕原大者不先立/393	人旣重本/312	人雖異之/325	人以爲難/232
以革其弊也故曰/277	因論口將言而囁嚅云/342	人須一事事消了病/218	人人皆是/64
異乎常矣而初乃求望之深/331	人能克己/210	人須就上面理會事君之道如何也/121	人人失其所好/216
異乎用之則行/248	人多不能止/182	因循而然自非剛斷之君/277	人人著信/411
而忽於志不忘遲/360	人多思慮/167	各是氣歟/391	仁者固博愛/43
而忽於擇婦/224	人多說某不敎人習業/261	人始離難苦/281	仁者先難後獲/84
以化成天下/80	人多言古時用直/351	人多則無由光明/190	仁自是性/43
理會文義者/121	人多言安於貧賤/264	人心莫知其鄕也/306	仁者以天地萬物爲一體/33
而曉其義/372	人多以老成則不肯下問/102	人心不交感萬物/177	仁者天下之公善之本也/28
而後可語也/252	人多以異形/227	人心不同如面/39	仁者天下之正理/32
而俊敎以大者遺者/369	人但於其中要識得眞與妄爾/73	人心常要活/169	困篋以自警禦箴曰/197
而後敎以遠大也/369	仁當何訓/43	人心所從/328	人纔有意於爲公/351
而後往者/238	人都強得/349	人心有所蔽有所通/330	人情大抵患在施之不見報則怠/234
而厚爲保生邪/186	人道備矣/142	人心日偸/302	人情安肆/277
而後益知其高遠/365	認得己何所不至/33	人心自由/184	仁政必自經界始/317
以輿起斯文爲己任/426	人量隨識長/349	人心作主不定/164	人只看得此二書切記/128
溺其志於虛空之大/408	人倫不明/372	人心之動/197	人之固止一隅/384
益卑謙只卑謙/350	人無父母/224	人惡多事/347	人之過也/387
益之上九曰/384	人無遠慮/354	人安重則學堅固/87	仁之難成久矣/216
益之初九曰/335	因問坤卦是臣之事/137	人若不習學業而望及第/261	仁至難言/34
溺天下於汚濁/426	因問民疾苦/317	人若各時/391	仁之端也/43
人家能存得此等事數件/310	因問陳乞封父祖如何先生曰/259	人於夢寐間/184	仁之道要之只消道一公字/77
人可效而爲也/427	人於外物奉身者/388	人語言緊急/208	人之未知學者/391
人各安鄕土養其孝愛之心/302	人未安之/374	人於修身者/388	人之生道也/45
人各親其親/285	人未之信/434	因語以戒學者/165	人之所同患也/250
人皆病於拘礙/427	人不能祛思慮/203	因語在坐同志者曰/212	人之所隨/241
人皆以爲/259		人於天理昏者/388	人之所以不能安其
人皆知趨利而避害/256			

원문자구색인 475

止者/155	一日立志/271	〔자〕	方仕/372
人之視最先/210	一日文章之學/80		自約數年/164
人之於豫樂/379	一日師傅/298	自家著一分陪奉他/209	自然皆有春意/167
人之於患難/251	日月合其明/22	自古能諫其君者/330	自然見得長短輕重/128
人之蘊蓄由學而大/61	一爲要一者無欲也/152	自古無人如此說/414	自然樂循理/114
人只爲自私/403	二巨公之家行之/308	自古聖王救難定亂/281	自然無事/157
人之爲學忌先立標準/87	一益也授人數數/360	慈孤弱所以幼其幼/95	自然是盡/123
人之有朋友/216	一日間朋友論著/119	自古隆盛/379	自然言語順理/186
人之幼也/363	一日萌動/207	自古泰治之世/277	自然有得/128
人只有一箇天理/166	一日不可居也/246	自古詖淫邪遁之辭/410	自然之勢也/312
人之一身/254	一日謂之日/187	子貢謂夫子之言性	子曰吾嘗買婢欲試之/258
人之自治/200	一日頤與持國范夷叟泛	與天道/117	子曰終日乾乾可也/123
人之才足以有爲/374	舟於頴昌西湖/352	自睽孤也/382	自元豐後/302
人之情各有所蔽/56	日求於問學者有	自根本至枝葉皆是	自謂之窮神知化/426
人之止/250	所背否/99	一貫/41	自謂之私如何/227
仁之至也/374	一者無他/175	自其說熾傳中國/410	自有近處/121
人之進者必良士/292	一切事皆所當爲/78	自棄者絶之以不爲/30	自有所得/126
人之處家/223	一定則不能恒矣/29	自能尋向上去/157	自有所至矣/87
人之學不進/72	一志於尊榮/274	自道之不明也/426	自有深遠處/121
人之血氣固有虛實/110	一陳於前/363	自童稚間已有汲汲	自有要約處/128
人致思到說不得處/119	一出於佛氏之門者	趨利之意/372	自幼子常視毋誑以上/369
人則能推/403	千五百年/410	自量精力未衰/136	子在川上日/123,172
人則一也/232	一則自是無非僻之干/175	子路亦百世之師/208	子弟凡百玩好/366
刃投餘地/374	臨大震懼/154	自誣爲己誠/96	自至其中而止矣/362
因何不遷怒/209	林希謂揚維爲祿隱/418	自無終睽之理/246	子之所不肯者/232
因學文日求所未至/421	立檢察士人行檢等	自無窒礙/162	子之於母/221
因學而致心疾者/110	法又云/302	自不與己相干/33	子止於孝/281
人或勸先生以加禮	入其耳感其心/295	子弗答湜曰何如/258	子之翼也/95
近貴/347	入亂朝則德且退/235	子不私其父則不	自秦而下/143
一家則廳中非中/39	入夢莫如敬/166	爲子/319	自秦而下蓋無傳矣/136
一見了便從空寂去/129	入夢者却無害/184	自私則不能以有爲	自天命以至於教我
一故神瞽之人身/48	入聖人爲近/66	爲應迹/56	無加損焉/36
一滾說了/132	入所以事父兄/304	自上著牀/164	子丑寅之建正/142
一句是一事/143	入心記著/126	自灑掃應對上/369	自致知至於知止/427
日旣晚且休矣/430	入於光耳/351	自守以正/336	自暴也自棄也/30
一動一靜/21	立於禮成於樂/372	自舜發於畎畝之中/68	子罕言利/256
一命之士/325	立而化之/85	自是無人/351	自漢以來/172
一夫不得其所/51	立人之道/22	自是飲食衣服難爲	自漢以下/281
一不制則生人之道	立宗子法/308	得一/319	自鄉人而可至於聖
有不足矣/58	立之從先生三十年/431	自視以爲無缺/391	人之道/298
日使人聞之/368	立地之道/22	自是日暮則不復出	子厚以禮敎學者/369
日相親與/217	立天之道/22	房闥/233	作易自天地幽明/137
一時放下/149	立天地之大義/46	自是作文當如此/131	潛思存誠/322
日新者日進也/85	立春祭先祖/310	自始學至成德/91	將見減於東而生於
一心可以興邦/285	立則見其參於前也/73	自十五六時/426	西也/56
一陽復於下/27	入乎耳存乎心/51	自十五入學至四十	長官守法而不得有爲/303
一言不合/216	仍不得分割了祖業/308		長當如何/232

將來涵養成甚生氣質/128
將不勝救矣/289
將倈後人沿流而求源/136
張思叔請問/87
將聖人答處/128
將聖人之言語切己/128
將聖賢所言仁處/43
將修己必先厚重以
　自持/98
張繹曰此便是無窮/123
長廉遠利/263
長傲且逐非不知孰
　甚焉/96
將爲曹公所幷/419
將以其所不爲而强施
　之於天下歟/292
長貳得人則善矣/303
將以順性命之理/136
將自家軀殼/403
莊子言其嗜欲深者/388
長者輿之提攜/375
張子厚聞皇子生喜甚/429
張天祺昔嘗言/164
將推其所得而施諸
　天下邪/292
長則師世儒崇尙之言/410
將厚吾之生也/95
纔曉得這事重/182
才見此人/421
在古氣節之士/359
在骨肉父子之間/223
在君而已/274
在多聞前古聖賢之
　言輿行/61
才短不能營畫耳/264
在洛亦有一二人家
　化之/311
材良行修者/298
纔明彼卽曉此/114
在物爲理/31
纔發便謂之和/182
在背則雖至近不見/155
纔不合則置不復思/110
在朋友亦然/274
在朋友則不能下朋友/218
再三請盆但云/259
才說性時/36

在性中爲兩物相對/36
載所以使學者先學
　禮者/100
纔數歲行而或蹉/232
再數之不合/163
在心皆病也/389
在審其初而已/270
在愛其力/284
在於未言之前/343
在旅而過剛自高/337
才如此說/82
在輿則見其倚於衡也/73
在禹稷之世爲中/39
在義爲理/45
在人能宏之而已/98
在人理之常/333
在人爲性/45
在人而已/274
在人自看如何/143
在自求變化氣質/102
才著些心做/227
纔著意便是有箇私心/78
纔知得是/114
在天爲命/45
才出於氣/45
纔出義便以利言也/256
載此比他人自是勇
　處多/189
才則有善有不善/45
在下位則有當拯/248
在下而始進/245
在下者本不當處厚事/335
在學之養/372
在平屈己下意/221
在平防見聞之非節
　嗜好之過/300
在平信道篤/54
在平適起居之宜/300
這裏須是自見得/123
這裏便是難處/182
這一點意氣能得幾
　時了/78
覯德者心醉/427
赤舄几几/340
積習旣多/114
適足以損之而已/334
積此誠意/348

傳經爲難/417
戰兢自持/197
轉使人薄/370
專言則包四者/25
傳曰君子雖不在位/365
傳曰士之自高尙/242
傳曰小人而竊盛位/383
傳曰理者天下之至公/384
專以畏亂爲主/324
全在此書/143
情之已差/417
顚沛必於是/54
前後五得任子以均
　諸子孫/232
節嗜欲定心氣/404
切問近思者也/212
切問而近思/75
竊嘗病孔孟旣沒/104
絶訟端於事之始/326
節飮食以養其體/154
節之九二/201
節之義也/201
漸漸推去/123
漸之九三曰/336
點掇地念過/130
接賓客語言尙可見/158
接人則渾是一團和氣/429
正家之始/368
靜極復動/21
正紀綱明法度/281
正其心養其性/53
正己爲先/339
正其義不謀其利/418
正己以格物/357
情旣熾而益蕩/53
貞吉罔孚裕无咎/246
貞吉悔亡/56,62
精力稍不足則倦/158
正倫理篤恩義/223
貞各傳曰/200
正不必中也/137
情不相接爾/309
政不足與問/292
政不足與聞也/376
政事大抵以敦本善
　俗爲先/317
整思慮則自然生敬/174

定性未能不動/56
鄭聲佞人/290
正叔云某家治喪/311
正心以正朝廷/287
正心之始/190
正如一箇翻車/164
定然後始有光明/190
貞謂得正道/240
鄭衛之音悲哀/393
鼎有實愼所之也/248
精義入神/90
精義入神者/434
正以莫識動靜/191
靜而生陰/21
正以在己者/359
精一自信/410
程子葬父/229
貞者虛中無我之謂也/62
井田卒歸於封建乃定/319
亭亭當當/37
庭除之間至近也/155
正朝廷以正百官/287
井之九三/248
鼎之有實/248
靜虛則明明則通/152
政刑苛紊/295
靜後見萬物/167
諸葛武侯有儒者氣象/419
諸公所論/117
諸公逐隳戶部/250
諸卦二五雖不當位/137
諸君便道易/209
第能於怒時/57
除非燭理明/114
祭祀之報本於人心/306
除是死也/403
濟惡者不才/95
諸陽消剝已盡/27
制於事者用也/272
制於外所以養其中也/197
帝王之道不必改途
　而成/292
諸儒囂然/104
弟子之職/221
制尊賢堂/302
制之於外/197
濟之終不進而止矣/282

원문자구색인 477

諸鄕皆有校/304	從容不迫/432	仲尼嘗曰/217	曾子傳聖人學/416
趙景平問/256	從容將順/221	仲尼元氣也/416	曾點漆雕開已見大意/70
造德則自忠恕/77	從容就義者難/347	仲尼絶四/91	只可責志/72
糟粕煨燼無非敎也/46	從而不追/274	仲尼之所謂下愚也/30	志可則也/242
朝廷以道學政術爲二事/291	從而生無限嗜好/393	仲尼天地也/416	只看消長分數多少/203
	從而致驕淫之心/393	仲尼稱之則曰/54	只看如何用/137
朝廷主莊/179	終日乾乾/33,66	中理在事義在心/82	只看他氣象極好/416
操存不固/184	終日危坐一室/434	中無私主則無感不通/61	只恭而不爲自然底道理/160
操之有要/197	終日怡悅/431	中未光也/201	
操之之道/175	宗子法壞/308	中孚之初九曰/250	至過十一月而歸/306
造次克念/197	左右簡編/434	中常重於正也/137	只管念簡中字/164
造次必於是/54	左右起居/157	中心悅豫/110	只觀在上者有可學無可學爾/235
照察少不至/360	左右逢其原也/162	中夜而思之/128	
操則存舍則亡/175	左右使令之人/232	中也者言寂然不動者也故曰/23	只管著他言語/88
足備他處/229	左右前後/157		只敎以經學念書/366
足爲師表者/298	罪己責躬不可無/207	衆亦不甚駭/325	知求治而不知正君/300
足以推先王之遺法/317	周公乃盡其職耳/327	中庸之書/132	持國便服/353
足知喪志也/366	朱公揆見明道於汝/430	衆憂以爲甚難/427	知規過而不知養德/300
尊高年所以長其長/95	周孔爲之矣/406	仲由喜聞過/378	知及之而不以禮性之/93
存心養性爲匪懈/95	周公至公不私/340	衆人所謂法所拘者/325	至其道之而從/427
存養熟後/169	做官奪人志/390	中人以下/251	知其性也/400
存吾順事/95	主其敬者/216	衆人自有衆人用/137	持其志無暴其氣/184
存畏愼之心/300	周道只是均平/319	中者天下之大本/37	持其志使氣不能亂/164
存則自然天理明/174	做得甚工夫謝曰/211	中字最難識/39	只那計較/256
卒無所發明/102	周羅事者/389	中正則無偏蔽/248	止乃光明/190
卒無以自存/117	周茂叔曰/207	中行有咎而象日中行无咎/68	只當云無私心/88
從其心之所明而入/330	周叔察前草不除去/428		志大心勞/68
縱其情而至於邪僻/54	周叔胸中灑落/422	卽君臣而君臣在所嚴/400	知大學之要/431
終得无咎/330	州賓興於太學/298	卽能知操存之意/157	知德者屬厭而已/213
終無所汗/36	畫誦而味之/128	卽父子而父子在所親/400	此道懇切/66
終無由得平/319	主於身爲心/45	卽所以中也/162	知道者默而觀之可也/28
從本而言/287	畫有爲宵有得/93	卽是實行/103	止道之至善也/250
從不肯問/102	主一之謂敬/177	卽是心志不定/184	知廉恥之道/279
終不肯進/216	主一則旣不之東/174	卽已若更去上而/261	只孟子分別出來/414
終不類道/416	酒池肉林/201	卽便簡記/119	知命之當然也/247
終不似曾經傷者神色儘懼至誠畏之/254	湊合此心如是之大必不能得也/147	怎生奈何/164	知命之不可求/251
	州懸專欲掩蔽/346	怎生得如他動容周旋中禮/114	知無所得/434
終不浹洽/129	峻宇雕牆/201	怎生言靜/182	志未變也傳曰/250
縱不能行之天下/317	樽酒簋貳用缶/330	怎生做得是/418	至微者理也/136
終不道放下石頭/403	浚恒貞凶象曰/331	怎生責得學者/372	地美則其神靈安/310
足不足以達道/159	浚恒之凶始求深也傳曰/331	曾見有善書者知道否/366	志未平也/365
從非則失是/241		曾博求之民間/165	知反之吾身而自足/431
從叔幼姑/232	中間自有二十五年學/372	曾有甚人於此處講此事/429	至百里奚擧於市/68
終身居之/274	衆口辯言鑠於外/363		只不起便十起便自私也/227
終身儘多也/128	仲尼無所不包/416	增益豫防/204	
從欲惟危/197	仲尼無迹/416	增國學解額/302	持不逮之資而急知後世/104
縱欲敗度/295			

志卑之人/337	欲之心/258	只外面有些隙罅便走了/169	只作得三百八十四件事便休了/137
志士厲行/197	只是以帛書與沛父老/312	只要得習坎心亨/118	只在公私之間爾/285
知思未有所主便當以格言至論/363	只是人不由之/417	只堯舜之道/270	只在義利之間/256
至死只依舊爲子弟/218	只是各各故無浩然之氣/203	只要義理栽培/67	至著者象也/136
只說得七分/138	只是一統底事/224	智欲圓而行欲方/72	只第一件便做他底不得/354
只說出門如見大賓/169	只是爭私意/347	只欲解義/148	
知性善以忠信爲本/87	只是整齊嚴肅/175	只爲公則物我兼照/77	知終終之力行也/59
至誠以感動之/334	只是主於敬/177	只爲今人小看却不推其本所由來故爾/227	只做得九三使/123
至誠一心/272	只是做他心主不定/167		知之未嘗復行也/54
知性知天/117	只是志不勝氣/203	指爲大道/410	知用敬/82
知所亡改得少不善/99	只是天理合如此/161	只爲道不明於天下/372	至之謂神/47
知所從出/117	只是致知/114	智爲物昏/117	知止有定/197
志小則易足/106	只是學顯言語/187	只爲未嘗爲子弟之事/218	知之在先/59
只輸顏氏得心齋/80	只是閑邪則誠自存/174	只爲不見實理/254	知至至之致知也/59
志雖有須/239	止於見聞之狹/91	只爲不相見/309	止之則戢/279
知崇天也/93	至於經世之大法/143	只爲誠便存/174	知之必好之/78
只是簡循理而已/161	至於昆蟲草木微物無不合/137	只爲而今士大夫道得個乞字慣却/259	知盡性至命/426
只是敬也/170			只此是學/164
只是教得薄至/370	至於斷例/143	只爲正叔太執/353	只此是學質美者/73
只能使人移故危也/401	至於萬事/277	知爲政之先後輕重矣/284	只且於迹上考之/405
只攬他事/167	至於犯義理則不假也/232	只爲從那裏來/403	只此二句/160
只是理不如此/123	至於不敢欺不敢慢/177	只爲從前人只計較利害/354	知天德則知聖人知鬼神/410
只是無纖毫私意/84	至於不聽/346		
只是本領不是一齊差却/406	至於朋游學者之際/376	只爲曾有不求者不與/353	知天下之惡不可以力制也/279
	只於鼻息之間見之/41	至謂之狂/325	
只是不求益/105	至於所不見/155	只爲學禮則便除去了世俗一副當習熟纏/100	只就上穿鑿/137
只昇不便實作/102	至於禹之言曰/401		只怕人執著一邊/88
只是不先燭理/110	至於有廟/306	只爲兄弟畢形/227	只平日涵養便是涵養久/182
只是不勇/72	至於創制立度/284	知有多少般數/114	
只是分數明/307	至於瞻視亦有節/216	知誘物化/197	只被氣象卑/416
只是私己/159	至於化成天下/298	只有些先儒錯會處/128	只被說得粗了/209
只是私心/39	至於興造禮樂制度文爲/313	志有所從/250	知必周知/47
只是說繼之者善也/36		只有所向便是欲/207	知何所寓曰/175
只是說得不實兒/254	只言短長/106	只有一箇感奧應而已/42	知化則善述其事/95
只是說話/157	至如斷曰孟子醇乎醇/421	只有一箇尊卑上下之分/312	直內是本/174
只是誠不至/167	至如流而爲派/45		直得恁地/354
只是就一箇是而已/254	至如顏子/118	只有一箇處置/251	職事不可以巧免/345
只是俗事/103	至如楊墨/398	只有自家一箇身與心/388	直上直下之正理/37
只是須著如此戒愼/401	至如子莫執中/39	知應以是心而不窮/431	直消言畏/401
知時識勢/137	至如執卷者莫不知說禮義/254	志伊尹之所志/51	直須句句理會過/149
只是心生/160		只益恭謹/349	直須如淫聲美色以遠之不爾/401
只是心轟/118	只此者/307	知人情有爭訟之道/326	
只是欲人將已放之心/157	至如後世賢良/261	只一句性惡/417	直若庖丁之解牛/374
只是爲僞也/66	志亦爲氣所流/190	止一職也/147	直者能諫之/289
只是有操而已/175	只營衣食却無害/372	知者能之/289	塵芥六合/408
只是義理不能勝利	至五百人/302	智者知幾而固守/246	震驚百里/154

원문자구색인 479

進極則遷善愈速/200
晉其角維用伐邑/200
進道勇敢/189
盡力求必得之道是
　惑也/261
盡力以扶持之/334
進復先代明王之治/281
盡事物之情/136
盡誠爲之/325
盡性至命/224
盡數之毫忽/137
盡是人事/347
儘有所不肯爲/254
盡人謀之後/251
盡在這裏/211
晉之上九/200
晉之初六/245
進進不已/117
盡天下之事者/284
盡天下之議/386
進退以道/340
進退存亡之道/136
進退合道者也/243
進學則在致知/82
秦漢而下/426
疾沒身無善可稱云爾
　非謂疾無名也/58
疾病皆有所養/304
疾病之來/110
窒慾遷善改過而後至/194
質諸鬼神而無疑/143

〔차〕

此皆是不得中/39
此皆有志未就/317
此見道之大端/103
且見得路徑後/121
此見聖人之心/172
且古者興於詩/372
此恭而無禮則勞也/160
此豈詞章之文也/80
此其好之篤學之之
　道也/54
此難以頓悟/191
此乃世人之私心也/58
此乃是私心/351

此當念其散之之久/315
此當熏聒使盈耳充腹/363
此大可駭/164
此德性上之益/99
此道所以不可須臾
　離也/400
此董子所以度越諸子/418
差等不同/82
此等詩其言簡奧/368
此理天命也/36
此理最好/345
此莫是甚難/209
此莫是甚難/209
且无咎也/200
此問學上益也/99
且別換一事思之/114
此不可爲也/419
此不誠之本也/182
此佛之敎所以爲隆也/400
此非難語/117
此非難悟/98
且貧富有命/252
此事不得放過/204
此事體又別/259
此三者本也/272
此上頭儘有商量/173
此常理也/386
且先讀論語孟子/143
此先立其大者/87
且先安詳恭敬/375
且省外事/67
此聖人開示之深也/202
此所謂感而遂通/48
此所以其惑尤甚/396
此所以語大語小/408
且須熟玩味/128
且舜有天下而不與
　焉者也/36
且試言一廳則中央
　爲中/39
此是徹上徹下語/159
且心常託之/216
此語最盡/123
此言却最是/388
此言人臣以忠信善
　道結於君心/330
此言最善名狀/33

且如觀乎天文/80
且如君心蔽於荒樂/330
且如怒一人/209
且如讀高帝紀/145
且如欲爲孝/84
且如在宗廟則主敬/179
且如止盜/279
且如漢高祖欲下沛時/312
此亦窮理之要/143
此亦勞矣/210
此亦當習/208
此歷代彰灼著明之
　效也/298
此禮亦可行/319
此王道之大/274
且畏巧言令色/386
且欲涵泳主一之義/117
此又爲中所繫縛/164
此云用馮河/277
此元者善之長也/36
此原憲之問/202
此意但涵養久之/175
此義亦是博文約禮/99
次以分敎天下之學/298
且以性爲隨物於外/56
此人倫所以不察/410
此人爲學/212
且一月之中/262
且立宗子法/312
此在諸公自思之/43
此傳所以作也/136
此正交戰之驗也/164
此正破屋中禦寇/157
此正自古之可憂者/291
此靜坐伊川每見人
　靜坐/187
且做第二等/82
且中亦何形象/164
且只得所存正/256
此只是志不勝氣/262
此之謂也/121
此只就孝上說/227
此處震之道也/154
此天下公理/341
次聽次言次動/210
此體信達順之道/169
此出以此事天饗帝/169

此則陋儒之見/298
此則正是剩一箇助
　之長/162
此則天下公病/173
此何煩人力之爲也/36
此學之始終也/59
此合內外之道也/114
此虛實動靜之機/46
此後世所以不治也
　或曰/303
且休理會文字/416
察倫明物/431
察於人倫/426
察言以求其心/61
察人事之理/270
採察求訪/340
責己者當知無天下國
　家皆非之理/214
責上責下/205
責人應也處少/210
責之親戚鄉黨/304
處得其當/345
處物爲義/31
處煩而裕/427
處事不精/165
處豫不可安且久也/379
處下而窺高/427
處革之至善者也/248
天官之職/147
天祺在司竹/341
天道成地道平/142
天道周矣/142
天所賦爲命/25
天人一物/410
天資之量須有限/349
天地萬物之理/37
天地常久之道/29
天地生物/32
天之生民/142
天地設位而易行乎
　其中/170
天地儲精/53
天地之間/37,41
天地之帥吾其性/95
天且弗違是也/25
天體物不遺/46
天下紛然/274

天下事大患只是畏人非笑/265	最爲難事/205	娶侯氏侯夫人事舅姑以孝謹稱/232	則君擧而進之/274
天下事譬如一家/354	推己及物/153	測其蘊則浩乎若滄溟之無際/426	則窮塞禍患/247
天下常久之理/29	推之以及四海/270	惻隱之心/45	則今之學與顏子所好異矣/54
天下有多少才/372	推此類可見矣/39	惻隱之心仁也/43	
天下自然來比/274	推此義則一心可以喪邦/285	治家觀身而已矣/269	則其道乃不蔽昧而明白/191
天下之達道心一也/23	趨向既正/70	治家有法/232	則其說未能窮/405
天下之達道也/362	畜臣妾吉傳曰/331	致困災之道也/337	則其施爲寬裕詳密/277
天下之大本/23	逐日似此三年庶幾有進/100	治懼亦難/203	則其心果如何/405
天下之理/44,137	春秋大義數十/143	致其才力/274	則豈有由誠哉/374
天下之理終而復始/29	春秋凡用民力/284	治怨爲難/203	則其進也/240
天下之事/282,357	春秋聖人之用/143	治道亦有從本而言/287	則幾乎息矣/417
天下之治亂/289	春秋如用藥治病/143	治民者導之敬讓而爭自息/287	則吉而无咎也/248
天下之學/426	春秋以何爲準/143	治懼亦難/203	則奈何曰/343
天下之害/201	春秋因其行事/143	致思如掘井/116	則能忘人之勢/264
天下萃合人心/306	春秋傳爲案經爲斷/143	致善愚知愚/410	則能不以私愛失其正理/223
天下化中/295	春秋之書在古無有/150	治水天下之大任也/386	
徹上徹下不過如此/33	出所以事長上/304	治身齊家/284	則能使人/358
徹視無間/426	出入無時莫知其鄉/175	治惡以寬/427	則能悟其心矣/330
哲人知幾/197	出入於老釋者幾十年/426	致養吾內也/90	則能益其上/334
瞻彼日月/130	出處語默必於是/54	治之道也/284	則當輕財而重民/324
尖必不刺人也/204	出則不是/37	置之密室則難過/406	則當其在外時/56
輒生取舍/410	出悖來違/197	治之法也/284	則當修復治道/281
請改試爲課/302	出乎禮義/270	置之水中/157	則當安中自守/245
聽其言其入人也如時雨之潤/426	沖漠無朕/41	治之而爭奪息/142	則大不是/227
請問焉曰/152,187	忠恕所以公平/77	致知在所養/186	則大駭矣/325
清濁雖不同/36	忠誠貫於金石/426	治之之道/277	則德可久業可大/290
清濁雖不同然其利心則一也/84	忠信所以進德/33,74	致知之方也/110	則道足以醻其所嘗知/102
體其受而歸全者參乎/95	忠信進德/98	治之至也/295	則得其正/250
體順則無違悖/248	充周不可窮之謂神/22	置之風中則易過/406	則得志便驕縱/261
體用一源/136	忠質文之更尙/142	治天下不由井地/319	則萬世幸甚/271
體認出來孟子曰/43	萃於京師/298	治天下有本/269	則无咎也/240,333
稍見於世者/427	萃王假有廟傳曰/306	治天下有則/269	則無難也/148
草木之茂盛/310	就以減一德亦不覺少/137	治天下以正風俗/298	則無不和且洽矣/277
初有渾水/116	醉生夢死/426	置治道齋/366	則無深遠之慮/277
初六居下/331	聚而教之/304	致凶咎之道也/333	則無往而不善/44
初學入德之門無如大學/128	取而興劉氏可也/419	則可與權/85	則無欲以亂其心/155
聰明睿知皆由/169	取材識明達可進於善者/298	則可與立/85	則誣天地日月爲幻妄/408
總攝衆志之道非一其至大莫過於宗廟/306	聚財者能守/324	則可可用人臣不得用之禮樂是不知人臣之道也/327	則物怪不須辨/117
最得聖賢之意/418	聚衆材然後知作事之用/143	則可以修業也/66	則物所從出/117
最不可得/352	取燭以書/434	則艱塞忿畏/384	則物之當有當無/117
最善使學者先有所據守/369	趣便目前/298	則講治之術/292	則未之有也/400
	就孝弟中便可盡性至命/224	則恐懼於險難/247	則反爲不誠/66
		則驕侈生/381	則福祿日臻/379
			則復何回避/358
			則不可便謂之仁/43
			則不肯一日安於所

원문자구색인 481

不安也/254	則是役於物/167	則六經可不明而治矣/128	則髮髮然入其中矣/401
則不能成其功/386	則是絶聖棄智/177	則應時諫止/300	則他事更不能入者/177
則不能安灑掃應對/218	則是包含寬容/277	則義理常勝/218	則濯去舊見/119
則不慮無養/372	則是虛靜也/191	則義須別/143	則沛然矣/373
則不掩也常曰/232	則失其幾也/360	則離道矣/201	則便不直矣/171
則不爲害又不爲己子/229	則心廣體胖/210	則人能避之/254	則飽食終日/393
則不知也/143	則心心念念不肯捨/251	則人無從倡道/374	則必亂矣又曰/147
則不至於悔/198	則心安而體舒/169	則人不可及也/427	則必善善則和親而
則不盡其才/374	則深以爲非/233	則人不失所望而化	已矣/269
則不敢惰四益也/360	則心便一/175	之矣/365	則必有益於我/341
則不知其過矣/328	則牙雖存/279	則人不自知來處/308	則必入於此/426
則不知就義理/254	則惡自止也/279	則人怨而不服/223	則何義之有/345
則辭無所不備/136	則惡之大者/247	則仁在其中矣/73	則學宮召而敎之/302
則思之所及者有能	則兩手奉長者之手/375	則人知尊祖重本/312	則學爲疑撓/117
感而動/62	則於其親已有物我/218	則一事之失/289	則學者先須溫柔/217
則三代可復也是傳也/143	則於道爲有間非天	則一時德性有懈/149	則學進矣/149
則三百八十四爻/137	地之全也/400	則一日間意思差別/119	則駭且懼矣/391
則傷已及/244	則於心有所不安/343	則自然別/254	則行一不義/70
則生於其心/289	則於爲政也何有/343	則自然心正矣/190	則悻悻以傷於義矣/246
則聖王之法可改/298	則於人有益/344	則自然知得客氣消	則凶而無所利矣/386
則誠矣聽箴曰/197	則於此爲中/143	散得漸少/203	則喜怒哀樂發自中
則聖人之意見矣/128	則言出而人信矣/344	則字字相梗/121	節曰/182
則性天德命天理/90	則與衆同利/384	則子之罪也/221	則喜而爲之具夫人
則所謂開目便錯了/210	則與天地/91	則將恃財以自保/324	七八歲時/233
則所志可知須去趣善/372	則亦可尙已/261	則在上者任之爲知人/335	親已與否/274
則速改以從善而已/198	則亦恐非大有爲之論/298	則專其富有以私/327	親爲正句讀/304
則訟無由生矣/326	則亦末如之何矣/47	則政舒緩/277	親之故舊/234
則雖艱險之時/330	則亦陷於非義故曰/248	則早歲之乃吉也/281	七曰民食/298
則遂窮矣/102	則烏能如此/254	則朝廷之勢自尊古者	秤錘之義也/143
則修其辭/434	則吾道固已有/405	子弟從父兄/312	
則雖難必濟/358	則日汝輩且取他長處/356	則存乎人焉/136	〔타〕
則雖德非禹湯/143	則用力勞而不能止/279	則終身由之/103	
則隨事箴規/300	則又見得別/149	則周流無窮/169	他事如麻又生如何
則雖三尺童子/254	則又烏可遽語定哉/56	則知所懼/190	日不可/182
則修省畏避/204	則又要得剛/189	則知愼重於用民力矣/284	他又渾不曾解句釋/130
則雖盛而非滿/379	則爲僞也/84	則知越著心把捉越	他人語虎/254
則雖接人事/103	則爲易置/304	不定/163	他日自當條暢/110
則須坐禪入定/177	則爲子者/319	則知操術不正/105	他底放這身來/403
則習不察行不著/214	則爲周公之事/327	則知之不固/373	卓彼先覺/197
則是居常語之矣/117	則爲害矣/201	則此責皆在經筵/300	奪人之功是不然/262
則始見其法之用也/143	則有功也/328	則察其機持其要/279	湯武是學而能之/414
則是變動/250	則有時而獨異/333	則天理自然明/175	蕩蕩然無顧慮之意/340
則是奮發改革/277	則有甚盡期須只於	則天地自位/169	太極動而生陽/21
則是私情所與/328	學上理會/110	則天下莫不盡其孚/277	太極本無極也/22
則是心須敎由自家/187	則有爲而無不善/240	則趣望之心怠矣/365	殆未可學/150
則視億兆之心猶一心/279	則有拯而無隨/248	則萃道之至也/306	泰然行將去便有進/169
則是役物/267	則有之矣/400	則治德必日新/292	兌說而能貞/282

太柔則入於不立/189
太宰之職難看/147
泰之九二曰/277
兌之上六日引兌象日/338
太學聚而敎之/298
擇其善柔/216
擇其甚者去一二/346
擇其才可敎者聚之/372
擇士入學縣升之州/298
擇言篤志/59
擇子弟之秀者/304
擇合而受之/61
土色之光潤/310
洞見道體/431
通其文而求其義/143
通明學業/298
通曰智守曰信/22
通幽明之故/136
通儒全才矣/313
通者明處也/330
通晝夜而知/93
退以其私正經界/317
退而省其私/427
退而自保者/242
退將明之書/427
退之却倒學了/421
退之言博愛之謂仁
　非也/43
特於豊約之間/252

〔파〕

八曰四民/298
沛然有裕釒實得也/110
霸者崎嶇反側於曲
　徑之中/270
敗者煞有是底/145
霸者之事也/270
敗者便以爲非/145
便可到聖人事/369
便見仲弓與聖人用
　心之大小/285
便見只欲事正/354
便敎人省悟又曰/131
便能敬事/375
便能斷得如此分明/421
便達於政/124

便道難也/114
便道了得他/123
便動了謝安聞謝玄
　破符堅/349
便得性情之正/69
便放去也/184
便不能亂得/401
便不是王者事/70
便不是中/143
便不忠信/375
便不得不說/392
便不得思量事/164
便使人有得處/130
編書須識理會有所歸著/99
便須識得漢家四百年終
　始治亂當何如/145
便須心廣體胖/169
便須要做他是/418
便須以性成/235
便是格物/145
便是敎以聖人事/369
便是氣質變也/208
便是亂說/405
便是動了/349,350
便是動也/182
便是命在其中也/256
便是無義無命也/251
便是不曾讀也/125
使是私心/351
便是私也/227
便是要立誠/65
便是爲善也/177
便是爲有利害/256
便是自棄自暴/71
便是廢天職/206
便是必有事焉而正
　之也/162
便是喜怒哀樂/162
便於道體自不足/400
偏言則一事/25
便掩卷思量/145
便與克下/204
便銳然欲學聖人/435
便有這事出/182
便已更不復求/119
便自不出來也或曰/182
便自意足/128

便自此成德後之人/372
便作今日耳聞/128
便作己問/128
便作儲貳亦不害/137
便知得堯舜是生而
　知之/414
便至於此/398
便至如此也/258
便戛戛入逆詐億不
　信去也/387
便嘆其善學/187
便泰然行將去也/114
便好初學者須是且
　爲他說/373
平居與幼賤處/232
平其心易其氣闕其疑/128
平生所爲動多於聖人/58
平生於飮食衣服/233
平生精力一用於此/366
平易知/427
蔽其用於一身之小/408
蔽於自私/384
弊革事理/277
閉戶不出/143
包荒用馮河傳曰/277
彼固曰出家獨善/400
彼乃留情於其間/252
彼釋氏之學以敬以
　直內/400
彼所謂道/410
彼所謂識心見性是也/400
彼雖議論異同/376
彼佞人者/401
彼以文辭斥己者陋矣/51
彼自蔽塞而不知順
　吾性者/47
被他所見處大/416
必見於視/216
畢竟無益/214
畢竟何益/251
必戒之曰/232
必告之以孝悌忠信/304
必區區致力於未極
　之間/244
必求此三者/240
必極其莊敬/277
必極力營辨/234

必起計度之心/165
必期致天下如三代
　之世也/272
必能濟大事而致元吉/335
必達乎下/303
必待上下之信/248
必磨不成/204
必勉而後中/54
必謀其始/326
必無能信用之理/238
必放之亦是聖人經
　歷過/393
必本於孝弟/224,426
必不肯安於所不安/254
必不樂學/368
必不得已/229
必不爲五佰之假名
　巽之爲朝廷言/292
必不爲秦漢之少恩/292
必使人然食己子而
　殺人之子非道/229
必思自省於身/63
必書見勞民爲重事也/284
必書其所興作/284
必先明諸心知所往/54
必須視四海之民/292
必也同宮/319
必於方盛之時/381
必於所不蔽之事推
　而及之/330
必欲窮象之隱微/137
必優游涵泳/143
必謂死生流轉/410
必爲之寬解/232
必爲此慍笑也/258
必有歉歉之色也/391
必有關雎麟趾之意/287
必有近憂/354
必有其道/240
必有待也/91
必有事焉/82
必有事焉而勿正則
　直也/171
必有所見/421
必有所以然/39
必有言也曰/80
必有此三者/240

원문자구색인 483

必有出類之才/142	下之從上/240	學者須是將敬以直內/174	咸之象曰/61
必有包含荒穢之量/277	下至行師用兵戰陣之法/313	學者須是眞知/114	涵暢道德之中而歆動之/130
必以了悟爲聞/117	下此卽至揚雄/418	學者識得仁體/67	合內外平物我/103
必自其所處/330	何必讀書/342	學者於釋氏之說/401	盍若行之/187
必漸至於衰替/277	下學上達/99	學者於喜怒哀樂發時/182	合而成質者/46
必志於彼/262	下學而上達也/157	學者要思得之/75	合以正道/246
必知終有患/105	何悔之有/198	學者要自得/121	合行申狀豈有臺省倒申外司之理/354
必盡其力/232	學記曰進而不顧其安/374	學者要學得不錯/66	恒非一定之謂也/29
必盡人之材/374	學問驕人/387	學者爲氣所勝習所奪/72	恒之初六曰/331
必擇其相稱者爲之配/227	學問之道無他也/198	學者有欲明治道者/366	解其訓詁/64
必擇其才美者爲之配/227	學未至而好語變者/105	學者有問/434	解利西南/281
必稟而後行/232	學本是修德/421	學者自有學者用/137	解釋經義/114
必害於其政/289	學雖未盡/159	學者全體此心/159	害亦不細/387
	學顏子之所學/51	學者之所傳耳/427	懈意一生/71
〔하〕	學如元凱方成癖/80	學者只要立箇心/173	害仁曰賊/95
何更避嫌/227	學與政不殊心而得矣/292	學者必時其動靜/191	解纏繞卽上去/100
何求光明/190	學易者所宜深識也/137	學者患心慮紛亂/173	解之六三曰/383
下達徇人欲者與/92	學易之大方也/137	學至氣質變/208	行其庭不見其人/56,155
何待顏子而後能曰/209	學原於思/110	學之道如何曰/53	行旅出於其塗者/304
下動字下靜字만/182	學而善思/85	學之無可依據/66	行不篤敬/73
下無以稽其弊/410	學以至聖人之道曰/53	學至於知天/117	行吾義而已/247
何物爲權義也/143	學者固當勉强/114	學只要鞭辟近裏著己而已/73	行一不義而得天下不爲/419
下民困苦/295	學者多矣/427	學至而求求之/274	行之果則守之固/54
何不動心忍性/212	學者當以論語孟子爲本/128	學之至也/214	行止不能以時/384
下不厚事也傳曰/335	學者當學顏子/66	學春秋亦善/143	行之爲事業/51
何事旁求/434	學者大不宜志小氣輕/106	學他行事/114	行夏之時/143
何事於兵/434	學者莫若且先理會得敬/182	學必如聖人而後已/434	鄉官讀法平價謹權量/285
何嘗不善/44	學者病不得其門耳/64	閒居中某嘗窺之必見其儼然危坐/179	鄉民爲社會/305
何修可以免此/262	學者不可不通世務/354	閑邪更著甚工夫/174	向非獨立不懼/410
何言之易也/207	學者不可以不看詩/131	閑邪存誠/197	向前推不去/235
何畏之有/204	學者不泥文義者/121	寒士之妻/247	虛謂邪不能入/177
何畏乎巧言令色/401	學者不學聖人則已/111	閑邪則固一矣/175	革仇敵爲臣民者/333
何用計較/256	學者捨禮義/393	閑邪則誠自存/174	革而無甚益/336
何用不臧/130	學者先務/177	韓信多多益辦/307	革之六二/248
何爲不爲/359	學者先須去其客氣/216	漢儒如毛萇董仲舒/418	賢却發得太早在/88
何由見詩人之志/148	學者先須讀論孟/128	韓愈亦近世豪傑之士/421	賢其秀也/95
何由情向善/372	學者先要會疑/116	漢之治過於唐/287	莧陸夬夬/201
何應物之爲累哉/56	學者須敬守此心/159	漢策賢良/261	顯微無間/136
下應人心/282	學者須恭敬/179	咸得其心/427	賢輩尙在此乎/430
何以獨厚於其父/319	學者須是務實/84	涵養須用敬/82	賢臣在下/334
何以言仁在其中矣/75	學者須是深思之/373	涵養吾一/171	賢愚皆獲其益/427
何以正立其間/410	學者須是玩味/128	涵養此意/174	賢愚善惡/427
何者爲在內/56	學者須是潛心積慮/370	涵泳於其間/159	賢人君子出處進退/145
下專則無成功之理/326		涵泳義理/110	賢人自有賢人用/137
何足以論治道哉/298			
何止一日/254			

賢人之言近如地/121
賢者惟知義而已/251
賢者在下/238
賢者且不爲況聖人乎問/228
賢者則安履其素/240
賢且說靜時如何曰/182
荊公方怒言者/357
荊公爲之媿屈/357
兄及弟矣/234
形既生矣/22.53
邢曰無可說/392
形而上也/93
形而上爲道/33
形而下爲器/33
形而後有氣質之性/90
形體怠惰/179
邢七云一日三檢點/392
邢和叔敍明道先生事云/313
邢和叔言/158
好物來時便見是好/209
戶部索前任歷子先生云/259
胡安定在湖州/366
互爲其根/21
好仁而惡不仁/214
好之必求之/78
昊天曰旦/46
昊天曰明/46
或過或不及/250
或讀書講明義理/114
或論古今人物別其是非/114
或問簿佐令者也/347
或問聖可學乎/152
或問聖人之門/53
或問學易/123
或微或顯/143
或不能自乳/229
或非其人/303
或思一事未了/182

或上下文異/143
或須相與爲禮/308
或是年不相若/227
或時有先後/227
或抑或縱/143
或與或奪/143
或曰釋氏地獄之類/400
或曰聖人之言/121
或用其偏則小康/298
或謂科擧事業/262
或謂人莫不知和柔寬緩/203
或有孤孀貧窮無託者/228
或乳母病且死/229
或應接事物而處其當/114
或以不中爲過/137
或以擇地之方位/310
或人憫之/347
或者謂出於心者/96
惑者指遊魂爲變爲輪廻/410
或靜坐得之/149
或中夜起坐/434
或進或退/143
或行於東/45
或行於西抑謂之流也/45
或兄之子不甚美/227
忽矣爲他慮引去者此氣也/214
和氣充浹/432
化生萬物/22
和也者言感而遂通者也故曰/23
畫爲數井/317
和而不流/295,426
和則蹂心釋/295
擴充之則大/98
患其紛亂/177
患難相恤/304
患思慮多/157
渙然氷釋/76
渙然心釋/431

還因見物反求諸身否曰/114
患人不爲耳/355
還只格一物而萬理皆知/114
況德性自廣大易曰/101
況反害乎/336
況聖人之於易/147
況隃分非據乎/250
況臨大事乎/158
懷小人女子之道也/331
回也其心三月不違仁/84
會縣庭親爲勸酬/317
橫渠先生答范巽之書曰/291
橫渠先生答范巽之曰/117
橫渠先生問於明道先生曰/56
橫渠先生嘗曰/234
橫渠先生曰/46,90,147,189,213,263,290,315,319,358,374,393,408,435
橫渠先生謂范巽之曰/98
橫渠先生爲雲巖令/317
橫渠先生作訂頑曰/95
曉達治道者/298
孝悌通於神明視其色/426
俊乂極狼狠先生曰/258
後來又只是這箇人/125
後累爲政/366
侯師聖云/430
厚事重大之事也/335
後書亦易記/149
後世老師宿儒/372
後世能盡其道則大治/298
後世禮法不修/295
後世用而不得/351
後世以兵制民/324
後世以史視春秋/143
後世自庶士至於公卿/274
後世作事無本/300

後世只是以法把持天下/285
後十二年/207
厚於奉養而薄於先祖/310
後王知春秋之義/143
後人更須自體究/138
後人流於末者人欲也/201
後人不達/54
後人雖有好言語/416
後人遂以愛爲仁/43
後因出入/165
後人便將性命別作一般事說了/224
厚者可以開/48
厚重知學/98
後之失者/289
後之人君知此義/284
後之人始執卷則以文章爲先/58
後之學聖人者/197
後之學者好高/76
後學誦言而忘味/136
薰爍其中也/384
諱琦字伯溫/232
胸懷洞然/426
欽哉訓辭動箴曰/197
翕然竝興/410
興於詩者/130
興戎出好/197
興學校成禮俗/317
僖公修泮宮/284
噫吉一而已/195
喜怒哀樂未發/44
喜怒哀樂未發之前求中/182
喜怒哀樂愛惡欲/53
喜怒哀樂之未發謂之中/23
戲動作於謀也/95
希不傷手也/104
戲言出於思也/95
戲謔不惟害事/190

시간과 공간을 초월하여 영원한 고전으로 남아질 수 있는
과거속의 유산을 캐내어 메마른 마음밭을 기름지게 가꾸어 줄 수 있는 —

자유문고의 책들

1. 정관정요
오긍 지음 ●576쪽
당나라 이후 중국의 역대 왕들이 모든 제왕의 통치철학으로 삼았던 이 저서는「도쿠가와 이에야스(德川家康)」가 일본 통일의 기틀을 마련하는데 큰 힘이 되었다.

2. 식경
편집부 해역 ●328쪽
어떤 음식을 어떻게 섭취하면 몸에 좋은가? 어떻게 하면 무병장수 할 수 있는가 등. 옛 중국인들의 조리와 저장방법에서 해답을 얻을 수 있다.

3. 십팔사략
증선지 지음 ●254쪽
고대 중국의 3황 5제부터 송나라 말기까지 유구한 역사의 노정에서 격랑에 휘말린 인물과 사건을 시대별로 나눈 5천년 중국사를 한눈에 볼 수 있는 역사서.

4. 소학
조형남 해역 ●338쪽
자녀들의 인격 완성을 위해 성인이 되기 전 한번쯤 읽어야 하는 고전. 인간이 지켜야 할 예절과 우리 선조들의 예의범절을 되돌아 볼 수 있다.

5. 대학
정우영 해역 ●156쪽
사회생활에서 지도자가 되거나 조직의 일원이 될 때 행동과 처세, 자신의 수양 등에 도움은 물론, 훌륭한 지도자로 성장하도록 하는 조직관리의 길잡이다.

6. 중용
조강환 해역 ●192쪽
인간의 성(性) 도(道) 교(敎)의 구체적 사항 제시. 도(道)와 중화(中和)는 항상 성(誠)을 가지고 살아야 한다는 것과 귀신에 대한 문제 등이 논의됐다.

7. 신음어
여곤 지음 ●256쪽
한 국가를 경영하는 요체. 인간의 도리, 국가공복의 의무, 세상의 운세 그리고 성인과 현인, 국가를 경영하는 요체 등을 주제로 한 공직자의 필독서이다.

8. 논어
김상배 해역 ●376쪽
공자와 제자들의 사랑방 대화록. 공자(孔子)의 '배우고 때때로 익히면 즐겁지 아니한가.'로 시작되는 논어를 통해 공문 제자의 교육법을 알 수 있다.

9. 맹자
전일환 해역 ●464쪽
난세를 다스리는 정치철학. 백성이란 생활을 유지할 생업이 있어야 변함없는 마음을 가질 수 있고, 생업이 없으면 변함없는 마음을 가질 수 없다.

10. 시경
이상진·황송문 역 ●576쪽
공자는 시(詩) 3백편을 한 마디로 한다면 '사무사(思無邪)'라 했다. 옛 성인들은 시경을 인간의 마음을 정화시키는 교육서로 삼았다. 관련 그림도 수록되었다.

11. 서경
이상진·강명관 역 ●444쪽
요순(堯舜)부터 서주(西周)까지의 정사(政事)에 관한 모든 문서(文書)를 공자(孔子)가 수집하여 편찬한 책이다. 유학의 정치에 치중한 경전의 하나.

12. 주역
양학형·이준영 역 ●496쪽
주역은 보는 자의 관점에 따라 판단을 내리도록 하는 것이 역의 기본이치다. 주역은 하나의 암시로 그 암시를 통해 문제를 해결해 나가는 것이다.

13. 노자도덕경
노재욱 해역 ●272쪽
난세를 쉽게 사는 생존철학. 인생은 속절없고 천지는 유구하다. 천지가 유구한 것은 무위 자연의 도를 수행하고 있기 때문이다. 제일 귀한 것은 자기 생명이다.

14. 장자
노재욱 편저 ●260쪽
바람따라 구름따라 정처없이 노닐며 온 천하의 그 무엇에도 속박되는 것 없이 절대 자유로운 삶을 영위하는 장주(莊周)의 자유무애한 삶의 이야기.

15. 묵자
박문현·이준영 역 ●552쪽
묵자(墨子)는 '사랑'을 주창한 철학자이며 실천가다. 그의 이론은 단순하지만 그 이론을 지탱하는 무게는 끝없이 크다. 묵자의 '사랑'은 구체적이고 적극적이다.

16. 효경
박명용·황송문 역 ●232쪽
효의 개념을 정립한 것. 공자가 제자인 증자(曾子)가 효도하는 마음가짐이 뛰어난 점을 간파하고 효도에 관한 언행을 전하여 기록하게 한 효의 이론서.

17. 한비자
노재욱·조강환 역 ●상532쪽·하512쪽
약육강식이 횡행하던 춘추전국시대에 순자의 성악설(性惡說)을 사상적 배경으로 받아들여 법의 절대주의를 역설. 법 위주의 냉엄한 철학으로 이루어졌다.

18. 근사록
정영호 해역 ●424쪽
내 삶의 지팡이. 송(宋)나라 논어라 일컬어진 송나라 성리학(性理學)을 집대성한 유학의 진수. 높은 차원의 철학적 사상과 학문이 쉽고 짧은 문장으로 다루어짐.

19. 포박자
갈홍 저/장영창 역 ●280쪽
불로장생은 모든 인간의 소망이다. 죽음을 초월할 수 있는가? 불로불사(不老不死)의 약은 있는가? 등등. 인간들이 궁금해 하는 내용들이 조명되었다.

20. 여씨춘추
정영호 해역 ●1권372쪽·중권464쪽·하권240쪽
여불위가 3천여 학자와 이룩한 사론서(史論書)로 '12기(紀), 8람(覽), 6론(論)'으로 나뉘어 선진(先秦)시대의 학설과 사상을 총망라해 다룬 백과전서.

번호	제목	저/역자	쪽수	설명
21.	고승전	혜교 저/유월탄 역	●288쪽	중국대륙에 불교가 들어 오면서 불가(佛家)의 오묘 불가사의한 행적들과 전도 과정에서의 수난과 고통, 수도과정에서 보여주는 고승들의 행적 등을 기록.
22.	한문입문	최형주 해역	●232쪽	조선시대의 유치원 교육서라고 하는 천자문, 이천자문, 사자소학, 계몽편, 동몽선습이 수록. 또 관혼상제와 가족의 호칭법 나열. 간단한 제상차리는 법이 요약.
23.	열녀전	유향 저/박양숙 역	●416쪽	역사에 큰 발자취를 남긴 89명의 여인들을 다룬 여성의 전기이다. 총 7권으로 구성되었으며 옛여성들이 지킨 도덕관을 한 눈에 볼 수 있는 교양서.
24.	육도삼략	조강환 해역	●296쪽	병법학의 최고봉인 무경칠서(武經七書)중 2가지 책으로 3군을 지휘하고 국가를 방위하는데 필요한 저서. 『육도』와 『삼략』의 두 권을 하나로 합친 것이다.
25.	주역참동계	최형주 해역	●272쪽	주나라의 역(易)이 노자의 도(道)와 연단술(練丹術)과 서로 섞여 통하며 『주역』과 연단은 음양을 벗어나지 못하며 노자의 도는 음양이 합치된다고 하였다.
26.	한서예문지	이세열 해역	●328쪽	반고(班固)가 찬한 『한서(漢書)』 제30권에 들어 있는 동양고전의 서지학(書誌學)의 대사전. 한(漢)나라 이전의 모든 고전을 일목요연하게 볼 수 있다.
27.	대대례	박양숙 해역	●344쪽	『대대례』의 정식 명칭은 『대대예기』이며 한(漢)나라 대덕(戴德)이 편찬한 저서로 공자와 그의 제자들이 예에 관한 기록 131편을 수집하여 집대성한 것이다.
28.	열자	유평수 해역	●304쪽	『열자』의 학문은 황제(黃帝)와 노자(老子)에 근본을 삼았고 열자 자신을 호칭하여 도가(道家)의 중시조라 했다. 내용이 재미 있고 어렵지 않은 것이 특징.
29.	법언	양웅 저/최형주 역	●312쪽	전한(前漢) 시대 사마상여(司馬相如)의 영향을 받아 대문장가된 양웅(楊雄)의 문집. 양웅은 오로지 저술에 의해 이름을 남기고자 저술에 전념하였다.
30.	산해경	최형주 해역	●408쪽	문학·사학·신화학·지리학·민속학·인류학·종교학·생물학·광물학·자원학 등 제반 분야를 총망라한 동양 최고의 기서(奇書)이며 박물지(博物志).
31.	고사성어	송기섭 지음	●304쪽	일상생활에서 많이 쓰이는 125개의 고사성어의 유래를 밝히고 1,000여개 고사성어의 유사언어와 반대어, 속어, 준말, 자해(字解) 등을 자세하게 실었다.
32.	명심보감·격몽요결	박양숙 해역	●280쪽	인간 기본 소양의 명심보감과 공부의 지침서인 격몽요결. 학교 운영과 학생들의 행동모범안을 보여주는 율곡 이이(李珥) 선생의 학교모범으로 이루어졌다.
33.	이향견문록	유재건 엮음/이상진 역	●상352쪽·하352쪽	일반적으로 많이 알려지지 않은 숨은 이야기 모음. 소문으로 알려져 있는 평범한 이야기, 기이한 이야기, 유명한 사람의 이야기를 능가하는 이야기 등.
34.	성학십도와 동구십팔선정	이상진 외2인 해역	●248쪽	'성학십도'는 어린 선조가 성군이 되기를 바라 퇴계 이황이 집필. '동국십팔선정'은 우리나라 사람으로서 성균관 문묘에 배향된 대유학자 18명의 발자취를 나열.
35.	시자	신용철 해역	●240쪽	진(秦)나라 재상 상앙의 스승이었다는 시교의 저서로 인의를 내세운 유가의 덕치(德治)를 바탕으로 '정명(正名)'과 명분(名分)'을 내세워 형벌을 주창.
36.	유몽영	장조 저/박양숙 역	●240쪽	장조(張潮)가 쓴 중국 청대(淸代)의 수필 소품문학의 백미로, 도학자다운 자세와 차원높은 은유로 인간의 진솔한 삶의 방법과 존재가치를 탐구하였다.
37.	채근담	박양숙 해역	●288쪽	명나라 때 홍자성(洪自誠)이 지은 저서. 하늘의 이치와 인간의 정을 근본으로 덕행을 숭상하고 명예와 이익을 가볍게 보아 담박한 삶의 참맛을 찾는 길을 모색.
38.	수신기	간보 저/전병구 역	●462쪽	동진(東晉)의 간보(干寶)의 저서. '신괴(神怪)한 것을 찾다'와 같이 '귀신을 수색한다'의 뜻으로 신선, 도사, 기인, 괴물, 귀신 등의 이야기로 이루어짐.
39.	당의통략	이덕일·이준영 역	●462쪽	조선 말기의 정치가이며 학자인 이건창의 저서로 선조 때부터 영조 때까지의 당쟁사. 음모와 모략, 드디어 영조가 대탕평을 펼치게 되는 일에서 끝을 맺었다.
40.	거울로 보는 관상	신성은 엮음	●400쪽	달마조사와 마의선사의 상법(相法)을 300여 도록과 함께 현대문으로 재해석하여 누구나 쉽게 알 수 있게 꾸민 관상학 해설서. 원제는 '마의상법(麻衣相法)'.
41.	다경	박양숙 해역	●240쪽	당나라 육우의 '다경'과 '끽다양생기'를 합쳐 현대문으로 재해석하고 차와 건강을 설명하여 전통차의 효용성과 커피의 실용성을 곁들였다.
42.	음즐록	정우영 해역	●176쪽	음즐은 '하늘이 아무도 모르게 사람의 행동을 보고 화복을 내린다.' 는 뜻에서 딴 것. 어떤 행동이 얼마만큼의 공덕에 해당하는 가에 대한 예시도 해놓았다. 〈완역〉

43. 손자병법 조일형 해역 ●272쪽		혼란했던 춘추시대에 태어나 약육강식의 시대를 살며 터득한 경험을 이론으로 승화시킨 손자의 병법서. 현대인들에게는 처세술의 대표적인 책.〈완역〉
44. 사경 김해성 해역 ●288쪽		'사람을 쏘려거든 먼저 말을 쏘아라' 라는 부제가 대변해 주듯, 활쏘기의 방법에 대한 개론서. 활쏘기 자체를 초월한 도의 경지에 오르는 길과 관련 도록도 수록.
45. 예기 상·중·하 지재희역 ●상448쪽·중416쪽·하427쪽		옛 사람들의 생활과 관련된 모든 것을 총망라했다. 사람들이 어떤 문화를 가지고 살았으며, 어떤 것에 무게를 두었는가 하는 것들을 살필 수 있다.
46. 이아주소 최형주·이준영 역 ●424쪽		중국 13경(經)의 하나. 가장 오래된 동양 자전(字典). 천문·지리·음악·기재(器材)·초목·조수(鳥獸)에 대한 고금의 문자 설명.〈완역〉
47. 주례 지재희·이준영 역 ●608쪽		국가 제도를 기록한 최고의 책이며, 삼례(三禮)의 하나이며, 관명과 각 관직에서 행하는 직무의 범위를 설명한 것으로 13경의 하나이다.〈완역-자구 색인〉
48. 춘추좌전 상·중·하 남기현 해역 ●상664쪽·중656쪽·하672쪽		중국의 노(魯)나라 은공(隱公) 1년에서부터 애공(哀公) 14년까지의 12대 242년간의 일들을 공자가 서술한 역사서. 좌구명(左丘明)이 전(傳)을 썼다.
49. 순자 이지한 해역 ●656쪽		성악설(性惡說)를 주창한 순자의 모든 사상이 담겨 있는 저서. 모든 국가는 예로써 다스려야 한다는 순자의 이론을 집대성하고 있다.
50. 악기 이영구 해역 ●312쪽		예기에 있는 악기와 그밖의 고전에 있는 음악이론을 모아 6경의 하나였던 악기를 국악기와 무일도의 도록과 설명을 함께 실었다.
51. 가범 이영구 해역 ●336쪽		가훈(家訓)과 같은 것으로 중국 가정의 규범이 될만한 내용. 교훈적으로 살아간 가정을 열거하여 살아가는데 도움이 될 것을 모았다.
52. 원본소녀경 최형주 해역 ●322쪽		인간의 성(性)을 연마해서 장생(長生)하고 인간의 질병을 성(性)으로 다스리는 방법과 기(氣)를 보충하며 건강하게 사는 것들을 담고 있다.
53. 상군서 남기현 해역 ●288쪽		국가를 법으로 다스려야 부강하는 나라를 만들고 상앙이 주창한 법치국가로 부국강병을 이루는 방법을 나열한 저서이다.
54. 황제내경소문 최형주해역 ●상472쪽·중448쪽·하416쪽		양생(養生)하고 질병을 제거하여 자연의 도에 순응하며 인간의 타고난 수명을 다하고 또 질병이 있게 되면 그에 대한 치료방법을 제시한 동양최고의 한의학 경전
55. 황제내경영추 최형주해역 ●상496쪽·하496쪽		한방(漢方)의 최고 경전이며 주로 침술을 이용하여 질병을 치료하는 방법을 제시한 동양 최고의 한의학 경전이다.
56. 의례 지재희·이준영 역 ●671쪽		동양 전통예절의 법전이며 삼례(三禮)의 으뜸이다. 관혼상례를 비롯한 고대사회의 사회의식과 종교학적인 면들을 자세히 엿볼 수 있는 예절의 최고 경전.
57. 춘추곡량전 남기현 해역 ●568쪽		공자(孔子)의 춘추를 명분(名分)과 의리를 내세워 자세히 설명하여 비롯된 고문학(古文學)의 최고의 경전이며 사학자의 필독서. 13경의 하나이다.
58. 춘추공양전 남기현 해역 ●568쪽		13경의 하나. 공자가 축약한 춘추를 고대 문화의 언어 해설로 풀어 놓아 춘추시대의 문화와 문학을 연구하는데 중요한 저서로 사학자의 필독서.
59. 춘추번로 남기현 해역 ●544쪽		공자(孔子)의 춘추(春秋)를 공양전(公羊傳)에 의거하여 미진한 부분을 자문자답의 형식으로 재해석한 동중서(董仲舒) 평생의 연구서.
60. 청오경·금낭경		근간
61. 심경		근간
101. 한자원리해법 김철영 엮음 ●232쪽		한자가 이루어진 원리를 부수를 기본으로 나열하여 쉽게 풀어놓았다. 한자의 기본인 부수가 생겨나게 된 원리를 보여주어 한자에 쉽게 다가갈 수 있게 하였다.
102. 상례와 재례 김창선 지음 ●248쪽		상례와 제례를 알기 쉽게 풀어 써서 그 의식에 스며있는 의의를 고찰하고 오늘날의 가정의례 준칙상의 상례와 제례와도 비교하였다.

■ 동양학 100권 발간 후원인(가나다 순)

　후원회장 : 유태전
　후원회운영위원장 : 지재희
　　김경범, 김관해, 김기흥, 김소형, 김재성, 김종원, 김주혁, 김창선, 김태수, 김태식,
　　김해성, 김향기, 남기현, 박남수, 박문현, 박양숙, 박종거, 박종성, 백상태, 송기섭,
　　신성은, 신순원, 신용민, 양태조, 양태하, 오두환, 유재귀, 유평수, 이규환, 이덕일,
　　이상진, 이석표, 이세열, 이승균, 이승철, 이영구, 이용원, 이원표, 임종문, 임헌영,
　　전병구, 전일환, 정갑용, 정인숙, 정찬옥, 정철규, 정통규, 조강환, 조응태, 조일형,
　　조혜자, 최계림, 최영전, 최형주, 한정곤, 한정주, 황송문

인 지
생 략

동양학총서 [18]
근사록(近思錄)

초판　3쇄 발행　1991년 9월 20일
증보판 1쇄 발행　2005년 6월 15일

해역자 : 정영호
펴낸이 : 이준영

회장 · 유태전
주간 · 이덕일 / · 기획 영업 · 한정주 / 편집 · 김경숙 / 교정 · 박은정
조판 · 태광문화 / 인쇄 · 천광인쇄 / 제본 · 기성제책 / 유통 · 문화유통북스
펴낸곳 · 자유문고
서울 영등포구 문래동6가 56-1 미주프라자 B-102호
전화 · 2637 - 8988 · 2676 - 9759 · FAX · 2676 - 9759
홈페이지 : http://www.jayumungo.com
e-mail : jayumg@hanmail.net
등록 · 제2-93호(1979. 12. 31)

정가 20,000원

※잘못 만들어진 책은 구입하신 서점에서 바꿔드립니다.

ISBN 89 - 7030 - 018 - x　04150
ISBN 89 - 7030 - 000 - 7　(세트)